Müller/Preis
Arbeitsrecht im öffentlichen Dienst

Arbeitsrecht im öffentlichen Dienst

von

Dr. Bernd Müller

Professor an der Universität
der Bundeswehr München

Wissenschaftlicher Studienleiter, Studiengangsleiter des
Master-Studiengangs Wirtschaftsrecht (Master of Laws, LL. M.)
und Lehrbeauftragter der
Fachhochschule für Oekonomie & Management (FOM)

Dr. Francisca Landshuter

(geb. Preis)

Juristin im Geschäftsbereich
des Bundesministeriums der Verteidigung

7., völlig überarbeitete Auflage

Verlag Franz Vahlen München 2009

Verlag Franz Vahlen im Internet:
www.vahlen.de

ISBN 978 3 8006 3633 4

© 2009 Verlag Franz Vahlen GmbH
Wilhelmstraße 9, 80801 München
Druck: Nomos Verlagsgesellschaft
In den Lissen 12, 76547 Sinzheim

Satz: Druckerei C. H. Beck, Nördlingen
(Adresse wie Verlag)

Gedruckt auf säurefreiem, alterungsbeständigem Papier
(hergestellt aus chlorfrei gebleichtem Zellstoff)

Vorwort zur 7. Auflage

In der 7. Auflage der Darstellung sind Gesetzgebung, Inhalte der Tarifverträge des öffentlichen Dienstes, Schrifttum und veröffentlichte Rechtsprechung bis zum 31. Dezember 2008 berücksichtigt, insbesondere das Allgemeine Gleichbehandlungsgesetz (AGG), das Bundeselterngeld- und Elternzeitgesetz (BEEG), das Pflegezeitgesetz (PflegeZG) und die Änderungen, die durch das Inkrafttreten des Tarifvertrages für den öffentlichen Dienst der Länder (TV-L) am 1. November 2006 eingetreten sind. Die seit 2006 in Kraft getretenen Änderungstarifverträge zum Tarifvertrag für den öffentlichen Dienst (TVöD), zum Tarifvertrag für Auszubildende des öffentlichen Dienstes (TVAöD) und zu den Überleitungstarifverträgen (TVÜ-Bund und TVÜ-VKA) sind ebenfalls eingearbeitet worden. Die Überleitungstarifverträge (TVÜ-Bund, TVÜ-VKA und TVÜ-L) sind nur berücksichtigt, soweit sie zum Verständnis des TVöD und des TV-L erforderlich sind.

Wir danken Herrn Rechtsanwalt Stefan Meyer, LL.M., für die redaktionelle Mitarbeit, insbesondere für die Überarbeitung und Ergänzung des Tabellenteils.

Neubiberg, im April 2009
Bernd Müller   Francisca Landshuter, geb. Preis

Vorwort zur 1. Auflage

Die vorliegende Darstellung ist ein Lehrbuch und zugleich ein Handbuch. Sie wendet sich an Personen, die sich im Rahmen eines Studiums oder einer anderen Ausbildung mit dem Arbeitsrecht im öffentlichen Dienst befassen. Es handelt sich dabei in erster Linie um die Studenten der Fachhochschulen der öffentlichen Verwaltung des Bundes und der Bundesländer und der Verwaltungs-, Wirtschafts-, Arbeits- und Sozialakademien. Sie kann auch Universitätsstudenten hilfreich sein, die Arbeitsrecht unter Berücksichtigung der Besonderheiten des öffentlichen Dienstes studieren.

Die Darstellung kann den Personalsachbearbeitern in den Verwaltungen und Betrieben des Bundes, der Länder und der Gemeinden und den Mitgliedern der Personalvertretungen dienen.

Ziel der Arbeit ist, das Arbeitsrecht, so wie es im öffentlichen Dienst gilt, in seinen Grundzügen darzustellen, zusammenzufassen und einen Überblick über die einzelnen Teilbereiche des Arbeitsrechts im öffentlichen Dienst zu geben. Selbstverständlich soll und kann sie nicht die Einzeldarstellungen und Kommentierungen zu diesen Teilbereichen ersetzen und Spezialfragen beantworten. Durch zahlreiche Querverweise und eine Literaturübersicht wird dem Leser jedoch der Zugang zu der entsprechenden Fachliteratur erleichtert.

Das Personalvertretungsrecht des Bundesdienstes ist im Bundespersonalvertretungsgesetz, das der Länder und Gemeinden in eigenen Personalvertretungsgesetzen geregelt. Deshalb habe ich in dieses Grundwerk eine tabellarische Übersicht aufgenommen, die eine Zusammenstellung der Regelungsinhalte des Personalvertretungsrechts des Bundes und der Länder mit den dazugehörigen Vorschriften bietet. Grundlage für meine Darstellung des Personalvertretungsrechts ist das Bundespersonalvertretungsgesetz. Dennoch vermag dieses Grundwerk auch denjenigen Personen zu dienen, die mit dem Arbeitsrecht im öffentlichen Dienst der Länder und Gemeinden arbeiten, weil sie die Abweichungen vom Personalvertretungsrecht des Bundes mit Hilfe der tabellarischen Übersicht leicht herausfinden und ihre Bedeutung mit Hilfe der Kommentierungen in der Spezialliteratur dazu erkennen können.

Bei den Überlegungen zum Konzept für dieses Buch hat die Frage im Vordergrund gestanden, ob es sinnvoll ist, lediglich die Besonderheiten des Arbeitsrechts im öffentlichen Dienst darzustellen oder eine Darstellung zu wählen, die sie in die Bearbeitung des allgemeinen Arbeitsrechts einbezieht. Ich habe mich für den letzteren Weg entschieden, weil die Besonderheiten des öffentlichen Dienstes verständlicher sind, wenn sie im Zusammenhang mit dem allgemeinen Arbeitsrecht betrachtet werden. Damit vermag ich sowohl Personen anzusprechen, die das Arbeitsrecht der Privatwirtschaft bereits kennen und sich das des öffentlichen Dienstes erarbeiten wollen, als auch diejenigen, die sich erstmals mit dem Arbeitsrecht befassen.

Die Darstellung ist aus meiner Lehrveranstaltung „Arbeitsrecht" hervorgegangen, die ich seit Jahren zugeschnitten auf die Anforderungen des Trägers der Hochschule, an der ich tätig bin, der Bundesrepublik Deutschland, durchführe. Dabei habe ich insbesondere diejenigen Fragen berücksichtigt, die mir von meinen Studenten, Beschäftigten des öffentlichen Dienstes, immer wieder gestellt worden sind. Geholfen haben mir meine praktischen Erfahrungen als ehemaliger Richter in Arbeitssachen und als Justitiar einer Bundesbehörde.

Neubiberg, im Juli 1988 Bernd Müller

Inhaltsverzeichnis

Abkürzungsverzeichnis XIII
Literaturübersicht XVII

Erster Abschnitt. Allgemeines, Grundbegriffe

A. Öffentlicher Dienst 1
B. Angehörige des öffentlichen Dienstes 2
    I. Personen, die in einem öffentlich-rechtlichen Dienst-oder Ausbildungsverhältnis stehen 2
        1. Beamte 2
        2. Richter 3
        3. Soldaten 3
        4. Personen, die in einem öffentlich-rechtlichen Ausbildungsverhältnis stehen 4
    II. Personen, die als Beschäftigte im öffentlichen Dienst in einem privatrechtlichen Vertragsverhältnis stehen 4
C. Die Rechtsquellen des Arbeitsrechts im öffentlichen Dienst 5
    I. Die Arten der Rechtsquellen 5
        1. Verfassung 5
        2. Tarifvertrag 6
        3. Dienstvereinbarung 6
        4. Arbeitsvertrag 6
        5. Weisungen des Arbeitgebers (Direktionsrecht) 8
    II. Das Verhältnis der Rechtsquellen des Arbeitsrechts zueinander 8
        1. Das Verhältnis der Verfassung zu den übrigen Rechtsquellen 9
        2. Das Verhältnis der Gesetze und Rechtsverordnungen zu den im Range niedrigeren Rechtsquellen 9
        3. Das Verhältnis zwischen Tarifvertrag und Dienstvereinbarung 10
D. Arbeitsverhältnis, Arbeitnehmer – Arbeitgeber 12
    I. Privatrechtlicher Vertrag 12
    II. Weisungsunterworfenheit 13
    III. Arbeit 14
E. Angestellte – Arbeiter – Personen, die in einem Ausbildungsverhältnis stehen 14
    I. Angestellter – Arbeiter 15
    II. Personen, die in einem Ausbildungsverhältnis stehen 16
F. Die Einteilung des Arbeitsrechts 16
G. Rechtsweg 17

Zweiter Abschnitt. Kollektives Arbeitsrecht

A. Koalitionen 20
    I. Begriff 20
        1. Gewerkschaften und Arbeitgeberverbände 20
        2. Mindestvoraussetzungen 20
    II. Koalitionsfreiheit 24
        1. Positive individuelle Koalitionsfreiheit, Recht zum Zusammenschluss 25
        2. Positive individuelle Koalitionsfreiheit, Betätigungsgarantie 25
        3. Positive kollektive Koalitionsfreiheit, Bestandsgarantie 25

4. Positive kollektive Koalitionsfreiheit, Betätigungsgarantie 26
5. Negative Koalitionsfreiheit 27
III. Aufgaben der Gewerkschaften und Arbeitgeberverbände 28
1. Aushandeln und Abschluss von Tarifverträgen 28
2. Beteiligung im Rahmen des Personalvertretungs- und Betriebsverfassungsrechts 28
3. Beteiligung an der Unternehmensmitbestimmung in der privaten Wirtschaft 28
4. Beratung und Unterstützung der Mitglieder 28
5. Mitwirkung an Gesetzgebung und hoheitlicher Verwaltung 29

B. Tarifvertragsrecht 29

I. Begriff des Tarifvertrages 29
1. Begriffsbestimmung 29
2. Erfordernisse 30
3. Vorverträge zu Tarifverträgen 30
II. Inhalt und Wirkung von Tarifverträgen 31
1. Der schuldrechtliche Teil des Tarifvertrages 31
2. Der normative Teil des Tarifvertrages 33
III. Beginn und Ende des Tarifvertrages 38
1. Gültigkeitsbeginn 38
2. Gültigkeitsende 39
IV. Tarifvertrag und Dienstordnung 41
V. Die Haupttarifverträge des öffentliche Dienstes 42
1. Der Tarifvertrag für den öffentlichen Dienst (TVöD) 42
   a) Der Tarifvertrag für den öffentlichen Dienst Allgemeiner Teil (TVöD AT) 42
   b) Die Spartentarifverträge (TVöD BT) 43
   c) Die durchgeschriebenen Fassungen des TVöD im Bereich der Vereinigung der kommunalen Arbeitgeberverbände 43
2. Der Tarifvertrag für den öffentlichen Dienst der Länder (TV-L) 44
3. Die Tarifverträge zur Überleitung der Beschäftigten in den TVöD sowie den TV-L und zur Regelung des Übergangsrechts (TVÜ-Bund, TVÜ-VKA und TVÜ-Länder) 44
4. Die Tarifverträge für Auszubildende (TVAöD und TVA-L) 44
   a) Der Tarifvertrag für Auszubildende des öffentlichen Dienstes Allgemeiner Teil (TVAöD-AT) und die Spartentarifverträge (TVAöD-BT) 45
   b) Die Tarifverträge für Auszubildende der Länder in Ausbildungsberufen nach dem Berufsbildungsgesetz (TVA-L BBiG) und in Pflegeberufen (TV-L Pflege) 45

C. Arbeitskampfrecht 46

I. Schlichtungsrecht 46
1. Das vertragliche Schlichtungsverfahren 46
2. Die staatliche Schlichtung 47
II. Rechtsgrundlagen, Wesen und Bedeutung des Arbeitskampfes 47
III. Arbeitskampfmittel 48
1. Streik 48
2. Aussperrung 53
3. Boykott 55
IV. Die Abgrenzung des Arbeitskampfes zu anderen Auseinandersetzungen im Arbeitsleben 56
V. Die Auswirkungen des Arbeitskampfes auf das Arbeitsverhältnis 56
1. Die Auswirkungen des rechtmäßigen Arbeitskampfes 56
2. Die Auswirkungen des rechtswidrigen Arbeitskampfes 60
VI. Sonstige Auswirkungen des rechtswidrigen Arbeitskampfes 61
VII. Arbeitskampf im öffentlichen Dienst 62

D. **Personalvertretungsrecht** 64
  I. Aufbau der Dienststellenverfassung 64
    1. Rechtsgrundlagen 64
    2. Beschäftigte 65
    3. Dienststelle, Verwaltungsaufbau 65
    4. Verwaltungsaufbau und Personalvertretung 68
    5. Wahl der Personalvertretung 70
    6. Wahlverfahren 71
    7. Dienstverfassungsrechtliche Stellung der Personalvertretung 73
  II. Das Zusammenwirken von Personalvertretung und Dienststelle 77
    1. Grundsätze des Zusammenwirkens 77
    2. Formen des Zusammenwirkens 79
    3. Mitwirkungsverfahren und Mitbestimmungsverfahren 82
    4. Die Anhörungstatbestände des § 78 Abs. 3 bis 5 BPersVG 99
    5. Informations- und Teilnahmerechte der Personalvertretung 100
  III. Besondere Vertretungen neben der Personalvertretung 100
    1. Jugend- und Auszubildendenvertretung 100
    2. Vertretung der nichtständig Beschäftigten 101
    3. Schwerbehindertenvertretungen 101
  IV. Vorschriften für besondere Verwaltungszweige 101
  V. Verschlusssachen im Personalvertretungsrecht 102
  VI. Tendenzschutz 102

Dritter Abschnitt. Individuelles Arbeitsrecht und Arbeitsschutzrecht

A. **Die Begründung des Arbeitsverhältnisses** 104

B. **Die Beendigung des Arbeitsverhältnisses** 112
  I. Beendigungstatbestände 112
  II. Kündigung 115
    1. Die ordentliche Kündigung 117
    2. Die außerordentliche Kündigung 133
    3. Die Verdachtskündigung 137
    4. Die Änderungskündigung 138
    5. Weiterbeschäftigungsanspruch des Arbeitnehmers während des Rechtsstreits um die Wirksamkeit einer Arbeitgeberkündigung ohne Beteiligung der Personalvertretung 140
    6. Besonderer Kündigungsschutz 142
  III. Zeitablauf 146
  IV. Aufhebungsvertrag 147
  V. Tod des Arbeitnehmers 148
  VI. Anfechtung 148
  VII. Auflösung des Arbeitsverhältnisses durch das Gericht 149
  VIII. Besondere gesetzliche Beendigungstatbestände im öffentlichen Dienst 150
  IX. Die Ausgleichsquittung 151
  X. Altersteilzeitarbeit 154

C. **Betriebsinhaberwechsel** 157

D. **Rechte und Pflichten im Arbeitsverhältnis, Arbeitsschutzrecht** 164
  I. Die Pflicht zur Arbeitsleistung 164
    1. Art der Arbeitsleistung 164
    2. Ort der Arbeitsleistung 165
    3. Arbeitszeit 168
    4. Schlechterfüllung der Pflicht zur Arbeitsleistung 182
  II. Die Treuepflicht 190
    1. Politische Treuepflicht 190
    2. Pflicht zu achtungswürdigem Verhalten 191

3. Verschwiegenheitspflicht 191
4. Pflicht zur Unbestechlichkeit (Schmiergeldverbot) 193
5. Pflicht zur Unterlassung einer Nebentätigkeit 194
6. Pflicht zur Anzeige und Abwendung von Schäden 196
7. Pflicht zur Unterlassung von Wettbewerb 196
8. Pflicht zur Rückzahlung von Aus-, Fort- und Weiterbildungskosten 199
III. Die Pflicht zur Zahlung der Vergütung 201
1. Verpflichtung zur Entgeltzahlung bei Arbeitsleistung 201
2. Verpflichtung zur Entgeltzahlung ohne Arbeitsleistung 222
3. Pfändung und Abtretung der Vergütung 239
IV. Die Fürsorgepflicht 240
1. Verbot des Mobbings 241
2. Arbeitsschutz 241
3. Pflicht zur Erteilung eines Zeugnisses 242
4. Pflicht zur Urlaubsgewährung 244
5. Pflicht zur Freistellung bei Erkrankung eines Kindes des Arbeitnehmers 251
6. Pflicht zur Freistellung und Gewährung von Teilzeitarbeit zur Pflege naher Angehörigern in häuslicher Umgebung 252
7. Sozialbezüge, zusätzliche Alters- und Hinterbliebenenversorgung, Übergangsgeld 253
8. Weihnachtsgratifikation 255
9. Pflicht zur Obhut des in die Dienststelle oder den Betrieb eingebrachten Eigentums des Arbeitnehmers 260
10. Beschäftigungspflicht 260
11. Pflicht zur Gleichbehandlung 262
12. Pflicht zur Ausfüllung und Herausgabe der Arbeitspapiere 266

E. Personalaktenrecht des Arbeitnehmers im öffentlichen Dienst 267

F. Verjährung, Ausschlussfristen 269

G. Besondere Arbeitsverhältnisse 274
I. Das faktische Arbeitsverhältnis 274
II. Das befristete Arbeitsverhältnis 276
1. Zulässigkeit 277
2. Benachteiligungsverbot 285
3. Bedingtes Arbeitsverhältnis 285
III. Das Probearbeitsverhältnis 285
IV. Das Teilzeitarbeitsverhältnis 288
V. Gruppenarbeitsverhältnis, mittelbares Arbeitsverhältnis 295
VI. Job-Sharing (Arbeitsplatzteilung) 297
VII. Das Leiharbeitsverhältnis 298
1. Echtes Leiharbeitsverhältnis 298
2. Unechtes Leiharbeitsverhältnis (Gewerbsmäßige Arbeitnehmerüberlassung) 299
VIII. Das Berufsausbildungsverhältnis 303
1. Rechtsgrundlagen 303
2. Begründung des Berufsausbildungsverhältnisses 306
3. Dauer des Berufsausbildungsverhältnisses 309
4. Pflichten des Auszubildenden und des Ausbildenden im Berufsausbildungsverhältnis 314
5. Personalaktenrecht 318
6. Prüfungen 318
7. Verjährung, Ausschlussfristen 319
8. Berufsausbildungsverhältnis und kollektives Arbeitsrecht 319

H. Der Schutz der Frau im Arbeitsleben 320
I. Geschlechtergleichbehandlung 320

  II. Frauenarbeitsschutz 321
    1. Allgemeiner Schutz 321
    2. Mutterschutz 322
  III. Elternzeit und Elterngeld 326
I. Der Arbeitsschutz für schwerbehinderte Menschen 328

Anhang: Tabellarische Zusammenstellung der Regelungsinhalte des Personalvertretungsrechts von Bund und Ländern 336

Stichwortverzeichnis zur Tabellenübersicht 351

Sachregister 357

Abkürzungsverzeichnis

a. A.	anderer Ansicht
a. a. O.	am angegebenen Ort
Abs.	Absatz
AcP	Archiv für civilistische Praxis, Fachzeitschrift
AEntG	Gesetz über zwingende Arbeitsbedingungen bei grenzüberschreitenden Dienstleistungen – Arbeitnehmer-Entsendegesetz
AFG	Arbeitsförderungsgesetz
AGG	Allgemeines Gleichbehandlungsgesetz
AktG	Aktiengesetz
Anm.	Anmerkung
AöR	Archiv für öffentliches Recht, Fachzeitschrift
AP	Arbeitsrechtliche Praxis, Nachschlagwerk des Bundesarbeitsgerichts (Sammlung der Entscheidungen des Bundesarbeitsgerichts, der Landesarbeitsgerichte und Arbeitsgerichte)
ArbG	Arbeitsgericht
ArbGG	Arbeitsgerichtsgesetz
ArbZG	Arbeitszeitgesetz
ArbKrankhG	Gesetz zur Verbesserung der wirtschaftlichen Sicherung der Arbeiter im Krankheitsfall (1957)
ArbNErfG	Gesetz über Arbeitnehmererfindungen
ArbPlSchG	Arbeitsplatzschutzgesetz
ArbSchG	Arbeitsschutzgesetz
ArbStättVO	Verordnung über Arbeitsstätten (Arbeitsstättenverordnung)
Art.	Artikel
ATG	Altersteilzeitgesetz
Aufl.	Auflage
AuR	Arbeit und Recht, Fachzeitschrift
AuslG	Ausländergesetz
AÜG	Arbeitnehmerüberlassungsgesetz
AVG	Angestelltenversicherungsgesetz
AZO	Arbeitszeitordnung
BAG	Bundesarbeitsgericht
BAGE	Amtliche Sammlung der Entscheidungen des Bundesarbeitsgerichts
BAT	Bundes-Angestelltentarifvertrag
Bauer/Göpfert/Krieger	AGG, München 2007
Baumbach/Hopt	Handelsgesetzbuch, München 33. Aufl. 2007
BAVAV	Bundesanstalt für Arbeitsvermittlung und Arbeitslosenversicherung
BayPersVG	Bayerisches Personalvertretungsgesetz
BayVBl	Bayerisches Verwaltungsblatt, Fachzeitschrift
BB	Betriebs-Berater, Fachzeitschrift
BBG	Bundesbeamtengesetz
BBiG	Berufsbildungsgesetz
Bd.	Band
BEEG	Bundeselterngeld- und Elternzeitgesetz
Bepler/Böhle/e. a.	TVöD Kommentar zum Tarifrecht der Beschäftigten im Öffentlichen Dienst im Bereich des Bundes und der VKA, Loseblatt, München
Bepler/Böhle/e. a.	TV-L Kommentar zum Tarifrecht der Beschäftigten im Öffentlichen Dienst der Länder, Loseblatt, München
BeschFG	Beschäftigungsförderungsgesetz
BetrAVG	Gesetz zur Verbesserung der betrieblichen Altersversorgung (Betriebsrentengesetz)
BetrR	Der Betriebsrat, Fachzeitschrift

BetrVG	Betriebsverfassungsgesetz
BFH	Bundesfinanzhof
BFHE	Amtliche Sammlung der Entscheidungen des Bundesfinanzhofes
BGB	Bürgerliches Gesetzbuch
BGBl	Bundesgesetzblatt
BGH	Bundesgerichtshof
BGHZ	Amtliche Sammlung der Entscheidungen des Bundesgerichtshofes in Zivilsachen
BGremBG	Bundesgremienbesetzungsgesetz
BGS	Bundesgrenzschutz
BKGG	Bundeskindergeldgesetz
BMT-G	Bundesmanteltarifvertrag für Arbeiter gemeindlicher Verwaltungen und Betriebe
BND	Bundesnachrichtendienst
BPersVG	Bundespersonalvertretungsgesetz
BPR	Bezirkspersonalrat
Breier/Dassau/u. a.	Komm. z. TVöD, Loseblatt, Heidelberg/München/Landsberg/Berlin
BRRG	Beamtenrechtsrahmengesetz
BSG	Bundessozialgericht
BSGE	Amtliche Sammlung der Entscheidungen des Bundessozialgerichts
BT-Dr	Bundestags-Drucksache
Buchst.	Buchstabe
BUrlG	Bundesurlaubsgesetz
BVerfG	Bundesverfassungsgericht
BVerfGE	Amtliche Sammlung der Entscheidungen des Bundesverfassungsgerichts
BVerwG	Bundesverwaltungsgericht
BVerwGE	Amtliche Sammlung der Entscheidungen des Bundesverwaltungsgerichts
DAG	Deutsche Angestellten-Gewerkschaft
DB	Der Betrieb, Fachzeitschrift
DöD	Der öffentliche Dienst, Fachzeitschrift
Dütz	Arbeitsrecht, München, 13. Aufl. 2008
DVBl	Deutsches Verwaltungsblatt, Fachzeitschrift
Ebert	Das gesamte öffentliche Dienstrecht, Berlin, Loseblatt
EFZG	Gesetz über die Zahlung des Arbeitsentgelts an Feiertagen und im Krankheitsfall (Entgeltfortzahlungsgesetz)
EGV	Vertrag zur Gründung der Europäischen Gemeinschaft
Erl.	Erläuterung
EStG	Einkommensteuergesetz
EStRG	Einkommensteuerreformgesetz
EuGH	Europäischer Gerichtshof
EWG	Europäische Wirtschaftsgemeinschaft
EzA	Entscheidungssammlung zum Arbeitsrecht
f.	folgende
FeiertagslohnG	Gesetz zur Regelung der Lohnzahlung an Feiertagen
Fischer/Goeres	Personalvertretungsrecht des Bundes und der Länder, Berlin, Loseblatt
FlexiG	Gesetz zur sozialrechtlichen Absicherung flexibler Arbeitszeitregelungen
Fußn., F., Fn.	Fußnote
Gamillscheg	Kollektives Arbeitsrecht, Bd. I, München 1997
GewO	Gewerbeordnung
GG	Grundgesetz
GGVöD	Gemeinschaft von Gewerkschaften und Verbänden des öffentlichen Dienstes
GmbH	Gesellschaft mit beschränkter Haftung
GmbHR	GmbH-Rundschau, Fachzeitschrift
GPR	Gesamtpersonalrat

Abkürzungsverzeichnis XV

Grunsky	Arbeitsgerichtsgesetz, München, 7. Aufl. 1995
GS	Großer Senat
HAG	Heimarbeitsgesetz
Halbb.	Halbband
HandwO	Handwerksordnung
HGB	Handelsgesetzbuch
HPR	Hauptpersonalrat
HRG	Hochschulrahmengesetz
HzA	Handbuch zum Arbeitsrecht (Hrgs. Stahlhacke), Loseblatt, Neuwied
Ilbertz/Widmaier	BPersVG, Stuttgart, 11. Aufl. 2008
JArbSchG	Jugendarbeitsschutzgesetz
JuS	Juristische Schulung, Fachzeitschrift
JW	Juristische Wochenschrift, Fachzeitschrift
JZ	Juristen Zeitung, Fachzeitschrift
Kempen/Zachert	Tarifvertragsgesetz, Kommentar, Köln, 4. Aufl. 2006
Komm.	Kommentar
KSchG	Kündigungsschutzgesetz
Kuner	Der neue TVöD, München 2006
KVLG	Gesetz über die Krankenversicherung der Landwirte
L.	Leitsatz
LAG	Landesarbeitsgericht
Landmann/Rohmer	Gewerbeordnung, München, Loseblatt
Leinemann/Taubert	Berufsbildungsgesetz, München, 2. Aufl. 2008
LeistungsTV-Bund	Tarifvertrag über das Leistungsentgelt für die Beschäftigten des Bundes
LFG	Gesetz über die Fortzahlung des Arbeitsentgelts im Krankheitsfalle
Löwisch/Rieble	Tarifvertragsgesetz, Kommentar, München, 2. Aufl. 2004
Lorenzen, Etzel u. a.	BPersVG, Kommentar, Heidelberg, Loseblatt
LPartG	Gesetz über die Eingetragene Lebenspatnerschaft
m. w. N.	mit weiteren Nachweisen
MB	Marburger Bund
Meisel/Sowka	Mutterschutz und Erziehungsurlaub, 5. Aufl. 1999
MTA	Manteltarifvertrag für Auszubildende
MTArb	Manteltarifvertrag für Arbeiterinnen und Arbeiter des Bundes und der Länder
MuSchG	Mutterschutzgesetz
NachwG	Nachweisgesetz
Nipperdey II	Arbeitssicherheit, Textsammlung, München
Nipperdey I	Arbeitsrecht, Textsammlung, München
NJW	Neue Juristische Wochenschrift, Fachzeitschrift
Nr.	Nummer
NZA	Neue Zeitschrift für Arbeitsrecht, Fachzeitschrift
ÖTV	Gewerkschaft öffentliche Dienste, Transport und Verkehr
o. V.	ohne Verfasser
PersR	Der Personalrat, Fachzeitschrift
PersV	Die Personalvertretung, Fachzeitschrift
PflegeZG	Gesetz über die Pflegezeit (Pflegezeitgesetz)
PflVG	Pflichtversicherungsgesetz
Pkt.	Punkt
PR	Personalrat
Pühler	BAT Bundes-Angestelltentarifvertrag, Textsammlung, Loseblatt, Heidelberg, München, Berlin
PStV	VO zur Ausführung des Personenstandsgesetzes
RDG	Rechtsdienstleistungsgesetz
Rdn.	Randnummer
RG	Reichsgericht
RGBl	Reichsgesetzblatt
Richardi	Betriebsverfassungsgesetz, München, 10. Aufl. 2006
RKG	Reichsknappschaftsgesetz

RVO	Reichsversicherungsordnung
S.	Seite, Satz
SAE	Sammlung arbeitsrechtlicher Entscheidungen, Fachzeitschrift
SBG	Soldatenbeteiligungsgesetz
SchwbG	Schwerbehindertengesetz
SGB	Sozialgesetzbuch
SGG	Sozialgerichtsgesetz
sog.	sogenannte
Spiegelhalter	Arbeitsrechtslexikon, München, Loseblatt, Bd. 1
SR	Sonderregelung
StAnz	Staatsanzeiger
StGB	Strafgesetzbuch
StPO	Strafprozeßordnung
st. Rsp.	ständige Rechtsprechung
str.	streitig
TdL	Tarifgemeinschaft deutscher Länder
Texts.	Textsammlung
Thüsing	Arbeitsrechtlicher Diskriminierungsschutz, München 2007
TOA	Tarifordnung für Angestellte
TVA-L	Tarifvertrag für Auszubildende der Länder
TVAöD	Tarifvertrag für Auszubildende des öffentlichen Dienstes
TVAöD-BT-BBiG	Tarifvertrag für Auszubildende des öffentlichen Dienstes – Besonderer Teil BBiG
TVG	Tarifvertragsgesetz
TV-L	Tarifvertrag für den öffentlichen Dienst der Länder
TV LohnGrVerz	Tarifvertrag über das Lohngruppenverzeichnis
TVöD	Tarifvertrag für den öffentlichen Dienst
TVÜ	Die Tarifverträge zur Überleitung der Beschäftigten in den TVöD und zur Regelung des Übergangsrechts
TVÜ-L	Tarifvertrag zur Überleitung der Beschäftigten der Länder in den TV-L und zur Regelung des Übergangsrechts
TzBfG	Gesetz über Teilzeitarbeit und befristete Arbeitsverträge und zur Änderung und Aufhebung arbeitsrechtlicher Bestimmungen
u. a.	und andere
Unterabs.	Unterabsatz
Uttlinger/Breier	Bundes-Angestelltentarifvertrag, Kommentar, Loseblatt, München/Münster
UWG	Gesetz gegen den unlauteren Wettbewerb
VBL	Versorgungsanstalt des Bundes und der Länder
VersTV	Versorgungstarifvertrag
VFAV	Verordnung über die Berufsbildung zum Verwaltungsfachangestellten/zur Verwaltungsfachangestellten
vgl.	vergleiche
VkA	Vereinigung der kommunalen Arbeitgeberverbände
VO	Verordnung
VSSR	Vierteljahresschrift für Sozialrecht, Fachzeitschrift
VwGO	Verwaltungsgerichtsordnung
ZAS	Zeitschrift für Arbeitsrecht und Sozialrecht, Fachzeitschrift
WissZeitVG	Wissenschaftszeitvertragsgesetz
ZBR	Zeitschrift für Beamtenrecht, Fachzeitschrift
ZDG	Zivildienstgesetz
ZDVG	Zivildienstvertrauensmann-Gesetz
ZfA	Zeitschrift für Arbeitsrecht, Fachzeitschrift
Ziff.	Ziffer
ZFA	Zeitschrift für Arbeitsrecht, Fachzeitschrift
ZPO	Zivilprozeßordnung
ZRP	Zeitschrift für Rechtspolitik, Fachzeitschrift
ZTR	Zeitschrift für Tarifrecht, Fachzeitschrift

Literaturübersicht

1. Arbeitsrecht (allgemein)

a) Grundrisse, Lehrbücher

Brox/Rüthers, Arbeitsrecht, Kohlhammer Verlag
Dütz, Arbeitsrecht, Verlag C. H. Beck
Gamillscheg, Kollektives Arbeitsrecht, Bände I und II, Verlag C. H. Beck
Gitter, Arbeitsrecht (Schaeffers Grundriß), Verlag R. v. Decker & C. F. Müller
Großmann/Schneider, Arbeitsrecht, Stollfuß Verlag
Hanau/Adomeit, Arbeitsrecht, Metzner Verlag
Hümmerich, Arbeitsrecht, Vertragsgestaltung/Prozessführung, Nomos Verlag
Leinemann/Taubert, Berufsbildungsgesetz, Verlag C. H. Beck
Junker, Grundkurs Arbeitsrecht, Verlag C. H. Beck
Richardi, Kollektives Arbeitsrecht, Vahlen Verlag
Söllner, Grundriß des Arbeitsrechts, Vahlen Verlag
Zöllner/Loritz/Hergenröder, Arbeitsrecht, Verlag C. H. Beck

b) Handbücher, Lexika

Däubler/Hjort/Hummel/Wolmerath, Arbeitsrecht, Handkommentar, Nomos Verlag
Müller-Glöge/Preis/Schmidt, Erfurter Kommentar zum Arbeitsrecht, Verlag C. H. Beck
Richardi/Wlotzke, Münchener Handbuch zum Arbeitsrecht, 3 Bände, Verlag C. H. Beck
Schaub, Arbeitsrechts-Handbuch, Verlag C. H. Beck
Spiegelhalter, Arbeitsrechtslexikon, Verlag C. H. Beck

c) Fachzeitschriften

Arbeit und Recht, Bund-Verlag
Der Betrieb, Verlag Handelsblatt
Der Betriebs-Berater, Verlag Recht und Wirtschaft
Neue Zeitschrift für Arbeitsrecht, Verlag C. H. Beck
Recht der Arbeit, Verlag C. H. Beck
Zeitschrift für Arbeitsrecht, Carl Heymanns Verlag

2. Arbeitsrecht im öffentlichen Dienst (allgemein)

a) Grundrisse, Lehrbücher, Handbücher, Lexika

Battis, Rechte und Pflichten im öffentlichen Dienst von A bis Z, Deutscher Taschenbuch Verlag
Bähr/Gola, Dienstrecht, Verlag Gehlen
Beck, Das Recht des Auszubildenden im Öffentlichen Dienst, Deutscher Taschenbuch Verlag
Bieler/Braun, Öffentliches Dienstrecht, Band II, Recht der Arbeiter und Angestellten, Erich Schmidt Verlag
Ebert, Das gesamte öffentliche Dienstrecht, Erich Schmidt Verlag
Linde, Angestellte im öffentlichen Dienst, I Grundlagen des Arbeitsverhältnisses, II Vergütung und Eingruppierung, R. v. Decker's Verlag G. Schenck
Ruge/Krömer/Pawlak/Rabe von Pappenheim, Arbeitsrecht im öffentlichen Dienst 2008, R. v. Decker's Verlag
Schükri, Das Recht des Arbeitnehmers im öffentlichen Dienst, R. v. Decker's Verlag G. Schenck
Weiß/Steinmeier, Arbeitsrecht für den öffentlichen Dienst, Moll Verlag
Wind/Schimara/Wallerius, Öffentliches Dienstrecht, Deutscher Gemeinde Verlag, Kohlhammer Verlag

b) Fachzeitschriften

Der Öffentliche Dienst, Carl Heymanns Verlag
Zeitschrift für Tarifrecht, Verlagsgruppe Jehle-Rehm
Der Personalrat, Bund-Verlag

c) Personalvertetungsrecht

Mehlinger, Grundlagen des Personalvertretungsrechts, Verlag C. H. Beck
Ilbertz, Personalvertretungsrecht des Bundes und der Länder, Walhalla
Fischer/Goeres, Personalvertretungsrecht des Bundes und der Länder, E. Schmidt
Altvater/Bacher/Hörter, Bundespersonalvertretungsgesetz, Bund Verlag
Ilbertz/Widmaier, Bundespersonalvertretungsgesetz, Kohlhammer
Lorenzen/Haas/Schmitt, Bundespersonalvertretungsgesetz, R. v. Decker's Verlag
Richardi/Dörner/Weber, Personalvertretungsrecht, Verlag C. H. Beck
Rieger, Bundespersonalvertretungsgesetz, Rehm
Schelter, Bundespersonalvertretungsrecht, Verlag C. H. Beck

d) Tarifvertragsrecht

Kuner, Arbeitsrecht und TVöD/TV-L, Ansprüche und Verfahren im Öffentlichen Dienst, Beck Verlag
Kuner, Der neue TVöD – Allgemeiner Teil und TVÜ, Verlag C. H. Beck
Bepler/Böhle/e. a., Kommentar zum Tarifrecht der Beschäftigten im Öffentlichen Dienst im Bereich des Bundes und der VKA, Loseblatt, Verlag C. H. Beck
Bepler/Böhle/e. a., Kommentar zum Tarifrecht der Beschäftigten im Öffentlichen Dienst der Länder, Loseblatt, Verlag C. H. Beck
Breier/Dassau/Kiefer, TVöD – Tarif- und Arbeitsrecht im öffentlichen Dienst, Verlagsgruppe Jehle-Rehm
Adam/Bauer/Bettenhausen, u. a. Tarifrecht der Beschäftigten im öffentlichen Dienst, Luchterhand Verlag
Clemens/Scheuring/Steingen/Wiese/Vormann, Bundes-Angestellten-Tarifvertrag, Moll Verlag
Böhm/Spiertz/Sponer/Steinherr, Bundes-Angestelltentarifvertrag, R. v. Decker's Verlag
Clemens/Scheuring/Steingen/Wiese, TVöD, Moll Verlag
Clemens/Scheuring/Steingen/Wiese, Tarifvertrag für den öffentlichen Dienst der Länder (TV-L), Moll Verlag
Sponer/Steinherr, Tarifvertrag für den öffentlichen Dienst, R. v. Decker's Verlag

Erster Abschnitt
Allgemeines, Grundbegriffe

A. Öffentlicher Dienst

Der Staat als politische Einheit einer Gemeinschaft von Menschen, die in einem bestimmten Gebiet unter einer obersten Gewalt, der Staatsgewalt, organisiert ist, ist nach dem Grundgesetz (GG) als juristische Person zu verstehen. Unsere Rechtsordnung unterscheidet zwischen der natürlichen Person, dem Menschen, einerseits und der juristischen Person, einem gedanklichen Gebilde, das ebenso wie die natürliche Person Träger von Rechten und Pflichten ist, andererseits. Der Staat besteht aus und wird tätig durch eine Mehrheit von verschiedenartigen juristischen Personen. Man unterscheidet dabei

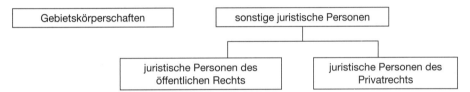

Gebietskörperschaften sind juristische Personen des öffentlichen Rechts, durch die Menschen, die sich in dem betreffenden Gebiet dauernd aufhalten, mitgliedschaftlich erfasst und unter einer hoheitlichen Gewalt zu einer Einheit verbunden werden. Es handelt sich dabei um Bund, Länder und Gemeinden.

Bei den **sonstigen juristischen Personen** kann es sich um juristische Personen des öffentlichen Rechts oder um solche des Privatrechts handeln. Als **juristische Personen des öffentlichen Rechts** kommen Anstalten, Stiftungen und Körperschaften, die nicht Gebietskörperschaften sind, in Betracht (z. B. Industrie- und Handelskammern, Landwirtschaftskammern, Ärzte- und Rechtsanwaltskammern, Ortskrankenkassen, Sparkassen).

Der Staat bedient sich bei seiner Tätigkeit gelegentlich auch der **juristischen Person des Privatrechts**. Man findet vom Staat wirtschaftlich getragene, rechtlich selbständige Aktiengesellschaften und Gesellschaften mit beschränkter Haftung. Gründe für die Wahl einer privatrechtlichen Organisationsform können darin liegen, dass damit die Vorschriften des öffentlichen Haushaltsrechts nicht beachtet zu werden brauchen oder dass die Haftung beschränkt wird oder die Reichweite der Staatsaufsicht eingeschränkt werden soll. Der Staat will damit also eine größere Beweglichkeit erreichen.

Bei der Begriffsbestimmung „**öffentlicher Dienst**" kommt es nicht auf die Art der Tätigkeit an, die ausgeübt wird, also nicht darauf, ob es sich um eine Tätigkeit handelt, die im öffentlichen Interesse liegt oder nicht (materielle Theorie), vielmehr ist darunter die **Tätigkeit der Personen zu verstehen, die ständig im Dienst einer juristischen Person des öffentlichen Rechts beschäftigt sind (formelle Theorie)**. Öffentliches Dienstrecht ist also das Recht der Beschäftigten der Gebietskörperschaften (Bund, Länder, Gemeinden) und der sonstigen juristischen Personen des öffentlichen Rechts. Nicht erfasst werden also die Personen, die bei einer juristischen Person des

Privatrechts beschäftigt sind, und zwar auch dann nicht, wenn sich der Staat dieser privatrechtlichen Organisationsform bedient.[1]

B. Angehörige des öffentlichen Dienstes

6   Die im öffentlichen Dienst beschäftigten Personen werden vom Grundgesetz als „Angehörige des öffentlichen Dienstes" bezeichnet (Art. 33 Abs. 4 GG). Sie werden in zwei Gruppen eingeteilt, nämlich in:

I. Personen, die in einem öffentlich-rechtlichen Dienst- oder Ausbildungsverhältnis stehen.

II. Personen, die in einem privatrechtlichen Vertragsverhältnis, nämlich in einem Arbeitsverhältnis oder einem privaten Ausbildungsverhältnis stehen.

I. Personen, die in einem öffentlich-rechtlichen Dienst- oder Ausbildungsverhältnis stehen

7   Zu den Personen, die in einem öffentlich-rechtlichen Dienst- oder Ausbildungsverhältnis stehen, gehören:

1. Beamte

8   Eine gesetzliche Definition des Beamtenbegriffs ist nicht vorhanden. Die Merkmale ergeben sich jedoch aus dem Gesetz, und zwar aus Art. 33 Abs. 4 GG, §§ 2 bis 10 Beamtenrechtsrahmengesetz (BRRG), § 2 Abs. 1 und § 6 Bundesbeamtengesetz (BBG) und aus den Beamtengesetzen der Länder. Danach ist Beamter in dem für das öffentliche Dienstrecht maßgebenden staats- oder beamtenrechtlichen Sinne (daneben kennt das deutsche Recht noch einen Beamtenbegriff im strafrechtlichen und im amtshaftungsrechtlichen Sinn)

> derjenige, der durch Aushändigung der vorgeschriebenen Ernennungsurkunde, in der die Worte „unter Berufung in das Beamtenverhältnis" vorkommen müssen, in ein öffentlich-rechtliches Dienst- und Treueverhältnis berufen worden ist.

Die Berufung in das Beamtenverhältnis stellt einen mitwirkungsbedürftigen Verwaltungsakt dar. Die zur Wirksamkeit der Berufung erforderliche Mitwirkungshandlung besteht in der Zustimmung des zu berufenden Beamten. Hierzu genügt in der Regel die widerspruchslose Entgegennahme der Ernennungsurkunde.[2]

Grundsätzlich besteht die Tätigkeit des Beamten in der Wahrnehmung hoheitsrechtlicher Aufgaben. Andere Aufgaben dürfen von Beamten nur wahrgenommen werden, wenn sie aus Gründen der Sicherung des Staates oder des öffentlichen Lebens nicht ausschließlich Personen übertragen werden dürfen, die in einem privatrechtlichen Arbeitsverhältnis stehen (Art. 33 Abs. 4 GG, § 2 Abs. 2 BRRG, § 4 BBG, Beamtengesetze der Länder).[3]

---

[1] BVerwGE, 30, 81 (88).
[2] BVerwGE, 34, 168 (171).
[3] Zur Abgrenzung von Beamten- und Angestelltenfunktionen im öffentlichen Dienst vgl. Dörr, ZTR 1991, 182 f. und 226 f.

2. Richter

An einer gesetzlichen Definition des Begriffes Richter fehlt es ebenfalls. Auch hier ergeben sich die Merkmale aus dem Gesetz, nämlich aus den Art. 92, 97 und 98 GG, §§ 1 bis 45a Deutsches Richtergesetz und den Richtergesetzen der Länder. Man unterscheidet dabei zwischen Berufsrichtern und ehrenamtlichen Richtern (z. B. Schöffen). Weil unter öffentlichem Dienst lediglich die Tätigkeit der Personen zu verstehen ist, die ständig im Dienst einer juristischen Person beschäftigt sind, erfolgt hier nur eine Begriffsbestimmung des Berufsrichters. Danach ist Richter

derjenige, der durch Aushändigung der vorgeschriebenen Ernennungsurkunde, in der die Worte „unter Berufung in das Richterverhältnis" vorkommen müssen, in ein Richteramt berufen worden ist.

Die Berufung in ein Richteramt stellt ebenso wie die Berufung in das Beamtenverhältnis einen mitwirkungsbedürftigen Verwaltungsakt dar. Der Aufgabenkreis des Richters besteht grundsätzlich in der Entscheidung über Recht und Unrecht. Nach Art. 92 GG ist den Richtern die rechtsprechende Gewalt anvertraut. Dem Richter obliegt also in erster Linie die Streitentscheidung in privatrechtlichen und öffentlich-rechtlichen Angelegenheiten einschließlich der gesamten Rechtsprechung in Strafsachen. Zum Aufgabenkreis des Richters gehören auch bestimmte Aufgaben der freiwilligen Gerichtsbarkeit. Wesentliches Merkmal des Richteramtes ist die richterliche Unabhängigkeit (Art. 97 GG).

Der Richter ist sachlich unabhängig, denn er ist weisungsfrei, das heißt, er unterliegt keinerlei Weisungen darüber, wie im einzelnen Fall zu entscheiden ist. Die sachliche Unabhängigkeit wird durch die persönliche Unabhängigkeit unterstützt. Sie betrifft die persönliche Rechtsstellung des Richters, insbesondere im Zusammenhang mit der Versetzung und Absetzung.

3. Soldaten

Nach § 1 Abs. 1 Satz 1 des Soldatengesetzes ist Soldat,

wer auf Grund der Wehrpflicht oder freiwilliger Verpflichtung in einem Wehrdienstverhältnis steht.

Das Gesetz unterscheidet also zwischen den Wehrpflichtigen einerseits und den Personen, die freiwillig in einem Wehrdienstverhältnis stehen, andererseits, nämlich den Berufssoldaten und den Soldaten auf Zeit. Die Wehrpflichtigen gehören deshalb nicht zum öffentlichen Dienst, weil sie nicht ständig im Dienst einer juristischen Person des öffentlichen Rechts stehen, anders als die Berufssoldaten und die Soldaten auf Zeit.[4]

Die Berufung in ein Wehrdienstverhältnis ist im Falle der freiwilligen Verpflichtung ein mitwirkungsbedürftiger Verwaltungsakt, also ohne die Zustimmung des Betroffenen unwirksam, und erfolgt durch Aushändigung einer Ernennungsurkunde, in der die Worte „unter Berufung in das Dienstverhältnis eines Berufssoldaten" oder „unter Berufung in das Dienstverhältnis eines Soldaten auf Zeit" enthalten sein müssen (§ 41 Abs. 1 S. 2 Ziff. 1 Soldatengesetz).

Die Aufgaben des Soldaten bestehen in der Wahrnehmung der Befugnisse der Streitkräfte, also in erster Linie in der Verteidigung, denn nach Art. 87a GG stellt der Bund Streitkräfte zur Verteidigung auf und dürfen Streitkräfte außer zur Vertei-

---

[4] BVerfGE, 16, 94 (110).

digung nur eingesetzt werden, soweit das Grundgesetz das ausdrücklich zulässt. Verteidigung bedeutet hier die Abwehr staatsexterner, also von außen mit Waffengewalt vorgetragener Angriffe auf das Staatsgebiet der Bundesrepublik Deutschland. Art. 115a GG enthält die Regelungen über die Befugnisse zur Feststellung des Verteidigungsfalles.

11 Das Grundgesetz hat den Einsatz der Streitkräfte außer zur Verteidigung in folgenden Fällen ausdrücklich zugelassen:
– Nach Art. 87a Abs. 3 GG haben die Streitkräfte die Befugnis zum Schutze ziviler Objekte und zur Verkehrsregelung, und zwar im Verteidigungsfall und im Spannungsfall. Art. 80a GG enthält die Regelungen über die Befugnis zur Feststellung des Spannungsfalles. Rechtsgrundlage für das Handeln der Streitkräfte beim zivilen Objektschutz und der Verkehrsregelung ist das Polizeirecht. Weil allerdings der Schutz ziviler Objekte gegen Angriffe durch Angehörige fremder Streitkräfte eine Aufgabe der Verteidigung ist, sind in Art. 87a GG nur Angriffe gegen zivile Objekte gemeint, die von Zivilpersonen ausgehen.
– Nach Art. 87a Abs. 4 GG können die Streitkräfte im Falle eines sogenannten inneren Notstandes eingesetzt werden zum Schutz ziviler Objekte und bei der Bekämpfung organisierter und militärisch bewaffneter Aufständischer. Wann ein innerer Notstand vorliegt, beschreibt Art. 91 Abs. 1 GG. Der Einsatz darf jedoch nur erfolgen, wenn die Polizeikräfte und der Bundesgrenzschutz nicht zur Abwehr ausreichen und die Voraussetzungen des Art. 91 Abs. 2 GG vorliegen, wenn also die Möglichkeiten des Art. 91 GG ganz ausgeschöpft sind, ohne dass die Gefahr beseitigt werden konnte. Über den Einsatz in diesem Fall entscheidet die Bundesregierung, der Einsatz ist einzustellen, wenn der Bundestag oder der Bundesrat es verlangen.
– Nach Art. 35 Abs. 2 und 3 GG können die Streitkräfte schließlich bei einer Naturkatastrophe oder bei einem besonders schweren Unglücksfall eingesetzt werden.

4. Personen, die in einem öffentlich-rechtlichen Ausbildungsverhältnis stehen

12   Das Beamtenrecht des Bundes und der Länder unterscheidet zwischen Laufbahnbewerbern und anderen Bewerbern. Während die anderen Bewerber ihre Befähigung zur Wahrnehmung ihrer Aufgaben im Beamtendienst durch ihre Lebens- und Berufserfahrung erlangt haben müssen, ist für die Laufbahnbewerber als öffentlich-rechtliches Ausbildungsverhältnis der sogenannte **Vorbereitungsdienst** vorgesehen. Während des Vorbereitungsdienstes sind die Beamtenanwärter bereits Beamte, und zwar Beamte auf Widerruf. Das Beamtenrecht der Länder enthält darüber hinaus die Möglichkeit, Laufbahnbewerber für die Laufbahnen des einfachen und mittleren Dienstes vor dem Vorbereitungsdienst in einem öffentlich-rechtlichen Ausbildungsverhältnis zu beschäftigen, und zwar als sogenannte **Dienstanfänger**. Der Dienstanfänger befindet sich noch nicht in einem Beamtenverhältnis, sein Dienstverhältnis ist aber dennoch öffentlich-rechtlicher Natur. Wer sich als Dienstanfänger bewährt, kann bei Vorliegen der allgemeinen beamtenrechtlichen Voraussetzungen in den Vorbereitungsdienst als Beamter auf Widerruf übernommen werden.

13   Nach dem geltenden Richterrecht wird die Befähigung zum Richteramt durch das Bestehen zweier Prüfungen erworben, wobei zwischen der Ersten und der zweiten Prüfung der sogenannte juristische Vorbereitungsdienst vorgeschrieben ist. Diejenigen Personen, die im juristischen Vorbereitungsdienst stehen, sind Beamte auf Widerruf.

II. Personen, die als Beschäftigte im öffentlichen Dienst in einem privatrechtlichen Vertragsverhältnis stehen

14   Zu den Personen, die als Beschäftigte im öffentlichen Dienst in einem privatrechtlichen Vertragsverhältnis stehen, gehören die Angestellten, die Arbeiter und die Aus-

zubildenden. Diese sind die Arbeitnehmer des öffentlichen Dienstes.[5] Das Arbeitsrecht im öffentlichen Dienst ist also

> die Summe der Rechtsregeln für diejenigen Personen, die auf Grund eines privatrechtlichen Vertrages bei einer juristischen Person des öffentlichen Rechts abhängig, das heißt weisungsgebunden und für fremde Rechnung Arbeit leisten, einschließlich der zu ihrer Berufsausbildung beschäftigten Personen.

Auf die Arbeitnehmer des öffentlichen Dienstes finden die allgemeinen Vorschriften des Arbeitsrechtes Anwendung. Für sie gelten jedoch eine Reihe von Spezialvorschriften. Der Grund dafür liegt darin, dass sie für den dem Haushaltsrecht unterliegenden öffentlichen Dienstherrn arbeiten, ihre Arbeit weitgehend im öffentlichen Interesse liegt und sie mit Beamten zusammenarbeiten. Dies hat dazu geführt, dass die Rechtsbeziehungen der Arbeitnehmer des öffentlichen Dienstes zu ihrem Dienstherrn sich den Grundsätzen, die für das öffentlich-rechtliche Dienstverhältnis gelten, angenähert haben, ohne dass es allerdings zu einer völligen Angleichung gekommen ist.

Diese Darstellung fasst das Arbeitsrecht im öffentlichen Dienst auf Grund der allgemeinen Vorschriften des Arbeitsrechts und unter Berücksichtigung der Spezialvorschriften zusammen.

Es gibt ebenso wenig wie für das allgemeine Arbeitsrecht ein besonderes Gesetz für das Arbeitsverhältnis im öffentlichen Dienst, vielmehr ist das gesamte Rechtsgebiet durch eine Vielzahl von verschiedenen Normen geregelt.

C. Die Rechtsquellen des Arbeitsrechts im öffentlichen Dienst

I. Die Arten der Rechtsquellen

Ebenso wie das allgemeine Arbeitsrecht ergibt sich auch das Arbeitsrecht im öffentlichen Dienst aus einer Reihe von Rechtsquellen. Der Bedeutung nach geordnet handelt es sich dabei um **folgende Quellen:**

Verfassung
Gesetze und Rechtsverordnungen
Tarifvertrag
Dienstvereinbarung
Arbeitsvertrag
Weisungen des Arbeitgebers (Direktionsrecht)

1. Mit der **Verfassung** ist das Grundgesetz für die Bundesrepublik Deutschland (GG) gemeint, die Verfassungen der Länder nur insoweit, als sie in Übereinstimmung mit den Artikeln 1 bis 18 des Grundgesetzes Grundrechte gewährleisten (Art. 142 GG), weil ansonsten nach Art. 31 GG Bundesrecht Landesrecht bricht. Durch Erlass eines einfachen Bundesgesetzes im Rahmen der Zuständigkeit nach dem Grundgesetz, also durch Bundesgesetz, das nicht Verfassungsrang hat, wird alles diesen Gegenstand betreffende Landesrecht, also auch Landesverfassungsrecht, aufgehoben und die Entstehung neuen Landesrechts, auch Landesverfassungsrechts, ausgeschlossen.

---

[5] Vgl. zum kirchlichen Arbeitsrecht Richardi, Arbeitsrecht in der Kirche, München 4. Aufl. 2003; Thüsing, ZTR 2006, 230f.; Belling, NZA 2006, 1132f.; Tiling, NZA 2007, 78f.; Andelewski/Stützle, NZA 2007, 723f. (Einstellung von Leiharbeitnehmern); Joussen, NZA 2007, 730f. (Zwangsschlichtung); Dütz, NZA 2008, 1383f. (Gesetzgebung und Autonomie).

Erster Abschnitt. Allgemeines, Grundbegriffe

19   2. **Tarifvertrag** ist ein Vertrag zwischen einem oder mehreren Arbeitgebern (Haus- oder Firmentarifvertrag) oder einem oder mehreren Arbeitgeberverbänden (Verbandstarifvertrag) einerseits und einer oder mehreren Gewerkschaften andererseits. Der Tarifvertrag hat eine andere, stärkere Wirkung als die Verträge des Bürgerlichen Gesetzbuches, nämlich die sogenannte normative Wirkung. Auf das Tarifvertragsrecht wird noch näher eingegangen werden, einige Gesichtspunkte dazu sind allerdings zum Verständnis der Rechtsquellen bereits hier nötig. Es ist insbesondere zu beachten, dass der Inhalt eines Tarifvertrages für Arbeitsverhältnisse nicht schlechterdings gilt, sondern grundsätzlich nur dann, wenn Tarifgebundenheit besteht, also wenn der Arbeitnehmer des Arbeitsverhältnisses Mitglied der Gewerkschaft ist, die den Tarifvertrag abgeschlossen hat, und der Arbeitgeber des Arbeitsverhältnisses Mitglied des Arbeitgeberverbandes, der Vertragspartner des Tarifvertrages ist, oder selbst Partner des Tarifvertrages (vgl. dazu Rdn. 107f.). Der Tarifvertrag kommt also nur dann als Rechtsquelle im Arbeitsrecht in Betracht, wenn er im Einzelfall anwendbar ist. Arbeitnehmer, auf deren Arbeitsverhältnis der einschlägige Tarifvertrag keine Anwendung findet, nennt man Außenseiter.

20   3. Die **Dienstvereinbarung** entspricht in ihrem Wesen der Betriebsvereinbarung im Arbeitsrecht der privaten Wirtschaft. Sie unterscheidet sich jedoch von ihr in einigen erheblichen Punkten. Sie ist ein Vertrag zwischen der Dienststelle einerseits und dem Personalrat, dem Repräsentanten der Belegschaft, andererseits mit einer über die Vereinbarungen des bürgerlichen Rechts hinausgehenden, nämlich mit sogenannter normativer Wirkung. Bei der Dienstvereinbarung gibt es, anders als beim Tarifvertrag, keine Außenseiter.

21   4. Der **Arbeitsvertrag** ist seiner Natur nach ein Dienstvertrag (§§ 611 bis 630 BGB), durch den sich der Arbeitnehmer zur Leistung von Arbeit verpflichtet, und zwar weisungsgebunden gegenüber dem Arbeitgeber. Durch regelmäßige Wiederholung gleichförmiger Verhaltensweisen im Betrieb oder in der Dienststelle und die Erzeugung eines Vertrauens in die Fortdauer der gleichartigen Handhabung kann eine Bindungswirkung entstehen, und zwar in dem Sinne, dass ein Anspruch auf die weitere Handhabung besteht. In solchen Fällen handelt es sich um Ansprüche aus einer **betrieblichen Übung** (oder Betriebsübung).[6] Darüber, dass auf diese Weise Ansprüche entstehen können, besteht in Rechtsprechung und Lehre Einigkeit, nicht dagegen über die Frage, wie dies rechtlich zu begründen ist. Die Rechtsprechung meint, es erfolge eine Ergänzung oder Änderung des Arbeitsvertrages durch Willenserklärungen in der Form des eindeutigen schlüssigen Verhaltens.[7] In der Lehre wird ganz überwiegend die Auffassung abgelehnt, dass auf diese Weise ein Rechtsgeschäft zustandekommt, vielmehr trete die Bindungswirkung auf Grund von Treu und Glauben ein, eben weil das Vertrauen in die Fortdauer der Handhabung erweckt worden sei. Die Bindungswirkung ergänze oder ändere den Arbeitsvertrag.[8] Die Frage kann dahingestellt bleiben, weil es nach beiden Auffassungen zu einer Ergänzung oder Änderung des Arbeitsvertrages kommt.

22   Unter welchen Voraussetzungen anzunehmen ist, dass ein Anspruch aus betrieblicher Übung entstanden ist, kann nur im Einzelfall entschieden werden. Folgende Anhaltspunkte lassen sich feststellen:

---

[6] Vgl. dazu Bepler, RdA 2004, 226f., zum Ende der betrieblichen Übung Thüsing, NZA 2005, 718f.

[7] BAG, AP Nr. 1, 2, 6, 8, 9, 10, 11 zu § 242 BGB, Betriebliche Übung; 23. 6. 1988, NZA 1989, 55f. (56), m.w.N.; 12. 1. 1994, NZA 1994, 694f.

[8] Singer, ZFA 1993, 487f.

a) Ein Anspruch entsteht nicht, wenn die fortdauernde Handhabung als freiwillig gekennzeichnet oder zum Ausdruck gebracht wird, dass ein Rechtsanspruch ausgeschlossen sei oder die Regelung nur für das laufende Jahr gelte,[9] wenn also ein Vorbehalt gemacht wird.

b) Ein Anspruch ist jedenfalls nach dreimaliger vorbehaltloser gleichförmiger Handhabung entstanden, so z. B. bei dreimaliger vorbehaltloser Gewährung einer Weihnachtsgratifikation, weil der Arbeitnehmer dann nach Treu und Glauben aus dem Verhalten des Arbeitgebers auf das Vorliegen eines Verpflichtungswillens bestimmten Inhalts schließen durfte. Auf das tatsächliche Vorliegen eines Verpflichtungswillens des Arbeitgebers kommt es für die Bindungswirkung einer betrieblichen Übung nicht an.[10] Im Bereich des **Arbeitsrechts des öffentlichen Dienstes** entsteht grundsätzlich, d. h., wenn nicht im Einzelfall zusätzliche konkrete Anhaltspunkte vorliegen, auch bei langjähriger Gewährung einer zusätzlichen Leistung keine mit Bindungswirkung versehene betriebliche Übung.[11] Der Grund dafür liegt darin, dass der insbesondere an die Festlegungen des Haushaltsplanes gebundene öffentliche Arbeitgeber gehalten ist, nur die gesetzlichen und tarifvertraglich vorgesehenen Mindestleistungen zu erbringen. Mithin muss der Arbeitnehmer nach Treu und Glauben davon ausgehen, dass sich sein Arbeitgeber normgemäß verhalten will, dass er ihm nur die Leistungen gewähren will, zu denen er rechtlich verpflichtet ist.[12] Darüber hinaus kann sich eine bindende betriebliche Übung grundsätzlich nicht im Widerspruch zu der für die Beamten maßgebenden Regelung entwickeln, wenn sich die vom Arbeitgeber gewährten Leistungen als Vollzug von Regelungen darstellen, die für Beamte und Arbeitnehmer einheitlich gelten, wenn der Arbeitgeber also Leistungen an Beamte erbringt und seine Arbeitnehmer mit einbezieht. Dies liegt daran, dass die Gleichbehandlung von Bediensteten derselben Behörde auch bei der Frage des Vertrauensschutzes Gewicht hat.[13] Andererseits begründet eine langandauernde Anpassung einer vertraglich vereinbarten Leistung an die jeweilige Erhöhung der Beamtenbesoldung grundsätzlich eine bindende betriebliche Übung, ohne dass dies – wie bei freiwilligen oder übertariflichen Leistungen im Bereich des öffentlichen Dienstes – daran scheitert, dass der Arbeitnehmer davon ausgehen muss, dass der Arbeitgeber ihm nur die Leistungen gewähren will, zu denen er rechtlich verpflichtet ist.[14]

Gelten für ein Arbeitsverhältnis die Tarifverträge des öffentlichen Dienstes, muss eine Nebenabrede, die auf eine betriebliche Übung zurückgeht wegen des Schriftformgebots (§§ 2 Abs. 3 TVöD/TV-L, 2 Abs. 2 TVAöD/TVA-L) schriftlich niedergelegt werden.[15]

c) Eine bestehende betriebliche Übung kommt den Arbeitnehmern zugute, mit denen unter der Geltung der Übung ein Arbeitsverhältnis begründet wird. Eine zuvor begründete betriebliche Übung schafft also einen Anspruch für einen Arbeitnehmer von Begründung seines Arbeitsverhältnisses an.[16]

---

[9] BAG, 6. 9. 1994, NZA 1995, 418 f.; 16. 4. 1997, ZTR 1997, 470, 471 (L.).
[10] BAG, AP Nr. 10, 12, 15, 16, 19 zu § 242 BGB, Betriebliche Übung; 23. 6. 1988, NZA 1989, 55 f. (56).
[11] Vgl. dazu den Überblick von Bolck, ZTR 1990, 229 f. Vgl. auch Singer, ZFA 1993, 487 f.
[12] BAG, 18. 9. 2002, NZA 2003, 337 f.
[13] BAG, AP Nr. 19 zu § 242 BGB, Betriebliche Übung.
[14] BAG, DöD 1986, 271 f.
[15] BAG, 18. 9. 2002, NZA 2003, 337 f.
[16] BAG, NZA 1989, 57 f.

d) Eine betriebliche Übung kann nicht entgegen tariflicher Regelung entstehen. Eine dem Tarifvertrag widersprechende Handhabung kann nicht als eine unwiderrufliche auf Dauer bindende Zusage gewertet werden.[17]

e) Eine betriebliche Übung kann einvernehmlich geändert werden, und zwar auch konkludent.[18]

f) Eine einfache Schriftformklausel, nach der Änderungen und Ergänzungen des Vertrages der Schriftform bedürfen, verhindern nicht, dass eine betriebliche Übung entsteht. Die Vertragsparteien können das für eine Vertragsänderung vereinbarte Schriftformerfordernis jederzeit schlüssig und formlos aufheben.[19]

g) Eine sogenannte doppelte Schriftformklausel, nach der Ergänzungen des Arbeitsvertrages der Schriftform bedürfen und die mündliche Abbedingung der Schriftformklausel nichtig ist, steht dem Entstehen einer betrieblichen Übung entgegen.[20] Handelt es sich bei der doppelten (konstitutiven) Schriftformklausel um eine Allgemeine Geschäftsbedingung, so führt die betriebliche Übung trotz Nichteinhaltung der Schriftform nicht deshalb zu einem Anspruch, weil nach § 305 b BGB individuelle Vertragsabreden Vorrang vor allgemeinen Geschäftsbedingungen haben. Die betriebliche Übung ist nämlich keine Individualabrede.[21] Eine derartige doppelte Schriftformklausel kann allerdings gemäß § 307 Abs. 1 S. 1 BGB unwirksam sein.[22]

23   **Richtlinien** und **Erlassen** kommt keine unmittelbare arbeitsrechtliche Bedeutung zu, sondern nur mittelbar durch einzelvertragliche Bezugnahme für das Arbeitsverhältnis, gegebenenfalls auch in Verbindung mit dem Gleichbehandlungsgrundsatz oder der Bindungswirkung einer betrieblichen Übung. Sie stellen nämlich nur dem öffentlichen Recht angehörende Weisungen einer vorgesetzten Behörde gegenüber nachgeordneten Behörden beziehungsweise mit ihrem Vollzug beauftragten Bediensteten ohne normativen Charakter dar.[23] Durch eine sogenannte **Dienstanweisung** bindet sich der Arbeitgeber selbst und muss sich im konkreten Fall an ihren Inhalt halten.[24]

24   5. Die **Weisungen des Arbeitgebers** beruhen auf dem Recht des Arbeitgebers, durch Erteilung von Weisungen an den Arbeitnehmer die Arbeit zu leiten (Direktionsrecht, §§ 6 Abs. 2, 106 GewO).[25]

II. Das Verhältnis der Rechtsquellen des Arbeitsrechts zueinander

25   Grundsätzlich gilt im deutschen Recht unter den Rechtsquellen das sogenannte Rangprinzip. Danach geht im Konfliktfall die ranghöhere Rechtsquelle der rangniedrigeren Rechtsquelle vor. Danach würde einer Regelung zur Länge des Erho-

---

[17] BAG, 30. 3. 1989, ZTR 1989, 443 f.
[18] BAG, 4. 5. 1999, NZA 1999, 1162 f.; Tappe/Koplin, DB 1998, 2114 f., m. w. N.; Goertz, AuR 1999, 463 f.; Becker, BB 2000, 2095 f.
[19] BAG, 20. 5. 2008, NZA 2008, 1233 f. (1234).
[20] BAG, 24. 6. 2003, ZTR 2003, 628 f.; 20. 5. 2008, NZA 2008, 1233 f. (1234, 1235).
[21] BAG, 20. 5. 2008, NZA 2008, 1233 f. (1235, 1236)
[22] Vgl. dazu BAG, 20. 5. 2008, NZA 2008, 1233 f. (1236, 1237); Leder/Scheuermann, NZA 2008, 1222 f.
[23] BAG, AP Nr. 19 zu § 242 BGB, Betriebliche Übung, m. w. N.; AP Nr. 6 zu §§ 22, 23 BAT; AP Nr. 5 zu § 812 BGB; 3. 6. 1992, ZTR 1992, 430.
[24] BAG, 25. 4. 1996, NZA 1996, 1201 f.
[25] Zu den Grenzen des Direktionsrechts Lakies, BB 2003, 364 f.; Borgmann/Faas, NZA 2004, 241 f.; BAG, 7. 12. 2000, ZTR 2001, 523 f., zum Weisungsrecht gegenüber Filmschauspielern (AGB-Kontrolle) BAG, 13. 6. 2007, NZA 2007, 974 f.

lungsurlaubes im Gesetz oder im Tarifvertrag einer hiervon abweichenden Regelung im Arbeitsvertrag vorgehen, gleichgültig, welchen Inhalt die verschiedenen Regelungen haben. Im Verhältnis der Rechtsquellen des Arbeitsrechts zueinander gilt jedoch grundsätzlich nicht das Rangprinzip, sondern das **Günstigkeitsprinzip**,[26] und zwar uneingeschränkt auch im Bereich des öffentlichen Dienstes.[27] Es bedeutet, dass

die Regelung der ranghöheren Rechtsquelle im Konfliktfall der rangniedrigeren nur vorgeht, wenn sie inhaltlich für den Arbeitnehmer günstiger ist,

mit anderen Worten,

das Rangprinzip gilt im Arbeitsrecht nur, wenn die ranghöhere Rechtsquelle für den Arbeitnehmer günstiger ist, es gilt dagegen nicht, wenn die ranghöhere Rechtsquelle für den Arbeitnehmer ungünstiger ist.

Wenn also im Arbeitsvertrag eine Regelung enthalten ist, die dem Arbeitnehmer einen längeren Urlaubsanspruch gewährt als der für ihn geltende Tarifvertrag, so ist die Regelung im Arbeitsvertrag anzuwenden.

Das Günstigkeitsprinzip gilt im Arbeitsrecht jedoch **nicht ausnahmslos**. Folgende Einschränkungen sind zu beachten: 26

1. Die Bestimmungen der Verfassung haben Vorrang vor allen anderen Rechtsquellen des Arbeitsrechts. Im **Verhältnis der Verfassung zu den übrigen Rechtsquellen** des Arbeitsrechts gilt also das Rangprinzip und nicht das Günstigkeitsprinzip. Inhalte der übrigen Rechtsquellen gelten nicht, wenn darin ein Verstoß gegen die Verfassung liegt.
2. Was das **Verhältnis der Gesetze und Rechtsverordnungen zu den im Range niedrigeren Rechtsquellen** anbetrifft, ist eine Differenzierung erforderlich. Unsere Rechtsordnung unterscheidet zwischen unabdingbaren und abdingbaren Gesetzen und Rechtsverordnungen. Unabdingbarkeit bedeutet, es besteht keine Möglichkeit, die Regelung vertraglich auszuschließen oder abzuändern.
  a) Zwischen den **unabdingbaren** Gesetzen und Rechtsverordnungen einerseits und den im Range niedrigeren Rechtsquellen andererseits gilt auch im Arbeitsrecht das Rangprinzip und nicht das Günstigkeitsprinzip, weil wegen der Unabdingbarkeit jede abweichende vertragliche Regelung, welchen Inhalt sie auch immer haben mag, unwirksam ist. Hierzu gehört das gesamte Personalvertretungsrecht des Bundespersonalvertretungsgesetzes (BPersVG) und der Personalvertretungsgesetze der Bundesländer (§§ 3 und 97 BPersVG).
  b) Bei den **abdingbaren** Gesetzen und Rechtsverordnungen sind zu unterscheiden diejenigen, die nur zugunsten des Arbeitnehmers abdingbar sind und diejenigen, die schlechterdings abdingbar sind, von denen also vertraglich sowohl zugunsten als auch zuungunsten des Arbeitnehmers abgewichen werden kann.
    aa) Besteht **Abdingbarkeit nur zugunsten des Arbeitnehmers** (z. B. §§ 13 Abs. 1 Satz 3 Bundesurlaubsgesetz, 613a Abs. 1 Satz 2 BGB), so gilt

---

[26] BAG, AP Nr. 12 zu § 15 AZO; 21. 9. 1989, NZA 1990, 351 f. (354); 7. 11. 1989, NZA 1990, 16 f. (819). Zur Durchführung des Günstigkeitsvergleichs vgl. Schliemann, NZA 2003, 122 f. Das Günstigkeitsprinzip ist zwar grundsätzlich nur in § 4 Abs. 3 des Tarifvertragsgesetzes (TVG) ausdrücklich für den Tarifvertrag geregelt, die Vorschrift ist jedoch unbestrittenermaßen Ausschnitt einer darüber hinaus ungeschriebenen umfassenden Kollisionsnorm im Arbeitsrecht. Es findet seine Rechtfertigung im sog. arbeitsrechtlichen Schutzprinzip, dem es widerspräche, wenn ranghöhere Gestaltungsfaktoren für rangniedrigere, d. h. in der Regel sachnähere Regelungen, Sperrwirkungen entfalten würden.
[27] BAG, AP Nr. 12 zu § 15 AZO.

zwischen dem abdingbaren Gesetz oder der abdingbaren Rechtsverordnung einerseits und den rangniedrigeren Rechtsquellen andererseits das Günstigkeitsprinzip, das heißt, die für den Arbeitnehmer günstigere Regelung ist anzuwenden, eine für den Arbeitnehmer ungünstigere Regelung ist dagegen unwirksam, weil Abdingbarkeit nur zugunsten des Arbeitnehmers gegeben ist.

bb) Eine Ausnahme hiervon, also eine Ausnahme von der Geltung des Günstigkeitsprinzips, stellen die sogenannten **tarifvertragsdispositiven Normen** dar. Es handelt sich dabei um solche, die zwar grundsätzlich nur zugunsten des Arbeitnehmers abdingbar sind, zuungunsten jedoch durch eine tarifvertragliche Regelung (z. B. §§ 622 Abs. 4 BGB, 7 Abs. 1–3, 12 ArbZG, 13 Abs. 1 Satz 1 BUrlG, §§ 12 Abs. 3, 13 Abs. 4 TzBfG). In diesen Fällen geht die tarifvertragliche Regelung der gesetzlichen Regelung vor, das Günstigkeitsprinzip ist nicht anzuwenden.[28] Würde es anzuwenden sein, so könnte eine für den Arbeitnehmer ungünstigere tarifvertragliche Regelung nie gelten, weil die günstigere gesetzliche Regelung vorginge. Wird also in einem auf das Arbeitsverhältnis zwischen dem Arbeitnehmer A und dem Arbeitgeber B anwendbaren Tarifvertrag abweichend von § 622 Abs. 4 BGB eine Kündigungsfrist von einer Woche vereinbart, so geht diese für den A ungünstigere tarifvertragliche Regelung den für ihn günstigeren gesetzlichen Regelungen des § 622 Abs. 1–3 BGB vor.

cc) Besteht **Abdingbarkeit zugunsten wie zuungunsten des Arbeitnehmers** (z. B. § 616 BGB), so geht jede vertragliche Regelung der gesetzlichen Regelung vor, das Günstigkeitsprinzip ist nicht anzuwenden. Würde es anzuwenden sein, so könnte eine für den Arbeitnehmer ungünstigere vertragliche Regelung nicht gelten, weil die günstigere gesetzliche Regelung vorginge, was jedoch wegen der generellen Abdingbarkeit, also auch der Abdingbarkeit zuungunsten des Arbeitnehmers, nicht eintreten soll. Wird also in einem auf das Arbeitsverhältnis zwischen dem Arbeitnehmer A und dem Arbeitgeber B anwendbaren Tarifvertrag oder im Arbeitsvertrag zwischen A und B abweichend von § 616 BGB vereinbart, dass der Arbeitnehmer A seinen Vergütungsanspruch gegen den Arbeitgeber B auch dann verliert, wenn er für eine verhältnismäßig unerhebliche Zeit durch einen in seiner Person liegenden Grund ohne sein Verschulden verhindert ist, seine Arbeit zu leisten, so geht diese im Tarifvertrag bzw. im Arbeitsvertrag enthaltene für den A ungünstigere vertragliche Regelung der für ihn günstigeren gesetzlichen Regelung des § 616 BGB vor.

3. Das Günstigkeitsprinzip gilt nicht im **Verhältnis zwischen Tarifvertrag und Dienstvereinbarung**. Hier findet vielmehr das Rangprinzip Anwendung.

Nach § 73 Abs. 1 Satz 1 BPersVG sind Dienstvereinbarungen nur zulässig, soweit das Bundespersonalvertretungsgesetz dies ausdrücklich vorsieht. Den Abschluss von Dienstvereinbarungen sieht das Gesetz nur in den Fällen der §§ 75 Abs. 3 und 76 Abs. 2 vor, allerdings nur dann, wenn eine tarifliche Regelung nicht besteht. Darüber hinaus bestimmt § 75 Abs. 5 BPersVG, der auch im Rahmen des § 76 Abs. 2 BPersVG entsprechende Anwendung findet, dass Arbeitsentgelte und sonstige Arbeitsbedingungen, das heißt Normen, die den Inhalt von Arbeitsver-

---

[28] Im Verhältnis der vertraglichen Rechtsquellen untereinander gilt, abgesehen vom Verhältnis Tarifvertrag – Dienstvereinbarung, selbstverständlich das Günstigkeitsprinzip. Eine für den Arbeitnehmer günstigere arbeitsrechtliche Regelung geht deshalb einer ungünstigen tarifvertraglichen vor.

hältnissen ordnen (Inhaltsnormen i. S. v. §§ 1, 4 Abs. 1 TVG, Rdn. 118), gleichgültig, ob es sich dabei um materielle oder formelle Arbeitsbedingungen handelt,[29] die durch Tarifvertrag geregelt sind oder üblicherweise geregelt werden, nicht Gegenstand einer Dienstvereinbarung sein können, es sei denn, dass ein Tarifvertrag den Abschluss ergänzender Dienstvereinbarungen ausdrücklich zulässt.[30] Diese Vorschriften bilden das sogenannte Primat der Tarifvertragspartner.[31] Es findet zusätzlich zu den Voraussetzungen Anwendung, die das Bundespersonalvertretungsgesetz in den Einleitungssätzen der §§ 75 Abs. 3 und 76 Abs. 2 fordert, nämlich, dass eine gesetzliche oder tarifliche Regelung nicht besteht (Zwei-Schranken-Theorie).[32] Eine Dienstvereinbarung, die ursprünglich gegen das Primat der Tarifvertragspartner verstieß, kann durch eine spätere Tariföffnungsklausel rückwirkend wirksam werden.[33]

Es bedeutet: 28

a) Dienstvereinbarungen können überhaupt nur abgeschlossen werden über Angelegenheiten, die in § 75 Abs. 3 Ziffern 1 bis 17 und in § 76 Abs. 2 Ziffern 1 bis 10 BPersVG genannt sind (§ 73 Abs. 1 Satz 1 BPersVG).

b) Über die dort genannten Angelegenheiten können Dienstvereinbarungen jedoch nicht abgeschlossen werden, wenn zu der Angelegenheit eine tarifliche Regelung vorhanden ist (§ 75 Abs. 3, Eingangssatz und § 76 Abs. 2, Eingangssatz, BPersVG). Voraussetzung für den Ausschluss der Dienstvereinbarung ist allerdings, dass der Tarifvertrag, der die Regelung enthält, für die Dienststelle gilt. Nähere Einzelheiten dazu werden bei der später folgenden Behandlung der Dienstvereinbarung erörtert.

c) Handelt es sich bei der Angelegenheit aus der Aufzählung in den §§ 75 Abs. 3 Ziffern 1 bis 17 und 76 Abs. 2 Ziffern 1 bis 10 BPersVG, über die eine Dienstvereinbarung abgeschlossen werden kann, um eine sogenannte materielle Arbeitsbedingung, also um eine Angelegenheit, die Leistung und Gegenleistung im Arbeitsverhältnis betrifft, und ist zu dieser Angelegenheit eine tarifliche Regelung, die für die Dienststelle gilt, nicht vorhanden, so kann darüber dennoch wegen § 75 Abs. 5 BPersVG eine Dienstvereinbarung nicht abgeschlossen werden, wenn zu der Angelegenheit eine tarifvertragliche Regelung vorhanden ist, die nicht für die Dienststelle gilt, oder dazu eine tarifvertragliche Regelung üblicherweise erfolgt (Tarifüblichkeit). Die Anforderungen an die Tarifüblichkeit werden im Zusammenhang mit der späteren Erörterung der Dienstvereinbarung dargelegt. Über eine Angelegenheit kann also nur dann eine Dienstvereinbarung abgeschlossen werden, wenn folgende **drei Voraussetzungen** erfüllt sind:

aa) Es muss sich um eine Angelegenheit handeln, über die nach dem Gesetz eine Dienstvereinbarung abgeschlossen werden kann.

---

[29] BAG, 9. 4. 1991, NZA 1991, 734 f., m. w. N., str.
[30] Zu rückwirkenden Tariföffnungsklauseln vgl. BAG, 20. 4. 1999, NZA 1999, 1059 f. (zu § 77 Abs. 3 BetrVG), zu den Folgen einer Aufhebung des Tarifvorbehalts Richardi, NZA 2000, 617 f. (zu § 77 Abs. 3 BetrVG).
[31] Vgl. zu den Rechtswirkungen einer gegen das Primat verstoßenden Dienstvereinbarung Belling/Hartmann, NZA 1998, 673 f. (zu § 77 Abs. 3 BetrVG), insbesondere auch zum Verhältnis von Regelungen in Firmentarifverträgen zu solchen in Verbandstarifverträgen, Ehmann/Lambrich, NZA 1996, 346 f. Zur Umdeutung einer insoweit nichtigen Dienstvereinbarung in ein Vertragsangebot an die Arbeitnehmer vgl. BAG, 24. 1. 1996, NZA 1996, 948 f. (zu § 77 Abs. 3 BetrVG), zur Geltung des Primats für Regelungsabreden und arbeitsvertragliche Einheitsregelungen BAG, 20. 4. 1999, NZA 1999, 887 f. (zu § 77 Abs. 3 BetrVG).
[32] Vgl. dazu Wank, RdA 1991, 129 f.
[33] BAG, 29. 1. 2002, NZA 2002, 927 (zu § 77 Abs. 3 BetrVG).

bb) Es darf über die Angelegenheit keine Regelung in einem Tarifvertrag geben, der für die Dienststelle gilt.

cc) Es darf, für den Fall, dass es sich bei der Angelegenheit um eine sogenannte materielle Arbeitsbedingung handelt, dazu keine tarifliche Regelung vorhanden sein, auch wenn diese nicht für die Dienststelle gilt, oder dazu eine tarifvertragliche Regelung nicht üblicherweise erfolgen.

29 Das Rangprinzip und nicht das Günstigkeitsprinzip gilt also deshalb im Verhältnis zwischen Tarifvertrag und Dienstvereinbarung, weil bei Vorhandensein einer tarifvertraglichen Regelung, die auf das Arbeitsverhältnis Anwendung findet, der Abschluss einer Dienstvereinbarung über die Angelegenheit ausgeschlossen ist. Dies bedeutet, dass eine Regelung in einer Dienstvereinbarung auch dann nichtig ist, wenn sie gegenüber einer vorhandenen tariflichen Regelung für den Arbeitnehmer günstiger ist.[34]

D. Arbeitsverhältnis, Arbeitnehmer – Arbeitgeber

30 **Arbeitsverhältnis** ist die Rechtsbeziehung zwischen Arbeitnehmer und Arbeitgeber. Es ist also erforderlich zu klären, welche Voraussetzungen erfüllt sein müssen, damit eine Person Arbeitnehmer und damit eine Person Arbeitgeber ist.

Im Falle eines sogenannten Telearbeitsverhältnisses wird Arbeitsleistung außerhalb der Betriebsstätte des Arbeitgebers mit Hilfe von Geräten bzw. Einrichtungen der dezentralen Informationsverarbeitungs- oder Kommunikationstechnik unter telekommunikationstechnischer Anbindung an den Betrieb des Arbeitgebers erbracht.[35]

31 **Arbeitnehmer** ist eine natürliche Person, die auf Grund eines privatrechtlichen Vertrages weisungsunterworfen zur Leistung von Arbeit verpflichtet ist.[36] Die Arbeitnehmereigenschaft wird also von drei Kriterien bestimmt:

32 I. Die Verpflichtung zur Arbeitsleistung muss sich aus einem **privatrechtlichen Vertrag** ergeben.

Daraus folgt, dass Arbeitnehmer nicht ist, wer auf Grund eines öffentlich-rechtlichen Dienstverhältnisses zur Arbeitsleistung verpflichtet ist, also der Beamte, der Richter und der Soldat.

Daraus folgt weiter, dass derjenige nicht Arbeitnehmer ist, der nur als Familienmitglied auf Grund der zur ehelichen Lebensgemeinschaft gehörenden Beistandspflicht (§ 1353 Abs. 1 BGB) Arbeit leistet.[37]

---

[34] Zur Frage, ob und unter welchen Voraussetzungen eine unwirksame Dienstvereinbarung durch Umdeutung analog § 140 BGB zum Inhalt der Arbeitsverträge werden kann, vgl. BAG, 23. 8. 1989, NZA 1990, 69 f.; Veit/Waas, BB 1991, 1329 f.

[35] Vgl. zu den rechtlichen Konsequenzen beim Telearbeitsverhältnis Boemke, BB 2000, 147 f.

[36] Vgl. dazu Hromadka, NJW 2003, 1847 f.; zur Arbeitnehmereigenschaft der Organmitglieder von Gesellschaften vgl. Henssler, RdA 1992, 289 f.; Loritz, RdA 1992, 310 f.; Wank/Maties, NZA 2007, 353 f., zur Kündigungsschutzklage eines Organvertreters einer juristischen Person BAG, 14. 6. 2006, NZA 2006, 1154 f. Zur Abgrenzung zum freien Mitarbeiter vgl. Kunz/Kunz, DB 1993, 326 f.; Wrede, NZA 1999, 1019 f., zu den arbeits- und sozialversicherungsrechtlichen Konsequenzen eines vom Arbeitnehmer gewonnenen Statusprozesses Hohmeister, NZA 1999, 1009 f.; Hochrathner, NZA 1999, 1016 f., zur gerichtlichen Feststellung der Arbeitnehmereigenschaft und ihrer Rechtsfolgen für Vergangenheit und Zukunft Reinecke, RdA 2001, 357 f.; Niepalla/Dütemeyer, NZA 2002, 712 f., zu den arbeitsrechtlichen Folgen der aufgedeckten „Scheinselbstständigkeit" Lampe, RdA 2002, 18 f.

[37] Zum Ehegattenarbeitsverhältnis vgl. Menken, DB 1993, 161 f.

Arbeitnehmer ist damit auch derjenige nicht, der sich nicht freiwillig zu Arbeitsleistung verpflichtet hat, so zum Beispiel die Strafgefangenen und die Fürsorgezöglinge.[38]

Bei dem privatrechtlichen Vertrag muss es sich um einen Dienstvertrag (§§ 611–630 BGB) handeln. Arbeitnehmer ist demnach nicht, wer die Herbeiführung eines bestimmten Erfolges vertraglich vereinbart hat, also einen Werkvertrag abgeschlossen hat.[39] Umstritten ist die Frage, ob die Arbeitnehmereigenschaft nur dann gegeben ist, wenn der zur Arbeitsleistung verpflichteten Person eine Vergütung geschuldet wird, wenn also Entgeltlichkeit vorliegt. Sie ist nach meiner Ansicht zu verneinen, weil sich aus § 612 Abs. 1 BGB ergibt, dass ein Dienstvertrag auch ohne Vergütung vorliegen kann, denn ist eine Vergütung nicht vereinbart und handelt es sich um eine Dienstleistung, für die den Umständen nach keine Vergütung zu erwarten ist, so wird eine Vergütung nicht geschuldet und es handelt sich dennoch um einen Dienstvertrag.[40] Derartige Fälle sind in der Praxis allerdings so selten, dass sie in einer Darstellung des Arbeitsrechts vernachlässigt werden können.

II. Weiteres Wesensmerkmal ist die **Weisungsunterworfenheit** der Person, die zur Arbeitsleistung verpflichtet ist, allerdings nur in grundsätzlicher Hinsicht, das heißt, je nach der Position des Arbeitnehmers in unterschiedlichem Umfang. 33

Zu ihrer Feststellung kommt es darauf an, wie die Vertragsbeziehung nach ihrem Geschäftsinhalt objektiv einzuordnen ist. Der wirkliche Geschäftsinhalt ist den ausdrücklich getroffenen Vereinbarungen und der praktischen Durchführung des Vertrages zu entnehmen. Wenn der Vertrag abweichend von den ausdrücklichen Vereinbarungen vollzogen wird, ist die tatsächliche Durchführung maßgebend, denn die praktische Handhabung lässt Rückschlüsse darauf zu, von welchen Rechten und Pflichten die Parteien in Wirklichkeit ausgegangen sind.[41]

Unterschreitet die Weisungsabhängigkeit einen gewissen Umfang, so liegt kein Arbeitsverhältnis vor. Wann diese Grenze unterschritten wird, richtet sich nach der Verkehrsauffassung, wobei diese maßgeblich darauf abstellt, ob es geboten erscheint, der weisungsunterworfenen Person auf Grund des Grades der Unterworfenheit den sozialen Schutz des Arbeitsrechts zuzubilligen.[42] Als Arbeitnehmer werden deshalb in der Regel nicht angesehen z.B. Rechtsanwälte, Architekten, selbständige Handelsvertreter und Mitglieder des Geschäftsführungsorgans juristischer Personen.[43] Da es für das Vorliegen eines Arbeitsverhältnisses auf Weisungs**unterworfenheit** ankommt, ist nicht erforderlich, dass der Person, die Arbeit leistet, auch tatsächlich Weisungen erteilt werden. Maßgebend ist, ob sie verpflichtet ist, den Weisungen Folge zu leisten, wenn sie erteilt würden, mithin, ob sie dem Direktionsrecht des Arbeitgebers unterliegt. Unter diesem Gesichtspunkt ist Arbeitnehmer selbstverständlich eine Person, die beispielsweise auf Grund ihrer früheren Beschäftigung 34

---

[38] BAG, DB 1979, 1186.
[39] BGH, AP Nr. 28 zu § 611 BGB, Haftung des Arbeitnehmers; BAG, AP Nr. 14 zu § 611 BGB, Abhängigkeit.
[40] BGH, DB 1975, 1982.
[41] BAG, 20. 7. 1994, NZA 1995, 161 f. Zum Feststellungsinteresse an einer Klage, mit der der Kläger Feststellung begehrt, dass er in einem Arbeitsverhältnis zum Beklagten steht, vgl. BAG, 20. 7. 1994, NZA 1995, 190 f.; Hochrathner, NZA 1999, 1016 f.; ders., NZA 2000, 1083 f., m.w. N.
[42] BAG, 30. 11. 1994, NZA 1995, 622 f., m. w. N.; 26. 5. 1999, NZA 1999, 983 f. (984, 985).
[43] Vgl. Kamanabrou, DB 2002, 146 f. (GmbH-Geschäftsführer); Reiserer, BB 2002, 1199 f. (GmbH-Geschäftsführer); Schrader/Schubert, DB 2005, 1457 f. (GmbH-Geschäftsführer); Goll-Müller/Langenhan-Komus, NZA 2008, 687 f.; Boemke, ZFA 1998, 209 f.; Jaeger, NZA 1998, 961 f.; BAG, 6. 5. 1999, NZA 1999, 839 f. (Zuständigkeit für Klagen); 26. 5. 1999, NZA 1999, 987 f. Zum Abmahnerfordernis im Falle der außerordentlichen Kündigung von Organmitgliedern vgl. Schumacher-Mohr, DB 2002, 1606 f.

ihre Arbeit so selbständig ausführen kann, dass ihr nie Weisungen erteilt werden müssen und werden oder die durch die Arbeit bei ihrem Arbeitgeber im Laufe der Zeit die ihr übertragenen Aufgaben derartig gut beherrscht, dass sie sie völlig ungeleitet erledigen kann. Wenn es darauf ankäme, ob die Person tatsächlich Weisungen erhält, würde sie im zweiten Beispielsfall ihre Arbeitnehmereigenschaften verlieren, wenn sie allmählich die Befähigung erwirbt, ihre Tätigkeit auszuüben, ohne dass sie angewiesen werden muss. Entscheidend ist also, ob die Rechtsbeziehung so gestaltet ist, dass die arbeitende Person auch gegen ihren Willen so zu handeln verpflichtet ist, wie der Dienstberechtigte es ihr aufträgt.

35 Vielfach werden statt des Begriffes „Weisungsunterworfenheit" die Begriffe „persönliche Abhängigkeit" oder „soziale Abhängigkeit" gebraucht. Diese Begriffe sind mißverständlich und werden deshalb hier nicht verwendet. Sie erwecken insbesondere den Eindruck, als komme es darauf an, ob die zur Arbeitsleistung verpflichtete Person auf den Arbeitsplatz und auf die damit verbundene Vergütung angewiesen sei, also wirtschaftlich oder persönlich abhängig sei. Wenn dies auch in den meisten Fällen so ist, so ist es dennoch für die Arbeitnehmereigenschaft ohne Bedeutung.

36 III. Drittes Wesensmerkmal der Arbeitnehmereigenschaft ist, dass das, wozu sich der Arbeitnehmer verpflichtet hat, **„Arbeit"** ist. Dabei ist davon auszugehen, dass jedes erlaubte menschliche Verhalten Gegenstand einer Arbeitsverpflichtung sein kann. Dies bedeutet:

37 Der zeitliche Umfang der Arbeitsverpflichtung spielt keine Rolle. Eine Arbeitsverpflichtung von wenigen Stunden oder einem Tag ist Arbeit.

38 Auch Arbeitsbereitschaft ist Arbeit, die Arbeitsleistung liegt in der „wachen Achtsamkeit im Zustande der Entspannung".[44]

39 Schließlich muss es sich um eine erlaubte Tätigkeit handeln, eine solche also, die nicht gesetzlich verboten oder sittenwidrig ist.[45]

40 **Arbeitgeber** ist derjenige, der wenigstens einen Arbeitnehmer beschäftigt, der Gläubiger der Arbeitsleistung also, mit anderen Worten derjenige, der auf Grund eines privatrechtlichen Vertrages von einer anderen Person Arbeitsleistungen verlangen kann und die andere Person dabei weisungsunterworfen ist.[46] Arbeitgeber kann auch eine juristische Person sein, und zwar sowohl eine solche des privaten wie des öffentlichen Rechts.

E. Angestellte – Arbeiter – Personen, die in einem Ausbildungsverhältnis stehen

41 Ebenso wie im allgemeinen Arbeitsrecht ist es auch im Arbeitsrecht des öffentlichen Dienstes erforderlich, zu klären, wer Angestellter, wer Arbeiter ist und wer in einem Ausbildungsverhältnis steht. Die Unterscheidung zwischen Angestellten und Arbeitern verliert zwar nach der Entscheidung des Bundesverfassungsgerichts vom 30. 5. 1990[47] zunehmend an Bedeutung, das geltende Arbeitsrecht hält aber immer noch an ihr fest. Das BVerfG sieht zwar keine ausreichenden sachlichen Gründe für unterschiedliche Kündigungsfristen für Angestellte und Arbeiter, die eine Ungleichbehandlung angesichts des allgemeinen Gleichheitssatzes des Art. 3 Abs. 1 GG

---

[44] BAG, AP Nr. 5 zu § 7 AZO; AP Nr. 8 zu § 7 AZO, AP Nr. 3 zu § 13 AZO.
[45] BAG, AP Nr. 2 zu § 611 BGB, faktisches Arbeitsverhältnis. Vgl. zu den arbeits- und sozialrechtlichen Auswirkungen des Prostitutionsgesetzes Laskowsky, AuR 2002, 406 f.
[46] BAG, AP Nr. 1 zu § 705 BGB.
[47] BVerfG, 30. 5. 1990, E 82, 126 f. Vgl. auch BVerfGE 62, 256 f.

rechtfertigen könnten, hält die Unterscheidung aber grundsätzlich noch für sachlich gerechtfertigt und handhabbar. Die Unterteilung findet sich immer noch in § 622 Abs. 1 BGB, wenn auch ohne Bedeutung für die dort geregelten Kündigungsfristen. Mit Inkrafttreten des TVöD und des TV-L entfällt grundsätzlich[48] die Unterscheidung zwischen Angestellten und Arbeitern im Geltungsbereich der Tarifverträge. Der Begriff „Beschäftigte" wird eingeführt.[49] Gemeint sind damit alle Arbeitnehmer und Arbeitnehmerinnen, d. h. Personen, die in einem Arbeitsverhältnis stehen, die also auf Grund eines Arbeitsvertrages beschäftigt werden.

I. Angestellter – Arbeiter

Vor der Klärung der beiden Begriffe müssen zwei Feststellungen getroffen werden. 42
Es gibt keine Arbeitnehmer, die nicht einer der beiden Gruppen angehören. Die zu ihrer Ausbildung beschäftigten Personen sind Arbeiter oder Angestellte, je nach dem, zu welchem Beruf sie ausgebildet werden.

Diejenigen Arbeitnehmer, die nicht Angestellte sind, sind Arbeiter.

Bedauerlicherweise ist eine gesetzliche Definition für die Begriffe Angestellter und Arbeiter, die für das gesamte Arbeitsrecht gilt, nicht vorhanden. Es ist also fraglich, wie festzustellen ist, ob eine Person Angestellter oder Arbeiter ist.

Für die Einordnung als Angestellter oder Arbeiter ist die **Verkehrsauffassung** 43 (Auffassung der im konkreten Fall beteiligten Berufskreise) maßgebend.[50] Entscheidendes Anzeichen dafür, dass es zur Einordnung des Arbeitnehmers eine Verkehrsauffassung gibt und wie die Tätigkeit des Arbeitnehmers nach der Verkehrsauffassung einzuordnen ist, ist die Behandlung der Tätigkeit in den Tarifverträgen als Angestellten- oder Arbeitertätigkeit.[51]

Ist eine Verkehrsauffassung nicht vorhanden, so ist **Angestellter, wer kaufmänni-** 44 **sche oder büromäßige Arbeit leistet sowie, wer überwiegend leitende, beaufsichtigende oder eine vergleichbare Tätigkeit ausübt.**[52]

Läßt sich die Zuordnung auch mit diesen Kriterien nicht vornehmen, so kommt 45 es darauf an, **ob der Arbeitnehmer überwiegend eine mehr geistige oder mehr körperliche (mechanische Hand-) Arbeit verrrichtet.**[53]

Um festzustellen, ob ein Arbeitnehmer Angestellter oder Arbeiter ist, sind demnach verschiedene Arbeitsschritte durchzuführen. 46

Auch das Arbeitsrecht im öffentlichen Dienst kennt Personen, die als **leitende An-** 47 **gestellte** bezeichnet werden können. Wie das allgemeine Arbeitsrecht enthält auch das Arbeitsrecht im öffentlichen Dienst keine einheitlichen Begriffsmerkmale, sie sind vielmehr in den verschiedenen Rechtsquellen unterschiedlich (vgl. §§ 7, 14 Abs. 3 BPersVG, §§ 14, 17 Abs. 5 Nr. 3 KSchG, § 22 Abs. 2 Nr. 2 ArbGG). Das übereinstimmende Merkmal besteht darin, dass es sich um Arbeitnehmer handelt,

---

[48] Sonderregelungen für Beschäftigte, die nach altem Recht Angestellte wären, sieht § 30 Abs. 2 bis 5 TVöD/TV-L (vgl. § 30 Abs. 1 S. 2 TVöD/TV-L) vor.
[49] Beachte: Wegen fortgeltenden Übergangsrechts und des Überleitungsrechts haben die Tarifvertragsparteien eine Begriffsbestimmung zu Angestellten und Arbeitnehmern in § 38 Abs. 5 TVöD/TV-L getroffen. Die Zuordnung erfolgt dort in Bezug auf die bis zur Organisationsreform in der Rentenversicherung geltende Unterteilung der Rentenversicherung der Angestellten einerseits und der Rentenversicherung der Arbeiterinnen und Arbeiter andererseits. Seit dem 1. Januar 2005 besteht ausschließlich noch die „Deutsche Rentenversicherung".
[50] BAG, BB 1959, 304.
[51] BAG, BB 1959, 304.
[52] BAG, BB 1957, 1143.
[53] BAG, BB 1957, 1143; AP Nr. 118 zu § 1 TVG, Auslegung.

die unter eigener Verantwortung typische Unternehmeraufgaben mit erheblichem Entscheidungsspielraum wahrnehmen. Im Zusammenhang mit der Erörterung ihrer Sonderbehandlung im Arbeitsrecht wird auf die unterschiedlichen Abgrenzungskriterien eingegangen.

II. Personen, die in einem Ausbildungsverhältnis stehen

48   Personen, die in einem Ausbildungsverhältnis stehen, sind diejenigen Personen, die nach dem Berufsbildungsgesetz (BBiG) Berufsbildung erfahren, das heißt Berufsausbildungsvorbereitung, Berufsausbildung, berufliche Fortbildung oder berufliche Umschulung (§ 1 Abs. 1 BBiG), die Volontäre und Praktikanten.

49   Die **Berufsausbildungsvorbereitung** dient dem Ziel, durch die Vermittlung von Grundlagen für den Erwerb beruflicher Handlungsfähigkeit an eine Berufsausbildung in einem anerkannten Ausbildungsberuf heranzuführen (§ 1 Abs. 2 BBiG).

Durch die **Berufsausbildung** sollen die für die Ausübung einer qualifizierten beruflichen Tätigkeit in einer sich wandelnden Arbeitswelt notwendigen beruflichen Fertigkeiten, Kenntnisse und Fähigkeiten (berufliche Handlungsfähigkeit) in einem geordneten Ausbildungsgang vermittelt und der Erwerb der erforderlichen Berufserfahrungen ermöglicht werden (§ 1 Abs. 3 BBiG).

50   Die **berufliche Fortbildung** dient dazu, die beruflichen Kenntnisse und Fertigkeiten zu erhalten und anzupassen oder zu erweitern und beruflich aufzusteigen (§ 1 Abs. 4 BBiG).

51   Die **berufliche Umschulung** soll zu einer anderen beruflichen Tätigkeit befähigen (§ 1 Abs. 5 BBiG).

52   **Volontäre** sind Personen, mit denen ein Arbeitsverhältnis nicht vereinbart worden ist und bei denen es sich nicht um eine Berufsausbildung im Sinne des BBiG handelt, die aber eingestellt worden sind, um berufliche Fertigkeiten, Kenntnisse, Fähigkeiten oder brufliche Erfahrungen zu erwerben (§ 26 BBiG).

53   Der **Praktikant** ist eine Person, die in einem Betrieb eine Tätigkeit ausübt und eine Ausbildung erhält, weil sie diese im Rahmen einer Gesamtausbildung nachweisen muss.[54] Hiermit ist beispielsweise der Student an einer Fachhochschule gemeint, der wegen der Vorschriften in den Studienordnungen, die für den erfolgreichen Abschluss des Fachhochschulstudiums praktische Studienabschnitte mit bestimmten Ausbildungsinhalten vorschreiben, in einem Betrieb tätig ist. Auch für ihn gilt § 26 BBiG.

F. Die Einteilung des Arbeitsrechts

54   Das Arbeitsrecht wird üblicherweise in vier Bereiche eingeteilt. Diese Bereiche sind:
– Individuelles Arbeitsrecht (Arbeitsvertragsrecht),
– Arbeitsschutzrecht (Arbeitnehmerschutzrecht),
– Kollektives Arbeitsrecht und
– Recht des Arbeitsgerichtsverfahrens
  (Arbeitsgerichtsbarkeit; Arbeitsverfahrensrecht).

55   **Individuelles Arbeitsrecht** ist der Teil des Arbeitsrechts, der die Rechtsbeziehung zwischen Arbeitgeber und einzelnem Arbeitnehmer regelt. **Arbeitsschutzrecht** sind

---

[54] BAG, AP Nr. 2 zu § 21 KSchG.

diejenigen Vorschriften, durch die der Arbeitnehmer vor den von der Arbeit ausgehenden Gefahren, insbesondere für sein Leben und seine Gesundheit, geschützt wird.[55] Als **kollektives Arbeitsrecht** wird der Teil des Arbeitsrechts bezeichnet, der die Rechtsbeziehungen zwischen Gewerkschaften und Arbeitgeberverbänden oder zwischen Gewerkschaften und einzelnen Arbeitgebern und die Rechtsbeziehungen zwischen Personalräten und Arbeitgebern betrifft, also insbesondere das Tarifvertragsrecht, das Recht der Dienstvereinbarung und die Beteiligungsrechte nach dem Personalvertretungsrecht.

Zum kollektiven Arbeitsrecht gehört auch das Unternehmensverfassungsrecht, also die Beteiligung der Arbeitnehmerschaft in der Unternehmensverfassung.

Unter **Recht des Arbeitsgerichtsverfahrens** sind die Vorschriften zu verstehen, die das Verfahren vor den Gerichten für Arbeitssachen regeln.

Diese Einteilung ist nur von geringer Bedeutung, weil die vielfältigen Verzahnungen der einzelnen Bereiche für das Arbeitsrecht gerade typisch sind. Bei der rechtlichen Beurteilung der Beendigung eines Arbeitsverhältnisses durch Kündigung beispielsweise kommt es aus dem Bereich des individuellen Arbeitsrechts darauf an, ob für die Wirksamkeit der Kündigung die Einhaltung einer bestimmten Form für die Kündigungserklärung, etwa Schriftform, vorgeschrieben ist und welche Kündigungsfrist einzuhalten war, aus dem Bereich des kollektiven Arbeitsrechts darauf, ob die Regelungen des einschlägigen Tarifvertrags Anwendung finden, ob sie Kündigungsbeschränkungen enthalten und ob die Personalvertretung in der vorgeschriebenen Weise beteiligt worden ist. Die Einteilung ist die Grundlage für die Gliederung dieser Darstellung des Arbeitsrechts im öffentlichen Dienst.

Das Arbeitsrecht lässt sich weder ganz dem **öffentlichen Recht** noch ganz dem **Privatrecht** zuordnen. Dem öffentlichen Recht gehören nach der von Hans J. Wolff entwickelten modifizierten Subjektstheorie[56] diejenigen Tatbestände, diejenigen Angelegenheiten an, an denen auf Grund der auf sie anzuwendenden Rechtssätze ein Träger öffentlicher Gewalt, also der Staat oder eine seiner Untergliederungen, beteiligt sein muss. Dieses Zuordnungskriterium ergibt sich daraus, dass nicht alle Rechtssätze, die sich an Träger öffentlicher Gewalt wenden, öffentlich-rechtlicher Natur sind, sondern nur diejenigen, die notwendigerweise nur Träger öffentlicher Gewalt berechtigen oder verpflichten, andere natürliche oder juristische Personen dagegen nicht. Das Arbeitsrecht enthält mithin öffentliches Recht und Privatrecht, weil es Angelegenheiten regelt, an denen ein Träger öffentlicher Gewalt beteiligt sein muss (z. B. das Verfahren vor den Gerichten für Arbeitssachen oder die Verpflichtung zu Anzeigen und Auskünften gegenüber der Erlaubnisbehörde des Arbeitgebers, der gewerbsmäßige Arbeitnehmerüberlassung betreibt), aber auch solche, bei denen dies nicht erforderlich ist, an denen also jede natürliche oder juristische Person beteiligt sein kann (z. B. die Kündigungsfristen, das Dienstvertragsrecht).

G. Rechtsweg

Das Verfahrensrecht über Streitigkeiten aus dem Arbeitsrecht im öffentlichen Dienst ergibt sich aus

---

[55] Zur Arbeitssicherheit und Unfallverhütung im öffentlichen Dienst vgl. Graßl/Zakrzewski, DÖD 2001, 49 f.
[56] Hans J. Wolff, Der Unterschied zwischen öffentlichem und privatem Recht, AöR 75 (1950), 205–217.

- dem Arbeitsgerichtsgesetz (ArbGG),
- der Zivilprozessordnung (ZPO) und
- dem Bundespersonalvertretungsgesetz (§§ 83, 84, 106 BPersVG).

60 Im Arbeitsgerichtsverfahren gibt es zwei verschiedene Verfahrensarten, nämlich
- das Urteilsverfahren (§§ 46 bis 79 ArbGG) und
- das Beschlussverfahren (§§ 80 bis 98 ArbGG).

61 Das **Urteilsverfahren** wird durchgeführt, wenn es sich um Streitigkeiten handelt, die im § 2 Abs. 1 bis 4 ArbGG bezeichnet sind, also um bestimmte dort genannte bürgerliche Rechtsstreitigkeiten aus dem Arbeitsrecht (§§ 2 Abs. 5, 46 Abs. 1 ArbGG). Eine Erweiterung erfolgt nach § 3 ArbGG um Rechtsnachfolger sowie nach § 5 ArbGG um besondere Personengruppen. Zuständig sind die **Gerichte für Arbeitssachen**, also die Arbeitsgerichte, Landesarbeitsgerichte und das Bundesarbeitsgericht (§ 1 ArbGG). Im Urteilsverfahren gelten die Vorschriften der Zivilprozessordnung entsprechend, soweit das Arbeitsgerichtsgesetz nichts anderes bestimmt, die Regelungen des Arbeitsgerichtsgesetzes über das Urteilsverfahren (§§ 46 bis 79 ArbGG) sind also Spezialregelungen gegenüber denen der Zivilprozessordnung (§§ 46 Abs. 2, 64 Abs. 6, 72 Abs. 5 ArbGG).

Gegen die Urteile der Arbeitsgerichte gibt es die Möglichkeit der Berufung zum Landesarbeitsgericht. Sie muss innerhalb eines Monats eingelegt und innerhalb von zwei Monaten begründet werden. Beide Fristen beginnen mit der Zustellung des Urteils (§ 66 Abs. 1 ArbGG). Die Berufung kann nur eingelegt werden, wenn einer der Fälle des § 64 Abs. 2 ArbGG vorliegt.

Gegen die Urteile des Landesarbeitsgerichts gibt es die Möglichkeit der Revision an das Bundesarbeitsgericht. Die Frist für die Einlegung und die für die Begründung betragen wie bei der Berufung je einen bzw. zwei Monate (§ 74 Abs. 1 ArbGG). Sie ist nur statthaft, wenn sie in dem Urteil des Landesarbeitsgerichts zugelassen worden ist oder wenn das Bundesarbeitsgericht der Beschwerde gegen die Nichtzulassung der Revision durch das Landesarbeitsgericht nach § 72a Abs. 5 S. 2 ArbGG stattgegeben hat (§ 72 Abs. 1 und 2 ArbGG).

Im Revisionsverfahren kann im Gegensatz zum Berufungsverfahren nur eine rechtliche Nachprüfung des angegriffenen Urteils erfolgen, neue Tatsachen können dagegen nicht berücksichtigt werden, weil die Tatsachen, die der Entscheidung des Bundesarbeitsgerichts zugrundezulegen sind, durch das Landesarbeitsgericht bindend festgestellt werden (§ 73 Abs. 1 ArbGG).

62 Das **Beschlussverfahren** wird durchgeführt, wenn es sich um betriebsverfassungsrechtliche Streitigkeiten aus dem Bundespersonalvertretungsrecht oder dem Landespersonalvertretungsrecht handelt (§§ 83, 106 BPersVG). Zuständig ist die **Verwaltungsgerichtsbarkeit**, also die Verwaltungsgerichte, Oberverwaltungsgerichte (in Baden-Württemberg, Bayern und Hessen: Verwaltungsgerichtshöfe, vgl. § 184 VwGO) und das Bundesverwaltungsgericht. Die Vorschriften des Arbeitsgerichtsgesetzes über das Beschlußverfahren (§§ 80 bis 98 ArbGG) gelten entsprechend (§ 83 Abs. 2 BPersVG).[57]

§ 83 Abs. 1 BPersVG enthält zwar, anders als das Arbeitsgerichtsgesetz in § 2a, keine allgemeine Generalklausel für das Beschlussverfahren, wonach die Zuständigkeit im Beschlussverfahren für „Angelegenheiten aus dem Betriebsverfassungsgesetz" gegeben ist, sondern einen Katalog von Streitigkeiten, der abschließend gestaltet ist. Er umfasst aber dennoch alle betriebsverfassungsrechtlichen Streitigkeiten, die innerhalb einer Dienststelle entstehen können. Dies ergibt sich daraus, dass die

---

[57] Vgl. zum personalvertretungsrechtlichen Beschlussverfahren Schaub, ZTR 2001, 97 f.

dort genannten Angelegenheiten sehr weit gefasst sind. Sollten jedoch Lücken auftreten, so sind sie durch analoge Anwendung zu schließen.

Trotz der grundsätzlichen Zuständigkeit der Verwaltungsgerichtsbarkeit ist nicht ausgeschlossen, dass die Gerichte für Arbeitssachen eine Streitfrage entscheiden, die in den Zuständigkeitskatalog fällt, wenn sie nämlich als Vorfrage mitzuentscheiden ist. Erhebt beispielsweise ein Arbeitnehmer Klage beim Arbeitsgericht, weil ihm gekündigt worden ist, so prüft das Arbeitsgericht, ob die Personalvertretung an der Kündigung ordnungsgemäß beteiligt worden ist. 63

Der wesentliche Unterschied zwischen Urteilsverfahren und Beschlussverfahren besteht darin, dass im Urteilsverfahren der Sachverhalt, über den entschieden werden soll, von den Parteien in den Prozess eingeführt und nachgewiesen werden muss (sog. Verhandlungsmaxime), im Beschlussverfahren dagegen das Gericht von Amts wegen den Sachverhalt ermittelt (Offizialmaxime, § 83 Abs. 1 ArbGG). 64

Das Beschlussverfahren trägt seine Bezeichnung deshalb, weil dort nicht durch Urteil, sondern durch Beschluss entschieden wird.

Gegen die Beschlüsse der Verwaltungsgerichte gibt es die Möglichkeit der Beschwerde zum Oberverwaltungsgericht, gegen die des Oberverwaltungsgerichts die der Rechtsbeschwerde zum Bundesverwaltungsgericht. Im Rechtsbeschwerdeverfahren kann im Gegensatz zum Beschwerdeverfahren und wie bei der Revision im Urteilsverfahren nur eine rechtliche Nachprüfung des angegriffenen Beschlusses erfolgen (§ 93 ArbGG).

Zweiter Abschnitt
Kollektives Arbeitsrecht

A. Koalitionen

I. Begriff

65 1. Koalitionen sind nach Art. 9 Abs. 3 des Grundgesetzes „Vereinigungen zur Wahrung und Förderung der Arbeits- und Wirtschaftsbedingungen". Hierzu gehören insbesondere die **Gewerkschaften** und **Arbeitgeberverbände**. Auf die Frage, ob eine Vereinigung Gewerkschaft oder Arbeitgeberverband ist oder nicht, kommt es im Arbeitsrecht vor allem in folgenden Fällen an:

66 a) Ist eine Vereinigung berechtigt, einen Tarifvertrag abzuschließen? Nach § 2 Abs. 1 TVG können, abgesehen von einzelnen Arbeitgebern im Falle des Haustarifvertrages, nur Gewerkschaften und Arbeitgeberverbände Partner von Tarifverträgen sein (sog. Tariffähigkeit).

b) Ist ein Streik rechtswidrig, weil es sich um einen sogenannten „wilden" Streik handelt? Ein Streik muss von einer Gewerkschaft geführt werden.[58]

c) Kann ein Vertreter einer Vereinigung ein Mitglied in einem Rechtsstreit vor dem Arbeitsgericht oder dem Landesarbeitsgericht, dem Verwaltungsgericht oder dem Oberverwaltungsgericht (bzw. dem Verwaltungsgerichtshof) vertreten (§§ 83 Abs. 2 BPersVG, 80 Abs. 2 und 11 Abs. 1 und 2 ArbGG)?

d) Stehen der Vereinigung die im Personalvertretungsrecht geregelten Unterstützungs- und Kontrollrechte zu (vgl. z.B. die §§ 19 Abs. 8, 20, 22, 23, 25, 28 Abs. 1, 49 Abs. 3 BPersVG)?[59]

67 2. Die in Art. 9 Abs. 3 GG enthaltene Begriffsbestimmung, nämlich „Vereinigung zur Wahrung und Förderung der Arbeits- und Wirtschaftsbedingungen", wird von der Rechtsprechung und der Lehre nicht für ausreichend gehalten, um damit bestimmen zu können, ob eine Vereinigung Gewerkschaft oder Arbeitgeberverband ist. Man ist der Ansicht, dass diese Begriffsbestimmung zu weit gefasst ist und diejenigen Merkmale nicht enthält, die auf Grund der geschichtlichen Entwicklung des Koalitionswesens und wegen des Zweckes der Koalitionen vorhanden sein müssen.

Es werden deshalb weitere **Mindestvoraussetzungen**, die gesetzlich nicht geregelt sind, aber erfüllt sein müssen, gefordert, damit einer Vereinigung die Eigenschaft zuerkannt werden kann, Gewerkschaft oder Arbeitgeberverband zu sein.[60] Dabei ist der Begriff der Gewerkschaft und des Arbeitgeberverbandes im Arbeitsrecht des öffentlichen Dienstes, insbesondere im Personalvertretungsrecht grundsätzlich kein anderer als der im allgemeinen Arbeitsrecht.[61] Sie müssen folgenden Anforderungen genügen:

68 a) **Nach der Satzung** der Vereinigung muss ihre **Aufgabe in der Wahrnehmung der Interessen ihrer Mitglieder gerade in ihrer Eigenschaft als Arbeitgeber oder Arbeitnehmer** bestehen.[62] Dieses Erfordernis beinhaltet folgende Kriterien:

---

[58] BAG, NJW 1964, 883; NJW 1973, 1994.
[59] Vgl. zu den Gewerkschaftsrechten in der Dienststelle Leuze, DÖD 2001, 293 f.
[60] Vgl. dazu BAG, 14. 12. 2004, NZA 2005, 697 f. (m.w. N.).
[61] BVerwGE 15, 168 [169].
[62] BVerfGE 4, 96 [106 ff.]; 18, 18 [28]; BAG, AP Nr. 30 zu § 2 TVG, AP Nr. 32 zu § 2 TVG.

aa) Die Vereinigung muss **körperschaftlich**, das heißt, wie ein Verein **organisiert** 69
sein. Nur dann, wenn ihr Bestand vom Mitgliederwechsel unabhängig ist und Organe vorhanden sind, die den Willen der Mitglieder vertreten können und an deren Entscheidungen die Mitglieder gebunden sind (demokratisch organisiert), kann sie die Interessen ihrer Mitglieder sinnvoll wahrnehmen.

bb) Die Vereinigung muss dazu **fähig sein und den Willen dazu haben Tarif-** 70
verträge abzuschließen. Dieses Erfordernis ergibt sich aus folgenden Überlegungen. Die Interessenwahrnehmung der Mitglieder gerade in ihrer Eigenschaft als Arbeitgeber oder Arbeitnehmer erfolgt nach der Rechtsordnung in erster Linie durch Tarifverträge. Dies folgt aus der aus Art. 9 Abs. 3 GG abgeleiteten und im Tarifvertragsgesetz konkretisierten sogenannten Tarifautonomie, dem Recht der Gewerkschaften und Arbeitgeberverbände, die Arbeits- und Wirtschaftsbedingungen in Tarifverträgen selbstverantwortlich, das heißt unabhängig von staatlicher Einflussnahme zu regeln.[63]

Eine Vereinigung ist, wenn es sich um eine Arbeitnehmervereinigung handelt, 71
nicht dagegen im Falle eines Arbeitgeberverbandes (und auch nicht, wenn es um die Tariffähigkeit eines einzelnen Arbeitgebers geht),[64] nur dann fähig, Tarifverträge abzuschließen, wenn sie über eine gewisse Durchsetzungskraft gegenüber dem Gegenspieler verfügt. Ein angestrebter Interessenausgleich durch einen Tarifvertrag kann nur dann zustande kommen, wenn die Vereinigung so leistungsfähig ist, dass sich die andere Seite veranlasst sieht, auf Verhandlungen über tarifliche Regelungen einzugehen und zum Abschluss eines Tarifvertrages zu kommen. Andernfalls kann sie ihre satzungsmäßige Aufgabe nicht erfüllen. Leistungsfähigkeit im Sinne von Durchsetzungskraft ist dann gegeben, wenn zu erwarten ist, dass die Vereinigung vom Gegner überhaupt ernstgenommen wird, sodass die Regelung der Arbeitsbedingungen nicht einem Diktat der einen Seite entspringt, sondern ausgehandelt wird. Ob dies der Fall ist, muss bei jeder Vereinigung im Einzelfall nach ihrer konkreten Situation beurteilt werden. Kriterien zur Beurteilung sind insbesondere Organisationsstärke und Ausstattung.[65]

Arbeitskampfbereitschaft ist dagegen nicht erforderlich. Die Wahrnehmung der 72
Interessen der Mitglieder gerade in ihrer Eigenschaft als Arbeitgeber oder Arbeitnehmer durch den Abschluss von Tarifverträgen ist nicht nur dann möglich, wenn von einem Arbeitskampf oder der Drohung mit ihm Druck ausgeht. Alleine die Einsicht und der gute Wille der Beteiligten kann die Bereitschaft bewirken, freiwillig eine die Befriedung in sich schließende Regelung der Arbeitsbedingungen auszuhandeln. Es besteht keine Veranlassung, die freie Wahl der Mittel bei der Interessenwahrnehmung zu beschränken und es nicht dem freien Spiel der Kräfte zu überlassen, ob mit dem gewählten Mittel der erstrebte Erfolg erreicht wird. Die Tauglichkeit des gewählten Mittels wird den Ausgang des Wettbewerbs der Vereinigungen untereinander bestimmen.[66] Diese Ansicht ist allerdings sehr umstritten.[67] Das Bundesarbeitsgericht hat zunächst Arbeitskampfbereitschaft gefordert,[68] und zwar mit der nicht überzeugenden Begründung, die Tarifautonomie könne nicht sinnvoll ihre Aufgaben erfüllen, wenn das Bekenntnis zum Arbeitskampf fehle,

---

[63] BVerfGE 4, 96 [106].
[64] BAG, 20. 11. 1990, NZA 1991, 428 f.
[65] BVerfG, AP Nr. 31 zu § 2 TVG; BAG, 16. 1. 1990, NZA 1990, 623 f.; 6. 6. 2000, NZA 2001, 160 f.; 28. 3. 2006, NZA 2006, 1112 f.
[66] BVerfGE 18, 18 [29–33].
[67] A. A. Hanau, JuS 1975, 789.
[68] BAG, AP Nr. 13 zu § 2 TVG.

gleichzeitig aber die staatliche Hilfe in Form der Zwangsschlichtung nicht gewährt werde. Später hat es jedoch im Zusammenhang mit der Entscheidung über den Gewerkschaftscharakter des Marburger Bundes[69] auf die Arbeitskampfbereitschaft verzichtet, allerdings mit der unverständlichen Einschränkung, dass sie dann nicht erforderlich sei, wenn ihr Fehlen nicht nur auf einem freien Entschluss, sondern auf dem Wesen des betreffenden Berufes, hier des Arztberufes, beruhe. Unverständlich erscheint die Einschränkung deshalb, weil die Arbeitskampfbereitschaft gefordert werden muss, wenn die Tarifautonomie nicht ohne sie funktioniert, auf sie jedoch verzichtet werden kann, wenn – wie die Praxis zeigt – Tarifverträge, die zu einer Befriedung führen, auch geschlossen werden können, ohne dass wenigstens von der Drohung mit dem Arbeitskampf Druck ausgeht. Für die Frage nach dem Funktionieren der Tarifautonomie mit oder ohne Arbeitskampfbereitschaft kann es nicht darauf ankommen, warum die Bereitschaft fehlt, ob nur auf Grund eines freien Entschlusses oder auch wegen des Wesens des betreffenden Berufes.

73   cc) Der Zusammenschluss **darf nicht nur für vorübergehende Zeit erfolgen, sondern muss auf eine gewisse Dauer angelegt sein**. Eine Vereinigung, die deshalb gebildet wird, um damit einen einzelnen Streik zu führen („ad-hoc-Koalition"), ist nicht Gewerkschaft. Diese Anforderung folgt daraus, dass gewährleistet sein muss, dass die Vereinigung über eine gewisse Durchsetzungskraft verfügt, um Tarifverträge abschließen zu können. Diese Fähigkeit wird lediglich von einer Vereinigung angenommen, die auf eine gewisse Dauer angelegt ist, bei einer „ad-hoc-Koalition" meint man, davon nicht ausgehen zu können. Die Tarifautonomie, die im Rahmen des normativen Teils von Tarifverträgen Normsetzungsbefugnisse verleiht und weitreichende Mitwirkungsrechte in der Arbeits- und Wirtschaftsverfassung einräumt, könne nur dann verwirklicht werden, wenn die Vereinigung auf eine gewisse Dauer angelegt sei.[70]

74   b) Die Vereinigung muss **frei gebildet** sein, das heißt, es muss sich um einen freiwilligen Zusammenschluss handeln.[71] Zwangsverbände kommen als Gewerkschaften oder Arbeitgeberverbände nicht in Betracht. Deswegen gehören Industrie- und Handelskammern, Ärztekammern, Rechtsanwaltskammern oder Kreishandwerkerschaften nicht dazu. Die Freiwilligkeit des Zusammenschlusses wird nicht dadurch in Frage gestellt, dass die Mitglieder im Arbeitsleben im Gegensatz zu den Nichtmitgliedern erhebliche Vorteile genießen (z. B. kostenlose Prozessvertretungen vor den Gerichten für Arbeitssachen, Streikunterstützung).

Das Erfordernis der Freiwilligkeit des Zusammenschlusses ist darin begründet, dass die mit der Tarifautonomie eingeräumte Berechtigung, grundsätzlich frei von staatlicher Einflussnahme die Arbeitsbedingungen durch Tarifverträge zu gestalten, einen gesetzlichen Zwangsverband als Träger dieser Autonomie nicht zulässt, weil bereits in dem Zwang sich zusammenzuschließen, staatliche Einflussnahme liegt.[72]

75   c) Die Vereinigung muss **gegnerfrei** sein,[73] das heißt, in einer Gewerkschaft dürfen nur Arbeitnehmer, in einem Arbeitgeberverband nur Arbeitgeber vertreten sein, mit anderen Worten, Mitglied einer Gewerkschaft oder eines Arbeitgeberverbandes darf nicht ein sozialer Gegenspieler sein.[74] Dieses Erfordernis ist nicht formalistisch zu betrachten. Es ist dann erfüllt, wenn die eine Seite nicht in einer irgendwie ins Ge-

---

[69] BAG, AP Nr. 6 zu § 118 BetrVG 1972.
[70] BAG, DB 1978, 1403 [1404].
[71] BVerfGE 4, 96 [106 ff.]; 18, 18 [28].
[72] BVerfGE 4, 96 [106].
[73] BVerfGE 4, 96 [106 ff.]; 18, 18 [28]; AP Nr. 31 zu § 2 TVG.
[74] BAG, AP Nr. 24 zu Art. 9 GG; Nr. 14, 30, 32 zu § 2 TVG.

wicht fallenden Weise auf die Willensbildung der anderen Seite oder die arbeitsrechtliche und wirtschaftliche Situation der Mitglieder der anderen Seite Einfluss zu nehmen vermag.[75] Die Begründung für die Anforderung ergibt sich aus der satzungsmäßigen Aufgabe der Vereinigung, nämlich die Interessenwahrnehmung ihrer Mitglieder als Arbeitnehmer oder Arbeitgeber. Nur eine gegnerfreie Vereinigung ist in der Lage, die Interessen ihrer Mitglieder dem Gegenspieler gegenüber ordnungsgemäß zu vertreten.

d) Die Vereinigung muss **unabhängig** sein.[76] Unabhängigkeit bedeutet, die Vereinigung darf nicht den Weisungen des Staates, politischer Parteien oder der Kirchen unterworfen sein.[77]

Auch dieses Erfordernis ergibt sich aus der Tarifautonomie. Im Falle der Weisungsunterworfenheit ist eine freie Verbandsentscheidung beschnitten oder unmöglich.

Unabhängigkeit von staatlichen Weisungen hat zur Folge, dass es sich bei einer Gewerkschaft oder einem Arbeitgeberverband um einen privatrechtlichen Zusammenschluss handeln muss und öffentlich-rechtliche Verbände nicht in Betracht kommen. Öffentlich-rechtliche Verbände unterliegen nämlich einer Staatsaufsicht unterschiedlichen Umfangs, in der schwächsten Ausgestaltung der Rechtsaufsicht des Staates.

Die politische oder konfessionelle Einstellung des Verbandes ist ohne Bedeutung, insbesondere ist weder politische noch konfessionelle Neutralität notwendig. Die Verbände können vielmehr in freier Selbstbestimmung ihre Ziele und Mittel nach einem bestimmten, z.B. ideologischen Programm ausrichten, ohne dadurch ihre Eigenschaft als Gewerkschaft oder Arbeitgeberverband zu verlieren.

e) Die Vereinigung muss auf **überbetrieblicher Grundlage** organisiert sein,[78] das heißt, sie darf nicht auf ein Unternehmen beschränkt sein. Die Begründung dafür liegt darin, dass andernfalls ihre Zusammensetzung von den Einstellungen und Entlassungen des Arbeitgebers abhängig wäre, was zu einem gewissen Einfluss des Arbeitgebers führen könnte.

Eine Ausnahme hiervon wird nur dann zugelassen, wenn ein Wirtschaftszweig nur aus einem Unternehmen besteht, wenn also eine überbetriebliche Organisation nicht möglich ist.

f) Die Vereinigung muss **das geltende Tarifrecht als für sichverbindlich anerkennen**.[79]

Im Hinblick auf das Erfordernis der Unabhängigkeit und der sich hieraus ergebenden Folge, dass es sich bei einer Gewerkschaft oder einem Arbeitgeberverband um einen privatrechtlichen Zusammenschluss und nicht um einen öffentlich-rechtlichen Verband handeln muss, haben die **Innungen** und **Landesinnungsverbände** eine besondere Behandlung erfahren. Ihnen ist durch § 54 Abs. 3 Ziffer 1 der Handwerksordnung (HandwO) Tariffähigkeit, also die Berechtigung zum Abschluss von Tarifverträgen, gesetzlich zuerkannt worden, und zwar obwohl es sich bei den Innungen, wie sich aus § 53 HandwO ergibt, um öffentlich-rechtliche Verbände handelt. Die Landesinnungsverbände sind nach § 80 HandwO zwar privatrechtliche Zusammenschlüsse, in denen aber die Innungen, also öffentlich-rechtliche Verbände, zusammengeschlossen sind (§ 79 Abs. 1 HandwO). Sowohl bei den Innungen als

---

[75] BAG, AP Nr. 32 zu § 2 TVG.
[76] BVerfGE 4, 96 [106 ff.]; 18, 18 [28].
[77] Hanau, JuS 1975, 789; BAG, AP Nr. 30 zu § 2 TVG; AP Nr. 32 zu § 2 TVG.
[78] BVerfGE 4, 96 [106 ff.]; 18, 18 [28]; Stelling, NZA 1998, 920 f.
[79] BVerfGE 4, 96 [106 ff.]; 18, 18 [28]; Hanau, JuS 1975, 789; BAG, AP Nr. 30 zu § 2 TVG; AP Nr. 32 zu § 2 TVG.

auch den Landesinnungsverbänden handelt es sich um freiwillige Zusammenschlüsse (§§ 52, 79 HandwO). Das Bundesverfassungsgericht hat im Jahre 1966[80] die Vereinbarkeit der Regelung über die Tariffähigkeit der Innungen und Landesinnungsverbände mit dem Grundgesetz geprüft und bejaht. Das Bundesverfassungsgericht hat die Ansicht vertreten, dass Art. 9 Abs. 3 GG dem Gesetzgeber nicht verbiete, anderen als den in § 2 Abs. 1 Tarifvertragsgesetz (TVG) genannten Vereinigungen (Gewerkschaften und Arbeitgeberverbände) Tariffähigkeit zu verleihen, solange er damit nicht die Tariffähigkeit der Gewerkschaften und Arbeitgeberverbände aushöhle. Dies erfolge durch die Regelung des § 54 Abs. 3 Ziff. 1 HandwO nicht, weil im Bereich des Handwerks ein zusätzlicher Zusammenschluss der Arbeitgeber neben den Innungen schwierig sei. Wegen des öffentlich-rechtlichen Charakters der Innungen und Landesinnungsverbände handelt es sich dabei allerdings nicht um Arbeitgeberverbände.

79 Weil die Vereinigung, um Gewerkschaft oder Arbeitgeberverband zu sein, dazu fähig sein und den Willen dazu haben muss, Tarifverträge abzuschließen, nehmen die **Berufsverbände der Beamten** eine Sonderstellung ein. Weil das Dienstverhältnis der Beamten nicht durch Tarifvertrag geregelt werden kann, ermangelt es den Beamtenverbänden notwendigerweise an der Fähigkeit und dem Willen dazu. Dennoch sind sie Gewerkschaften und können damit jedenfalls z. B. im Bereich des Personalvertretungsrechts die den Gewerkschaften dort eingeräumten Rechte ausüben. Die Beschränkung der Aufgaben und Befugnisse in der Personalvertretung auf Vereinigungen, die tariffähig sind, wird als Verstoß gegen die auch für Beamte bestehende Koalitionsfreiheit (§ 57 Beamtenrechtsrahmengesetz) angesehen.

II. Koalitionsfreiheit

80 Die Koalitionsfreiheit ist in Art. 9 Abs. 3 GG als Grundrecht garantiert, und zwar als Menschenrecht, weil sie „jedermann" zusteht und nicht nur Deutschen (Bürgerrecht). Danach ist „das Recht, zur Wahrung und Förderung der Arbeits- und Wirtschaftsbedingungen Vereinigungen zu bilden, für jedermann und für alle Berufe gewährleistet und sind Abreden, die dieses Recht einschränken oder zu behindern suchen, nichtig und hierauf gerichtete Maßnahmen rechtswidrig." Zur Abwehr von Eingriffen in die Koalitionsfreiheit steht den betroffenen Gewerkschaften ein Unterlassungsanspruch entsprechend § 1004 BGB zu.[81]

81 Das Bundesverfassungsgericht hat in einzelnen Entscheidungen das Grundrecht strukturiert und präzisiert. Dies hat das Bundesarbeitsgericht übernommen.[82] Danach hat die Koalitionsfreiheit folgenden Inhalt:

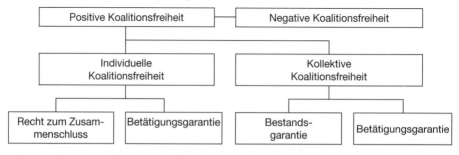

---

[80] BVerfG, 19. 10. 1966, E 20, 312; BAG, 6. 5. 2003, NZA 2004, 562 f.
[81] BAG, 20. 4. 1999, NZA 1999, 887 f. (st. Rsp.); Annuß, RdA 2000, 287 f.
[82] BAGE 20, 175 [210].

1. Positive individuelle Koalitionsfreiheit, Recht zum Zusammenschluss

Die positive individuelle Koalitionsfreiheit gewährt also dem einzelnen Menschen das **Recht zum Zusammenschluss**. Dies bedeutet, dass jeder das vom Grundgesetz garantierte Recht hat,
- eine Koalition zu gründen,
- einer bestehenden Koalition beizutreten und
- Mitglied einer Koalition zu bleiben.[83]

Aus dem Wortlaut des Grundgesetzes, nach dem Abreden, die dieses Recht einschränken oder zu behindern suchen, nichtig sind, ist zu entnehmen, dass das Recht zum Zusammenschluss nicht nur gegen Eingriffe des Staates schützt, sondern auch gegen privatrechtliche Vereinbarungen und Maßnahmen, das Grundrecht hat also sogenannte Drittwirkung. Das hat zur Folge, dass zum Beispiel Verträge, durch die der Arbeitnehmer verpflichtet wird, nicht einer Gewerkschaft beizutreten oder durch die Arbeitgeber vereinbaren, Personen, die Mitglieder einer Gewerkschaft sind, nicht einzustellen und Kündigungen oder Versetzungen wegen der Zugehörigkeit eines Arbeitnehmers zu einer Gewerkschaft unwirksam sind[84] und der Arbeitgeber die Einstellung eines Bewerbers nicht davon abhängig machen kann, dass dieser nicht Gewerkschaftsmitglied ist.[85]

Die Drittwirkung des Rechts zum Zusammenschluss führt auch dazu, dass eine Aussperrung, die gezielt nur Gewerkschaftsmitglieder erfasst, rechtswidrig ist,[86] weil dies eine Schlechterstellung und damit eine Behinderung der Gewerkschaftsmitglieder gegenüber den nichtorganisierten Arbeitnehmern bedeutet.

2. Positive individuelle Koalitionsfreiheit, Betätigungsgarantie

Die positive individuelle Koalitionsfreiheit gewährt dem einzelnen Menschen darüber hinaus auch die sogenannte **Betätigungsgarantie**. Dies bedeutet, dass derjenige, der eine Koalition gegründet hat oder ihr angehört auch das Recht hat, sich für die Koalition zu betätigen.[87]

Hieraus folgt beispielsweise das Recht eines Gewerkschaftsmitgliedes, vor Personalratswahlen in der Dienststelle für Kandidaten zu werben, die seiner Gewerkschaft angehören[88] und das Recht eines Gewerkschaftsmitgliedes, innerhalb der Dienststelle neue Mitglieder zu werben.[89]

3. Positive kollektive Koalitionsfreiheit, Bestandsgarantie

Die positive kollektive Koalitionsfreiheit enthält für die Koalition selbst eine **Bestandsgarantie**.

Dies bedeutet,
dass die Entstehung nicht behindert und in die Existenz einer Koalition nicht eingegriffen werden darf,[90] weil das in Art. 9 Abs. 3 GG ausdrücklich genannte Recht des einzelnen Menschen, Koalitionen zu bilden nur sinnvoll ausgeübt werden kann, wenn die Koalition selber in den Schutz des Grundrechts einbezogen wird.

---

[83] BVerfGE 17, 319 [333]; 21. 12. 1992, NZA 1993, 655.
[84] Vgl. zur Zulässigkeit sogenannter Streikbruchprämien Rdn. 182.
[85] BAG, 28. 3. 2000, NZA 2000, 1294 f.
[86] BAG, NJW 1980, 1653 ff. m. w. N.
[87] BVerfGE, 19, 303 [312]; 28, 295 [304].
[88] BVerfGE 19, 303 [312].
[89] BVerfGE 28, 295 [304, 306]; BAG, AP Nr. 10 zu Art. 9 GG.
[90] BVerfGE 13, 174 [175]; 28, 295 [304].

Die Bestandsgarantie besteht einmal gegenüber dem Staat. Mithin wäre ein gesetzliches Gewerkschaftsverbot mit dem Grundgesetz nicht vereinbar, also verfassungswidrig. Der Bestandsschutz erfasst darüber hinaus im Wege der Drittwirkung (Art. 9 Abs. 3 S. 2 GG)[91] auch Abreden und Maßnahmen von nichtstaatlicher Seite, die die Koalitionsfreiheit einschränken oder zu behindern suchen. Die sich hieraus ergebenden Folgen sind umstritten. Um zu beurteilen, welche Abreden und Maßnahmen von nichtstaatlicher Seite den durch Art. 9 Abs. 3 GG garantierten Bestandsschutz der Koalition selbst beeinträchtigen, muss der Schutzzweck des Grundrechts herangezogen werden. Soweit der Schutzzweck über die den Grundrechten wesenseigene Abwehrfunktion gegenüber dem Staat hinausgeht, erwächst er „aus dem sozialen Ringen zwischen Arbeitgebern und Arbeitnehmern",[92] sichert also lediglich gegen Einwirkungen der sozialen Gegenseite, nicht dagegen innerhalb der gleichen sozialen Gruppe. Art. 9 Abs. 3 GG entfaltet also nur Wirkung gegenüber dem Staat und der sozialen Gegenseite.[93]

Mithin garantiert das Grundrecht einer Gewerkschaft, in einem Betrieb oder einer Dienststelle Werbung neuer Mitglieder zu betreiben und zwar gegen den Willen des Arbeitgebers.[94]

4. Positive kollektive Koalitionsfreiheit, Betätigungsgarantie

86   Die positive kollektive Koalitionsfreiheit gibt den Koalitionen auch das Recht, sich zu betätigen (**Betätigungsgarantie**). Dies bedeutet, dass das Grundrecht die Tätigkeit der Koalitionen zur Erfüllung der ihnen in Art. 9 Abs. 3 GG gestellten Aufgaben schützt, und zwar **hinsichtlich aller Verhaltensweisen, die koalitionsspezifisch sind.**[95] Der Umfang dieses Schutzbereichs ist weder in der Rechtsprechung noch in der Lehre allgemein festgelegt worden. Es wird damit zum Ausdruck gebracht, dass der Gesetzgeber trotz der vom Grundgesetz gewährleisteten Koalitionsfreiheit, die Tätigkeit der Koalitionen regeln kann, ohne damit bereits das Grundrecht zu verletzen.

Die Grenze des gesetzgeberischen Regelungsspielraums hat das Bundesverfassungsgericht lediglich folgendermaßen präzisiert. Der Schutz gebiete, dass die Rechtsordnung den Koalitionen die Erreichung ihres in Art. 9 Abs. 3 GG bezeichneten Zweckes, nämlich die Arbeits- und Wirtschaftsbedingungen ihrer Mitglieder zu wahren und zu fördern, gewährleistet. Die Rechtsordnung muss ihnen außerdem die Möglichkeit geben, diesen Zweck durch spezifische koalitionsmäßige Betätigung zu verwirklichen und darf die Erreichung dieses Zweckes nicht durch gesetzliche Regelungen aushöhlen.[96] Darüber hinaus hat das Bundesverfassungsgericht jeweils im konkreten Streitfall, also zu einzelnen Betätigungen von Koalitionen, entschieden, ob die Grenze durch bestehende Regelungen überschritten ist oder nicht.

87   1966 hat das Bundesverfassungsgericht[97] entschieden, dass die Koalitionsfreiheit auch die **Tarifautonomie** und damit den Kernbereich eines Tarifvertragssystems gewährleistet, dem Ge-

---

[91] Vgl. dazu Höfling/Burkiczak, RdA 2004, 263 f.
[92] Scheuner, Der Inhalt der Koalitionsfreiheit, 1960, S. 13.
[93] Fenn, JuS 1965, 175 f. [182] m. w. N.; Söllner, JZ 1966, 404 f. [405].
[94] BVerfGE 28, 295 [304, 306]; 14. 11. 1995, NZA 1996, 381 f.; Heilmann, AuR 1996, 121 f.
[95] BVerfG, 14. 11. 1995, NZA 1996, 381 f., m. w. N.; 24. 4. 1996, NZA 1996, 1157 f. Zur rechtlichen Problematik von Streiks gegen verbandsangehörige Arbeitgeber mit dem Ziel der Erzwingung von Haustarifverträgen vgl. Reuter, NZA 2001, 1097 f.
[96] BVerfGE 20, 312 [319, 320]; 26. 6. 1991, AuR 1992, 29 f.; Däubler, AuR 1992, 1 f.; Müller, DB 1992, 269 f.
[97] BVerfGE 20, 312 [317–321].

setzgeber aber einen weiten Spielraum zur Ausgestaltung der Tarifautonomie lässt.[98] Der Spielraum des Gesetzgebers sei erst dann überschritten, wenn er etwa die Tariffähigkeit der Koalitionen dadurch aushöhle, dass er die ihnen vom Grundgesetz zugesprochenen Aufgaben andersartigen Zusammenschlüssen zuweise. Diese durch die Regelung des § 54 Abs. 3 Nr. 1 der Handwerksordnung, die den Innungen und Landesinnungsverbänden Tariffähigkeit zuerkennt, nicht überschritten, weil damit dennoch die Bildung und die Betätigung von Arbeitgeberverbänden im Bereich des Handwerks frei bleibe. 1996 hat das Gericht den gesetzgeberischen Spielraum im Zusammenhang mit den Vorschriften über die Befristung von Arbeitsverträgen mit wissenschaftlichem Personal weiter präzisiert.[99]

Den Grundsatz, dass der Staat den Koalitionen als eigentliches Betätigungsfeld ein Tarifvertragssystem bereitzustellen habe, nicht jedoch einen Ausschließlichkeitsanspruch der Gewerkschaften hinsichtlich der allgemeinen Vertretung der Arbeitnehmerinteressen gegenüber dem Staat und der Öffentlichkeit beinhaltet, hat das Bundesverfassungsgericht wiederholt, als es im Jahre 1974[100] die Errichtung von Arbeitnehmerkammern als mit Art. 9 Abs. 3 GG vereinbar erklärt hat.

Das Bundesarbeitsgericht schließlich hat im Jahre 1980[101] auch das **Recht zum Arbeitskampf** als von der Betätigungsgarantie umfasst angesehen, weil die im Kern durch Art. 9 Abs. 3 GG gewährleistete Tarifautonomie den Arbeitskampf als Institution voraussetze, denn andernfalls sei weder das Zustandekommen noch die inhaltliche Sachgerechtigkeit tariflicher Regelungen gewährleistet. Es hat dabei ausgesprochen,[102] dass es in erster Linie Sache des Gesetzgebers sei, abstrakte Grundsätze zum Arbeitskampfrecht aufzustellen, damit die Rechtssicherheit nicht durch Lücken der Rechtsordnung gefährdet sei.

5. Negative Koalitionsfreiheit

Die **negative Koalitionsfreiheit** bedeutet, dass jedem Menschen die vom Grundgesetz geschützte Freiheit eingeräumt ist, einer Koalition fernzubleiben oder eine Koalition auch wieder zu verlassen.[103]

88

Die Freiheit, eine Koalition zu bilden und sich einer Koalition anzuschließen (positive individuelle Koalitionsfreiheit) wäre nämlich nicht wirklich gewährleistet, wenn ein Zwang ausgeübt werden dürfte, sich einer bereits bestehenden Koalition anzuschließen.

Hieraus folgt beispielsweise, dass Vereinbarungen, wonach nur Arbeitnehmer eingestellt werden, die Gewerkschaftsmitglieder sind (Organisationsklausel), unwirksam sind, weil sie gegen Art. 9 Abs. 3 GG verstoßen, dass der Austritt aus einer Koalition nicht an unangemessen lange Kündigungsfristen gebunden werden kann (hierbei darf eine Frist von 6 Monaten keinesfalls überschritten werden),[104] dass nicht wirksam der dauerhafte Ausschluss der Möglichkeit, aus einem Arbeitgeberverband auszutreten, ausgemacht werden kann[105] und dass im Tarifvertrag nicht wirksam vereinbart werden kann, dass im Tarifvertrag festgelegte, vom Arbeitgeber

---

[98] Vgl. dazu Henssler, ZFA 1998, 1 f., zur Tarifautonomie im öffentlichen Dienst vgl. Hammer, ZTR 1992, 399 f., zur Behandlung der Tarifautonomie in der Rechtsprechung vgl. Schaub, RdA 1995, 65 f.

[99] BVerfG, 24. 4. 1996, NZA 1996, 1157 f. Zur Frage, inwieweit die sich aus Art. 9 Abs. 3 GG ergebende Tarifautonomie einer Festlegung allgemeiner Mindestentgelte durch branchenunabhängige Ausweitung des AEntG Grenzen setzt Kocher, NZA 2007, 600 f., zur Vereinbarkeit einer derartigen Maßnahme mit dem Europarecht und daraus resultierenden verfassungsrechtlichen Fragen Hunnekuhl/zu Dohna-Jaeger, NZA 2007, 954 f. Allgemein Sittard, NZA 2007, 1090 f.; Hohenstatt/Schramm, NZA 2008, 433 f.; Klebeck, NZA 2008, 446 f.; Willemsen/Sagan, NZA 2008, 1216 f., zum Mindestentgeltbegriff nach § 1a AEntG Deckers, NZA 2008, 321 f.

[100] BVerfGE 38, 281 [305, 306].

[101] BAG, NJW 1980, 1642 [1643].

[102] Seite 1650.

[103] BVerfGE 4, 7 [26]; 20, 312 [321]; BAG, NJW 1968, 1903

[104] BGH, NJW 1981, 340, 341. Vgl. dazu auch Reitze, NZA 1999, 70 f.

[105] BAG, 19. 9. 2006, NZA 2007, 277 f.

zu gewährende Leistungen nur an Gewerkschaftsmitglieder erbracht werden dürfen[106] oder dass ein Tarifvertrag auch für nicht der tarifschließenden Gewerkschaft angehörende Arbeitnehmer gilt.[107]

89 Art. 9 Abs. 3 S. 3 GG bestimmt, dass selbst Notstandsmaßnahmen (Art. 12 a, 35 Abs. 2 u. 3, 87 a Abs. 4 und 91 GG) sich nicht gegen Arbeitskämpfe richten dürfen.

III. Aufgaben der Gewerkschaften und Arbeitgeberverbände

90 Die Hauptaufgaben der Gewerkschaften und Arbeitgeberverbände sind:
1. **Aushandeln und Abschluss von Tarifverträgen** auf Grund der ihnen durch Art. 9 Abs. 3 GG gewährleisteten Tarifautonomie. Hierzu gehört auch das **Recht zum Arbeitskampf.**
2. **Beteiligung im Rahmen des Personalvertretungs- und Betriebsverfassungsrechts** durch Ausübung der ihnen dort eingeräumten Unterstützungs- und Kontrollrechte. Das Personalvertretungsrecht gibt den in der Dienststelle vertretenen Gewerkschaften beispielsweise insofern Unterstützungsrechte, als ihnen die eigenständige Befugnis zuerkannt wird, auf die Bildung von Personalräten einzuwirken (vgl. §§ 19 Abs. 8, 20 Abs. 1 S. 4, Abs. 2, 22, 23 Abs. 1, S. 2, bei der Wahl der Stufenvertretung § 53 Abs. 3, des Gesamtpersonalrats § 56, der Jugend- und Auszubildendenvertretung, der Jugend- und Auszubildendenstufenvertretungen und Gesamt-Jugend- und Auszubildendenvertretungen §§ 60 Abs. 1, 64, der Vertretung der nicht ständig Beschäftigten § 65 Abs. 1 S. 3 BPersVG). Zu den Kontrollrechten gehören insbesondere die Antrags- und Anfechtungsrechte, wenn gesetzliche Vorschriften verletzt werden (vgl. §§ 25, 28 Abs. 1, 53 Abs. 3 S. 1, 54 Abs. 1, 56, 60, 64, 65 Abs. 1 S. 3 und Abs. 2 BPersVG). Ganz allgemein schreibt das Personalvertretungsrecht die vertrauensvolle Zusammenarbeit zwischen Dienststelle, Personalvertretung und den in der Dienststelle vertretenen Gewerkschaften und Arbeitgebervereinigungen vor (§ 2 Abs. 1 BPersVG), und zwar unter Beachtung der Gesetze und Tarifverträge zum Wohl der Beschäftigten und zur Erfüllung der der Dienststelle obliegenden Aufgaben. Gewerkschaften und Arbeitgebervereinigungen sind dann in der Dienststelle vertreten, wenn ein Beschäftigter der Dienststelle der Gewerkschaft angehört bzw. der Rechtsträger der Dienststelle (z. B. Bund, Land) Mitglied des Arbeitgeberverbandes ist.[108]

> Aufgrund der Vorschrift des § 2 Abs. 1 BPersVG ist beispielsweise dem Beauftragten einer in der Dienststelle vertretenen Gewerkschaft der Zutritt zur Dienststelle zu gewähren, wenn dieser Beauftragte auf Ersuchen der Personalvertretung an einer Besichtigung des Arbeitsplatzes eines Angestellten durch den Personalrat zur Überprüfung der Eingruppierung teilnehmen soll.[109]

91 3. Zu den Aufgaben gehört auch die **Beteiligung an der Unternehmensmitbestimmung in der privaten Wirtschaft** (Montanmitbestimmungsgesetz von 1951, Montan-Mitbestimmungsergänzungsgesetz von 1956, Mitbestimmungsgesetz von 1976).
4. **Beratung und Unterstützung ihrer Mitglieder.** Bei den Gewerkschaften sind meist Unterstützungseinrichtungen für die Mitglieder vorhanden (z. B. beim Arbeits-

---

[106] Tarifvertragliche Differenzierungsklauseln, BAG AP Nr. 13 zu Art. 9 GG; 9. 5. 2007, NZA 2007, 1439 f.
[107] BAG, 12. 12. 2007, NZA 2008, 892 f.
[108] Zum Nachweis des Vertretenseins vgl. Grunsky, AuR 1990, 105 f.; BAG, 25. 3. 1992, NZA 1993, 134 f.
[109] BAG, 17. 1. 1989, NZA 1989, 938.

kampf, bei Erwerbslosigkeit). Die Koalitionen sind nach § 7 Abs. 1 S. 1 Nr. 1 Rechtsdienstleistungsgesetz (RDG) berechtigt, im Rahmen ihres satzungsgemäßen Aufgabenbereichs für ihre Mitglieder Rechtsdienstleistungen (Begriff: § 2 RDG) zu erbringen, insbesondere zu beraten. Sie sind befugt, ihre Mitglieder in arbeitsrechtlichen Angelegenheiten vor dem Arbeitsgericht und dem Landesarbeitsgericht bzw. dem Verwaltungsgericht und dem Oberverwaltungsgericht zu vertreten (§§ 83 Abs. 2 BPersVG, 80 Abs. 2 und 11 Abs. 1 und 2 ArbGG).
5. **Mitwirkung an Gesetzgebung und hoheitlicher Verwaltung.** Die Koalitionen haben beispielsweise Beteiligungsrechte beim Erlaß bestimmter Rechtsnormen (z.B. §§ 5, 11 TVG, 11 ArbNErfG) und Mitwirkungsrechte bei der Errichtung und Organisation der Arbeitsgerichtsbarkeit (z.B. §§ 14, 15, 34, 36 ArbGG).

B. Tarifvertragsrecht[110]

I. Begriff des Tarifvertrages

1. Begriffsbestimmung

Das Tarifvertragsrecht ist im Tarifvertragsgesetz (TVG) geregelt. Ein Tarifvertrag ist 92
ein Vertrag zwischen einem oder mehreren Arbeitgebern oder Arbeitgeberverbänden und einer oder mehreren Gewerkschaften (Tarifvertragsparteien) zur Regelung von arbeitsrechtlichen Rechten und Pflichten der Tarifvertragsparteien (schuldrechtlicher oder obligatorischer Teil) und
Festsetzung von Rechtsnormen über Inhalt, Abschluss und Beendigung von Arbeitsverhältnissen sowie über betriebliche und betriebsverfassungsrechtliche Fragen und gemeinsame Einrichtungen der Vertragsparteien (normativer Teil).

Diese Begriffsbestimmung ist heute allgemein anerkannt. Tarifvertragsparteien 93 sind also einzelne Arbeitgeber, Arbeitgeberverbände und Gewerkschaften (§ 2 Abs. 1 TVG). Einen Tarifvertrag, bei dem Tarifvertragspartei auf der einen Seite ein einzelner Arbeitgeber ist oder mehrere einzelne Arbeitgeber sind, nennt man **Haus- oder Firmentarifvertrag**, einen Tarifvertrag, der zwischen einem oder mehreren Arbeitgeberverbänden auf der einen Seite und einer oder mehreren Gewerkschaften auf der anderen Seite abgeschlossen wird, **Verbandstarifvertrag**. Oft werden allgemeine Arbeitsbedingungen, zum Beispiel die Einteilung der Lohn- und Gehaltsgruppen, in Tarifverträgen festgelegt, die länger gelten sollen. Dann spricht man von einem **Manteltarifvertrag** oder **Rahmentarifvertrag**. Außerdem gibt es Tarifverträge über einzelne Angelegenheiten, wie beispielsweise über die genaue Höhe des Lohnes oder Gehaltes (Lohn- und Gehaltstarifvertrag), über Urlaubsgeld oder über die Errichtung von Ruhegeldkassen. Unter einem **Stufentarifvertrag** versteht man einen langfristig angelegten Tarifvertrag, der für mehrere Jahre die Entwicklung der Arbeitsbedingungen festschreibt.

Ein **Anspruch** einer Gewerkschaft beziehungsweise eines Arbeitgeberverbandes 94 gegen den jeweiligen tariflichen Gegenspieler auf Aufnahme und Führung von Tarifverhandlungen besteht nicht, es sei denn, es besteht darüber eine schuldrechtliche Vereinbarung.[111]

---

[110] Vgl. dazu allgemein Jacobs/Krause/Oetker, Tarifvertragsrecht, München 2007
[111] Vgl. dazu BAGE 36, 131; 14. 2. 1989, NZA 1989, 601 f. mit ausführlicher Begründung u. w. N.

2. Erfordernisse

95 Damit ein wirksamer **Tarifvertrag** vorliegt, müssen neben den allgemeinen Voraussetzungen des Bürgerlichen Gesetzbuches über den Abschluss von Verträgen folgende **drei Erfordernisse** erfüllt sein:

96 a) Die vertragschließenden Parteien müssen die **Tariffähigkeit** besitzen. Nach § 2 Abs. 1 TVG können Tarifverträge nur von einzelnen Arbeitgebern, Arbeitgeberverbänden und Gewerkschaften abgeschlossen werden. Daneben sind ausnahmsweise Vereinigungen tariffähig, denen das Gesetz ausdrücklich die Berechtigung zuspricht, Tarifverträge abzuschließen, wie z. B. die Innungen und Landesinnungsverbände gemäß § 54 Abs. 3 Ziff. 1 der Handwerksordnung. Ein von einer nicht tariffähigen Vereinigung abgeschlossener Tarifvertrag ist von Anfang an nichtig.[112]

97 b) **Tarifzuständigkeit** muss gegeben sein, das heißt, ein Tarifvertrag kann nur von den zuständigen Tarifvertragsparteien abgeschlossen werden. Die Zuständigkeit ergibt sich aus dem Inhalt der Satzung des Arbeitgeberverbandes oder der Gewerkschaft.[113] So kann beispielsweise die Gewerkschaft der Eisenbahner keinen Tarifvertrag abschließen, der die Arbeitsbedingungen der in Gaststätten beschäftigten Arbeitnehmer regelt.

98 c) Der Tarifvertrag bedarf schließlich zu seiner Wirksamkeit der **Schriftform** (§ 1 Abs. 2 TVG). Da das Gesetz schriftliche Form vorschreibt, gilt für die Anforderungen § 126 BGB. Danach müssen die Vertragsparteien auf derselben Urkunde eigenhändig durch Namensunterschrift unterzeichnen. Wenn über den Vertrag mehrere gleichlautende Urkunden hergestellt werden, dann genügt es, wenn jede Vertragspartei die für die andere Partei bestimmte Urkunde unterzeichnet.

99 d) Die Tarifvertragsparteien können einen von ihnen selbst geschlossenen Tarifvertrag grundsätzlich jederzeit **abändern, einschränken oder aufheben**. Die zeitlich spätere Regelung löst die frühere ab. Wirkt der ablösende Tarifvertrag zurück, ist die Gestaltungsfreiheit der Tarifvertragsparteien durch den aus dem Rechtsstaatsprinzip abzuleitenden Grundsatz des Vertrauensschutzes begrenzt.[114]

3. Vorverträge zu Tarifverträgen

100 Unter einem Vorvertrag zu einem Tarifvertrag ist eine Vereinbarung zu verstehen, in der sich die Tarifvertragsparteien zum Abschluss eines Tarifvertrages verpflichten. Gegen die Zulässigkeit derartiger Verträge bestehen wegen der Grundsätze der Vertragsfreiheit und der Koalitionsfreiheit keine Bedenken. Es handelt sich dabei nicht um Tarifverträge im Sinne des Tarifvertragsgesetzes, die Abreden haben mithin keine normative, sondern nur schuldrechtliche Wirkung zwischen den Tarifvertragsparteien.

Obwohl Tarifverträge gemäß § 1 Abs. 2 TVG der Schriftform bedürfen, sind Vorverträge zu Tarifverträgen formlos gültig. Bei der Frage nach der Formbedürftigkeit eines Vorvertrages ist auf den Schutzzweck der Formvorschrift für den Hauptvertrag abzustellen. Bezweckt die Formvorschrift den Schutz der Kontrahenden vor allem vor Übereilung, so gilt sie auch für den Vorvertrag. Dies ist bei § 1 Abs. 2 TVG

---

[112] BAG, 15. 11. 2006, NZA 2007, 448 f.
[113] BAG, 22. 11. 1988, NZA 1989, 561 f.; 12. 11. 1996, NZA 1997, 609 f. (auch zur Doppelzuständigkeit); Feudner, BB 2004, 2297 f., zur gerichtlichen Klärung der Tarifzuständigkeit BAG, 10. 5. 1989, NZA 1989, 687 f.; zur Berechtigung eines Verbandes auf Grund seiner Satzungs- und Tarifautonomie ihre Tarifzuständigkeit frei zu bestimmen BAG, 27. 9. 2005, ZTR 2006, 250 f.; 18. 7. 2006, NZA 2006, 1225 f.
[114] Vgl. dazu BAG, 17. 7. 2007, NZA 2008, 432 (L.).

nicht der Fall. Vielmehr sollen Unklarheiten möglichst vermieden und dem einzelnen Arbeitnehmer oder den Tarifvertragsparteien selbst eine sichere Grundlage für die jeweiligen Ansprüche geschaffen werden.

Aus dem Vorvertrag kann auf Abschluss eines Tarifvertrages geklagt werden, und zwar vor den Arbeitsgerichten. Dies ergibt sich aus einer weiten Auslegung des § 2 Abs. 1 Nr. 1 ArbGG, die geboten erscheint, um arbeitsrechtliche Streitigkeiten zwischen Tarifvertragsparteien, soweit eine ausdrückliche anderweitige gesetzliche Regelung fehlt, grundsätzlich der Arbeitsgerichtsbarkeit zuzuweisen.

Der Abschluss derartiger Verträge kann sinnvoll sein, um bereits eine Bindung der Tarifvertragsparteien hinsichtlich der vorliegenden Verhandlungsergebnisse herbeizuführen und um Arbeitskämpfe zu verkürzen oder ganz zu vermeiden.[115]

Die Gültigkeit solcher Vorverträge kann allerdings nur unter der Einschränkung bejaht werden, dass dem für alle Vorverträge geltenden Bestimmtheitserfordernis genüge getan ist. Es ist nur erfüllt, wenn der Inhalt des Vorvertrages so gestaltet ist, dass die Klage auf Erzwingung des Abschlusses des Hauptvertrages möglich ist, ohne dass die Gerichte wesentliche Vertragsbestimmungen nach eigenem Ermessen festlegen müssen, also nicht frei ergänzen müssen, sondern nach den Leitlinien des Vereinbarten.[116] Im Hinblick darauf, dass der Hauptvertrag in der Regel normative Wirkung entfaltet, muss an die Bestimmtheit des Vorvertrages ein strenger Maßstab angelegt werden.

Darin scheint mir das Hauptproblem bei der Frage nach der Gültigkeit eines Vorvertrages zum Tarifvertrag zu liegen. Wird nämlich durch den Vorvertrag zwar hinsichtlich des bisher vorliegenden Verhandlungsergebnisses eine Bindung erreicht, können sich die Tarifvertragsparteien aber wegen der weiteren Verhandlungsgegenstände nicht einigen und führt auch ein Arbeitskampf nicht zu einem Ergebnis, so ist die Arbeitsgerichtsbarkeit nach meiner Ansicht nicht befugt, den Hauptvertrag hinsichtlich der Gegenstände, über die man sich nicht geeinigt hat, nach eigenen Erwägungen zu ergänzen. Auch die Erzwingung eines Tarifvertrages wenigstens über den Inhalt des Vorvertrages halte ich nicht für zulässig, weil nicht auszuschließen ist, dass die Parteien diesen Teil nicht zum Inhalt eines Tarifvertrages gemacht hätten, wenn ihnen bewusst gewesen wäre, dass es zu einer Einigung wegen der übrigen Verhandlungsgegenstände nicht kommt.

II. Inhalt und Wirkung von Tarifverträgen

Wie sich aus der Begriffsbestimmung, die aus den Regelungen der §§ 1 Abs. 1, 2 Abs. 1 und 4 Abs. 1 TVG abgeleitet ist, ergibt, enthält der Tarifvertrag einen schuldrechtlichen (obligatorischen) Teil und einen normativen Teil. 101

Soweit § 1 Abs. 1 TVG sagt, der Tarifvertrag regele „die Rechte und Pflichten der Tarifvertragsparteien" meint die Vorschrift den schuldrechtlichen Teil, soweit dagegen in den §§ 1 Abs. 1 und 4 Abs. 1 TVG von den „Rechtsnormen, die den Inhalt, den Abschluss und die Beendigung von Arbeitsverhältnissen sowie betriebliche und betriebsverfassungsrechtliche Fragen ordnen" und von „gemeinsamen Einrichtungen der Tarifvertragsparteien" die Rede ist, ist damit der normative Teil gemeint.

1. Der schuldrechtliche Teil des Tarifvertrages

Der schuldrechtliche Teil des Tarifvertrages wirkt also nur zwischen den Tarifvertragsparteien, also zwischen dem Arbeitgeberverband und der Gewerkschaft oder dem einzelnen Arbeitgeber und der Gewerkschaft, die den Tarifvertrag abgeschlos- 102

---

[115] Vgl. zu Vorverträgen zu Tarifverträgen BAG, 19. 10. 1976, AP Nr. 6 zu § 1 TVG, Form, mit Anmerkung von Wiedemann; 25. 8. 1982, E 39, 346 f.
[116] BGH, LM § 154 Nr. 4.

sen haben. Er wirkt dagegen nicht gegenüber den Mitgliedern der Tarifvertragsparteien. Der wichtigste Inhalt des schuldrechtlichen Teils ist die Friedenspflicht und die Durchführungspflicht.

Bei der **Friedenspflicht**[117] unterscheidet man zwischen der relativen und der absoluten Friedenspflicht.

103 Die **relative** Friedenspflicht beinhaltet die Verpflichtung der Tarifvertragsparteien, während der Laufzeit des Tarifvertrages Arbeitskämpfe über solche Angelegenheiten zu unterlassen, die im Tarifvertrag geregelt sind. Die relative Friedenspflicht muss nicht ausdrücklich geregelt sein, um zu gelten, sie ist vielmehr jedem Tarifvertrag immanent.

Die **absolute** Friedenspflicht verbietet jeden Arbeitskampf während der Laufzeit des Tarifvertrages, also auch über solche Angelegenheiten, die im laufenden Tarifvertrag nicht geregelt sind. Sie ist nur dann Inhalt des Tarifvertrages, wenn sie ausdrücklich vereinbart ist. Ihre Geltung kann auch über die Laufzeit des Tarifvertrages hinaus durch Vereinbarung ausgedehnt werden, zum Beispiel wenn ausgemacht wird, dass Arbeitskämpfe erst durchgeführt werden dürfen, wenn ein Schlichtungsverfahren erfolglos beendet worden ist.

104 Die **Durchführungspflicht** beinhaltet die Pflicht der Tarifvertragsparteien, alles zu unterlassen, was die Durchführung des normativen Teils des Tarifvertrages behindern kann und alles satzungsmäßig Mögliche zu tun, die Mitglieder zur Erfüllung anzuhalten.[118] Auch sie muss im Tarifvertrag nicht ausdrücklich vereinbart sein, sondern ist ihm immanent. So sind die Tarifvertragsparteien z. B. verpflichtet, ihre Mitglieder wenigstens vom Inhalt eines abgeschlossenen Tarifvertrages zu unterrichten.

105 Da nach den Vorschriften der §§ 328 f. BGB Verträge zwar zugunsten nicht aber zu Lasten Dritter abgeschlossen werden können, ist es nicht möglich, im schuldrechtlichen Teil die Ausdehnung von Inhalten eines Tarifvertrages auf Arbeitnehmer oder Arbeitgeber zu regeln, die nicht Mitglieder der Tarifvertragsparteien sind, wenn diese Inhalte belastender Natur sind (sog. Außenseiterklausel). Es kann auch nicht wirksam vereinbart werden, dass die Arbeitgeber, die Mitglieder des Arbeitgeberverbandes sind, der den Tarifvertrag abschließt, Leistungen, die sie auf Grund des Tarifvertrages zu erbringen haben, solchen Arbeitnehmern nicht gewähren dürfen, die nicht Gewerkschaftsmitglieder sind (Differenzierungsklauseln[119]), weil darin ein Verstoß gegen die negative Koalitionsfreiheit liegt (vgl. Rdn. 88). Im Übrigen kann der schuldrechtliche Teil des Tarifvertrages jeden nach dem Vertragsrecht zulässigen Inhalt haben. Neben der Friedens- und Durchführungspflicht sind häufig Pflichten zur Errichtung von Schiedskommissionen oder Pflichten zur Beitragsleistung an gemeinsam unterhaltene Sozialeinrichtungen Gegenstand der Vereinbarungen.

106 Wird gegen den Inhalt des schuldrechtlichen Teiles des Tarifvertrages verstoßen, so kann einmal Erfüllung des Vertrages auf Grund des allgemeinen Vertragsrechts verlangt und wenn erforderlich eingeklagt werden. Es kann also die Vornahme einer Handlung begehrt werden, die zu den Pflichten aus dem Tarifvertrag gehört, aber auch die Unterlassung von Handlungen, die gegen den Inhalt verstoßen. Außerdem findet das Recht der Leistungsstörungen des Bürgerlichen Gesetzbuches, allerdings nur in entsprechender, dem besonderen Wesen des Tarifvertrages Rechnung tragender Weise, Anwendung. Es können also insbesondere Schadensersatzansprüche wegen schuldhafter Tarifvertragsverletzung geltend gemacht werden. Jedoch wird bei-

---

[117] Vgl. dazu Bartz, ZTR 2004, 122 f.; 170 f.
[118] Buchner, DB 1992, 572 f.; BAG, 29. 4. 1992, ZTR 1992, 419 f.
[119] Vgl. dazu Zachert, DB 1995, 322 f.; Däubler, BB 2002, 1643 f.

spielsweise ein auf den Zeitpunkt des Vertragsabschlusses zurückwirkendes Rücktrittsrecht nicht anerkannt, indessen kann ein Verstoß einen wichtigen Grund für eine außerordentliche Kündigung des Tarifvertrages darstellen.[120]

2. Der normative Teil des Tarifvertrages

Der normative Teil des Tarifvertrages stellt Normen auf, die für die Arbeitsverhältnisse gelten sollen. Da die Gleichbehandlungsgebote der Verfassung fundamentale Handlungsanleitungen an jeden Normgeber darstellen, sind die Tarifvertragsparteien in diesem Zusammenhang unmittelbar an den Gleichheitssatz des Art. 3 GG gebunden.[121] Die normative Wirkung, also die Geltung des normativen Teils für die Arbeitsverhältnisse, **setzt grundsätzlich Tarifgebundenheit** voraus. Tarifgebunden sind die Mitglieder der Tarifvertragspartei, die den Tarifvertrag abgeschlossen hat, beim Haustarifvertrag ist selbstverständlich der vertragschließende Arbeitgeber selbst tarifgebunden (§ 3 Abs. 1 TVG).[122] Die Tarifvertragsparteien können nicht dadurch, dass sie die von ihnen geschaffenen Rechtsnormen rückwirkend in Kraft setzen, ihre Regelungsbefugnis auf nicht tarifgebundene Personen ausdehnen.[123]

107

Die Geltung der Normen des normativen Teils des Tarifvertrages, die den Inhalt, den Abschluss oder die Beendigung von Arbeitsverhältnissen betreffen, setzt **beiderseitige Tarifgebundenheit** voraus (§ 4 Abs. 1 TVG). Arbeitnehmer und Arbeitgeber können sich also nur dann mit Erfolg auf diese Regelungen des Tarifvertrages berufen, wenn beide Mitglieder der Gewerkschaft bzw. des Arbeitgeberverbandes sind, die den Tarifvertrag abgeschlossen haben (oder wenn im Falle des Haustarifvertrages der Arbeitgeber selbst den Tarifvertrag abgeschlossen hat).

108

Die Geltung der Normen des normativen Teils des Tarifvertrages, die betriebliche und betriebsverfassungsrechtliche Angelegenheiten betreffen, setzt **nur Tarifgebundenheit des Arbeitgebers** voraus, denn sie gelten auch für Arbeitnehmer, die nicht Gewerkschaftsmitglieder sind (Außenseiter), in den Betrieben eines tarifgebundenen Arbeitgebers (§ 3 Abs. 2 TVG).[124]

109

Die Normen des normativen Teils des Tarifvertrages über gemeinsame Einrichtungen der Tarifvertragsparteien (§ 4 Abs. 2 TVG)[125] betreffen folgende Angelegenheiten:

110

Sie beziehen sich auf die Satzung der gemeinsamen Einrichtung. Besteht also die gemeinsame Einrichtung noch nicht, so sind die Tarifvertragsparteien verpflichtet, eine den Normen des Tarifvertrages entsprechende gemeinsame Einrichtung zu schaffen, besteht sie bereits und weicht sie vom Tarifvertrag ab, so sind die Tarifvertragsparteien verpflichtet, die Satzung den Normen des Tarifvertrages anzupassen.

Sie beziehen sich außerdem auf das Verhältnis der gemeinsamen Einrichtung zu den Arbeitgebern und Arbeitnehmern der Tarifvertragsparteien, also im Falle beiderseitiger Tarifgebundenheit.[126] So ist beispielsweise nur der tarifgebundene Arbeitge-

---

[120] BAG, AP Nr. 4 zu § 1 TVG, Friedenspflicht.
[121] BAG, 4. 4. 2000, ZTR 2001, 84 f., m. w. N.; Zachert, AuR 2002, 330 f.
[122] Vgl. zu den tarifrechtlichen Problemen bei Verbandswechsel des Arbeitgebers Bieback, DB 1989, 477 f., Gerhards, BB 1995, 1290 f.; Bauer/Haußmann, DB 1999, 1114 f., zur Mitgliedschaft ohne Tarifbindung BAG, 23. 2. 2005, NZA 2005, 1320 (L.); 18. 7. 2006, NZA 2006, 1225 f. (1230 f.); 4. 6. 2008, NZA 2008, 1366 f.; Wilhelm/Dannhorn, NZA 2006, 466 f.; Deinert, AuR 2006, 217 f.; Buchner, NZA 2006, 1377 f.; Wroblewski, NZA 2007, 421 f., zur Tarifbindung bei Ausgliederung und Aufspaltung eines Betriebes Kania, DB 1995, 625 f.
[123] BAG, 13. 9. 1994, NZA 1995, 740 f.
[124] § 4 Abs. 1 S. 2 TVG bezieht sich nur auf „gelten unmittelbar und zwingend" in S. 1.
[125] Vgl. zur Tarifgebundenheit bei Normen über gemeinsame Einrichtungen der Tarifvertragsparteien Waas, RdA 2000, 81 f.
[126] Vgl. dazu Otto/Schwarze, ZFA 1995, 639 f.

ber zur Mittelaufbringung für die und gegenüber der gemeinsamen Einrichtung verpflichtet und hat nur der tarifgebundene Arbeitnehmer Ansprüche an die und gegenüber der gemeinsamen Einrichtung.

111 Die Tarifgebundenheit **beginnt** für die Mitglieder der Tarifvertragsparteien und für den Arbeitgeber, der selbst Tarifvertragspartei ist, mit dem Wirksamkeitsbeginn des Tarifvertrages. Wird jemand erst nach dem Inkrafttreten des Tarifvertrages Mitglied, so beginnt die Tarifgebundenheit mit dem Erwerb der Mitgliedschaft. Die Vereinbarung eines rückwirkenden Beginns der Mitgliedschaft führt nicht zu einem rückwirkenden Beginn der Tarifgebundenheit.[127] Für die Tarifgebundenheit ist also nicht erforderlich, dass die Mitgliedschaft bereits bei Abschluss des Tarifvertrages bestand. Sie **endet** nicht mit dem Verlust der Mitgliedschaft, sondern bleibt bestehen, bis der Tarifvertrag endet (§ 3 Abs. 3 TVG), und zwar gleichermaßen für Arbeitgeber und Arbeitnehmer.[128] Der Beendigung des Tarifvertrages steht der Fall der inhaltlichen Änderung oder Ergänzung des Tarifvertrages gleich, jedenfalls insoweit, als sie den Inhalt oder den Abschluss oder die Beendigung des Arbeitsverhältnisses oder betriebliche oder betriebsverfassungsrechtliche Fragen betrifft.[129] Tritt also beispielsweise ein Arbeitgeber aus Verärgerung aus seinem Verband aus, so bleibt er dennoch bis zum Ende des Tarifvertrages verpflichtet, die tarifvertraglichen Leistungen zu erbringen.[130] Die Bindung erstreckt sich auch auf den Nachwirkungszeitraum nach § 4 Abs. 5 TVG (vgl. dazu Rdn. 128).[131]

Tritt im Zeitraum zwischen dem Verbandsaustritt des Arbeitgebers und dem Ende des Tarifvertrages ein beim Arbeitgeber beschäftigter Arbeitnehmer der Gewerkschaft bei, so erwächst dadurch eine beiderseitige Tarifgebundenheit.[132] Dies gilt auch, wenn ein Arbeitnehmer während der verlängerten Tarifgebundenheit eingestellt wird, sofern er selbst Mitglied der Gewerkschaft ist, die den Tarifvertrag abgeschlossen hat.[133]

112 Auch wenn Tarifgebundenheit im Sinne von § 3 Abs. 1 TVG nicht besteht, können die Normen des normativen Teils eines Tarifvertrages für die Arbeitsverhältnisse gelten. Dies ist in folgenden zwei Fällen möglich:

113 Das Tarifvertragsgesetz gibt dem Bundesminister für Arbeit und Sozialordnung die Möglichkeit, auf Antrag einer Tarifvertragspartei[134] und im Einvernehmen mit einem Ausschuss, der aus je drei Vertretern der Spitzenorganisationen der Arbeitgeber und der Arbeitnehmer besteht, einen Tarifvertrag **für allgemeinverbindlich zu erklären** (§ 5 TVG), wenn zwei Voraussetzungen erfüllt sind, nämlich
– die tarifgebundenen Arbeitgeber mindestens 50% der Arbeitnehmer des Tarifgebietes beschäftigen und
– ein öffentliches Interesse an der Allgemeinverbindlicherklärung besteht.[135]

---

[127] BAG, 22. 11. 2000, NZA 2001, 980 f.
[128] BAG, 4. 4. 2001, NZA 2001, 1085 f.
[129] BAG, 7. 11. 2001, ZTR 2002, 224 f.
[130] Vgl. dazu Bermuth, NJW 2003, 2215 f. Zu den tarifrechtlichen Konsequenzen einer Verbandsauflösung vgl. Buchner, RdA 1997, 259 f. (261–267), zu den Möglichkeiten des Arbeitgebers, sich einer Tarifbindung an einen Verbandstarifvertrag zu entledigen vgl. Plander, NZA 2005, 897 f., zu den tarifvertraglichen Bindungswirkungen und -folgen beim Austritt aus dem Arbeitgeberverband vgl. Behrendt/Gaumann/Liebermann, NZA 2006, 525 f.
[131] BAG, 14. 2. 1991, NZA 1991, 779 f.; 13. 12. 1995, NZA 1996, 769 f.
[132] BAG, 4. 8. 1993, NZA 1994, 34 f.
[133] BAG, 7. 11. 2001, ZTR 2002, 224 f.
[134] Im Streitfall ist der Rechtsweg zu den Verwaltungsgerichten gegeben (BVerwG, 3. 11. 1988, NZA 1989, 364 f.):
[135] Vgl. dazu allgemein BAG, 12. 10. 1988, ZTR 1989, 108 f.; Zachert, NZA 2003, 132 f., zur Allgemeinverbindlicherklärung von Tarifnormen über gemeinsame Einrichtungen (Rdn. 110)

Das öffentliche Interesse kann vor allem dann vorliegen, wenn die Arbeitsbedingungen der nichtorganisierten Arbeitnehmer erheblich unter dem Durchschnittsniveau vergleichbarer Tätigkeiten liegen und angemessene soziale Arbeitsbedingungen für sie gewährleistet werden sollen. Dabei sind die gesamten wirtschaftlichen und sozialen Verhältnisse und Eigenarten des betreffenden Wirtschaftszweiges zu berücksichtigen. Das Bundesarbeitsgericht[136] hat das öffentliche Interesse an der Allgemeinverbindlicherklärung in folgendem Fall bejaht. Durch einen Tarifvertrag für das Maler- und Lackiererhandwerk war eine gemeinsame Einrichtung der Tarifvertragsparteien, nämlich eine Urlaubskasse, errichtet worden, und zwar mit der Aufgabe, die Auszahlung des Urlaubsentgelts und des zusätzlichen Urlaubsgeldes an die Arbeitnehmer des Maler- und Lackiererhandwerks zu sichern. Der Tarifvertrag enthielt Regelungen, wonach kein Teilurlaub, der Erholungsurlaub vielmehr zusammenhängend gewährt wird und Vorschriften, die der finanziellen Abgeltung von Urlaubsansprüchen entgegenwirken. Das Bundesarbeitsgericht hat zu der erfolgten Allgemeinverbindlicherklärung ausgeführt, es liege im öffentlichen Interesse aller Arbeitnehmer, zu erreichen, dass ihnen der Erholungsurlaub zusammenhängend gewährt wird, so wie das in § 7 Abs. 2 Bundesurlaubsgesetz grundsätzlich bestimmt ist, und dass der Erholungsurlaub auch tatsächlich angetreten und nicht stattdessen dafür bezahlt wird.

Die Allgemeinverbindlicherklärung bewirkt, dass der normative Teil des für allgemeinverbindlich erklärten Tarifvertrages auch für die Arbeitsverhältnisse zwischen den Arbeitnehmern und Arbeitgebern gilt, die nicht Mitglieder der Tarifvertragsparteien bzw. selbst nicht Partei des Tarifvertrages sind (§ 5 Abs. 4 TVG).[137]

Gerade im öffentlichen Dienst ist es üblich, im Arbeitsvertrag zu vereinbaren, dass der einschlägige Tarifvertrag allgemein oder teilweise gelten soll.[138] Gegen derartige Vereinbarungen bestehen keine rechtlichen Bedenken, insbesondere deshalb, weil das Gesetz selbst von der Möglichkeit der **Inbezugnahme eines Tarifvertrages im Arbeitsvertrag** ausgeht (z.B. in den §§ 22 Abs. 4 S. 2 BGB, 13 Abs. 1 S. 2 BUrlG, 4 Abs. 4 S. 2 EFZG, 4 Abs. 4 S. 4, 12 Abs. 3 S. 2, 13 Abs. 4 S. 2 TzBfG).

114

Wenn die Geltung tariflicher Normen arbeitsvertraglich vereinbart worden ist, unterscheidet man zwischen deklaratorischer und konstitutiver Verweisung.

Eine **deklaratorische** Verweisung ist eine solche, die auf den einschlägigen Tarifvertrag verweist und nur die geltende Rechtslage einer bestehenden Tarifbindung wiedergeben soll.

Die Verweisung ist **konstitutiv**, wenn die tarifliche Regelung zum Gegenstand des Arbeitsvertrages gemacht werden soll. Eine solche Klausel begründet erst die dann vertragliche Tarifbindung.

Otto/Schwarze, ZFA 1995, 639 f., zur gerichtlichen Überprüfbarkeit der Allgemeinverbindlicherklärung Mäßen/Mauer, NZA 1996, 212 f.
[136] BAG, AP Nr. 16 zu § 5 TVG.
[137] Zur Allgemeinverbindlicherklärung eines Tarifvertrages mit Rückwirkung vgl. BAG, 25. 9. 1996, ZTR 1997, 72 f.
[138] Vgl. zur Problematik der Bezugnahmeklauseln allgemein Thüsing/Lambrich, RdA 2002, 193 f.; Schliemann, ZTR 2004, 502 f. Zum Erstreckungsinhalt und Umfang einer tariflichen Bezugnahmeklausel auf den BAT vgl. Gaul, ZTR 1991, 188 f., BAG, 1. 9. 1993, ZTR 1994, 212 f.; 8. 3. 1995, ZTR 1995, 360 f., zur einzelvertraglichen Bezugnahme auf einen Tarifvertrag beim Tarifwechsel des Arbeitgebers vgl. Gaul, NZA 1998, 9 f., zur Anwendung eines Tarifvertrages auf Grund des Gleichbehandlungsgrundsatzes vgl. BAG, 20. 11. 1996, NZA 1997, 724 f.; Thüsing, ZTR 1997, 433 f., zur Rechtsnatur der Bezugnahme Waas, ZTR 1999, 540 f., zur Bezugnahme auf branchenfremde Tarifwerke BAG, 25. 10. 2000, NZA 2002, 100 f., zu sog. Tarifwechselklauseln BAG, 16. 10. 2002, NZA 2003, 390 f.

Man unterscheidet außerdem zwischen statischen, großen dynamischen und kleinen dynamischen Verweisungsklauseln.

Eine **statische** Verweisungsklausel soll nur auf einen derzeit geltenden Tarifvertrag verweisen und künftige Änderungen der tariflichen Regelungen nicht miterfassen.

Mit einer **großen dynamischen** Verweisungsklausel wollen die Parteien vereinbaren, dass das Arbeitsverhältnis allen Veränderungen im tariflichen Bereich automatisch folgt („Es gelten die für das Unternehmen jeweils bindenden Tarifverträge …"). Wenn also der Betrieb beispielsweise durch Änderung des Betriebszweckes einem anderen Tarifvertrag unterliegt, sollen künftig die neuen tariflichen Regelungen gelten.

Schließlich gibt es die am weitesten verbreitete **kleine dynamische** Verweisungsklausel („Es gilt der XY-Tarifvertrag in seiner jeweils gültigen Fassung.") Wird auf diese Weise auf einen Tarifvertrag verwiesen, dessen sachlicher Geltungsbereich den verweisenden Betrieb nicht erfasst oder ist der Arbeitgeber nicht tarifgebunden, so handelt es sich um eine konstitutive dynamische Klausel. Ist dagegen der sachliche Geltungsbereich gegeben und der Arbeitgeber tarifgebunden, so liegt eine sogenannte **Gleichstellungsabrede** vor, mit der der Arbeitgeber alle Arbeitnehmer gleich, nämlich nach Tarif, behandeln will. Für **organisierte Arbeitnehmer** dokumentiert eine solche Abrede nur die geltende Rechtslage, ist also **deklaratorisch**, für **nicht organisierte Arbeitnehmer** ist sie dagegen **konstitutiv**.[139]

Nach der Rechtsprechung gelten im Falle einer Gleichstellungsabrede die jeweiligen tarifvertraglichen Regelungen **bis zum Wegfall der Tarifgebundenheit der Arbeitgeberseite**, z.B. durch einen Betriebsübergang auf einen nicht tarifgebundenen Arbeitgeber oder durch Änderung des Betriebszweckes und damit des sachlichen Geltungsbereichs des Tarifvertrages. Nach dem Wegfall der Tarifgebundenheit eintretende Änderungen des Inhalts des in Bezug genommen Tarifvertrages wirken sich auf die Arbeitsverhältnisse nicht mehr aus.

115 Für Arbeitsverträge, die ab dem 1. 1. 2002, also ab dem Zeitpunkt des Inkrafttretens des Schuldrechtsmodernisierungsgesetzes (Schuldrechtsreform) abgeschlossen werden, hat das Bundesarbeitsgericht in der Entscheidung vom 14. 12. 2005[140] eine Änderung der bisherigen Rechtsprechung angekündigt. Es beabsichtigt für dynamische Verweisungen auf einschlägige Tarifverträge und Tarifwerke nicht mehr die Auslegungsregel zu verwenden, dass sie stets als bloße Gleichstellungsabrede zu verstehen seien, wenn es keine innerhalb oder außerhalb der Vertragsurkunde liegenden eine solche Annahme ausschließenden Anhaltspunkte gibt. Nunmehr müssten auch die Wertungen des Rechts der Allgemeinen Geschäftsbedingungen beachtet werden. Nicht nur die Unklarheitenregel des § 305 c Abs. 2 BGB, auch das Transparenzgebot des § 307 Abs. 1 S. 2 BGB und das Verbot der sogenannten geltungserhaltenden Reduktion müssten beachtet werden.[141]

Auf der Grundlage des Urteils vom 14. 12. 2005 hat das Bundesarbeitsgericht am 18. 4. 2007[142] entschieden, dass eine individualrechtliche Klausel, die ihrem Wortlaut nach ohne Einschränkung auf einen bestimmten Tarifvertrag in seiner jeweiligen Fassung verweist, im Regelfall dahingehend auszulegen ist, dass dieser Tarifvertrag in seiner jeweilgen Fassung gelten soll und dass diese Geltung nicht von

---

[139] Vgl. dazu BAG, 19. 3. 2003, NZA 2003, 1207 f.; 1. 12. 2004, NZA 2005, 478 f.; 22. 3. 2005, NZA 2006, 383 f.
[140] NZA 2006, 607 f.
[141] Vgl. dazu allgemein Clemenz, NZA 2007, 769 f., m.w.N.; Preis/Greiner, NZA 2007, 1073 f.; Ernst, NZA 2007, 1405 f.
[142] NZA 2007, 965 f. Vgl. dazu Spielberger, NZA 2007, 1086 f.; BAG, 29. 8. 2007, 364 f.

Faktoren abhängt, die nicht im Vertrag genannt oder sonst für beide Parteien ersichtlich zur Voraussetzung gemacht worden sind. Damit ist eine derartige Bezugnahmeklausel jedenfalls dann, wenn eine Tarifgebundenheit des Arbeitgebers an den in Bezug genommenen Tarifvertrag nicht in einer für den Arbeitnehmer erkennbaren Weise zur auflösenden Bedingung der Vereinbarung gemacht worden ist, eine konstitutive Verweisungsklausel, die durch einen Wegfall der Tarifgebundenheit nicht berührt wird (**unbedingte zeitdynamische Verweisung**).[143]

Diesen Überlegungen trägt auch die Entscheidung vom 5. 6. 2007[144] Rechnung. Danach ist davon auszugehen, dass mit einer vorbehaltslosen umfassenden Inbezugnahmeklausel auf das gesamte Tarifwerk in einem Arbeitsvertrag, der vor dem vorgesehenen Arbeitsbeginn abgeschlossen wird, vereinbart werden soll, dass die Tarifverträge weitergelten sollen, für den Fall, dass sie vor der Arbeitsaufnahme ablaufen.

Die Inbezugnahme ist **nicht an eine Form gebunden**. Sie kann sich auch aus einer betrieblichen Übung[145] oder schlüssigem Verhalten ergeben. 116

Die allgemeine **Inbezugnahme** eines Tarifvertrages **in einer Dienstvereinbarung** und damit die generelle Übernahme der tariflichen Ordnung auf die Dienststellenebene ist nicht zulässig, und zwar wegen des sogenannten Primats der Tarifvertragspartner (vgl. dazu oben Rdn. 28). Der Zweck des Primats besteht darin, Dienstvereinbarungen zu verhindern, die die Anwendung tariflicher Regelungen auf nicht tarifgebundene Arbeitnehmer in der Art einer betrieblichen Allgemeinverbindlicherklärung ausdehnen. Deshalb ist es andererseits möglich, durch Dienstvereinbarung einzelne Tarifbestimmungen oder bestimmte Regelungsbereiche des Tarifvertrages in Bezug zu nehmen.[146] 117

Unter die Normen des Tarifvertrages, die den Inhalt von Arbeitsverhältnissen ordnen (**Inhaltsnormen**, § 4 Abs. 1 TVG), fallen alle Bestimmungen, die den Inhalt von Arbeitsverhältnissen betreffen. Sie haben die weitaus größte Bedeutung. Dazu gehören zum Beispiel Arbeitszeitregelungen, Regelungen über das Arbeitsentgelt (auch zur Zahlung trotz Nichtleistung der Arbeit), Bestimmungen über besondere Pflichten des Arbeitgebers (Arbeitsschutz, Arbeitsplatzgestaltung) und über solche des Arbeitnehmers (Schweigepflicht, Wettbewerbsverbot). 118

Die **Abschluss- und Beendigungsnormen** (§ 4 Abs. 1 TVG) betreffen beispielsweise Wiedereinstellungsvereinbarungen und Formvorschriften. 119

Betriebliche Angelegenheiten (**Betriebsnormen**, § 3 Abs. 2 TVG) sind z. B. Vorschriften über Arbeitsschutzeinrichtungen und über die Errichtung von betrieblichen Sozialeinrichtungen (Werkskindergärten), also Regelungen, die die Ordnung in der Dienststelle betreffen. Wegen der Erstreckung von Betriebsnormen auf Außenseiter dadurch, dass sie nach § 3 Abs. 2 TVG für alle Betriebe gelten, deren Arbeitgeber tarifgebunden ist (vgl. dazu Rdn. 110) und im Hinblick auf die negative Koalitionsfreiheit (vgl. dazu Rdn. 88) muss der Begriff restriktiv definiert werden. Betriebsnormen liegen deshalb nur vor, wenn sie Angelegenheiten betreffen, die im Betrieb aus tatsächlichen oder rechtlichen Gründen nur einheitlich gelten können.[147] 120

---

[143] Vgl. dazu Bauer/Günther, NZA 2008, 6 f. (Bezugnahmeklauseln im Fall des Verbandswechsels nach dem Herauswachsen aus dem Geltungsbereich eines Tarifvertrags).
[144] NZA 2007, 1369 f.
[145] Sutschet, NZA 2008, 679 f., m. w. N.
[146] Str., vgl. v. Hoyningen-Huene, DB 1994, 2026 f., m. w. N. Vgl. zur Verweisung einer Betriebsvereinbarung auf die „jeweils gültigen Betriebsvereinbarungen" eines anderen Unternehmens oder Betriebs BAG, 22. 8. 2006, NZA 2007, 1187 f.
[147] BAG, AP Nr. 46 und 57 zu Art. 9 GG.

121 Die **betriebsverfassungsrechtlichen Normen** (§ 3 Abs. 2 TVG) haben im Arbeitsrecht des öffentlichen Dienstes nur geringe Bedeutung, weil durch Tarifvertrag das Personalvertretungsrecht nicht abweichend vom Bundespersonalvertretungsgesetz und den Personalvertretungsgesetzen der Länder geregelt werden kann (§§ 3, 97 BPersVG). Deshalb können Mitwirkungsrechte der Personalvertretung nur in den Fällen im Tarifvertrag geregelt werden, in denen das Gesetz dies erlaubt (z.B. §§ 75 Abs. 3 und 76 Abs. 2 BPersVG).

122 **Gemeinsame Einrichtungen** der Tarifvertragsparteien schließlich (§ 4 Abs. 2 TVG) dienen dazu, dem Arbeitnehmer Ansprüche zu verschaffen, die er von dem jeweiligen Arbeitgeber, z.B. aus organisatorischen oder finanziellen Gründen, nicht erlangen könnte. Solche Einrichtungen (Lohnausgleichskassen, Urlaubskassen, u.s.w.) gibt es in der Privatwirtschaft, im Bereich des öffentlichen Dienstes dagegen derzeit nicht.

123 Der normative Teil des Tarifvertrages wirkt unmittelbar und zwingend (§ 4 Abs. 1 und 2 TVG). Wegen des Günstigkeitsprinzips ist es jedoch möglich, im Arbeitsvertrag für den Arbeitnehmer günstigere Regelungen zu treffen (vgl. dazu Rdn. 25). Deshalb schafft der normative Teil des Tarifvertrags **Mindestarbeitsbedingungen.**

124 **Unmittelbare Wirkung** bedeutet, dass die Wirkung auf das Arbeitsverhältnis wie ein Gesetz ohne Rücksicht auf die Kenntnis der Arbeitsvertragsparteien vom Bestehen oder Inhalt des Tarifvertrages stattfindet.

125 **Zwingende Wirkung** bedeutet, dass dem Tarifvertrag widersprechende, für den Arbeitnehmer ungünstigere Regelungen im Arbeitsvertrag nichtig sind, es sei denn, dass der Tarifvertrag abweichende Abmachungen gestattet (§ 4 Abs. 3 TVG). Beim Günstigkeitsvergleich sind nur sachlich zusammenhängende Arbeitsbedingungen vergleichbar und deshalb zu berücksichtigen.[148] Die zwingende Wirkung wird noch verstärkt durch die Bestimmungen in § 4 Abs. 4 TVG über Verzicht auf, Verwirkung von und Ausschlussfristen für tarifliche Rechte. Als Umgehungsgeschäft unwirksam ist auch eine Änderungskündigung, mit der der Arbeitgeber den Abbau tariflich gesicherter Leistungen durchzusetzen versucht.[149]

126 Die unmittelbare und zwingende Wirkung können im Tarifvertrag auch getrennt vorgesehen werden. So hat eine Norm nur unmittelbare Wirkung (dispositive Tarifnormen), wenn der Tarifvertrag hiervon abweichende Abmachungen gestattet. Nur zwingende Wirkung besteht, wenn der Tarifvertrag nur einen bestimmten Inhalt des Arbeitsvertrages verbietet, ohne zugleich eine bestimmte Gestaltung des Inhalts vorzuschreiben.

III. Beginn und Ende des Tarifvertrages

Beginn und Ende des Tarifvertrages sind zu unterscheiden von Beginn und Ende der Tarifgebundenheit (vgl. dazu Rdn. 111). Letzteres betrifft Anfang und Ende der unmittelbaren Wirkung des normativen Teils des Tarifvertrages auf das Arbeitsverhältnis.

127 1. **Gültigkeitsbeginn** des Tarifvertrages ist der Zeitpunkt des Abschlusses des Tarifvertrages, es sei denn, es wird darin ein späterer Gültigkeitsbeginn vereinbart.[150]

---

[148] BAG, 20. 4. 1999, NZA 1999, 887 f. (st. Rsp.).
[149] BAG, 10. 2. 1999, NZA 1999, 657 f.; Berkowsky, DB 1999, 1606 f.
[150] Zur Rückwirkung von Tarifverträgen vgl. BAG, 2. 2. 2006, NZA 2006, 868 f.; Neuner, ZFA 1998, 83 f.; Houben, NZA 2007, 130 f., zur rückwirkenden Änderung von Tarifverträgen Beckers, ZTR 1999, 145 f., zum kündigungsberechtigten Personenkreis BAG, 26. 4. 2000, NZA 2000, 1010 f.

B. Tarifvertragsrecht

2. Hinsichtlich des **Gültigkeitsendes** des Tarifvertrages gilt folgendes: **128**
Der schuldrechtliche Teil endet mit dem Ablauf der Zeit, für die er abgeschlossen war, mit Aufhebung (durch einen Auflösungsvertrag), wenn er gegenstandslos wird (z.B. wenn das Unternehmen, für das er gilt, nicht mehr existiert) oder durch Kündigung.[151] Regelmäßig ist im Tarifvertrag vereinbart mit welcher Frist und zu welchem Zeitpunkt **ordentlich gekündigt** werden kann. Ist eine Kündigungsfrist nicht festgelegt, so kann er in analoger Anwendung des § 77 Abs. 5 BetrVG mit einer Frist von drei Monaten gekündigt werden.[152] Einzelne Bestimmungen eines Tarifvertrages sind kündbar (**Teilkündigung**), wenn dies von den Tarifvertragsparteien vereinbart ist.[153] Dies ist zum Beispiel in § 39 Abs. 4 TVöD oder § 39 Abs. 3 und 4 TV-L erfolgt. Auch wenn der Tarifvertrag Bestimmungen über die ordentliche Kündigung enthält, so kann er zusätzlich **außerordentlich gekündigt** werden, und zwar gemäß § 314 BGB wenn ein wichtiger Grund vorliegt[154] und nach dem ultima-ratio-Grundsatz die kündigende Tarifvertragspartei die Möglichkeiten der tarifautonomen Anpassung als milderes Mittel ausgeschöpft hat.[155] Welche Umstände einen wichtigen Grund darstellen können, ist umstritten.[156] Die außerordentliche Kündigung eines Tarifvertrages spielt in der Praxis kaum eine Rolle. Mit der Anerkennung der außerordentlichen Kündigung scheidet die Möglichkeit einer Anfechtung, eines Rücktritts (vgl. § 313 Abs. 3 S. 2 BGB) oder einer Änderung von Tarifverträgen unter Berufung auf die Grundsätze des Wegfalls der Geschäftsgrundlage aus. Für die Kündigung von Tarifverträgen gibt es zwar keine gesetzliche Formvorschrift, Schriftform wird jedoch in der Regel vereinbart. Im Übrigen gelten für die Kündigung die Grundsätze des BGB.[157]

Der normative Teil des Tarifvertrages **gilt jedoch weiter (Nachwirkung)** bis er durch eine andere Abmachung ersetzt wird, also in der Regel bis zum Gültigkeitsbeginn des normativen Teils eines neuen Tarifvertrages (§ 4 Abs. 5 TVG), es sei denn, die Nachwirkung ist durch Vereinbarung der Tarifvertragsparteien ausgeschlossen.[158] Eine zeitliche Begrenzung der Nachwirkung sieht das Gesetz nicht vor.[159] Tarifunterworfene müssen im Stadium der Nachwirkung grundsätzlich damit rechnen, dass die Nachwirkung rückwirkend beseitigt wird, indem die Tarifvertragsparteien den ablösenden Tarifvertrag möglichst nahtlos an den Ablauf des vorherigen Tarifvertrages anschließen lassen.[160] Eine andere Abmachung im Sinne von § 4 Abs. 5 TVG kann nicht nur durch Tarifvertrag, sondern auch durch Dienstvereinbarung oder einzelvertragliche Abrede[161] getroffen werden, sofern die Verein-

---

[151] Vgl. zur Kündigung von Tarifverträgen allgemein Oetker, RdA 1995, 82 f., zum Gültigkeitsende des Tarifvertrages, wenn über das Vermögen des Arbeitgeberverbandes, der den Tarifvertrag abgeschlossen hat, das Insolvenzverfahren (hier Konkurs) eröffnet wird BAG, 27. 6. 2000, NZA 2001, 334 f., zum Wegfall der Geschäftsgrundlage bei Tarifverträgen Hey, ZFA 2002, 275 f.
[152] BAG, 18. 6. 1997, NZA 1997, 1234 f. (1238), m. w. N.
[153] BAG, 16. 8. 1990, NZA 1991, 353 f.; AP Nr. 1 und 2 zu § 74 BAT. Vgl. zu den Problemen der Teilkündigung von Tarifverträgen im öffentlichen Dienst Zachert, AuR 1993, 294 f.
[154] BAG, 18. 12. 1996, NZA 1997, 830 f.; Kast/Freihube, BB 2003, 956 f.
[155] Vgl. dazu BAG, 18. 12. 1996, NZA 1997, 830 f.; 18. 6. 1997, NZA 1997, 1234 f. (1236).
[156] Vgl. dazu BAG, 18. 2. 1998, NZA 1998, 1008 f.
[157] BAG, AP Nr. 21 zu § 1 TVG.
[158] BAG, 16. 8. 1990, NZA 1991, 353 f.; 8. 10. 1997, NZA 1998, 492 f., zur Verfassungsmäßigkeit der durch § 4 Abs. 5 TVG angeordneten tarifvertraglichen Nachwirkung vgl. BVerfG, 3. 7. 2000, NZA 2000, 947 f.
[159] Vgl. dazu BAG, 15. 10. 2003, ZTR 2004, 295 f.
[160] BAG, 8. 9. 1999, BB 2000, 99 f.
[161] BAG, 3. 4. 2007, NZA 2007, 1045 f.; 27. 9. 2001, NZA 2002, 750 f. (Annahme eines mit einer Änderungskündigung verbundenen Angebots unter Vorbehalt gem. § 2 S. 1 KSchG)

barung auf das konkrete Arbeitsverhältnis Anwendung findet.[162] Eine Inhaltskontrolle findet nach § 307 Abs. 3 BGB nur statt, soweit von Rechtsvorschriften abweichende oder diese ergänzende Regelungen vereinbart werden. Wird eine andere Abmachung in Form einer vom Arbeitgeber aaufgestellten Allgemeinen Vertragsbedingung vereinbart, so stellt sie keine Abweichung oder Ergänzung einer Rechtsvorschrift i. S. v. § 307 Abs. 3 BGB dar.[163]

Wenn die Allgemeinverbindlichkeit eines Tarifvertrages nach § 5 Abs. 5 S. 3 TVG mit dessen Ablauf endet wirken seine Rechtsnormen gemäß § 4 Abs. 5 TVG auch gegenüber Nichttarifgebundenen (Außenseitern) weiter. Diese Nachwirkung wird durch einen nicht für allgemeinverbindlich erklärten Tarifvertrag nicht beendet.[164]

Die Vorschrift über die Nachwirkung gilt nicht nur im Falle der Beendigung des Tarifvertrages in zeitlicher Hinsicht, sondern ist auf jeden Fall des Wegfalls der Tarifbindung entsprechend anzuwenden, d. h. auch auf den Wegfall der Tarifbindung infolge Verbandsaustritts im Sinne des § 3 Abs. 3 TVG (vgl. dazu Rdn. 111)[165] oder infolge Gesamtrechtsnachfolge (vgl. dazu Rdn. 447).[166] Scheidet also ein Arbeitnehmer aus der Gewerkschaft aus, so bleibt seine Tarifgebundenheit bestehen, bis die Rechtsnormen des Tarifvertrages durch eine andere Abmachung i. S. des § 4 Abs. 5 TVG ersetzt worden sind, d. h. die Nachwirkung nach § 4 Abs. 5 TVG schließt sich bei einem Verbandsaustritt an die verlängerte Tarifgebundenheit an.[167]

Diese Nachwirkung besteht aber nur mit Einschränkungen.[168]

aa) Es bleibt nur die unmittelbare Wirkung bestehen, nicht dagegen die zwingende, mit der Folge, dass während der Nachwirkungszeit im Arbeitsvertrag auch dann für den Arbeitnehmer ungünstigere Regelungen getroffen werden können, wenn der Tarifvertrag keine abweichenden Abmachungen gestattet.

bb) Nachwirkung besteht nach der Auffassung des Bundesarbeitsgerichts nicht für Arbeitsverhältnisse, die erst nach dem Ablauf des Tarifvertrages, also während des Nachwirkungszeitraums, begründet worden sind[169] und für solche, bei denen erst nach Ablauf des Tarifvertrages Tarifgebundenheit eintrat.[170] Diese Einschränkung der Nachwirkung ist umstritten. Das Bundesarbeitsgericht begründet seine Ansicht mit dem Zweck der Vorschrift des § 4 Abs. 5 TVG, der sich aus seiner historischen Entwicklung und aus der Auslegung des in der Vorschrift enthaltenen Wortes „weitergelten" ergebe. Danach habe der Gesetzgeber mit der Regelung sicherstellen wollen, dass die bisher tariflich geregelten Arbeitsverhältnisse mit dem Außerkrafttreten des Tarifvertrages nicht zu nur lückenhaft geregelten Arbeitsverhältnissen werden, nicht dagegen neue Arbeitsverhältnisse, die unter der Geltung des Tarifvertrages noch gar nicht bestanden hatten, an irgendeine Tarifwirkung binden wollen. Darüber hinaus sei aus dem Begriff „weitergelten" zu entnehmen, dass die Nachwirkung nur für die Arbeitsverhältnisse vorgesehen sei, die in der Laufzeit

---

[162] BAG, 18. 3. 1992, NZA 1992, 700 f. (701). Vgl. dazu auch Fröhlich, NZA 1992, 1105 f.
[163] BAG, 3. 4. 2007, NZA 2007, 1045 f.
[164] BAG, 25. 10. 2000, ZTR 2001, 413 f.; 24. 10. 2002, NZA 2004, 105 f.
[165] BAG, 18. 3. 1992, NZA 1992, 700 f.; 13. 12. 1995, ZTR 1996, 357 f. (L.). Vgl. dazu auch Fröhlich, NZA 1992, 1105 f.; Gerhards, BB 1997, 362 f. Vgl. zur Nachwirkung im Falle des Herauswachsens aus dem Geltungsbereich eines Tarifvertrages BAG, 10. 12. 1997, NZA 1998, 484 f., 488 f.
[166] BAG, 13. 7. 1994, NZA 1995, 479 f. (481).
[167] BAG, 1. 8. 2001, ZTR 2002, 172 (L.).
[168] Zur Frage, ob die Nachwirkung auch Betriebsnormen und betriebsverfassungsrechtliche Normen erfasst, vgl. Behrens/Hohenstatt, DB 1991, 1877 f.
[169] BAG, 5. 6. 2007, NZA 2007, 1369 f.; 15. 4. 2008, NZA 2008, 888 f.
[170] BAG, 7. 11. 2001, NZA 2002, 748 f.; 2. 3. 2004, NZA 2004, 852 f.

des Tarifvertrages bestanden und ihm unterlegen hätten. Dieser Begründung hat sich die Lehre teilweise angeschlossen.[171] In der Lehre wird aber auch die gegenteilige Ansicht vertreten, und zwar mit der Begründung, durch § 4 Abs. 5 TVG sei eine Überbrückungsregelung geschaffen worden. Dadurch, dass der Tarifvertrag zwar nur mit unmittelbarer, nicht aber mit zwingender Wirkung weitergelte, sei der Arbeitnehmer vor einer einseitigen Änderung der Arbeitsbedingungen durch den Arbeitgeber geschützt, es bedürfe dazu vielmehr einer Änderung des Arbeitsvertrages. Der Arbeitgeber sei darüber hinaus nicht in der Lage, das im Tarifvertrag vorhandene Regelungswerk kurzerhand zu ersetzen und die Tarifvertragsparteien könnten, ohne in Zeitdruck zu geraten, damit rechnen, dass die Kontinuität der tariflichen Ordnung erhalten bleibe. Dieser Argumentation kann nach meiner Ansicht deshalb nicht gefolgt werden, weil bei Arbeitnehmer, Arbeitgeber und Tarifvertragsparteien ein Vertrauen in die Kontinuität der Geltung der tariflichen Regelung nur schützenswert ist, wenn die tarifliche Regelung überhaupt einmal gegolten hat, wenn also die Arbeitsverhältnisse während der Laufzeit des Tarifvertrages den Regelungen unterlagen; dazu müssen sie aber während der Laufzeit bereits begründet gewesen sein und es muss Tarifgebundenheit bestanden haben.

cc) Nachwirkende Tarifnormen können nach der Rechtsprechung im Nachwirkungszustand nicht mit tariflicher Wirkung geändert werden. Die Tarifvertragsparteien können also keinen Tarifvertrag wirksam abschließen, dessen normativer Teil nur Nachwirkungscharakter hat. Durch einen solchen Tarifvertrag würden also die nachwirkenden Normen des abgelaufenen Tarifvertrags geändert werden, und zwar in der Weise, dass die geänderten Regelungen selbst lediglich solange nachwirken sollen, bis der alte abgelaufene Tarifvertrag durch eine endgültige neue Abmachung, also durch einen neuen endgültigen Tarifvertrag ersetzt wird.[172] Dieses Vorgehen kann sinnvoll sein, wenn die bloß nachwirkenden Normen schnell den veränderten Umständen vorläufig angepasst werden sollen, ohne der endgültigen Regelung vorzugreifen, die möglicherweise erst nach langen Auseinandersetzungen zwischen den Tarifvertragsparteien erreicht werden kann. Diese Auffassung ist umstritten.[173]

IV. Tarifvertrag und Dienstordnung

Arbeitnehmer des öffentlichen Dienstes sind auch die sogenannten **Dienstordnungs-Angestellten**. Es handelt sich dabei um Angestellte bei den Trägern der gesetzlichen Sozialversicherung, die bis 1938 keine Beamtenstellen einrichten konnten, weil ihnen die Dienstherrenfähigkeit fehlte.[174]

Aufgrund gesetzlicher Ermächtigung (§§ 349f. RVO, 144f. SGB VII) haben sie als juristische Personen des öffentlichen Rechts die Befugnis, Dienstordnungen als Satzungen zu erlassen, durch die die Arbeitsverhältnisse der Dienstordnungs-Angestellten gestaltet werden. Diese Dienstordnungen gehen nach ganz überwiegender Meinung in Rechtsprechung und Lehre einem Tarifvertrag vor, und zwar deshalb,

129

---

[171] Dietz, in Festschrift für H. C. Nipperdey, 1965, Bd. 2, S. 141f. [153], m. w. N.
[172] BAG, AP Nr. 6–8 zu § 4 TVG, Nachwirkung.
[173] Wiedemann, Anmerkung zu BAG, AP Nr. 6 zu § 4 TVG, Nachwirkung.
[174] Zur außerordentlichen Kündigung aus wichtigem Grund und zur disziplinarischen fristlosen Dienstentlassung im Recht der Dienstordnungs-Angestellten vgl. BAG, 25. 2. 1998, NZA 1998, 1182f., zur Beteiligung des Personalrats bei der Entlassung BAG, 2. 12. 1999, ZTR 2000, 323f., zur Bestimmung einer Dienstordnung, die wegen einer vorübergehenden Reduzierung der regelmäßigen wöchentlichen Arbeitszeit aus Gründen der Beschäftigungssicherung die Kürzung der Bezüge von Dienstordnungsangestellten vorsieht, BAG, 15. 11. 2001, ZTR 2002, 444f.

weil die gesetzlich angeordnete Staatsaufsicht über die Dienstordnung (§§ 355 RVO, 147 SGB VII) ihren Sinn verlieren würde, wenn ein Tarifvertrag Vorrang hätte, denn die Dienstordnung könnte dann durch einen von der Aufsichtsbehörde nicht kontrollierbaren Tarifvertrag geändert werden. Die Dienstordnungen stehen als Rechtsquellen des Arbeitsrechts mit den Gesetzen und Rechtsverordnungen auf einer Stufe.

V. Die Haupttarifverträge des öffentlichen Dienstes

130 Das individuelle Arbeitsrecht (Arbeitsvertragsrecht) im öffentlichen Dienst, also der Teil des Arbeitsrechts im öffentlichen Dienst, der die Rechtsbeziehungen zwischen Arbeitgeber und einzelnem Arbeitnehmer regelt, wird weitestgehend durch die Tarifverträge des öffentlichen Dienstes bestimmt. Dieser Umstand, der sich auf die Gliederung der Behandlung des individuellen Arbeitsrechts in dieser Darstellung auswirkt, hat seine Ursache darin, dass, soweit nicht Tarifgebundenheit die Anwendung der Tarifverträge gebietet, im öffentlichen Dienst regelmäßig durch Inbezugnahme der einschlägigen Tarifverträge im Arbeitsvertrag (vgl. dazu Rdn. 114) die Anwendbarkeit herbeigeführt wird. Eine Allgemeinverbindlicherklärung von Tarifverträgen des öffentlichen Dienstes ist bisher nicht erfolgt.

131 Mit der in den letzten Jahren vollzogenen Tarifreform im öffentlichen Dienst wurde die grundsätzlich zuvor bestandene Tarifeinheit des Bundes, der kommunalen Arbeitgeber und der Länder aufgegeben. Die Haupttarifverträge sind nunmehr der am 1. Oktober 2005 in Kraft getretene TVöD einerseits und der seit 1. November 2006 geltende TV-L.

1. Der Tarifvertrag für den öffentlichen Dienst (TVöD)

132 Der TVöD teilt sich in einen Allgemeinen Teil (§§ 1 bis 39) und sechs Besondere Teile (Spartentarifverträge). Der Allgemeine Teil gilt nach dem Klammerprinzip für alle Besonderen Teile des TVöD. Alle Teile sind eigenständige Tarifverträge.

a. Der Tarifvertrag für den öffentlichen Dienst Allgemeiner Teil (TVöD AT)

Die Tarifvertragsparteien des TVöD sind die Bundesrepublik Deutschland und die Vereinigung der kommunalen Arbeitgeberverbände auf Arbeitgeberseite sowie die Vereinte Dienstleistungsgewerkschaft (ver.di)[175] und die dbb tarifunion[176] auf Arbeitnehmerseite.

Der TVöD gilt (§ 1 Abs. 1 TVöD) für die Beschäftigten (vgl. Rdn. 41) des Bundes und der Mitglieder der Vereinigung der kommunalen Arbeitgeberverbände.

§ 1 Abs. 2 lit. a–t TVöD bezeichnet die Ausnahmen vom Geltungsbereich.[177] Für sie gelten in der Regel besondere Tarifverträge.[178]

---

[175] ver.di führt zugleich für die Gewerkschaft Erziehung und Wissenschaft (GEW), die Gewerkschaft der Polizei (GdP) und die Industriegewerkschaft Bauern-Agrar-Umwelt (IG BAU) Tarifverhandlungen.

[176] Neben anderen Organisationen sind die Deutsche Polizeigewerkschaft (DpolG), die Deutsche Steuergewerkschaft (DStG), die Gewerkschaft der Sozialversicherung (GdS), der Verband Bildung und Erziehung (VBE), die Gewerkschaft für den Kommunal- und Landesdienst (KOMBA), der Verband Deutscher Straßenwärter (VDStra), der Deutsche Berufsverband für Sozialarbeit, Sozialpädagogik und Heilpädagogik e.V. (DBSH) und der Deutsche Handels- und Industrieangestellten-Verband (DHV) Mitglied in der dbb tarifunion.

[177] Vgl. zum Ausschluss geringfügig Beschäftigter aus dem Geltungsbereich des BAT (§ 3 lit. n BAT) [vgl. nunmehr § 1 Abs. 2 lit. m TVöD] EuGH, 9.9.1999, ZTR 1999, 507f.; Hock, ZTR 2000, 151f.; Löwisch/Zimmermann, ZTR 2000, 387f., zum Ausschluss von ABM-Kräften (§ 3 lit.

§ 1 Abs. 3 eröffnet die Möglichkeit, Betriebe, die grundsätzlich in den fachlichen Geltungsbereich besonderer Spartentarifverträge fallen, teilweise oder ganz in den Geltungsbereich des TVöD einzubeziehen.

b. Die Spartentarifverträge (TVöD BT)

Die Besonderen Teile des TVöD knüpfen unmittelbar an den Allgemeinen Teil an und führen ihn spartenspezifisch fort:

Besonderer Teil Verwaltung (BT V)
Besonderer Teil Krankenhäuser (BT K)
Besonderer Teil Pflege- und Betreuungseinrichtungen (BTB)
Besonderer Teil Sparkassen (BT S)
Besonderer Teil Flughäfen (BT F)
Besonderer Teil Entsorger (BT E)

Der TVöD BT V hat im Verhältnis zu den anderen Besonderen Teilen eine Auffangfunktion. Er gilt für alle Beschäftigten, die unter § 1 TVöD fallen, es sei denn, dass der Sachverhalt von einer Regelung in einem anderen Spartentarifvertrag erfasst wird.

c. Die durchgeschriebenen Fassungen im Bereich der Vereinigung der kommunalen Arbeitgeberverbände

Zur besseren Übersicht und Lesbarkeit haben die Tarifvertragsparteien im Bereich der Vereinigung der kommunalen Arbeitgeberverbände aus dem Allgemeinen Teil des TVöD und dem jeweiligen Besonderen Teil entsprechend der Prozessvereinbarung vom 9. Januar 2003 durchgeschriebene Fassungen für die sechs Dienstleistungsbereiche erstellt:

TVöD AT und BT V (TVöD-V)
TVöD AT und BT K (TVöD-K)
TVöD AT und BT B (TVöD-B)
TVöD AT und BT S (TVöD-S)
TVöD AT und BT F (TVöD-F)
TVöD AT und BT E (TVöD-E)

Allgemeiner Teil und die Besonderen Teile bleiben dabei rechtlich selbstständige Tarifverträge. Die Kündigung eines der Tarifverträge oder einzelner Regelungen davon hat daher unmittelbare Rechtswirkung auf die entsprechende/n durchgeschriebene/n Fassung/en. Tarifverhandlungen zur Änderung oder Ergänzung des Tarifrechts werden auf der Grundlage der bisherigen Fassungen der Tarifverträge geführt. Etwaige Änderungen oder Ergänzungen ändern auch die durchgeschriebenen Fassungen. Sie sollen lediglich für die Anwendungsebene im Außenverhältnis (Arbeitgeber, Beschäftigte, Gerichte usw.) verwendet werden.[179]

Unklar ist, ob nunmehr nur noch diese Fassungen in der praktischen Anwendung zitierfähig sind. Davon ist jedoch auf Grund der den durchgeschriebenen Fassungen zugrundeliegenden Motivation nicht auszugehen, da sie lediglich eine Erleichterung der Arbeitsweise bezwecken, aber keine rechtlichen Veränderungen vornehmen. Daher besteht für den Praktiker ein Wahlrecht bezüglich der Zitierweise.

---

d BAT) [vgl. nunmehr § 1 Abs. 2 lit. k TVöD] BAG, 18. 6. 1997, NZA 1997, 1171 f., von wissenschaftlich tätigem Personal an Hochschulen (§ 3 lit. g BAT) [vgl. nunmehr § 1 Abs. 2 lit. s] BAG, 10. 9. 2002, ZTR 2003, 449 und zur Tarifhoheit von Hochschulen BAG, 19. 3. 2002, ZTR 2002, 472 f.; Plander, ZTR 1999, 397 f.

[178] Vgl. dazu die Übersicht bei Breier/Dassau/e. a., § 1 TVöD Rdn. 11 ff. Zur Zulässigkeit tariflicher Ausschlussklauseln vgl. BAG, 24. 4. 1985, NZA 1985, 602; Bauschke, ZTR 1996, 49 f.

[179] Vgl. die Vorbemerkungen zu den durchgeschriebenen Fassungen.

Da es noch keine durchgeschriebenen Fassungen für die Tarifverträge der Beschäftigten des Bundes gibt, werden in dieser Auflage die Regelungen des TVöD-AT und der einzelnen TVöD-BT zitiert, um Einheitlichkeit zu wahren. Die durchgeschriebenen Fassungen im Bereich der Vereinigung der kommunalen Arbeitgeberverbände enthalten Entsprechungstabellen, in denen die Regelungen des TVöD-AT und der TVöD-BT mit denen der durchgeschriebenen Fassungen gegenübergestellt werden.

2. Der Tarifvertrag für den öffentlichen Dienst der Länder (TV-L)

133 Die Tarifvertragsparteien des TV-L sind die Bundesländer, die bei Abschluss des Tarifvertrags Mitglied der Tarifgemeinschaft deutscher Länder waren, auf Arbeitgeberseite sowie die Vereinte Dienstleistungsgewerkschaft (ver.di) und die dbb tarifunion auf Arbeitnehmerseite.

Gemäß § 1 Abs. 1 TV-L gilt der Tarifvertrag grundsätzlich für Arbeitnehmerinnen und Arbeitnehmer (Beschäftigte), die in einem Arbeitsverhältnis zu einem Arbeitgeber stehen, der Mitglied der Tarifgemeinschaft deutscher Länder (TdL) oder eines Mitgliedverbandes der TdL ist.[180]

Vom Geltungsbereich ausgenommen sind die in § 1 Abs. 2 lit. a–o und Abs. 3 genannten Personengruppen.

Der TV-L hat ebenfalls einen Allgemeinen Teil (§§ 1 bis 39). Daran schließen Sonderregelungen für verschiedene Sparten an (§§ 40 bis 49). Im Unterschied zum TVöD gehören aber alle Regelungen einem einheitlichen Tarifvertrag an, was § 1 Abs. 4 S. 2 TV-L explizit klarstellt. Die Sonderregelungen modifizieren lediglich die im Allgemeinen Teil enthaltenen Vorschriften und gestalten sie spartenspezifisch aus.

3. Die Tarifverträge zur Überleitung der Beschäftigten in den TVöD sowie den TV-L und zur Regelung des Übergangsrechts (TVÜ-Bund, TVÜ-VKA und TVÜ-Länder)

Die TVÜ regeln die vergütungsrechtliche Überleitung aus den bisherigen Vergütungs- bzw. Lohngruppen in die neuen Entgeltgruppen und beinhalten das Übergangsrecht. Alle stellen eigenständige Tarifverträge dar: Tarifvertrag zur Überleitung der Beschäftigten des Bundes in den TVöD und zur Regelung des Übergangsrechts (TVÜ-Bund), Tarifvertrag zur Überleitung der Beschäftigten der kommunalen Arbeitgeber in den TVöD und zur Regelung des Übergangsrechts (TVÜ-VKA) sowie Tarifvertrag zur Überleitung der Beschäftigten der Länder in den TV-L und zur Regelung des Übergangsrechts (TVÜ-Länder). § 1 Abs. 4 der Überleitungstarifverträge regelt das Konkurrenzverhältnis zwischen TVÜ und TVöD. Danach gelten die Bestimmungen des TVöD (AT und BT), soweit der einzelne TVÜ keine abweichenden Regelungen enthält. Die TVÜ sind demnach lex specialis.

4. Die Tarifverträge für Auszubildende (TVAöD und TVA-L)

134 Der TVAöD teilt sich in einen Allgemeinen Teil (§§ 1 bis 20a) und zwei Besondere Teile (Spartentarifverträge). Der Allgemeine Teil gilt nach dem Klammerprinzip für die Besonderen Teile des TVAöD. Alle Teile sind eigenständige Tarifverträge.

Die Tarifvertragsparteien des TVAöD sind die Bundesrepublik Deutschland und die Vereinigung der kommunalen Arbeitgeberverbände auf Arbeitgeberseite sowie

---

[180] Beachte: Für das Land Bremen ist der Geltungsbereich durch die Protokollerklärungen zu § 1 Abs. 1 TV-L eingeschränkt.

die Vereinte Dienstleistungsgewerkschaft (ver.di), die Gewerkschaft der Polizei, die Industriegewerkschaft Bauern – Agrar – Umwelt und die Gewerkschaft Erziehung und Wissenschaft und die dbb tarifunion auf Arbeitnehmerseite.

Auf Länderebene gelten zwei separate Tarifverträge im Bereich der Ausbildung, der TVA-L BBiG und der TVA-L Pflege. Die Tarifvertragsparteien der TVA-L sind die Bundesländer, die bei Abschluss des Tarifvertrags Mitglied der Tarifgemeinschaft deutscher Länder waren, auf Arbeitgeberseite sowie die Vereinte Dienstleistungsgewerkschaft (ver.di) und die dbb tarifunion auf Arbeitnehmerseite.

a) Der Tarifvertrag für Auszubildende des öffentlichen Dienstes Allgemeiner Teil (TVAöD-AT) und die Spartentarifverträge (TVAöD-BT)

Der TVAöD-AT gilt zunächst nur für Auszubildende bzw. Schüler und Schülerinnen. Die Niederschriftserklärung zu § 1 TVAöD erläutert, dass Ausbildender ist, wer andere Personen zur Ausbildung einstellt.

§ 1 Abs. 1 lit. a–b TVAöD spezifiziert sodann nach den Tätigkeitsfeldern: Der Geltungsbereich ist eröffnet für Personen, die

in Verwaltungen und Betrieben, die unter den Geltungsbereich des TVöD fallen,

in einem staatlich anerkannten oder als staatlich anerkannt geltenden Ausbildungsberuf oder

im Bereich der Gesundheit oder Pflege

ausgebildet werden.

§ 1 Abs. 1 lit. c–d TVAöD erweitert den Anwendungsbereich darüber hinaus auf Auszubildende in Betrieben, auf deren Arbeitnehmerinnen und Arbeitnehmer der TV-V oder der TV-WV/NW oder der TV-N Anwendung findet.

§ 1 Abs. 2 TVAöD listet wiederum die Ausnahmen auf. So fallen nicht in den Anwendungsbereich des TVAöD Ausbildungen in den Bereichen der Kranken- und Altenpflegehilfe und der Land- oder Forstwirtschaft oder des Weinbaus. Ebenfalls ausgenommen sind Tätigkeiten während eines Praktikums oder Volontariats. Des Weiteren gilt der TVAöD nicht für körperlich, geistig oder seelisch behinderte Personen, die in besonderen Ausbildungsstätten ausgebildet werden.

Die Besonderen Teile des TVAöD knüpfen an den Allgemeinen Teil an und führen ihn spartenspezifisch fort bzw. modifizieren ihn:

Besonderer Teil BBiG

Besonderer Teil Pflege

b) Die Tarifverträge für Auszubildende der Länder in Ausbildungsberufen nach dem Berufsbildungsgesetz (TVA-L BBiG) und in Pflegeberufen (TVA-L Pflege)

Der TVA-L BBiG gilt für Personen, die in Verwaltungen und Betrieben, die unter den Geltungsbereich des TV-L fallen, in einem staatlich anerkannten oder als staatlich anerkannt geltenden Ausbildungsberuf nach dem Berufsbildungsgesetz (BBiG) ausgebildet werden (§ 1 Abs. 1 TVA-L).

Gemäß § 1 Abs. 2 TVA-L BBiG fallen nicht in den Anwendungsbereich Ausbildungen in den Bereichen der Gesundheits- und Krankenpflege und verwandte Ausbildungen sowie Kranken- und Altenpflegehilfe und der Land- oder Forstwirtschaft oder des Weinbaus. Ebenfalls ausgenommen sind Tätigkeiten während eines Praktikums oder Volontariats. Des Weiteren gilt der TVA-L BBiG nicht für körperlich, geistig oder seelisch behinderte Personen, die in besonderen Ausbildungsstätten ausgebildet werden.

Der TVA-L Pflege gilt für Schülerinnen und Schüler in der Gesundheits- und Krankenpflege, Gesundheits- und Kinderkrankenpflege, Entbindungspflege und Altenpflege, wenn sie in Einrichtungen ausgebildet werden, die unter den Geltungsbereich des TV-L fallen (§ 1 Abs. 1 TVA-L BBiG).

Ausgenommen sind gemäß § 1 Abs. 2 TVA-L Pflege Auszubildende in der Krankenpflegehilfe und Altenpflegehilfe.

C. Arbeitskampfrecht

I. Schlichtungsrecht

135   Unter Schlichtung versteht man im Arbeitsrecht **Hilfeleistungen im Streit um die Herbeiführung einer Gesamtvereinbarung.**
Gesamtvereinbarung ist der Oberbegriff für Dienstvereinbarung (in der Privatwirtschaft Betriebsvereinbarung) und Tarifvertrag.
Die durch die Schlichtung erfolgende Hilfeleistung bezieht sich nur auf sogenannte Regelungsstreitigkeiten, also auf Streitigkeiten über den Inhalt einer zu erzielenden Regelung in einer Gesamtvereinbarung. Im Gegensatz dazu stehen die sogenannten Rechtsstreitigkeiten, also Streitigkeiten über das Bestehen und die Durchsetzung von Rechtsansprüchen, zu deren Beilegung die Gerichte berufen sind.

136   Man unterscheidet **zwei Arten von Schlichtung:**
Auf **Dienststellenebene** handelt es sich um das Verfahren nach dem Personalvertretungsrecht vor der Einigungsstelle. Dieses Verfahren wird im Zusammenhang mit der Behandlung des Personalvertretungsrechts erörtert.
Auf **tariflicher Ebene** handelt es sich dagegen um das Schlichtungsverfahren im engeren Sinn, nämlich um Hilfeleistungen zur Herbeiführung eines Tarifvertrages. In diesem Abschnitt wird nur diese Art der Schlichtung behandelt.

1. Das vertragliche Schlichtungsverfahren

137   Die Tarifvertragsparteien können Schlichtungsvereinbarungen treffen, und zwar im Tarifvertrag oder in besonderen Schlichtungsabkommen. Als Vorschlag für derartige Vereinbarungen ist vom Deutschen Gewerkschaftsbund und vom Bundesverband Deutscher Arbeitgeberverbände die Muster-Schlichtungsvereinbarung vom 7. 9. 1954[181] erarbeitet worden. Dennoch sind die Schlichtungsverfahren in den einzelnen Abkommen teilweise unterschiedlich geregelt.
In der Regel haben sie folgenden Inhalt:
a) Die Tarifvertragsparteien benennen eine Schlichtungsstelle, die mit einem unparteiischen Vorsitzenden und einer gleichen Anzahl Mitglieder der streitenden Parteien besetzt ist.
b) Das Schlichtungsverfahren setzt voraus, dass die einzuleitenden Verhandlungen gescheitert sind. Dies ist der Fall, wenn beide Parteien das Scheitern erklären oder die eine der anderen, dass sie nicht bereit ist, weiterzuverhandeln.
c) Die Schlichtungsstelle versucht eine Einigung der Parteien zu erreichen. Dies kann dadurch erfolgen, dass durch sie die Auffassungen der streitenden Parteien soweit angenähert werden, dass sie sich selber in einem Tarifvertrag einigen oder dass ein Einigungsvorschlag erarbeitet und unterbreitet wird, den die Parteien annehmen oder ablehnen können. Durch die beiderseitige Annahme kommt ein Tarifvertrag zustande. Inzwischen verfügen fast alle wirtschaftlich bedeutsamen Branchen über tarifliche Schlichtungsverordnungen, die sich in vielen Punkten stark unterscheiden.[182]

---

[181] Vgl. RdA 1954, 383 f.
[182] Knevels, ZTR 1988, 414 f.

Eine vertragliche Schlichtungsvereinbarung bedeutet die Ausdehnung der Friedenspflicht, weil Arbeitskampfmaßnahmen erst beginnen dürfen, wenn das Schlichtungsverfahren nicht zu einer Einigung geführt hat.

Für den öffentlichen Dienst besteht die „Vereinbarung über ein Schlichtungsverfahren" vom 30. 9. 2002.[183] Sie ist – jeweils gesondert – abgeschlossen einerseits mit der Vereinten Dienstleistungsgewerkschaft ver.di (diese zugleich handelnd für die GEW, die GdP, die IG Bau und den Marburger Bund), andererseits mit der dbb tarifunion.[184]

138

Die vorgesehene Schlichtungskommission besteht aus zwei unparteiischen Vorsitzenden und je neun Vertretern der Arbeitgeber- und Arbeitnehmerseite (§ 3 Abs. 1). Das Schlichtungsverfahren setzt voraus, dass die Tarifverhandlungen von mindestens einer Tarifvertragspartei für gescheitert erklärt worden sind (§ 2 Abs. 1), und zwar förmlich. Damit wird im Hinblick auf die Rechtsprechung des Bundesarbeitsgerichts[185] erreicht, dass nicht jeder Warnstreik das Schlichtungsverfahren auslöst (vgl. dazu Rdn. 155). Erforderlich ist mithin eine ausdrückliche Erklärung des Scheiterns, die nicht notwendigerweise schriftlich erfolgen muss. Die Kommission hat spätestens vier Werktage nach ihrem erstmaligen Zusammentreten eine Einigungsempfehlung zu beschließen und diese innerhalb von 24 Stunden nach dem Tage der Beschlussfassung den Tarifvertragsparteien schriftlich zuzustellen (§ 7 Abs. 2 und 3).

2. Die staatliche Schlichtung

Besteht kein vereinbartes Schlichtungsverfahren oder kommt es dabei nicht zu einer Einigung, so können sich die Tarifvertragsparteien an eine staatliche Schlichtungsstelle wenden. Rechtsgrundlage dafür ist das Kontrollratsgesetz Nr. 35 vom 20. 8. 1946.[186] Einige Länder haben das Schlichtungsrecht landesgesetzlich neu gestaltet, andere haben Ausführungsbestimmungen erlassen. Im Land Baden, der ehemaligen französischen Zone, das heute Teil Baden-Württembergs ist, gilt ein eigenes Gesetz, nämlich die Landesschlichtungsordnung vom 19. 10. 1949.[187] Gegen die darin enthaltene Vorschrift, wonach Schiedssprüche unter bestimmten Voraussetzungen für verbindlich erklärt werden können (§ 18; Zwangsschlichtung), bestehen verfassungsrechtliche Bedenken wegen der durch Art. 9 Abs. 3 GG garantierten Tarifautonomie. Das Schlichtungsverfahren nach dem Kontrollratsgesetz setzt einen Antrag beider Parteien voraus (Art. VIII) und der Schiedsspruch ist nur verbindlich, wenn beide Parteien zustimmen (Art. X).

139

II. Rechtsgrundlagen, Wesen und Bedeutung des Arbeitskampfes

Der Arbeitskampf ist in unserer Rechtsordnung nicht gesetzlich geregelt. Grundlage für das Arbeitskampfrecht ist Art. 9 Abs. 3 GG. Die durch dieses Grundrecht garantierte positive Koalitionsfreiheit umfasst auch das Recht zum Arbeitskampf, weil die Tarifautonomie den Arbeitskampf voraussetzt (vgl. dazu Rdn. 87). Die für

140

---

[183] Pühler, BAT, Bd. II, VII/8.
[184] Vgl. dazu BAT; ZTR 2002, 528 f.
[185] BAG, 21. 6. 1988, AP Nr. 108 zu Art. 9 GG, Arbeitskampf.
[186] Amtsblatt des Kontrollrates, S. 174, abgedruckt in Nipperdey I, Arbeitsrecht, Textsammlung, Loseblatt, München, Nr. 520. Vgl. dazu Lembke, RdA 2000, 223 f.
[187] Nipperdey I, Texts. Nr. 521. Vgl. dazu Arnold, RdA 1996, 356 f.

das Arbeitskampfrecht geltenden Regeln sind auf dieser Grundlage von der Rechtsprechung und der Lehre entwickelt worden.[188]

Nicht einmal eine gesetzliche Definition des Arbeitskampfes ist vorhanden, obwohl der Begriff in mehreren Gesetzen verwendet wird (z. B. Art. 9 Abs. 3 GG, § 146 SGB III, § 11 Abs. 5 AÜG, § 2 Abs. 1 Nr. 2 ArbGG, § 66 Abs. 2 BPersVG, § 74 Abs. 2 BetrVG). Wenn die Tarifvertragsparteien sich über den Abschluss eines Tarifvertrages nicht einigen können und auch die Hilfeleistung durch Schlichtung nicht erfolgreich ist, dann ist ein Druckmittel erforderlich, um zum Abschluss eines Tarifvertrages zu kommen.

Arbeitskampf ist das Druckmittel der Tarifvertragsparteien, um damit zu einer tarifvertraglichen Regelung zu kommen oder eine tarifvertragliche Regelung abzuwehren.

141   Arbeitskampfmittel der Arbeitnehmer ist der **Streik**, Kampfmittel der Arbeitgeber die **Aussperrung**. Daneben gibt es noch den **Boykott**, dem allerdings keine große Bedeutung zukommt.

142   Da das Recht zum Arbeitskampf vom Grundrecht der Koalitionsfreiheit mitumfasst wird und im Verhältnis der Rechtsquellen des Arbeitsrechts untereinander die Verfassung dem Arbeitsvertrag übergeordnet ist, stellt der **rechtmäßige Arbeitskampf keinen Arbeitsvertragsbruch** dar.

143   Im Arbeitskampfrecht gilt der Grundsatz der Kampfparität. Über die Geltung dieses Grundsatzes herrscht in Rechtsprechung und Lehre Einigkeit. Er hat zum Inhalt, dass die vom Grundgesetz gewährleistete Tarifautonomie, also das Recht der Tarifvertragsparteien, die Arbeits- und Wirtschaftsbedingungen in Tarifverträgen selbstverantwortlich, das heißt unabhängig von staatlicher Einflussnahme, zu regeln, gleichwertige Verhandlungschancen voraussetzt und dass das Arbeitskampfrecht die Aufgabe hat, dieses Gleichgewicht der Kräfte (Verhandlungsgleichgewicht) herzustellen. Die Frage dagegen, wie sich das Kräfteverhältnis der sozialen Gegenspieler tatsächlich darstellt und welche Kampfmittel mit welchen Regeln zur Herstellung des Verhandlungsgleichgewichts zur Verfügung stehen müssen, ist heftig umstritten. Die vertretenen Auffassungen reichen von der völligen Kampfmittelfreiheit beider Seiten bis zu einem Verbot der Aussperrung.[189] Der Grundsatz der Kampfparität hat die für den Arbeitskampf von Rechtsprechung und Lehre entwickelten Regeln maßgebend mitbeeinflusst.

III. Arbeitskampfmittel

1. Streik

144   Streik, das Arbeitskampfmittel der Arbeitnehmer, ist
Druckausübung mehrerer Arbeitnehmer durch planmäßige und gemeinschaftliche vorübergehende Einstellung der Arbeit, zu deren Erbringung sie auf Grund ihres Arbeitsvertrages verpflichtet sind, zum Zwecke der Erreichung eines bestimmten Zieles.

Einstellung der Arbeit liegt in diesem Zusammenhang nicht nur dann vor, wenn die Arbeitnehmer nicht zur Arbeit kommen oder nicht arbeiten, sondern auch, wenn sie schlechte Arbeit leisten oder „bummeln", das heißt, ihrer Arbeitspflicht teilweise nicht nachkommen, ja sogar, wenn sie Ordnungs- und Sicherheitsvorschriften so

---

[188] Vgl. Kalb, RdA 1994, 385 f. (Die Entwicklung des Arbeitskampfrechts durch das BAG); Walker, ZFA 1995, 185 f. (Einstweiliger Rechtsschutz im Arbeitskampf).
[189] Vgl. dazu BAG, NJW 1980, 1642 f.

genau befolgen, dass der Betrieb zum Erliegen kommt („Dienst nach Vorschrift").[190] Die allgemeine Begriffsbestimmung wird präzisiert durch bestimmte weitere Voraussetzungen, die vorliegen müssen, damit ein Streik rechtmäßig ist. Die Voraussetzungen für die Rechtmäßigkeit des Streikes sind:

a) Der Streik muss **von einer Gewerkschaft geführt** werden.[191]

145

Dieses Erfordernis wird vor allem mit folgenden Argumenten begründet. Weil Arbeitskämpfe wegen der durch sie verursachten volkswirtschaftlichen Schäden unerwünscht sind, können sie nur in einem bestimmten Rahmen zugelassen werden. Zur Einhaltung dieses Rahmens ist es erforderlich, beim Ausbruch eines Streiks Stellen einzuschalten, die wegen ihrer Stellung im Arbeitsleben, ihrer Bedeutung in wirtschaftlicher Hinsicht und ihrem Wissen auf dem Gebiet des Arbeitskampfrechts die Gewähr dafür bieten, dass nur in wirklich begründeten Fällen gestreikt wird und dass im Falle eines Streiks die Kampfregeln eingehalten werden. Als solche Stellen kommen nur die Gewerkschaften in Frage, bei einzelnen Arbeitnehmern, Belegschaften und nichtgewerkschaftlichen Gruppen besteht keine Gewähr dafür, dass sie von einem Streikrecht nur in vertretbarem Umfang Gebrauch machen.

Die Gewerkschaft „führt" den Streik dann, wenn er von ihr geleitet wird, der Streik darf also nicht ohne oder gegen ihren Willen durchgeführt werden.

Einen Streik, der nicht von einer Gewerkschaft geführt wird, nennt man „wilden Streik".

Die Gewerkschaft kann einen wilden Streik übernehmen und ihn damit rechtmäßig machen.[192]

Die streikenden Arbeitnehmer brauchen nicht der Gewerkschaft anzugehören, die den Streik führt.

b) Mit dem Streik muss ein **tarifvertraglich regelbares Ziel verfolgt werden**.

146

Die Begründung für dieses Erfordernis liegt darin, dass der Arbeitskampf Druckmittel ist, das auf einen Tarifvertrag abzielt und somit Gegenstand des Arbeitskampfes nur Regelungsstreitigkeiten sein können. Ein Streik ist also nur dann rechtmäßig, wenn er eine Angelegenheit betrifft, die im normativen Teil eines Tarifvertrages geregelt sein kann.[193] Arbeitskämpfe zur Erzwingung von Firmentarifverträgen gegen einzelne verbandsangehörige Arbeitgeber sind nicht generell ausgeschlossen.[194] Da ein Arbeitgeberverband grundsätzlich nicht am Abschluss von Tarifverträgen gehindert ist, deren Geltungsbereich auf eines oder wenige seiner Mitgliedsunternehmen beschränkt ist (**firmenbezogene Verbandstarifverträge**), insbesondere auch solche, die für die Beschäftigten in Betrieben mit Betriebsrat Abfindungsregelungen schaffen, die dem Ausgleich oder der Minderung der mit einer geplanten Betriebsänderung einhergehenden Nachteile dienen (**Tarifsozialpläne**), kann auch auf Abschluss eines derartigen Tarifvertrages gestreikt werden.[195]

Im Zusammenhang mit dieser Rechtmäßigkeitsvoraussetzung hat das Bundesarbeitsgericht[196] auch **Auszubildenden** ein Streikrecht zugebilligt, jedenfalls wenn es

147

---

[190] Vgl. dazu Jsensee, JZ 1971, 73 f.
[191] H. M.; BAG, AP Nr. 1, 6, 32, 33, 34, 41, 51, 58 zu Art. 9 GG, Arbeitskampf; NZA 1988, 883; Zachert, AuR 2001, 401 f. Zum diesbezüglichen Verbandsbeschluss vgl. BAG, 31. 10. 1995, NZA 1996, 389 f.
[192] BAG, AP Nr. 3, 32, 33 zu Art. 9 GG, Arbeitskampf; Nr. 3 zu § 1 TVG, Friedenspflicht.
[193] BAG, AP Nr. 44, 62 zu Art. 9 GG, Arbeitskampf.
[194] Vgl. dazu BAG, 10. 11. 2002, NZA 2003, 734 f.
[195] BAG, 24. 4. 2007, NZA 2007, 987 f.; Bayreuther, NZA 2007, 1017 f.; ders., NZA 2008, 12 f., zum erstreikbaren Tarifsozialplan bei Betriebsübergang vgl. Greiner, NZA 2008, 1274 f., im Tendenzunternehmen vgl. Grimm/Pelzer, NZA 2008, 1321 f.
[196] BAG, NJW 1985, 85 [91].

sich um einen Warnstreik handelt, darüber hinaus allerdings die Frage nach einem generellen Streikrecht Auszubildender offengelassen. Aus der Begründung des Bundesarbeitsgerichts kann allerdings geschlossen werden, dass im Streitfall auch ein generelles Streikrecht Auszubildender bejaht werden wird. Das Bundesarbeitsgericht hat nämlich argumentiert, was tariflich regelbar sei, müsse letztlich auch durch Arbeitskampf durchgesetzt werden können und die Ausbildungsbedingungen könnten durch Tarifvertrag geregelt werden.

Die Auffassungen in der Lehre über ein Streikrecht der Auszubildenden sind geteilt.[197] Die ablehnende Haltung wird vor allem damit begründet, dass durch den Streik der Ausbildungszweck gefährdet werde.

148 Fraglich ist, ob **Sympathiestreiks** zulässig sind. Ein Sympathiestreik ist ein Arbeitskampf, der nicht geführt wird, um für den eigenen Betrieb eine tarifvertragliche Regelung zu erzielen, sondern um fremde Kampfforderungen zu unterstützen. Für die Zulässigkeit kommt es also darauf an, ob das tarifvertraglich regelbare Ziel ein solches sein muss, das sich auf die streikenden Arbeitnehmer auswirkt, oder ob es ausreicht, dass überhaupt eine tarifliche Regelung erstrebt wird, auch wenn diese keine Auswirkung auf die Arbeitnehmer hat, die im Arbeitskampf stehen. Das Bundesarbeitsgericht[198] fordert, dass der Streik sich gegen den Tarifpartner richtet, mit dem ein Tarifvertrag abgeschlossen werden soll und hält deshalb den Sympathiestreik im Regelfall für unzulässig. Zur Begründung geht das Gericht von der Funktion des Arbeitskampfes als Hilfsinstrument zur Sicherung der Tarifautonomie aus, wonach Arbeitskämpfe dem Ausgleich sonst nicht lösbarer Interessenskonflikte bei Tarifverhandlungen dienen. Diesem Zwecke, durch den er alleine gerechtfertigt ist, diene der Sympathiestreik nicht unmittelbar, weil der vom Sympathiestreik betroffene Unternehmer die Forderungen, die von den Gewerkschaften erhoben werden, nicht erfüllen, den Arbeitskampf also nicht durch Nachgeben vermeiden oder zwischen Kampf und Nachgeben wählen könne.

Das Bundesarbeitsgericht ist allerdings der Ansicht, dass es Ausnahmetatbestände geben könne, die einen Sympathiestreik rechtfertigen könnten, und zwar beispielsweise dann, wenn der von einem Sympathiestreik betroffene Arbeitgeber seine Neutralität im Hauptkampf etwa dadurch verletzt habe, dass er die Produktion übernommen habe oder wenn der vom Sympathiestreik betroffene Arbeitgeber zwar rechtlich selbständig, wirtschaftlich betrachtet aber als Teil des in den Hauptkampf verwickelten Arbeitgebers anzusehen sei.

Mit der Entscheidung vom 19. 6. 2007[199] hat das Bundesarbeitsgericht den sogenannten **Unterstützungsstreik** für zulässig erklärt. Um einen solchen handelt es sich dann, wenn der bestreikte Arbeitgeber vom Haupttarifkonflikt zwar nicht betroffen ist, auf diesen jedoch, z. B. wegen einer Konzernverbindung, Einfluss nehmen kann.

Die Auffassungen in der Lehre zur Rechtmäßigkeit des Sympathiestreiks sind geteilt.[200]

149 Die Frage, ob es zulässig ist, nach dem Scheitern der Verhandlungen über den Abschluss eines Verbandstarifvertrages einen **Arbeitgeber-Außenseiter** zu bestreiken,

---

[197] Weiss/Marx, AuR 1982, 329; Natzel, DB 1983, 1488; Demme, RdA 1973, 372; Hromadka, DB 1972, 876; Kehrmann, AuR 1972, 225.
[198] BAG, DB 1985, 1695 f.; BB 1988, 978.
[199] NZA 2007, 1055 f.; Hohenstatt/Schramm, NZA 2007, 1034 f.; Bayreuther, NZA 2008, 12 f.; Bieder, NZA 2008, 799 f.
[200] Vgl. Lieb, ZfA 1982, 113, 133, Fußn. 76; Plander, ZTR 1989, 135 f., m. w. N.; Berger-Delhey, ZTR 1989, 349 f.; Konzen, DB 1990, Beilage 6; Rüthers, BB 1990, Beilage 25; Lieb, RdA 1991, 145 f.

der nicht zu Verhandlungen aufgefordert worden war, wird vom Bundesgerichtshof bejaht, weil der Außenseiter die Forderung auf Abschluss eines Tarifvertrages jedenfalls erfüllen könne.[201] Zu dieser Auffassung ist in der Lehre ablehnende Kritik nicht laut geworden. Das Bundesarbeitsgericht hält die Frage, ob und wann ein Arbeitgeber-Außenseiter im Rahmen von Verbandstarifauseinandersetzungen bestreikt werden darf, durch die Entscheidung des BGH nicht für abschließend geklärt, hatte aber bisher keine Veranlassung dazu, der Frage nachzugehen.[202] Es hält die Einbeziehung jedenfalls dann für zulässig, wenn sein Firmentarifvertrag auf den jeweiligen Verbandstarifvertrag verweist.[203]

Weil mit dem Streik ein tarifvertraglich regelbares Ziel verfolgt werden muss, sind Streiks, die darauf gerichtet sind, den Staat zu bestimmten Maßnahmen zu veranlassen, insbesondere ein bestimmtes Verhalten der Gesetzgebungsorgane zu erreichen (**politische Streiks**) rechtswidrig, und zwar auch dann, wenn mit ihnen arbeitsrechtliche Gesetze beeinflusst werden sollen. Die vom Grundgesetz im Rahmen der positiven kollektiven Koalitionsfreiheit gewährleistete Tarifautonomie, aus der das Recht zum Arbeitskampf als Mittel zur Herstellung des Kräftegleichgewichts abzuleiten ist, gibt kein Recht zur Einflussnahme auf das Verhalten des Staates. Hiervon zu unterscheiden sind Arbeitsniederlegungen im Rahmen des Widerstandsrechts nach Artikel 20 Abs. 4 GG bei Angriffen gegen die verfassungsmäßige Ordnung, wenn andere Abhilfe nicht möglich ist. 150

Streiks dürfen mithin auch nicht den Zweck verfolgen, den Arbeitgeber in einer **individualrechtlichen Frage**, deren Entscheidung den Gerichten für Arbeitssachen obliegt, unter Druck zu setzen. So ist ein Streik rechtswidrig, durch den der Arbeitgeber veranlasst werden soll, den Antrag beim Verwaltungsgericht auf Ersetzung der Zustimmung des Personalrates zur Kündigung eines Mitgliedes der Personalvertretung zurückzunehmen.[204] 151

c) Die **Gewerkschaft**, die den Arbeitskampf führt, darf **nicht der Friedenspflicht unterliegen**. 152

d) Der Streik muss das **Gebot der Verhältnismäßigkeit** beachten.[205] 153

Die Einhaltung des Grundsatzes der Verhältnismäßigkeit als Rechtmäßigkeitsvoraussetzung für den Streik ist allgemein anerkannt. Umstritten ist allerdings, welche Anforderungen auf Grund dieses Prinzips zu stellen sind.

aa) Inhalt des Gebotes der Verhältnismäßigkeit ist der „**ultima-ratio**"-**Grundsatz**. Er besagt, dass ein Streik erst eingeleitet werden darf, wenn alle Verständigungsmöglichkeiten, also die Verhandlungs- und Schlichtungsmöglichkeiten, ausgeschöpft sind.[206] 154

Dies bedeutet nicht, dass es für die Rechtmäßigkeit des Streiks der Feststellung bedarf, dass Verhandlungen aussichtslos erscheinen, eine Feststellung, die schlechterdings niemand treffen kann. Es bedeutet aber, dass überhaupt verhandelt werden muss, die Tarifpartner aber selber entscheiden können, ob sie sich von weiteren Verhandlungen etwas versprechen und ob sie ein Schlichtungsverfahren einleiten. In der Lehre und vom Bundesarbeitsgericht wird auch die Ansicht vertreten, wegen des „ultima-ratio"- Grundsatzes müsse das Schlichtungsverfahren eingeleitet werden,

---

[201] BGH, 19. 1. 1978, AP Nr. 56 zu Art. 9 GG, Arbeitskampf.
[202] Vgl. zu den Gesichtspunkten, die in diesem Zusammenhang einer Klärung bedürfen, BAG, 9. 4. 1991, NZA 1991, 815 f.
[203] BAG, 18. 2. 2003, NZA 2003, 866 f.; BVerfG, 10. 9. 2004, ZTR 2005, 312 f.
[204] BAG, NZA 1988, 883 f.
[205] BAG [GS], AP Nr. 43 zu Art. 9 GG, Arbeitskampf.
[206] BAG [GS], NJW 1971, 1668; Rüthers, DB 1990, 113 f.

die Gewerkschaft habe also in diesem Punkt keine Entscheidungsfreiheit.[207] Die Entscheidung, dass sich ein Tarifpartner von weiteren Verhandlungen nichts mehr verspricht, bringt er dadurch zum Ausdruck, dass er „die Verhandlungen für gescheitert" erklärt.

155   Trotz des „ultima-ratio"- Grundsatzes sind nach Auffassung des Bundesarbeitsgerichtes **Warnstreiks** nach Ablauf der Friedenspflicht während laufender Tarifverhandlungen zulässig. Nach Ansicht des Gerichts[208] stellt ein Warnstreik keine gegenüber anderen Arbeitskampfformen privilegierte Kampfform dar. Er unterliege dem „ultima-ratio"-Grundsatz und sei daher nur zulässig, wenn alle Verhandlungsmöglichkeiten ausgeschöpft seien. Ob dies der Fall sei, d. h., ob ohne einen Arbeitskampf noch ein Verhandlungsergebnis zu erzielen sei, entscheide jedoch die kampfführende Tarifpartei in eigener Verantwortung, ohne dass diese Entscheidung gerichtlich nachprüfbar sei. Im Aufruf zum Streik liege die Erklärung, dass die Gewerkschaft die Verhandlungsmöglichkeiten als ausgeschöpft ansehe. Einer förmlichen Erklärung des Scheiterns der Tarifverhandlungen bedürfe es nicht.

In der Lehre ist die Zulässigkeit von Warnstreiks umstritten, sie wird jedoch überwiegend bejaht.[209]

156   bb) Der Grundsatz der Verhältnismäßigkeit gebietet außerdem, dass **die Mittel des Kampfes dem Ziel angemessen** sein müssen. Dies bedeutet nicht, dass durch gerichtliche Entscheidung Kampfforderung und Kampfmittel daraufhin überprüft werden können, ob sie in einem angemessenen Verhältnis zueinander stehen, sondern, dass der Arbeitskampf fair geführt werden muss. So sind z.B. Gewaltanwendungen gegenüber Arbeitswilligen, Verhinderung des Zu- und Abgangs von Waren, Kunden und arbeitswilligen Arbeitnehmern, Fabrikbesetzungen und das Eindringen in die Privatsphäre des Arbeitgebers zu unterlassen und Erhaltungsarbeiten und Werkschutzaufgaben sicherzustellen.[210]

> Derartige Handlungen, die vom Streikrecht nicht gedeckt sind, machen den Streik allerdings als solchen nicht rechtswidrig, weil das durch Art. 9 Abs. 3 GG geschützte Streikrecht auch dann erhalten bleibt, wenn es zu einzelnen Streikexzessen kommt. An derartigen Handlungen beteiligte Arbeitnehmer verletzen das Recht des Arbeitgebers am eingerichteten und ausgeübten Gewerbebetrieb (§ 823 Abs. 1 BGB). Für die Beteiligung von Streikposten daran haften die Gewerkschaften gemäß § 831 Abs. 1 BGB. Sie sind Darüber hinaus zum Ersatz des Schadens verpflichtet, der durch diese Handlungen entstanden ist, wenn Organmitglieder der Gewerkschaft trotz Kenntnis der rechtswidrigen Handlungen nicht versuchen, die streikenden Arbeitnehmer von den Handlungen abzuhalten (§ 31 BGB analog).[211]

157   cc) Umstritten ist, ob der Grundsatz der Verhältnismäßigkeit gebietet, dass beim Streik die **Verfahrensregeln** für die Einleitung und Durchführung von Arbeitskämpfen **in der Gewerkschaftssatzung eingehalten** werden, dass also für die Rechtmäßigkeit des Streiks das satzungsmäßig vorgesehene Verfahren beachtet wird, insbesondere eine Urabstimmung durchgeführt und dabei die vorgesehene Mehrheit erzielt wird.[212] Mit Rüthers bin ich der Ansicht, dass die Urabstimmung lediglich Teil der

---

[207] BAG [GS], AP Nr. 43 zu Art. 9 GG, Arbeitskampf.
[208] BAG, BB 1988, 1329 f.; vgl. dazu Groggert, DB 1988, 2097 f.; Haas, ZTR 1989, 264 f.; Buchner, BB 1989, 1334 f.; Hirschberg, RdA 1989, 212 f.; Dorndorf, AuR 1990, 65 f.
[209] Vgl. Weller, AuR 1989, 325 f., m.w. N.
[210] BAG, NJW 1982, 2835; NZA 1988, 846 f. (850); 1988, 873, 874; 884 3 f.f.; Müller-Roden, ZRP 1988, 161 f. Vgl. zum arbeitskampfbedingten Notdienst BAG, 31. 1. 1995, NZA 1995, 958 f.; Bauer/Haußmann, DB 1996, 881 f., zu den Grenzen des Streikrechts auf Grund des Tier- und Umweltschutzrechts Däubler, AuR 1997, 1.
[211] BAG, 8. 11. 1988, NZA 1989, 475 f., m. w. N.
[212] Hettlage, NJW 2004, 3299 f.

verbandsinternen Willensbildung und nicht Form der Ausschöpfung von friedlichen Verständigungsmöglichkeiten und deshalb die Einhaltung der Verbandssatzung nicht Rechtmäßigkeitsvoraussetzung für den Streik ist.

Ein Streik, der die genannten Rechtmäßigkeitsvoraussetzungen erfüllt, wird **sozialadäquat** genannt.[213]

2. Aussperrung

Aussperrung, das Arbeitskampfmittel der Arbeitgeber, ist Druckausübung durch einen oder mehrere Arbeitgeber durch planmäßige Verweigerung von Beschäftigung und Lohnzahlung zum Zwecke der Erreichung eines bestimmten Zieles.[214]

Man unterscheidet zwischen **Abwehraussperrung** (Defensivaussperrung) und **Angriffsaussperrung** (Agressivaussperrung).

Mit einer Angriffsaussperrung eröffnen die Arbeitgeber den Arbeitskampf, ihr geht also kein Streik voraus. Sie ist allerdings, soweit mir bekannt ist, noch nie durchgeführt worden. Mit der Abwehraussperrung reagieren die Arbeitgeber auf einen Streik.

Ob die Aussperrung überhaupt ein zulässiges Arbeitskampfmittel ist, ist umstritten. In der Hessischen Verfassung heißt es in Art. 29 Abs. 5: „Die Aussperrung ist rechtswidrig". Diese Bestimmung wird überwiegend für unwirksam gehalten,[215] weil nach Art. 31 GG Landesrecht nur insoweit gilt, als Bundesrecht nichts anderes bestimmt. Art. 9 Abs. 3 GG garantiert aber die Tarifautonomie und damit die Aussperrung.[216] Das Bundesverfassungsgericht hat die Zulässigkeit der Aussperrung anerkannt.[217] Darüber hinaus respektiert der Gesetzgeber selber die Aussperrung als Teil der Rechtsordnung. Die Regelung in § 91 Abs. 6 SGB IX wäre nämlich, soweit sie die Aussperrung betrifft, überflüssig, wenn die Aussperrung generell unzulässig wäre.

Für die Rechtmäßigkeit der **Angriffsaussperrung** gelten dieselben Voraussetzungen wie für die Rechtmäßigkeit des Streiks (vgl. oben Rdn. 145–157) mit dem Unterschied, dass sie nicht von einem Arbeitgeberverband geführt werden muss. Wegen der Tariffähigkeit des einzelnen Arbeitgebers (vgl. § 2 Abs. 1 TVG) ist auch die „nichtverbandsgetragene" Aussperrung zulässig, der einzelne Arbeitgeber kann also aussperren.[218] Ein Arbeitgeber, der keinem Arbeitgeberverband angehört (sog. Außenseiter-Arbeitgeber), hat das Recht, sich einer Verbandsaussperrung anzuschließen.[219]

Was die **Abwehraussperrung** betrifft, so sind folgende Rechtmäßigkeitsvoraussetzungen zu beachten:[220]

a) Sie ist nur zulässig als **Reaktion auf einen Teilstreik**.[221] Dieses Erfordernis folgt aus dem Grundsatz der Kampfparität, nach dem die Tarifautonomie annähernd

---

[213] BAG, AP Nr. 32, 34 zu Art. 9 GG, Arbeitskampf.
[214] Zu den Anforderungen an die Aussperrungserklärung vgl. BAG, 27. 6. 1995, NZA 1996, 212 f.
[215] Vgl. BAG, NZA 1988, 775 f.
[216] BAG, DB 1980, 1266 ff.; BB 1988, 912.
[217] BVerfG, NJW 1975, 968 f.
[218] BAG [GS], AP Nr. 43 zu Art. 9 GG, Arbeitskampf; 11. 8. 1992, NZA 1993, 39 f.; BVerfGE 20, 312 [318].
[219] BVerfG, 26. 6. 1991, NZA 1991, 809 f.; BAG, 11. 8. 1992, NZA 1993, 39 f.; Konzen, SAE 1991, 335 f. (341 f.).
[220] Zur Verfassungsmäßigkeit von Zulässigkeit und Grenzen der Abwehraussperrung vgl. BVerfG, 26. 6. 1991, NZA 1991, 809 f.; Däubler, AuR 1992, 1 f.; Müller, DB 1992, 269 f.
[221] BAG, DB 1980, 1266 ff. [1270–1272]; BB 1985, 1532.

gleichgewichtige Verhandlungschancen der sozialen Gegenspieler voraussetzt. Die Arbeitgeberseite muss mit Hilfe der Abwehraussperrung den von der Gewerkschaft durch den Teilstreik bestimmten Kampfrahmen erweitern können, weil anderenfalls die mit dem Teilstreik verbundenen Auswirkungen auf die Solidarität der Arbeitgeber eine wesentliche Verschiebung des Kräftegleichgewichts zugunsten der Gewerkschaften zur Folge hätte.

Die Verbandssolidarität, die wegen der Erforderlichkeit von Druck und Gegendruck auch für die Arbeitgeberseite unerlässlich ist, wird durch den Teilstreik in der Regel aus folgenden beiden Gründen beeinträchtigt:

aa) Die in Konkurrenz zu den bestreikten Arbeitgebern stehenden streikverschonten Kollegen können die Gunst der Stunde nutzen und Marktanteile hinzugewinnen.

bb) Die nicht bestreikten Unternehmen würden regelmäßig für eine härtere Verhandlungsposition bei den Tarifverhandlungen eintreten als die bestreikten Unternehmen, die ihrerseits versuchen würden, durch einen Firmentarifvertrag zu einem „Separatfrieden" zu gelangen.

164   b) Mit der Aussperrung muss ein **tarifvertraglich regelbares** Ziel verfolgt werden.[222] Zur Begründung dieses Erfordernisses verweise ich auf die Ausführungen zu den Rechtmäßigkeitsvoraussetzungen beim Streik.

165   c) Die Aussperrung darf **nicht unter Verletzung der Friedenspflicht** erfolgen.

166   d) Das Gebot der **Verhältnismäßigkeit** muss beachtet werden.[223] Der Inhalt des Gebotes der Verhältnismäßigkeit im Zusammenhang mit der Abwehraussperrung, nämlich Geeignetheit, Erforderlichkeit und Proportionalität der Kampfmaßnahme, wird bestimmt durch die Funktion und die Legitimation der Abwehraussperrung. Die Abwehraussperrung ist mithin nur verhältnismäßig, wenn sie die Herstellung der Kampfparität bezweckt. Damit ist zugleich der Rahmen für die Zulässigkeit von Abwehraussperrungen bezeichnet.[224] Unter diesem Gesichtspunkt hat das Bundesarbeitsgericht den Grundsatz der Verhältnismäßigkeit im Zusammenhang mit der Abwehraussperrung folgendermaßen konkretisiert.[225]

167   aa) Die Abwehraussperrung muss **auf das umstrittene Tarifgebiet beschränkt** werden.

Fordert die Gewerkschaft einen Tarifvertrag für ein bestimmtes Tarifgebiet, so ist die Solidarität der Arbeitgeber im Tarifgebiet erforderlich aber auch ausreichend. Die Unternehmen im Tarifgebiet müssen nämlich darüber bestimmen, ob und inwieweit sie den Forderungen der Gewerkschaft für das Tarifgebiet entgegentreten oder ihnen entsprechen wollen. Deshalb wirken sich Störungen der Solidarität in diesem Kreis unmittelbar auf die Verhandlungsstärke aus.

168   bb) Es ist erforderlich, nach einem **abgestuften Kampfmittelsystem** vorzugehen, wonach das Bedürfnis der Arbeitgeberseite, den Arbeitskampf durch Abwehraussperrung auf weitere Betriebe des Tarifgebietes auszudehnen desto stärker ist, je enger der Teilstreik innerhalb des Tarifgebietes begrenzt ist.

Dieses Erfordernis hat das Bundesarbeitsgericht noch weiter konkretisiert, und zwar wie folgt: Wenn durch einen Streikbeschluss weniger als ¼ der Arbeitnehmer des Tarifgebiets zur Arbeitsniederlegung aufgefordert werden, so kann die Arbeitgeberseite durch Abwehraussperrung den Kampfrahmen um 25% der betroffenen Arbeitnehmer, d. h. der Arbeitnehmer des Tarifgebietes, erweitern.

---

[222] BAG, AP Nr. 64 und 65 zu Art. 9 GG, Arbeitskampf.
[223] BAG [GS], AP Nr. 43 zu Art. 9 GG, Arbeitskampf; BAG, DB 1980, 1266 ff. [1272 ff.]; BB 1985, 1532.
[224] BAG, DB 1980, 1266 ff. [1272].
[225] BAG, DB 1980, 1266 ff. [1273]; DB 1980, 1274 ff. [1275].

Wird mehr als ¼ der Arbeitnehmer des Tarifgebietes aber weniger als die Hälfte zum Streik aufgerufen, so ist das Bedürfnis der Arbeitgeber zur Erweiterung des Kampfrahmens entsprechend geringer.

Dies bedeutet nach meiner Auslegung, dass beispielsweise bei einem Streikaufruf an ⅓ der Arbeitnehmer des Tarifgebietes der Kampfrahmen durch Abwehraussperrung um ⅙ erweitert werden darf.

Nach Ansicht des Gerichts scheint manches dafür zu sprechen, dass eine Störung der Kampfparität nicht mehr zu befürchten ist, wenn etwa die Hälfte der Arbeitnehmer eines Tarifgebietes zum Streik aufgerufen wird.

Die sog. „Arbeitskampfarithmetik" ist in der Lehre[226] und teilweise auch in der Rechtsprechung[227] auf heftige Kritik gestoßen. Das Bundesarbeitsgericht hat deshalb im Jahre 1985[228] diese Arithmetik zwar nicht ausdrücklich aufgegeben, sondern ausgeführt, es habe kein Anlass bestanden, auf die Kritik daran einzugehen, wohl aber eine deutliche Abkehr davon vorgenommen. Das abgestufte Kampfmittelsystem wird statt der Maßgeblichkeit der Kampfquoten reduziert auf die Prüfung eines Missverhältnisses von Streikenden und Ausgesperrten zur Konkretisierung der Verhältnismäßigkeit der Aussperrung. Bei dieser Prüfung kommt es auf Streikbeschluss und Aussperrungsbeschluss an und nicht auf die Zahl der Arbeitnehmer, die tatsächlich streiken beziehungsweise ausgesperrt werden.

Im Rahmen der Anwendung des abgestuften Kampfmittelsystems ist es zulässig, nur die in unmittelbarer Konkurrenz zu den bestreikten Unternehmen stehenden Arbeitgeber durch Abwehraussperrung in den Arbeitskampf einzubeziehen und den Kreis der kampfbetroffenen Unternehmen dadurch zu erweitern, dass die aussperrenden Arbeitgeber im Laufe des Arbeitskampfes ausgewechselt werden.

e) **Rechtswidrig** ist schließlich eine Aussperrung, die **gezielt nur die Mitglieder einer streikenden Gewerkschaft erfasst**, nicht organisierte Arbeitnehmer jedoch verschont.[229] Darin liegt ein Verstoß gegen die positive individuelle Koalitionsfreiheit und die positive kollektive Koalitionsfreiheit in der Ausgestaltung der Bestandsgarantie. 169

f) Der Arbeitgeber kann im Rahmen der Abwehraussperrung auch Mitglieder der Personalvertretung, arbeitsunfähig erkrankte und schwerbehinderte Arbeitnehmer aussperren.[230] 170

g) Arbeitgeber können im Rahmen der Verhältnismäßigkeit auch **Warnstreiks** mit der Aussperrung beantworten.[231] 171

3. Boykott

Boykott, ein Arbeitskampfmittel der Arbeitnehmer und der Arbeitgeber, erfolgt dadurch, dass 172

Arbeitgeber- oder Arbeitnehmerseite planmäßig den sozialen Gegenspieler vom geschäftlichen Verkehr abzusperren versucht, um ein Ziel zu erreichen.

Dies kann dadurch geschehen, dass die eine Seite selbst jeden Kontakt zur Gegenseite verweigert oder Dritte zu einem solchen Verhalten aufruft. Der Boykott kann sich auf den Arbeitsvertrag oder auf andere Verträge beziehen.

So können etwa die Arbeitgeber aufgefordert werden, bestimmte Arbeitnehmer nicht einzustellen, oder Arbeitnehmer, mit bestimmten Arbeitgebern keine Arbeitsverträge abzuschließen. Es können aber auch zum Beispiel Arbeitnehmer andere Arbeitnehmer oder Dritte auffordern, Waren oder andere Leistungen bestimmter Arbeitgeber nicht zu beziehen.

---

[226] Vgl. Schmidt-Preuß, BB 1985, 1093 f., m. w. N.
[227] LAG Hamm, DB 1983, 558 f.
[228] BAG, BB 1985, 1532.
[229] BAG, NJW 1980, 1653.
[230] BAG, 25. 10. 1988, NZA 1989, 353 f.; BB 1988, 2467.
[231] BAG, 11. 8. 1992, NZA 1993, 39 f.

Der Boykott hat praktische Bedeutung nur als Mittel zur Unterstützung von Streik und Aussperrung und ist auch als solche arbeitskampfunterstützende Maßnahme außerordentlich selten. Deshalb wird auf eine weitergehende Behandlung verzichtet und auf die vorhandene Literatur verwiesen.

IV. Die Abgrenzung des Arbeitskampfes zu anderen Auseinandersetzungen im Arbeitsleben

173 Wie wir gesehen haben, ist der Arbeitskampf eine Auseinandersetzung im Arbeitsleben, bei der es um eine Regelungsstreitigkeit geht, also um eine Streitigkeit über den Inhalt einer zu erzielenden Regelung in einer Gesamtvereinbarung.

174 Von dieser Auseinandersetzung zu unterscheiden ist die **Rechtsstreitigkeit** im Arbeitsleben, eine Auseinandersetzung über das Bestehen und die Durchsetzung von Rechtsansprüchen, zu deren Beilegung die Gerichte berufen sind. Nicht um einen Arbeitskampf handelt es sich deshalb dann, wenn Arbeitnehmer gemeinschaftlich wegen eines ihnen zustehenden Anspruchs das **Zurückbehaltungsrecht** nach § 273 BGB ausüben, wenn sie also zum Beispiel nicht arbeiten, weil ihnen der Lohn vorenthalten wird.[232]

175 Fraglich ist, ob die Massenänderungskündigung als Arbeitskampf zu betrachten ist. Darunter versteht man gleichlautende Kündigungen mehrerer Arbeitnehmer an den Arbeitgeber oder des Arbeitgebers an mehrere Arbeitnehmer verbunden mit gleichlautenden Angeboten zum Abschluss neuer Arbeitsverträge zu geänderten Arbeitsbedingungen (vgl. § 2 Satz 1 KSchG).

Um die Frage zu beantworten, ist es erforderlich, vom Wesen des Arbeitskampfes auszugehen. Arbeitskampf ist das Druckmittel, um zu einer tarifvertraglichen Regelung zu kommen oder eine tarifvertragliche Regelung abzuwenden. Deshalb ist die Massenänderungskündigung grundsätzlich nicht als Arbeitskampfmaßnahme anzusehen, es sei denn, sie dient im konkreten Fall jedenfalls auch dazu, eine Regelung in einem Tarifvertrag zu erreichen.[233] So hat das Bundesarbeitsgericht[234] derartige Kündigungen als Arbeitskampf eingeordnet, weil folgender Sachverhalt vorlag: Ein neuer Tarifvertrag war in Kraft getreten, durch den die Arbeitszeit verkürzt wurde, die Akkordlöhne jedoch unverändert gelassen wurden. Die laufenden Verhandlungen über einen neuen Lohntarifvertrag, in dem die Änderung der Akkordlöhne angestrebt wurde, waren noch nicht abgeschlossen. Zu diesem Zeitpunkt sprachen alle diejenigen Arbeitnehmer eines Unternehmens, das dem branchenmäßigen Geltungsbereich des erstrebten Lohntarifvertrags unterlagen, die Akkordarbeit leisteten, gleichzeitige und gleichartige Änderungskündigungen aus und boten dabei den Abschluss neuer Arbeitsverträge zu Akkordlöhnen an, die die durch den Tarifvertrag verkürzte Arbeitszeit berücksichtigten. In einem solchen Fall handelt es sich um Arbeitskampf, weil durch die Massenänderungskündigungen auf die Tarifverhandlungen Einfluss genommen wird.

V. Die Auswirkungen des Arbeitskampfes auf das Arbeitsverhältnis

1. Die Auswirkungen des rechtmäßigen Arbeitskampfes

176 Der rechtmäßige Arbeitskampf führt nur zur **Suspendierung der Arbeitsverhältnisse**, das heißt, die Arbeitsverhältnisse werden während des Arbeitskampfes nur unterbrochen und nicht aufgelöst, mit der Folge, dass die Hauptpflichten der Parteien ruhen. Nach Beendigung des Arbeitskampfes leben sie von selbst wieder auf.[235]

---

[232] Grunsky, JuS 1967, 60; Moll, RdA 1976, 100; Rüthers, AuR 1967, 136; Söllner, ZFA 1972, 1; Weller, AuR 1967, 79; BAG, DB 1985, 763.
[233] BAGE 3, 266 ff.; 3, 280 ff.; AP Nr. 25 zu § 123 GewO; Nr. 37 und 39 zu Art. 9 GG, Arbeitskampf.
[234] BAG, AP Nr. 37 zu Art. 9 GG, Arbeitskampf; BB 1966, 698.
[235] BAG [GS], AP Nr. 1 zu Art. 9 GG, Arbeitskampf; BAG (GS), AP Nr. 43 zu Art. 9 GG, Arbeitskampf; BAG, BB 1985, 1532.

Die Begründung für diese sogenannte Suspendierungstheorie liegt wiederum im Wesen des Arbeitskampfes. Er dient dazu, zu einer bestimmten tarifvertraglichen Regelung zu kommen oder eine solche abzuwehren, sein Zweck liegt also gerade darin, die Arbeitsverhältnisse zu besseren Bedingungen bzw. zu den bisherigen fortzusetzen.[236]

Diese vom Bundesarbeitsgericht vertretene Ansicht, insbesondere diejenige zur Wirkung der Abwehraussperrung, ist in der Lehre und der Rechtsprechung der Instanzgerichte umstritten.[237] Eine Darstellung der dort vertretenen Auffassungen würde über den Rahmen der hier aufzuzeigenden Grundzüge hinausgehen. Deshalb erfolgt eine Beschränkung auf die Rechtsprechung des Bundesarbeitsgerichts. Diese ist wie folgt zu präzisieren: **177**

a) Anspruch auf bzw. Verpflichtung zur **Vergütung** und **Arbeitsleistung** ruhen, die sogenannten Nebenpflichten – Treue- und Fürsorgepflicht – bleiben dagegen bestehen.

So ist eine Gratifikation auch für Zeiten zu gewähren, in denen das Arbeitsverhältnis wegen eines Arbeitskampfes geruht hat, wenn der Anspruch darauf allein vom rechtlichen Bestand des Arbeitsverhältnisses abhängig gemacht worden ist.[238]

Der Arbeitgeber ist nicht verpflichtet, seinen bestreikten Betrieb oder Betriebsteil soweit als möglich aufrechtzuerhalten. Er kann ihn für die Dauer des Streiks ganz stilllegen mit der Folge, dass die beiderseitigen Rechte und Pflichten aus dem Arbeitsverhältnis suspendiert werden und auch arbeitswillige Arbeitnehmer ihren Lohnanspruch verlieren.[239] Entscheidet sich der Arbeitgeber dafür, den Betrieb oder Betriebsteil soweit wie möglich aufrechtzuerhalten, so verlieren Arbeitswillige, die dennoch nicht beschäftigt werden, ihren Entgeltanspruch nur, wenn ihre Beschäftigung dem Arbeitgeber infolge des Streiks unmöglich oder unzumutbar wird.[240]

Ausgesperrte Mitglieder der Personalvertretung haben selbst dann keinen Entgeltanspruch für die auf Grund der Aussperrung ausgefallene Arbeitszeit, wenn sie während der Aussperrung Aufgaben der Personalvertretung wahrgenommen haben, weil sie ihr Amt unentgeltlich als Ehrenamt führen.[241]

b) Fallen in die Zeit des Arbeitskampfes **Feiertage**, so hat der Arbeitnehmer keinen Anspruch auf Feiertagsbezahlung.[242]

Erklärt eine Gewerkschaft allerdings am letzten Arbeitstag vor einem Feiertag einen Streik für beendet und nehmen die Arbeitnehmer am Tag nach dem Feiertag die Arbeit wieder auf, ist die Arbeitszeit am Feiertag nicht infolge des Streiks, sondern infolge des Feiertages ausgefallen. Daran ändert sich nichts, wenn die Gewerkschaft einen Tag nach Wiederaufnahme der Arbeit erneut zu einem Streik aufruft.[243] Erklärt die Gewerkschaft dagegen die Aussetzung eines Streiks lediglich für den Feiertag, so liegt keine Streikunterbrechung vor und es besteht kein Anspruch auf Feiertagsbezahlung.[244]

---

[236] BAG [GS], AP Nr. 43 zu Art. 9 GG, Arbeitskampf.
[237] Vgl. zum Meinungsstand die Übersichten über die Rechtsprechung der Instanzgerichte in BB 1978, 1777; 1979, 165, 575.
[238] BAG, 20. 12. 1995, NZA 1996, 491 f.
[239] BAG, 22. 3. 1994, NZA 1994, 1097 f.; 31. 1. 1995, NZA 1995, 958 f.; 17. 2. 1998, NZA 1998, 896 f.
[240] BAG, 11. 7. 1995, NZA 1996, 209 f.; 11. 7. 1995, NZA 1996, 214 f.
[241] BAG, 25. 10. 1988, NZA 1989, 353 f.
[242] BAG, BB 1988, 1182.
[243] BAG, 11. 5. 1993, ZTR 1993, 428 f.
[244] BAG, 1. 3. 1995, NZA 1995, 996 f.

c) Während des Streiks kann der Streikende **Urlaub** nicht verlangen.[245] Dagegen wird ein angetretener Urlaub nicht dadurch unterbrochen, dass der Betrieb während des Urlaubs bestreikt wird; der Arbeitgeber ist zur Bezahlung des Urlaubsentgelts auch während des Streiks verpflichtet.[246] Dies gilt auch für Urlaub während einer Aussperrung. Der Arbeitgeber hat die in einen bewilligten Urlaub fallenden gesetzlichen Feiertage auch dann zu bezahlen, wenn für die nicht im Urlaub befindlichen Arbeitnehmer die Feiertagsbezahlung infolge der Aussperrung entfällt.[247] Durch die Suspendierung der Arbeitspflichten während des Streiks wird der Verfall von Urlaubsansprüchen nicht ausgeschlossen.[248]

Der Arbeitnehmer verliert seinen Anspruch auf Fortzahlung des Arbeitsentgelts auch nicht dann, wenn er vor Beginn eines Arbeitskampfes für einen festliegenden Zeitraum **von seiner Arbeitspflicht unter Fortzahlung des Arbeitsentgelts befreit war**, es sei denn, er erklärt seine Teilnahme am Streik trotz der Arbeitsbefreiung oder beteiligt sich tatsächlich am Streikgeschehen.[249]

d) **Erkrankt** ein Arbeitnehmer während des Arbeitskampfes, so hat er keinen Anspruch auf Vergütungsfortzahlung im Krankheitsfall. War der Arbeitnehmer zu Beginn des Arbeitskampfes bereits erkrankt, so hat er dann für die Streiktage keinen Anspruch auf Vergütungsfortzahlung, wenn er sich, wäre er nicht erkrankt gewesen, am Streik beteiligt hätte. Dies muss der Arbeitgeber im Streitfall beweisen.[250] Erkrankt der Arbeitnehmer während eines Urlaubs, der vor Beginn des Arbeitskampfes gewährt worden war, so behält er seinen Anspruch auf Entgelt, solange er sich nicht am Arbeitskampf (Streik) beteiligt.[251]

e) Arbeitnehmer, die sich nicht am Arbeitskampf beteiligen, bleiben zur Arbeitsleistung verpflichtet und behalten ihren Vergütungsanspruch.[252] Sie sind aber nicht dazu verpflichtet, ohne Rücksicht auf die bisherige Aufgabenverteilung, Arbeit zu verrichten, die von den Streikenden liegengelassen worden ist (**Streikarbeit**).[253] Kann der Arbeitgeber arbeitswillige Arbeitnehmer wegen eines Streiks oder einer Aussperrung nicht sinnvoll einsetzen, besteht also deswegen keine sinnvolle Beschäftigungsmöglichkeit für die arbeitswilligen Arbeitnehmer, so brauchen sie nicht beschäftigt zu werden.[254]

f) Die Teilnahme am Streik berechtigt den Arbeitgeber **weder zur ordentlichen noch zur außerordentlichen Kündigung**. Da nämlich die Teilnahme am Streik die Arbeitsleistungspflicht suspendiert, kann keine Vertragsverletzung vorliegen. Andererseits kann der Arbeitnehmer während der suspendierenden Aussperrung sein Arbeitsverhältnis fristlos lösen (**Recht zur Abkehr**).[255]

---

[245] BAG, AP Nr. 35 zu Art. 9 GG, Arbeitskampf.
[246] BAG, AP Nr. 16 zu § 1 BUrlG.
[247] BAG, NZA 1988, 887 f.
[248] BAG, 24. 9. 1996, NZA 1997, 507 f. (508).
[249] BAG, 15. 1. 1991, NZA 1991, 604 f.
[250] BAG, AP Nr. 39 zu § 1 ArbKrankhG; NZA 1988, 890 f.
[251] BAG, 1. 10. 1991, ZTR 1992, 32 f. Zum Beihilfeanspruch bei Teilnahme am Arbeitskampf vgl. BAG, 5. 11. 1992, ZTR 1993, 292 f.
[252] Zur Unzumutbarkeit der Beschäftigung arbeitswilliger Arbeitnehmer vgl. BAG, 14. 12. 1993, ZTR 1994, 209 f.
[253] BAG, AP Nr. 3 zu § 615 BGB, Betriebsrisiko. Vgl. zu den verschiedenen Fallgruppen der Streikarbeit und ihrer Bewertung in Rechtsprechung und Lehre bei Kolmetz, Einsatz von Beamten bei Streik im öffentlichen Dienst aus verfassungsrechtlicher Sicht, Frankfurt am Main, 1989, S. 17 f., m. w. N.
[254] Zum Vergütungsanspruch in diesen Fällen vgl. Rdn. 661 und 662.
[255] BAG (GS), AP Nr. 43 zu Art. 9 GG, Arbeitskampf.

g) Unter bestimmten Voraussetzungen kann eine **Abwehraussperrung ausnahmsweise mit lösender Wirkung** erfolgen. Sie hat im Arbeitsleben besonders einschneidende Folgen, denn die Arbeitnehmer verlieren durch die dadurch eintretende Auflösung der Arbeitsverhältnisse zum Beispiel ihre betrieblichen Anwartschaftsrechte, die von einem ununterbrochenen Bestehen des Arbeitsverhältnisses abhängen, und den Schutz nach dem Kündigungsschutzgesetz (vgl. § 1 Abs. 1 KSchG „ohne Unterbrechung").

Eine allgemeine Aussage darüber, unter welchen Umständen die Arbeitgeberseite eine Abwehraussperrung mit lösender Wirkung vornehmen darf, lässt sich nicht machen. Lediglich folgende Kriterien lassen sich anführen.[256]

aa) Die Arbeitgeberseite muss die lösende Wirkung der Abwehraussperrung eindeutig erklären; erfolgt dies nicht, so hat sie nur suspendierende Wirkung.

bb) Als Beispiele für die Zulässigkeit einer lösenden Abwehraussperrung kommen – stets unter Beachtung des Grundsatzes der Verhältnismäßigkeit – in Betracht:
Der Arbeitskampf entwickelt sich auf Arbeitnehmerseite zu besonderer Intensität etwa dadurch, dass der Streik längere Zeit andauert.

Arbeitsplätze fallen dadurch endgültig weg, dass der Arbeitgeber während des Arbeitskampfes solche mit Erfolg einspart (z.B. durch Rationalisierung) oder zur Aufrechterhaltung des Betriebsablaufs anderweitig besetzt.

Die Abwehraussperrung erfolgt als Reaktion auf einen rechtswidrigen Streik, es sei denn, es handelt sich um eine ganz kurze Arbeitsniederlegung oder die Rechtmäßigkeit des Streiks ist zweifelhaft.

cc) Der Gedanke der Verhältnismäßigkeit verbietet eine lösende Abwehraussperrung allerdings gegenüber dem durch besondere gesetzliche Regelung geschützten Personenkreis. Dazu gehören jedenfalls Betriebsrats- und Personalratsmitglieder, Arbeitnehmervertreter im Aufsichtsrat, soweit sie aus deren Unternehmen kommen, schwerbehinderte Menschen (vgl. § 91 Abs. 6 SGB IX) und Frauen, die unter den Schutz des § 9 Abs. 1 Mutterschutzgesetz fallen.

dd) Nach dem Ende des Arbeitskampfes müssen im Allgemeinen die Arbeitnehmer auch nach lösender Abwehraussperrung wieder eingestellt werden, soweit die Arbeitsplätze noch vorhanden sind. Bei der Verpflichtung zur Wiedereinstellung steht dem Arbeitgeber allerdings ein der Überprüfung durch die Arbeitsgerichtsbarkeit unterliegender, sachgerecht auszuübender Ermessensspielraum zu („billiges Ermessen"). Gesichtspunkte, die bei der Ausübung des Ermessens beispielsweise eine Rolle spielen können, sind:

Hat sich der Arbeitnehmer bei der Teilnahme am Streik Verfehlungen zuschulden kommen lassen?

Hat der Arbeitnehmer bei Teilnahme an einem rechtswidrigen Streik die Rechtswidrigkeit erkannt oder hätte er sie erkennen müssen und hat er sich trotzdem in diesem Streik hervorgetan oder ihn sogar angezettelt?

Ist, wenn Arbeitsplätze nicht mehr vorhanden sind, bei der Wiedereinstellung eine sachgerechte Auswahl, etwa unter sozialen Gesichtspunkten, getroffen worden?

Soweit Arbeitnehmer wegen des Arbeitskampfes keinen Vergütungsanspruch haben, erhalten sie, sofern sie Gewerkschaftsmitglieder sind, Unterstützung von ihrer Gewerkschaft. Nichtorganisierte Arbeitnehmer können bei Bedürftigkeit Sozialhilfe erhalten.

Der Gleichbehandlungsgrundsatz im Arbeitsrecht gebietet, Arbeitnehmer nur dann aus einer bestimmten Ordnung herauszunehmen, wenn dies sachlich gerecht-

---

[256] BAG [GS], AP Nr. 43 zu Art. 9 GG, Arbeitskampf.

fertigt ist (vgl. dazu Rdn. 734). Umstritten ist, ob der Arbeitgeber unter diesem Gesichtspunkt befugt ist, mit einer **Streikbruchprämie** zu versuchen, die Arbeitnehmer von der Teilnahme am Streik abzuhalten.[257] Die Befugnis ist nach meiner Ansicht zu bejahen, weil das Gebot der Verhältnismäßigkeit verlangt, dass der Arbeitgeber zunächst mit einem milderen Mittel auf einen Streik zu reagieren versucht, bevor er zum härteren Mittel der Abwehraussperrung greift. Diese Auffassung wird nun auch vom BAG vertreten, das die Streikbruchprämie als grundsätzlich zulässiges Arbeitskampfmittel ansieht. Sie kann allerdings gegen ein tarifliches Maßregelungsverbot verstoßen.[258] Sagt der Arbeitgeber allerdings nach dem Ende des Arbeitskampfes den Arbeitnehmern eine Treueprämie zu, die nicht am Streik teilgenommen haben und nicht ausgesperrt wurden, so liegt darin ein Verstoß gegen § 612a BGB (**Maßregelungsverbot**[259]), wonach der Arbeitgeber einen Arbeitnehmer bei einer Vereinbarung oder einer Maßnahme nicht benachteiligen darf, weil der Arbeitnehmer in zulässiger Weise seine Rechte ausübt.[260] Dies gilt nicht, wenn ein sachlicher Grund für die Zahlung einer Prämie vorliegt, der z.B. dann anzunehmen ist, wenn die Begünstigten, die nicht am Arbeitskampf teilgenommen haben, während des Arbeitskampfes Belastungen ausgestzt waren, die erheblich über das normale Maß der mit jeder Streikarbeit verbundenen Erschwerungen hinausgehen.[261]

2. Die Auswirkungen des rechtswidrigen Arbeitskampfes

180 Der **rechtswidrige Streik** führt nicht zur Suspendierung der Arbeitsverhältnisse, die Verpflichtung des Arbeitnehmers zur Arbeitsleistung bleibt also bestehen.[262] Die Teilnahme an einem rechtswidrigen Streik stellt also eine Verletzung des Arbeitsvertrages dar.[263] Kommt der Arbeitnehmer seiner Verpflichtung zur Arbeitsleistung nicht nach, so erhält er keine Vergütung (§ 320 Abs. 1 BGB).

181 Die Teilnahme an einem rechtswidrigen Streik kann den Arbeitgeber nach vorher erfolgter Abmahnung, also nach vorhergehendem ausdrücklichen Hinweis auf den Vertragsbruch und die daraus entstehenden Folgen,[264] und auf Grund einer Interessenabwägung, wobei zum Beispiel zu berücksichtigen ist, ob der Arbeitnehmer nach sorgfältiger Erkundigung zu Unrecht angenommen hat, er sei berechtigt, die Arbeit

---

[257] Konzen, SAE 1989, 22 (23); v. Hoyningen-Huene, DB 1989, 1466 (1469); Belling, NZA 1990, 214 (219); Hunold, DB 1991, 1670 (1677); Belling/Steinau-Steinrück, DB 1993, 534f.; Schwarze, NZA 1993, 967f.; ders., RdA 1993, 264f.; Gaul, NJW 1994, 1025f.; Rolfs, DB 1994, 1237f.; offengelassen vom BAG, 11. 8. 1992, NZA 1993, 39f. (41). Zum Anwendungsbereich und Regelungsgehalt des Maßregelungsverbots allgemein vgl. Thüsing, NZA 1994, 728f.
[258] BAG, 13. 7. 1993, NZA 1993, 1135f.
[259] Vgl. zur Frage eines Verstoßes gegen das Maßregelungsverbot durch eine Vereinbarung, nach der sich Zeiten ohne tatsächliche Arbeitsleistung, für die ein gesetzlicher Anspruch auf Fortzahlung des Arbeitsentgeltes besteht, anspruchsmindernd oder anspruchsausschließend auf vom Arbeitgeber freiwillig gewährte Sonderzahlungen (z.B. Gratifikationen, Anwesenheitsprämien) auswirken BAG, 15. 2. 1990, NZA 1990, 601f.; 26. 10. 1994, NZA 1995, 266f.; 31. 10. 1995, NZA 1996, 389f. Vgl. zu § 612a BGB auch BAG, 12. 6. 2002, NZA 2002, 1389f.
[260] BAG, 11. 8. 1992, NZA 1993, 39f. (41, 42).
[261] BAG, 28. 7. 1992, NZA 1993, 267f.
[262] BAGE 1, 291 [303]. Es wird auch die Ansicht vertreten, dass jeder gewerkschaftlich geführte Streik die Pflicht zur Arbeitsleistung suspendiere, Richardi, RdA 1971, 343; Ramm, AuR 1964, 137.
[263] BAG, AP Nr. 24, 43 zu Art. 9 GG, Arbeitskampf.
[264] BAG, AP Nr. 52 zu Art. 9 GG, Arbeitskampf; AP Nr. 1 zu § 124 GewO; AP Nr. 57, 62 zu § 626 BGB.

niederzulegen,²⁶⁵ zur außerordentlichen oder ordentlichen Kündigung des Arbeitsverhältnisses berechtigen.²⁶⁶

Der Arbeitgeber ist berechtigt, auf einen rechtswidrigen Streik mit der Abwehraussperrung mit lösender Wirkung zu antworten, es sei denn, es handelt sich um eine ganz kurze Arbeitsniederlegung.²⁶⁷

Auch die **rechtswidrige Aussperrung** bewirkt keine Suspendierung der Arbeitsverhältnisse. Der Arbeitgeber, der den Arbeitnehmer nicht arbeiten lässt, kommt in Gläubigerannahmeverzug und bleibt nach § 615 BGB zur Bezahlung der Vergütung verpflichtet, ohne dass der Arbeitnehmer die Arbeitsleistung nachholen muss. 182

Die rechtswidrige Aussperrung kann den Arbeitnehmer zur außerordentlichen Kündigung berechtigen. Diese Möglichkeit ist jedoch ohne Bedeutung, weil die Rechtsprechung dem Arbeitnehmer ohnehin ein Recht zur Abkehr während der Aussperrung zubilligt.²⁶⁸ Für die ordentliche Kündigung durch den Arbeitnehmer ist ein Kündigungsgrund ohnehin nicht erforderlich.²⁶⁹ 183

VII. Sonstige Auswirkungen des rechtswidrigen Arbeitskampfes

Im Falle eines **rechtswidrigen Streiks** kann ein Schadensersatzanspruch gegen die daran beteiligten Arbeitnehmer gegeben sein, und zwar unter dem Gesichtspunkt der Verletzung des Arbeitsvertrages. Da ein solcher Schadensersatzanspruch nach den Regelungen des Schuldrechts Verschulden voraussetzt, ist dabei im Einzelfall zu prüfen, ob der Arbeitnehmer die Unrechtmäßigkeit seines Verhaltens erkannt hat oder hätte erkennen können. Vom Arbeitnehmer wird verlangt, dass er sich hinreichend über die Rechtmäßigkeit des Streiks informiert, bevor er die Arbeit niederlegt.²⁷⁰ 184

Auch gegen die den rechtswidrigen Streik führende Gewerkschaft können Schadensersatz- und Unterlassungsansprüche nach § 1004 Abs. 1 BGB i.V.m. § 823 Abs. 1 BGB, Art. 9 Abs. 3 GG gegeben sein, und zwar sowohl für den bekämpften Arbeitgeberverband²⁷¹ als auch für die bestreikten Arbeitgeber. Wird der Streik unter Verletzung der Friedenspflicht geführt, die Inhalt des schuldrechtlichen Teils des Tarifvertrages ist, so kommt als Anspruchsgrundlage auf Schadensersatz des gegnerischen Arbeitgeberverbandes und seiner Mitglieder Verletzung einer Pflicht aus einem Schuldverhältnis (§ 280 Abs. 1 BGB) in Betracht, für die Mitglieder, weil die Friedenspflicht eine Verpflichtung mit Schutzwirkung für Dritte darstellt. Die Unterlassung kann als Erfüllungsanspruch aus dem Tarifvertrag geltend gemacht werden. 185

Die Führung eines rechtswidrigen Streiks begründet auch als Eingriff in ein sonstiges Recht im Sinne von § 823 Abs. 1 BGB, nämlich in das Recht am eingerichteten und ausgeübten Gewerbebetrieb, einen Schadensersatz- und einen Unterlassungsanspruch des einzelnen Arbeitgebers gegen die Gewerkschaft. Dies gilt auch für Handlungen anlässlich eines Streiks, die vom Streikrecht nicht gedeckt sind, wie zum Beispiel die Verhinderung des Zu- und Abgangs von Waren und Kunden und die

---

²⁶⁵ BAG, AP Nr. 24 zu § 123 GewO; AP Nr. 41 zu Art. 9 GG, Arbeitskampf.
²⁶⁶ BAG, AP Nr. 1, 41 zu Art. 9 GG, Arbeitskampf.
²⁶⁷ Vgl. oben Rdn. 177; BAG, AP Nr. 6, 24, 43 zu Art. 9 GG, Arbeitskampf, str.; Brox/Rüthers, S. 204, m.w.N.
²⁶⁸ Vgl. oben Rdn. 177. BAG [GS], AP Nr. 43 zu Art. 9 GG, Arbeitskampf.
²⁶⁹ Vgl. dazu Rdn. 352.
²⁷⁰ BAG, AP Nr. 32 zu Art. 9 GG, Arbeitskampf.
²⁷¹ BAG, 24. 4. 2007, NZA 2007, 789 f.

Hinderung arbeitswilliger Arbeitnehmer am Betreten der Verwaltung oder des Betriebes. Derartige Handlungen machen den Streik als solchen allerdings nicht rechtswidrig (vgl. dazu Rdn. 156).[272]

Für unerlaubte Handlungen der Streikleiter in diesem Zusammenhang haftet die Gewerkschaft nach § 31 BGB, für solche der Streikposten nach § 831 BGB.[273]

186 Eine **rechtswidrige Aussperrung** hat im Wesentlichen die gleichen Folgen wie der rechtswidrige Streik, weil auch die schuldhafte Nichtbeschäftigung eine Verletzung des Arbeitsvertrages darstellt. Ansprüche der einzelnen Arbeitnehmer aus unerlaubter Handlung kommen allerdings nur dann in Betracht, wenn man als sonstiges Recht ein Recht des Arbeitnehmers am Arbeitsplatz anerkennt.

187 **Ganz allgemein** haben Gewerkschaften und Arbeitgeberverbände **einen gesetzlichen Anspruch gegen den tariflichen Gegenspieler** auf Unterlassung rechtswidriger Arbeitskampfmaßnahmen. Dies ergibt sich aus § 1004 BGB i. V.m. § 823 Abs. 1 BGB und Art. 9 Abs. 3 GG.[274]

VIII. Arbeitskampf im öffentlichen Dienst[275]

188 Angehörigen des öffentlichen Dienstes, die in einem öffentlich-rechtlichen Dienstverhältnis stehen, also insbesondere Beamten, steht ein Streikrecht nicht zu. Diese Ansicht wird in der höchstrichterlichen Rechtsprechung einheitlich[276] in der Lehre ganz überwiegend[277] vertreten.

189 Die Angehörigen des öffentlichen Dienstes, die in einem privatrechtlichen Vertragsverhältnis stehen, die **Arbeitnehmer des öffentlichen Dienstes also, dürfen streiken und können ausgesperrt werden.**[278] In der höchstrichterlichen Rechtsprechung ist dies bisher – soweit ersichtlich – lediglich vom Bundesverwaltungsgericht entschieden worden,[279] allerdings nur mit dem Hinweis auf die „der langjährigen Staatspraxis zugrundeliegenden Meinung" und die Regelung in § 66 Abs. 2 Satz 3 BPersVG, wonach Arbeitskämpfe tariffähiger Parteien von dem in Satz 2 enthaltenen Verbot an Dienststelle und Personalvertretung, Maßnahmen des Arbeitskampfes gegeneinander durchzuführen, nicht berührt werden.

190 Die Begründung für die hier vertretene Ansicht ist folgende:
Der Staat hat nach Art. 33 Abs. 4 und 5 GG das Recht und die Pflicht, diejenigen Aufgaben, die für sein störungsfreies Funktionieren unerläßlich sind, insbesondere also auch hoheitliche Aufgaben, Beamten zu übertragen, die dem Streikverbot unterliegen. Weist er sie Arbeitnehmern zu, so muss er auch die damit verbundenen Konsequenzen eines möglichen Arbeitskampfes tragen. Er begibt sich dann des Schutzes, den ihm die Verfassung und das Beamtenrecht gewähren.[280]

Die Arbeitnehmer des öffentlichen Dienstes stehen in einem durch das Arbeitsrecht geordneten Arbeitsverhältnis, und zwar auch dann, wenn sie Hoheitsbefugnis-

---

[272] BAG, NZA 1988, 846 f. (850); 873, 874; 884 f.; 8. 11. 1988, NZA 1989, 475 f.
[273] Vgl. Fußnote 270.
[274] BAG, NZA 1988, 775 f.
[275] Blanke, AuR 1989, 1 f.; Berger-Delhey, ZTR 1993, 3 f.
[276] BVerfGE 8, 1 [17]; 19, 303 [322]; BGHZ 9, 322 [328]; 69, 128 [140]; BVerwGE 53, 330 [331]; DVBl. 1978, 410; NJW 1980, 1809.
[277] Wollenschläger, ZAS 1979, 87 ff., m. w. N.
[278] Wollenschläger, ZAS 1979, 87 ff., m. w. N.
[279] BVerwGE 69, 208 [213/214].
[280] Schinkel ZBR 1974, 287 f. [288].

se ausüben.²⁸¹ Damit steht ihnen auch die durch Art. 9 Abs. 3 GG gewährleistete Koalitionsfreiheit und damit das Recht zum Arbeitskampf zu, weil ein Ausschluss dieses Personenkreises einer verfassungsrechtlichen Legitimation bedurft hätte.²⁸²

Da die Arbeitsbedingungen der Arbeitnehmer des öffentlichen Dienstes durch Tarifverträge und nicht, wie bei den Beamten, vom Gesetzgeber geregelt werden, eine Zwangsschlichtung aber auch für diese Personengruppe nicht vorhanden ist, ist auch hier der Arbeitskampf als letztes Mittel zur Konfliktlösung erforderlich.

Für den Arbeitskampf im öffentlichen Dienst gelten grundsätzlich die Regeln, die in der Privatwirtschaft anzuwenden sind. **191**

Beim Arbeitskampf im öffentlichen Dienst sind allerdings einige **Besonderheiten** **192** zu beachten.

Weil der öffentliche Dienst häufig Leistungen erbringt, die für die Allgemeinheit von lebenswichtiger Bedeutung sind, erfährt das Streikrecht Einschränkungen deshalb, weil ein Streik nur dann rechtmäßig ist, wenn das Gebot der Verhältnismäßigkeit beachtet wird. Da das Gebot verlangt, dass die Mittel des Kampfes dem Ziel angemessen sein müssen, ist es dann verletzt, wenn durch ihn Leistungen beeinträchtigt werden, die lebenswichtig sind. Zur Beurteilung der Rechtmäßigkeit eines Streiks im öffentlichen Dienst etwa in den Bereichen der Versorgung mit Wasser und Energie, der Abfallbeseitigung, der Tätigkeit der Polizei, der Feuerwehr und der Krankenversorgung hat deshalb im konkreten Fall eine Abwägung stattzufinden zwischen dem Ausmaß der Beeinträchtigung der Leistungen des Staates, die für die Bürger von lebenswichtiger Bedeutung sind, einerseits und dem Recht auf Arbeitskampf andererseits. Diese Abwägung kann insbesondere Auswirkungen auf die zulässige Dauer eines Streiks haben.

Beim Arbeitskampf im öffentlichen Dienst besteht ein besonderes Problem im Zusammenhang mit der sog. Streikarbeit. Oben ist ausgeführt worden, dass arbeitswillige Arbeitnehmer zwar zur Arbeitsleistung während eines Streiks verpflichtet bleiben, aber nicht Arbeit ohne Rücksicht auf die bisherige Aufgabenverteilung verrichten müssen, die von den Streikenden liegengelassen worden ist.

Fraglich ist, ob Beamte während eines Streiks im öffentlichen Dienst auf bestreikten Arbeitnehmer-Dienstposten eingesetzt werden können, wenn die dort zu verrichtende Arbeit nicht den dem statusrechtlichen Amt entsprechenden Tätigkeiten der betroffenen Beamten entspricht. Das Bundesverfassungsgericht²⁸³ hat dazu entschieden, dass der Einsatz von Beamten auf bestreikten Arbeitsplätzen nicht erfolgen darf, solange dafür keine gesetzliche Regelung vorhanden ist. Es sieht in der fraglichen Maßnahme die Verletzung der Koalitionsfreiheit aus Art. 9 Abs. 3 S. 1 GG der Gewerkschaften. Mit den Argumenten der Rechtsprechung setzt es sich nicht auseinander, sondern es hält die Rechtsprechung nicht für befugt, die Rechtmäßigkeit des Beamteneinsatzes bei unzureichenden gesetzlichen Vorgaben mit den anerkannten Methoden der Rechtsfindung aus den allgemeinen, zwischen Bürgern oder auch zwischen privaten Verbänden geltenden Rechtsgrundlagen abzuleiten. Eine gesetzliche Regelung darüber sei erforderlich. Das Grundrecht der Koalitionsfreiheit sei deshalb verletzt, weil die Rechtmäßigkeit des Beamteneinsatzes lediglich an dem vom Bundesarbeitsgericht entwickelten Grundsatz der Parität gemessen und nicht eine Entscheidung des Gesetzgebers darüber vorausgesetzt werde. Das Erfordernis einer gesetzlichen Regelung begründet das Bundesverfassungsgericht folgendermaßen:

---

²⁸¹ BVerfGE 9, 268 [285].
²⁸² Wollenschläger, ZAS 1979, 87 ff. [91].
²⁸³ BVerfG, 2. 3. 1993, ZTR 1993, 197. Vgl. dazu Battis, ZTR 1993, 311; Lörcher, AuR 1993, 279 f.

Der Gestzgeber ist verpflichet, in grundlegenden normativen Bereichen, insbesondere im Bereich der Grundrechtsausübung, alle wesentlichen Entscheidungen[284] selbst zu treffen. Die Rechtsprechung ist nur dann befugt, beim Fehlen gesetzlicher Regelungen sachgerechte Lösungen zu entwickeln, wenn es um das Verhältnis gleichgeordneter Grundrechtsträger geht. Dies ist aber im Verhältnis zwischen Staat einerseits und Gewerkschaften andererseits nicht der Fall. Der Staat bedient sich nämlich mit dem zwangsweise angeordneten Einsatz von Beamten auf bestreikten Arbeitsplätzen eines Mittels, das ihm nur als Hoheitsträger zu Gebote steht und über das er durch sein Beamtenrecht verfügt. Der private Arbeitgeber kann seine Arbeitnehmer nicht anweisen, auf bestreikten Arbeitsplätzen zu arbeiten.[285] Soll mit Hilfe des Beamtenrechts der Staat in seiner Eigenschaft als Arbeitgeber mit besonderen Kampfmitteln gegenüber den Gewerkschaften ausgestattet werden, so muss dies im Gesetzgebungsverfahren ausdrücklich geregelt werden.

Das Gericht folgt dem BAG insofern, als es das Beamtenrecht nicht für die erforderliche gesetzliche Regelung hält, weil es keine Anhaltspunkte für die rechtliche Beurteilung der Folgewirkungen beamtenrechtlicher Weisungen in anderen Rechtsbereichen, mithin, wie das BAG sich ausdrückt, im Außenverhältnis enthält.

In der Lehre ist die Frage nach der Zulässigkeit von Streikarbeit durch Beamte beim Streik im öffentlichen Dienst umstritten.[286]

D. Personalvertretungsrecht

I. Aufbau der Dienststellenverfassung

193 Die betrieblichen Beteiligungsrechte der Arbeitnehmer in der Privatwirtschaft sind im Betriebsverfassungsgesetz (BetrVG) geregelt. Nach § 130 BetrVG findet das Gesetz keine Anwendung auf Verwaltungen und Betriebe des Bundes, der Länder, der Gemeinden und sonstigen Körperschaften, Anstalten und Stiftungen des öffentlichen Rechts, es gilt also nicht für den öffentlichen Dienst.

1. Rechtsgrundlagen

194 Rechtsgrundlagen für die Beteiligungsrechte der Angehörigen des öffentlichen Dienstes, für das Personalvertretungsrecht also, sind die Personalvertretungsgesetze des Bundes und der Länder. Sie gelten sowohl für die Angehörigen des öffentlichen Dienstes, die in einem öffentlich-rechtlichen Dienst- oder Ausbildungsverhältnis stehen, insbesondere also für die Beamten, als auch für die Arbeitnehmer des öffentlichen Dienstes.[287]

Der Grund für das Vorhandensein von Personalvertretungsgesetzen des Bundes und der Länder liegt in der Verteilung der Gesetzgebungszuständigkeit durch das

---

[284] Vgl. dazu Ehrich, DB 1993, 1237 f.
[285] BAG, AP Nr. 3 zu § 615 BGB, Betriebsrisiko.
[286] Vgl. zum Meinungsstand die Übersicht bei BVerwGE 69, 208 [209]; Rüthers, AuR 1987, 37; Wohlgemuth/Sarge, AuR 1987, 65; Büchner, AuR 1987, 60; Kolmetz, Einsatz von Beamten bei Streik im öffentlichen Dienst aus verfassungsrechtlicher Sicht, Frankfurt/Main, 1989.
[287] Zu den verfassungsrechtlichen Grenzen der Beteiligung der Personalvertretung vgl. BVerfG, 24. 5. 1995, ZTR 1995, 566 f., zum Datenschutz im Personalvertretungsrecht Leuze, ZTR 2002, 558 f.; ders., ZTR 2003, 167 f., zum Recht am eigenen Bild (Überwachung durch Videokameras) im Arbeitsrecht Tinnefeld/Viethen, NZA 2003, 468 f.

Grundgesetz.[288] Dem Bund steht nach Art. 74 Abs. 1 Ziffer 12 GG die konkurrierende Gesetzgebungskompetenz für das Arbeitsrecht zu. Danach kann er also das Arbeitsrecht in allen Einzelheiten gesetzlich regeln. Dagegen hat er nach Art. 73 Abs. 1 Ziffer 8 GG die ausschließliche Gesetzgebungszuständigkeit nur zur Regelung der Rechtsverhältnisse der im Dienste des Bundes und der bundesunmittelbaren Körperschaften des öffentlichen Rechts stehenden Personen.

Grundlage für die folgende Darstellung des Personalvertretungsrechts ist der Inhalt des Bundespersonalvertretungsgesetzes, es wird also das Personalvertretungsrecht des Bundesdienstes behandelt. Zum Personalvertretungsrecht der Bundesländer wird auf die tabellarische Zusammenstellung der Regelungsinhalte des gesamten Personalvertretungsrechts von Bund und Ländern mit den dazugehörenden gesetzlichen Vorschriften verwiesen. 195

2. Beschäftigte

Das Bundespersonalvertretungsgesetz gilt für die Beschäftigten. **Beschäftigte** sind (§ 4 Abs. 1 BPersVG) 196
– Beamte,
– Arbeitnehmer und
– Richter, wenn sie an eine Verwaltung, in der Personalvertretungen gebildet werden, oder zur Wahrnehmung einer nichtrichterlichen Tätigkeit an ein Gericht des Bundes abgeordnet sind.

Jeweils zu der Gruppe der Beamten, oder Arbeitnehmer gehören auch die zu ihrer Ausbildung beschäftigten Personen.[289]

Soldaten gelten als weitere Gruppe im Sinne des § 5 BPersVG, wenn sie nach Maßgabe des § 49 Abs. 1 des Soldatenbeteiligungsgesetzes (SBG) Vertretungen nach den Vorschriften des Bundespersonalvertretungsgesetzes wählen. Die Vertrauenspersonen nach den Vorschriften des SGB sind eine eigene Sondervertretung, nicht ein Bestandteil der Personalvertretung.

Zur Beschäftigteneigenschaft von Personen, die einen Weiterbeschäftigungsanspruch nach dem Personalvertretungsrecht oder nach der Entscheidung des Großen Senats des BAG vom 27. 2. 1985 haben, vgl. Rdn. 401.

Arbeitnehmer im Sinne des Bundespersonalvertretungsgesetzes sind auch die Personen, die nach der Dienstordnung Angestellte sind.[290] 197

Anders als das Betriebsverfassungsgesetz in den §§ 5 Abs. 3, 105, 107 Abs. 1, S. 2 und 108 Abs. 2, S. 2 enthält das Bundespersonalvertretungsgesetz keine besondere Regelung für leitende Angestellte. Deshalb kommt es hier auf die schwierige Begriffsbestimmung nicht an.[291] Sie sind also Beschäftigte im Sinne des Personalvertretungsrechts. 198

Als Beschäftigte gelten nicht die in § 4 Abs. 5 BPersVG genannten Personen. 199

3. Dienststelle, Verwaltungsaufbau

Die Beteiligungsrechte der Arbeitnehmer im öffentlichen Dienst werden von der Personalvertretung ausgeübt. 200

Sie entsteht auf Dienststellenebene. **Dienststellen** sind die einzelnen Behörden, Verwaltungsstellen und Betriebe der Verwaltungen, einschließlich der Betriebsverwaltungen, des Bundes und der bundesunmittelbaren juristischen Personen des öf- 201

---
[288] Vgl. dazu Adam, ZTR 2006, 185 f.
[289] Vgl. zum Begriff: Gemeinsamer Senat der Obersten Gerichtshöfe des Bundes, ZTR 1987, 286 f.
[290] Zur Dienstordnung vgl. oben Rdn. 129; Richardi/Dörner/Weber, Rdn. 21 zu § 4 BPersVG.
[291] Vgl. zur Begriffsbestimmung Richardi, AuR 1991, 33 f.

fentlichen Rechts (Körperschaften, Anstalten, Stiftungen) sowie die Gerichte des Bundes (§§ 1, 6 Abs. 1 BPersVG).

Die Dienststelle ist die für die Personalvertretung maßgebende verwaltungsorganisatorische Einheit. Sie ist die gemeinsame Bezeichnung für die einzelne Behörde, Verwaltungsstelle, für den Betrieb und für das Gericht.

202 **Behörde** ist das durch öffentlich-rechtliche Organisationsnorm geschaffene, organisatorisch verselbständigte und mit Zuständigkeiten zu konkreten, nach außen wirkenden Rechtshandlungen ausgestattete Organ der Verwaltung.

Dieser für das Personalvertretungsrecht maßgebende organisationsrechtliche Behördenbegriff ist zu unterscheiden vom sehr weit gefassten sogenannten funktionellen Behördenbegriff des § 1 Abs. 4 VwVfG, wonach Behörde jede Stelle ist, die Aufgaben der öffentlichen Verwaltung wahrnimmt.

203 **Verwaltungsstelle** ist die einer Behörde eingegliederte, relativ verselbständigte verwaltungsorganisatorische Einheit ohne Organeigenschaft, also ohne die Fähigkeit, Rechtshandlungen vorzunehmen, die unmittelbare Rechtswirkung nach außen haben.[292]

204 **Betriebe** sind Dienststellen, in denen keine materielle Verwaltungstätigkeit ausgeübt wird und die auch nicht zu dem die Rechtsprechung unterstützenden Verwaltungsapparat gehören. Sie erfüllen Aufgaben der Befriedigung von Bedürfnissen der Allgemeinheit mit betrieblichen Arbeitsmitteln, die auch von der Privatwirtschaft wahrgenommen werden könnten.[293] Betrieb im personalvertretungsrechtlichen Sinne liegt nicht vor, wenn sich der Staat durch von ihm getragene rechtsfähige Gesellschaften des Privatrechts am Wirtschaftsleben beteiligt, selbst wenn alle oder fast alle Anteile in der Hand des Staates sind. Für sie gilt das Betriebsverfassungsgesetz.

205 **Gerichte** sind die nach dem Gerichtsverfassungsrecht gebildeten organisatorischen Einheiten, durch die die Rechtsprechung ausgeübt wird. Da die Richter grundsätzlich nicht, vielmehr nur in den besonderen Fällen des § 4 Abs. 1 BPersVG Beschäftigte sind, wird die Personalvertretung an einem Gericht nur für die sonstigen dort beschäftigten Personen gebildet. Die übrigen Richter werden durch Richterräte und Präsidialräte vertreten.

206 Bei der Entstehung der Personalvertretung auf Dienststellenebene ist der Aufbau der Verwaltung zu berücksichtigen.

Man unterscheidet beim **Verwaltungsaufbau** einstufige und mehrstufige Verwaltung (hierarchischer Verwaltungsaufbau), bei der mehrstufigen Verwaltung zweistufigen Aufbau und dreistufigen Aufbau, den sogenannten klassischen Verwaltungsaufbau. Diese Arten des Verwaltungsaufbaues sind sowohl beim Bund als auch bei den Bundesländern vorhanden. Der Regelfall ist der dreistufige, also der klassische Verwaltungsaufbau.

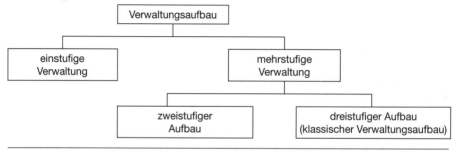

[292] Richardi/Dörner/Weber, Rdn. 8 zu § 6 BPersVG.
[293] Richardi/Dörner/Weber, Rdn. 7 zu § 6 BPersVG.

D. Personalvertretungsrecht

Merkmal des hierarchischen Verwaltungsaufbaus ist, dass die übergeordneten Dienststellen sich bestimmte Entscheidungen, die nachgeordnete Dienststellen betreffen, vorbehalten und dass nachgeordnete Dienststellen an Weisungen der übergeordneten Dienststellen gebunden sind.

Bei der **zweistufigen Verwaltung** ist zwischen oberster Dienstbehörde und Unterbehörden zu unterscheiden. Oberste Dienstbehörde ist die oberste Behörde des Dienstherrn, in dessen Bereich der Beschäftigte sein Amt ausübt beziehungsweise als Arbeitnehmer tätig ist. Unterbehörden sind die der obersten Dienstbehörde unmittelbar nachgeordneten Behörden, denen keine weiteren Dienststellen nachgeordnet sind. 207

Bei der **dreistufigen Verwaltung** unterscheidet man zwischen oberster Dienstbehörde, Behörden der Mittelstufe und Unterbehörden. 208

a) Oberste Dienstbehörde ist auch hier die oberste Behörde des Dienstherrn, in dessen Bereich der Beschäftigte sein Amt ausübt beziehungsweise als Arbeitnehmer tätig ist.

b) Behörden der Mittelstufe sind die der obersten Dienstbehörde unmittelbar nachgeordneten Behörden, denen andere Dienststellen nachgeordnet sind (§ 6 Abs. 2 S. 2 BPersVG).

c) Unterbehörden sind die einer Behörde der Mittelstufe unmittelbar nachgeordneten Behörden zusammen mit allen diesen weiter nachgeordneten „untersten" Stellen. Bestehen also abweichend vom dreistufigen Aufbau weitere Untergliederungen, so bilden diese „untersten" Stellen grundsätzlich mit der ihr übergeordneten Behörde eine Dienststelle (§ 6 Abs. 2 S. 1, erster Halbsatz BPersVG). Wenn diese „untersten Stellen" allerdings im Verwaltungsaufbau nach Aufgabenbereich und Organisation Selbständigkeit aufweisen, so bilden sie eine eigene Dienststelle, und zwar personalvertretungsrechtlich auf der Stufe der Unterbehörden (§ 6 Abs. 2 S. 1, zweiter Halbsatz BPersVG). Entscheidend für das Vorliegen der Voraussetzungen, die beide gegeben sein müssen, ist, dass der Leiter der „untersten" Stelle die ihr in besonderer Zuständigkeit übertragenen Aufgaben im Rahmen der ihm erteilten Weisungen im Allgemeinen selbständig entscheiden und erledigen kann.[294]

Beim einstufigen und beim mehrstufigen Aufbau kann es auf allen Stufen **Nebenstellen und Teile einer Dienststelle** geben, die räumlich weit von dieser entfernt liegen. Für sie bestimmt § 6 Abs. 3 S. 1 BPersVG, dass sie personalvertretungsrechtlich als selbständige Dienststellen gelten, wenn die Mehrheit ihrer wahlberechtigten Beschäftigten dies in geheimer Abstimmung beschließt. Der Verselbständigungsbeschluss gilt nach Abs. 3 S. 2 nur für die folgende Wahl, mithin muss jeweils vor den Personalratswahlen erneut eine Abstimmung erfolgen. Eine ohne einen derartigen Beschluss durchgeführte Personalratswahl ist nur dann nichtig, wenn das Fehlen der Voraussetzungen für die Verselbständigung offensichtlich war. Sonst ist die Wahl lediglich gem. § 25 BPersVG anfechtbar.[295] 209

Für das Erfordernis der weiten Entfernung kommt es darauf an, ob die Personalvertretung die in der Nebenstelle oder dem Teil der Dienststelle Beschäftigten nur unter Überwindung besonderer Schwierigkeiten in der von ihr für erforderlich gehaltenen Weise betreuen oder ein dort beschäftigtes Mitglied der Personalvertretung seine Aufgaben in der Personalvertretung von dort aus nur unter Inkaufnahme besonderer Belastungen erfüllen kann. Bei der Einzelfallbeurteilung kommt es entscheidend darauf an, ob die Notwendigkeit, die Strecke zwischen Hauptstelle und Nebenstelle bzw. Dienststellenteil jeweils zurücklegen zu müssen, die Wahrnehmung

---

[294] Richardi/Dörner/Weber, Rdn. 23 zu § 6 BPersVG.
[295] Richardi/Dörner/Weber, Rdn. 35 zu § 6 BPersVG, m.w.N.

der Aufgaben der Personalvertretung von der Hauptstelle aus derart erschwert, dass darunter entweder die Arbeit der Personalvertretung oder die Betreuung der Beschäftigten der Nebenstelle bzw. des Dienststellenteils leiden. Hierbei spielen die Verkehrsverbindungen die entscheidende Rolle.[296]

Die so konstituierte personalvertretungsrechtlich selbständige Dienststelle steht im Verwaltungsaufbau auf der Stufe der Dienststelle, dessen unselbständige Nebenstelle oder Teil sie verwaltungsorganisatorisch nach wie vor ist.

4. Verwaltungsaufbau und Personalvertretung

210 In allen Dienststellen, beim einstufigen Aufbau und beim mehrstufigen Aufbau in den Dienststellen aller Stufen, werden **Personalräte** gebildet (§ 12 Abs. 1 BPersVG). Sie sind für die Angelegenheiten zuständig, die sich nur auf die Beschäftigten der Dienststelle beziehen, bei der sie gebildet sind.

Sind Nebenstellen und Teile einer Dienststelle nach § 6 Abs. 3 S. 1 BPersVG vorhanden, die personalvertretungsrechtlich als selbständige Dienststellen gelten, so werden auch dort Personalräte gebildet, die für die Angelegenheiten zuständig sind, die nur die Beschäftigten der Nebenstelle oder des Dienststellenteils betreffen.

Sind beim dreistufigen Aufbau, Unterbehörden „unterste" Stellen nachgeordnet, die nach Aufgabenbereich und Organisation Selbständigkeit aufweisen und deshalb nach § 6 Abs. 2 S. 1, zweiter Halbsatz BPersVG eigene Dienststellen bilden, so werden schließlich auch hier Personalräte gebildet, die für die Angelegenheiten zuständig sind, die nur die Beschäftigten der selbständigen „untersten Stellen" betreffen.

211 Bei den Behörden der Mittelstufe werden **Bezirkspersonalräte** gebildet (§ 53 Abs. 1 BPersVG). Sie sind für den gesamten Ausschnitt des Verwaltungsaufbaus zuständig, der in der Dienststelle gipfelt, bei der sie gebildet sind, und zwar einschließlich der Behörde der Mittelstufe selbst, mit Ausnahme der Angelegenheiten, die nur die Beschäftigten der Behörde der Mittelstufe betreffen. Für sie ist der Personalrat der Behörde der Mittelstufe zuständig. Geht es also beispielsweise um die Festsetzung der Arbeitszeit für den gesamten Bereich der Behörde der Mittelstufe, so ist der Bezirkspersonalrat zu beteiligen, soll dagegen nur die Arbeitszeit für die Beschäftigten der Behörde der Mittelstufe festgelegt werden, so ist der bei ihr gebildete Personalrat einzuschalten.

Sind einer obersten Dienstbehörde mehrere Behörden der Mittelstufe nachgeordnet (horizontale Verwaltungsgliederung), so wird bei jeder ein Bezirkspersonalrat gebildet, und zwar für den jeweiligen Ausschnitt der Verwaltung, der durch jede Behörde der Mittelstufe und die ihr nachgeordneten Dienststellen gebildet wird.

Sind Nebenstellen und Teile einer Behörde der Mittelstufe vorhanden, die nach § 6 Abs. 3 S. 1 BPersVG als selbständige Dienststellen gelten, so werden dort zwar Personalräte (vgl. oben) nicht jedoch Bezirkspersonalräte gebildet, weil diese Nebenstellen und Teile verwaltungsorganisatorisch keine eigenen Dienststellen werden, sondern Nebenstellen und Teile der Hauptdienststelle bleiben.

Ebensowenig werden Bezirkspersonalräte bei Unterbehörden gebildet, denen weitere „unterste" Stellen nachgeordnet sind, auch wenn diese nach § 6 Abs. 2 S. 1, zweiter Halbsatz BPersVG nach Aufgabenbereich und Organisation selbständig sind, weil die verwaltungsorganisatorisch den Unterbehörden nachgeordneten Dienststellen personalvertretungsrechtlich auf der Stufe der Unterbehörden stehen.[297]

---

[296] Vgl. Richardi/Dörner/Weber, Rdn. 27 und 28 zu § 6 BPersVG, m.w.N. und Beispielen; BVerwG, ZTR 1988, 30.
[297] Richardi/Dörner/Weber, Rdn. 19 zu § 53 BPersVG.

Bei den obersten Dienstbehörden werden **Hauptpersonalräte** gebildet (§ 53 Abs. 1 BPersVG). Für deren Zuständigkeit, und für den Fall, dass auf dieser Stufe Nebenstellen und Teile vorhanden sind, die nach § 6 Abs. 3 S. 1 BPersVG als selbständige Dienststellen anzusehen sind, gelten die diesbezüglichen Ausführungen zu den Bezirkspersonalräten.

212

Im Personalvertretungsrecht gibt es schließlich auch **Gesamtpersonalräte**. Sie sind nicht mit den Gesamtbetriebsräten im Betriebsverfassungsrecht der Privatwirtschaft zu verwechseln, die errichtet werden, wenn ein Unternehmen mehrere Betriebe hat (§ 47 Abs. 1 BetrVG). Ein Gesamtpersonalrat wird im öffentlichen Dienst neben den einzelnen Personalräten gebildet, wenn Nebenstellen oder Teile einer Dienststelle nach § 6 Abs. 3 S. 1 BPersVG als selbständige Dienststellen gelten (§ 55 BPersVG). Nicht erforderlich ist, dass für die als selbständige Dienststellen geltenden Nebenstellen und Dienststellenteile Personalräte gebildet sind, wohl aber die Existenz mindestens eines Personalrats entweder in der Hauptdienststelle oder in einer selbständigen Nebendienststelle bzw. einem selbständigen Dienststellenteil.[298]

213

Der Gesamtpersonalrat ist für Angelegenheiten zuständig, deren Entscheidung dem Leiter der Hauptdienststelle und nicht dem Leiter der verselbständigten Nebenstelle und Dienststellenteile zusteht (§ 82 Abs. 3 BPersVG).[299]

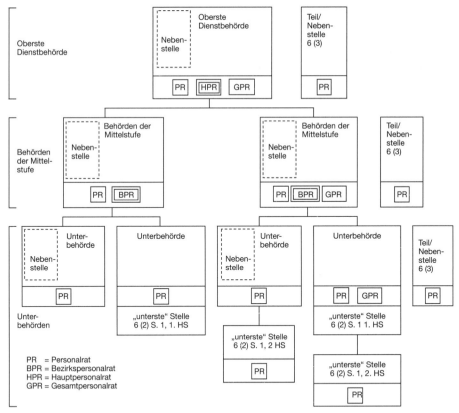

Abbildung 1. Verwaltungsaufbau und Personalvertretung
(klassischer Verwaltungsaufbau)

---

[298] Richardi/Dörner/Weber, Rdn. 11 zu § 55 BPersVG.
[299] Richardi/Dörner/Weber, Rdn. 4 zu § 55 BPersVG.

214 Bezirkspersonalräte und Hauptpersonalräte bilden die sogenannten **Stufenvertretungen**. Der Begriff **Personalvertretung** ist der **Oberbegriff** für Personalrat, Stufenvertretung (Bezirks- und Hauptpersonalrat) und Gesamtpersonalrat.

5. Wahl der Personalvertretung

215 **Rechtsgrundlagen** für die Wahl der Personalvertretung sind die Vorschriften der §§ 12–25 und 53–56 BPersVG und die Wahlordnung zum Bundespersonalvertretungsgesetz.

216 Ein **Personalrat** kann gebildet werden in Dienststellen mit in der Regel mindestens 5 ständig wahlberechtigten Beschäftigten, von denen 3 wählbar sind (§ 12 Abs. 1). Erfüllt eine Dienststelle diese Voraussetzungen nicht, so wird sie einer benachbarten Dienststelle zugeteilt, und zwar von der übergeordneten Dienststelle im Einvernehmen mit der Stufenvertretung (§ 12 Abs. 2).

217 **Wahlberechtigt** sind Beschäftigte, die am Wahltag das 18. Lebensjahr vollendet haben (§ 13 Abs. 1). Wer zu einer Dienststelle abgeordnet ist, wird dort erst wahlberechtigt, wenn die Abordnung länger als 3 Monate gedauert hat, es sei denn, es steht fest, dass er binnen weiterer 6 Monate in die alte Dienststelle zurückkehren wird oder wenn es sich um einen Beschäftigten handelt, der als Mitglied des Bezirkspersonalrats, Hauptpersonalrats oder Gesamtpersonalrats freigestellt ist (§ 13 Abs. 2). Gemäß § 123 a Abs. 1 BRRG kann einem Beamten im dienstlichen oder öffentlichen Interesse mit seiner Zustimmung auf Grund einer Entscheidung der obersten Dienstbehörde vorübergehend eine seinem Amt entsprechende Tätigkeit bei einer öffentlichen Einrichtung außerhalb des Anwendungsbereichs des BRRG zugewiesen werden, wenn dringende öffentliche Interessen dies erfordern. Gemäß Abs. 2 kann dem Beamten einer Dienststelle, die ganz oder teilweise in eine öffentlichrechtlich organisierte Einrichtung ohne Dienstherreneigenschaft oder in eine privatrechtlich organisierte Einrichtung der öffentlichen Hand umgewandelt wird, auch ohne seine Zustimmung eine seinem Amt entsprechende Tätigkeit bei dieser Einrichtung zugewiesen werden. In allen diesen Fällen bleibt die Rechtsstellung des Beamten gemäß Abs. 3 unberührt. Derartige Maßnahmen können mit Arbeitnehmern auch auf Grund entsprechender arbeitsvertraglicher Vereinbarungen getroffen werden. Solche sogenannten **Zuweisungen** werden wie Abordnungen behandelt, allerdings nur hinsichtlich des Verlusts des Wahlrechts in der alten Dienststelle (§ 13 Abs. 2 S. 4 BPersVG), und zwar deshalb, weil sich das aktive Wahlrecht nach den dortigen Bestimmungen richtet.[300]

Wählbar sind alle wahlberechtigten Beschäftigten (nach § 13), die
- 6 Monate dem Geschäftsbereich ihrer obersten Dienstbehörde angehören und
- seit einem Jahr in öffentlichen Verwaltungen oder von diesen geführten Betrieben beschäftigt sind (§ 14).

218 In Dienststellen mit zwischen 5 und 20 wahlberechtigten Beschäftigten besteht der Personalrat aus einer Person, mit 21 bis 50 Beschäftigten aus 3 Mitgliedern, mit 51 bis 150 Beschäftigten aus 5 Mitgliedern, mit 151 bis 300 Beschäftigten aus 7 Mitgliedern, mit 301 bis 600 Beschäftigten aus 9 Mitgliedern und mit 601 bis 1000 Beschäftigten aus 11 Mitgliedern, von hier ab mit bis 5000 Beschäftigten für je weitere angefangene 1000 Beschäftigte 2 Mitglieder mehr, von hier ab für je weiter angefangene 2000 Beschäftigte 2 Mitglieder mehr. Die Höchstzahl der Mitglieder beträgt 31. Die Mitgliederzahl ist immer ungerade (§ 16). Sind in einer Dienststelle

---

[300] Richardi/Dörner/Weber, Rdn. 35 zu § 13 BPersVG, m. w. N.

Angehörige verschiedener Beschäftigungsgruppen (§ 5) tätig, so muss jede Gruppe entsprechend ihrer Stärke[301] im Personalrat vertreten sein, wenn dieser aus mindestens drei Mitgliedern besteht (§ 17). Es gibt zwar im Personalvertretungsrecht keine besondere Regelung für **leitende Angestellte**, im Arbeitsrecht des öffentlichen Dienstes aber doch Personen, die als solche bezeichnet werden können. Dazu gehören der Dienststellenleiter, sein ständiger Vertreter und Beschäftigte, die zu selbständigen Entscheidungen in Personalangelegenheiten der Dienststelle befugt sind. Sie sind wahlberechtigt, aber für die Personalvertretung ihrer Dienststelle nicht wählbar (§§ 7, 13, 14 Abs. 3).

Zum **Bezirkspersonalrat** sind **wahlberechtigt** die Beschäftigten, die dem Geschäftsbereich der Behörde der Mittelstufe angehören, zum **Hauptpersonalrat** die Beschäftigten, die dem Geschäftsbereich der obersten Dienstbehörde angehören, allerdings nur dann, wenn sie jeweils das aktive Wahlrecht zum Personalrat besitzen (§ 53 Abs. 2 und Abs. 3 S. 1). Was die **Wählbarkeit** zu den Stufenvertretungen anbetrifft, so gelten die Regelungen über die Wählbarkeit zum Personalrat (§ 53 Abs. 3 S. 1). Dies gilt auch für die Zahl der Mitglieder der Stufenvertretungen (§ 53 Abs. 3 S. 1). Dienststellenleiter, sein ständiger Vertreter und Beschäftigte, die zur selbständigen Entscheidung in Personalangelegenheiten befugt sind, sind zur Stufenvertretung wahlberechtigt und wählbar; sie sind jedoch nicht wählbar, wenn sie Beschäftigte der Dienststelle sind, bei der die Stufenvertretung zu bilden ist (§ 53 Abs. 3 S. 1 und 2). Der Dienststellenleiter einer Behörde der Mittelstufe ist also nicht für den Bezirkspersonalrat wählbar, der bei seiner Behörde gebildet wird.

219

Zum **Gesamtpersonalrat** sind **wahlberechtigt** die Beschäftigten der Hauptdienststelle und die der nach § 6 Abs. 3 BPersVG verselbständigten Nebenstellen und Dienststellenteile, sofern sie das aktive Wahlrecht zum Personalrat besitzen (§§ 56, 53 Abs. 3 S. 1). Was die **Wählbarkeit** anbetrifft, gelten die Vorschriften über die Wählbarkeit zum Personalrat (§§ 56, 53 Abs. 1 S. 1). Die Mitgliederzahl richtet sich nach § 16 (§§ 56, 53 Abs. 3 S. 1). Dienststellenleiter, sein ständiger Vertreter und Beschäftigte, die zu selbständigen Entscheidungen in Personalangelegenheiten befugt sind, sind wahlberechtigt, aber nicht wählbar (§§ 56, 53 Abs. 3 S. 2). Streitig ist, ob dies auch für den entsprechenden Personenkreis bei den nach § 6 Abs. 3 BPersVG verselbständigten Nebenstellen und Dienststellen gilt.[302]

Zwar sind Personalrat, Stufenvertretungen und Gesamtpersonalrat zu wählen, wenn die Voraussetzungen für ihre Errichtung vorliegen, es wird aber wie im Betriebsverfassungsrecht **kein Errichtungszwang** ausgeübt. Kommt also keine Wahl der Personalvertretung zustande, so hat es dabei sein Bewenden.

220

6. Wahlverfahren

Die Entscheidung darüber, ob eine Wahl der Personalvertretung durchgeführt wird, liegt allein bei den Beschäftigten.

221

Besteht in einer nach § 12 BPersVG personalratsfähigen Dienststelle kein Personalrat, so hat der Dienststellenleiter von Amts wegen eine Personalversammlung einzuberufen, die den **Wahlvorstand** wählen kann (§ 21). Besteht ein Personalrat in der Dienststelle, so bestellt er spätestens 8 Wochen vor Ablauf seiner Amtszeit drei wahlberechtigte Beschäftigte als Wahlvorstand (§ 20 Abs. 1). Tut er das nicht oder nicht rechtzeitig und besteht deshalb 6 Wochen vor Ablauf seiner Amtszeit kein Wahlvorstand, so beruft der Dienststellenleiter auf Antrag von mindestens drei

222

---

[301] Zur Bemessung der Gruppenstärke vgl. BAG, 29. 5. 1991, NZA 1992, 182 f.
[302] Richardi/Dörner/Weber, Rdn. 9 zu § 56 BPersVG, m. w. N.

wahlberechtigten Beschäftigten oder einer in der Dienststelle mit wenigstens einem Mitglied vertretenen (vgl. Rdn. 90) Gewerkschaft eine Personalversammlung ein, die den Wahlvorstand wählen kann (§ 20 Abs. 2).

Findet trotz Einberufung der Personalversammlung durch den Dienststellenleiter eine solche nicht statt oder findet zwar eine Personalversammlung statt, wird aber von ihr kein Wahlvorstand gewählt, so bestellt ihn der Dienststellenleiter, wenn mindestens drei wahlberechtigte Beschäftigte oder eine in der Dienststelle mit wenigstens einem Mitglied vertretene Gewerkschaft einen entsprechenden Antrag an ihn stellt (§ 22).

Wird auf Antrag eines Viertels der wahlberechtigten Beschäftigten oder einer in der Dienststelle durch wenigstens ein Mitglied vertretenen Gewerkschaft nach § 28 Abs. 1 ein bestehender Personalrat durch das Verwaltungsgericht aufgelöst, so setzt der Vorsitzende der Fachkammer des Verwaltungsgerichts einen Wahlvorstand ein (§ 28 Abs. 2).

Kommt es auf diese Weise nicht dazu, dass ein Wahlvorstand bestellt, gewählt oder eingesetzt wird, so hat es damit sein Bewenden.

223 Der Wahlvorstand ist das Organ, das die Durchführung der Personalratswahl leitet.

Die Personalratswahl ist geheim, unmittelbar (§ 19 Abs. 1), allgemein, gleich und frei. Sie wird nach den Grundsätzen der Verhältniswahl durchgeführt. Wird nur ein Wahlvorschlag eingereicht, so findet Personenwahl statt (§ 19 Abs. 3 S. 2). Die Beschäftigtengruppen (§ 5) wählen ihre Vertreter in getrennten Wahlgängen, es sei denn, dass die Mehrheit der Angehörigen aller wahlberechtigten Gruppen vor der Neuwahl in getrennten geheimen Abstimmungen gemeinsame Wahl beschließt (§ 19 Abs. 2). Soldatenvertreter im Personalrat werden zwingend in einem getrennten Wahlgang gewählt (§ 51 Abs. 1 S. 1 SBG). Die regelmäßigen Personalratswahlen finden alle vier Jahre in der Zeit vom 1. März bis 31. Mai statt (§ 27). Die Kosten der Wahl trägt die Dienststelle (§ 24 Abs. 2 S. 1). Gewählt kann nur werden, wer auf einem **Wahlvorschlag** benannt ist. Wahlvorschläge können die wahlberechtigten Beschäftigten und die in der Dienststelle vertretenen Gewerkschaften machen (§ 19 Abs. 4 S. 1, Abs. 8). Die nach § 14 Abs. 3 nicht wählbaren Beschäftigten sind nicht vorschlagsberechtigt (§ 19 Abs. 4 S. 4).

224 Gemäß § 19 Abs. 4 S. 2 und 3, Abs. 5 und Abs. 6 BPersVG werden Unterschriftenquoren für die Wahlvorschläge gefordert. Diejenigen der Gewerkschaften bedürfen nicht der Mitunterzeichnung durch eine bestimmte Anzahl Wahlberechtigter (§ 19 Abs. 8 S. 2), vielmehr gelten die Sonderregelungen des § 19 Abs. 9. Danach muss jeder Wahlvorschlag einer Gewerkschaft von zwei Beauftragten unterzeichnet sein, die Beschäftigte der Dienststelle sein und einer in der Dienststelle vertretenen Gewerkschaft angehören, nicht jedoch wahlberechtigt sein müssen.[303]

225 Scheidet ein Mitglied aus dem Personalrat aus oder ist es zeitweilig verhindert, so tritt ein Ersatzmitglied ein. Die Ersatzmitglieder werden der Reihe nach aus den nicht gewählten Beschäftigten derjenigen Vorschlagslisten entnommen, denen die zu ersetzenden Mitglieder angehören (§ 31).

226 Die Einhaltung der wesentlichen Vorschriften über das Wahlrecht, die Wählbarkeit und das Wahlverfahren unterliegen der Kontrolle durch die **Wahlanfechtung** beim Verwaltungsgericht. Voraussetzung für den Erfolg der Wahlanfechtung ist das Vorliegen eines Verstoßes, durch den das Wahlergebnis geändert oder beeinflusst werden konnte, es bedarf also nicht der Feststellung, dass das Ergebnis beeinflusst worden ist. Die Wahlanfechtung ist also beispielsweise erfolglos, wenn durch die

---

[303] Vgl. dazu Richardi/Dörner/Weber, Rdn. 80–82 zu § 19 BPersVG.

Zulassung von Beschäftigten zur Wahl, die unter Verstoß gegen das Wahlrecht nicht an der Wahl beteiligt worden sind, gleichgültig, wie sie gestimmt hätten, das Wahlergebnis unverändert geblieben wäre (§ 25).

Antragsberechtigt sind mindestens drei wahlberechtigte Beschäftigte der Dienststelle, jede in der Dienststelle durch wenigstens ein Mitglied vertretene Gewerkschaft und der Leiter der Dienststelle. Sie muss binnen einer Frist von zwölf Arbeitstagen, vom Tage der Bekanntgabe des Wahlergebnisses an gerechnet, erfolgen.

Hat jeder Antragsteller fristgerecht dargelegt, aus welchen Gründen gegen wesentliche Vorschriften über das Wahlrecht, die Wählbarkeit oder das Wahlverfahren verstoßen worden sein soll, so kann die Wahl auch aus Gründen für ungültig erklärt werden, die erst nach Ablauf der Anfechtungsfrist geltend gemacht oder festgestellt werden.[304]

Die Wahlanfechtung kann zur Berichtigung durch das Verwaltungsgericht führen, wenn sich die Anfechtung gegen die Feststellung des Wahlergebnisses richtet, sowie zur Wiederholung, wenn die Wahl mit Wirkung der Rechtskraft der Entscheidung für ungültig erklärt wird oder wenn ihre Nichtigkeit von Anfang an festgestellt wird. Wird die Nichtigkeit der Wahl von Anfang an nicht festgestellt, sondern, wie in der Regel, nur für ungültig erklärt, so verliert der fehlerhaft gewählte Personalrat sein Amt nicht rückwirkend. Die Wahl ist von neuem durchzuführen.[305] Ihre Nichtigkeit ist insbesondere festzustellen, wenn die Voraussetzungen für eine Personalratswahl überhaupt nicht vorlagen (z.B. die Dienststelle ist offensichtlich nicht personalratsfähig,[306] wenn die Wahl außerhalb des gesetzlich festgelegten Zeitraums stattfand und bei Verstößen gegen das Wahlverfahren, wenn gegen die Grundsätze einer ordnungsgemäßen Wahl in so hohem Maße verstoßen wurde, dass auch der Anschein einer Wahl nicht mehr vorliegt, z.B. es war kein Wahlvorstand vorhanden, es ist durch Akklamation gewählt worden, der Personalrat wurde in der Weise gebildet, dass der älteste Beschäftigte die übrigen Beschäftigten fragte, ob sie mit den von ihm ausgesuchten Personalratsmitgliedern einverstanden sind).

Zu den **Kosten** der Wahl, die die Dienststelle trägt (§ 24 Abs. 2 BPersVG) gehören auch die Kosten einer erfolgreich durchgeführten Wahlanfechtung, gegebenenfalls auch die Kosten einer Rechtsvertretung.[307]

Die dargestellten Grundsätze über das Wahlverfahren gelten grundsätzlich auch für die Wahl der Stufenvertretungen und des Gesamtpersonalrats, wobei nur einige kleine Abweichungen zu beachten sind. Dies folgt daraus, dass die §§ 53 Abs. 3 S. 1 und 54 Abs. 1 BPersVG für die Stufenvertretungen grundsätzlich die entsprechende Geltung der Vorschriften über das Wahlverfahren zum Personalrat anordnen und für den Gesamtpersonalrat § 56 BPersVG die Vorschriften der §§ 53 Abs. 3 und 54 Abs. 1 Halbsatz 1 für entsprechend anwendbar erklärt.

7. Dienstverfassungsrechtliche Stellung der Personalvertretung

Die Personalvertretung hat die Aufgabe, mit den Dienststellen vertrauensvoll und im Zusammenwirken mit den in den Dienststellen vertretenen Gewerkschaften und den Arbeitgeberverbänden zum Wohle der Beschäftigten und zur Erfüllung der der Dienststelle obliegenden Aufgaben zusammenzuarbeiten (§ 2 Abs. 1 BPersVG).[308]

---

[304] BVerwG, 13. 5. 1998, ZTR 1999, 92 (L.).
[305] Vgl. zum Verfahren der Neuwahl Richardi/Dörner/Weber, Rdn. 52 und 53 zu § 25 BPersVG, m.w.N.
[306] BVerwG, AP Nr. 5 zu § 7 BPersVG.
[307] BVerwG, 29. 8. 2000, ZTR 2001, 45 f.
[308] Zu den Beteiligungsrechten der Personalvertretung außerhalb der Personalvertretungsgesetze vgl. Pulte, DöD 2000, 1 f.

229 Diese allgemeine Aufgabe wird durch den Aufgabenkatalog des § 68 Abs. 1 BPersVG konkretisiert. Die Personalvertretung hat Maßnahmen, die der Dienststelle und ihren Angehörigen dienen, beim Dienststellenleiter zu beantragen. Sie hat darüber zu wachen, dass die zugunsten der Beschäftigten geltenden Gesetze,[309] Verordnungen, Tarifverträge, Dienstvereinbarungen und Verwaltungsanordnungen durchgeführt werden.[310] Sie hat Anregungen und Beschwerden von Beschäftigten entgegenzunehmen und, falls sie berechtigt erscheinen, durch Verhandlungen mit dem Dienststellenleiter auf ihre Erledigung hinzuwirken. Sie muss die Eingliederung und berufliche Entwicklung schwerbehinderter Menschen und sonstiger schutzbedürftiger, insbesondere älterer Personen aber auch beispielsweise ehemaliger Strafgefangener und Kranker fördern und Maßnahmen zur beruflichen Förderung schwerbehinderter Menschen beantragen. Sie hat die Durchsetzung der tatsächlichen Gleichberechtigung von Frauen und Männern insbesondere bei der Einstellung, Beschäftigung, Aus-, Fort- und Weiterbildung und dem beruflichen Aufstieg zu fördern. Sie ist verpflichtet, die Eingliederung ausländischer Beschäftigter in die Dienststelle und das Verständnis zwischen ihnen und den deutschen Beschäftigten zu fördern und mit der Jugend- und Auszubildendenvertretung zur Förderung der Belange der jugendlichen Beschäftigten und derjenigen Beschäftigten, die sich in einer beruflichen Ausbildung befinden und das 25. Lebensjahr noch nicht vollendet haben (§ 57 BPersVG), eng zusammenzuarbeiten.

230 Die Personalvertretung bildet aus ihrer Mitte einen **Vorstand,** dem ein Mitglied jeder in der Personalvertretung vertretenen Gruppe angehören muss und der die laufenden Geschäfte führt (§§ 32 Abs. 1, 54 Abs. 1, 56 BPersVG). Laufende Geschäfte sind die Angelegenheiten, deren Erledigung eine Entscheidung der Personalvertretung nicht oder nicht mehr erfordert, weil sie bereits durch einen Beschluss der Personalvertretung inhaltlich vorbestimmt sind oder zeitlich bedingte Aufgaben ohne grundsätzliche Bedeutung für die Beschäftigten. Der Vorstand erfüllt seine Aufgaben durch Beschlüsse nach den Regeln über die Beschlussfassung der Personalvertretung.

231 Aus dem Kreis der Vorstandsmitglieder bestimmt die Personalvertretung den **Vorsitzenden** (und seinen Stellvertreter), der zugleich Vorsitzender des Vorstandes und der Personalvertretung ist. Er vertritt die Personalvertretung und damit den Vorstand (Organ der Personalvertretung) im Rahmen der von der Personalvertretung oder vom Vorstand gefassten Beschlüsse, in Angelegenheiten, die nur eine Gruppe der Beschäftigten (§ 5 BPersVG) betreffen, wenn er ihr nicht angehört, gemeinsam mit einem der Gruppe angehörenden Vorstandsmitglied (§§ 32 Abs. 2 und 3, 54 Abs. 1, 56 BPersVG).

232 Personalvertretung und Vorstand treffen ihre Entscheidungen durch **Beschlüsse mit einfacher Stimmenmehrheit** der anwesenden Mitglieder. In Angelegenheiten, die nur eine oder zwei Gruppen der Beschäftigten betreffen, sind nach gemeinsamer Beratung nur die Gruppenvertreter stimmberechtigt (§§ 37, 38, 54 Abs. 1, 56 BPersVG).

233 Die Sitzungen der Personalvertretungen sind **nicht öffentlich**. Ein Beauftragter einer mit mindestens einem Mitglied in dem Gremium vertretenen Gewerkschaft kann beratend teilnehmen, aber nur auf Grund eines Beschlusses, der einen Antrag

---

[309] Zu den Grundrechten im Arbeitsverhältnis vgl. Boemke/Gründel, ZFA 2001, 245 f., zur Glaubens- und Gewissensfreiheit der Arbeitnehmer Kraushaar, ZTR 2001, 208 f., zur Meinungsfreiheit von Redakteuren im Rundfunk Deiseroth, AuR 2001, 161 f.
[310] Zur Frage der Einschaltung der Personalvertretung bei Arbeitsbeschaffungsmaßnahmen vgl. Berger-Delhey, BB 1992, 915 f.

von einem Viertel der Mitglieder oder der Mehrheit einer Gruppe voraussetzt (§§ 35, 36, 54 Abs. 1, 56 BPersVG).

Die Personalvertretung hat kein imperatives Mandat, insbesondere kann ihr die **Personalversammlung** (§§ 48 bis 52 BPersVG), also die Versammlung aller der Dienststelle angehörenden Beschäftigten, keine Weisungen erteilen oder ihre Beschlüsse aufheben. Sie ist der Personalvertretung nicht übergeordnet (§ 51 BPersVG). Allerdings können ein Viertel der Wahlberechtigten oder eine in der Dienststelle vertretene Gewerkschaft beim Verwaltungsgericht den Ausschluss eines Mitgliedes oder die Auflösung der Personalvertretung beantragen, jedoch nur wegen grober Vernachlässigung von gesetzlichen Befugnissen oder grober Verletzung gesetzlicher Pflichten, der Leiter der Dienststelle lediglich wegen grober Verletzung gesetzlicher Pflichten (§§ 28 Abs. 1, 54 Abs. 1, 56 BPersVG). 234

Die Mitglieder der Personalvertretung führen ihr Amt unentgeltlich als Ehrenamt. Sie erfahren aber keine Minderung ihrer Vergütung und ihrer Freizeit. Sie sind unter Fortzahlung ihrer Vergütung von ihrer dienstlichen Tätigkeit freizustellen, wenn und soweit es nach Umfang und Art der Dienststelle zur ordnungsgemäßen Durchführung ihrer Aufgaben oder zur Erlangung von für ihre Tätigkeit notwendigen Kenntnissen durch Teilnahme an Schulungs- und Bildungsveranstaltungen erforderlich ist (§§ 46 Abs. 1 bis 3, 6, 54 Abs. 1, 56 BPersVG).[311] Die Freistellungspflicht erschöpft sich nicht in der Gewährung freier Zeit, sondern erfordert auch angemessene Rücksicht bei der Zuteilung des Arbeitspensums im Hinblick auf die Inanspruchnahme des Mitglieds durch Personalvertretungstätigkeit während der Arbeitszeit. Der Begriff des fortzuzahlenden Arbeitsentgelts im Sinne des § 46 Abs. 2 S. 1 BPersVG kann mangels einer Tariföffnungsklausel nicht in Tarifverträgen modifiziert werden, etwa mit dem Inhalt, ob ein bestimmter Bestandteil der Bezüge „Aufwendungsersatz" oder „Arbeitsentgelt" ist.[312] Was die Freistellung zur ordnungsgemäßen Durchführung ihrer Aufgaben nach § 46 Abs. 3 BPersVG anbetrifft, enthält Abs. 4 eine Konkretisierung, die eine gänzliche Freistellung ermöglicht.[313] In diesem Zusammenhang sind Leiharbeitnehmer (vgl. dazu Rdn. 822f.) nicht Beschäftigte im Sinne der Vorschrift.[314] Diese Konkretisierung gilt nur für die Personalräte, nicht dagegen für die Stufenvertretungen und für die Gesamtpersonalräte (§§ 54 Abs. 1, 56 BPersVG). 235

Außerdem hat jedes Mitglied während seiner Amtszeit Anspruch auf bezahlte Freistellung für drei Wochen zur Teilnahme an Schulungs- und Bildungsveranstaltungen, die von der Bundeszentrale für politische Bildung als geeignet anerkannt sind (§§ 46 Abs. 7, 54 Abs. 1, 56 BPersVG). Ersatzmitgliedern steht der Anspruch nicht zu, solange sie nicht gemäß § 31 Abs. 1 S. 1 BPersVG für ein ausgeschiedenes Mitglied nachgerückt sind.[315] Die Kosten für die Teilnahme an Veranstaltungen nach § 46 Abs. 6 trägt die Dienststelle (§ 44 Abs. 1 BPersVG).[316] Umstritten ist, ob die Dienststelle auch die Kosten für die Teilnahme an den Veranstaltungen nach

---

[311] Vgl. dazu Wank/Maties, NZA 2005, 1033f. (1036f.).
[312] BAG, 27. 6. 1990, ZTR 1991, 263f.; 28. 8. 1991, NZA 1992, 709f.
[313] Vgl. zu Freistellungen bei sinkender Beschäftigtenzahl BVerwG, 2. 9. 1996, ZTR 1997, 143f.
[314] BAG, 22. 10. 2003, NZA 2004, 1053f. (zu § 38 Abs. 1 BetrVG).
[315] BAG, 14. 12. 1994, NZA 1995, 593f.
[316] Vgl. allgemein zu den Regelungen in § 46 Abs. 6 und 7 BPersVG Berger-Delhey, ZTR 1995, 545f. Zur Kostentragungspflicht für die Teilnahme an einer Schulungsveranstaltung über den Einsatz eines PC für die Erledigung von Aufgaben der Personalvertretung vgl. BAG, 19. 7. 1995, NZA 1996, 442f., für die Teilnahme an einer von einer Gewerkschaft veranstalteten Personalräte-Konferenz vgl. BVerwG, 1. 8. 1996, ZTR 1997, 42f., bei Fehlen von Haushaltsmitteln vgl. BVerwG, 26. 2. 2002, ZTR 2003, 414f.; 415f.

§ 46 Abs. 7 trägt. Überwiegend wird die Ansicht vertreten, dass dies nur dann der Fall ist, wenn die vermittelten Kenntnisse zugleich erforderliche Kenntnisse im Sinne von Abs. 6 sind.[317]

Im Übrigen trägt die Dienststelle die durch die Tätigkeit der Personalvertretungen entstehenden Kosten (§§ 44 Abs. 1, 54 Abs. 1, 56 BPersVG). Dazu gehören zum Beispiel auch die **Kosten** für einen Kommentar zu dem jeweils anzuwendenden Personalvertretungsgesetz,[318] dem einschlägigen Tarifvertrag,[319] unter Umständen für eine laufend bezogene Fachzeitschrift[320] und für die Hinzuziehung eines Rechtsanwaltes, um in einem Beschlussverfahren ihre personalvertretungsrechtlichen Befugnisse durchzusetzen, zu klären oder zu wahren. In diesem Fall steht der Personalvertretung eine Teilrechtsfähigkeit zu, die sie dazu befähigt, einen Vertrag mit dem Anwalt abzuschließen.[321] Für die Sitzungen, die Sprechstunden und die laufende Geschäftsführung hat die Dienststelle im erforderlichen Umfang Räume, den Geschäftsbedarf und Büropersonal zur Verfügung zu stellen (§§ 44 Abs. 2, 54 Abs. 1, 56 BPersVG).[322]

236 Die Mitglieder der Personalvertretung genießen wegen ihrer Tätigkeit einen **besonderen Schutz:**

a) Sie dürfen wegen ihrer Tätigkeit nicht benachteiligt werden,[323] und zwar auch nicht in ihrer beruflichen Entwicklung (§ 8 BPersVG). Insbesondere darf ihre Freistellung nicht zur Beeinträchtigung des beruflichen Werdegangs führen (§§ 46 Abs. 3 S. 6, 54 Abs. 1, 56 BPersVG).[324] Ein freigestelltes Personalratsmitglied ist daher beispielsweise urlaubsrechtlich so zu behandeln, als wäre es nicht freigestellt.[325] Eine Verletzung der Benachteiligungsverbote begründet nicht lediglich einen Schadensersatzanspruch, sondern einen unmittelbaren Anspruch des Mitglieds der Personalvertretung, hinsichtlich seiner beruflichen Entwicklung so gestellt zu werden, wie sie ohne sein Amt verlaufen wäre. Hierzu bedarf es einer fiktiven Laufbahnnachzeichnung, die das Mitglied ohne Personalvertretungstätigkeit genommen hätte,[326] wobei von der beruflichen Entwicklung vergleichbarer Kolle-

---

[317] Vgl. dazu Richardi/Dörner/Weber, Rdn. 32 zu § 44 BPersVG; BAG, AP Nr. 6 zu § 37 BetrVG. Zur Frage, welche Schulungs- und Bildungsveranstaltungen erforderlich (§ 46 Abs. 6 BPersVG) und welche geeignet (§ 46 Abs. 7 BPersVG) sind, vgl. Loritz, NZA 1993, 2 f.; BAG, 24. 5. 1995, ZTR 1996, 88; 29. 7. 1995, ZTR 1996, 88 (L., zum BetrVG).
[318] BVerwG, PersV 1980, 57.
[319] BVerwG, 16. 5. 1991, ZTR 1991, 390.
[320] BVerwG, 29. 6. 1988–6 P 18/86; 5. 10. 1989, ZTR 1990, 121; 30. 1. 1991, ZTR 1991, 213 f. Zur Kostentragungspflicht der Dienststelle für die Inanspruchnahme eines Rechtsanwaltes durch die Personalvertretung BAG, 21. 6. 1989, NZA 1990, 107 f., Klar, NZA 1989, 422 f., für die Inanspruchnahme eines Sachverständigen in der Betriebsversammlung BAG, 19. 4. 1989, NZA 1989, 936 f., für die schriftliche Unterrichtung der Bediensteten durch die Personalvertretung über Angelegenheiten, die sie unmittelbar betreffen, vgl. Leuze, ZTR 1989, 468 f., m. w. N. Zu den Kosten, die zur sachgerechten Verteidigung eines Mitgliedes der Personalvertretung in einem verwaltungsgerichtlichen Verfahren mit dem Ziel seines Ausschlusses aus der Personalvertretung wegen grober Verletzung seiner gesetzlichen Pflichten erforderlich sind, vgl. BAG, 19. 4. 1989, NZA 1990, 233 f., zu den notwendigen außergerichtlichen Kosten eines Wahlanfechtungsverfahrens vgl. BAG, 7. 7. 1999, NZA 1999, 1232 f., zu den Kosten, die zur Nutzung moderner Büromittel, wie z. B. Personalcomputer, notwendig sind, vgl. Klebe/Kunz, NZA 1990, 257 f.
[321] BVerwG, 9. 3. 1992, ZTR 1992, 433 f.
[322] BAG, 12. 5. 1999, NZA 1999, 1290 f. (Überlassung eines PCs; zu § 40 Abs. 2 BetrVG); 9. 6. 1999, NZA 1999, 1292 f. (Nutzbarmachung einer vorhandenen Telefonanlage; zu § 40 Abs. 2 BetrVG).
[323] BVerwG, 13. 9. 2001, ZTR 2002, 94 (Weiterzahlung einer Erschwerniszulage an ein freigestelltes Personalratsmitglied).
[324] Vgl. dazu BAG, 29. 10. 1998, ZTR 1999, 284 f., m. w. N.
[325] BAG, 7. 11. 2007, NZA 2008, 597 f. (zu § 107 BPersVG).
[326] BAG, 27. 6. 2001, NZA 2002, 106 f.; 19. 3. 2003, ZTR 2004, 50 f.

gen auszugehen ist.³²⁷ Eine dem § 119 Abs. 1 Ziff. 3 BetrVG entsprechende Strafvorschrift für Verstöße dagegen besteht im Bundespersonalvertretungsrecht nicht.
b) Sie können nicht abgewählt werden. Amtsenthebung ist nur durch Entscheidung des Verwaltungsgerichts und nur bei grober Verletzung gesetzlicher Pflichten oder grober Vernachlässigung gesetzlicher Befugnisse möglich (§§ 28 Abs. 1, 54 Abs. 1, 56 BPersVG).³²⁸
c) Sie dürfen sich in der Dienststelle für ihre Gewerkschaft betätigen, ohne dadurch gegen ihre Amtsführungspflichten zu verstoßen, soweit sie sich dabei innerhalb der in § 67 Abs. 1 BPersVG normierten Grundsätze bewegen (§ 67 Abs. 2 BPersVG).
d) Sie dürfen gegen ihren Willen nur versetzt oder abgeordnet werden, wenn dies auch unter Berücksichtigung der Mitgliedschaft aus wichtigen dienstlichen Gründen unvermeidbar ist (§§ 47 Abs. 2, 54 Abs. 1, 56 BPersVG).
e) Sie genießen einen besonderen Schutz vor Entlassungen (vgl. dazu Rdn. 407).

II. Das Zusammenwirken von Personalvertretung und Dienststellen

1. Grundsätze des Zusammenwirkens

Das Personalvertretungsrecht stellt für das Zusammenwirken von Personalvertretung und Dienststellen folgende allgemeine Grundsätze auf: 237

a) **Grundsatz der vertrauensvollen Zusammenarbeit (§ 2 Abs. 1 BPersVG).** Danach   238
haben Dienststellen und Personalvertretung unter Beachtung der Gesetze und Tarifverträge vertrauensvoll und im Zusammenwirken mit den in der Dienststelle vertretenen Gewerkschaften und Arbeitgeberverbänden zum Wohle der Beschäftigten und zur Erfüllung der der Dienststelle obliegenden Aufgaben zusammenzuarbeiten. Dieser Grundsatz ist in dreifacher Hinsicht von Bedeutung.³²⁹
  aa) Er stellt die Grundkonzeption (Ziel des Gesetzgebers, Programmsatz) des Personalvertretungsrechts dar. Mit ihm soll sichergestellt werden, dass jede Seite die andere unterstützt, damit sie die ihr obliegenden Aufgaben erfüllen kann, dass Meinungsverschiedenheiten in den vom Gesetz zur Verfügung gestellten Formen ausgetragen werden und dass zwischen den Beteiligten Offenheit und Ehrlichkeit herrscht.³³⁰ Dabei ist das Eintreten für die Interessen der Beschäftigten der Erfüllung der Aufgaben der Dienststelle untergeordnet, weil die Erfüllung der der Dienststelle obliegenden Aufgaben Pflicht aller Beschäftigten ist.
  bb) Er wirkt als Auslegungsregel. So hat das Bundesarbeitsgericht für die Privatwirtschaft zu § 80 Abs. 2 BetrVG, der ein Einblicksrecht in die Listen über die Bruttolöhne und -gehälter gewährt, im Hinblick auf den Grundsatz der vertrauensvollen Zusammenarbeit entschieden, dass dieses Recht unter Umständen die Befugnis mitenthält, sich Notizen über den Inhalt dieser Listen zu machen.³³¹ Ein vergleichbares Einsichtsrecht ergibt sich für den öffentlichen Dienst aus § 68 Abs. 2 S. 3 BPersVG. Das Bundesverwaltungsgericht

---

³²⁷ BAG, 26. 9. 1990, NZA 1991, 694 f.; 29. 10. 1998, ZTR 1999, 235 f.; 27. 6. 2001, ZTR 2001, 576 f.
³²⁸ Zum Begriff „grobe Verletzung der gesetzlichen Pflichten" vgl. BAG, 22. 6. 1993, NZA 1994, 184 f.; BVerwG, 14. 4. 2004, ZTR 2004, 383 (L.), zu den Anforderungen an arbeitsrechtliche Maßnahmen gegen Mitglieder der Personalvertretung Leuze, DB 1993, 2590 f. (2595 f.).
³²⁹ Vgl. allgemein zum Anwendungsbereich Weber, ZFA 1991, 187 f.; Bieler, DÖD 1993, 121 f.
³³⁰ BVerwGE 10, 196 (199); Richardi/Dörner/Weber, Rdn. 12 zu § 2 BPersVG.
³³¹ BAG, AP Nr. 9 zu § 80 BetrVG.

hat festgestellt, dass im Hinblick auf den Grundsatz der vertrauensvollen Zusammenarbeit das Speichern von personenbezogenen Daten durch die Personalvertretung, die diese im Zusammenhang mit § 68 Abs. 2 BPersVG gewonnen hat, ohne Einwilligung der Betroffenen unzulässig ist.[332]

cc) Er begründet selbst unmittelbar Rechte und Pflichten. Deshalb ist es dem Dienststellenleiter beispielsweise verwehrt, im Rahmen von § 69 BPersVG aus einer Fristversäumung des Personalrates das Recht herzuleiten, die der Mitbestimmung des Personalrates unterliegende Maßnahme ohne seine Zustimmung durchzuführen, wenn der Dienststellenleiter, sei es auch unbeabsichtigt, die Einhaltung der Frist verhindert hat.

239 b) **Verbot der Obstruktion** (§ 66 Abs. 2 S. 1 BPersVG).
Danach haben Dienststelle und Personalvertretung alles zu unterlassen, was geeignet ist, die Arbeit und den Frieden der Dienststelle zu beeinträchtigen.

240 c) **Personalvertretungsrechtliches Arbeitskampfverbot** (§ 66 Abs. 2 S. 2 BPersVG).
Danach dürfen Dienststelle und Personalvertretung keine Maßnahmen des Arbeitskampfes gegeneinander durchführen. Dienststellenleiter und Personalvertretung dürfen also nicht zu Kampfmaßnahmen aufrufen, sie einleiten oder durchführen, um den anderen Teil zu einem bestimmten Verhalten zu veranlassen.

241 d) **Schweigepflicht** (§ 10 BPersVG).
Dienststelle und Personalvertretung haben nach näherer Maßgabe des § 10 über die ihnen bei ihrem Zusammenwirken bekanntgewordenen Angelegenheiten und Tatsachen Stillschweigen zu bewahren.

242 e) **Allgemeiner Unterrichtungsanspruch der Personalvertretung** (§§ 68 Abs. 2, 66 Abs. 1 BPersVG).
Danach ist die Personalvertretung zur Durchführung ihrer Aufgaben rechtzeitig und umfassend zu unterrichten und sind ihr die hierfür erforderlichen Unterlagen vorzulegen. Obwohl dies nicht ausdrücklich gesagt wird, gibt das Recht auch die Befugnis, die Vorlage der Bruttolohn- und Gehaltslisten zu verlangen.[333] Personalakten dürfen aber nur mit Zustimmung des Beschäftigten und nur von den von ihm bestimmten Mitgliedern der Personalvertretung eingesehen werden (§ 68 Abs. 2 S. 3 BPersVG).
Dienststellenleiter und Personalvertretung sollen mindestens einmal im Monat zu Besprechungen zusammentreten. Sie haben über strittige Fragen mit dem ernsten Willen zur Einigung zu verhandeln und Vorschläge für die Beilegung von Meinungsverschiedenheiten zu machen.

243 f) **Gemeinsame Kontrollfunktion** (§ 67 Abs. 1 BPersVG).
Danach haben Dienststelle und Personalvertretung unter Wahrung der Objektivität und Neutralität ihrer Amtsführung darüber zu wachen, dass alle Angehörigen der Dienststelle nach Recht und Billigkeit behandelt werden, insbesondere dass Gleichbehandlung erfolgt und dass Benachteiligungen aus einem in § 1 AGG genannten Grund unterbleiben.

244 g) **Parteipolitische Neutralität** (§ 67 Abs. 1 S. 3 BPersVG).
Dienststellenleiter und Personalvertretung haben insbesondere bei ihrer Zusammenarbeit jede parteipolitische Betätigung in der Dienststelle zu unterlassen. Parteipolitische Betätigung ist jede Betätigung für eine politische Partei oder Rich-

---

[332] BVerwG, 4. 9. 1990, ZTR 1991, 80 f.
[333] Richardi/Dörner/Weber, Rdn. 79 zu § 68 BPersVG, m. w. N. Zur Hinzuziehung von Sachverständigen durch die Personalvertretung vgl. BVerwG, 8. 11. 1989, ZTR 1990, 256, zum Informationsanspruch der Personalvertretung bei der Zahlung von Leistungszulagen vgl. BVerwG, 22. 12. 1993, ZTR 1994, 258 f.; Brinks, ZTR 1994, 54 f., m. w. N.

tung, z. B. duch Mitgliederwerbung, Verteilung von Flugzetteln, Durchführung von Unterschriftensammlungen oder Duldung parteipolitischer Propaganda durch Vertreter politischer Parteien. Der Personalvertretung ist jedes Verhalten untersagt, das auf die Ausübung eines allgemeinpolitischen Mandats hinausläuft, z. B. wegen der vermeintlichen Unrechtmäßigkeit der Volkszählung 1987 und ihrer Durchführung zu protestieren.[334] Nicht berührt von diesem Verbot wird die Behandlung von Tarif-, Besoldungs- und Sozialangelegenheiten, auch wenn dazu eine Aussage einer politischen Partei vorliegt, es sei denn, einem Vertreter einer politischen Partei wird Gelegenheit gegeben, solche Angelegenheiten in der Dienststelle zu erörtern.

h) Möglichkeit des Ausgleichs von Meinungsverschiedenheiten durch die **Einigungsstelle**.

Die Einigungsstelle nach dem Betriebsverfassungsrecht der Privatwirtschaft wird tätig, wenn Arbeitgeber und Betriebsrat dies beantragen. Ihre Entscheidung bindet grundsätzlich nur, wenn beide Seiten sich vorher oder nachher unterwerfen (§ 76 Abs. 6 BetrVG). In der Privatwirtschaft kann die Einigungsstelle angerufen werden, wenn in Regelungsfragen eine Einigung nicht erzielt wird.

Im Personalvertretungsrecht dagegen kann die Einigungsstelle nur eingeschaltet werden, wenn es um eine Angelegenheit geht, die der Mitbestimmung der Personalvertretung unterliegt. Ihre Funktion wird deshalb im Zusammenhang mit der Erörterung der Mitbestimmung behandelt.

Die Einigungsstelle wird bei der obersten Dienstbehörde gebildet. Errichtung, Organisation und Verfahren ergeben sich aus § 71 BPersVG.

Sind der obersten Dienstbehörde Dienststellen nachgeordnet, so sind zwei Einigungsstellen zu bilden. Die eine ist zuständig für Angelegenheiten, die von nachgeordneten Dienststellen nach § 69 Abs. 3 BPersVG zur obersten Dienstbehörde gelangt sind oder für solche, bei denen die oberste Dienstbehörde zur Entscheidung befugt ist, so dass der bei ihr bestehende Hauptpersonalrat zu beteiligen ist (§ 81 Abs. 1 BPersVG; primäre Zuständigkeit des Hauptpersonalrats). Die andere entscheidet bei Streitigkeiten zwischen der obersten Dienstbehörde und dem bei ihr gebildeten Personalrat.[335] Die Notwendigkeit, zwei Einigungsstellen zu bilden, ergibt sich daraus, dass nach § 71 Abs. 1 S. 2 BPersVG die Beisitzer von der obersten Dienstbehörde und der bei ihr bestehenden zuständigen Personalvertretung bestellt werden. Bestehen also bei der obersten Dienstbehörde Personalrat und Hauptpersonalrat, so muss es auch zwei Einigungsstellen geben.

Die Einigungsstelle hat die sogenannte Vorfragenkompetenz, das heißt, sie kann entscheiden, wenn sie sich für zuständig hält, aber auch aussetzen, bis das Verwaltungsgericht ihre Kompetenz geklärt hat.[336]

Die Entscheidungen der Einigungsstelle unterliegen der gerichtlichen Rechtskontrolle, und zwar im Beschlussverfahren vor dem Verwaltungsgericht in entsprechender Anwendung des § 83 Abs. 1 Nr. 3 BPersVG. Die Kosten der Einigungsstelle trägt die oberste Dienstbehörde, und zwar nach § 44 Abs. 1 S. 1 BPersVG.

2. Formen des Zusammenwirkens

Die Formen des Zusammenwirkens zwischen Personalvertretung und Dienststellen sind:
– Dienstvereinbarung,

---

[334] Hess. Verwaltungsgerichtshof, 23. 11. 1988, ZTR 1989, 159 f.
[335] Richardi/Dörner/Weber, Rdn. 9 zu § 71 BPersVG, m. w. N.
[336] Richardi/Dörner/Weber, Rdn. 37 zu § 71 BPersVG.

- Mitwirkung,
- Mitbestimmung,
- Anhörung sowie
- Wahrnehmung von Informations- und Teilnahmerechten.

247 Die **Dienstvereinbarung** entspricht ihrem Wesen nach der Betriebsvereinbarung des Betriebsverfassungsgesetzes, hat aber im Gegensatz zu dieser sehr viel geringere Bedeutung im Arbeitsleben des öffentlichen Dienstes. Dienstvereinbarungen sind gemäß § 73 Abs. 1 S. 1 BPersVG nämlich nur zulässig, soweit sie das BPersVG ausdrücklich vorsieht.[337] Dies ist erfolgt in den Fällen der §§ 75 Abs. 3 und 76 Abs. 2 BPersVG, also in den dort beschriebenen Angelegenheiten, die der Mitbestimmung der Personalvertretung unterliegen. Der Abschluss einer Dienstvereinbarung stellt sich als Ausübung der Beteiligungsrechte des Personalrats dar mit der Folge, dass die entsprechenden Beteiligungsrechte durch die Dienstvereinbarung erledigt sind (vorweggenommene Mitbestimmung).

Daneben besteht gemäß § 7 Abs. 1, 2 und 2a ArbZG bzw. § 12 Abs. 1 ArbZG auf Grund eines Tarifvertrages in einer Dienstvereinbarung die Möglichkeit, Abweichungen von den gesetzlichen Regelungen über die Höchstarbeitszeit, die Ruhepausen, die Ruhezeit, die Nacht- und Schichtarbeit bzw. die Sonn- und Feiertagsruhe vorzusehen.

Ihr Verhältnis zu den anderen Rechtsquellen des Arbeitsrechts im öffentlichen Dienst und die Vorschriften, die dazu geführt haben, dass sie nur geringe Bedeutung hat, sind bereits ausführlich erörtert worden (vgl. oben Rdn. 27–29).

248 Die Dienstvereinbarung ist ein Vertrag zwischen der Dienststelle einerseits und der Personalvertretung andererseits mit einer Wirkung, die über die Wirkung von Vereinbarungen des bürgerlichen Rechts hinausgeht, nämlich der sogenannten normativen Wirkung.

Das Gesetz bestimmt zwar nicht ausdrücklich diese normative Wirkung, dennoch besteht Einigkeit darüber,[338] dass auf die Dienstvereinbarung § 77 Abs. 4 BetrVG entsprechend anzuwenden ist. Dies bedeutet:

249 a) Dienstvereinbarungen gelten unmittelbar und zwingend für die Beschäftigten.[339]
b) Werden Beschäftigten durch die Dienstvereinbarung Rechte eingeräumt, so ist ein Verzicht auf sie nur mit Zustimmung der Personalvertretung zulässig.
c) Die Verwirkung ist ausgeschlossen.
d) Die Wirksamkeit von Ausschlussfristen und von Vereinbarungen über die Abkürzung von Verjährungsfristen ist beschränkt.

Vertragspartner auf der Beschäftigtenseite können Personalrat, Stufenvertretung oder Gesamtpersonalrat sein. Weil deshalb eine Dienstvereinbarungskonkurrenz entstehen kann, bestimmt § 73 Abs. 2 BPersVG, dass Dienstvereinbarungen, die für einen größeren Bereich gelten, denjenigen für einen kleineren Bereich vorgehen.

250 Wirksamkeitsvoraussetzung für die Dienstvereinbarung ist, dass sie schriftlich niedergelegt und von beiden Seiten unterzeichnet ist (§ 73 Abs. 1 S. 2 BPersVG). Dienstvereinbarungen können allerdings auch auf einem Spruch der Einigungsstelle beruhen, und zwar wegen der in § 71 Abs. 4 S. 2 BPersVG festgelegten Bindungswirkung. In diesem Fall gilt das Formerfordernis des § 73 Abs. 1 S. 2 nicht (§ 77 Abs. 2 S. 2, 2. Halbsatz BetrVG analog).

---

[337] Vgl. dazu Albicker/Wiesenecker, NZA 2007, 842 f.
[338] Richardi/Dörner/Weber, Rdn. 21–24 zu § 73 BPersVG.
[339] Zur Erstreckung der Rechtskraftwirkung einer Entscheidung über den Inhalt einer Dienstvereinbarung auf Dritte in Fällen materiellrechtlicher Abhängigkeit individualrechtlicher Ansprüche vom Inhalt der Dienstvereinbarung vgl. BAG, 17. 2. 1992, NZA 1992, 999 f.

Die Sperrwirkung des jeweiligen Eingangssatzes in den §§ 75 Abs. 3 und 76 Abs. 2 BPersVG setzt voraus, dass der Tarifvertrag, der die Regelung enthält, für die Dienststelle gilt. Hierfür ist erforderlich, dass
– die Dienststelle in den Geltungsbereich des Tarifvertrages fällt und
– der Arbeitgeber tarifgebunden ist. 251

Was die Sperrwirkung des § 75 Abs. 5 BPersVG anbetrifft, gilt folgendes:[340] Tarifgebundenheit des Arbeitgebers oder des Arbeitnehmers ist hier für das Vorhandensein einer tarifvertraglichen Regelung nicht erforderlich.[341] Insofern muss für die Sperrwirkung die tarifvertragliche Regelung nicht für die Dienststelle gelten, wohl aber muss die Dienststelle in den Geltungsbereich des Tarifvertrages fallen. Die Sperrwirkung setzt auch nicht voraus, dass der Tarifvertrag bei Abschluss der Dienstvereinbarung noch gilt.[342] Tarifüblichkeit ist anzunehmen, wenn sich die tarifliche Regelung eingebürgert hat. Das ist der Fall, wenn die Angelegenheit in mehreren hintereinander abgeschlossenen Tarifverträgen oder in einem Tarifvertrag, der längere Zeit besteht, geregelt ist, mithin die Regelung der betreffenden Materie in Form eines Tarifvertrags in der entsprechenden Branche üblich ist.[343]

Eine Dienstvereinbarung kann von jedem Vertragspartner gekündigt werden. Enthält die Dienstvereinbarung keine Kündigungsfrist, so kann fristlos gekündigt werden.[344] Enthält sie eine Kündigungsfrist, so ist eine fristlose Kündigung nur möglich, wenn dazu ein wichtiger Grund vorliegt. Der Gesetzgeber hat eine Regelung darüber für entbehrlich gehalten.[345] 252

Dienstvereinbarungen über Angelegenheiten nach § 75 Abs. 3 BPersVG entfalten nach ihrem Ablauf Nachwirkung in entsprechender Anwendung des § 77 Abs. 6 BetrVG, nicht dagegen solche über Angelegenheiten nach § 76 Abs. 2 BPersVG.[346] 253

Für die Auslegung des Inhalts von Dienstvereinbarungen gelten die Regeln über die Auslegung von Gesetzen. Es kommt also auf den sogenannten objektiven Erklärungswert an, d. h. nicht auf den gewollten Inhalt, sondern auf den, der bei objektiver Betrachtung zum Ausdruck gekommen ist. Der gewollte Inhalt ist also nur dann maßgebend, wenn er in der Dienstvereinbarung irgendwie Ausdruck gefunden hat.[347] 254

Nach der Rechtsprechung ist die Dienstvereinbarung hinsichtlich ihres ordnungsgemäßen Zustandekommens und der Angemessenheit ihres Inhalts gerichtlich nachprüfbar.[348] 255

In Angelegenheiten, in denen der Personalvertretung ein **Mitwirkungsrecht** gegeben ist, steht ihr kein Mitentscheidungsrecht zu. Der Dienststellenleiter muss sich zwar mit den Argumenten der Personalvertretung auseinandersetzen und mit ihr beraten und die Personalvertretung kann auch die übergeordnete Dienststelle anrufen, die Entscheidung wird aber vom Dienststellenleiter getroffen oder, wenn die übergeordneten Dienststellen angerufen worden sind und der noch darzustellende Instanzenzug durchlaufen ist, von der obersten Dienstbehörde (§ 72 BPersVG). 256

---

[340] Zu den Rechtsfolgen bei Verstoß gegen § 75 Abs. 5 BPersVG vgl. Kort, NZA 2005, 620 f. (zu § 77 Abs. 3 BetrVG); Thon, NZA 2005, 858 f. (zu § 77 Abs. 3 BetrVG).
[341] Str.; Richardi/Dörner/Weber, Rdn. 220 zu § 75 BPersVG, m. w. N.
[342] BAG, 22. 3. 2005, NZA 2006, 383 f.
[343] BAG, 22. 3. 2005, NZA 2006, 383 f.
[344] BAG, 5. 5. 1988, NZA 1989, 358.
[345] Richardi/Dörner/Weber, Rdn. 45 zu § 73 BPersVG.
[346] Str.; vgl. Richardi/Dörner/Weber, Rdn. 49–52 zu § 73 BPersVG, m. w. N.; BAG, 5. 5. 1988, NZA 1989, 358.
[347] Für die Betriebsvereinbarung: BAG, AP Nr. 1 zu § 77 BetrVG, Nr. 3 zu § 52 BetrVG.
[348] Richardi/Dörner/Weber, Rdn. 32, 33 zu § 73 BPersVG. Für die Betriebsvereinbarung: BAG, AP Nr. 142 zu § 242 BGB, Ruhegehalt, Nr. 1 zu § 77 BetrVG; DB 1982, 46.

257　Im Falle der **Mitbestimmung** ist der Dienststellenleiter auch inhaltlich an die Zustimmung der Personalvertretung gebunden. Handelt es sich um das **volle Mitbestimmungsrecht**, dann steht das Letztentscheidungsrecht der Einigungsstelle zu (§ 69 Abs. 4 S. 1, 71 BPersVG), ist dagegen nur das **eingeschränkte Mitbestimmungsrecht** gegeben, so spricht die Einigungsstelle nur eine Empfehlung aus, die endgültige Entscheidung steht der obersten Dienstbehörde zu (§ 69 Abs. 4 S. 3 und 4 BPersVG).

> Obwohl das Bundespersonalvertretungsgesetz in den Fällen der §§ 76 und 85 Abs. 1 Nr. 7 den Begriff Mitbestimmung verwendet, handelt es sich rechtsdogmatisch wegen der Letztentscheidungsbefugnis der obersten Dienstbehörde nicht um Mitbestimmung, sondern um ein **besonders strukturiertes Mitwirkungsrecht**.[349] Wegen der gesetzlichen Terminologie wird in dieser Darstellung die Bezeichnung „eingeschränktes Mitbestimmungsrecht" weiterhin verwendet.

Nach dem Beschluss des Bundesverfassungsgerichts aus dem Jahre 1995[350] erweist sich ein Letztentscheidungsrecht der Einigungsstelle in personellen Angelegenheiten von Arbeitnehmern als **verfassungswidrig**. Eine Berücksichtigung dieser Entscheidung im Gesetz ist nicht erfolgt. Es wird argumentiert, die Entscheidung sei zum Mitbestimmungrecht des Landes Schleswig-Holstein ergangen und habe deshalb keine Auswirkung auf das BPersVG. Das Bundesverwaltungsgericht hat in Entscheidungen aus dem Jahre 2002,[351] die Hamburg und Nordrhein-Westfalen betreffen, im Hinblick auf die Entscheidung des Bundesverfassungsgerichts das Letztentscheidungsrecht der Einigungsstelle in Personalangelegenheiten entgegen dem Gesetzeswortlaut zu einer Empfehlung herabgestuft.[352]

Der Grund für das eingeschränkte Mitbestimmungsrecht liegt in der Forderung des Bundesverfassungsgerichtes,[353] dass Angelegenheiten, die wegen ihrer Auswirkungen auf das Gemeinwesen wesentlicher Bestandteil der Regierungsgewalt sind, nicht der Entscheidung der Stellen entzogen werden dürfen, die der Volksvertretung verantwortlich sind. Deshalb darf in bestimmten Angelegenheiten der Einigungsstelle kein Letztentscheidungsrecht eingeräumt werden.

3. Mitwirkungsverfahren und Mitbestimmungsverfahren

a) Angelegenheiten der Beteiligung

258　In folgenden Angelegenheiten steht der Personalvertretung ein **Mitwirkungsrecht** zu (§ 78 BPersVG).
1. Vorbereitung von Verwaltungsanordnungen einer Dienststelle für die innerdienstlichen, sozialen und persönlichen Angelegenheiten der Beschäftigten ihres Geschäftsbereiches, wenn nicht nach § 94 BBG die Spitzenorganisationen der zuständigen Gewerkschaften bei der Vorbereitung zu beteiligen sind,
2 Auflösung,[354] Einschränkung, Verlegung oder Zusammenlegung von Dienststellen oder wesentlichen Teilen von ihnen,
3. Erhebung der Disziplinarklage gegen einen Beamten, wenn er die Beteiligung beantragt (§ 78 Abs. 2 S. 2 BPersVG),

---

[349] Richardi/Dörner/Weber, Vorbem. § 69 Rdn.2.
[350] BVerfGE 93, 37.
[351] BVerwGE 116, 216; BVerwG, PersV 2002, 542; PersV 2003, 24.
[352] Vgl. dazu Richardi/Dörner/Weber, Vorbem. § 69, Rdn. 12 und 13.
[353] BVerfGE 9, 268.
[354] Vgl. zum sog. Restmandat der Personalvertretung bei Auflösung von Dienststellen Schubert, AuR 2003, 132 f.; Feudner, DB 2003, 882 f. (zu §§ 21 a, 21 b BetrVG).

D. Personalvertretungsrecht

4. Entlassung von Beamten auf Probe oder auf Widerruf, wenn sie die Entlassung nicht selbst beantragt haben und der Beamte die Beteiligung der Personalvertretung beantragt (§ 78 Abs. 2 S. 2 BPersVG),
5. vorzeitige Versetzung eines Beamten in den Ruhestand, wenn er die Beteiligung der Personalvertretung beantragt hat (§ 78 Abs. 2 S. 2 BPerVG),[355]
6. ordentliche Kündigung durch den Arbeitgeber (§ 79 BPersVG) und
7. Bestellung des oder der Sicherheitsbeauftragten (§ 22 Abs. 1 SGB VII).

In den Fällen des § 78 Abs. 1 Nr. 3 bis 5 scheidet das Mitwirkungsrecht aus, wenn es sich um einen Beamten handelt, der in § 36 Abs. 1 BBG genannt ist, oder um einen Beamten von der Besoldungsgruppe A 16 an aufwärts (§§ 78 Abs. 2 S. 1, 77 Abs. 1 S. 2 BPersVG). § 78 Abs. 1 Ziff. 2 BPersVG gilt nicht für militärische Dienststellen, soweit militärische Gründe entgegenstehn (§ 91 Abs. 4 SG).

In folgenden Angelegenheiten steht der Personalvertretung das **eingeschränkte** 259 **Mitbestimmungsrecht** zu (§§ 69 Abs. 4 S. 3, 4, 71 Abs. 4, 76, 85 Abs. 1 Nr. 7 BPersVG:

a) Personalangelegenheiten der Beamten (§ 76 Abs. 1 BPersVG) nämlich
 1. Einstellung, Anstellung,
 2. Beförderung, Übertragung eines anderen Amtes mit höherem Endgrundgehalt ohne Änderung der Amtsbezeichnung, Verleihung eines anderen Amtes mit anderer Amtsbezeichnung beim Wechsel der Laufbahngruppe, Laufbahnwechsel,
 3. Übertragung einer höher oder niedriger zu bewertenden Tätigkeit,
 4. Versetzung zu einer anderen Dienststelle, Umsetzung innerhalb der Dienststelle, wenn sie mit einem Wechsel des Dienstortes verbunden ist,
 5. Abordnung für eine Dauer von mehr als drei Monaten,
 5a. Zuweisung nach § 123a des Beamtenrechtsrahmengesetzes für eine Dauer von mehr als drei Monaten,
 6. Anordnungen, die die Freiheit in der Wahl der Wohnung beschränken,
 7. Versagung oder Widerruf der Genehmigung einer Nebentätigkeit,
 8. Ablehnung eines Antrages nach § 72a oder § 72e BBG auf Teilzeitbeschäftigung, Ermäßigung der regelmäßigen Arbeitszeit oder Urlaub und
 9. Hinausschiebung des Eintritts in den Ruhestand wegen Erreichens der Altersgrenze.

b) Angelegenheiten des § 76 Abs. 2 BPersVG, die teilweise Beamte, teilweise alle Beschäftigten betreffen, nämlich
 1. Auswahl der Teilnehmer an Fortbildungsveranstaltungen für Beamte,
 2. Inhalt von Personalfragebogen für Beamte,
 3. Beurteilungsrichtlinien für Beamte,
 4. Bestellung von Vertrauens- oder Betriebsärzten als Beamte,
 5. Maßnahmen zur Hebung der Arbeitsleistungen und Erleichterung des Arbeitsablaufs,[356]
 6. allgemeine Fragen der Fortbildung der Beschäftigten,
 7. Einführung grundlegend neuer Arbeitsmethoden,[357]
 8. Erlass von Richtlinien über die personelle Auswahl bei Einstellungen,[358] Versetzungen, Umgruppierungen und Kündigungen,

---

[355] Vgl. dazu BVerwG, 9. 12. 1999, ZTR 2000, 186 f. (Entlassung eines Beamten auf Lebenszeit wegen Dienstunfähigkeit).
[356] Vgl. dazu Schmitt, ZTR 1989, 55 f.; BVerwG, 10. 3. 1992, ZTR 1992, 392 f.; 17. 6. 1992, ZTR 1992, 477 f.
[357] Vgl. dazu Schmitt, ZTR 1989, 55 f.

9. Geltendmachung von Ersatzansprüchen gegen einen Beschäftigten, wenn der Beschäftigte die Beteiligung der Personalvertretung beantragt,[359]
10. Maßnahmen, die der Durchsetzung der tatsächlichen Gleichberechtigung von Frauen und Männern, insbesondere bei der Einstellung, Beschäftigung, Aus-, Fort- und Weiterbildung und dem beruflichen Aufstieg dienen.

c) Berufsförderung von Polizeivollzugsbeamten der Bundespolizei, soweit der Beamte dies beantragt (§ 85 Abs. 1 Nr. 7 BPersVG)

260 In folgenden Fällen schließlich steht der Personalvertretung das **volle Mitbestimmungsrecht** zu (§ 75 Abs. 1 bis 3 BPersVG):

a) Personalangelegenheiten der Arbeitnehmer nämlich
1. Einstellung,[360]
2. Übertragung einer höher oder niedriger zu bewertenden Tätigkeit,[361] Höher- oder Rückgruppierung, Eingruppierung,[362]
3. Versetzung zu einer anderen Dienststelle, Umsetzung innerhalb der Dienststelle, wenn sie mit einem Wechsel des Dienstortes verbunden ist,
4. Abordnung für eine Dauer von mehr als drei Monaten,
4a. Zuweisung entsprechend § 123a des Beamtenrechtsrahmengesetzes für die Dauer von mehr als drei Monaten,
5. Weiterbeschäftigung über die Altersgrenze hinaus,
6. Anordnungen, die die Freiheit in der Wahl der Wohnung beschränken, und
7. Versagung oder Widerruf der Genehmigung einer Nebentätigkeit.

b) Soziale Angelegenheiten aller Beschäftiger (§ 75 Abs. 2), nämlich
1. Gewährungen von Unterstützungen, Vorschüssen, Darlehen und entsprechenden sozialen Zuwendungen,
2. Zuweisung und Kündigung von Wohnungen, über die die Dienststelle verfügt, sowie die allgemeine Festsetzung der Nutzungsbedingungen[363] und
3. Zuweisung von Dienst- und Pachtland und Festsetzung der Nutzungsbedingungen.

c) Organisatorische Angelegenheiten (§ 75 Abs. 3), nämlich
1. Beginn und Ende der täglichen Arbeitszeit und der Pausen sowie die Verteilung der Arbeitszeit auf die einzelnen Wochentage,[364]

---

[358] BVerwG, 5. 9. 1990, ZTR 1991, 36 f.
[359] BAG, 14. 11. 1991, NZA 1992, 994 f. (zu § 86 I Nr. 4 PersVG Berlin).
[360] BVerwG, 15. 11. 1989, ZTR 1990, 122 f. (Befristung des Arbeitsverhältnisses); 12. 6. 2001, NZA 2001, 1091 f. (Umwandlung eines Vollzeitarbeitsverhältnisses in ein Teilzeitarbeitsverhältnis nach dem Altersteilzeitgesetz); BAG, 3. 10. 1989, ZTR 1990, 124 (Unterrichtung über Höhe des vereinbarten Arbeitsentgelts); 1. 8. 1989, NZA 1990, 239 f.; 15. 12. 1992, ZTR 1993, 256 f.; 30. 8. 1994, NZA 1995, 649 f. (Begriff); 3. 10. 1989, NZA 1990, 366 f. (Beschäftigung zur Berufsausbildung); 28. 11. 1989, NZA 1990, 364 f.; 28. 4. 1992, NZA 1992, 1141 f. (Begriff); 20. 5. 1992, ZTR 1992, 475 f. (Aufnahme eines Leiharbeitnehmers in eine Dienststelle); 2. 6. 1993, ZTR 1993, 525 f. (Umwandlung eines Teilzeitbeschäftigungsverhältnisses in ein Vollzeitbeschäftigungsverhältnis).
[361] BVerwG, 3. 6. 1977, E 54, 92 f.; BAG, 18. 6. 1991, NZA 1991, 901 f.; 28. 1. 1992, NZA 1992, 805 f. (Vorübergehende Übertragung einer höher oder niedriger zu bewertenden Tätigkeit); BAG, 27. 11. 1991, NZA 1992, 462 f., m.w.N. (Umsetzung, die nicht zum Wechsel einer Lohn- oder Vergütungsgruppe, sondern nur zum Wegfall einer Tätigkeitszulage führt); BVerwG, 8. 10. 1997, ZTR 1998, 137 f. (Fallgruppenwechsel innerhalb derselben Vergütungsgruppe -BAT-, der mit einem automatischen Zeitaufstieg in eine höhere Vergütungsgruppe verbunden ist); 8. 10. 1997, ZTR 1998, 138 f. (Vorübergehende Übertragung einer höher zu bewertenden Tätigkeit einschließlich vertretungsweiser Übertragung).
[362] BVerwG, 8. 12. 1999, ZTR 2000, 234 f.
[363] BVerwG, 15. 3. 1995, ZTR 1995, 471 f.
[364] BVerwG, DVBl 1987, 1161; 1988, 701; ZTR 1988, 230; BAG, 28. 9. 1988, NZA 1989, 184 f.; 10. 10. 2006, NZA 2007, 637 f. (Einführung von Kurzarbeit). Zur Frage, ob § 13 AZO die Mitbe-

2. Zeit, Ort und Art der Auszahlung der Dienstbezüge und Arbeitsentgelte,
3. Aufstellung des Urlaubsplanes, Festsetzung der zeitlichen Lage des Erholungsurlaubs für einzelne Beschäftigte, wenn zwischen dem Dienststellenleiter und den beteiligten Beschäftigten kein Einverständnis erzielt wird,
4. Fragen der Lohngestaltung innerhalb der Dienststelle,[365]
5. Errichtung, Verwaltung und Auflösung von Sozialeinrichtungen ohne Rücksicht auf ihre Rechtsform,
6. Durchführung der Berufsausbildung bei Arbeitnehmern,
7. Auswahl der Teilnehmer an Fortbildungsveranstaltungen für Arbeitnehmer,
8. Inhalt von Personalfragebogen für Arbeitnehmer,
9. Beurteilungsrichtlinien für Arbeitnehmer,
10. Bestellung von Vertrauens- oder Betriebsärzten als Arbeitnehmer,[366]
11. Maßnahmen zur Verhütung von Dienst- und Arbeitsunfällen und sonstigen Gesundheitsschädigungen,
12. Grundsätze über die Bewertung von anerkannten Vorschlägen im Rahmen des betrieblichen Vorschlagswesens,
13. Aufstellung von Sozialplänen einschließlich Plänen für Umschulungen zum Ausgleich oder zur Milderung von wirtschaftlichen Nachteilen, die dem Beschäftigten infolge von Rationalisierungsmaßnahmen[367] entstehen,
14. Absehen von der Ausschreibung von Dienstposten, die besetzt werden sollen,
15. Regelung der Ordnung in der Dienststelle und des Verhaltens der Beschäftigten,[368]
16. Gestaltung der Arbeitsplätze[369] und
17. Einführung und Anwendung technischer Einrichtungen, die dazu bestimmt sind, das Verhalten oder die Leistung der Beschäftigten zu überwachen.[370]

In den Angelegenheiten, die in den §§ 75 Abs. 3 und 76 Abs. 2 BPersVG aufgeführt sind, ist das Mitbestimmungsrecht der Personalvertretung insofern beschränkt, als es nur besteht, **soweit eine gesetzliche oder tarifliche Regelung nicht besteht**. Es muss sich dabei um zwingende Regelungen handeln, die eine der von § 75 Abs. 3 BPersVG geregelten Gegenstände abschließend und umfassend regelt, und der Tarifvertrag, der die Regelung enthält, muss für die Dienststelle gelten. Hierfür ist erforderlich, dass
– die Dienststelle in den Geltungsbereich des Tarifvertrages fällt und
– der Arbeitgeber tarifgebunden ist.[371]

Hinsichtlich der Angelegenheiten des § 75 Abs. 1 und des § 76 Abs. 1 BPersVG enthält § 77 Abs. 2 BPersVG eine erhebliche Einschränkung des Mitbestimmungsrechts. Hier werden nämlich dem Personalrat die **Gründe abschließend vorgeschrieben**, die ihn berechtigen, seine Zustimmung zu verweigern (sog. **Versagungskata-**

---

stimmung einschränkt vgl. Richardi, Mitbestimmung des Personalrats bei der Arbeitszeitverkürzung im öffentlichen Dienst, Baden-Baden, 1990, zur Mitbestimmung bei Überstunden BVerwG, 9. 10. 1991, ZTR 1992, 171 f.; 8. 5. 1992, ZTR 1992, 394 f., zur Mitbestimmung nach § 75 Abs. 4 i. V. m. Abs. 3 Nr 1 BPersVG wenn für Gruppen von Beschäftigten einer Dienststelle eine Rufbereitschaft außerhalb der regelmäßigen Arbeitszeit eingerichtet wird BAG, 32. 1. 2001, NZA 2001, 741 f.
[365] BVerwG, DVBl 1988, 692.
[366] BVerwG, 25. 1. 1995, ZTR 1995, 524 f. (Bestellung freiberuflicher Betriebsärzte).
[367] BVerwG, 17. 6. 1992, ZTR 1992, 477 f. (Begriff).
[368] BVerwG, DVBl 1988, 689; 5. 10. 1989, ZTR 1990, 121 f. (allgem. Alkoholverbot).
[369] Vgl. dazu Gerhold, ZTR 1988, 317 f.; Schmitt, ZTR 1989, 55 f.
[370] Vgl. dazu Tonner, BB 1988, 1813 f.; Schmitt, ZTR 1989, 55 f.; BVerwG, ZTR 1989, 40; 13. 8. 1992, ZTR 1993, 128; 23. 9. 1992, ZTR 1993, 254 (L.).
[371] BAG, NZA 1987, 639 f.; str., vgl. zum Meinungsstand Heinze, NZA 1989, 41 f. (43), m. w. N.

log), andere als die dort genannten Gründe berechtigen ihn mithin nicht zur Verweigerung der Zustimmung.[372]

In Personalangelegenheiten des Dienststellenleiters, seines ständigen Vertreters sowie Beschäftigten, die zu selbständigen Entscheidungen in Personalangelegenheiten der Dienststelle befugt sind, bestimmt die Personalvertretung nur mit, wenn diese es beantragen, es sei denn, es handelt sich um eine Kündigung durch den Arbeitgeber (§ 77 Abs. 1 S. 1, § 14 Abs. 3, § 7 BPersVG).

b) **Primäre und sekundäre Zuständigkeit**

261 Um den vom Bundespersonalvertretungsgesetz vorgesehenen Ablauf des Zusammenwirkens von Personalvertretung einerseits und Dienststellen andererseits zu erkennen, ist es erforderlich, zwischen primärer und sekundärer Zuständigkeit der Personalvertretung zu unterscheiden.

Eine Personalvertretung ist dann primär zuständig, wenn sie in einer Angelegenheit als Eingangsinstanz zum Zusammenwirken mit der Dienststelle berufen ist.	Eine Personalvertretung ist dann sekundär zuständig, wenn sie in einer Angelegenheit zum Zusammenwirken mit der Dienststelle erst dann berufen ist, wenn in der Eingangsinstanz, also zwischen der primär zuständigen Personalvertretung und der Dienststelle, eine Einigung nicht erreicht worden ist.

262 Die Verteilung der primären Zuständigkeit ergibt sich aus § 82 BPersVG. Danach gilt folgendes:[373]

In Angelegenheiten, in denen die Dienststelle im Verwaltungsaufbau zur Entscheidung befugt ist und von denen nur sie betroffen ist, ist der Personalrat primär zuständig, der bei der Dienststelle gebildet ist.

Beispiele:
Handelt es sich um die Festlegung der täglichen Arbeitszeit für die Beschäftigten einer Unterbehörde und besitzt die Unterbehörde darüber die Entscheidungskompetenz, so ist der Personalrat primär zuständig, der bei der Unterbehörde gebildet ist.
Handelt es sich um die Festlegung der täglichen Arbeitszeit für die Beschäftigten einer Behörde der Mittelstufe und besitzt die Behörde der Mittelstufe darüber die Entscheidungskompetenz, so ist der Personalrat primär zuständig, der bei der Behörde der Mittelstufe gebildet ist.
Handelt es sich um die Festlegung der täglichen Arbeitszeit für die Beschäftigten der obersten Dienstbehörde, so ist der Personalrat primär zuständig, der bei der obersten Dienstbehörde gebildet ist.
Handelt es sich um die Festlegung der täglichen Arbeitszeit für eine personalvertretungsrechtlich verselbständigte Nebenstelle oder einen personalvertretungsrechtlich verselbständigten Teil einer Dienststelle (§ 6 Abs. 3 BPersVG) und besitzt die verselbständigte Nebenstelle oder der verselbständigte Dienststellenteil darüber die Entscheidungskompetenz, so ist der Personalrat primär zuständig, der bei der Nebenstelle oder dem Dienststellenteil gebildet ist.

In Angelegenheiten, in denen sich die übergeordnete Dienststelle die Entscheidungsbefugnis vorbehalten hat und die
– eine, mehrere oder alle nachgeordneten Dienststellen oder
– die übergeordnete Dienststelle und eine, mehrere oder alle nachgeordneten Dienststellen
betreffen, ist die Stufenvertretung primär zuständig, die bei der übergeordneten Dienststelle gebildet ist.

---

[372] Vgl. dazu BVerwG, 23. 9. 1992, ZTR 1993, 254 f.; BAG, 19. 6. 2007, NZA 2008, 52 f.
[373] Zur primären Zuständigkeit für den besonderen Fall, dass eine Dienststelle Entscheidungen mit Wirkung für Angehörige von anderen Dienststellen trifft, die ihr nicht nachgeordnet sind (Zwischendienststellen, Zentraldienststellen), vgl. § 82 Abs. 5 BPersVG.

Beispiele:
Handelt es sich um die Erarbeitung des Inhalts eines Personalfragebogens für Arbeitnehmer, der zur Verwendung bei Einstellungen im gesamten Geschäftsbereich einer Behörde der Mittelstufe von dieser vorgeschrieben werden soll, so ist der Bezirkspersonalrat primär zuständig, der bei der Behörde der Mittelstufe gebildet ist.
Will die oberste Dienstbehörde für ihre Dienststelle und für die ihr nachgeordneten Behörden der Mittelstufe eine technische Einrichtung einführen, die die Telefongespräche erfasst, so ist der Hauptpersonalrat primär zuständig, der bei der obersten Dienstbehörde gebildet ist.

> In Angelegenheiten, in denen der Hauptdienststelle (§ 6 Abs. 3 BPersVG) die Entscheidungsbefugnis zusteht und die
> – eine, mehrere oder alle personalvertretungsrechtlich verseibständigten Nebenstellen oder Teile der Hauptdienststelle oder
> – die Hauptdienststelle und eine, mehrere oder alle personalvertretungsrechtlich verselbständigten Nebenstellen oder Teile der Hauptdienststelle
> betreffen, ist der Gesamtpersonalrat primär zuständig, der bei der Hauptdienststelle gebildet ist.

Beispiel:
Will der zuständige Leiter der Hauptdienststelle Arbeitnehmer seiner Dienststelle und einer personalvertretungsrechtlich verselbständigten Nebenstelle seiner Dienststelle für Fortbildungsveranstaltungen auswählen, so ist der Gesamtpersonalrat primär zuständig, der bei der Hauptdienststelle gebildet ist.

Die Entscheidungsbefugnis innerhalb des Behördenaufbaus kann sich aus Gesetzen, Verordnungen, Verwaltungsvorschriften und Einzelverfügungen ergeben. Sie ändert sich nicht, wenn die Zustimmung einer übergeordneten Dienststelle vorgeschrieben ist. 263

Ist die Stufenvertretung oder der Gesamtpersonalrat primär zuständig und betrifft die Angelegenheit einzelne Beschäftigte (z.B. in Personalangelegenheiten) oder einzelne Dienststellen, so muss dem Personalrat vor der Beschlussfassung Gelegenheit zur Äußerung gegeben werden, wodurch sich die Fristen der §§ 69 und 72 verdoppeln (§ 82 Abs. 2 und 3 BPersVG). 264

Eine subsidiäre Zuständigkeit der Stufenvertretung oder des Gesamtpersonalrats für den Fall, dass in der Dienststelle keine Personalvertretung gebildet ist, die die primäre Zuständigkeit wahrnehmen kann, ist nicht gegeben. Die Beteiligung kann dann nicht ausgeübt werden. 265

Die Regelungen über die sekundäre Zuständigkeit ergeben sich aus den Vorschriften über den Ablauf des Mitwirkungs- und Mitbestimmungsverfahrens. 266

c) Ablauf des Mitwirkungsverfahrens

267

Beabsichtigt die Dienststelle, eine Maßnahme zu treffen, die der Mitwirkung unterliegt, so ist sie vor ihrer Durchführung mit dem Ziel einer Verständigung rechtzeitig und eingehend mit der primär zuständigen Personalvertretung zu erörtern (§ 72 Abs. 1 BPersVG).

1. Diese Erörterung kann Folgendes ergeben:

1. Die primär zuständige Personalvertretung stimmt der beabsichtigten Maßnahme zu:		Sie kann durchgeführt werden, das Mitwirkungsverfahren ist beendet.
2. Die primär zuständige Personalvertretung äußert sich nicht innerhalb von 10 Arbeitstagen oder hält bei der Erörterung ihre Einwendungen nicht aufrecht:		Das Mitwirkungsverfahren ist beendet, die beabsichtigte Maßnahme gilt als gebilligt, sie kann durchgeführt werden (§ 72 Abs. 2 S. 1 BPersVG).
3. Die primär zuständige Personalvertretung erhebt innerhalb von 10 Arbeitstagen Einwendungen gegen die beabsichtigte Maßnahme, bleibt dabei und die Dienststelle entspricht den Einwendungen:		Das Mitwirkungsverfahren ist beendet, die beabsichtigte Maßnahme kann unter Berücksichtigung der Einwendungen durchgeführt werden.
4. Die primär zuständige Personalvertretung erhebt innerhalb von 10 Arbeitstagen Einwendungen gegen die beabsichtigte Maßnahme, bleibt dabei, die Dienststelle entspricht den Einwendungen nicht oder nicht in vollem Umfang und	4.1 die Dienststelle teilt der primär zuständigen Personalvertretung ihre Entscheidung nicht unter Angabe der Gründe schriftlich mit:	Das Mitwirkungsverfahren ist beendet, die beabsichtigte Maßnahme kann nicht durchgeführt werden.
	4.2 die Dienststelle teilt der primär zuständigen Personalvertretung ihre Entscheidung unter Angabe der Gründe schriftlich mit (§ 72 Abs. 3 BPersVG),	
	4.2.1 es handelt sich um eine Dienststelle, der keine Dienststelle übergeordnet ist, oder es ist eine übergeordnete Dienststelle vorhanden, dort ist aber keine Stufenvertretung gebildet:	Das Mitwirkungsverfahren ist beendet, die Maßnahme kann wie von der Dienststelle beabsichtigt durchgeführt werden.
	4.2.2 der Dienststelle ist eine andere übergeordnet, bei der eine Stufenvertretung gebildet ist,	
	4.2.2.1 die primär zuständige Personalvertretung lässt eine Frist von 3 Arbeitstagen verstreichen, ohne etwas zu unternehmen:	Das Mitwirkungsverfahren ist beendet, die Maßnahme kann wie von der Dienststelle beabsichtigt durchgeführt werden.
	4.2.2.2 die primär zuständige Personalvertretung legt die Angelegenheit binnen 3 Arbeitstagen der übergeordneten Dienststelle mit dem Antrag auf Entscheidung vor (§ 72 Abs. 4 S. 1 BPersVG):	Die übergeordnete Dienststelle hat die Angelegenheit mit dem Ziel einer Verständigung mit der bei ihr gebildeten Stufenvertretung zu erörtern und auf Grund dieser Verhandlungen über die Angelegenheit zu entscheiden (§ 72 Abs. 4 S. 2 BPersVG).

D. Personalvertretungsrecht

2. Diese Erörterung kann Folgendes ergeben:

1.	Die Entscheidung der übergeordneten Dienststelle entspricht den Einwendungen der primär zuständigen Personalvertretung:		Das Mitwirkungsverfahren ist beendet, die beabsichtigte Maßnahme kann unter Berücksichtigung der Einwendungen durchgeführt werden.
2.	Die Entscheidung der übergeordneten Dienststelle entspricht nicht oder nicht in vollem Umfang den Einwendungen der primär zuständigen Personalvertretung, wohl aber den Einwendungen der Stufenvertretung:		Das Mitwirkungsverfahren ist beendet, es ist nach Maßgabe der Entscheidung zu verfahren.
3.	Die Entscheidung der übergeordneten Dienststelle entspricht nicht oder nicht in vollem Umfang den Einwendungen der primär zuständigen Personalvertretung, die Stufenvertretung stimmt aber der Entscheidung zu:		Das Mitwirkungsverfahren ist beendet, es ist nach Maßgabe der Entscheidung zu verfahren.
4.	Die Entscheidung der übergeordneten Dienststelle entspricht weder den Einwendungen der primär zuständigen Personalvertretung noch denen der Stufenvertretung, die Stufenvertretung stimmt der Entscheidung nicht zu,	4.1 es handelt sich bei der übergeordneten Dienststelle um eine solche, der keine weitere Dienststelle übergeordnet ist, also um eine oberste Dienstbehörde, oder bei der weiter übergeordneten Dienststelle, der obersten Dienstbehörde, ist keine Stufenvertretung gebildet:	Das Mitwirkungsverfahren ist beendet, es ist nach Maßgabe der Entscheidung zu verfahren.
		4.2 der übergeordneten Dienststelle ist eine weitere Dienststelle übergeordnet, es handelt sich also um eine Behörde der Mittelstufe, und bei der weiter übergeordneten Dienststelle, der obersten Dienststelle, ist eine Stufenvertretung gebildet,	
		4.2.1 die Stufenvertretung der Behörde der Mittelstufe lässt eine Frist von 3 Arbeitstagen verstreichen, ohne etwas zu unternehmen:	Das Mitwirkungsverfahren ist beendet, es ist nach Maßgabe der Entscheidung zu verfahren.
		4.2.2 die Stufenvertretung der Behörde der Mittelstufe legt die Angelegenheit binnen 3 Arbeitstagen der weiter übergeordneten Dienststelle, also der obersten Dienstbehörde, mit dem Antrag auf Entscheidung vor (§ 72 Abs. 4 S. 1 BPersVG):	Die weiter übergeordnete Dienstbehörde, also die oberste Dienstbehörde, hat die Angelegenheit mit dem Ziel einer Verständigung mit der bei ihr gebildeten Stufenvertretung zu erörtern und auf Grund dieser Verhandlungen über die Angelegenheit zu entscheiden (§ 72 Abs. 4 S. 2 BPersVG). Das Mitwirkungsverfahren ist beendet, die Entscheidung ist endgültig.

268 Während des Laufes des Mitwirkungsverfahrens ist die beabsichtigte Maßnahme auszusetzen (§ 72 Abs. 5 BPersVG), es besteht allerdings die Möglichkeit, vorläufige Regelungen zu treffen (§§ 72 Abs. 6, 69 Abs. 5 BPersVG).

269 Wird die Personalvertretung im Falle der Mitwirkung bei der ordentlichen Kündigung durch den Arbeitgeber nicht oder nicht ordnungsgemäß beteiligt, so ist die Kündigung unwirksam (§ 79 Abs. 4 BPersVG). In den übrigen Mitwirkungsangelegenheiten fehlt es dafür an der gesetzlichen Regelung. Es handelt sich in diesen Fällen lediglich um einen Verfahrensmangel mit der Folge, dass der Umstand, dass die Personalvertretung nicht oder nicht ordnungsgemäß beteiligt worden ist, für die Wirksamkeit der Maßnahme so lange ohne Einfluss bleibt, wie sich ein Betroffener unter Berufung auf diesen Mangel nicht gerichtlich gegen die Maßnahme wendet.[374]

270 Anders als bei der Mitbestimmung hat die Personalvertretung in Angelegenheiten, die der Mitwirkung unterliegen, kein Initiativrecht. Sie kann zwar nach § 68 Abs. 1 Ziff. 1 BPersVG eine Maßnahme, die der Dienststelle und ihren Angehörigen dient, beantragen, kommt allerdings die Dienststelle dem Antrag nicht nach, so wird nicht das Mitwirkungsverfahren eingeleitet.

---

[374] Richardi/Dörner/Weber, Rdn. 53–60 zu § 72 BPersVG; str.

d) Ablauf des Mitbestimmungsverfahrens

Bei der Darstellung des Ablaufs des Mitbestimmungsverfahrens muss zwischen folgenden beiden Fällen unterschieden werden:
- Die Dienststelle beabsichtigt eine Maßnahme zu treffen, die der Mitbestimmung unterliegt.
- Die Personalvertretung beantragt eine Maßnahme, die der Mitbestimmung unterliegt (Initiativrecht).

Beabsichtigt die Dienststelle eine Maßnahme zu treffen, die der Mitbestimmung unterliegt, so hat der Leiter der Dienststelle die primär zuständige Personalvertretung von der beabsichtigten Maßnahme zu unterrichten und ihre Zustimmung zu beantragen (§ 69 Abs. 2 S. 1 BPersVG). Die Personalvertretung kann verlangen, dass der Leiter der Dienststelle die beabsichtigte Maßnahme begründet (§ 69 Abs. 2 S. 2 BPersVG).

1. Dieses Verfahren kann Folgendes ergeben:

1. Die primär zuständige Personalvertretung erteilt die Zustimmung zu der beabsichtigten Maßnahme (§ 69 Abs. 2 S. 3 und 4 BPersVG):		Sie kann durchgeführt werden, das Mitbestimmungsverfahren ist beendet.
2. Die primär zuständige Personalvertretung teilt dem Leiter der Dienststelle ihren Beschluss nicht innerhalb von 10 Arbeitstagen, in dringenden Fällen innerhalb von 3 Arbeitstagen, unter Angabe der Gründe schriftlich mit (§ 69 Abs. 2 S. 5 BPersVG).		Das Mitbestimmungsverfahren ist beendet, die beabsichtigte Maßnahme gilt als gebilligt, sie kann durchgeführt werden.
3. Die primär zuständige Personalvertretung verweigert innerhalb der unter 2. genannten Frist ihre Zustimmung unter Angabe der Gründe schriftlich; **dies ist in den Mitbestimmungsangelegenheiten der §§ 75 Abs. 1 und 76 Abs. 1 BPersVG nur mit den in § 77 Abs. 2 BPersVG abschließend aufgeführten Begründungen möglich**	3.1 es handelt sich um eine Dienststelle, der keine übergeordnete Dienststelle vorhanden, dort ist aber keine Stufenvertretung gebildet:	Der Leiter der Dienststelle und die Personalvertretung können die Einigungsstelle anrufen. Handelt es sich um eine Angelegenheit, die der **vollen Mitbestimmung** der Personalvertretung unterliegt, so entscheidet die Einigungsstelle verbindlich (§ 69 Abs. 4 S. 1 BPersVG). Handelt es sich um eine Angelegenheit, die der **eingeschränkten Mitbestimmung** der Personalvertretung unterliegt, so spricht die Einigungsstelle lediglich eine Empfehlung aus, die oberste Dienstbehörde entscheidet sodann endgültig (§ 69 Abs. 4 S. 3–5 BPersVG). Das Mitbestimmungsverfahren ist beendet.
	3.2 der Dienststelle ist eine andere übergeordnet, bei der eine Stufenvertretung gebildet ist,	Das Mitbestimmungsverfahren ist beendet, die beabsichtigte Maßnahme kann durchgeführt werden.
	3.2.1 es verstreicht eine Frist von 6 Arbeitstagen, ohne dass die primär zuständige Personalvertretung oder der Leiter der Dienststelle etwas unternehmen:	
	3.2.2 die primär zuständig Personalvertretung oder der Leiter der Dienststelle legt die Angelegenheit binnen 6 Arbeitstagen auf dem Dienstwege der übergeordneten Dienststelle vor (§ 69 Abs. 3 S. 1 BPersVG):	Entscheidet die übergeordnete Dienststelle, dass sie das Verfahren nicht weiterbetreiben, sondern es bei der Verweigerung der Zustimmung durch die primär zuständige Personalvertretung bewenden lassen will, so kann die beabsichtigte Maßnahme nicht durchgeführt werden, das Mitbestimmungsverfahren ist beendet. Entscheidet die übergeordnete Dienststelle, dass sie das Verfahren weiterbetreiben will, so hat der Leiter der übergeordneten Dienststelle, die bei ihr gebildete Stufenvertretung von der beabsichtigten Maßnahme zu unterrichten und ihre Zustimmung zu beantragen. Die Stufenvertretung kann verlangen, dass der Leiter der übergeordneten Dienststelle die beabsichtigte Maßnahme begründet (§ 69 Abs. 4 S. 4, Abs. 2 S. 1 und 2 BPersVG).

2. *Dieses Verfahren kann Folgendes ergeben:*

1. Die Stufenvertretung erteilt die Zustimmung zu der beabsichtigten Maßnahme (§ 69 Abs. 4 S. 4, Abs. 2 S. 3 und 4 BPersVG):	Sie kann durchgeführt werden, das Mitbestimmungsverfahren ist beendet.
2. Die Stufenvertretung teilt dem Leiter der übergeordneten Dienststelle ihren Beschluss nicht innerhalb von 10 Arbeitstagen, in dringenden Fällen innerhalb von 3 Arbeitstagen, unter Angabe der Gründe schriftlich mit:	Das Mitbestimmungsverfahren ist beendet, die beabsichtigte Maßnahme gilt als gebilligt, sie kann durchgeführt werden (§ 69 Abs. 2 S. 5 BPersVG).
3. Die Stufenvertretung verweigert innerhalb der unter 2. genannten Frist ihre Zustimmung unter Angabe der Gründe schriftlich; auch hier gilt § 77 Abs. 2 BPersVG	
3.1 Es handelt sich bei der übergeordneten Dienststelle um eine solche, der keine weitere Dienststelle übergeordnet ist, also um eine oberste Dienstbehörde, oder bei der weiter übergeordneten Dienststelle, der obersten Dienstbehörde, ist keine Stufenvertretung gebildet:	Der Leiter der übergeordneten Dienststelle und die Stufenvertretung können die Einigungsstelle anrufen. Handelt es sich um eine Angelegenheit, die der **vollen Mitbestimmung** unterliegt, so entscheidet die Einigungsstelle verbindlich (§ 69 Abs. 4 S. 1 BPersVG). Handelt es sich um eine Angelegenheit, die der **eingeschränkten Mitbestimmung** unterliegt, so spricht die Einigungsstelle lediglich eine Empfehlung aus, die oberste Dienstbehörde entscheidet sodann endgültig (§ 69 Abs. 4 S. 3-5 BPersVG). Das Mitbestimmungsverfahren ist beendet.
3.2 Der übergeordneten Dienststelle ist eine weitere Dienststelle übergeordnet, es handelt sich also um eine Behörde der Mittelstufe, und bei der weiter übergeordneten Dienststelle, der obersten Dienstbehörde, ist eine Stufenvertretung gebildet,	
3.2.1 es verstreicht eine Frist von 6 Arbeitstagen, ohne dass die Stufenvertretung der Behörde der Mittelstufe oder der Leiter der Behörde der Mittelstufe etwas unternehmen:	Das Mitbestimmungsverfahren ist beendet, die beabsichtigte Maßnahme kann durchgeführt werden.
3.2.2 die Stufenvertretung der Behörde der Mittelstufe oder der Leiter der Behörde der Mittelstufe legen die Angelegenheit binnen 6 Arbeitstagen auf dem Dienstwege der weiter übergeordneten Dienststelle, also der obersten Dienstbehörde, vor (§ 69 Abs. 3 S. 1 BPersVG):	Entscheidet die oberste Dienstbehörde, dass sie das Verfahren nicht weiterbetreiben, sondern es bei der Verweigerung der Zustimmung durch die Stufenvertretung der Behörde der Mittelstufe bewenden lassen will, so kann die beabsichtigte Maßnahme nicht durchgeführt werden, das Mitbestimmungsverfahren ist beendet. Entscheidet die oberste Dienstbehörde, dass sie das Verfahren weiterbetreiben will, so hat der Leiter der obersten Dienstbehörde die bei ihr gebildete Stufenvertretung von der beabsichtigten Maßnahme zu unterrichten und ihre Zustimmung zu beantragen. Die Stufenvertretung kann verlangen, dass der Leiter der obersten Dienstbehörde die beabsichtigte Maßnahme begründet (§ 69 Abs. 3 S. 4, Abs. 2 S. 1 und 2 BPersVG).

D. Personalvertretungsrecht

3. Dieses Verfahren kann Folgendes ergeben:

1. Die Stufenvertretung erteilt die Zustimmung zu der beabsichtigten Maßnahme (§ 69 Abs. 3 S. 4, Abs. 2 S. 3 und 4 BPersVG);	Sie kann durchgeführt werden, das Mitbestimmungsverfahren ist beendet.
2. Die Stufenvertretung teilt dem Leiter der obersten Dienstbehörde ihren Beschluss nicht innerhalb von 10 Arbeitstagen, in dringenden Fällen innerhalb von 3 Arbeitstagen, unter Angabe der Gründe schriftlich mit:	Das Mitbestimmungsverfahren ist beendet, die beabsichtigte Maßnahme gilt als gebilligt, sie kann durchgeführt werden (§ 69 Abs. 3 S. 4, Abs. 2 S. 5 BPersVG).
3. Die Stufenvertretung verweigert innerhalb der unter 2. genannten Frist ihre Zustimmung unter Angabe der Gründe schriftlich; **auch hier gilt § 77 Abs. 2 BPersVG:**	Der Leiter der obersten Dienstbehörde und die Stufenvertretung können die Einigungsstelle anrufen. Handelt es sich um eine Angelegenheit, die der **vollen Mitbestimmung** unterliegt, so entscheidet die Einigungsstelle verbindlich (§ 69 Abs. 4 S. 1 BPersVG). Handelt es sich um eine Angelegenheit, die der **eingeschränkten Mitbestimmung** unterliegt, so spricht die Einigungsstelle lediglich eine Empfehlung aus, die oberste Dienstbehörde entscheidet sodann endgültig (§ 69 Abs. 4 S. 3–5 BPersVG). Das Mitbestimmungsverfahren ist beendet.

Beantragt die primär zuständige **Personalvertretung** eine Maßnahme, die der Mitbestimmung unterliegt (**Initiativrecht**), zu deren Entscheidung befugt ist (vgl. dazu Zweiter Abschnitt D., II., 3., primäre Zuständigkeit) schriftlich vorzuschlagen (§ 70 BPersVG).

1. Dieser entspricht dem Antrag:	Der Dienststellenleiter ist verpflichtet, die Maßnahme in der verabredeten Art und Weise durchzuführen.
2. Dieser entspricht dem Antrag nicht und	
2.1 es handelt sich um eine Maßnahme, die nach § 75 Abs. 3 Nr. 1 bis 6 und 11 bis 17 BPersVG der Mitbestimmung unterliegt:	Das Verfahren läuft weiter, wie wenn es sich um eine Maßnahme handeln würde, die die Dienststelle zu treffen beabsichtigt und der der **vollen Mitbestimmung** unterliegt, das heißt, das Letztentscheidungsrecht steht der Einigungsstelle zu (§§ 70 Abs. 1, 69 Abs. 3 und 4 BPersVG).
2.2 es handelt sich um eine Maßnahme, die nach anderen Vorschriften als nach § 75 Abs. 3 Nr. 1 bis 6 und 11 bis 17 BPersVG der Mitbestimmung unterliegt:	Das Verfahren läuft weiter, wie wenn es sich um eine Maßnahme handeln würde, die die Dienststelle zu treffen beabsichtigt und die der **Mitwirkung** unterliegt, das heißt, es entscheidet die oberste Dienstbehörde endgültig, wenn in Instanzenzug keine Einigung erzielt wird, ohne dass die Einigungsstelle angerufen werden kann (§§ 70 Abs. 2 S. 2, 69 Abs. 3 BPersVG).

Dabei gelten folgende Besonderheiten:
Die übergeordnete Dienststelle weist die nachgeordnete Dienststelle an, die Maßnahme vorzunehmen, wenn sie den Antrag der primär zuständigen Personalvertretung für berechtigt hält. Die Stufenvertretung als sekundär zuständige Personalvertretung entscheidet, ob sie sich den Antrag der primär zuständigen Personalvertretung zu eigen macht. Tut sie es nicht, so wird die Angelegenheit nicht weiterbehandelt.
Das Initiativrecht besteht bei den in den §§ 75 Abs. 1 und 76 Abs. 1 BPersVG aufgeführten Angelegenheiten nur dann, wenn bei entsprechender Initiative der Dienststelle das Recht bestünde, die Zustimmung nach §§ 77 Abs. 2 BPersVG zu verweigern.

272 Während des Laufes des Mitbestimmungsverfahrens besteht die Möglichkeit, vorläufige Regelungen zu treffen (§ 69 Abs. 5 BPersVG).

Diese dürfen allerdings weder dazu führen, dass die gesetzlich vorgeschriebene Mitbestimmung bei der endgültigen Maßnahme tatsächlich verhindert wird, noch dazu, dass hinsichtlich dieser Maßnahme kein Raum mehr für eine im Beteiligungsverfahren zu treffende modifizierte Regelung verbleibt. Um dieses auszuschließen, müssen sie sich sachlich wie zeitlich auf das unbedingt Notwendige beschränken und deshalb in aller Regel in der Sache so weit hinter der beabsichtigten endgültigen Maßnahme zurückbleiben, dass eine wirksame Ausübung des Mitbestimmungsrechts möglich bleibt. Weitergehende vorläufige Regelungen dürfen nur erfolgen, wenn die durch das Mitbestimmungsverfahren eintretende Verzögerung zu einer Schädigung überragender Gemeinschaftsgüter oder -interessen führen würde, hinter denen der in der Mitbestimmung liegende Schutz der Beschäftigten ausnahmsweise ganz zurücktreten muss.[375]

Wird die Personalvertretung im Rahmen der Mitbestimmung nicht oder nicht ordnungsgemäß beteiligt, so hat das Rechtsfolgen (§ 69 Abs. 1 BPersVG).

273 Handelt es sich bei der Maßnahme der Dienststelle um einen Verwaltungsakt, so ist dieser fehlerhaft und damit so lange wirksam, bis er von dem Betroffenen (§§ 43 Abs. 2 VwVfG, 42 Abs. 1 VwGO) erfolgreich angefochten worden ist.[376]

274 Handelt es sich dagegen um eine privatrechtliche Maßnahme, so ist sie grundsätzlich unwirksam, es sei denn, es überwiegt das Interesse des Betroffenen an ihrem Bestand.

So hat das Bundesarbeitsgericht entschieden, dass ein Arbeitsvertrag, der abgeschlossen worden ist, ohne dass die nach § 75 Abs. 1 Ziff. 1 in Verbindung mit § 77 Abs. 2 BPersVG erforderliche Zustimmung der Personalvertretung eingeholt war, nicht unwirksam ist, weil dadurch die Rechtsstellung des betroffenen Arbeitnehmers in einer unangemessenen Weise beeinträchtigt würde. Der Arbeitgeber darf den Bewerber allerdings nicht beschäftigen, solange die Zustimmung des Personalrats nicht vorliegt, muss aber dennoch das Arbeitsentgelt bezahlen.[377]

275 Ähnlich ist die Rechtsprechung im Falle von Ein-, Um-, Höher- oder Rückgruppierungen. Der arbeitsvertragliche Anspruch wird dem Arbeitnehmer zugestanden, der Personalrat könne aber den Vollzug der Vereinbarung verhindern.[378]

276 Die Frage nach der Auswirkung einer ohne Beteiligung der Personalvertretung vorgenommenen Einstellung eines Arbeitnehmers auf den Arbeitsvertrag ist in der Literatur umstritten.[379] Die Ansichten reichen von der Wirksamkeit des Vertrages über relative und schwebende Unwirksamkeit bis zur völligen Unwirksamkeit. Die Auffassung des Bundesarbeitsgerichts erscheint dabei als angemessene Lösung, weil sie der Kollision zwischen den kollektiven Interessen der Belegschaft, die von der Personalvertretung wahrgenommen werden, und dem Schutz des einzelnen Arbeitnehmers am besten gerecht wird.[380] Den kollektiven Interessen der Belegschaft, also dem Beteiligungsrecht der Personalvertretung, wird insofern Rechnung getragen, als der Arbeitnehmer nicht beschäftigt werden darf und der Arbeitgeber die Vergütung bezahlen muss. Die Interessen der Belegschaft werden nämlich nicht schon durch den Abschluss eines Arbeitsvertrags berührt, sondern erst durch die tatsächliche Beschäftigung. Die Verpflichtung zur Bezahlung der Vergütung, ohne den Arbeitnehmer beschäftigen zu dürfen, wird den Arbeitgeber zur Beachtung des Beteiligungsrechts der Personalvertretung veranlassen.

---

[375] BVerwG, DVBl 1988, 699; 14. 3. 1989, ZTR 1989, 290 f.

[376] Richardi/Dörner/Weber, Rdn. 119 zu § 69 BPersVG.

[377] BAG, AP Nr. 9 zu Art. 33 Abs. 2 GG, AP Nr. 5 zu § 101 BetrVG 1972; Scheuring, ZTR 1988, 204 f. (205–207); Richardi/Dörner/Weber, Rdn. 123 zu § 69 BPersVG.

[378] BAG, 16. 1. 1991, AP Nr. 3 zu § 24 MTA; Richardi/Dörner/Weber, Rdn. 124 zu § 69 BPersVG.

[379] Vgl. dazu die Literaturangaben bei Misera, Anm. zu den Entscheidungen des Bundesarbeitsgerichts vom 2. 7. 1980 in AP, Anm. zu Nr. 5 zu § 101 BetrVG 1972.

[380] Vgl. die sehr lesenswerte Auseinandersetzung damit von Misera, Anmerkung zu BAG, AP Nr. 5 zu § 101 BetrVG 1972.

Dem Schutzbedürfnis des Arbeitnehmers wird in angemessenem Umfang dadurch entsprochen, dass der Arbeitgeber zwar kündigen kann, nicht aber außerordentlich, sondern ordentlich, weil sonst dem Arbeitnehmer das Risiko voll zugeschoben würde. Von der Kündigung wird der Arbeitgeber spätestens dann Gebrauch machen, wenn die Einigungsstelle verbindlich gegen die Einstellung entschieden hat. Auch der Arbeitnehmer kann sich nicht durch außerordentliche Kündigung, sondern nur durch ordentliche lösen, weil er aus einem dienststellenverfassungsrechtlichen Fehler des Arbeitgebers keinen Vorteil ziehen darf.

Ist dem Arbeitnehmer dadurch, dass sich der Arbeitgeber vom Arbeitsverhältnis löst, ein Schaden entstanden, so kommt ein Schadenersatzanspruch nach den Vorschriften der §§ 280 Abs. 1, 311 Abs. 2, 241 Abs. 2 BGB in Betracht.

c) Besonderheiten bei Entlassungen

Arbeitsverhältnisse können auf verschiedene Art und Weise zu Ende gehen; man spricht von den verschiedenen Beendigungstatbeständen. Der häufigste Beendigungstatbestand ist die Kündigung. **277**

Die Kündigung des Arbeitsverhältnisses durch den Arbeitgeber unterliegt nach § 79 BPersVG besonderen Beteiligungsregeln.[381]

Die Regelungen in § 79 Abs. 1 und 2 BPersVG betreffen die **ordentliche Kündigung durch den Arbeitgeber**.[382] Diese Form der Beteiligung der Personalvertretung ist auch dann erforderlich, wenn es sich um eine **außerordentliche Kündigung mit notwendiger Auslauffrist** gegenüber einem ordentlich unkündbaren Arbeitnehmer handelt (vgl. dazu Rdn. 349).[383] **278**

Ausgeklammert ist die ordentliche Kündigung gegenüber einem Arbeitnehmer, der auf einer Beamtenstelle gemäß § 36 Abs. 1 BBG oder auf einer Beamtenstelle von der Besoldungsgruppe A 16 an aufwärts beschäftigt wird (§§ 79 Abs. 1 S. 2, 77 Abs. 1 S. 2 BPersVG).[384]

An einer ordentlichen Kündigung durch den Arbeitgeber ist die Personalvertretung im oben dargestellten **Mitwirkungsverfahren** zu beteiligen, und zwar auch dann, wenn das Arbeitsverhältnis (noch) nicht dem allgemeinen Kündigungsschutz unterliegt.[385] Es gelten also die Vorschriften des § 72 BPersVG. Umstritten ist die Frage, ob die Aufzählung der **Gründe für Einwendungen** der Personalvertretung in § 79 Abs. 1 S. 3 Ziff. 1 bis 5 BPersVG abschließend ist oder ob sie auch andere als die dort genannten Tatbestände im Rahmen des Mitwirkungsverfahrens vorzutragen berechtigt ist.[386] Diejenigen Autoren, die der Ansicht sind, dass die Personalvertretung im Mitwirkungsverfahren im Zusammenhang mit der ordentlichen Kündigung an den Katalog der Gründe nicht gebunden ist, sondern Einwendungen jeglicher Art vorbringen kann, halten die Aufzählung nur im Zusammenhang mit dem Weiterbeschäftigungsanspruch des gekündigten Arbeitnehmers nach § 79 Abs. 2 BPersVG und der Erweiterung des Kündigungsschutzes nach § 1 Abs. 2 S. 2 Nr. 2, S. 3 KSchG für erschöpfend.[387] Diese Meinung vertritt auch das Bundesarbeitsgericht.[388] **279**

Mit dem Bundesarbeitsgericht ist davon auszugehen, dass die Formulierung im § 79 Abs. 1 S. 3 BPersVG nicht eindeutig ist. Es fehlen die Worte „nur" oder „insbesondere". Deshalb ist eine Auslegung auf Grund der Entstehungsgeschichte und dem Sinn und Zweck der Norm erforderlich.

---

[381] Zur Darlegungs- und Beweislast im Zusammenhang mit der ordnungsgemäßen Beteiligung der Personalvertretung Spitzweg/Lücke, NZA 1995, 406 f. (zu § 102 BetrVG).
[382] Zum Begriff ordentliche Kündigung vgl. Rdn. 334.
[383] BAG, 18. 10. 2000, NZA 2001, 219 f.
[384] Vgl. dazu BAG, 7. 12. 2000, ZTR 2001, 332 f.
[385] BAG, 3. 12. 1998, NZA 1999, 477 f. (zu § 102 BetrVG).
[386] Vgl. die Übersicht zum Meinungsstand in BAG, AP Nr. 1 zu § 79 BPersVG.
[387] Richardi/Dörner/Weber, Rdn. 53–57 zu § 79 BPersVG.
[388] BAG, AP Nr. 1 zu § 79 BPersVG.

Eine Beschränkung auf die Einwendungsmöglichkeiten des Absatzes 1 S. 3 würde einen Rückschritt gegenüber der früher geltenden Regelung des § 70 Abs. 1 Buchst. b Nr. 5 des Personalvertretungsgesetzes aus dem Jahre 1955 bedeuten, die keinerlei Beschränkung enthielt. Allgemeine Zielsetzung des Bundespersonalvertretungsgesetzes ist aber, die Beteiligungsrechte der Personalvertretung in personellen Angelegenheiten zu erweitern und den Kündigungsschutz zu verstärken. Deshalb schränkt die Regelung in § 79 Abs. 1 S. 3 BPersVG das der Personalvertretung nach der allgemeinen Verfahrensnorm des § 72 Abs. 2 S. 2 BPersVG eingeräumte Recht, gegen die der Mitwirkung unterliegenden Maßnahmen Einwendungen jeder Art zu erheben, nicht ein.

Der Katalog des § 79 Abs. 1 S. 3 BPersVG ist vielmehr lediglich im Zusammenhang mit dem im Bundespersonalvertretungsgesetz neu aufgenommenen vorläufigen Weiterbeschäftigungsanspruch des § 79 Abs. 2 und der zurzeit des Personalvertretungsgesetzes aus dem Jahre 1955 noch nicht geltenden Erweiterung des Kündigungsschutzes nach § 1 Abs. 2 S. 2 Nr. 2, S. 3 KSchG von Bedeutung. Nur diese Rechte sind an die Einwendungsgründe des § 79 Abs. 1 S. 3 BPersVG gebunden. Dies zeigt sich daran, dass der Gesetzgeber in diesem Zusammenhang, im Gegensatz zum Absatz 1 des § 79 BPersVG, eindeutig formuliert hat. So heißt es in § 79 Abs. 2 BPersVG „im Falle des Absatzes 1 S. 4" und nach Abs. 1 S. 4 müssen die Einwendungen „nach Satz 3" erhoben worden sein. In § 1 Abs. 2 S. 2 Nr. 2 KSchG ist für die Erweiterung des Kündigungsschutzes erforderlich, dass „die Personalvertretung aus einem dieser Gründe" fristgerecht gegen die Kündigung Einwendungen erhoben hat und die dort und in Satz 3 aufgezählten Gründe sind die des § 79 Abs. 1 S. 3 BPersVG.

Aus § 79 Abs. 2 S. 1 BPersVG lässt sich auch ein weiteres Argument für die vom Bundesarbeitsgericht und hier vertretene Auffassung herleiten. Dadurch, dass der Gesetzgeber nämlich im Zusammenhang mit dem Weiterbeschäftigungsanspruch ausdrücklich auf die Gründe für Einwendungen in § 79 Abs. 1 S. 3 Ziff. 1 bis 5 BPersVG verweist, bringt er zum Ausdruck, dass die Einwendungsgründe für die Durchführung des Mitwirkungsverfahrens nicht erschöpfend aufgezählt sind. Andernfalls hätte es genügt, in § 79 Abs. 2 S. 1 BPersVG statt „im Falle des Absatzes 1 Satz 4" zu formulieren: „Hat der Personalrat gegen die Kündigung Einwendungen erhoben und der Arbeitnehmer nach dem Kündigungsschutzgesetz …". Durch die Verweisung wird also gesagt, dass nur der Weiterbeschäftigungsanspruch von der Geltendmachung der aufgezählten Gründe abhängig ist.

Aus den Worten „Abschrift der Stellungnahme" in § 79 Abs. 1 S. 4 BPersVG ist zu entnehmen, dass die Einwendungen der Personalvertretung schriftlich erfolgen müssen.

280 Wird das Mitwirkungsverfahren nicht oder nicht ordnungsgemäß durchgeführt, so ist die **Kündigung unwirksam** (§ 79 Abs. 4 BPersVG). Dies gilt auch, wenn gekündigt worden ist, bevor das Mitwirkungsverfahren vollständig durchgeführt worden ist. Die ordnungsgemäße oder abschließende Beteiligung der Personalvertretung kann nicht mit heilender Wirkung nachgeholt werden. Die Kündigung muss vielmehr wiederholt werden, nachdem die Personalvertretung ordnungsgemäß und vollständig beteiligt worden ist.

Bleibt die Personalvertretung bei ihren Einwendungen bis das Mitwirkungsverfahren vollständig durchgeführt ist, so kann die Kündigung dennoch erfolgen, das Mitwirkungsverfahren ist beendet. In diesem Fall ist dem Arbeitnehmer mit der Kündigung eine Abschrift der Stellungnahme der Personalvertretung zuzuleiten (§ 79 Abs. 1 S. 4 BPersVG). Diese Mitteilungspflicht dient dazu, es dem Arbeitnehmer zu erleichtern, gerichtlich gegen die Kündigung vorzugehen, insbesondere ihm die Möglichkeit zu geben, sich die Einwendungen der Personalvertretung im Prozess zueigen zu machen. Sie dient darüber hinaus dazu, den Arbeitgeber zu veranlassen, selbstkritisch die Gewichtigkeit seiner Kündigungsgründe zu prüfen. Muß der Arbeitgeber nämlich mit der Kündigungserklärung die Zuleitung der Stellungnahme des Personalrates verbinden, so wird ihm bewusst, dass er unter Umständen den Gekündigten zu einer Klage herausfordert. Einerseits wird nämlich dem betroffenen Arbeitnehmer durch die Kündigung erklärt, es bestünden Kündigungsgründe, andererseits kann der Arbeitnehmer in der Abschrift der Stellungnahme des Personalrates nachlesen, aus welchen Gründen er dennoch weiterbeschäftigt werden könne.[389]

§ 79 Abs. 1 S. 4 BPersVG stellt eine **gesetzliche Formvorschrift** dar, die für die Wirksamkeit einer Kündigungserklärung die Zuleitung einer Abschrift der Stellungnahme des Personalrates durch den Arbeitgeber bei Abgabe der Kündigungserklärung vorschreibt. Eine Kündigung, die dieser Form ermangelt, ist nach § 125 S. 1 BGB nichtig. Dies ergibt sich aus dem Regelungszweck der Vorschrift, die den Kündigungsschutz erhöhen soll.[390]

Die hier vertretene und Düwell folgende Ansicht entspricht nicht der herrschenden Meinung. Sie räumt dem Arbeitnehmer für den Fall der Nichtbeachtung des § 79 Abs. 1 S. 4 BPersVG lediglich einen Schadensersatzanspruch wegen Verletzung einer Pflicht aus einem Schuldverhältnis (§ 280 Abs. 1 BGB) ein,[391] der den Schaden erfasst, der eintritt, weil der Arbeitnehmer in Unkenntnis der Stellungnahme des Personalrates die Klageerhebung unterlassen hat.

Wenn der Personalvertretung im Mitwirkungsverfahren auch kein Mitentscheidungsrecht zusteht, so ist der Umstand, dass sie im Zusammenhang mit der ordentlichen Kündigung Einwendungen erhebt, abgesehen davon, dass sich der Arbeitgeber mit ihnen auseinandersetzen muss, dennoch nicht ohne Bedeutung. § 79 Abs. 2 BPersVG enthält nämlich eine Pflicht des Arbeitgebers zur **Weiterbeschäftigung** des gekündigten Arbeitnehmers bei unveränderten Arbeitsbedingungen **bis zum rechtskräftigen Abschluss eines Rechtsstreits über die Wirksamkeit der Kündigung.**

281

Diese Pflicht ist an folgende Voraussetzungen geknüpft:

aa) Es muss sich um eine ordentliche Kündigung handeln.

bb) Die Personalvertretung muss fristgemäß und ordnungsgemäß Einwendungen gegen die Kündigung erhoben haben und bis zur vollständigen Durchführung des Mitwirkungsverfahrens bei den Einwendungen geblieben sein.

Fristgerecht bedeutet, dass die Einwendungen innerhalb von 10 Arbeitstagen (§ 72 Abs. 2 S. 1 BPersVG) erhoben worden sein müssen, nicht dagegen, dass die Angelegenheit innerhalb von 3 Arbeitstagen (§ 72 Abs. 4 S. 1 BPersVG) den übergeordneten Dienststellen vorgelegt worden sein muss.

Ordnungsgemäß heißt schriftlich und gestützt auf die in § 79 Abs. 1 S. 3 Ziff. 1 bis 5 BPersVG genannten Gründe.[392]

cc) Der Arbeitnehmer muss nach dem Kündigungsschutzgesetz Klage auf Feststellung erhoben haben, dass das Arbeitsverhältnis durch die Kündigung nicht aufgelöst ist. Dies bedeutet:

---

[389] Düwell, NZA 1988, 866 f.
[390] Düwell, NZA 1988, 866 f.
[391] Richardi, BetrVG, § 102 Rdn. 180; Richardi/Dörner/Weber, Rdn. 82 zu § 79 BPersVG; Kliemt, NZA 1993, 921 f.; vgl. die Zusammenstellung bei Düwell, NZA 1988, 866 f.
[392] Vgl. zu den Einwendungen gemäß § 79 Abs. 1 S. 3 Ziff. 3 BPersVG (anderweitige Beschäftigungsmöglichkeit) BAG, 17. 6. 1999, NZA 1999, 1154 f. (zu § 103 Abs. 3 Nr. 3 BetrVG); 11. 5. 2000, NZA 2000, 1055 f. (zu § 103 Abs. 3 Nr. 3 BetrVG).

Der Arbeitnehmer muss die Klagefrist des § 4 KSchG eingehalten haben.

Der Arbeitnehmer muss dem Schutz des Kündigungsschutzgesetzes unterliegen, das heißt, sein Arbeitsverhältnis muss im Geschäftsbereich der obersten Dienstbehörde ohne Unterbrechung länger als sechs Monate bestanden haben (§ 1 Abs. 1 KSchG) und der Arbeitgeber muss in der Regel mehr als 5 bzw. mehr als 10 Arbeitnehmer ausschließlich der zu ihrer Berufsausbildung Beschäftigten beschäftigen (§ 23 Abs. 1 S. 2 KSchG).

Der Arbeitnehmer muss die Klage gegen die Kündigung mindestens auch auf Sozialwidrigkeit nach § 1 KSchG stützen.

dd) Der Arbeitnehmer muss vom Arbeitgeber die Weiterbeschäftigung verlangen.

Auf Antrag des Arbeitgebers kann das Arbeitsgericht ihn durch einstweilige Verfügung von der Verpflichtung zur Weiterbeschäftigung entbinden, wenn die Klage des Arbeitnehmers keine hinreichende Aussicht auf Erfolg bietet oder mutwillig erscheint oder die Weiterbeschäftigung zu einer unzumutbaren wirtschaftlichen Belastung des Arbeitgebers führen würde oder der Widerspruch der Personalvertretung offensichtlich unbegründet war (§ 79 Abs. 2 S. 2 BPersVG).[393]

282 Die Regelung in § 79 Abs. 3 BPersVG betrifft die **außerordentliche Kündigung durch den Arbeitgeber**.

Der Begriff „fristlose Entlassung" in § 79 Abs. 3 S. 1 BPersVG bezieht sich nur auf Beamte, ist also für das Arbeitsrecht ohne Bedeutung.

283 Die primär zuständige Personalvertretung ist also lediglich anzuhören, es ist also nicht das oben dargestellte Mitwirkungsverfahren einzuhalten und unter Umständen der Instanzenzug zu durchlaufen.

Anhörung bedeutet, der primär zuständigen Personalvertretung muss vor der Kündigung Gelegenheit zur Stellungnahme gegeben werden. Hierzu ist vorgeschrieben, dass der Dienststellenleiter die beabsichtigte Maßnahme zu begründen hat (§ 79 Abs. 3 S. 2 BPersVG). Zur ordnungsgemäßen Anhörung ist erforderlich, dass der Dienststellenleiter die betroffene Person, die Art der Kündigung, den Kündigungstermin und die Kündigungsgründe mitteilt.[394]

Wenn die Personalvertretung gegen die Kündigung Bedenken hat, so hat sie diese unter Angabe der Gründe dem Dienststellenleiter unverzüglich, das heißt ohne schuldhaftes Zögern (§ 121 Abs. 1 S. 1 BGB), spätestens innerhalb von 3 Arbeitstagen schriftlich mitzuteilen. Schweigt die Personalvertretung auf die Mitteilung von der Kündigungsabsicht, so ist die Anhörung nur ordnungsgemäß, wenn die Kündigung erst nach Ablauf der 3 Arbeitstage ausgesprochen wird.[395]

Die Kündigung kann erfolgen, sobald ihr die Personalvertretung zugestimmt, ihre Bedenken unter Angabe der Gründe schriftlich mitgeteilt, vor Ablauf der Äußerungsfrist erklärt hat, sie werde sich zu der Kündigung nicht äußern, und darin eine abschließende Stellungnahme liegt,[396] oder sich nicht innerhalb von 3 Arbeitstagen

---

[393] Vgl. dazu Rieble, BB 2003, 844 f. (zu § 102 Abs. 5 BetrVG)

[394] BAG, 29. 8. 1991, NZA 1992, 416 f., m. w. N.; 26. 1. 1995, NZA 1995, 672 f. (zum BetrVG). Zur Frage einer erneuten Personalratsanhörung, wenn die zur außerordentlichen Kündigung eines Schwerbehinderten erforderliche Zustimmung des Integrationsamtes erst nach einem jahrelangen verwaltungsgerichtlichen Verfahren erteilt wird, BAG, 18. 5. 1994, NZA 1995, 65 f., zur Einleitung des Anhörungsverfahrens durch den Vertreter des Personalabteilungsleiters BAG, 29. 10. 1998, NZA 1999, 429 f., zur Verpflichtung, dem Personalrat Personaldaten mitzuteilen, BAG, 21. 6. 2001, ZTR 2002, 45 f.

[395] BAG, BB 1976, 227; 1976, 694; NJW 1977, 2282.

[396] BAG, AP Nr. 4 zu § 102 BetrVG 1972; BB 1988, 976 f.

geäußert hat. Der Umstand, dass die Personalvertretung Bedenken gegen die Kündigung äußert, hat also keinen Einfluss auf die Wirksamkeit der Kündigung. Die Anhörung dient dazu, den Arbeitgeber zu veranlassen, sich auf Grund seiner Pflicht zur vertrauensvollen Zusammenarbeit (§ 2 Abs. 1 BPersVG) mit den Bedenken auseinanderzusetzen und die beabsichtigte Kündigung nochmals zu überdenken.

Wird die Anhörung nicht oder nicht ordnungsgemäß durchgeführt, so ist die **Kündigung unwirksam** (§ 79 Abs. 4 BPersVG). Hat die Personalvertretung fristgerecht Einwendungen gegen die Kündigung erhoben, so ist sie auch dann unwirksam, wenn der Arbeitgeber eine nach einem einschlägigen Personalvertretungsgesetz vorgeschriebene **Erörterung** mit der Personalvertretung (z. B. § 62 Abs. 10 S. 1 MV-PersVG) unterlassen hat.[397] Der Mangel der Anhörung kann nicht nachträglich geheilt werden, die Kündigung ist vielmehr zu wiederholen, nachdem die Anhörung ordnungsgemäß erfolgt ist.

284

4. Die Anhörungstatbestände des § 78 Abs. 3 bis 5 BPersVG

Das Personalvertretungsrecht enthält neben dem Anhörungsrecht im Falle der fristlosen Entlassung von Beamten und der außerordentlichen Kündigung von Arbeitnehmern noch weitere Anhörungstatbestände.
In folgenden Fällen ist die primär zuständige Personalvertretung anzuhören:
– Vor der Weiterleitung von **Personalanforderungen zum Haushaltsvoranschlag**. Die Stellungnahme der Personalvertretung einer nachgeordneten Dienststelle ist mit den Personalanforderungen der übergeordneten Dienststelle vorzulegen (§ 78 Abs. 3 S. 1 und 2 BPersVG).
– Bei der **Personalplanung**. Auch hier ist die Stellungnahme der Personalvertretung einer nachgeordneten Dienststelle der übergeordneten Dienststelle vorzulegen (§ 78 Abs. 3 S. 3 BPersVG).
– Bei der Planung und Vorbereitung **von Neu-, Um- und Erweiterungsbauten von Diensträumen**. Auch hier gilt die Weiterleitungspflicht des Absatzes 3 Satz 2 (§ 78 Abs. 4 BPersVG).
– Vor **grundlegenden Änderungen von Arbeitsverfahren und Arbeitsabläufen** (§ 78 Abs. 5 BPersVG).

285

Anhörung bedeutet auch in diesem Zusammenhang, dass der primär zuständigen Personalvertretung vor der Entscheidung über die Maßnahme Gelegenheit zur Stellungnahme gegeben werden muss und nicht, dass das oben dargestellte Mitwirkungsverfahren einzuhalten und unter Umständen der Instanzenzug zu durchlaufen ist. Zur Anhörung ist erforderlich, dass die Personalvertretung rechtzeitig und umfassend unterrichtet wird und ihr die für die sachgemäße Ausübung notwendigen Unterlagen vorgelegt werden (§ 68 Abs. 2 S. 1 und 2 BPersVG). Das Maß der Unterrichtung hängt von der Angelegenheit ab, die der Anhörung unterliegt.

286

Die Rechtswirksamkeit der in § 78 Abs. 3 bis 5 BPersVG genannten Maßnahmen wird durch die Unterlassung der Anhörung allerdings nicht berührt. Das Gesetz sieht bei Verletzung der Anhörungspflicht keine Sanktionen vor. Die Personalvertretung kann die Anhörung allerdings erzwingen, und zwar durch Anrufung der Verwaltungsgerichte nach § 83 Abs. 1 Ziff. 3 BPersVG. Mit der Zuständigkeit und der Rechtsstellung der Personalvertretung hängen nämlich alle Streitigkeiten zusammen, bei denen es um die Frage geht, ob und welche Rechte und Pflichten der Personalvertretung zustehen. Aus einem rechtskräftigen Beschluss, der einem Beteiligten eine

287

---

[397] BAG, 20. 1. 2000, NZA 2000, 367 f.

Pflicht auferlegt, findet die Zwangsvollstreckung statt (§§ 83 Abs. 2 BPersVG, 85 Abs. 1 ArbGG).[398]

5. Informations- und Teilnahmerechte der Personalvertretung

288 Die Personalvertretung hat schließlich Informations- und Teilnahmerechte.
So hat sie zum Beispiel ein **Recht auf Unterrichtung** über den Arbeitsschutz und die die Unfallverhütung betreffenden Auflagen und Anordnungen der dafür zuständigen Stellen (§ 81 Abs. 2 S. 2 BPersVG).
Sie hat ein **Teilnahmerecht**
– an Prüfungen, die eine Dienststelle von den Beschäftigten ihres Bereichs abnimmt, und zwar mit beratender Funktion (§ 80 BPersVG),
– an Besichtigungen im Zusammenhang mit dem Arbeitsschutz oder der Unfallverhütung und bei Unfalluntersuchungen (§ 81 Abs. 2 S. 1 BPersVG) sowie
– an Besprechungen des Dienststellenleiters mit dem Sicherheitsbeauftragten nach § 22 Abs. 2 SGB VII (§ 81 Abs. 3 BPersVG).

289 Auch die Informations- und Teilnahmerechte können durch Anrufung er Verwaltungsgerichte erzwungen werden (§§ 83 Abs. 1 Ziff. 3, Abs. 2 BPersVG, 85 Abs. 1 ArbGG). Das Gesetz sieht keine Sanktionen bei Verletzung der Informations- und Teilnahmerechte vor.

III. Besondere Vertretungen neben der Personalvertretung

Das Personalvertretungsrecht sieht neben der Personalvertretung folgende besondere Vertretungsorgane vor:

1. Jugend- und Auszubildendenvertretung (§§ 57 bis 64 BPersVG)

290 Die Aufgabe der Jugend- und Auszubildendenvertretung besteht darin, die Interessen der Beschäftigten, die das 18. Lebensjahr noch nicht vollendet haben (jugendliche Beschäftigte), und derjenigen Beschäftigten zu vertreten, die sich in einer beruflichen Ausbildung befinden und das 25. Lebensjahr noch nicht vollendet haben (§§ 57, 61 BPersVG).
Für die Zusammensetzung der Jugend- und Auszubildendenvertretung ist die Gliederung nach Gruppen im Sinne des § 5 BPersVG ohne Bedeutung, sie ist nicht gruppenmäßig zusammengesetzt.
In Anlehnung an die Institution der Stufenvertretungen und des Gesamtpersonalrates hat das Gesetz die Bildung von Jugend- und Auszubildendenstufenvertretungen und einer Gesamtjugend- und Auszubildendenvertretung vorgesehen (§ 64 BPersVG).
Die Jugend- und Auszubildendenvertretung hat nicht die Rechtsstellung eines selbständigen Organs der Dienststellenverfassung. Die Beteiligungsrechte für die in § 57 BPersVG genannten Beschäftigten werden von der Personalvertretung ausgeübt. Die Jugend- und Auszubildendenvertretung ist nur eine zusätzliche Vertretung mit der Aufgabe, in die Arbeit der Personalvertretung die besonderen Interessen der in § 57 BPersVG genannten Beschäftigten einzubringen und sich für ihre Berücksichtigung einzusetzen. Sie kann also ihre Aufgaben nur in enger Zusammenarbeit mit der Personalvertretung ausüben. Deshalb kann sie nur in Dienststellen errichtet werden, in denen Personalvertretungen gebildet sind (§ 57 BPersVG); besteht keine

---

[398] Richardi/Dörner/Weber, Rdn. 138 zu § 83 BPersVG.

Personalvertretung, so ist die Wahl einer Jugend- und Auszubildendenvertretung mithin nicht möglich.

2. Vertretung der nichtständig Beschäftigten (§ 65 BPersVG)

Für die Wahlberechtigung zur Personalvertretung, die Personalvertretungsfähigkeit der Dienststelle und die Größe der Personalvertretung kommt es nicht darauf an, ob die Beschäftigten ständig oder nur vorübergehend tätig sind. Dennoch sieht das Gesetz die Möglichkeit vor, Sondervertreter der nichtständig Beschäftigten zu wählen, wenn die Zahl der Beschäftigten seit Amtsbeginn der Personalvertretung durch Einstellung von nur vorübergehend Beschäftigten um mehr als zwanzig gestiegen ist. Ihre Aufgabe besteht darin, die besonderen Belange der nichtständig Beschäftigten wahrzunehmen. Nichtständig Beschäftigte sind solche Personen, die voraussichtlich nur für einen Zeitraum von höchstens 6 Monaten beschäftigt werden (§ 65 Abs. 1 S. 1 BPersVG).

291

Ebensowenig wie die Jugend- und Auszubildendenvertretung ist die Vertretung der nichtständig Beschäftigten ein selbständiges Organ der Dienststellenverfassung. Die Personalvertretung ist vielmehr auch für sie Repräsentant gegenüber der Dienststelle. In ihre Arbeit hat die Vertretung der nichtständig Beschäftigten die von ihr wahrzunehmenden besonderen Interessen einzubringen. Sie kann deshalb nur in Dienststellen errichtet werden, in denen Personalvertretungen gebildet sind.

3. Schwerbehindertenvertretungen (§§ 94-100 SGB IX)

Aufgabe der Schwerbehindertenvertretungen ist es, die Eingliederung schwerbehinderter Menschen in den Betrieb oder die Dienststelle zu fördern, ihre Interessen in dem Betrieb oder der Dienststelle zu vertreten, ihnen beratend und helfend zur Seite zu stehen und sich auch um die Belange von Beschäftigten zu kümmern, die keine Schwerbehinderten oder als solche noch nicht anerkannt sind, soweit es um Anträge an die Versorgungsverwaltung auf Feststellung des Vorliegens einer Behinderung und ihres Grades sowie der Schwerbehinderteneigenschaft oder um Anträge auf Gleichstellung an die Bundesagentur für Arbeit geht (§ 95 Abs. 1 SGB IX). Wer schwerbehindert im Sinne des Gesetzes ist, definiert § 2 SGB IX.

292

In Anlehnung an die Institution der Stufenvertretungen und des Gesamtpersonalrates hat das Gesetz die Wahl einer Bezirksschwerbehindertenvertretung, Hauptschwerbehindertenvertretung und Gesamtschwerbehindertenvertretung vorgesehen (§ 97 SGB IX).

Auch die Schwerbehindertenvertretungen haben nicht die Rechtsstellung selbständiger Organe der Dienststellenverfassung. Die Beteiligungsrechte der Schwerbehinderten werden von der Personalvertretung ausgeübt. Auch sie sind nur zusätzliche Vertretungen.

Die Wahl der Schwerbehindertenvertretung setzt nicht voraus, dass in der Dienststelle eine Personalvertretung gebildet ist. Die Wahl einer Bezirks-, Haupt- oder Gesamtschwerbehindertenvertretung erfordert allerdings das Vorhandensein der Stufenvertretung bzw. des Gesamtpersonalrats (§ 97 Abs. 1 und 2 SGB IX).

IV. Vorschriften für besondere Verwaltungszweige

Das Bundespersonalvertretungsgesetz enthält Sondervorschriften für besondere Verwaltungszweige, nämlich im § 85 für die Bundespolizei, im § 86 für den Bundes-

293

nachrichtendienst, im § 87 für das Bundesamt für Verfassungsschutz, in den §§ 88 und 89 für bundesunmittelbare Körperschaften und Anstalten des öffentlichen Rechts im Bereich der Sozialversicherung, für die Bundesagentur für Arbeit und für die Deutsche Bundesbank, im § 90 für die Rundfunkanstalt des Bundesrechts „Deutsche Welle", im § 91 für Dienststellen des Bundes im Ausland und im § 92 für den Geschäftsbereich des Bundesministeriums der Verteidigung. Für den letztgenannten Geschäftsbereich bestehen außerdem Sonderregelungen in den §§ 48–52 Soldatenbeteiligungsgesetz und in § 70 Soldatengesetz.

Wegen der Sondervorschriften wird auf die einschlägigen Kommentierungen verwiesen.

V. Verschlusssachen im Personalvertretungsrecht

294 Die Vorschrift des § 93 BPersVG regelt die Beteiligung der Personalvertretung in Angelegenheiten, die der Geheimhaltung unterliegen und deshalb als Verschlusssache mit mindestens dem Geheimhaltungsgrad „VS-VERTRAULICH" eingestuft sind. Danach wird die Personalvertretung in solchen Fällen im Beteiligungsverfahren durch einen Ausschuss ersetzt (Abs. 1 S. 1). Die Mitglieder des Ausschusses müssen ermächtigt sein, Kenntnis von Verschlusssachen des in Betracht kommenden Geheimhaltungsgrades zu erhalten (Abs. 1 S. 3). Die Vertreter der Jugend- und Auszubildendenvertretung, die Vertreter der nicht ständig Beschäftigten, die Schwerbehindertenvertretung und Gewerkschaftsbeauftragte haben an den Sitzungen des Ausschusses kein Teilnahmerecht (Abs. 4 S. 1). Wird die Einigungsstelle mit einer solchen Angelegenheit befasst, so erfährt sie eine besondere Zusammensetzung (Abs. 3). Die oberste Dienstbehörde kann schließlich in derartigen Angelegenheiten anordnen, dass dem Ausschuss und der Einigungsstelle Unterlagen nicht vorgelegt und Auskünfte nicht erteilt werden dürfen (Abs. 5).

VI. Tendenzschutz

295 Das Personalvertretungsrecht enthält keine der Vorschriften des § 118 Abs. 1 BetrVG entsprechende Regelung, die in der Privatwirtschaft für sog. Tendenzbetriebe gilt.

296 Einen gewissen Tendenzschutz gewährt allerdings § 77 Abs. 1 S. 1 BPersVG, jedoch nicht für die Dienststelle, sondern nur zum Schutz des Tendenzträgers. Danach bestimmt die Personalvertretung in den Personalangelegenheiten nach den §§ 75 Abs. 1 und 76 Abs. 1 BPersVG der Beschäftigten mit überwiegend wissenschaftlicher oder künstlerischer Tätigkeit nur mit, wenn diese es beantragen.[399]

297 § 112 BPersVG enthält schließlich eine der Vorschrift des § 118 Abs. 2 BetrVG entsprechende Regelung. Danach findet das Gesetz keine Anwendung auf Religionsgemeinschaften und ihre karitativen und erzieherischen Einrichtungen.[400]

---

[399] Zum Tendenzschutz an wissenschaftlichen Hochschulen vgl. Detmer, ZTR 1991, 499 f.
[400] Vgl. dazu BVerfGE 46, 73 ff.

Dritter Abschnitt
Individuelles Arbeitsrecht und Arbeitsschutzrecht

Im Kapitel „Die Einteilung des Arbeitsrechts" ist dargestellt worden, dass unter 298
individuellem Arbeitsrecht der Teil des Arbeitsrechts zu verstehen ist, der die
Rechtsbeziehungen zwischen dem Arbeitgeber und dem einzelnen Arbeitnehmer regelt und dass im Arbeitsschutzrecht diejenigen Vorschriften zusammengefasst sind, durch die der Arbeitnehmer vor den von der Arbeit ausgehenden Gefahren geschützt wird. Es ist dabei darauf hingewiesen worden, dass die einzelnen Bereiche des Arbeitsrechts nicht streng voneinander getrennt sind, sondern dass die vielfältigen Verzahnungen für das Arbeitsrecht gerade typisch sind.

Für das **individuelle Arbeitsrecht im öffentlichen Dienst ist charakteristisch**, dass 299
es **weitestgehend von Tarifbindung gekennzeichnet** ist. Die normative Wirkung des Tarifvertrages, also die Geltung des normativen Teils für die Arbeitsverhältnisse, setzt Tarifgebundenheit voraus. Aber auch wenn Tarifgebundenheit nicht besteht, können die Normen des normativen Teils eines Tarifvertrages für die Arbeitsverhältnisse gelten. Der Bundesminister für Arbeit und Sozialordnung hat zwar nicht von der Möglichkeit Gebrauch gemacht, die Wirkung der Tarifnormen der Haupttarifverträge des öffentlichen Dienstes durch Allgemeinverbindlicherklärung nach § 5 TVG auszudehnen. Soweit nicht Tarifgebundenheit die Anwendung der Tarifverträge gebietet, ist allerdings die Anwendbarkeit der einschlägigen Tarifverträge im individuellen Arbeitsrecht des öffentlichen Dienstes **regelmäßig durch Inbezugnahme** im Arbeitsvertrag herbeigeführt worden.

Tarifliche Grundlage für die Beschäftigten des Bundes und der Kommunen ist der 300
TVöD und für die Auszubildenden des Bundes und der Kommunen der TVAöD. Für die Beschäftigten der Länder gilt der TV-L und für die Auszubildenden der Länder die TVA-L BBiG und Pflege. Die zusätzliche Alters- und Hinterbliebenenversorgung für die Arbeitnehmer des öffentlichen Dienstes ist in besonderen **Versorgungstarifverträgen** geregelt.

Wenn es auch neben diesen Haupttarifverträgen des öffentlichen Dienstes eine Reihe von weiteren Tarifverträgen gibt, die für bestimmte Bereiche des öffentlichen Dienstes oder für Gruppen von Arbeitnehmern, die in den Haupttarifverträgen vom Geltungsbereich ausdrücklich ausgenommen sind, gelten oder Sonderbedingungen für bestimmte Beschäftigte enthalten, so sind die Haupttarifverträge dennoch Grundlage für die hier gebotene Darstellung des individuellen Arbeitsrechts. Die einzelnen Gegenstände des individuellen Arbeitsrechts werden deshalb zunächst ohne Berücksichtigung der einschlägigen Regelungen in den Haupttarifverträgen behandelt. Sodann schließt sich jeweils die Darstellung hiervon abweichender Inhalte für Beschäftigte des Bundes, der Kommunen und der Länder, für die der TVöD bzw. der TV-L gilt, und für Auszubildende, die dem TVAöD bzw. den TVA-L unterliegen, an.

Der **Gleichbehandlungsgrundsatz** im Arbeitsrecht verpflichtet den Arbeitgeber 301
nicht, Arbeitnehmer auf deren Arbeitsverhältnisse die einschlägigen Tarifverträge keine Anwendung finden, ebenso zu behandeln, wie solche deren Arbeitsverhältnisse den Tarifverträgen unterliegen.

Die Haupttarifverträge enthalten zu verschiedenen Angelegenheiten **Sonderrege-** 302
lungen für bestimmte Arbeitnehmer als Anlagen. Diese sind grundsätzlich nicht berücksichtigt.

A. Die Begründung des Arbeitsverhältnisses

303 Das Arbeitsverhältnis kommt durch Abschluss eines Arbeitsvertrages zwischen Arbeitgeber und Arbeitnehmer zustande.[401]
Der Arbeitsvertrag ist ein **privatrechtlicher Vertrag**, es gelten deshalb grundsätzlich die Regelungen des Bürgerlichen Gesetzbuches (BGB) über Verträge.
Nach § 310 Abs. 4 BGB finden die Vorschriften über die Gestaltung rechtsgeschäftlicher Schuldverhältnisse durch Allgemeine Geschäftsbedingungen (§§ 305–310 BGB) keine Anwendung auf Tarifverträge, Betriebs- und Dienstvereinbarungen, wohl aber auf Arbeitsverträge, wobei die im Arbeitsrecht geltenden Besonderheiten angemessen zu berücksichtigen sind.[402] Tarifverträge, Betriebs- und Dienstvereinbarungen gelten als Rechtsvorschriften im Sinne von § 307 Abs. 2 BGB. Dies bedeutet, dass die Inhaltskontrolle nach § 307 Abs. 1 und 2 BGB sowie die Vorschriften über Klauselverbote mit und ohne Wertungsmöglichkeit (§§ 308 und 309 BGB) nicht nur für Bestimmungen gelten, durch die von Rechtsvorschriften abweichende oder diese ergänzende Regelungen vereinbart werden, sondern auch auf von Tarifverträgen, Betriebs- oder Dienstvereinbarungen abweichende oder sie ergänzende Vereinbarungen. Der Arbeitsvertrag ist ein Verbrauchervertrag im Sinne von § 310 Abs. 3 BGB.[403] Für den Vertragsabschluss ist eine bestimmte Form grundsätzlich nicht vorgeschrieben, Arbeitsverträge können deshalb z. B. auch mündlich wirksam abgeschlossen werden.

Nach §§ 2 Abs. 1 des Gesetzes über den Nachweis der für ein Arbeitsverhältnis geltenden wesentlichen Bedingungen (**Nachweisgesetz** – NachwG), 6 Abs. 2, 105 S. 2 GewO[404] ist der Arbeitgeber allerdings verpflichtet, die wesentlichen Vertragsbedingungen schriftlich niederzulegen, die Niederschrift zu unterzeichnen und dem Arbeitnehmer auszuhändigen.[405] Die elektronische Form (§§ 126 Abs. 3, 126a Abs. 1 BGB) ist ausdrücklich ausgeschlossen (§ 2 Abs. 1 S. 3 NachwG).[406] Das NachwG gilt für alle Arbeitnehmer, es sei denn, dass sie nur zur vorübergehenden Aushilfe von höchstens einem Monat eingestellt werden (§ 1 NachwG). Was als Mindestbestandteil in die Niederschrift aufzunehmen ist, ergibt sich aus den Num-

---

[401] Zur Begründung eines Arbeitsverhältnisses durch die Erteilung eines Rufs auf eine Professur vgl. BAG, 9. 7. 1997, ZTR 1998, 92 f.

[402] Vgl. dazu Däubler/Dorndorf/Bonin/Deinert, AGB-Kontrolle im Arbeitsrecht, München, 2. Aufl. 2008; Thüsing, AGB-Kontrolle im Arbeitsrecht, München 2007; Preis, NZA Beilage 3/2006 (zu Heft 24/2006), S. 115 f.; Däubler, ebenda, S. 133 f.; Zundel, NJW 2006, 1237 f.; Annuß, BB 2006, 1333 f.; BAG, 11. 4. 2006, NZA 2006, 1149 f. (Versetzungsklausel); Hunold, NZA 2007, 19 f.; 28. 6. 2006, NZA 2006, 1157 f. (Wettbewerbsverbot); 9. 5. 2006, NZA 2007, 145 f. (Änderungsklausel); 19. 12. 2006, NZA 2007, 809 f. (Sachgrundloses Recht zum Widerruf des Rechtes zur Privatnutzung eines Firmenwagens); 6. 9. 2007, NZA 2008, 293 f. (Verzicht auf Kündigungsschutzklage); 28. 11. 2007, NZA 2008, 293 f. (zweimonatige Ausschlussfrist).

[403] BVerfG, 23. 11. 2006, NZA 2007, 85 f.; BAG, 25 .5. 2005, NZA 2005, 1111 f.; str., vgl. dazu Henssler, RdA 2002, 129 f. (133–135); m. w. N.; Däubler, NZA 2001, 1329 f. (1332–1334); Annuß, NJW 2002, 2844 f.; Reim DB 2002, 2434 f.

[404] Vgl. dazu Bergwitz, BB 2001, 2316 f. Zur Umsetzung des Nachweisgesetzes im öffentlichen Dienst vgl. Hock, ZTR 1997, 490 f.; ders., ZTR 1999, 49 f.

[405] Zur Beweiswirkung des vom Arbeitgeber erteilten Nachweises über die Arbeitsbedingungen vgl. EuGH, 4. 12. 1997, NZA 1998, 137 f.; Bergwitz, RdA 1999, 188 f., zur Frage, in welcher Sprache der Nachweis abzufassen ist, vgl. Riesenhuber, NZA 1999, 798 f., zur Bedeutung des NachwG für die Darlegungs- und Beweislast im arbeitsgerichtlichen Verfahren Franke, DB 2000, 274 f., zu Ausschlussfristen als wesentliche Vertragsbedingungen vgl. Bepler, ZTR 2001, 241 f.; BAG, 23. 1. 2002, NZA 2002, 800 f.

[406] Vgl. zur elektronischen Form und Textform im Arbeitsrecht Gotthardt/Beck, NZA 2002, 876 f.

mern 1 bis 10 des § 2 Abs. 1 Satz 2 NachwG. Dabei genügt der Arbeitgeber des öffentlichen Dienstes seiner Verpflichtung zur kurzen Charakterisierung oder Beschreibung der vom Arbeitnehmer zu leistenden Tätigkeit gemäß Nr. 5 regelmäßig durch eine Arbeitsplatz- oder Stellenbeschreibung.[407] Nr. 10 betrifft auch Tarifverträge, die kraft betrieblicher Übung Anwendung finden.[408] Durch den allgemeinen Hinweis auf den Tarifvertrag ist der Nachweis der darin enthaltenen tarifvertraglichen Ausschlussfristen hinreichend erbracht.[409] Nach § 2 Abs. 1 Satz 4 NachwG sind geringfügig Beschäftigte schriftlich auf die Möglichkeit hinzuweisen, auf die Versicherungsfreiheit zu verzichten, den Arbeitgeberanteil zur Rentenversicherung durch einen eigenen Beitragsanteil auf den jeweils geltenden Beitragssatz aufzustocken und damit eigene Leistungsansprüche in der gesetzlichen Rentenversicherung zu erwerben.[410] Die Frage, ob es sich bei den Dokumentationspflichten des Gesetzes um einen abschließenden Katalog handelt, ist umstritten. Sie ist nach meiner Ansicht wegen der Verwendung des Wortes „mindestens" zu bejahen.[411] Nach § 2 Abs. 4 NachwG entfällt die Verpflichtung, wenn die Arbeitsvertragsparteien einen schriftlichen Arbeitsvertrag abgeschlossen haben, in dem die erforderlichen Angaben enthalten sind. Für neubegründete Arbeitsverhältnisse muss die Aushändigung der Niederschrift binnen einer Frist von einem Monat nach dem vereinbarten Beginn des Arbeitsverhältnisses erfolgen (§ 2 Abs. 1 S. 1 NachwG). Für Arbeitsverhältnisse, die bei Inkrafttreten des Nachweisgesetzes (28. 7. 1995) schon bestanden haben, enthält § 4 eine Übergangsregelung. Gemäß § 3 ist der Arbeitgeber mit der in Satz 2 enthaltenen Einschränkung verpflichtet, dem Arbeitnehmer auch eine Änderung der wesentlichen Vertragsbedingungen binnen eines Monats nach Wirksamwerden der Änderung schriftlich mitzuteilen. Der Abschluss eines Tarifvertrages, der dazu führt, dass erstmals auf das Arbeitsverhältnis ein Tarifvertrag Anwendung findet, ist eine Änderung wesentlicher Vertragsbedingungen.[412] Nach § 5 kann von den Vorschriften des Gesetzes nicht zuungunsten des Arbeitnehmers abgewichen werden. Eine Sanktion für den Fall der Nichtbeachtung sieht das Gesetz nicht vor, insbesondere hat die Aushändigung der Niederschrift keine konstitutive Wirkung. Dem Arbeitnehmer steht im Falle der Verletzung der Nachweispflicht ein einklagbarer Anspruch auf Erfüllung und, wenn ihm ein Schaden entsteht, ein Schadensersatzanspruch zu.[413]

Werden in einem schriftlich abgeschlossenen Arbeitsvertrag Änderungen des Vertrages einem Schriftformzwang unterworfen, so sind mündlich vereinbarte Änderungen wirksam, wenn „die Parteien die Maßgeblichkeit der mündlichen Vereinbarung übereinstimmend gewollt haben", weil die Vertragsparteien bei einer Vertragsänderung zugleich den Schriftformzwang aufheben können und dies nicht ausdrücklich zu geschehen braucht, sondern auch stillschweigend erfolgen kann.[414]

---

[407] BAG, 8. 6. 2005, ZTR 2005, 582 f.
[408] BAG, 17. 4. 2002, NZA 2002, 1096 f.
[409] BAG, 23. 1. 2002, NZA 2002, 800 f.; Linde/Lindemann, NZA 2003, 649 f.
[410] Vgl. dazu Leuchten/Zimmer, NZA 1999, 969 f. Vgl. allgemein zu den geringfügig Beschäftigten gem. § 8 Abs. 1 SGB IV (sog. Minijobs) Hanau, NZA 2006, 809 f.; Franke, NZA 2006, 1143 f., zum Status von Ein-Euro-Jobbern gem. § 16 Abs. 3 S. 2 SGB II BAG, 26. 9. 2007, NZA 2007, 1422 f., zu ihrer betriebsverfassungsrechtlichen Einordnung Engels, NZA 2007, 8 f., zur Beschäftigung eines Ein-Euro Jobbers als „Einstellung" BAG, 2. 10. 2007, NZA 2008, 244 f., zum Rechtsweg für die Kündigungsschutzklage im Falle eines Ein-Euro-Jobs BAG, 8. 11. 2006, NZA 2007, 53 f.
[411] So auch Lörcher, AuR 1994, 450 (453); a. A. Wank, RdA 1996, 21 f. (23); Zwanziger, DB 1996, 2027 f.; Schwarze, ZFA 1997, 43 f.
[412] BAG, 5. 11. 2003, NZA 2004, 102 f.
[413] Zu den materiellen und prozessualen Folgen des Nachweisgesetzes bei Nichterteilung des Nachweises vgl. Weber, NZA 2002, 641 f.
[414] BAG, 10. 1. 1989, NZA 1989, 797 f., m. w. N., str.

304 Der Arbeitsvertrag kann auch **nichtig** sein, beispielsweise im Falle fehlender Geschäftsfähigkeit oder Vollmacht, sowie im Falle von Sittenwidrigkeit.[415] Die Nichtigkeit kann allerdings nicht mit Wirkung für die Vergangenheit geltend gemacht werden, wenn der fehlerhafte Arbeitsvertrag bereits zu einem tatsächlichen Leistungsaustausch geführt hat, wenn also die Arbeit bereits aufgenommen worden ist. Das Arbeitsverhältnis wird viemehr für die Vergangenheit als faktisches Arbeitsverhältnis betrachtet (vgl. dazu Rdn. 762–764).

Es ist auch möglich, dass nicht der ganze Arbeitsvertrag nichtig ist, sondern eine einzelne Vorschrift oder mehrere einzelne Vorschriften daraus. So kann die Regelung über die Befristung des Arbeitsverhältnisses nichtig sein, wenn es dafür am sachlich gerechtfertigten Grund fehlt (Rdn. 767), diejenige über die Arbeitszeit, wenn sie gegen das Arbeitszeitschutzrecht verstößt (Rdn. 500–521). In derartigen Fällen bewirkt die Vorschrift des § 139 BGB über die Teilnichtigkeit eines Rechtsgeschäfts die Nichtigkeit des ganzen Arbeitsvertrages, es sei denn, es ist anzunehmen, Arbeitgeber und Arbeitnehmer hätten ihn auch ohne den nichtigen Teil abgeschlossen. Ergibt sich die Teilnichtigkeit des Arbeitsvertrages allerdings aus einem Verstoß gegen eine den Schutz des Arbeitnehmers bezweckende Norm oder aus der Nichtbeachtung der Rechtsprechung, die diesen Schutz zum Gegenstand hat, so findet § 139 BGB keine Anwendung, der Arbeitsvertrag bleibt vielmehr ohne den unwirksamen Teil bestehen. Andernfalls würden sich nämlich Arbeitnehmerschutzregeln zum Nachteil des Arbeitnehmers auswirken können, denn im Falle der Totalnichtigkeit würde der Arbeitnehmer seinen Arbeitsplatz auf Grund des Verstoßes gegen eine Norm verlieren, die zu seinem Vorteil gedacht ist.

Bei der Frage, wie die so entstehende Lücke im Vertrag zu füllen ist, ist zunächst zu bedenken, dass § 140 BGB keine Anwendung findet, weil die Vorschrift Nichtigkeit des ganzen Rechtsgeschäfts voraussetzt. Mithin tritt an die Stelle der unwirksamen Vereinbarung grundsätzlich die gesetzliche Regelung (sofern eine solche dazu vorhanden ist). So führt z.B. die Vereinbarung einer nichtigen Kündigungsfrist zur Geltung der gesetzlichen, die Vereinbarung einer sittenwidrigen Arbeitsvergütung zum Anspruch des Arbeitnehmers auf die übliche Vergütung gemäß § 612 Abs. 2 BGB.[416] Die Parteien des Arbeitsvertrages können für derartige Fälle allerdings etwas anderes ausmachen. Insbesondere ist eine Klausel im Vertrag denkbar, die vorsieht, dass die Lücke durch eine Regel zu schließen ist, die der unwirksamen inhaltlich am nächsten kommt, freilich eine in der Praxis außerordentlich schwierig zu handhabende Bestimmung.

Es handelt sich beim Arbeitsvertrag um einen **gegenseitigen Vertrag**, also einen Vertrag, durch den sich jede Vertragspartei gerade deshalb verpflichtet, weil und damit sich auch die andere verpflichtet (do-ut-des-Verhältnis). Der Arbeitnehmer arbeitet, um die Vergütung dafür zu erhalten, der Arbeitgeber zahlt die Vergütung, um die Arbeitsleistung des Arbeitnehmers zu erhalten. Auf den Arbeitsvertrag finden deshalb grundsätzlich die Spezialvorschriften des Bürgerlichen Gesetzbuches der §§ 320 ff. Anwendung.

Der Arbeitsvertrag ist ein **Dienstvertrag** nach den §§ 611 ff. BGB, durch den sich der Arbeitnehmer dem Arbeitgeber gegenüber zur Leistung weisungsgebundener Arbeit verpflichtet (vgl. dazu Rdn. 21).

305 Nach § 2 AGG hat eine Benachteiligung des Arbeitnehmers insbesondere bei der Begründung des Arbeitsverhältnisses wegen der vom AGG geschützten Merkmale

---

[415] Zum Umfang einer Ermächtigung nach § 113 Abs. 1 S. 1 BGB vgl. BAG, 8. 6. 1999, NZA 2000, 34 f.
[416] BAG, 26. 4. 2006, NZA 2006, 1354 f.

A. *Die Begründung des Arbeitsverhältnisses*

zu unterbleiben, es sei denn, es liegt ein Rechtfertigungsgrund nach den Vorschriften der §§ 8 bis 10 AGG für eine unterschiedliche Behandlung vor. Dabei stellt die Vorschrift nicht auf die formale Position eines allein durch die Einreichung eines Bewerbungsschreibens begründeten Status als „Bewerber" ab. Benachteiligt kann vielmehr nur werden, wer sich subjektiv ernsthaft beworben hat und objektiv für die zu besetzende Stelle in Betracht kommt.[417] Nach § 22 AGG trägt der Arbeitgeber dann die Beweislast dafür, dass kein Verstoß gegen die Bestimmungen zum Schutz vor Benachteiligungen vorgelegen hat, wenn im Streitfall der Arbeitnehmer Indizien beweist, die eine Benachteiligung wegen eines in § 1 AGG genannten Grundes vermuten lassen.

Wird das Benachteiligungsverbot bei der Begründung des Arbeitsverhältnisses nicht beachtet, so erlangt der diskriminierte Bewerber keinen Anspruch auf Einstellung gegen den Arbeitgeber (§ 15 Abs. 6 AGG).

Verstößt der Arbeitgeber gegen das Benachteiligungsverbot, so ist er verpflichtet, den hierdurch entstehenden Schaden zu ersetzen, wenn ihn ein Verschulden trifft (Beweislastumkehr hinsichtlich des Verschuldens). Wegen eines Nichtvermögensschadens kann eine angemessene Entschädigung in Geld verlangt werden, die bei einer Nichteinstellung drei Monatsgehälter nicht übersteigen darf[418], wenn der oder die Beschäftigte auch bei benachteiligungsfreier Auswahl nicht eingestellt worden wäre. Der Arbeitgeber ist bei Anwendung kollektivrechtlicher Vereinbarungen nur dann zur Entschädigung verpflichtet, wenn er vorsätzlich oder grob fahrlässig handelt (§ 15 Abs. 2 und 3 AGG).

§ 15 Abs. 4 AGG enthält eine Ausschlussfrist für die Geltendmachung der Ansprüche aus Abs. 1 und 2 gegenüber dem potentiellen Arbeitgeber. § 61 b Abs. 1 ArbGG begründet darüber hinaus eine Klagefrist.[419]

Nach § 11 AGG darf ein Arbeitsplatz nicht unter Verstoß gegen die Benachteiligungsverbote des AGG ausgeschrieben werden. Eine Sanktion für den Fall des Verstoßes ist nicht ausdrücklich vorgesehen. § 11 AGG ist kein Schutzgesetz im Sinne von § 823 Abs. 2 BGB.[420] Ein Verstoß erleichtert dem Arbeitnehmer allerdings die gemäß § 22 AGG notwendige Beweisführung von Indizien, die eine wegen eines in § 1 AGG genannten Grundes erfolgte Benachteiligung vermuten lassen. Bedient sich der Arbeitgeber zur Stellenausschreibung eines Dritten, z. B. der Bundesagentur für Arbeit, und verletzt dieser die Pflicht zur geschlechtsneutralen Ausschreibung, so ist dem Arbeitgeber dieses Verhalten in der Regel zuzurechnen.[421]

In einem Arbeitsvertrag mit einem Arbeitnehmer des öffentlichen Dienstes kann auch die Anwendung der beamtenrechtlichen Grundsätze vereinbart werden,[422] und zwar auch hinsichtlich der beamtenrechtlichen Versorgungsvorschriften.[423]

Art. 33 Abs. 2 GG begründet für jeden Bewerber das Recht, dass bei der Begründung des Arbeitsverhältnisses nur auf seine Eignung, Befähigung und fachliche Leistung abgestellt wird und eine Ablehnung aus anderen Gründen unterbleibt.[424] Auch

306

---

[417] BAG, 12. 11. 1998, NZA 1999, 371 f.
[418] Zum Wert des entgangenen Arbeitsplatzes vgl. Wendeling-Schröder, DB 1999, 1012 f.
[419] Zur Vereinbarkeit der Ausschlussfristen mit dem europäischen Gemeinschaftsrecht vgl. Gotthardt, ZTR 2000, 448 f.
[420] Dütz, Rdn. 79.
[421] BAG, 5. 2. 2004, NZA 2004, 540 f.
[422] Vgl. zur Auswirkung einer solchen Vereinbarung auf die Kündigungsmöglichkeit BAG, 6. 12. 2001, NZA 2002, 847 f.
[423] BGH, 19. 1. 2004, NZA 2004, 549 f.
[424] BAGE 23, 101 [109]; NJW 1976, 1708. Vgl. allgemein zu den Bindungen des öffentlichen Arbeitgebers aus Art. 33 Abs. 2 GG bei der Begründung von Arbeitsverhältnissen Vogg, AuR 1993,

diese Vorschrift bedeutet für den öffentlichen Arbeitgeber eine Einschränkung der Vertragsfreiheit. Eine Zurückweisung wegen fehlender Eignung ist deshalb beispielsweise möglich bei Personen, die sich nicht zur freiheitlichen demokratischen Grundordnung bekennen.[425] Bei der Personalauswahl nach Art. 33 Abs. 2 GG steht dem öffentlichen Arbeitgeber ein Beurteilungsspielraum zu, der nur eingeschränkt gerichtlicher Kontrolle unterliegt.[426] Dabei ist grundsätzlich mit den Vorgaben des Art. 33 Abs. 2 GG vereinbar, wenn in der Rechtsprechung angenommen wird, dass bei formal gleicher Bewertung konkurrierender Bewerber in dienstlichen Beurteilungen die Beurteilung eines Bewerbers im höheren Statusamt besser ist, als diejenige des in einem niedrigeren Statusamt befindlichen Konkurrenten.[427]

Nach der Rechtsprechung des Bundesarbeitsgerichts ist allerdings nicht allen Arbeitnehmern des öffentlichen Dienstes das gleiche Maß an Verfassungstreue wie den Beamten abzuverlangen, vielmehr richten sich die insoweit zu stellenden Anforderungen nach den jeweils wahrzunehmenden Aufgaben.[428] Für angestellte Lehrer an öffentlichen Schulen hat das Bundesarbeitsgericht das gleiche Maß an Verfassungstreue verlangt, wie sie von beamteten Lehrern verlangt wird. Dies ergibt sich aus der ihnen obliegenden Lehr- und Erziehungsaufgabe.[429] Für den Bewerber um die Einstellung in einen nichtbeamteten Vorbereitungsdienst für den Beruf des Lehrers genügt dagegen, wenn er gegenüber Staat und Verfassung eine gleichsam neutrale Haltung einnimmt und nicht zu erwarten ist, dass er im Unterricht die Grundwerte der Verfassung in Zweifel ziehen wird. Dies folgt aus der begrenzten Dauer des Vorbereitungsdienstes, durch die ihm kaum hinreichend Gelegenheit gegeben ist, die Einstellung der Schüler zu den Grundwerten der Verfassung nachhaltig negativ zu beeinflussen.[430]

Der Bewerber trägt die Beweislast für seine Eignung, Befähigung und fachliche Leistung. Der öffentliche Arbeitgeber hat die Umstände zu beweisen, aus denen sich die fehlende Eignung, Befähigung oder fachliche Leistung ergibt.[431] Im Zusammenhang mit der möglicherweise nicht vorhandenen Eignung wegen fehlenden Bekenntnisses zur freiheitlichen demokratischen Grundordnung, hat der öffentliche Arbeitgeber nur die Tatsachen zu beweisen, die seine Zweifel rechtfertigen können. Die Frage, ob sie Zweifel rechtfertigen, unterliegt der begrenzten Nachprüfung durch die Gerichte.[432] Diese prüfen, ob die den Bewerber nach der Darstellung des Arbeitgebers belastenden Umständen von hinreichendem Gewicht und bei objektiver Betrachtungsweise geeignet sind, begründete Zweifel, das heißt die ernste Besorgnis an der künftigen Einhaltung der Verfassungstreuepflicht, auszulösen. Dabei ist die aktive Mitgliedschaft in einer Partei mit verfassungsfeindlicher Zielsetzung an sich geeignet, Zweifel an der Verfassungstreue eines Bewerbers zu begründen.[433] Das Bundesarbeitsgericht fordert darüber hinaus, dass der Bewerber durch sein Ver-

---

287 f., zum Anspruch auf Einstellung in den öffentlichen Dienst auf Grund der Bestimmung des Art. 33 Abs. 2 GG BAG, 19. 2. 2003, NZA 2003, 1271 f.; 27. 7. 2005, NZA 2005, 1243 f. Zum Fragerecht des öffentlichen Arbeitgebers und zur Offenbarungspflicht des Bewerbers bei der Vertragsanbahnung vgl. Conze, ZTR 1991, 99 f.
[425] BAG, NJW 1976, 1708 ff.; 1982, 2396; BAGE 33, 43 ff. Vgl. zur Kündigung wegen mangelnder Verfassungstreue Lakies/Kutscha, NZA 1995, 1079 f.
[426] BAG, 7. 9. 2004, ZTR 2005, 205 f.
[427] BVerfG, 20. 3. 2007, NZA 2007, 607 f.
[428] BAG, AP Nr. 2 und 5 zu Art. 33 Abs. 2 GG.
[429] BAG, AP Nr. 6, 15, 16 zu Art. 33 Abs. 2 GG; 7. 9. 1995, NZA 1996, 637 f.
[430] BAG, AP Nr. 16 und 18 zu Art. 33 Abs. 2 GG; ZTR 1987, 182 f., 314.
[431] BAGE 39, 235 [250].
[432] BAGE 39, 235 [250 f.].
[433] BAG, AP Nr. 5 zu Art. 33 Abs. 2 GG; BAGE 33, 43; 36, 344; BVerwG, AP Nr. 10 zu Art. 33 Abs. 2 GG.

halten Anlass zu der ernsthaften Besorgnis gibt, er werde nach seiner Aufnahme in den öffentlichen Dienst seiner Verpflichtung zur Verfassungstreue nicht genügen.⁴³⁴ Wird gegen Art. 33 Abs. 2 GG verstoßen, so hat der abgelehnte Bewerber in der Regel keinen Einstellungsanspruch, sondern nur dann, wenn sich nach den Verhältnissen im Einzelfall jede andere Entscheidung als die Begründung des Arbeitsverhältnisses als rechtswidrig, insbesondere ermessensfehlerhaft, darstellt.⁴³⁵ Darüber hinaus muss zumindest im Zeitpunkt der Letzten mündlichen Verhandlung eine besetzungsfähige, haushaltsrechtlich abgesicherte Stelle vorhanden sein. Fehlt es an einer Planstelle, dürfen Einstellungen in den öffentlichen Dienst nicht erfolgen. Art. 33 Abs. 2 GG gewährt keinen Rechtsanspruch auf Ausweisung einer zusätzlichen Planstelle.⁴³⁶ In der Regel kann der nicht berücksichtigte Bewerber verlangen, dass der Ablehnungsbescheid aufgehoben wird. Dadurch erreicht er, dass er wieder in den Kreis der Bewerber aufgenommen und erneut beurteilt wird.⁴³⁷ Die Vorschrift des § 15 AGG über Schadensersatz und Entschädigung wird entsprechend auf Verstöße gegen Art. 33 Abs. 2 GG und gegen die Benachteiligungsverbote des Art. 3 Abs. 3 GG anzuwenden sein.

Macht der Bewerber wegen Verstoßes gegen Art. 33 Abs. 2 GG den nur ausnahmsweise bestehenden Einstellungsanspruch geltend, so ist die nach § 75 Abs. 1 Ziff. 1 BPersVG erforderliche Zustimmung der Personalvertretung nicht Voraussetzung für den Einstellungsanspruch. Andernfalls würde der Arbeitgeber einen im Übrigen möglicherweise gegebenen Anspruch dadurch zu Fall bringen können, dass er die Zustimmung der Personalvertretung nicht einmal beantragt oder die verweigerte Zustimmung der Personalvertretung hinnimmt.

Der Arbeitgeber kann sich zur Begründung dafür, dass er die Zustimmung nicht eingeholt hat, nicht darauf berufen, er „beabsichtige" die Einstellung nicht (z.B. § 69 Abs. 2 S. 1 BPersVG), denn der Bewerber versuche seine Einstellung durch Geltendmachung eines Einstellungsanspruchs zu erzwingen, weil vom Arbeitgeber anzunehmen ist, dass er die Einstellung jedenfalls für den Fall „beabsichtigt", dass er dazu rechtskräftig verurteilt wird. Für diesen Fall kann der Arbeitgeber die Zustimmung der Personalvertretung vorsorglich beantragen. Tut er das nicht und wird er zur Einstellung rechtskräftig verurteilt, so hat er den Arbeitsvertrag mit dem Bewerber dennoch abzuschließen. Dieser ist wirksam, er darf den Arbeitnehmer aber nicht beschäftigen solange die Zustimmung nicht vorliegt und muss dennoch die Vergütung bezahlen. Die Verweigerung der vorläufig oder nachträglich beantragten Zustimmung ist dann, wenn der Bewerber Einstellungsanspruch geltend macht, ausnahmsweise gerichtlich daraufhin überprüfbar, ob sie zu Recht erfolgte. Andernfalls würde der Arbeitgeber den Einstellungsanspruch dadurch unterlaufen können, dass er die zu Unrecht verweigerte Zustimmung hinnimmt.⁴³⁸

Der Rechtsschutz, der dem Bewerber beim Wettbewerbsstreit vor und nach der Einstellung eines Konkurrenten zusteht, kann mit der sogenannten **arbeitsrechtlichen Konkurrentenklage**⁴³⁹ geltend gemacht werden.

307

---

⁴³⁴ BAGE 40, 1 [12]; BAG, ZTR 1987, 182 [185].
⁴³⁵ BAG, 1. 10. 1986, ZTR 1987, 182 f. (184); 9. 11. 1994, NZA 1995, 781 f.
⁴³⁶ BAG, 9. 11. 1994, NZA 1995, 781 f.
⁴³⁷ BAG, NJW 1976, 1708.
⁴³⁸ BAG, AP Nr. 9 zu Art. 33 Abs. 2 GG.
⁴³⁹ Vgl. dazu BAG, 18. 9. 2001, NZA 2002, 271 f. (Ausschreibung einer Stelle gleichermaßen für Beamte und Angestellte); 28. 5. 2002, ZTR 2003, 146 f. (Unterlassung der Besetzung eines öffentlichen Amtes bis zum Abschluss eines Verfahrens vorläufigen Rechtsschutzes); 15. 11. 2002, NZA 2003, 798 f. (Bevorzugung von Beamten gegenüber Angestellten); 21. 1. 2003, NZA 2003, 1036 f. (Vorrang unterrepräsentierter Frauen – Härtefallregelung für Männer); 21. 1. 2003, ZTR 2003, 463 f. (Anforderungen an den Leistungsvergleich zwischen den Bewerbern); 7. 9. 2004, NZA 2005, 879 f. (Entscheidungsspielraum des öffentlichen Arbeitgebers); 15. 3. 2005, NZA 2005 1185 f. (Mindestbeschäftigungsdauer als Bewerbungsvoraussetzung); 23. 1. 2007, NZA 2007, 1450 f. (Dienstvereinbarung über das Besetzungsverfahren für eine freie Stelle); 19. 2. 2008, NZA 2008, 1016 f. (Schadensersatzansprüche, Führungsstil bei einer Stelle mit Personalführungsaufgaben); Lansnicker/

308 Nach den Vorschriften des **Arbeitssicherstellungsgesetzes** kann für Zwecke der Verteidigung einschließlich des Schutzes der Zivilbevölkerung unter bestimmten Voraussetzungen durch Verpflichtungsbescheid durch die Bundesagentur für Arbeit ein Arbeitsverhältnis begründet werden.

309 Die Parteien des Arbeitsvertrages können den Beginn des Arbeitsverhältnisses im Vertrag vereinbaren. Deshalb müssen Vertragsabschluss und Beginn des Arbeitsverhältnisses zeitlich nicht zusammenfallen. Häufig wird im Arbeitsvertrag der Beginn des Arbeitsverhältnisses mit dem Zeitpunkt der vereinbarten Aufnahme der Arbeit zusammengelegt.

310 Fordert ein Arbeitgeber den Arbeitnehmer im Zusammenhang mit der Begründung eines Arbeitsverhältnisses auf, sich vorzustellen, so ist er gemäß § 670 BGB verpflichtet, ihm die **Vorstellungskosten** zu ersetzen.[440]

311 Aufgrund des vorvertraglichen Vertrauensverhältnisses, dessen schuldhafte Verletzung zu Schadensersatzansprüchen unter dem Gesichtspunkt des Verschuldens bei Vertragsabschluss führen kann (§ 311 Abs. 2 BGB), bestehen im Zusammenhang mit der Begründung des Arbeitsverhältnisses **Offenbarungspflichten** und **Fragerechte.**

Arbeitnehmer und Arbeitgeber müssen unaufgefordert alle Umstände darlegen, die für das künftige Arbeitsverhältnis wesentlich sind. So ist beispielsweise derjenige, der sich um eine Stelle als Kraftfahrer bewirbt, verpflichtet, von sich aus mitzuteilen, dass er mehrere Jahre nicht als Fahrer tätig war,[441] der zukünftige Arbeitgeber hat beispielsweise zu offenbaren, dass Zahlungsunfähigkeit droht.[442]

Der Arbeitgeber hat grundsätzlich ein Fragerecht nach allen Umständen, die für das künftige Arbeitsverhältnis wesentlich sind oder es auch nur sachlich berühren.[443] Es bestehen folgende Grenzen:

Die wichtigste Grenze des Fragerechts ergibt sich **aus dem AGG,** auch wenn das Gesetz kein ausdrückliches Frageverbot enthält. Danach sind Fragen nach den in § 1 AGG geschützten Umständen unzulässig, soweit nicht ausnahmsweise eine unterschiedliche Behandlung auf Grund der §§ 8 bis 10 AGG erlaubt ist.[444]

Verfassungsrechtlich geschützte Positionen[445] verbieten grundsätzlich Fragen nach der Religions-, Partei- oder Gewerkschaftszugehörigkeit, es sei denn, es erfolgt eine Bewerbung bei einer dieser Einrichtungen.

Das **Persönlichkeitsrecht** verbietet zum Beispiel Fragen nach Heiratsabsichten oder Vorstellungen von der Familienplanung. Nach der Schwerbehinderteneigenschaft darf allerdings gefragt werden,[446] nach Vorstrafen oder nach einer Körperbe-

---

Schwirtzek, NJW 2003, 2481 f., insbesondere auch zum Bereich des öffentlichen Dienstes Zimmerling, ZTR 2000, 489 f.; Landau/Christ, NJW 2003, 1648 f.
[440] Müller, ZTR 1990, 237 f., m. w. N.; Sieber/Wagner, NZA 2003, 1312 f.
[441] BAG, AP Nr. 74 zu § 611 BGB, Haftung des Arbeitnehmers; vgl. auch BAG, AP Nr. 6 zu § 276 BGB, Verschulden bei Vertragsabschluss.
[442] BAG, AP Nr. 10 zu § 276 BGB, Verschulden bei Vertragsabschluss.
[443] Vgl. dazu Adam, ZTR 2003, 158 f. (158–164), zur Zulässigkeit der Durchführung psychologischer Tests, von Assessment-Center und einer Genomanalyse vgl. Hunold, DB 1993, 224 f., m. w. N., zum Fragerecht des öffentlichen Arbeitgebers bei der Einstellung von Lehrern vgl. BAG, 7. 9. 1995, NZA 1996, 637 f., zum Fragerecht des Arbeitgebers im Zusammenhang mit der Scientology-Organisation vgl. Bauer/Baeck/Merten, DB 1997, 2534 f., zum Fragerecht nach einer Mitarbeit für das Ministerium für Staatssicherheit der ehemaligen DDR bei der Einstellung in den öffentlichen Dienst vgl. BAG, 28. 5. 1998, NZA 1998, 1052 f.
[444] Vgl. dazu Wisskirchen/Bissels, NZA 2007, 169 f.; Joussen, NZA 2007, 174 f.
[445] Vgl. dazu Thüsing/Lambrich, BB 2002, 1146 f. Zum Fragerecht des Arbeitnehmers nach Mitgliedschaft im Arbeitgeberverband Boemke, NZA 2004, 142 f.
[446] BAG, 11. 11. 1993, NZA 1994, 407 f.; 5. 10. 1995, NZA 1996, 371 f.; 3. 12. 1998, NZA 1999, 584 f.; 18. 12. 2000, NZA 2001, 315 f.; Pahlen, RdA 2001, 143 f.; Schaub, NZA 2003, 299 f.;

hinderung nur, wenn die Kenntnisse darüber wegen der vorgesehenen Tätigkeit erforderlich sind.[447] Hält ein Arbeitgeber eine Stellenbewerberin für geeignet und besteht am Arbeitsplatz kein Beschäftigungsverbot für Schwangere so stellt die Frage nach dem Bestehen einer Schwangerschaft stets eine unmittelbare Diskriminierung dar und ist deshalb unzulässig.[448]

Beantwortet der Arbeitnehmer eine unzulässigerweise gestellte Frage wahrheitswidrig, so kommen weder ein Schadensersatzanspruch noch eine Anfechtung in Betracht.[449]

TVöD/TV-L

Nach § 2 Abs. 1 TVöD/TV-L wird der Arbeitsvertrag schriftlich abgeschlossen. Absatz 3 S. 1 regelt, dass Nebenabreden nur wirksam sind, wenn sie schriftlich vereinbart werden. Im Falle einer tarifvertraglichen Formvorschrift ist immer zu prüfen, ob damit die Wirksamkeit des Vertrages von der Einhaltung der vorgeschriebenen Form abhängig sein soll (§ 125 BGB) oder ob nur ein Anspruch auf Niederlegung des auf andere Art geschlossenen Arbeitsvertrages in der tarifvertraglich vorgeschriebenen Form eingeräumt wird. Läßt sich das nicht feststellen, so ist der Arbeitsvertrag trotz der Mißachtung gültig. Eine tarifvertragliche Formvorschrift für den Abschluss des Arbeitsvertrages hat also im Zweifel keine konstitutive Wirkung.[450]

312

Aus dem Zusammenspiel der Absätze 1 und 3 in § 2 TVöD/TV-L lässt sich schließen, dass das tarifvertragliche Schriftformerfordernis für den Arbeitsvertrag nur deklaratorischer Natur ist. Hätten die Tarifvertragsparteien das Schriftformerfordernis als Wirksamkeitsvoraussetzung gewollt, so hätten sie Absatz 1 mit dem gleichen Wortlaut wie Absatz 3 gefasst. Die Gültigkeit eines Arbeitsvertrages wird also von der Nichteinhaltung der Formvorschrift des § 2 Abs. 1 TVöD/TV-L nicht berührt, die Vorschrift gibt den Parteien des Arbeitsvertrages lediglich einen Anspruch auf schriftliche Niederlegung des Vereinbarten für Beweiszwecke.[451]

Dagegen sind gemäß § 2 Abs. 3 S. 1 TVöD/TV-L Nebenabreden also nur bei schriftlicher Vereinbarung wirksam.[452] Nach der Rechtsprechung des Bundesarbeitsgerichts[453] ist „Arbeitsvertrag" im diesem Sinne nicht nur der erstmals bei Beginn der Tätigkeit eines Beschäftigtenoder zuvor schon abgeschlossene Arbeitsvertrag, sondern jede weitere vertragliche Vereinbarung, die im Sinne einer Ergänzung des ursprünglichen Arbeitsvertrages die beiderseitigen Hauptrechte und Hauptpflichten nach § 611 BGB betrifft, nämlich die Arbeitsleistung und das Arbeitsentgelt. Nebenabreden sind mithin solche, die sich nicht auf Leistungen aus dem Gegenseitigkeitsverhältnis beziehen. In der Lehre wird in diesem Zusammenhang zwischen regulären und irregulären Leistungen unterschieden. Vertragliche Verein-

313

Messingschlager, NZA 2003, 301 f.; Brors, DB 2003, 1734 f.; Joussen, NJW 2003, 2857 f.; Koppenfels-Spies, AuR 2004, 43 f.
[447] BAG, AP Nr. 2 und 26 zu § 123 BGB; 20. 5. 1999, NZA 1999, 975 f. (auch zum Fragerecht nach laufenden Ermittlungsverfahren und zur Verpflichtung, während des Bewerbungsverfahrens anhängig werdende Ermittlungsverfahren mitzuteilen). Zum Fragerecht des Arbeitgebers nach schwebenden Strafverfahren vgl. Raab, RdA 1995, 36 f.
[448] BAG, 6. 2. 2003, NZA 2003, 848 f.; Feldhoff, ZTR 2004, 58 f.; Koppenfels-Spies, AuR 2004, 43 f. Vgl. auch Rdn. 908 und 909.
[449] BAG, 11. 11. 1993, NZA 1994, 407 f.; 20. 5. 1999, NZA 1999, 975 f.
[450] BAG, DB 1982, 1576.
[451] BAG, AP Nr. 2 zu § 125 BGB.
[452] BAG, AP Nr. 8 zu § 23a BAT.
[453] BAG, AP Nr. 12 zu § 4 BAT; 15. 3. 1989, ZTR 1989, 446.

barungen, in denen nachträglich eine höhere Vergütung des Arbeitnehmersausgemacht wird, fallen daher unter § 2 Abs. 1 TVöD/TV-L, die Vereinbarung zum Beispiel einer Zulage zur Vergütung, einer Überstundenpauschale, einer Mankoabrede oder einer unentgeltlichen Beförderung eines Arbeitnehmers vom und zum Arbeitsplatz ist dagegen Nebenabrede im Sinne von § 2 Abs. 3 TVöD/TV-L.[454]

314 In bestimmten Fällen ist eine Verpflichtung nach dem Gesetz über die förmliche Verpflichtung nichtbeamteter Personen (Verpflichtungsgesetz) vom 2. 3. 1974 i.d.F. des Gesetzes vom 15. 8. 1974 (BGBl. I, S. 547, 1942) vorzunehmen. Diese Verpflichtung führt zur strafrechtlichen Verantwortlichkeit nach bestimmten Strafvorschriften.

315 Nach § 7 Abs. 1 BAT hatte der Angestellte auf Verlangen des Arbeitgebers vor seiner Einstellung seine körperliche Eignung durch Zeugnis eines vom Arbeitgeber bestimmten Arztes nachzuweisen.[455] Diese Einstellungsuntersuchung ist im TVöD/TV-L nicht mehr vorgesehen. § 3 Abs. 4 TVöD/§ 3 Abs. 5 TV-L kann der Arbeitgeber nur während eines Arbeitsverhältnisses eine ärztliche Untersuchung und nur bei Vorliegen eines sachlichen Grundes (z.B. begründete Zweifel an der Arbeitsfähigkeit oder Arbeitsunfähigkeit) verlangen. Die Einstellungsuntersuchung ist jedoch weiter zulässig. Dies folgt schon aus den Grundsätzen des Art. 33 Abs. 2 GG, wonach der Bewerber nach seiner Eignung eingestellt wird. Zur Eignung gehört auch der körperliche bzw. gesundheitliche Zustand. Die Kosten der ärztlichen Untersuchung trägt gemäß § 675 i.V.m. § 670 BGB der Arbeitgeber.

316 Liegen die gesetzlichen Voraussetzungen vor, so müssen sich bestimmte Personen nach dem Gesetz über die Voraussetzungen und das Verfahren von Sicherheitsüberprüfungen des Bundes (SÜG) einer **Sicherheitsüberprüfung** unterziehen.

317 In der betrieblichen Praxis gewinnen **Zielvereinbarungen** und **Zielvorgaben** immer mehr an Bedeutung. Es handelt sich bei Zielvereinbarungen um Abreden zwischen Arbeitgeber und Arbeitnehmer, wonach innerhalb eines bestimmten Zeitraums einzelne näher umschriebene Ziele erreicht werden sollen.[456]

B. Die Beendigung des Arbeitsverhältnisses

I. Beendigungstatbestände

318 Arbeitsverhältnisse können auf verschiedene Weisen beendet werden. Man spricht von den Beendigungstatbeständen.[457]
Beendigungstatbestände sind:
- Kündigung
- Zeitablauf
- Aufhebungsvertrag (Auflösungsvertrag)

---

[454] Zu weiteren Beispielen von Nebenabreden vgl. BAG, 27. 10. 1988, ZTR 1989, 109; Bepler/Böhle/e.a., TVöD, Komm. zu § 2 TVöD, Rdn. 23 ff.; Bepler/Böhle/e.a., TV-L, Komm. zu § 2 TV-L, Rdn. 137.2.
[455] Zur Zulässigkeit von HIV-Tests bei der Einstellung in den öffentlichen Dienst vgl. Thiel, ZTR 1987, 264 f., n. w. N.
[456] Vgl. dazu und zur Bedeutung sogenannter Zielvorgaben Riesenhuber/v. Steinau-Steinrück, NZA 2005, 785 f.; Däubler, NZA 2005, 793 f.; Behrens/Rinsdorf, NZA 2006, 830 f.; Annuß, NZA 2007, 290 f. Vgl. zum Schadensersatzanspruch des Arbeitnehmers bei unterbliebener Zielvereinbarung BAG, 12. 12. 2007, NZA 2008, 409 f.
[457] Zur Abberufung und Kündigung des Liquidators einer GmbH Meyer, GmbHR 1998, 1018 f.

B. Die Beendigung des Arbeitsverhältnisses

– Tod des Arbeitnehmers
– Anfechtung
– Auflösung des Arbeitsverhältnisses durch das Gericht.

Nach § 623 BGB bedürfen die Beendigung von Arbeitsverhältnissen durch Kündigung oder Aufhebungsvertrag zu ihrer Wirksamkeit der **Schriftform**.[458] Die Verwendung der elektronischen Form (§§ 126 Abs. 3, 126a Abs. 1 BGB) ist ausdrücklich ausgeschlossen. Soweit Sonderregelungen für Schriftformerfordernisse bestehen, gehen diese als spezielle Normen dem allgemeinen § 623 BGB vor.[459]

319

Keine Beendigungstatbestände sind dagegen der Eintritt der Erwerbsminderung und das Erreichen des Rentenalters.[460]

Wird durch Bescheid eines Rentenversicherungsträgers die **Erwerbsminderung** (§ 43 Abs. 2 S. 2, Abs. 3 SGB VI) des Arbeitnehmers festgestellt, so endet das Arbeitsverhältnis damit nicht automatisch, es sei denn, die Parteien haben etwas anderes vereinbart.[461] § 33 Abs. 2 bis 4 TVöD/TV-L enthält eine derartige Bestimmung. Danach endet das Arbeitsverhältnis **mit Ablauf des Monats, in dem der entsprechende Bescheid zugestellt wird** (§ 33 Abs. 2 S. 1).[462] Dabei wird davon ausgegangen, dass die Rente von einem vor der Zustellung des Bescheides liegenden Zeitpunkt an bewilligt und somit rückwirkend gewährt wird. Wird die Rente aus der gesetzlichen Rentenversicherung dagegen erst von einem nach der Zustellung des Bescheides liegenden Zeitpunkt an bewilligt, so endet das Arbeitsverhältnis erst **mit dem Ablauf des Tages, der dem Tag vorhergeht, von dem ab die Rente bewilligt wird** (§ 33 Abs. 2 S. 3).

320

Das Arbeitsverhältnis endet **mit dem Ablauf des Monats, in dem dem Beschäftigten das Gutachten eines Amtsarztes oder eines nach § 3 Abs. 4 S. 2 TVöD/§ 3 Abs. 5 S. 2 TV-L bestimmten Arztes**, in dem die Berufs- oder Erwerbsunfähigkeit festgestellt wird, **bekanntgegeben worden ist**, wenn der Beschäftigte (§ 33 Abs. 4 S. 1)
– schuldhaft den Rentenantrag verzögert,
– bereits Altersrente nach § 236 oder § 236a SGB VI bezieht oder
– nicht in der gesetzlichen Rentenversicherung versichert ist.

Nach der Rechtsprechung zum gleichlautenden § 59 BAT endet das Arbeitsverhältnis **im Falle der Berufsunfähigkeit** des Arbeitnehmers **nur, soweit es an einer zumutbaren Weiterbeschäftigungsmöglichkeit auf einem freien Arbeitsplatz fehlt**. Dies ergibt sich zwar nicht aus dem Wortlaut der Tarifnorm wohl aber aus ihrem Sinn und Zweck und dient dem Schutz des Arbeitnehmers, der aus gesundheitlichen Gründen zur Verrichtung seiner bisherigen Tätigkeit außerstande ist. Die mit einer

---

[458] Vgl. dazu Lakies, BB 2000, 667; Preiss/Gotthardt, NZA 2000, 348f.; Böhm, NZA 2000, 561f.

[459] Preis/Gotthardt, NZA 2000, 348f. (349).

[460] Zur Beendigung des Arbeitsverhältnisses im Falle der Eröffnung des Insolvenzverfahrens über das Vermögen des Arbeitgebers vgl. Heinze, NZA 1999, 57f.; Schaub, DB 1999, 217f., zur maßgeblichen Kündigungsfrist BAG, 16. 6. 1999, NZA 1999, 1331f.; 6. 7. 2000, NZA 2001, 23f.; 20. 1. 2005, NZA 2006, 1352f., zu den Vergütungsansprüchen der Arbeitnehmer in der Insolvenz Lakies, NZA 2001, 521f., zum Anspruch auf Schadensersatz eines Arbeitnehmers gegen den Insolvenzverwalter nach § 61 InsO BAG, 19. 1. 2006, NZA 2006, 860f.

[461] BAG, AP Nr. 4 zu § 59 BAT.

[462] Vgl. dazu auch BAG, 23. 6. 2004, NZA 2005, 520f.; 1. 12. 2004, NZA 2006, 211f. Zur Rückabwicklung der rechtsgrundlos erbrachten Arbeitgeberleistungen, wenn der Arbeitnehmer trotz der Beendigung des Arbeitsverhältnisses nach § 59 Abs. 1 BAT seine bisherige Tätigkeit fortsetzt, ohne den Arbeitgeber von der Zustellung des Rentenbescheides zu unterrichten, vgl. BAG, 30. 4. 1997, ZTR 1997, 415f., zu den Auswirkungen der Rücknahme des Rentenantrags durch den Angestellten vgl. BAG, 11. 3. 1998, NZA 1998, 1180f.

Weiterbeschäftigung in dieser Tätigkeit verbundene Gefahr der Verschlimmerung des Gesundheitszustandes soll ausgeräumt werden, indem ihm die Entscheidung über die Fortsetzung des Arbeitsverhältnisses abgenommen wird. Die berechtigten Interessen des Arbeitgebers werden insofern berücksichtigt, als ihm die Tarifnorm unter erleichterten Voraussetzungen die Trennung von einem Arbeitnehmer ermöglicht, der gesundheitsbedingt nicht mehr in der Lage ist, seine nach dem Arbeitsvertrag geschuldete Arbeitsleistung zu erbringen. Dem Schutzbedürfnis beider Vertragsparteien wird mithin Rechnung getragen, wenn der Arbeitgeber den Arbeitnehmer auf einem freien Arbeitsplatz weiterbeschäftigen kann, dessen Anforderungen er mit dem ihm verbliebenen Leistungsvermögen gewachsen ist. Dies muss nicht zu unveränderten Arbeitsbedingungen erfolgen. Ist eine Weiterbeschäftigung nur noch auf einem Arbeitsplatz möglich, der einer niedrigeren Vergütungsgruppe zugeordnet ist, so hat der Arbeitnehmer die Einkommensänderungen hinzunehmen. Sie werden durch den Bezug der Berufsunfähigkeitsrente ausgeglichen.[463] Bezieht der Arbeitnehmer eine **Rente wegen Erwerbsminderung** (§ 33 SGB VI) so endet sein Arbeitsverhältnis nach § 33 Abs. 3 TVöD/TV-L **nicht, wenn er** nach seinem vom Rentenversicherungsträger festgestellten Leistungsvermögen **noch in der Lage ist, seine nach dem Arbeitsvertrag geschuldete Leistung zu erbringen**.[464] Dies gilt aber nur, wenn dringende dienstliche bzw. betriebliche Gründe nicht entgegenstehen und der Beschäftigte innerhalb von zwei Wochen nach Zugang des Rentenbescheids seine Weiterbeschäftigung schriftlich beantragt.

321 Tritt Berufs- oder Erwerbsunfähigkeit ein und ist nicht vereinbart, dass das Arbeitsverhältnis damit automatisch endet, so kommen Kündigung oder Aufhebungsvertrag als Beendigungstatbestände in Betracht.

322 **Erreicht der Arbeitnehmer das Rentenalter** (Altersgrenze), so endet das Arbeitsverhältnis damit ebenfalls nicht automatisch, es sei denn, die Parteien haben etwas anderes vereinbart. Dabei handelt es sich dann um eine Befristung des Arbeitsverhältnisses.[465] Nach § 8 Abs. 3 Altersteilzeitgesetz (ATG) ist eine Vereinbarung zwischen Arbeitnehmer und Arbeitgeber über die Altersteilzeit zulässig, die die Beendigung des Arbeitsverhältnisses ohne Kündigung zu einem Zeitpunkt vorsieht, in dem der Arbeitnehmer Anspruch auf eine Rente (auch vorgezogene) wegen Alters hat.[466] Diese Regelung wird durch § 10 Nr. 5 AGG als zulässige unterschiedliche Behandlung wegen des Alters anerkannt. Sie stellt aber zugleich eine Befristung des Arbeitsverhältnisses dar und ist deshalb nach § 14 TzBfG zu beurteilen, wonach die Befristung durch einen sachlichen Grund gerechtfertigt sein muss. Dieser ist gegeben, wenn der Arbeitnehmer nach dem Vertragsinhalt und der Vertragsdauer eine gesetzliche Altersrente erwerben kann oder bereits erworben hat.[467]

§ 33 Abs. 1 lit. a TVöD/TV-L enthält eine derartige Bestimmung. Danach endet das Arbeitsverhältnis automatisch, ohne dass es einer Kündigung bedarf, **mit dem Ablauf des Monats, in dem der Beschäftigte das gesetzlich festgelegte Alter zum Erreichen einer (abschlagsfreien) Regelaltersrente vollendet hat.**

Die vor Inkrafttreten des TVöD/TV-L detaillierten Regelungen über die Weiterbeschäftigung bzw. Neueinstellung von über 65-Jährigen (z.B. Soll-Vorschrift über die

---

[463] BAG, 28. 6. 1995, ZTR 1996, 29 f.
[464] BAG, 9. 8. 2000, NZA 2001, 737 f.
[465] BAG, AP Nr. 5 zu § 57 BetrVG 1955. Zur Frage, ob Befristung oder Bedingung, vgl. Hromadka, NJW 1994, 911 f., m. w. N. Zu den arbeitsrechtlichen Fragen im Zusammenhang mit dem Übergang in den Ruhestand allgemein vgl. Löwisch, ZTR 2000, 531 f.
[466] Vgl. dazu Birk, NZA 2007, 244 f.; Schreiner, NZA 2007, 846 f.; Hanau, NZA 2007, 848.
[467] BAG, 27. 7. 2005, E 115, 265 f. (zu § 41 S. 2 SGB VI); 18. 6. 2008, NZA 2008, 1302 f.

Weiterbeschäftigung bei fehlender Altersversorgung, §§ 60 Abs. 2 S. 5 BAT und 63 Abs. 3 MTArb) sind entfallen. § 33 Abs. 5 S. 1 TVöD/TV-L eröffnet nunmehr die Möglichkeit einer Weiterbeschäftigung über das gesetzlich festgelegte Alter zum Erreichen einer Regelaltersrente hinaus. Es gelten ausschließlich die Grundsätze der Vertragsfreiheit; die Arbeitgeberentscheidung ist nicht mehr an billiges Ermessen (§ 315 Abs. 1 BGB) gebunden. Für die Weiterbeschäftigung ist der Abschluss eines neuen schriftlichen (hier: konstitutive Wirkung!) Arbeitsvertrages nötig.

Für das neue Arbeitsverhältnis gelten die Vorschriften des TVöD/TV-L, soweit die Tarifbindung besteht, wobei außertarifliche Weiterbeschäftigungsvereinbarungen eher selten vorkommen werden.

Gemäß § 33 Abs. 5 S. 2 TVöD/TV-L kann das Arbeitsverhältnis jederzeit mit einer Frist von vier Wochen zum Monatsende gekündigt werden, wenn im Arbeitsvertrag nichts anderes vereinbart wurde.

Weicht diese Kündigungsfrist von den gesetzlichen Kündigungsfristen ab, so gilt folgendes: Abweichungen von § 622 BGB, einschließlich der Regelung für länger beschäftigte Arbeitnehmer nach § 622 Abs. 2 BGB, sind durch die sogenannte Tariföffnungsklausel in § 622 Abs. 4 BGB gültig.

Die tarifvertraglichen Regelungen gelten auch für diejenigen Arbeitnehmer, denen gegenüber eine ordentliche Kündigung nicht mehr möglich ist.

II. Kündigung

Die Kündigung ist ein **einseitiges Rechtsgeschäft**, durch das das Arbeitsverhältnis[468] für die Zukunft aufgehoben werden soll. Sie besteht also aus einer empfangsbedürftigen Willenserklärung, bedarf mithin zu ihrer Wirksamkeit nicht der Zustimmung der gekündigten Person.

Es gelten die einschlägigen Vorschriften des BGB über Willenserklärungen. Wegen der Empfangsbedürftigkeit ist zu ihrer Wirksamkeit erforderlich, dass sie der gekündigten Person zugeht.[469]

Eine Willenserklärung ist zugegangen, wenn sie so in den Einflussbereich des Empfängers gelangt ist, dass dieser unter normalen Umständen nach der Verkehrsauffassung die Möglichkeit hat, von ihrem Inhalt Kenntnis zu nehmen. Dabei ist zu unterscheiden zwischen Willenserklärungen, die unter Anwesenden und solchen, die unter Abwesenden abgegeben werden. Willenserklärungen unter Anwesenden sind solche, die gegenüber einem körperlich anwesenden Empfänger abgeben werden und telefonische Erklärungen. Bei Willenserklärungen unter Abwesenden fallen Abgabe der Erklärung und mögliche Kenntnisnahme durch den Empfänger auseinander.

Außerdem ist zwischen verkörperten Willenserklärungen (z.B. schriftlich) und nicht verkörperten Willenserklärungen (z.B. mündlich, durch Kopfnicken) zu unterscheiden.

Verkörperte Willenserklärungen unter Anwesenden sind zugegangen, wenn sie durch Übergabe in den Herrschaftsbereich des Empfängers gelangt sind (z.B. wenn die schriftlich abgefaßte Kündigung der zu kündigenden Person ausgehändigt worden ist).

Nicht verkörperte Willenserklärungen unter Anwesenden sind zugegangen, wenn sie der Empfänger zutreffend sinnlich wahrgenommen, also in sein Bewusstsein aufgenommen hat (Vernehmungstheorie).

Willenserklärungen unter Abwesenden sind zugegangen, wenn die Kenntnisnahme durch den Empfänger möglich und nach der Verkehrsauffassung zu erwarten war.

Wird das Kündigungsschreiben also beispielsweise in den Briefkasten eingeworfen, so ist es zugegangen, wenn nach der Verkehrsauffassung damit zu rechnen ist, dass der Empfänger in

---

[468] Vgl. zur Klage auf Feststellung eines Arbeitsverhältnisses BAG, 8. 11. 2006, NZA 2007, 321 f.
[469] Zur arbeitsvertraglichen Vereinbarung von Zugangsfiktionen vgl. Maurer, DB 2002, 1442 f.

seinem Briefkasten nachsieht, ob Post für ihn angekommen ist. Erfolgt der Einwurf also abends, so geht die Kündigung am Morgen des nächsten Tages zu, gleichgültig, ob der Empfänger nachgesehen hat oder nicht. Dies gilt bei urlaubsbedingter Abwesenheit des Arbeitnehmers selbst dann, wenn der Arbeitnehmer seine Urlaubsanschrift dem Arbeitgeber mitgeteilt hat. Der Bürger darf nämlich damit rechnen, Wiedereinsetzung in den vorigen Stand zu erhalten (z. B. nach § 5 KSchG), falls ihm während seiner Urlaubsabwesenheit ein Schriftstück zuging und er hieran anknüpfende Fristen versäumt hat. Die Kenntnisnahme ist auch dann möglich und nach der Verkehrsauffassung zu erwarten, wenn das Kündigungsschreiben an eine Person ausgehändigt wird, die nach der Verkehrsauffassung als ermächtigt anzusehen ist, den Empfänger in der Empfangnahme zu vertreten, ohne dass dazu nötig ist, dass dieser Person eine besondere Vollmacht oder Ermächtigung erteilt worden ist. Dazu gehören jedenfalls Angehörige des Empfängers, wenn sie in seiner Wohnung leben, Personen, die im selben Haus wie der Empfänger wohnen, nur, wenn das Kündigungsschreiben dadurch, dass es durch sie in Empfang genommen wird nach den besonderen Umständen des Einzelfalles auch in den „Lebenskreis" des Empfängers gelangt ist (z. B. Mutter). Lehnt eine solche als Empfangsbote anzusehende Person die Annahme eines Kündigungsschreibens ab, so muss der Arbeitnehmer die Kündigung nur dann als zugegangen gegen sich gelten lassen, wenn er auf die Annahmeverweigerung, etwa durch vorherige Absprache, Einfluss genommen hat.[470] Erfolgt die Kündigung durch eingeschriebenen Brief, trifft der Postbote den Empfänger nicht an und hinterlässt er deshalb im Briefkasten einen Benachrichtigungszettel, so ist der Zugang mit dem Zeitpunkt der möglichen und zumutbaren Abholung des Einschreibens erfolgt. Das BAG ist allerdings nunmehr der Ansicht, dass es auf den Zeitpunkt ankommt, zu dem der Empfänger es innerhalb der ihm von der Post mitgeteilten Aufbewahrungsfrist beim zuständigen Postamt abholt oder abholen lässt.[471]

325 Nach § 623 BGB bedarf die Kündigung zu ihrer Wirksamkeit der **Schriftform**.[472] Die Verwendung der elektronischen Form (§§ 126 Abs. 3, 126a Abs. 1 BGB) ist ausdrücklich ausgeschlossen. Die Einhaltung der erforderlichen Schriftform verlangt nicht die Lesbarkeit des Namenszuges des Kündigenden.[473] Das Schriftformerfordernis erstreckt sich auch auf das Änderungsangebot im Falle einer Änderungskündigung.[474]

Bei der Kündigung durch einen Bevollmächtigten des Arbeitgebers ist auch im öffentlichen Dienst grundsätzlich die **Vorlage einer Vollmachtsurkunde** erforderlich (§ 174 BGB).[475]

TVöD/TV-L

326 Der TVöD/TV-L sehen keine besondere Regelung bezüglich der Form der Kündigung vor. Es bleibt demnach bei dem Schriftformerfordernis des § 623 BGB.

327 Eine **Kündigung unter einer Bedingung**, eine solche also, deren Wirksamkeit vom Eintritt oder Nichteintritt eines zukünftigen ungewissen Ereignisses abhängig gemacht wird, ist grundsätzlich unwirksam, weil dadurch Unsicherheit über die Beendigung des Arbeitsverhältnisses eintritt. Eine Ausnahme besteht nur dann, wenn der

---

[470] BAG, 11. 11. 1992, NZA 1993, 259 f., m. w. N. Vgl. dazu Herbert, NZA 1994, 391 f.
[471] BAG, 25. 4. 1996, NJW 1997, 147 f.; Herbert, NJW 1997, 1829 f., m. w. N. Zum Zugang der Kündigung im Falle des sogenannten Einwurf-Einschreibens vgl. Bauer/Diller, NJW 1998, 2795 f.; Berger-Delhey, ZTR 1999, 164.
[472] Vgl. dazu Lakies, BB 2000, 667 f.; Preiss/Gotthardt, NZA 2000, 348 f.; Rolfs, NJW 2000, 1227 f.; Richardi/Annus, NJW 2000, 1231 f.; Sander/Siebert, AuR 2000, 287 f.; 330 f.; Krabbenhöft, DB 2000, 1562 f.; Richardi, NZA 2001 57 f.; Caspers, RdA 2001, 28 f. Zur Geltendmachung der Unwirksamkeit der mündlichen Kündigung vgl. Eberle, NZA 2003, 1121 f., zur Zugangsvereitelung vgl. BAG, 22. 9. 2005, NZA 2006, 204 f., zum Ausschluss der Berufung auf das gesetzliche Schriftformgebot des § 323 BGB auf Grund von Treu und Glauben (§ 242 BGB) vgl. Henssen, DB 2006, 1613 f.
[473] BAG, 20. 9. 2006, NZA 2007, 377 f.
[474] BAG, 16. 9. 2004, NZA 2005, 635 f.
[475] BAG, 12. 1. 2006, NZA 2006, 980 f.; 20. 9. 2006, NZA 2007, 377 f.

B. Die Beendigung des Arbeitsverhältnisses

Eintritt oder Nichteintritt des Ereignisses lediglich vom Willen der gekündigten Person abhängt (Potestativbedingung).[476]

Eine **Druckkündigung** liegt vor, wenn Dritte, also am Arbeitsverhältnis nicht beteiligte Personen, unter Androhung von Nachteilen für den Arbeitgeber von diesem die Entlassung eines bestimmten Arbeitnehmers verlangen.[477]

Unwirksam ist auch eine **Teilkündigung**, also eine Kündigung, die nur einzelne Pflichten und Rechte aus dem Arbeitsverhältnis betrifft, es sei denn, sie ist vertraglich ausdrücklich vorgesehen.[478]

Die **Angabe des Kündigungsgrundes** ist für die Wirksamkeit der Kündigung nicht erforderlich, es sei denn, dies ist ausnahmsweise gesetzlich vorgeschrieben (z.B. § 22 Abs. 3 BBiG) oder vertraglich vereinbart. Der Kündigende muss allerdings bei Kündigungen, die einer Begründung bedürfen, die Kündigungsgründe mitteilen (so ausdrücklich § 626 Abs. 2 S. 3 BGB), wenn dies verlangt wird. Tut er das nicht, so kann ein Schadensersatzanspruch bestehen.[479]

Eine Kündigung kann auch **vor Arbeitsantritt** erfolgen, es sei denn, dies ist vertraglich ausgeschlossen.[480]

Die Kündigung kann **widerrufen** werden, wenn der Widerruf spätestens gleichzeitig mit der Kündigung zugeht (§ 130 Abs. 1 S. 2 BGB). Danach kann sie nicht mehr einseitig rückgängig gemacht werden (Gestaltungswirkung),[481] die entsprechende Erklärung ist jedoch als Angebot zum Abschluss einer Vereinbarung über die Fortsetzung des Arbeitsverhältnisses auszulegen.[482]

Die Kündigung kann **nichtig** sein, weil sie gegen ein gesetzliches Verbot (§ 134 BGB) oder die guten Sitten (§ 138 BGB) verstößt. So ist eine Kündigung beispielsweise wegen Gesetzesverstoßes nichtig, wenn sie eine Benachteiligung wegen des Geschlechts des Gekündigten darstellt oder wegen der Zugehörigkeit zu einer Gewerkschaft erfolgt (Art. 9 Abs. 3 GG). Nichtigkeit wegen Sittenwidrigkeit ist beispielsweise gegeben, wenn die Kündigung aus Rachsucht erfolgt.[483]

1. Die ordentliche Kündigung

Bei der ordentlichen Kündigung wird von der gesetzlich, tariflich oder einzelvertraglich vorgesehenen, regelmäßig fristgebundenen Möglichkeit der Beendigung eines Arbeitsverhältnisses Gebrauch gemacht. In Sonderfällen kann gesetzlich, tariflich oder einzelvertraglich vorgesehen sein, dass eine ordentliche Kündigung ohne Einhaltung einer Kündigungsfrist ausgesprochen werden darf (z.B. § 22 Abs. 1 BBiG).[484]

---

[476] BAG, 15. 3. 2001, NZA 2001, 1070 f.
[477] Vgl. dazu BAG, 4. 10. 1990, NZA 1991, 468 f., m.w.N.; 31. 1. 1996, NZA 1996, 581 f. Zu den Rechtsschutzmöglichkeiten des betroffenen Arbeitnehmers gegenüber dem Druckausübenden vgl. Schleusener, NZA 1999, 1078 f.
[478] BAG, AP Nr. 1 und 5 zu § 620 BGB, Teilkündigung; AP Nr. 2 zu § 242 BGB, Betriebliche Übung; 23. 8. 1989, NZA 1990, 191 f.
[479] BAG, AP Nr. 55 und 56 zu § 1 KSchG; AP Nr. 50 zu § 626 BGB; AP Nr. 1 zu § 54 BMT-G.
[480] BAG, 25. 3. 2004, NZA 2004, 1089 f. Joussen, NZA 2002, 1177 f.; Herbert/Oberrath, NZA 2004,121 f. Zur Auswirkung der Kündigung vor Arbeitsantritt auf ein vereinbartes nachvertragliches Wettbewerbsverbot vgl. Rdn. 569.
[481] BAG, AP Nr. 22 zu § 1 KSchG. Vgl. zur Möglichkeit der Rücknahme der Kündigung im Kündigungsschutzprozess Thüsing, AuR 1996, 245 f.; Fischer, NZA 1999, 459 f.
[482] BAG, AP Nr. 22 zu § 1 KSchG; NJW 1982, 1118; DB 1983, 663.
[483] BAG, AP Nr. 5 zu § 242 BGB, Kündigung. Vgl. zum Kündigungsschutz außerhalb des Kündigungsschutzgesetzes Oetker, AuR 1997, 41 f.; Löwisch, BB 1997, 782 f.
[484] BVerwG, 5. 7. 1984, E 69, 340 f.

335 Das Recht zur ordentlichen Kündigung kann vertraglich[485] oder kraft Gesetzes ausgeschlossen oder eingeschränkt sein. So ist auf Grund des § 15 Abs. 3 TzBfG und des Umkehrschlusses aus § 620 Abs. 2 BGB die ordentliche Kündigung eines befristeten Arbeitsverhältnisses nicht möglich. Die ordentliche Kündbarkeit kann aber vereinbart werden.

336 a) **Kündigungsfrist**[486]
Die **gesetzliche Kündigungsfrist** ist im § 622 BGB geregelt. Sie beträgt vier Wochen zum 15. oder zum Ende eines Kalendermonats (§ 622 Abs. 1 BGB).

Eine zum Beginn des Folgemonats ausgesprochene Kündigung ist in der Regel dahin auszulegen, dass sie das Arbeitsverhältnis zum Ende des davorliegenden Monats beenden soll.[487]

Nach § 622 Abs. 2 BGB verlängert sich die gesetzliche Kündigungsfrist für **die Kündigung durch den Arbeitgeber** stufenweise abhängig von der Dauer des Bestehens des Arbeitsverhältnisses im Betrieb oder Unternehmen. Bei der Berechnung der Beschäftigungsdauer zählen nur Zeiten, die ab Vollendung des 25. Lebensjahres des Arbeitnehmers liegen.[488] Die gesetzlich vorgegebenen **Kündigungstermine** des § 622 Abs. 2 S. 1 Nr. 1 bis 7 BGB („zum Ende eines Kalendermonats") stehen **nicht zur Disposition** der Arbeitsvertragsparteien. Eine Kündigung kann deshalb nicht zu einem anderen Termin als dem Monatsende ausgesprochen werden. Dies gilt auch dann, wenn der Arbeitgeber mit längerer als der gesetzlichen Frist kündigt und das Arbeitsverhältnis hätte zu einem früheren Monatsende kündigen können.[489]

Während einer vereinbarten Probezeit, längstens für die Dauer von 6 Monaten, kann das Arbeitsverhältnis mit einer Frist von 2 Wochen gekündigt werden (§ 622 Abs. 3 BGB).

337 Von diesen gesetzlichen Kündigungsfristen kann durch **vertraglich vereinbarte Kündigungsfristen** abgewichen werden. Dabei ist zu unterscheiden, ob die Vereinbarung im Tarifvertrag oder im Arbeitsvertrag erfolgt.

338 Gemäß § 622 Abs. 4 BGB können **durch Tarifvertrag** von den Absätzen 1 bis 3 abweichende Regelungen getroffen werden. Die abweichenden Regelungen gelten zwischen nicht tarifgebundenen Arbeitsvertragsparteien auch dann, wenn im Arbeitsvertrag darauf Bezug genommen wird (S. 2).

Fraglich ist, ob es die Tariföffnungsklausel zulässt, in Tarifverträgen zwischen Arbeitern und Angestellten zu unterscheiden. Das BVerG hat diese Frage offengelassen.[490] Zur Beantwortung der Frage muss zwischen neutralen und eigenständigen Tarifbestimmungen unterschieden werden.

Eine neutrale Bestimmung erschöpft sich in der bloßen Übernahme der gesetzlichen Regelung oder gibt den Gesetzestext wörtlich oder inhaltsgleich wieder.[491] Sie teilt das Schicksal der gesetzlichen Regelung, eine zwischen Arbeitern und Angestellten unterscheidende derartige Bestimmung ist also angesichts der Entscheidung des BVerfG vom 30. 5. 1990 (Fn. 490) verfassungswidrig und damit nichtig.[492]

---

[485] Vgl. zum tariflichen und arbeitsvertraglichen Ausschluss der ordentlichen Kündigung BAG, 7. 3. 2002, NZA 2002, 963 f.; Pauly, AuR 1997, 94 f.
[486] Vgl. zur Freistellung des Arbeitnehmers von der Arbeit für die Zeit der Kündigungsfrist BAG, 6. 9. 2006, NZA 2007, 36 f.; Bauer, NZA 2007, 409 f., zur Behandlung einer anderweitigen Beschäftigung in der Freistellungsphase Nägele, NZA 2008, 1039 f.
[487] BAG, 25. 9. 2002, ZTR 2003, 144 f.
[488] Zur Anrechnung einer vorherigen Berufsausbildung vgl. BAG, 2. 12. 1999, ZTR 2000, 276 f., zur Europarechts- und Grundgesetzwidrigkeit der Regelung Schleusener, NZA 2007, 358 f.
[489] BAG, 12. 7. 2007, NZA 2008, 476 f. (478).
[490] BVerfG, 30. 5. 1990, NZA 1990, 721 f.
[491] BAG, AP Nr. 24 zu § 622 BGB.
[492] BAG, AP Nr. 30 zu § 622 BGB.

B. Die Beendigung des Arbeitsverhältnisses

Liegt dagegen eine eigenständige vom Gesetz abweichende Tarifbestimmung vor, so ist diese selbständig an Art. 3 GG zu messen, weil der Geltungsbereich von Tarifverträgen kleiner ist als der von Gesetzen und den Tarifvertragsparteien deshalb eine Regelung erlaubt sein kann, die dem Gesetzgeber verboten ist. So hat das BAG in einer Reihe von Fällen entschieden, dass derartige ungleiche tarifliche Kündigungsfristen von Arbeitern und Angestellten mit dem Gleichheitssatz vereinbar seien, weil ein vom BVerfG anerkannter Differenzierungsgrund vorliege.[493]

Im Arbeitsvertrag 339
– ist eine **Verlängerung** der gesetzlichen Kündigungsfrist möglich, wenn für die Kündigung durch den Arbeitnehmer keine längere Frist vereinbart wird als für die durch den Arbeitgeber (§ 622 Abs. 5 S. 3, Abs. 6 BGB) Im Falle eines Verstoßes dagegen muss der Arbeitgeber bei der Kündigung des Arbeitsverhältnisses die für den Arbeitnehmer vertraglich vereinbarte längere Kündigungsfrist einhalten.[494]
– kann eine **Verkürzung** der in Absatz 1 genannten Frist nur in den Fällen des Abs. 5 S. 1 Ziffern 1 und 2 erfolgen. Diese Fälle sind
Ziffer 1: Einstellung eines Arbeitnehmers zur vorübergehenden Aushilfe, allerdings nur für die Ersten drei Monate dieses Arbeitsverhältnisses.
Ziffer 2: Der Arbeitgeber beschäftigt in der Regel nicht mehr als 20 Arbeitnehmer. Bei der Zahl werden die Auszubildenden nicht mitgezählt, Teilzeitbeschäftigte mit einer regelmäßigen wöchentlichen Arbeitszeit von nicht mehr als 20 Stunden mit 0,5 und nicht mehr als 30 Stunden mit 0,75. Die Kündigungsfrist darf vier Wochen nicht unterschreiten.
Eine Verkürzung der Fristen, die in den Absätzen 2 und 3 bestimmt sind, kann dagegen im Arbeitsvertrag nicht erfolgen.

Werden im Arbeitsvertrag von den gesetzlichen Kündigungsfristen abweichende 340 Fristen vereinbart und sind diese Abweichungen nach den genannten Vorschriften nicht zulässig, so sind sie nach § 134 BGB nichtig, weil sie gegen ein gesetzliches Verbot verstoßen. Dies führt aber nicht zur Unwirksamkeit des ganzen Arbeitsvertrages nach § 139 BGB, weil anderenfalls der Zweck der Mindestkündigungsfristen vereitelt würde, das Arbeitsverhältnis nämlich sofort beendet werden könnte.

An die Stelle der nichtigen Vereinbarungen treten vielmehr die gesetzlichen Kün- 341 digungsfristen. Wird in einem Arbeitsvertrag entgegen der Bestimmung in § 622 Abs. 5 S. 1 Ziffer 2 BGB eine kürzere Kündigungsfrist als die in dieser Vorschrift bestimmte Mindestkündigungsfrist von vier Wochen ausgemacht, so gilt allerdings diese Mindestkündigungsfrist als vereinbart und nicht die gesetzliche Mindeskündigungsfrist nach § 622 Abs. 1 BGB, weil dies den Vorstellungen der Parteien am nächsten kommt, das Arbeitsverhältnis möglichst kurzfristig beenden zu können. An die Stelle der nicht wirksam vereinbarten kürzeren Frist treten in diesem Fall also nicht die gesetzliche Frist des § 622 Abs. 1 BGB von vier Wochen zum Fünfzehnten oder zum Ende eines Kalendermonats bzw. die von der Dauer des Bestehens des Arbeitsverhältnisses abhängigen längeren Fristen des § 622 Abs. 2 S. 1 BGB.

Ein Verstoß gegen die Bestimmung des § 622 Abs. 6 BGB, wonach einzelvertrag- 342 lich für den Arbeitnehmer nicht längere Kündigungsfristen festgelegt werden können als für den Arbeitgeber, ist nach dem Sinn und Zweck der Vorschrift auch dann anzunehmen, wenn die Kündigung des Arbeitnehmers gegenüber der des Arbeitgebers erschwert ist. Derartige **Kündigungsbeschränkungen** können darin liegen, dass der Arbeitnehmer für den Fall der fristgerechten Kündigung eine von ihm gestellte

---

[493] BAG, NZA 1992, 739; NZA 1992, 742; NZA 1992, 787f.; NZA 1992, 886f.; BB 1993, 1578f.; DB 1993, 1571f.; AP Nr. 29, 31, 32, 35, 36, 37, 38, zu § 622 BGB; 16. 9. 1993, NZA 1994, 221f.; 10. 3. 1994, NZA 1994, 1045f.; vgl. dazu Wank, NZA 1993, 961f. (966).
[494] BAG, 2. 6. 2005, NZA 2005, 1176f.

Kaution verlieren oder eine Vertragsstrafe zahlen soll. Solche Klauseln sind gemäß § 134 BGB nichtig, ohne dass der übrige Inhalt des Arbeitsvertrages von der Nichtigkeit berührt wird.[495]

343 Der **Lauf** der Kündigungsfrist beginnt mit dem Zugang der Kündigungserklärung. Erfolgt die Kündigung schon **vor Arbeitsantritt**, so ist fraglich, ob der Lauf der Frist nicht erst mit dem vereinbarten Termin zur Arbeitsaufnahme beginnt. Haben die Parteien für diesen Fall nicht ausdrücklich etwas vereinbart, so liegt eine Regelungslücke vor und muss der mutmaßliche Wille der Parteien ermittelt werden, um festzustellen, ob sie ein Interesse an einer zumindest vorübergehenden Realisierung des Arbeitsvertrages haben. Gelingt dies nicht, so beginnt die Frist mit dem Zugang der Kündigung zu laufen.[496]

Diese nunmehr vertretene Ansicht des Bundesarbeitsgerichts lässt sich aus der Entscheidung vom 9. 5. 1985[497] nach meiner Beurteilung deshalb herauslesen, weil das Gericht einerseits fordert, der mutmaßliche Parteiwille müsse ermittelt werden, um das Interesse an der Realisierung des Arbeitsverhältnisses festzustellen, andererseits aber ausführt, es könne der Ansicht nicht folgen, der Arbeitsvertrag sei stets dahin auszulegen, dass das Arbeitsverhältnis jedenfalls für die Dauer der Kündigungsfrist zu verwirklichen sei. Daraus ist zu schließen, dass, wenn der Realisierungswille nicht festgestellt werden kann, die Frist mit Kündigungszugang zu laufen beginnt. Dieser Auffassung ist zu folgen, weil eine Willenserklärung im Zweifel mit Zugang wirksam wird.[498]

344 Die **Berechnung der Kündigungsfrist** erfolgt nach § 187 Abs. 1 in Verbindung mit § 188 Abs. 2 BGB. Da der Lauf der Kündigungsfrist mit dem Zugang der Kündigungserklärung beginnt, ist für den Anfang der Frist ein Ereignis, nämlich der Zugang, maßgebend. Damit wird bei der Berechnung der Tag nicht mitgerechnet, in den das Ereignis fällt, und endet die Frist mit dem Ablauf des Tages der letzten Woche oder des letzten Monats der Wochen- oder Monatsfrist, der durch seine Benennung oder seine Zahl dem Tag entspricht, in den das Ereignis fällt.

Die Kündigung eines Angestellten also, die das Arbeitsverhältnis mit dem Ablauf des Donnerstag, 30. 6., beenden soll, muss spätestens vier Wochen vorher am Donnerstag zugehen.

345 Die Vorschrift des § 193 BGB gilt nicht für Kündigungsfristen.[499] Fällt also der letzte Tag der Kündigungsfrist auf einen Sonntag, einen allgemeinen Feiertag oder einen Samstag, so endet das Arbeitsverhältnis mit dem Ablauf dieses Tages und nicht erst mit dem Ablauf des nächsten Werktages.

346 Wird die Kündigungsfrist **versäumt**, so gilt die Kündigung zum nächsten zulässigen Termin, wenn sich nicht ein anderer Wille aus der Erklärung des Kündigenden ergibt.[500]

TVöD/TV-L

347 In § 34 Abs. 1 und 2 TVöD/TV-L ist eine von der gesetzlichen Kündigungsfrist abweichende Regelung getroffen worden.[501] Sie bemisst sich nach der **Beschäftigungs-**

---

[495] BAG, 6. 9. 1989, NZA 1990, 147 f., m. w. N.
[496] Vgl. dazu Joussen, NZA 2002, 1177 f. (1178 f.).
[497] NZA 1986, 671 f.
[498] Vgl. dazu auch BAG, AP Nr. 1, 2 und 3 zu § 620 BGB; 9. 2. 2006, NZA 2006, 1207 f. (1209 f.).
[499] BAG, AP Nr. 1 zu § 193 BGB.
[500] BAG, AP Nr. 5 zu § 1 KSchG, Betriebsbedingte Kündigung.
[501] Vgl. zum neuen Kündigungsrecht im TVöD Hock, ZTR 2005, 558 ff.; Bröhl, ZTR 2006, 174 ff. (180 f.), zur außerordentlichen Änderungskündigung gegenüber einem ordentlich unkündbaren Arbeitnehmer BAG, 2. 3. 2006, NZA 2006, 985 f.

zeit im Sinne von § 34 Abs. 3, die der Beschäftigte an dem Tage erreicht, an dem die Kündigung, um wirksam zu sein, ihm spätestens zugehen muss.

Beschäftigungszeit ist die bei demselben Arbeitgeber im Arbeitsverhältnis zurückgelegte Zeit, auch wenn sie unterbrochen ist (§ 34 Abs. 3 S. 1). Die Zeit eines Sonderurlaubs gemäß § 28 TVöD/TV-L bleibt unberücksichtigt, es sei denn, der Arbeitgeber hat vor Antritt des Sonderurlaubs schriftlich ein dienstliches oder betriebliches Interesse anerkannt (§ 34 Abs. 3 S. 2). Die Sätze 3 und 4 des § 34 Abs. 3 TVöD/TV-L ermöglichen die Anrechnung von Beschäftigungszeiten, die bei einem anderen öffentlich-rechtlichen Arbeitgeber zurückgelegt wurden. Satz 4 stellt klar, dass es nicht auf die Tarifgebundenheit ankommt.[502]   348

Arbeitgeber i. d. S. ist die juristische Person, die Partei des Arbeitsvertrages ist, mithin bei Beschäftigten des Bundes der Bund, bei Beschäftigten der Länder das jeweilige Land, bei Beschäftigten der Gemeinden die jeweilige Gemeinde. Eigene Arbeitgeber sind auch die rechtlich selbständigen bundes- oder landesunmittelbaren juristischen Personen des öffentlichen Rechts (z. B. Bundesbank, Bundesagentur für Arbeit) und die als juristische Personen des Privatrechts (GmbH, AG) organisierten Einrichtungen des Bundes, eines Bundeslandes oder einer Gemeinde. Die in einem Berufsausbildungsverhältnis verbrachte Zeit ist nicht „in einem Arbeitsverhältnis" zurückgelegt und gilt nicht als Beschäftigungszeit Ein Beschäftigter wechselt also seinen Arbeitgeber, wenn er von einer Bundesdienststelle zu einer Landesdienststelle übertritt, nicht jedoch, wenn er von einer Behörde der Justizverwaltung zu einer Behörde der inneren Verwaltung eines Bundeslandes wechselt. Arbeitgeber im Sinne von § 34 Abs. 3 TVöD/TV-L ist mithin nicht die Behörde, die die juristische Person bei Vertragsabschluss vertreten hat, und auch nicht die Dienststelle oder Verwaltung, bei der der Arbeitnehmerbeschäftigt ist. Über die Vorschrift des § 34 Abs. 3 TVöD/TV-L hinaus sind in bestimmten Fällen bestimmte Zeiten (z. B. des Wehrdienstes) als Beschäftigungszeiten anzurechnen. Die Festsetzung der Beschäftigungszeit durch den Arbeitgeber hat nur deklaratorische Bedeutung und kann jederzeit berichtigt werden, wenn sie sich später als fehlerhaft herausstellt.[503]

Die Kündigungsfrist beträgt bis zum Ende des sechsten Monats seit Beginn des Arbeitsverhältnisses zwei Wochen zum Monatsschluss (§ 34 Abs. 1 S. 1 TVöD/TV-L). Im Übrigen beträgt sie bei einer Beschäftigungszeit   349

bis zu 1 Jahr	1 Monat zum Monatsschluss,
nach einer Beschäftigungszeit	
von mehr als 1 Jahr	6 Wochen,
von mindestens 5 Jahren	3 Monate,
von mindestens 8 Jahren	4 Monate,
von mindestens 10 Jahren	5 Monate,
von mindestens 12 Jahren	6 Monate

zum Schluss eines Kalendervierteljahres (§34 Abs. 1 S. 2 TVöD/TV-L). Diese Fristen gelten sowohl für den Arbeitgeber als auch für den Arbeitnehmer.[504]

Beschäftigte, die das 40. Lebensjahr vollendet und eine Beschäftigungszeit von mehr als 15 Jahren zurückgelegt haben, können, sofern auf ihr Arbeitsverhältnis die Regelungen des Tarifgebiets West[505] Anwendung finden, nur aus wichtigem Grund gekündigt werden (§ 34 Abs. 2 S. 1 TVöD/TV-L).[506] Vollendung des 40. Lebensjahres und 15jährige Beschäftigungszeit müssen bereits beim Zugang der Kündigung vorliegen. Es genügt nicht, dass diese Voraussetzungen erst in dem Zeitpunkt gegeben sind, zu dem die Kündigung das Arbeitsverhältnis beenden soll.

---

[502] Vgl. auch zur alten Rechtslage BAG, 9. 7. 1992, NZA 1993, 38 (L.).
[503] BAG, 25. 10. 2001, NZA 2002, 523 f.
[504] BAG, 20. 12. 1990, NZA 1991, 569 f.
[505] Für das Tarifgebiet Ost ist damit auch im Geltungsbereich des TVöD und des TV-L die Unkündbarkeit ausgeschlossen.
[506] Zur außerordentlichen Kündigung gegenüber einem tariflich unkündbaren Arbeitnehmer vgl. BAG, 5. 2. 1998, NZA 1998, 771 f.; 17. 9. 1998, NZA 1999, 258 f.; Groeger, NZA 1999, 850 f.; Etzel, ZTR 2003, 210 f., m. w. N.; Bröhl, ZTR 2006, 174 ff. (180 f.)

Soweit Beschäftigte nach den bis zum 30. September 2005 geltenden Tarifregelungen (vgl. z.B. §§ 53 Abs. 3, 55 BAT; §§ 57 und 58 MTArb; 50 und 52 Abs. 1 BMT-G) unkündbar waren, verbleibt es dabei (§ 34 Abs. 2 S. 2 TVöD). Für Beschäftigte der Länder ist der 31. Oktober 2006 der Stichtag (§ 34 Abs. 2 TV-L).

Nach 34 Abs. 2 TVöD/TV-L können die benannten Arbeitsverhältnisse also nur noch im Wege einer außerordentlichen Kündigung beendet werden. Hierbei erfordern Sinn und Zweck des Alterskündigungsschutzes, dem Arbeitnehmer eine der fiktiven Kündigungsfrist entsprechende **Auslauffrist** einzuräumen, wenn einem vergleichbaren Arbeitnehmer ohne gesteigerten Kündigungsschutz bei gleicher Sachlage nur fristgerecht gekündigt werden könnte,[507] es sei denn, dem Arbeitgeber ist die Weiterbeschäftigung nicht einmal bis zum Ablauf der fiktiven Frist zumutbar.[508] Eine dem Beschäftigten kurz vor Eintritt der Unkündbarkeit erklärte ordentliche Kündigung ist dann nicht nach § 34 Abs. 2 TVöD/TV-L unzulässig, wenn sie zum tariflich oder vertraglich nächstmöglichen Termin ausgesprochen wird. Soll sie jedoch nicht zum nächstmöglichen Kündigungstermin, sondern erst zu einem späteren Termin wirken, so liegt eine Umgehung des § 34 Abs. 2 TVöD/TV-L vor, wenn dem Arbeitgeber für einen derart frühzeitigen Ausspruch der Kündigung kein sachlich rechtfertigender Grund zur Seite steht. In einem solchen Fall ist die Kündigung unwirksam.[509]

350 Was Beschäftigte anbetrifft, die das gesetzlich festgelegte Alter zum Erreichen einer Regelaltersrente vollendet haben und weiterbeschäftigt oder danach eingestellt werden, wird auf die Ausführungen unter Rdn. 322 verwiesen. Wird im Kündigungsschreiben eine kürzere Kündigungsfrist angegeben, so gelten dennoch die Kündigungsfristen des § 34 TVöD/TV-L.

b) **Kündigungsschutz**

351 Die ordentliche Kündigung durch den Arbeitgeber, nicht die durch den Arbeitnehmer, unterliegt dem **Kündigungsschutz**. Dieser ist im Kündigungsschutzgesetz (KSchG) geregelt.

352 Während der Arbeitnehmer das Arbeitsverhältnis unter Einhaltung der gesetzlichen oder vereinbarten Kündigungsfrist kündigen kann, ohne dies begründen zu müssen, ist für die ordentliche Kündigung durch den Arbeitgeber ein Kündigungsgrund erforderlich, der die Kündigung „sozial zu rechtfertigen" (§ 1 Abs. 1 KSchG) vermag.

353 Bevor bei der ordentlichen Arbeitgeberkündigung geprüft wird, ob ein solcher Grund vorhanden und die Kündigung somit wirksam ist, sind allerdings folgende Voraussetzungen festzustellen:

354 aa) Hat das Arbeitsverhältnis des gekündigten Arbeitnehmers zum Zeitpunkt des Zugangs der Kündigung in demselben Betrieb, in einem anderen Betrieb, der zu demselben Unternehmen gehört, oder derselben Verwaltung ohne Unterbrechung länger als sechs Monate bestanden (§ 1 Abs. 1 KSchG, **Wartezeit**)?

Maßgebend ist, dass der Arbeitnehmer in einem Arbeitsverhältnis stand. Deshalb wird die Zeit als Auszubildender eingerechnet (§ 10 Abs. 2 BBiG)[510], nicht dagegen die Zeit, in der die betroffene Person nur als Leiharbeitnehmer beschäftigt wurde.[511]

---

[507] BAG, 18. 10. 2000, BB 2001, 418 f. mit Anm. von Heidsiek; 8. 4. 2003, NZA 2003, 856 f. Zum Prüfungsmaßstab für eine außerordentliche Kündigung ohne Gewährung einer der fiktiven Kündigungsfrist entsprechenden Auslauffrist vgl. BAG, 13. 4. 2000, ZTR 2000, 562 f.

[508] BAG, 15. 11. 2001, ZTR 2002, 339 f.; 13. 6. 2002, ZTR 2003, 142 (L.); 27. 6. 2002, ZTR 2003, 140 f.

[509] BAG, BB 1988, 1393 = NZA 1988, 877 f.

[510] BAG, 26. 8. 1976, AP Nr. 68 zu § 626 BGB.

[511] BAG, 8. 12. 1988, AP Nr. 6 zu § 1 BeschFG 1985.

Die sogenannte Wartezeit ist nicht mit der Beschäftigungszeit nach § 34 Abs. 3 TVöD/TV-L identisch. Sie ist vielmehr die Zeit, in der das Arbeitsverhältnis mit demselben Arbeitgeber ohne Unterbrechung rechtlichen Bestand hatte, auf die ununterbrochene tatsächliche Beschäftigung kommt es nicht an. Arbeitgeber ist hier wie bei der Beschäftigungszeit die juristische Person, die Partei des Arbeitsvertrages ist.

Endet das Arbeitsverhältnis und schließt sich dann ohne zeitlichen Zwischenraum ein Arbeitsverhältnis mit demselben Arbeitgeber an, so ist der rechtliche Bestand im Sinne des KSchG nicht unterbrochen. Dabei ist unerheblich, ob der Arbeitnehmer im Vorarbeitsverhältnis eine andersartige Tätigkeit ausgeübt hat oder nicht.[512]

Endet das Arbeitsverhältnis während der Wartezeit und schließt sich daran mit zeitlichem Zwischenraum ein Arbeitsverhältnis mit demselben Arbeitgeber an, so ist der rechtliche Bestand im Sinne des KSchG dann nicht unterbrochen, wenn die beiden Arbeitsverhältnisse in einem nach Anlass und Dauer der Unterbrechung, sowie der Art der Weiterbeschäftigung engen sachlichen Zusammenhang stehen.[513] Dieser Zusammenhang ist in der Regel zu verneinen, wenn die Unterbrechung vier Monate gedauert hat.[514]

Ist die tatsächliche Beschäftigung eines Arbeitnehmers unterbrochen worden und ist streitig, ob das Arbeitsverhältnis auch rechtlich unterbrochen war, so hat der Arbeitgeber die Unterbrechung auch des rechtlichen Bestandes zu beweisen.[515]

Bei einem Betriebsinhaberwechsel sind beim Betriebsveräußerer erbrachte Beschäftigungszeiten bei der Berechnung der Wartezeit für eine vom Betriebsübernehmer ausgesprochene Kündigung zu berücksichtigen.[516]

Die Wartezeit kann durch Vereinbarung nicht verlängert, wohl aber verkürzt oder ganz ausgeschlossen werden.[517]

Der öffentliche Arbeitgeber ist in seinem Recht, die Eignung, Befähigung und fachliche Leistung des neu eingestellten Arbeitnehmers während der Wartezeit zu überprüfen, nicht durch Art 33 Abs. 2 GG gehindert.[518]

bb) Werden in dem Betrieb oder der Verwaltung, in dem bzw. der der gekündigte Arbeitnehmer tätig ist, in der Regel[519]
– bei einem Arbeitsverhältnis, das am 31. 12. 2003 schon bestand, mehr als 5 Arbeitnehmer,
– bei einem Arbeitsverhältnis, das nach dem 31. 12. 2003 begonnen hat, mehr als 10 Arbeitnehmer

beschäftigt (§ 23 Abs. 1 Sätze 2 und 3 KSchG) oder handelt es sich um einen **Kleinbetrieb**?[520] Die Auszubildenden werden bei diesem sogenannten Schwellenwert nicht berücksichtigt. Beschäftigt ein Arbeitgeber nicht mehr als 10 Arbeitnehmer und ist die Zahl der Arbeitnehmer, deren Arbeitsverhältnis am 31. 12. 2003 schon bestand, von mehr als 5 auf nicht mehr als 5 gesunken, so findet der allgemeine Kündigungsschutz keine Anwendung.[521]

Beschäftigt eine Verwaltung mehr als 5 bzw. 10 Arbeitnehmer, so sind die Vorschriften des 1. Abschnitts des Kündigungsschutzgesetzes auch dann anzuwenden, wenn in der einzelnen Dienststelle weniger Arbeitnehmer beschäftigt sind. Es ist nicht auf den personalvertretungsrechtlichen Dienststellenbegriff abzustellen, son-

---

[512] BAG, AP Nr. 1 zu § 1 KSchG 1969, Wartezeit.
[513] BAG, AP Nr. 1 und 3 zu § 1 KSchG, Wartezeit; BAG, DB 1981, 2498; 10. 5. 1989, ZTR 1990, 30; 20. 8. 1998, ZTR 1999, 43 f.; 44 f.
[514] BAG, AP Nr. 3 zu § 1 KSchG, Wartezeit.
[515] BAG, 16. 3. 1989, NZA 1989, 884.
[516] BAG, 27. 6. 2002, NZA 2003, 145 f.
[517] BAG, AP Nr. 81 zu § 1 KSchG; ZTR 1987, 309.
[518] BAG, 1. 7. 1999, ZTR 1999, 562 f.
[519] Vgl. zum Begriff Gragert/Keilich, NZA 2004, 776 f., m. w. N.
[520] Vgl. dazu BAG, 21. 9. 2006, NZA 2007, 438 f.; Bender/Schmidt, NZA 2004, 358 f. Zur Darlegungs- und Beweislast Müller, DB 2005, 2022 f.
[521] BAG, 17. 1. 2008, NZA 2008, 944 f.; Fleischmann/Insam/Zöll, DB 2006, 1214 f.

dern auf den Begriff Verwaltung, also auf die organisatorische Einheit, in der mehrere Dienststellen zu einer administrativen Hierarchie zusammengefasst werden.[522]

Teilzeitarbeitnehmer (zum Begriff vgl. § 2 TzBfG) werden gemäß § 23 Abs. 1 S. 4 KSchG dabei je nach ihrer regelmäßigen wöchentlichen Arbeitszeit[523] mitgezählt, und zwar
– bis zu 20 Stunden wöchentlich einschließlich mit 0,50 und
– bis zu 30 Stunden wöchentlich einschließlich mit 0,75.

Bei der Feststellung der „regelmäßigen" Beschäftigungszahl bedarf es zur Ermittlung der für den Betrieb oder die Verwaltung im Allgemeinen kennzeichnenden regelmäßigen Beschäftigungszahl – bezogen auf den Kündigungszeitpunkt – eines Rückblicks auf die bisherige personelle Situation und einer Einschätzung der zukünftigen Entwicklung.[524]

Die maßgebliche Arbeitnehmerzahl ist ausschließlich betriebsbezogen,[525] anders als im Zusammenhang mit der Berechnung der erforderlichen Dauer des Arbeitsverhältnisses.

Die geforderte Mindestzahl muss in einem Betrieb erreicht werden, der generell vom räumlichen Geltungsbereich des Kündigungsschutzgesetzes erfasst wird, mithin -vorbehaltlich von Sonderregelungen des Gemeinschaftsrechts- im Inland.[526]

356 cc) Kann sich der gekündigte Arbeitnehmer auf das Fehlen eines Kündigungsgrundes, also der sozialen Rechtfertigung, noch berufen?

Eine Arbeitgeberkündigung ohne Kündigungsgrund, eine sozial ungerechtfertigte Kündigung, ist nicht automatisch unwirksam. Der gekündigte Arbeitnehmer kann sich auf das Fehlen der sozialen Rechtfertigung grundsätzlich nur berufen, wenn er innerhalb von drei Wochen seit Zugang der Kündigung Klage auf Feststellung erhebt, dass das Arbeitsverhältnis durch die Kündigung nicht aufgehoben worden ist (**Kündigungsschutzklage**[527]); er muss also die **Klagefrist** einhalten (§ 4 S. 1, § 7 KSchG). Ihre Berechnung erfolgt nach § 187 Abs. 1 i. V. mit § 188 Abs. 2 BGB. Wird sie nicht eingehalten, so wird die Kündigung so behandelt, als sei sie sozial gerechtfertigt. Die Kündigung beendet dann das Arbeitsverhältnis. Die Klagefrist ist auch dann gewahrt, wenn die Klage zwar vor Fristablauf beim Gericht eingereicht worden ist, aber die Zustellung an den Arbeitgeber erst danach erfolgt (§ 46 Abs. 2 ArbGG i. V. m. § 167 ZPO, „demnächst").[528] Die Klagefrist gilt für die Geltendmachung **aller Unwirksamkeitsgründe**, also nicht nur der Sozialwidrigkeit, **mit Ausnahme des Schriftformmangels** („… nach Zugang der schriftlichen Kündigung…").[529] Ein Arbeitnehmer, der **lediglich Einhaltung der Kündigungsfrist** verlangt, und nicht die Unwirksamkeit der Kündigung geltend macht, ist nicht an die Klagefrist gebunden.[530] Die Klagefrist greift auch bei **Kündigungen innerhalb der ersten sechs Monate des Arbeitsverhältnisses**, in denen der Arbeitnehmer wegen Nichterfüllung der Wartezeit noch keinen Kündigungsschutz im Sinne des KSchG hat. Sinn und Zweck der Frist ist es nämlich, schnell die Wirksamkeit der Kündigung zu klären unabhängig vom Vorliegen des allgemeinen Kündigungsschutzes.

---

[522] BAG, 23. 4. 1998, NZA 1998, 995 f.
[523] Vgl. zur Darlegungs- und Beweislast für die regelmäßige wöchentliche Arbeitszeit von Teilzeitbeschäftigten Ramrath, NZA 1997, 1319 f.
[524] Vgl. dazu und zur praktischen Handhabung BAG, 31. 1. 1991, NZA 1991, 562 f.
[525] Zur Zurechnung von Betriebsstätten, die außerhalb des Hauptbetriebes liegen, vgl. BAG, 15. 3. 2001, 831 f.,,zur Anwendbarkeit auf eine Konzernholding vgl. BAG, 29. 4. 1999, NZA 1999, 932 f.
[526] BAG, 9. 10. 1997, NZA 1998, 141 f., m. w. N.
[527] Vgl. dazu Boewer, RdA 2001, 380 f.
[528] BAG, 17. 6. 1998, NZA 1998, 1225 f., m. w. N.
[529] Vgl. dazu Richardi, NZA 2003, 764 f.; Bender/Schmidt, NZA 2004, 358 f. (361 f.); Ulrici, DB 2004, 250 f. (stellvertretungsrechtliche Mängel einer Kündigung); Dollmann, BB 2004, 2073 f. (Nichteinhaltung der Kündigungsfrist).
[530] BAG, 15. 12. 2005, NZA 2006, 791 f.; 9. 2. 2006, NZA 2006, 1207 f. (1209); 6. 7. 2006, NZA 2006, 1405 f.

Das gilt mithin auch für eine Kündigung, die vor dem Zeitpunkt des vereinbarten Beginns des Arbeitsverhältnisses zugegangen ist.[531] Die Klagefrist ist schließlich auch dann einzuhalten, wenn sich der Arbeitnehmer auf einen tarifvertraglichen oder arbeitsvertraglichen **Ausschluss der ordentlichen Kündigung** berufen will.[532]

Hat der Arbeitnehmer innerhalb der Klagefrist die Rechtsunwirksamkeit einer Kündigung geltend gemacht, so kann er sich noch bis zum Schluss der mündlichen Verhandlung erster Instanz auf Gründe berufen, die er innerhalb der Klagefrist nicht geltend gemacht hat (§ 6 KSchG).

Wird in einem Kündigungsschutzprozess rechtskräftig festgestellt, dass eine konkrete Kündigung unwirksam ist, so enthält die Feststellung auch, dass zum Zeitpunkt des Zugangs der Kündigung ein Arbeitsverhältnis bestanden hat. Auch diese Feststellung wird vom **Umfang der Rechtskraft** des Kündigungsschutzurteils erfasst. Der Arbeitgeber kann also nicht mehr geltend machen, das Arbeitsverhältnis sei doch durch vor der für unwirksam erklärten Kündigung liegende Auslösungstatbestände beendet worden.[533]

357

Gemäß § 4 Satz 4 KSchG beginnt die Klagefrist in den Fällen, in denen die Kündigung der Zustimmung einer Behörde bedarf (z.B. § 9 Abs. 3 MuSchG, § 85 SGB IX), erst mit der Bekanntgabe der Entscheidung der Behörde an den Arbeitnehmer, sofern diese nach dem Zugang der Kündigung erfolgt.[534] Die Vorschrift findet dagegen keine Anwendung, wenn der Arbeitnehmer selbst nicht annehmen kann, dass eine behördliche Entscheidung bekannt gegeben wird, weil ihm bekannt ist, dass der Arbeitgeber von der Zustimmungsbedürftigkeit der Kündigung keine Kenntnis haben kann. Diese Situation ist zum Beispiel gegeben bei zunächst nicht bekannter Schwangerschaft oder nicht mitgeteilter oder erkennbarer aber bereits beantragter Anerkennung als schwerbehinderter Mensch.[535] In diesen Fällen läuft die Frist ab Zugang der Kündigung.

358

Gelegentlich kündigt der Arbeitgeber, nachdem der Arbeitnehmer gegen eine Kündigung bereits fristgerecht Klage erhoben hat, nochmals. Dann kommt es vor, dass der Arbeitnehmer annimmt, in dem von ihm begonnenen Rechtsstreit werde auch über die weitere Kündigung mitentschieden und er die erneute fristgerechte Klage gegen die sogenannte Nachkündigung deshalb unterlässt. Um derartigen Praktiken zu begegnen, empfiehlt es sich, bei der Klageerhebung wegen der ersten Kündigung nicht nur zu beantragen „festzustellen, dass das Arbeitsverhältnis durch die Kündigung vom ... nicht aufgelöst ist" (§ 4 S. 1 KSchG), sondern zusätzlich „dass das Arbeitsverhältnis über den Ablauf der Kündigungsfrist (oder über den Zeitpunkt der angeblichen außerordentlichen Kündigung) hinaus ungekündigt fortbesteht". Dann ist Streitgegenstand die Frage, ob ein Arbeitsverhältnis im Zeitpunkt der Letzten mündlichen Verhandlung in der Tatsacheninstanz oder über einen im Klageantrag genannten bestimmten späteren Zeitpunkt hinaus fortbesteht und nicht nur die Auflösung oder Nichtauflösung des Arbeitsverhältnisses gerade durch die angegriffene Kündigung und zu dem in ihr vorgesehenen Termin.[536] Dies setzt nach der Rechtsprechung des BAG[537] allerdings voraus, dass der Arbeitnehmer tatsächlich eine selbständige allgemeine Feststellungsklage erhoben hat. Das ist nicht schon dann der

359

---

[531] BAG, 9. 2. 2006, NZA 2006, 1207 f. (1208).
[532] BAG, 8. 11. 2007, NZA 2008, 936 f.
[533] BAG, 26. 6. 2008, NZA 2008, 1145 f.; Berkowsky, NZA 2008, 1112 f.
[534] Vgl. dazu BAG, 13. 2. 2008, NZA 2008, 1055 f.; Schmidt, NZA 2004, 79 f.; Zeising/Kröpelin, DB 2005, 1626 f.
[535] Preis, DB 2004, 70 f. (77); Schmidt, NZA 2004, 79 f. (81 f.); Quecke, RdA 2004, 86 f. (100).
[536] BAG, AP Nr. 50 zu § 256 ZPO; NZA 1988, 651 f. Zum Streitgegenstand der Kündigungsschutzklage vgl. ausführlich Boewer, NZA 1997, 359 f.
[537] BAG, 27. 1. 1994, NZA 1994, 812 f.; 16. 3. 1994, NZA 1994, 860 f.; 7. 12. 1995, NZA 1996, 334 f.; 13. 3. 1997, NZA 1997, 844 f. Vgl. zur Kritik und zu den Konsequenzen für die praktische Handhabung Diller, NZA 1994, 830 f.; ders., NJW 1998, 663 f.; Boemke, RdA 1995, 211 f.; Wenzel, DB 1997, 1869 f.; Schwab, NZA 1998, 342 f.

Fall, wenn der Arbeitnehmer zusätzlich zur punktuellen Kündigungsschutzklage die Feststellung beantragt, dass das Arbeitsverhältnis „zu unveränderten Arbeitsbedingungen über den...hinaus fortbesteht", weil es sich dabei auch nur um eine floskelartige Beschreibung der Folgen einer erfolgreichen Kündigungsschutzklage handeln kann. Für die Frage, ob tatsächlich eine selbständige allgemeine Feststellungsklage nach § 256 ZPO erhoben wird, ist die Klagebegründung heranzuziehen. Befasst sich diese ausschließlich mit der Frage, ob eine ganz bestimmte, mit der punktuellen Kündigungsschutzklage angegriffene Kündigung wirksam ist, so liegt regelmäßig keine selbständige allgemeine Feststellungsklage vor.

360 Eine nachträgliche Zulassung der Klage bei Versäumung der Klagefrist ist unter den Voraussetzungen des § 5 KSchG möglich.[538] Die Klage ist gemäß § 5 Abs. 1 S. 2 KSchG nachträglich zuzulassen, wenn eine Frau von ihrer Schwangerschaft aus einem von ihr nicht zu vertretenden Grund erst nach Ablauf der Klagefrist Kenntnis erlangt.

361 Sind die drei Voraussetzungen für den Kündigungsschutz gegeben, so ist zu prüfen, ob die Arbeitgeberkündigung **sozial gerechtfertigt** ist, ob also ein ausreichender Kündigungsgrund vorhanden ist. Maßgebender Zeitpunkt ist der Zugang der Kündigungserklärung.[539]

362 Auch außerhalb des Geltungsbereichs des allgemeinen Kündigungsschutzes, mithin im Falle einer Kündigung in der Wartezeit oder im Kleinbetrieb, ist der Arbeitnehmer durch die zivilrechtlichen Generalklauseln (§§ 242, 138 Abs. 1 BGB) vor einer sitten- oder treuwidrigen Kündigung des Arbeitgebers geschützt.[540]

Kündigungsgründe sind:

363 **Gründe, die in der Person des Arbeitnehmers liegen** (personenbedingte Kündigung, § 1 Abs. 2 S. 1 KSchG). Es handelt sich dabei um solche Gründe, die auf den persönlichen Eigenschaften des Arbeitnehmers beruhen. Hierzu gehören zum Beispiel mangelnde geistige oder körperliche Eignung, Minderleistungen des Arbeitnehmers,[541] nicht dagegen die Erreichung des Rentenalters (§ 41 SGB VI).

364 **Gründe, die im Verhalten des Arbeitnehmers liegen** (verhaltensbedingte Kündigung, § 1 Abs. 2 S. 1 KSchG).

Hierzu gehören zum Beispiel Vertragsverletzungen. Für eine verhaltensbedingte Kündigung gilt das sogenannte **Prognoseprinzip**. Der Zweck der Kündigung ist nicht Sanktion für eine Vertragspflichtverletzung, sondern Vermeidung von weiteren Vertragspflichtverletzungen. Eine negative Prognose liegt vor, wenn aus der konkreten Pflichtverletzung und der daraus resultierenden Vertragsstörung geschlossen werden kann, der Arbeitnehmer werde den Arbeitsvertrag auch nach Androhung einer Kündigung erneut in gleicher oder ähnlicher Weise verletzten.[542] Deshalb ist eine Kündigung, die auf Gründe gestützt wird, die im Verhalten des Arbeitnehmers liegen, grundsätzlich nur dann sozial gerechtfertigt, wenn ihr eine **Abmahnung** vorausging.[543] Abmahnung ist der Ausdruck der Mißbilligung eines Verhaltens unter

---

[538] Vgl. dazu Berkowsky, NZA 1997, 352 f. Zu den Rechtsmitteln gegen Entscheidungen gemäß § 5 KSchG Bader, NZA 2008, 620 f.

[539] Zur Frage eines Anspruchs des Arbeitnehmers auf Fortsetzung des Arbeitsverhältnisses im Falle nachträglicher Veränderung kündigungsbegründender Umstände vgl. vom Stein, RdA 1991, 85 f.

[540] BVerfG, 21. 6. 2006, NZA 2006, 2006, 913 f.; BAG, 21. 2. 2001. NZA 2001, 833 f.; 6. 2. 2003, NZA 2003, 717 f.; Gragert/Wiehe, NZA 2001, 934 f.; Annuß, BB 2001, 1898 f. Zum Mindestkündigungsschutz außerhalb des KSchG vgl. Stein, DB 2005, 1218 f.

[541] BAG, 11. 12. 2003, NZA 2004, 784 f.

[542] BAG, 12. 1. 2006, NZA 2006, 917 f. (921 f.); 12. 1. 2006, NZA 2006, 980 f. (984 f.); 13. 12. 2007, NZA 2008, 589 f. (592).

[543] BAG, 17. 2. 1994, NZA 1994, 656 f. Vgl. dazu ausführlich Fromm, DB 1989, 1409 f.; Falkenberg, NZA 1988, 489; Burger, DB 1992, 836 f.; Conze, ZTR 1993, 312 f.; ders., ZTR 1997, 342 f.;

Androhung von Rechtsfolgen für die Zukunft, sofern das mißbilligte Verhalten nicht geändert wird. Für die Wirksamkeit einer verhaltensbedingten Kündigung ist mithin die Androhung der Rechtsfolge der Beendigung des Arbeitsverhältnisses erforderlich.[544] Durch sie soll der mögliche Einwand des Arbeitnehmers ausgeräumt werden, er habe die Pflichtwidrigkeit seines Verhaltens nicht gekannt oder jedenfalls nicht damit rechnen müssen, der Arbeitgeber sehe dieses Verhalten als so schwerwiegend an, dass er zu kündigungsrechtlichen Konsequenzen greifen werde.[545] Ihre Funktion kann auch eine vorhergehende Kündigung erfüllen.[546] Die in § 3 Abs. 6 S. 4 TV-L[547] vorgesehene Anhörungspflicht hat zur Folge, dass eine Abmahnung formell unwirksam ist, wenn der Arbeitnehmer zu Beschwerden oder für ihn ungünstigen Behauptungen nicht zuvor gehört wird. Eine solche Abmahnung entfaltete dennoch diese Warnfunktion.[548] Mit der Abmahnung verzichtet der Arbeitgeber in der Regel auf ein Kündigungsrecht wegen der Gründe, die Gegenstand der Abmahnung sind.[549] Dies gilt auch außerhalb des Anwendungsbereichs des Kündigungsschutzgesetzes, denn der Grundsatz beruht nicht auf spezifischen kündigungsschutzrechtlichen Erwägungen, sondern auf allgemeinen zivilrechtlichen. Eine spätere Kündigung kann er deswegen nicht alleine auf die abgemahnten Gründe stützen, sondern hierauf nur dann unterstützend zurückgreifen, wenn weitere kündigungsrechtlich erhebliche Umstände eintreten oder nachträglich bekannt werden.[550] Einer Abmahnung vor der Kündigung bedarf es nicht, wenn der Arbeitnehmer nicht damit rechnen kann, sein Verhalten werde vom Arbeitgeber gebilligt,[551] wenn der Arbeitgeber Verhaltensweisen des Arbeitnehmers, die er zum Anlass einer Kündigung zu nehmen beabsichtigt, in der Dienststelle oder im Betrieb allgemein bekannt macht oder wenn es sich um ein Verhalten handelt, das eine Störung im Vertrauensbereich hervorruft (z.B. Unterschlagung in der Dienststelle).[552] Die Abmahnung wird wirkungslos, wenn sie eine längere, nach den Umständen des Falles zu bemessende Frist zurückliegt.[553] Zahlreiche Abmahnungen wegen gleichartiger Pflichtverletzungen, denen keine weiteren Konsequenzen folgen, können die Warnfunktion der Abmahnung abschwächen.[554]

Dringende betriebliche Erfordernisse, die einer Weiterbeschäftigung des Arbeitnehmers entgegenstehen (betriebsbedingte Kündigung, § 1 Abs. 2 S. 1 KSchG).[555]

365

Pauly, NZA 1995, 449 f.; Walker, NZA 1995, 601 f.; Becker-Schaffner, ZTR 1999, 105 f.; Schaub, NZA 1997, 1185 f.; Bader, ZTR 1999, 200 f.; Zuber, NZA 1999, 1142, m. w. N. Zur Abgrenzung von Abmahnung und Betriebsbuße vgl. Heinze, NZA 1990, 169 f.; Schaub, NJW 1990, 872 f., zur Frage, wer zur Abmahnung berechtigt ist, vgl. Adam, DB 1996, 476.
[544] BAG, AP Nr. 57, 62 zu § 626 BGB; AP Nr. 3 zu § 1 KSchG 1969, Verhaltensbedingte Kündigung.
[545] BAG, NZA 1987, 418. Zu den Folgen zahlreicher Abmahnungen wegen gleichartiger Pflichtverletzungen, denen keine weiteren Konsequenzen folgen, vgl. BAG, 15. 11. 2001, ZTR 2002, 344 f.
[546] BAG, 31. 8. 1989, NZA 1990, 433 f. (434).
[547] Beachte: Die Anhörungspflicht nach § 13 Abs. 2 S. 1 BAT bzw. § 13 a MTArb wurde im TVöD nicht mehr vorgesehen.
[548] BAG, 21. 5. 1992, NZA 1992, 1028 f.; 15. 12. 1994, ZTR 1995, 265 (L.). Vgl. auch Schunck, NZA 1993, 828 f.
[549] BAG, 13. 12. 2007, NZA 2008, 403 f.
[550] BAG, 6. 3. 2003, NZA 2003, 1388 f.
[551] BAG, 10. 2. 1999, ZTR 1999, 276 f., m. w. N.; 12. 1. 2006, NZA 2006, 917 f. (921 f.).
[552] Gerhards, BB 1996, 794 f.; BAG, 19. 6. 1967, BB 1967, 1087 f. (ständ. Rechtsprechung); jetzt differenzierter BAG, 4. 6. 1997, BB 1998, 109 f.; dazu Bergwitz, BB 1998, 2310 f.
[553] BAG, DB 1987, 1303.
[554] Vgl. dazu BAG, 15. 11. 2001, NZA 2002, 968 f.; 16. 9. 2004, NZA 2005, 459 f.; Kammerer, BB 2002, 1747 f.
[555] Vgl. dazu Neef/Neef, NZA 2006, 1241 f.

Solche Erfordernisse können wirtschaftlicher, technischer oder organisatorischer Art sein.[556] Eine sozialwidrige betriebsbedingte Kündigung liegt auch dann vor, wenn in dem für die Beurteilung der Wirksamkeit der Kündigung maßgeblichen Kündigungszeitpunkt zwar keine Weiterbeschäftigungsmöglichkeit für den Arbeitnehmer mehr besteht, der Arbeitgeber diesen Zustand aber treuwidrig herbeigeführt hat.[557]

Eine betriebsbedingte Kündigung ist nur dann sozial gerechtfertigt, wenn der Arbeitgeber bei der Auswahl des zu entlassenden Arbeitnehmers eine zutreffende **soziale Auswahl** durchgeführt hat (§ 1 Abs. 3 KSchG).[558] Unter mehreren vergleichbaren Arbeitnehmern ist mithin derjenige zu entlassen, der nach seinen Sozialdaten des geringsten Schutzes bedarf. Die Sozialauswahl ist betriebsbezogen.[559] Auswahlkriterien sind die Dauer der Betriebszugehörigkeit, das Lebensalter, die Unterhaltspflichten und die Schwerbehinderung.

Mit dieser abschließenden Aufzählung besteht weder das Gebot noch die Notwendigkeit für die Berücksichtigung weiterer sozialer Gesichtspunkte, gleich welcher Art, mit anderen Worten, die Kündigung kann wegen fehlerhafter Sozialauswahl nur dann sozialwidrig sein, wenn eines der vier genannten Kriterien nicht oder nicht ausreichend berücksichtigt wird.[560]

Dem Arbeitgeber wird ein Wertungsspielraum eingeräumt, denn es besteht keine gesetzliche Gewichtung der Kriterien. Das Bundesarbeitsgericht lehnt es ebenfalls ab, für die Gewichtung abstrakte Vorgaben zu machen, insbesondere besteht keine Priorität der Betriebszugehörigkeit gegenüber dem Lebensalter und den Unterhaltspflichten.[561] Mit der Einbeziehung der schwerbehinderten Menschen sind auch die gleichgestellten behinderten Menschen gemäß § 68 Abs. 3 SGB IX erfasst. Hat der Arbeitgeber bei Zugang der Kündigung von der Schwerbehinderung nichts gewusst und war sie auch weder offensichtlich noch ihre Feststellung beantragt, so dass die Zustimmung des Integrationsamtes nicht erforderlich war (vgl. dazu Rdn. 927), so kann sich der Arbeitnehmer auch im Kündigungsschutzprozess nicht darauf berufen.[562]

Nach § 1 Abs. 3 S. 2 KSchG sind Arbeitnehmer in die soziale Auswahl nicht einzubeziehen, **deren Weiterbeschäftigung im berechtigten betrieblichen Interesse liegt,** und zwar insbesondere wegen ihrer Kenntnisse, Fähigkeiten und Leistungen oder zur Sicherung einer ausgewogenen Personalstruktur des Betriebes.[563] Das „berechtigte betriebliche Interesse" ist auf Grund einer Abwägung mit dem konkreten Schutzinteresse des Arbeitnehmers festzustellen. Je schwerer das soziale Interesse wiegt, des-

---

[556] Zur betriebsbedingten Kündigung allgemein vgl. Tschöpe, BB 2000, 2630 f., zu den betriebsbedingten Kündigungsgründen vgl. Preis, NZA 1997, 625 f., zur betriebsbedingten Kündigung im öffentlichen Dienst BAG, 7. 10. 2004, NZA 2005,352 f. (Stellenreduzierung auf Grund einer im Haushaltsgesetz festgelegten Zahl von konkret datierten „kw-Vermerken"); 21. 9. 2000, NZA 2001, 255 f. (Organisationsentscheidung des öffentlichen Arbeitgebers, eine Angestelltenstelle, auf der hoheitliche Aufgaben erledigt werden, in eine Beamtenstelle umzuwandeln und mit einem Beamten zu besetzen); Lingemann/Grothe, NZA 1999, 1072 f., zu den besonderen Rechtsfragen im Falle einer betriebsbedingten Kündigung eines Teilzeitarbeitsverhältnisses Reinfelder/Zwanziger, DB 1996, 677 f., zur Bedeutung des Haushaltsrechts für die Kündigung (und Befristung) von Arbeitsverhältnissen im öffentlichen Dienst Lakies, NZA 1997, 745 f.
[557] BAG, 6. 12. 2001, ZTR 2002, 499 f.
[558] Zur betriebsübergreifenden Sozialauswahl vgl. Gaul/Bonanni, NZA 2006, 289 f.
[559] BAG, 18. 10. 2006, NZA 2007, 798 f.
[560] Quecke, RdA 2004, 86 f. (87); Gaul/Lunk, NZA 2004, 184 f.; Däubler, NZA 2004, 177 f. (181 f.); Beyer-Delhey, ZTR 2004, 77 f. (77,78); Thüsing/Wege, RdA 2005, 12 f.; Brors, AuR 2005, 41 f.
[561] BAG, 2.12.1999, AP Nr. 45 zu § 1 KSchG 1969, soziale Auswahl; 5. 12 2002, NZA 2003, 791.
[562] Löwisch, BB 2004, 154; Bader, NZA 2004, 65, 74; Quecke, RdA 2004, 88.
[563] Vgl. dazu BAG, 6. 9. 2007, NZA 2008, 405 f.; Bär, AuR 2004, 169 f.

B. Die Beendigung des Arbeitsverhältnisses

to gewichtiger müssen die Gründe für die Ausklammerung aus der Sozialauswahl sein.[564] Der Begriff „Sozialstruktur" umfasst die Altersstruktur und die Zusammensetzung der Belegschaft nach unterschiedlichen personalen Merkmalen (z. B. Vollzeit/Teilzeit, befristet/unbefristet). Es soll lediglich der Status quo der Personalstruktur erhalten werden, eine irgendwie geartete bereits bestehende Ausgewogenheit ist nicht erforderlich.[565]

Auch **Arbeitnehmer mit Sonderkündigungsschutz** werden nach herrschender Meinung in die Sozialauswahl nicht einbezogen. Dies sind der in § 15 KSchG geschützte Personenkreis, Wehrpflichtige (§ 2 Abs. 1 Arbeitsplatzschutzgesetz), Zivildienstleistende (§ 78 Abs. 1 ZDG) und Auszubildende nach Ablauf der Probezeit (§ 22 Abs. 2 BBiG). Streitig ist die Frage, ob in die Sozialauswahl solche Arbeitnehmer einzubeziehen sind, die einen tariflichen oder einzelvertraglich vereinbarten besonderen Kündigungsschutz besitzen. Von der herrschenden Meinung wird dies verneint.[566]

Die Durchführung der sozialen Auswahl vollzieht sich so:
– Sie ist nicht etwa nur abteilungsbezogen, sondern betriebsbezogen vorzunehmen, betriebsübergreifend jedenfalls dann, wenn mehrere Unternehmen einen Gemeinschaftsbetrieb unterhalten.[567]
– Die Prüfung erfolgt dreistufig.[568]
1. Zunächst ist der Kreis der vergleichbaren Arbeitnehmer festzustellen, weil sich die soziale Auswahl nur auf Arbeitnehmer erstrecken kann, die miteinander verglichen werden können. Der Vergleich kann sich nur auf derselben Ebene der Betriebshierarchie vollziehen (sog. horizontale Vergleichbarkeit), Arbeitnehmer auf einer anderen (höheren oder niedrigeren) Ebene der Betriebshierarchie sind also nicht einzubeziehen, weil ein Verdrängungsmechanismus „nach oben" bzw. „nach unten" vermieden werden soll. Vergleichbar sind solche Arbeitnehmer, die austauschbar sind. Es ist zu prüfen, ob der Arbeitnehmer, dessen Arbeitsplatz weggefallen ist, die Funktion eines anderen Arbeitsplatzes wahrnehmen kann. Das ist bei Identität des Arbeitsplatzes gegeben, aber auch dann, wenn der Arbeitnehmer auf Grund seiner Fähigkeit und Ausbildung eine andersartige, aber gleichwertige Tätigkeit ausführen kann. Vergleichbar sind auch Arbeitnehmer, die durch das Weisungsrecht des Arbeitgebers auf den jeweils anderen Arbeitsplatz versetzbar sind, und zwar auch dann, wenn eine kurze und zumutbare Einarbeitungszeit auf einem anderen Arbeitsplatz notwendig ist.[569]
Bei einer betriebsbedingten Kündigung eines im öffentlichen Dienst beschäftigten Angestellten sind in die Sozialauswahl grundsätzlich nur Angestellte derselben Vergütungsgruppe einzubeziehen.[570]
2. Nunmehr ist zu klären, welche Arbeitnehmer aus dem Kreis der vergleichbaren auf Grund der Regelung in § 1 Abs. 3 S. 2 KSchG wieder ausscheiden.
3. Erst in der dritten Stufe ist dann innerhalb des verbleibenden Personenkreises die eigentliche Sozialauswahl vorzunehmen.

Ist in einem Tarifvertrag oder in einer Richtlinie über die personelle Auswahl nach § 76 Abs. 2 Nr. 8 BPersVG festgelegt, wie die sozialen Gesichtspunkte nach § 1

366

---

[564] BAG, 12. 4. 2002, AP Nr. 56 zu § 1 KSchG 1969, soziale Auswahl; 31. 5. 2007, NZA 2007, 1362 f.; Quecke, RdA 2004, 88, m. w. N.
[565] BAG, 20. 4. 2005, NZA 2005, 877 f.; 6. 7. 2006, NZA 2007, 139 f.; Quecke, a. a. O., S. 88, m. w. N.
[566] Vgl. dazu Leuchten, NZA 2007, 585 f., m. w. N.
[567] BAG, 15. 12. 2005, NZA 2006, 590 f. Zur Betriebsbezogenheit der Sozialauswahl vgl. Berkowsky, NZA 1996, 290 f., zur Konzernbezogenheit Kukat, BB 2000, 1242 f.
[568] Bader, NZA 1996, 1125 f. (1129).
[569] Vgl. dazu BAG, 5. 6. 2008, NZA 2008, 1120 f., m. w. N., zur Einbeziehung Vollzeitbeschäftigter bei der Kündigung teilzeitbeschäftigter Arbeitnehmer und Teilzeitbeschäftigter bei der Kündigung vollzeitbeschäftigter Arbeitnehmer BAG, 3.12. 1998, NZA 1999, 431 f.; 12. 8. 1999, NZA 2000, 30 f. (auch im öffentlichen Dienst); 18. 10. 2006, NZA 2007, 798 f.; Bauer/Klein, BB 1999, 1162 f.
[570] BAG, 23. 11. 2004, ZTR 2005, 375 f.; 2. 3. 2006, NZA 2006, 1350 f.

Abs. 3 S. 1 KSchG im Verhältnis zueinander zu bewerten sind, so kann die Bewertung nur auf grobe Fehlerhaftigkeit überprüft werden. (§ 1 Abs. 4 KSchG).[571]

Bei einer betriebsbedingten Kündigung hat eine Sozialauswahl grundsätzlich dann nicht mehr stattzufinden, wenn allen Arbeitnehmern (z. B. wegen einer Betriebsstilllegung) gekündigt wird.[572]

Gemäß § 1 Abs. 3 S. 1 Halbsatz 2 KSchG muss der Arbeitgeber dem Arbeitnehmer auf Verlangen die Gründe angeben, die zu der getroffenen sozialen Auswahl geführt haben.[573]

Unternehmerische Entscheidungen, die eine betriebsbedingte Kündigung erforderlich machen, sind der gerichtlichen Überprüfung auf ihre Notwendigkeit und Zweckmäßigkeit grundsätzlich entzogen.[574] Die Überprüfung ist auf die Missbrauchskontrolle beschränkt, die es allerdings erforderlich macht, zu prüfen, ob eine Organisationsänderung eine Beendigungs- oder Änderungskündigung unvermeidbar macht.[575] Rationalisierungsmaßnahmen und innerbetriebliche Umstrukturierungsmaßnahmen sind daraufhin überprüfbar, ob sie offenbar unsachlich, unvernünftig oder willkürlich sind.[576] Wird dies bejaht, so ist eine darauf gestützte betriebsbedingte Kündigung nicht gerechtfertigt. Der Arbeitnehmer trägt dafür allerdings die Beweislast.[577]

367 Nimmt der Arbeitgeber im Falle einer betriebsbedingten Kündigung in die Kündigungserklärung den Hinweis auf, dass die Kündigung auf dringende betriebliche Erfordernisse gestützt ist und der Arbeitnehmer bei Verstreichenlassen der Klagefrist eine **Abfindung** beanspruchen kann, so ist er zur Zahlung der Abfindung verpflichtet, wenn der Arbeitnehmer die Klagefrist des § 4 Satz 1 KSchG verstreichen und damit die Wirkung des § 7 KSchG eintreten lässt (§ 1a Abs. 1 KSchG).[578] Die Rege-

---

[571] Vgl. dazu BAG, 18. 10. 2006, NZA 2007, 504 f.
[572] BAG, 10. 10. 1996, NZA 1997, 92 f.
[573] Zu den Anforderungen vgl. BAG, 21. 7. 1988, NZA 1989, 264 f.
[574] Vgl. dazu BAG, 27. 11. 1991, NZA 1992, 644 f.; 15. 12. 1994, NZA 1995, 413 f. (413); 18. 1. 2001, NZA 2001, 719 f.; 26. 9. 2002, AP Nr. 124 zu § 1 KSchG 1969, Betriebsbedingte Kündigung; 16. 12. 2004, NZA 2005, 761 f.; Reuter, NZA 1989, 241 f., m. w. N.; Preis, NZA 1995, 241 f.; ders., AuR 1997, 60 f.; Möhn, ZTR 1995, 356 f.; Pauly, ZTR 1997, 113 f.; Bitter, DB 1999, 1214 f.; Quecke, NZA 1999, 1247 f.; Feudner, DB 1999, 2566 f.; Stein, BB 2000, 457 f.; Zepter, DB 2000, 474 f.; Schrader, NZA 2000, 401 f.; Preis, DB 2000, 1122 f.; Bitter, DB 2000, 1760 f.; Quecke, DB 2000, 2429 f.; Feudner, NZA 2000, 1136 f.; Hromadka, ZFA 2002, 383 f.; Kühling, AuR 2003, 92 f.; Stein, AuR 2003, 99 f.; Reuter, RdA 2004, 161 f.; Walker, ZFA 2004, 501 f. Zum Wiedereinstellungsanspruch nach wirksamer Kündigung des Arbeitsverhältnisses allgemein Nicolai/Noack, ZFA 2000, 87 f.; Strathmann, DB 2003, 2438 f., bei Wegfall des Kündigungsgrundes Raab, RdA 2000, 147 f.; Günzel, DB 2000, 1227 f.; Kaiser, ZFA 2000, 205 f.; BAG, 27. 6. 2001, NZA 2001, 1135 f. (nach Kündigung wegen Krankheit), nach betriebsbedingter Kündigung vgl. BAG, 27. 2. 1997, NZA 1997, 757 f.; 6. 8. 1997, NZA 1998, 254 f.; 28. 6. 2000, BB 2001, 573 f. mit Anmerkung von Kukat; 25. 10. 2007, NZA 2008, 357 f. (nach Betriebsübernahme); Beckschulze, DB 1998, 417 f., m. w. N.; Ricken, NZA 1998, 460 f.; Nägele, BB 1998, 1686 f.; Meinel/Bauer, NZA 1999, 575 f.; Boewer, NZA 1999, 1121 f., m. w. N.; ders., NZA 1999, 1177 f., m. w. N.
[575] BAGE 31, 157; 55, 262; 18. 1. 1990, ZTR 1990, 734 f.; 26. 9. 2002, NZA 2003, 549 f.; 21. 4. 2005, DB 2005, 2250; Fiebig, DB 1993, 582 f.; Annuß, NZA 2005, 443 f.; Lelley/Sabin, DB 2006, 1110 f. Zur Frage eines kündigungsrechtlich relevanten Konzernbezugs vgl. BAG, 27. 11. 1991, NZA 1992, 644 f.
[576] BAG, ZTR 1988, 151 f.; 26. 1. 1995, ZTR 1995, 267 f.; 9. 5. 1996, NZA 1996, 1145 f.; 17. 6. 1999, NZA 1999, 1095 f.; 17. 6. 1999, NZA 1999, 1098 f.; 22. 4. 2004, NZA 2004, 1158 f.; 13. 3. 2008, NZA 2008, 878 f.; Franzen, NZA 2001, 805 f.
[577] BAG, BB 1974, 323; BB 1975, 1305; NJW 1981, 301.
[578] Vgl. dazu BAG, 19. 6. 2007, NZA 2007, 1357 f.; Raab, RdA 2005, 1 f.; Thüsing/Wege, DB 2005, 2634 f. Zum Abhängigmachen von Sozialplanleistungen vom Verzicht des Arbeitnehmers auf die Erhebung einer Kündigungsschutzklage in einer Betriebsvereinbarung vgl. BAG, 31. 5. 2005, NZA 2005, 997 f.; Riesenhuber, NZA 2005, 1100 f.; Thüsing/Wege, DB 2005, 2634 f.; Altenburg/

B. Die Beendigung des Arbeitsverhältnisses

lung ist auch auf eine aus dringenden betrieblichen Gründen ausgesprochene Änderungskündigung anwendbar, soweit diese wegen Nichtannahme oder vorbehaltsloser Ablehnung des Änderungsangebots zur Beendigung des Arbeitsverhältnisses führt.[579] Es ist unerheblich, ob der Arbeitnehmer die Frist willentlich oder versehentlich verstreichen lässt. Mit der nachträglichen Zulassung der Klage nach § 5 KSchG entfällt der Abfindungsanspruch, das Einfordern oder die Annahme der Abfindung steht einem nachträglichen Antrag gemäß § 5 KSchG entgegen.[580]
Die Höhe der Abfindung beträgt gemäß § 1a Abs. 2 KSchG 0,5 Monatsverdienste im Sinne von § 10 Abs. 3 KSchG für jedes Jahr des Bestehens des Arbeitsverhältnisses, wobei ein Zeitraum von mehr als sechs Monaten auf ein volles Jahr aufzurunden ist.
Zweck der Regelung ist die Eröffnung eines einfachen, effizienten und kostengünstigen Weges zur Erleichterung der vorgerichtlichen Klärung der Beendigung des Arbeitsverhältnisses durch betriebsbedingte Kündigung. Deshalb lässt die spätere Rücknahme der fristgerecht erhobenen Klage den Abfindungsanspruch nicht entstehen.
Fraglich ist, ob die Vorschrift auch auf personen- und verhaltensbedingte Kündigungen, sofern der Arbeitgeber nur auf ihre Betriebsbedingtheit in der Kündigungserklärung hinweist,[581] auf die außerordentliche Kündigung mit Auslauffrist (vgl. dazu Rdn. 349)[582] und auf die betriebsbedingte Änderungskündigung[583] anzuwenden ist.
Da die Folge der Regelung des § 1a KSchG auch durch eine entsprechende Vereinbarung zwischen den Parteien zu erreichen ist[584] und die Festlegung der Abfindungshöhe im Abs. 2 abdingbar ist, weil die Vorschrift kein Verbot abweichender vertraglicher Gestaltung enthält,[585] reduziert sich die Wirkung der Norm auf die Vorgabe einer Orientierungsgröße hinsichtlich der Höhe der Abfindung, darüber hinaus ist sie **arbeitsrechtlich bedeutungslos**.[586] Sozialversicherungsrechtlich liegt die Wirkung der Norm allerdings darin, dass ihre Handhabung keine Sperrzeit beim Arbeitslosengeld auslöst (§ 144 Abs. 1 Ziff. 1 SGB III).[587]
Eine ordentliche Arbeitgeberkündigung ist, auch wenn sie personenbedingt, verhaltensbedingt oder betriebsbedingt ist, sozial ungerechtfertigt, wenn
– dabei **gegen eine Richtlinie über die personelle Auswahl verstoßen** wird oder
– der Arbeitnehmer **nach zumutbaren Umschulungs- oder Fortbildungsmaßnahmen**[588] oder

368

Reufels/Leister, NZA 2006, 71 f.; Ulrici/Mohnke, NZA 2006, 1328 f.. Zur Abfindung nach § 1a KSchG im Zusammenhang mit einem Betriebsinhaberwechsel Kortstock, NZA 2007, 297 f.
[579] BAG, 13. 12. 2007, NZA 2008, 528 f.
[580] Quecke, RdA 2004, 86 f. (97). Vgl. zum Verhältnis der Abfindung gemäß § 1a KSchG zu Sozialplanabfindungen BAG, 31. 5. 2005, BB 2005, 1967; Benecke, BB 2006, 938 f.
[581] Vgl. dazu Giesen/Bergen, NJW 2004, 185, 186; Quecke, RdA 2004, 86 f. (95).
[582] Vgl. dazu Quecke, RdA 2004, 86 f. (96), m. w. N.
[583] Vgl. dazu Quecke, RdA 2004, 86 f. (96).
[584] Zu kollektiven Regelungen außerhalb von Sozialplänen, in denen den Arbeitnehmern für den Verlust des Arbeitsplatzes eine Abfindung unter der Bedingung versprochen wird, dass sie nicht den Fortbestand des Arbeitsverhältnisses geltend machen (sog. Turboprämie) vgl. BAG, 3. 5. 2006, NZA 2006, 1420 f.
[585] BAG, 10. 7. 2008, NZA 2008, 1292 f,
[586] Vgl. dazu Bauer/Krieger NZA 2004, 77 f.; Grobys, DB 2003, 2174 f.; Giesen/Besgen, NJW 2004, 185 f.; Düwell, ZTR 2004, 130 f.; Däubler, NZA 2004, 177 f.
[587] Vgl. dazu Lilienfeld/Spellbrink, RdA 2005, 88 f.; Peters-Lange/Gagel, NZA 2005, 740 f.; Gagel, NZA 2005, 1328 f. Zur Bedeutung des § 1a KSchG für die Sperrzeit im Fall von Aufhebungs- und Abwicklungsverträgen vgl. BSG, 12. 7. 2006, NZA 2006, 1359 f.; Preis/Schneider, NZA 2006, 1297 f.
[588] Vgl. dazu Gaul, BB 1995, 2422 f.

- unter geänderten Arbeitsbedingungen oder
- an einem anderen Arbeitsplatz in derselben Dienststelle oder in einer anderen Dienststelle desselben Verwaltungszweiges an demselben Dienstort einschließlich seines Einzugsgebietes **weiterbeschäftigt werden kann**[589] und der Arbeitnehmer sein Einverständnis hiermit erklärt hat (§ 1 Abs. 2 S. 2 Ziff. 2a) und b) und S. 3 KSchG).[590] Soll wegen Wegfalls der Beschäftigungsmöglichkeiten mehreren Arbeitnehmern verschiedener Dienststellen gekündigt werden und ist die Weiterbeschäftigung eines dieser Arbeitnehmer auf einem freien Arbeitsplatz in einer der Dienststellen möglich, so hat der Arbeitgeber durch eine Sozialauswahl (vgl. dazu Rdn. 365) zu entscheiden, welchen der zur Kündigung anstehenden Arbeitnehmer er weiterbeschäftigt.[591]

> Dies gilt entgegen dem Wortlaut des Gesetzes auch, wenn die Personalvertretung gegen die Kündigung keine Einwendung erhoben oder die Stufenvertretung die Einwendung nicht aufrechterhalten hat. Dies folgt daraus, dass die oben genannten Gründe für Einwendungen der Personalvertretung bei der Frage nach der Sozialwidrigkeit der Kündigung zu berücksichtigen waren, bevor das KSchG die derzeitige Formulierung erhielt, und eine Schlechterstellung der Arbeitnehmer nicht bezweckt war.[592]

369 Bei der Prüfung, ob die Arbeitgeberkündigung sozial gerechtfertigt ist, ist **in jedem Einzelfall** stets eine **Abwägung der Interessen** des Arbeitnehmers an der Aufrechterhaltung und des Arbeitgebers an der Auflösung des Arbeitsverhältnisses vorzunehmen. Eine Kündigung ist nur dann sozial gerechtfertigt, wenn diese Abwägung ergibt, dass die Interessen des Arbeitgebers den Vorrang verdienen. Die Interessenabwägung kann auch dazu führen, dass statt einer Beendigungskündigung eine **Änderungskündigung** geboten erscheint.[593]

370 Das Vorhandensein der Kündigungsgründe muss im Streitfall der Arbeitgeber **beweisen** (§ 1 Abs. 2 letzter S. KSchG). Die Gründe, die den Arbeitgeber zu der von ihm vorgenommenen sozialen Auswahl bei der betriebsbedingten Kündigung veranlaßt haben, hat der Arbeitgeber darzulegen. Tut er das vollständig, so hat der Arbeitnehmer die Beweislast dafür, dass die soziale Auswahl unrichtig erfolgt ist (§ 1 Abs. 3 letzter Satz KSchG).

371 **Leitende Angestellte** genießen grundsätzlich Kündigungsschutz (§ 14 Abs. 2 KSchG), mithin auch die Dienststellenleiter, ihre ständigen Vertreter und Beschäftigte, die zu selbständigen Entscheidungen in Personalangelegenheiten befugt sind, nicht dagegen die sogenannten **organschaftlichen Vertreter** des § 14 Abs. 1 KSchG.[594]

---

[589] Vgl. dazu BAG, 24. 6. 2004, NZA 2004, 1268 f.; 23. 11. 2004, NZA 2005, 929 f.; 23. 3. 2006, NZA 2007, 30 f.; 5. 6. 2008, NZA 2008, 1180 f. (zur Konzernbezogenheit der Weiterbeschäftigungsmöglichkeit); 21. 4. 2005, NZA 2005, 1289 f. und 1294 f.; 21. 9. 2006, NZA 2007, 431 f.; Bayreuther, NZA 2006, 819 f.; Berkowsky, NZA 2006, 697 f. (Vorrang der Änderungskündigung vor der Beendigungskündigung).

[590] Vgl. zur Berücksichtigung der Weiterbeschäftigungsmöglichkeit vor Ausspruch betriebsbedingter Kündigungen v. Hoyningen-Huene/Linck, DB 1993, 1185 f., zum Begriff „freier" Arbeitsplatz BAG, 15. 12. 1994, NZA 1995, 521 f. (525).

[591] BAG, 15. 12. 1994, NZA 1995, 413 f.; 21. 9. 2000, NZA 2001, 535 f. (zu § 1 Abs. 2 S. 2 Nr. 1 lit. b KSchG); Haas/Salamon, NZA 2006, 1192 f. (zu § 1 Abs. 2 S. 2 KSchG).

[592] BAGE 25, 278 ff., 13. 8. 1992, NZA 1993, 224 f., m. w. N.; 15. 12. 1994, NZA 1995, 413 f. (414); Dütz, Rdn. 340.

[593] Vgl. dazu BAG, 21. 4. 2005, NZA 2005, 1294 f.; 21. 4. 2005, NZA 2005, 1289 f.; 13. 3. 2007, NZA 2007, 1016 f.; Berkowsky, NZA 2006, 697 f.; ders., NZA 2008, 26 f.

[594] Vgl. dazu BGH, 25. 7. 2002, NZA 2002, 1040 f., zur Anwendbarkeit des § 14 Abs. 1 Nr. 1 KSchG auf nicht beamtete organschaftliche Vertreter juristischer Personen des öffentlichen Rechts BAG, 17. 1. 2002, NZA 2002, 854 f.

Der Kündigungsschutz des Kündigungsschutzgesetzes ist insoweit **zwingendes Recht**, als abweichende Vereinbarungen zum Nachteil des Arbeitnehmers im Einzelvertrag (z. B. Arbeitsvertrag) aber auch im Tarifvertag unwirksam sind. Allerdings kann der Arbeitnehmer nach erklärter Kündigung auf Erhebung oder Durchführung der Kündigungsschutzklage **verzichten**. Eine derartige Erklärung kann je nach Lage des Falls und korrespondierenden Erklärungen des Arbeitgebers einen Aufhebungsvertrag, einen Vergleich, einen (vertraglichen) Klageverzicht oder eine Klagerücknahmeversprechen darstellen.[595] 372

Schließlich ist die ordentliche Kündigung **durch den Arbeitgeber** nur wirksam, wenn die **Personalvertretung ordnungsgemäß beteiligt** worden ist. Die Beteiligungsregeln sind unter den Rdn. 277–284 ausführlich dargestellt worden, und zwar einschließlich des Weiterbeschäftigungsanspruchs auf Grund der Beteiligung der Personalvertretung. 373

2. Die außerordentliche Kündigung

Die außerordentliche Kündigung ist 374
die Inanspruchnahme der unabdingbaren Befugnis, mit oder ohne Einhaltung einer Frist ein Arbeitsverhältnis aus wichtigem Grund zu lösen, die Beendigung also unabhängig von den Vertragsabreden und den sie ergänzenden Bestimmungen, weil ihm ein wichtiger Grund die Basis entzogen hat, herbeizuführen.[596]

Sie kann mit sofortiger Wirkung erfolgen (fristlose Kündigung) aber auch unter Einhaltung einer Frist, die nicht die gesetzliche oder vereinbarte Frist ist (entfristete Kündigung).

Das Recht zur außerordentlichen Kündigung kann durch Vertrag nicht ausgeschlossen oder eingeschränkt werden, und zwar weder durch Einzelvertrag (z. B. Arbeitsvertrag) noch durch Tarifvertrag. 375

Die außerordentliche Arbeitgeberkündigung und die außerordentliche Arbeitnehmerkündigung bedürfen zu ihrer Wirksamkeit eines **wichtigen Grundes** (§ 626 Abs. 1 BGB). 376

Bevor bei der außerordentlichen Kündigung geprüft wird, ob ein solcher Grund vorhanden und die Kündigung somit wirksam ist, sind allerdings folgende **Voraussetzungen** festzustellen: 377

a) Ist die Kündigungserklärungsfrist eingehalten (§ 626 Abs. 2 S. 1 BGB)? 378
Diese Frist beginnt mit dem Zeitpunkt, in dem der Kündigungsberechtigte von den für die Kündigung maßgebenden Tatsachen Kenntnis erlangt.[597] Dabei kommt es auf die sichere und möglichst vollständige positive Kenntnis des Kündigungssachverhalts an.[598] Selbst grobfahrlässige Unkenntnis genügt nicht. Zu den für die Kündigung maßgebenden Tatsachen gehören nicht nur die konkreten Vorfälle, die den Anlass für die außerordentliche Kündigung bilden, sondern alle Umstände, die bei der vorzunehmenden Interessenabwägung (vgl. Rdn. 380) einzubeziehen sind.[599] Die Frist gilt für die Arbeitgeber- und die Arbeitnehmerkündigung. Ihr Beginn ist gehemmt, solange der Kündigungsberechtigte die zur Aufklärung des Kündigungs-

---

[595] BAG, 19. 4. 2007, NZA 2007, 1227 f.; 6. 9. 2007; NZA 2008, 219 f.; Kroeschell, NZA 2008, 560 f.
[596] BVerwG, 5. 7. 1984, E 69, 340 f.
[597] Vgl. dazu BAG, 17. 3. 2005, NZA 2006, 101 f. Zum Zeitpunkt der Kenntnis beim Verdacht einer strafbaren Handlung und bei begangener strafbarer Handlung vgl. BAG, 29. 7. 1993, NZA 1994, 171 f.
[598] BAG, 26. 6. 2008, NZA 2008, 1415 f.
[599] BAG, 31. 3. 1993, NZA 1994, 409 f. (410); 28. 4. 1994, NZA 1994, 934 f.

sachverhalts nach pflichtgemäßem Ermessen notwendig erscheinenden Maßnahmen mit der gebotenen Eile durchführt. Ob diese Voraussetzungen erfüllt sind, hängt von den Umständen des Einzelfalles ab.[600]

Ihre Berechnung erfolgt, wie die Berechnung der Kündigungsfrist, nach § 187 Abs. 1 in Verbindung mit § 188 Abs. 2 BGB.

Sollen Umstände, die außerhalb der Kündigungserklärungsfrist und solche, die innerhalb derselben bekannt geworden sind, zusammengenommen den wichtigen Grund bilden, weil die innerhalb der Frist bekanntgewordenen Umstände nicht ausreichen (**„fortgesetzte Handlung"**), so ist die Kündigungserklärungsfrist nur gewahrt, wenn ein sachlicher Zusammenhang zwischen den Umständen besteht, der so geartet ist, dass „die in der Frist bekanntgewordenen Vorgänge ein weiteres und letztes Glied in der Kette der Ereignisse bilden, die zum Anlass der Kündigung genommen werden".[601]

Im Falle eines sogenannten **Dauertatbestandes,** zum Beispiel beim eigenmächtigen Urlaubsantritt, beginnt nach der Rechtsprechung des Bundesarbeitsgerichts[602] die Frist erst mit der Beendigung des Dauertatbestandes, mithin erst mit Wiederaufnahme der Arbeit, weil „mit jedem Tag des Fernbleibens eine neue, für die Kündigung maßgebende Tatsache" entstehe. Dieser Ansicht kann nicht gefolgt werden. Der Zweck der Vorschrift des § 626 Abs. 2 BGB liegt darin, den Kündigenden zu veranlassen, die Kündigung innerhalb einer angemessenen Überlegungsfrist auszusprechen, die dann beginnen soll, wenn der Sachverhalt ausreichend geklärt und das Ergebnis demjenigen bekannt ist, der die Kündigung auszusprechen berechtigt ist. Auch bei einem Dauertatbestand können die für die Kündigung maßgebenden Tatsachen bereits bei Beginn oder im Verlaufe des Tatbestandes feststehen. Es ist deshalb eine differenzierende Betrachtungsweise anzuwenden, die darauf abstellt, wann dem Kündigenden die Umstände bekannt waren, die er zum Anlass für die Kündigung genommen hat. Andernfalls würde sich für den Kündigungsberechtigten, dem zu Beginn des Dauertatbestandes die für die außerordentliche Kündigung maßgebenden Tatsachen in vollem Umfang bekannt sind und der Sachverhalt keiner weiteren Aufklärung bedarf, die Kündigungserklärungsfrist um die Dauer dieses Tatbestandes verlängern.[603] Im Falle dauernder krankheitsbedingter Unfähigkeit, die geschuldete Arbeitsleistung zu erbringen, reicht es für die Einhaltung der Frist aus, wenn der Dauertatbestand in den letzten zwei Wochen vor der Kündigung angehalten hat.[604]

Ein **Nachschieben von Kündigungsgründen,** die dem Kündigenden bei Ausspruch der Kündigung noch nicht bekannt waren, ist uneingeschränkt möglich, wenn sie bereits vor Ausspruch der Kündigung entstanden sind.[605] Solche neu bekanntgewordenen Kündigungsgründe brauchen nicht innerhalb der Frist des § 626 Abs. 2 BGB geltend gemacht zu werden. Die Kündigungserklärungsfrist bezieht sich nach dem eindeutigen Wortlaut des § 626 Abs. 2 S. 1 BGB allein auf die Ausübung des Kündigungsrechts, nicht auf die zugrundeliegenden Kündigungsgründe.[606]

Der Kündigende muss im Streitfall beweisen, dass die Kündigungserklärungsfrist eingehalten worden ist.[607]

Ist die Kündigungserklärungsfrist nicht eingehalten, so kann die außerordentliche Kündigung nicht mehr auf den Grund gestützt werden, hinsichtlich dessen die Frist verstrichen ist. Der Grund kann aber grundsätzlich noch zum Anlass für eine ordentliche Kündigung genommen werden.[608]

---

[600] BAG, NZA 1989, 105 f.; 31. 3. 1993, NZA 1994, 409 f.; 28. 4. 1994, NZA 1994, 934 f.; 1. 2. 2007, NZA 2007, 744 f. Zu den Problemen, die sich im öffentlichen Dienst wegen der Kündigungserklärungsfrist ergeben, vgl. Berger-Delhey/Lütke, ZTR 1990, 47 f.
[601] BAG, BB 1973, 385; 1975, 1017.
[602] BAG, BB 1983, 1922; 22. 1. 1998, NZA 1998, 708 f., m. w. N.
[603] Gerauer, BB 1988, 2032 f.
[604] BAG, 21. 3. 1996, NZA 1996, 871 f.
[605] BAG, 4. 6. 1997, NZA 1997, 1158 f. (1159), m. w. N.
[606] BAG, 4. 6. 1997, NZA 1997, 1158 f. (1159, 1160).
[607] BAG, NJW 1973, 214; BB 1975, 1017.
[608] BAG, 15. 8. 2002, NZA 2003, 795 f.

b) Hat der Arbeitnehmer im Fall der außerordentlichen Arbeitgeberkündigung die Klagefrist eingehalten (§ 13 Abs. 1 S. 2 i. V. m. § 4 S. 1 KSchG)? Da § 13 Abs. 1 Satz 2 KSchG nur auf § 4 Satz 1 KSchG Bezug nimmt, beginnt die Frist stets mit dem Zugang der Kündigung. Auch ihre Berechnung erfolgt nach § 187 Abs. 1 in Verbindung mit § 188 Abs. 2 BGB. Wird die Klagefrist nicht eingehalten, so kann der Arbeitnehmer nicht mehr geltend machen, die Kündigung sei rechtsunwirksam. Die Klagefrist gemäß §§ 13 Abs. 1 S. 2, 4 S. 1 KSchG gilt auch, wenn das Arbeitsverhältnis innerhalb der sechsmonatigen Wartezeit des § 1 Abs. 1 KSchG außerordentlich gekündigt wird.[609] 379

Liegen die beiden Voraussetzungen vor, so muss geprüft werden, ob Tatsachen vorliegen, die unter Berücksichtigung aller Umstände des Einzelfalles und der Abwägung der Interessen beider Vertragsteile,[610] eine Fortsetzung des Arbeitsverhältnisses bis zum Ablauf der gesetzlichen oder vereinbarten Kündigungsfrist oder dessen vereinbarter Beendigung (beim befristeten Arbeitsverhältnis) unzumutbar machen (§ 626 Abs. 1 BGB). 380

Auch **vor Beginn des Arbeitsverhältnisses liegende**, dem Arbeitgeber bei der Einstellung nicht bekannte Umstände oder Ereignisse können einen wichtigen Grund zur außerordentlichen Kündigung darstellen.[611] Es ist also eine umfassende Interessenabwägung in jedem Einzelfall durchzuführen, wobei die Gründe für eine außerordentliche Kündigung gewichtiger sein müssen, als die für die ordentliche Arbeitgeberkündigung.[612]

Eine außerordentliche Kündigung, die auf Gründe im Verhalten des Arbeitnehmers gestützt werden soll, insbesondere Leistungsmängel betrifft, bedarf zu ihrer Wirksamkeit regelmäßig einer vorherigen **Abmahnung** (vgl. dazu Rdn. 364).[613] 381

Unwirksam ist eine vertragliche Vereinbarung, wonach nur bestimmte Gründe die außerordentliche Kündigung rechtfertigen oder wonach das Recht zur außerordentlichen Kündigung erweitert wird. Das Vorhandensein des wichtigen Grundes muss im Streitfall der Kündigende beweisen. 382

Die außerordentliche Kündigung durch den Arbeitgeber ist schließlich nur wirksam, wenn die Personalvertretung ordnungsgemäß beteiligt worden ist. Die Beteiligungsregeln sind unter Rdn. 282–284 ausführlich dargestellt worden. 383

Eine rechtsunwirksame außerordentliche Kündigung kann gemäß § 140 BGB in eine ordentliche Kündigung umgedeutet werden, wenn sich aus der Erklärung des Kündigenden als wirtschaftlich gewollte Folge ergibt, das Arbeitsverhältnis auf jeden Fall beenden zu wollen und wenn dies dem Gekündigten erkennbar war.[614] Findet auf ein Arbeitsverhältnis das Kündigungsschutzgesetz (noch) keine Anwendung, ist regelmäßig davon auszugehen, dass bei Unwirksamkeit der außerordentlichen Kündigung der Arbeitgeber eine Beendigung zum nächst zulässigen Termin gewollt hat. Die Gerichte für Arbeitssachen müssen von sich aus prüfen, ob auf Grund der feststehenden Tatsachen eine Umdeutung in Betracht kommt, es bedarf also weder 384

---

[609] BAG, 28. 6. 2007, NZA 2007, 972 f.
[610] Vgl. dazu BAG, 27. 4. 2006, NZA 2006, 1033 f.
[611] BAG, 5. 4. 2001, NZA 2001, 954 f.
[612] Vgl. zur ausnahmsweisen außerordentlichen Kündigung wegen schuldloser Pflichtverletzungen des Arbeitnehmers BAG, 21. 1. 1999, NZA 1999, 863 f., zur außerordentlichen Kündigung eines Arbeitnehmers im öffentlichen Dienst im Falle der Begehung eines vorsätzlichen Tötungsdelikts BAG, 8. 6. 200, NZA 2000, 1282 f.
[613] BAG AP Nr. 57, 62, 63 zu § 626 BGB, AP Nr. 58 zu Art. 9 GG, Arbeitskampf; 7. 10. 1993, NZA 1994, 443 f. (446, 447), m. w. N.; 17. 2. 1994, NZA 1994, 656 f.
[614] BAG, 15. 11. 2001, ZTR 2002, 501 f.

eines dahingehenden Antrags des Kündigenden noch muss er sich ausdrücklich auf die Umdeutung berufen.[615]

385 Wird ein Arbeitsverhältnis durch eine außerordentliche Kündigung wegen vertragswidrigen Verhaltens der anderen Vertragspartei beendet oder hätte aus einem solchen Anlass eine außerordentliche Kündigung ausgesprochen werden können, erfolgte die Beendigung aber auf andere Weise (z. B. durch ordentliche Kündigung),[616] so hat derjenige, der das Arbeitsverhältnis aus diesem Anlass beendet, einen Anspruch auf Ersatz des Schadens, der ihm durch die Beendigung entsteht (§ 628 Abs. 2 BGB).[617] Dieser Anspruch kann nur innerhalb der Frist des § 626 Abs. 2 BGB bei der anderen Vertragspartei geltend gemacht werden, wird sie versäumt, so geht der Anspruch verloren.[618] Der Anspruch ist auf den **Schaden bis zum Ablauf der Kündigungsfrist einer fiktiven ordentlichen Kündigung beschränkt**, im Falle einer vom Arbeitgeber veranlassten außerordentlichen Kündigung durch den Arbeitnehmer mithin auf den Vergütungsausfall, zu dem allerdings eine den Verlust des Bestandsschutzes ausgleichende Entschädigung entsprechend der §§ 9, 10 KSchG hinzutreten kann.[619] Diese Rechtsprechung des Bundesarbeitsgerichts ist auf den Schadensersatzanspruch des Arbeitnehmers gegen seinen Rechtsvertreter, durch dessen Verschulden ein Kündigungsschutzprozess verloren geht, nicht übertragbar.[620]

TVöD/TV-L

386 TVöD und TV-L enthalten gegenüber § 626 BGB keine eigenständige Regelung.
Auch unkündbaren Beschäftigten kann bei Vorliegen eines wichtigen Grundes außerordentlich gekündigt werden. Dabei handelt es sich grundsätzlich um eine außerordentliche Kündigung wie jede andere, für die alles das gilt, was oben zur außerordentlichen Kündigung ausgeführt worden ist.

387 Allerdings bleibt es für diejenigen, die bis zum 30. September 2005 im Geltungsbereich des TVöD und die bis zum 31. Oktober 2006 im Geltungsbereich des TV-L unkündbar waren und dem Geltungsbereich des BAT zuzuweisen waren, bei der Besonderheit, dass diesen gemäß § 55 Abs. 1 BAT nur aus personen- und verhaltensbedingten Gründen außerordentlich gekündet werden kann.[621] Das Recht zur außerordentlichen Kündigung wegen anderer wichtiger Gründe ist nach § 55 Abs. 2 Unterabs. 1 S. 1 BAT ausgeschlossen, Unterabs. 2 S. 1 BAT lässt dagegen die außerordentliche Kündigung unter bestimmten Voraussetzungen zum Zwecke der Herabgruppierung um eine Vergütungsgruppe dennoch zu. Darüber hinaus ist Abs. 1 durch Abs. 2 Unterabs. 2 eingeschränkt, wenn es personenbedingt zu einem dauernden Leistungsabfall kommt.[622]

388 Beachte aber: Aufgrund der Protokollerklärung zum 3. Abschnitt des TVÜ-Bund/-VKA und der Protokollerklärung Satz 4 zum 3. Abschnitt des TVÜ-Länder ist § 55 Abs. 2 Unterabs. 2 S. 2 BAT immer noch im Geltungs- und Anwendungsbereich des TVöD bzw. des TV-L anwendbar. Auch hier sind also Kündigungen von Beschäftig-

---

[615] BAG, 15. 11. 2001, ZTR 2002, 501 f.
[616] BAG, 8. 8. 2002, NZA 2002, 1323 f.
[617] Vgl. dazu BAG, 26. 7. 2007, NZA 2007, 1419 f.
[618] BAG, 22. 6. 1989, NZA 1990, 106; 26. 7. 2001, NZA 2002, 325 f.
[619] BAG, 27. 7. 2001, NZA 2002, 325 f.
[620] BGH, 24. 5. 2007, NZA 2007, 753 f.
[621] Vgl. zur außerordentlichen Kündigung im Falle sog. Unkündbarkeit (§§ 54, 55 BAT) wegen krankheitsbedingter Beeinträchtigung infolge Alkoholismus BAG, 16. 9. 1999, NZA 2000, 141 f.
[622] Vgl. zur Rechtsstellung des unkündbaren Arbeitnehmers im öffentlichen Dienst, Conze, ZTR 1987, 99 f., zur Unkündbarkeit in der außeruniversitären Forschung Frischmann, ZTR 1996, 344 f.

ten i.S.v. § 34 Abs. 2 S. 1 TVöD/TV-L auf Grund einer andauernden Leistungsminderung ausgeschlossen.

3. Die Verdachtskündigung[623]

Die Verdachtskündigung ist eine ordentliche oder außerordentliche[624] Kündigung, bei der der bloße Verdacht, eine strafbare Handlung begangen oder ein sonstiges Fehlverhalten an den Tag gelegt zu haben, als Kündigungsgrund dienen soll. 389

Für eine derartige Kündigung gelten die zur ordentlichen und außerordentlichen Kündigung gemachten Ausführungen mit folgenden Besonderheiten. 390

a) Bei der Interessenabwägung muss berücksichtigt werden, dass es sich um einen bloßen Verdacht handelt. Der bloße Verdacht muss also die Beendigung des Arbeitsverhältnisses rechtfertigen.

b) Der Verdacht muss dringend, das heißt durch im Zeitpunkt der Kündigung vorliegende Tatsachen objektiv begründet sein.[625] Jedenfalls eine ordentliche Kündigung kann selbst dann gerechtfertigt sein, wenn der Arbeitnehmer nicht selbst durch eigenes schuldhaftes Verhalten einen berechtigten Grund für die Annahme eines Verdachts und für die Zweifel an seiner Ehrlichkeit gegeben hat.[626]

c) Es muss alles Zumutbare zur Aufklärung des Sachverhalts und damit zur Beseitigung des Verdachts unternommen worden sein. Hierzu gehört es insbesondere, der zu kündigenden Person vor Ausspruch der Kündigung die belastenden Umstände mitzuteilen und sie anzuhören.[627]

d) Stellt sich im Verlauf des Rechtsstreits über die Wirksamkeit der Verdachtskündigung heraus, dass der Verdacht unbegründet ist, so muss dies im Prozess noch berücksichtigt werden,[628] stellt es sich danach heraus, so besteht grundsätzlich ein Wiedereinstellungsanspruch.[629] Ein solcher Wiedereinstellungsanspruch kann infolge einer Interessenabwägung dann nicht bestehen, wenn die Wiedereinstellung unzumutbar ist, z.B. wegen der Dauer der Ermittlungen oder weil eine Ersatzkraft eingestellt werden musste.[630] Da für die rechtliche Beurteilung der Kündigung der Erkenntnisstand zum Schluss der mündlichen Verhandlung in der Tatsacheninstanz maßgeblich ist, ist bis zu diesem Zeitpunkt Be- und Entlastungsvorbringen, das Tatsachen betrifft, die im Zeitpunkt der Kündigung vorlagen, unabhängig davon zu berücksichtigen, ob sie dem Arbeitgeber im Kündigungszeitpunkt bekannt waren oder bekannt sein konnten.[631]

e) Die Kündigungserklärungsfrist des § 626 Abs. 2 BGB beginnt mit dem Zeitpunkt, in dem der Kündigungsberechtigte ein solches Stück des Sachverhalts mit Sicherheit kennt, dass er sich ein eigenes Urteil über den Verdacht und seine Tragweite bilden und daraufhin die Entscheidung treffen kann, ob ihm die Fortsetzung des

---

[623] Vgl. dazu BAG, 3. 7. 2003, NZA 2004, 307 f.; Deinert, AuR 2005, 285 f.
[624] Vgl. dazu BAG, 12. 8. 1999, ZTR 2000, 135 f.; 5. 4. 2001, ZTR 2001, 526 (L.).
[625] BAG, BB 1964, 1046; 6. 9. 2007, NZA 2008, 219 f. (222, 223).
[626] BAG, 4. 11. 1957, AP Nr. 39 zu § 1 KSchG.
[627] BAG, 13. 3. 2008, NZA 2008, 809 f.; Fischer, BB 2003, 522 f.
[628] BAGE 16, 72 (81, 82); 27, 113 (123). Vgl. zu den Pflichten der Gerichte bei der Überprüfung einer Verdachtskündigung hinsichtlich des Vorbringens des Arbeitnehmers, mit dem er sich von dem ihm gegenüber vorgebrachten Verdacht reinigen will, BAG, 18. 11. 1999, NZA 2000, 418 f.
[629] Vgl. dazu Meinel/Bauer, NZA 1999, 575 f., zur Kündigung nach rechtskräftiger Verurteilung vgl. BAG, 26. 3. 1992, DB 1992, 2194 f.
[630] BAG, BB 1964, 1046.
[631] BAG, 14. 9. 1994, NZA 1995, 269 f., m.w.N.

Arbeitsverhältnisses zuzumuten ist.⁶³² Kündigt der Arbeitgeber nicht schon auf Grund des Verdachts, sondern wartet er das Ergebnis des Strafverfahrens ab, so wird die Kündigungserklärungsfrist jedenfalls dann gewahrt, wenn der Arbeitgeber die außerordentliche Kündigung binnen zwei Wochen seit Kenntniserlangung von der Tatsache der Verurteilung vornimmt.⁶³³

4. Die Änderungskündigung⁶³⁴

391 Die Änderungskündigung ist
eine ordentliche oder außerordentliche Kündigung, die nicht auf eine Beendigung des Arbeitsverhältnisses, sondern auf eine Änderung der Arbeitsbedingungen abzielt.
Sie besteht aus zwei Willenserklärungen, nämlich
– der Kündigungserklärung und
– dem Angebot zum Abschluss eines neuen Arbeitsvertrages mit anderem Inhalt.⁶³⁵

392 Für sie gelten grundsätzlich die Ausführungen zur ordentlichen und außerordentlichen Kündigung, wobei bei der Interessenabwägung nicht auf die Beendigung des Arbeitsverhältnisses abzustellen ist, sondern auf die Abänderung des Inhalts des Arbeitsvertrages.⁶³⁶ Im Wege der Änderungskündigung kann auch die nachträgliche Befristung eines zunächst auf unbestimmte Zeit eingegangenen Arbeitsverhältnisses erfolgen.⁶³⁷ Eine ordentliche Änderungskündigung mit dem **Angebot, die Arbeitsbedingungen bereits erhebliche Zeit vor Ablauf der Kündigungsfrist zu ändern**, ist unwirksam und kann auch nicht ohne Weiteres als Angebot, die neuen Arbeitsbedingungen erst mit dem Ablauf der Kündigungsfrist eintreten zu lassen, ausgelegt werden.⁶³⁸

393 Lediglich die **ordentliche Änderungskündigung durch den Arbeitgeber** ist gesetzlich besonders geregelt, und zwar wie folgt:
a) Der Arbeitnehmer kann das Angebot zum Abschluss eines neuen Arbeitsvertrages gemäß § 2 KSchG unter dem Vorbehalt annehmen, dass die Änderung der Arbeitsbedingungen nicht sozial ungerechtfertigt ist.⁶³⁹ Diesen Vorbehalt muss er dem Arbeitgeber, wenn die Kündigungsfrist weniger als drei Wochen beträgt innerhalb der Kündigungsfrist, ansonsten innerhalb von drei Wochen erklären. Diese Frist des § 2 S. 2 KSchG gilt grundsätzlich nicht für die Erklärung der vorbehaltslosen Annahme des Änderungsangebots.⁶⁴⁰ Die gesetzliche Frist des § 2 S. 2 KSchG ist zwingend. Mithin können für den Arbeitnehmer nachteilige Abweichungen nicht wirksam vereinbart werden und kann der Arbeitgeber sein

---

⁶³² BAG, BB 1972, 798.
⁶³³ BAG, 18. 11. 1999, NZA 2000, 381 f.
⁶³⁴ Vgl. dazu Hromadka, DB 2002, 1322 f.; Annuß/Bartz, NJW 2006, 2153 f.. Vgl. zur Massenänderungskündigung und ihrer praktischen Handhabung Hidalgo/Mauthner, NZA 2007, 1254 f.
⁶³⁵ Vgl. zur Handhabung für den Fall, dass dem Arbeitnehmer verschiedene Alternativen für die zukünftige Beschäftigung angeboten werden können, Wagner, NZA 2008, 1333 f.
⁶³⁶ BAG, BB 1985, 56, 57. Zur betriebsbedingten Änderungskündigung vgl. Fischermeier, NZA 2000, 737 f.; Berkowsky, NZA 2000, 1129 f., zur Sozialauswahl bei betriebsbedingten Änderungskündigungen vgl. BAG, 13. 6. 1986, NZA 1987, 155 f.; Berkowsky, DB 1990, 834 f., zur Änderungskündigung zum Zweck der Entgeltreduzierung vgl. Krause, DB 1995, 574 f.; BAG, 20. 8. 1998, NZA 1999, 255 f., 12. 1. 2006, NZA 2006, 587 f., zum Streitgegenstand und Prüfungsmaßstab bei der Änderungsschutzklage vgl. Boewer, BB 1996, 2618 f., zur Änderungskündigung zur Anpassung vertraglicher Nebenabreden vgl. BAG, 27. 3. 2003, NZA 2003, 1029 f.
⁶³⁷ Vgl. dazu BAG, 25. 4. 1996, NZA 1996, 1197 f.
⁶³⁸ BAG, 21. 9. 2006, NZA 2007, 435 f.
⁶³⁹ Vgl. dazu ausführlich Enderlein, ZFA 1992, 21 f.
⁶⁴⁰ BAG, 1. 2. 2007, NZA 2007, 925 f.

Änderungsangebot zwar befristen, wobei die gesetzliche Frist allerdings die Untergrenze bildet. Eine zu kurze Bestimmung der Annahmefrist setzt die gesetzliche Frist des § 2 S. 2 KSchG in Lauf.[641]

Damit soll vermieden werden, dass der Arbeitnehmer das neue Angebot ablehnen muss, wenn er mit der Änderung des Inhalts seines Arbeitsvertrages nicht einverstanden ist und mithin seinen Arbeitsplatz verliert, wenn das Gericht die Änderung für sozial gerechtfertigt hält. Es soll aber auch vermieden werden, dass dem Arbeitnehmer vorgehalten wird, er setze sich zu seinem eigenen Verhalten in Widerspruch, wenn er das Angebot annimmt und dennoch die Überprüfung der Änderung durch das Gericht begehrt.

b) Hat der Arbeitnehmer den Vorbehalt fristgerecht erklärt und erhebt er nicht innerhalb der Klagefrist nach § 4 S. 2 KSchG Klage, so erlischt der erklärte Vorbehalt (§ 7 KSchG) und der Arbeitnehmer wird so behandelt, wie wenn er das Angebot vorbehaltslos angenommen hätte.

c) Hat er fristgerecht Klage erhoben und kommt das Gericht zu dem Ergebnis, dass die Änderung berechtigt ist, so wird die Klage abgewiesen und der Arbeitnehmer wird ebenfalls so behandelt, wie wenn er das Angebot vorbehaltslos angenommen hätte.[642]

d) Kommt das Gericht zu dem Ergebnis, dass die Änderung sozial ungerechtfertigt ist, so gilt die Änderungskündigung als von Anfang an rechtsunwirksam (§ 8 KSchG).

Der Arbeitnehmer braucht von der Möglichkeit des § 2 KSchG keinen Gebrauch zu machen, er kann also auch das Angebot zum Abschluss eines neuen Arbeitsvertrages mit anderem Inhalt ablehnen und die Kündigung gerichtlich auf ihre Wirksamkeit überprüfen lassen oder das Angebot ohne Vorbehalt annehmen. Die vorbehaltslose Annahme ist nicht an die Dreiwochenfrist des § 2 Satz 2 KSchG gebunden.[643]

Die dargestellten Regelungen sind auf die außerordentliche Änderungskündigung durch den Arbeitgeber entsprechend anzuwenden. Der Arbeitnehmer muss in diesem Fall den Vorbehalt unverzüglich, d.h. ohne schuldhaftes Zögern (§ 121 Abs. 1 BGB), nach Zugang der Kündigung erklären. Auch in diesem Zusammenhang ist zu prüfen, ob dem Kündigenden die Fortsetzung des Arbeitsverhältnisses (mit dem bisherigen Inhalt) bis zum Ablauf der Kündigungsfrist oder dessen vereinbarter Beendigung zuzumuten ist.[644]

394

TVöD/TV-L

Die Änderungskündigung ist im TVöD/TV-L gar nicht mehr vorgesehen. Lediglich über den Verweis in § 34 Abs. 2 S. 2 TVöD/TV-L kommt eine Änderungskündigung i.S.v. § 55 Abs. 2 BAT für diejenigen Beschäftigten in Betracht, die bis zum 30. September 2005 (TVöD) bzw. 31. Oktober 2006 (TV-L) nicht mehr or-

395

---

[641] BAG, 18. 5. 2006, NZA 2006, 1092 f. Für diese sog. Vorbehaltsfrist gilt die Rechtsprechung nicht, wonach die Frist auch dann gewahrt ist, wenn die Klage zwar vor Fristablauf bei Gericht eingereicht worden ist, aber die Zustellung an den Arbeitgeber erst danach erfolgt, die Annahme unter Vorbehalt muss dem Arbeitgeber vielmehr innerhalb der Frist zugehen (BAG, 17. 6. 1998, NZA 1998, 1225 f.).
[642] Vgl. zu den Folgen der Abweisung der Klage nicht wegen materiell-rechtlicher Wirksamkeit der Änderungskündigung, sondern wegen Unzulässigkeit BAG, 24. 3. 2004, AP Nr. 22 zu § 3 EntgeltFG; Berkowsky, NZA 2004, 1140 f.
[643] BAG, 6. 2. 2003, NZA 2003, 659 f. Zur Annahme des Änderungsangebots durch konkludentes Verhalten (widerspruchslose Fortsetzung der Tätigkeit durch den Arbeitnehmer) vgl. BAG, 1. 8. 2001, NZA 2003, 924 f.
[644] BAG, 21. 6. 1995, ZTR 1996, 75 f. (76).

dentlich kündbar waren (§ 53 Abs. 3 BAT).[645] Für solche Unkündbaren im Geltungsbereich des MTArb gilt die vergleichbare Regelung in § 60 Abs. 2 MTArb.

6. Weiterbeschäftigungsanspruch des Arbeitnehmers während des Rechtsstreits um die Wirksamkeit einer Arbeitgeberkündigung ohne Beteiligung der Personalvertretung

396 § 79 Abs. 2 BPersVG enthält eine Pflicht des Arbeitgebers zur Weiterbeschäftigung des gekündigten Arbeitnehmers bei unveränderten Arbeitsbedingungen bis zum rechtskräftigen Abschluss eines Rechtsstreits über die Wirksamkeit der Kündigung, die unter anderem voraussetzt, dass die Personalvertretung Einwendungen gegen eine ordentliche Kündigung erhoben hat und bis zur vollständigen Durchführung des Mitwirkungsverfahrens dabei geblieben ist.[646]

397 Fraglich ist, ob ein derartiger Anspruch auch im Falle der außerordentlichen Kündigung und auch unabhängig von der Beteiligung der Personalvertretung besteht, wenn also eine Personalvertretung nicht vorhanden ist, oder keine Einwendungen erhebt, nicht bis zur vollständigen Durchführung des Mitwirkungsverfahrens bei ihren Einwendungen bleibt oder die Einwendungen nicht fristgemäß oder nicht ordnungsgemäß erhoben werden.

398 Der große Senat des Bundesarbeitsgerichts hat mit seiner Entscheidung vom 27. 2. 1985[647] einen solchen Anspruch bejaht und damit seine bisherige Rechtsprechung dazu geändert. Danach hat der gekündigte Arbeitnehmer außerhalb der Regelung des § 79 Abs. 2 BPersVG einen arbeitsvertragsrechtlichen Anspruch auf vertragsmäßige Beschäftigung über den Ablauf der Kündigungsfrist oder bei außerordentlicher Kündigung über die vom Kündigenden gewollte Beendigung des Arbeitsverhältnisses bis zum rechtskräftigen Abschluss eines Rechtsstreits über die Wirksamkeit der Kündigung, wenn die Kündigung unwirksam ist und überwiegende schutzwerte Interessen des Arbeitgebers einer solchen Beschäftigung nicht entgegenstehen.

Dies ist jedenfalls dann der Fall, wenn die Kündigung offensichtlich unwirksam ist, wenn sich mithin schon aus dem eigenen Vortrag des Arbeitgebers ohne Beweiserhebung und ohne dass ein Beurteilungsspielraum gegeben wäre, jedem Kündigenden die Unwirksamkeit der Kündigung sich geradezu aufdrängen muss, die Unwirksamkeit also ohne jeden vernünftigen Zweifel in rechtlicher und in tatsächlicher Hinsicht offen zu Tage liegt.

Dies ist aber darüber hinaus grundsätzlich auch der Fall, wenn und solange ein die Unwirksamkeit der Kündigung feststellendes die Instanz abschließendes Urteil besteht, und zwar trotz der Ungewissheit, ob es im Rechtsmittelverfahren bestätigt wird. Vorher überwiegt in der Regel das in der Ungewissheit über den Ausgang des Prozesses begründete Interesse des Arbeitgebers an der Nichtbeschäftigung des gekündigten Arbeitnehmers für die Dauer des Rechtsstreits das Beschäftigungsinteresse des Arbeitnehmers, danach nur noch dann, wenn zusätzliche Umstände im Einzelfall dazukommen, aus denen sich ein überwiegendes Interesse des Arbeitgebers ergibt. Solche Umstände können zum Beispiel vorliegen, wenn der begründete Verdacht besteht, dass der Arbeitnehmer Betriebsgeheimnisse verrät, oder wenn die Weiterbeschäftigung zu einer unzumutbaren wirtschaftlichen Belastung des Arbeitgebers führen würde.

---

[645] Vgl. dazu BAG, 1. 3. 2007, NZA 2007, 1445 f.
[646] Vgl. dazu Rdn. 278-284.
[647] BB 1985, 1978 ff; bestätigt in BAG, BB 1988, 1120 f.

Der Weiterbeschäftigungsanspruch kann bereits während des Rechtsstreits um die 399
Wirksamkeit der Kündigung durch Klageerhebung geltend gemacht werden.[648]

Wird ein gekündigter Arbeitnehmer während des Rechtsstreits über die Wirksamkeit der Kün- 400
digung weiterbeschäftigt, ohne dass die Parteien das gekündigte Arbeitsverhältnis einvernehmlich fortsetzen und ohne dass es sich um die Weiterbeschäftigung nach § 79 Abs. 2 BPersVG oder die vom großen Senat des Bundesarbeitsgerichts vom Personalvertretungsrecht unabhängig bejahte handelt, so hat er bei Wirksamkeit der Kündigung gegen den Arbeitgeber Anspruch auf Ersatz des Wertes der geleisteten Arbeit auf Grund der §§ 812 Abs. 1 S. 1, 818 Abs. 2 BGB. Der Wert der Arbeitsleistung bestimmt sich entsprechend der üblichen Vergütung. Nicht zu ersetzen ist Urlaub, der dem Arbeitnehmer nicht gewährt worden ist.[649] In einem solchen Fall ist mangels gegenteiliger Anhaltspunkte davon auszugehen, dass das gekündigte Arbeitsverhältnis auflösend bedingt durch die rechtskräftige Abweisung der Kündigungsschutzklage fortgesetzt wird.

Auf der Grundlage der Entscheidung des Großen Senats hat sich der 2. Senat des 401
Bundesarbeitsgerichts[650] mit den Voraussetzungen eines Beschäftigungsanspruches bei wiederholten Kündigungen befasst. In dem zu beurteilenden Fall hatte ein Gericht für Arbeitssachen festgestellt, dass eine bestimmte Kündigung unwirksam ist und den Arbeitgeber deshalb zur Weiterbeschäftigung verurteilt. Danach hatte der Arbeitgeber dem Arbeitnehmer erneut gekündigt. Die Beantwortung der Frage, ob diese erneute Kündigung den Weiterbeschäftigungsanspruch beendet, hängt davon ab, ob sie zu einer Ungewissheit über den Fortbestand des Arbeitsverhältnisses führt, die derjenigen entspricht, die vor Verkündung des Urteils bestanden hat, das die Unwirksamkeit der ersten Kündigung festgestellt hat. Dies folgt daraus, dass bis zu einem die Unwirksamkeit einer Kündigung feststellenden die Instanz abschließenden Urteil die Ungewissheit über den Ausgang des Prozesses in der Regel dazu führt, dass das Interesse des Arbeitgebers an der Nichtbeschäftigung des gekündigten Arbeitnehmers das Beschäftigungsinteresse des Arbeitnehmers überwiegt. Folglich beendet eine erneute Kündigung den Weiterbeschäftigungsanspruch nicht, wenn sie offensichtlich unwirksam ist oder auf dieselben Gründe gestützt wird, die nach Auffassung des Arbeitsgerichts für die erste Kündigung nicht ausgereicht haben. Wird die erneute Kündigung dagegen auf andere Gründe gestützt, die es möglich erscheinen lassen, dass die erneute Kündigung eine andere Beurteilung erfährt als die erste Kündigung, so wird damit eine zusätzliche Ungewissheit über den Fortbestand des Arbeitsverhältnisses begründet und es überwiegt wieder das Interesse des Arbeitgebers an der Nichtbeschäftigung des Arbeitnehmers. Dies kann allerdings nur so lange gelten, bis ein die Unwirksamkeit der erneuten Kündigung feststellendes die Instanz abschließendes Urteil ergeht.

Der 8. Senat des Bundesarbeitsgerichts[651] hat die Frage beantwortet, welche Ansprüche einem Arbeitnehmer zustehen, der als Folge eines die Unwirksamkeit der Kündigung feststellenden die Instanz abschließenden Urteils vorläufig weiterbeschäftigt wird, weil der Arbeitgeber dazu verurteilt wird, und sich dann nachträglich die Wirksamkeit der Kündigung herausstellt. Der Senat lehnt die Annahme eines sogenannten faktischen Arbeitsverhältnisses (vgl. dazu Rdn. 762–764.) mit der zutreffenden Begründung ab, Voraussetzung dafür sei, dass die Beschäftigung des Arbeit-

---

[648] Zur Durchsetzung und Abwehr des Anspruchs im Eilverfahren vgl. Baur, ZTR 1989, 375 f., 419 f.
[649] BAG, ZTR 1987, 123; ZTR 1987, 152; Schwerdtner, DB 1989, 878 f.
[650] AP Nr. 17 zu § 611 BGB, Beschäftigungspflicht = NZA 1985, 702 f.
[651] 10. 3. 1987, AP Nr. 1 zu § 611 BGB, Weiterbeschäftigung; 17. 1. 1991, NZA 1991, 769 f. Vgl. auch BAG, 1. 3. 1990, NZA 1990, 696 f.

nehmers mit Wissen und Willen des Arbeitgebers erfolge, die Parteien sich also tatsächlich geeinigt hätten. Die vorläufige Weiterbeschäftigung sei dem Arbeitgeber aber gegen seinen Willen aufgezwungen worden. Der Arbeitnehmer hat deshalb einen Anspruch auf Ersatz des Wertes der geleisteten Arbeit auf Grund des Bereicherungsrechts (§ 812 Abs. 1 S. 1, § 818 Abs. 2 BGB). Der Wert der Arbeitsleistung bestimmt sich entsprechend der üblichen Vergütung.[652] Die Verurteilung des Arbeitgebers zur Weiterbeschäftigung bewirkt nicht, dass das gekündigte Arbeitsverhältnis auflösend bedingt durch die rechtskräftige Entscheidung über die Kündigungsschutzklage fortbesteht, denn das Beschäftigungsinteresse des Arbeitnehmers während des Kündigungsrechtsstreits erfordert nur die tatsächliche Beschäftigung und rechtfertigt nicht den Fortbestand des wirksam gekündigten Arbeitsverhältnisses. Mithin erfolgt die vorläufige Weiterbeschäftigung ohne rechtlichen Grund.[653]

Hat der Arbeitnehmer eine Änderungskündigung unter Vorbehalt nach § 2 KSchG angenommen, so ist der Arbeitgeber nicht auf Grund des allgemeinen Beschäftigungsanspruchs verpflichtet, den Arbeitnehmer vorläufig zu den bisherigen Bedingungen weiterzubeschäftigen.[654]

Personen, die als Arbeitnehmer in der Dienststelle beschäftigt waren, denen gekündigt wurde und die danach auf Grund Urteils nach dem Personalvertretungsrecht oder dem Beschluss des Großen Senats des BAG vom 27. 2. 1985 einen Weiterbeschäftigungsanspruch haben und tatsächlich auch weiterbeschäftigt werden, sind für die Dauer ihrer Weiterbeschäftigung auch dann Beschäftigte im Sinne von § 4 BPersVG, wenn später festgestellt wird, dass die Kündigung rechtswirksam war. Daraus folgt die Geltung der Beteiligungsrechte der Personalvertretung im Zusammenhang mit diesen Beschäftigten.[655]

7. Besonderer Kündigungsschutz

402   In bestimmten Fällen besteht für den Arbeitnehmer ein über die dargelegte Rechtslage hinausgehender Schutz vor Kündigung. An dieser Stelle werden nur diejenigen Fälle dargestellt, die nicht im Zusammenhang mit den besonderen Arbeitsverhältnissen unter den Rdn. 762–910 behandelt werden.

403   a) Einem **Angestellten, dem im Zusammenhang mit einer Rationalisierungsmaßnahme eine neue Tätigkeit übertragen worden ist,** darf während der Ersten 9 Monate dieser Tätigkeit weder aus betriebsbedingten Gründen noch wegen mangelnder Einarbeitung gekündigt werden (§ 5 Abs. 1 Tarifvertrag über den Rationalisierungsschutz für Angestellte. Dieser Tarifvertrag gilt gemäß § 2 Abs. 3 TVÜ-Bund i. V. m. der Anlage 1 TVÜ-Bund Teil C bzw. § 2 Abs. 5 TVÜ-L i. V. m. der Anlage 1 TVÜ-L Teil C auch nach Inkrafttreten des TVöD/TV-L fort, soweit im TVöD/TV-L, im TVÜ/TVÜ-L oder in den Anlagen nicht ausdrücklich etwas anderes bestimmt ist.[656] Er gilt für die Angestellten, die unter den Geltungsbereich des BAT fielen.)

404   b) **Abgeordneten** darf wegen der Übernahme und Ausübung ihres Amtes nicht gekündigt werden (Art. 48 Abs. 2 S. 2 GG), wobei zwischen ordentlicher und außerordentlicher Kündigung kein Unterschied gemacht wird. Im Übrigen, also unab-

---

[652] Vgl. dazu BAG, 12. 2. 1992, NZA 1993, 177 f.
[653] Str.; vgl. von Hoyningen-Huene, Anm. zum Urteil des 8. Senates des BAG vom 10. 3. 1987, AP Nr. 1 zu § 611 BGB, Weiterbeschäftigung; Schwerdtner, DB 1989, 878 f.; ders., DB 1989, 2025 f.; Bengelsdorf, DB 1989, 2020 f.; Pallasch, BB 1993, 2225 f.
[654] BAG, 18. 1. 1990, NZA 1990, 734 f.
[655] BAG, 15. 1. 1991, NZA 1991, 695.
[656] Vgl. dazu Wiesner, ZTR 2001, 304 f., zum Begriff „Rationalisierungsmaßnahme" BAG, EzA § 1 KSchG -Betriebsbedingte Kündigung- Nr. 8.

hängig von der Motivation, d. h. von der Ursächlichkeit der Bewerbung um ein Amt eines Abgeordneten, der Übernahme oder Ausübung desselben, ist eine Kündigung nur aus wichtigem Grund zulässig (§ 2 Abs. 3 Abgeordnetengesetz – AbgG). Der Kündigungsschutz beginnt mit der Aufstellung des Bewerbers durch das dafür zuständige Organ der Partei oder mit der Einreichung des Wahlvorschlags und gilt bis ein Jahr nach Beendigung des Mandats fort. Entsprechende Regelungen enthalten die Abgeordnetengesetze der Länder und das Europaabgeordnetengesetz – EuAbgG – für die Mitglieder des Europäischen Parlaments aus der Bundesrepublik Deutschland.

c) **Soldaten** genießen folgenden Schutz vor Kündigung: 405

aa) Wehrpflichtigen kann nicht von der Zustellung des Einberufungsbescheides bis zur Beendigung des Grundwehrdienstes und während einer Wehrübung (§ 2 Abs. 1 Arbeitsplatzschutzgesetz, ArbPlSchG) ordentlich gekündigt werden.

bb) Einem Soldaten auf Zeit kann nicht während der zunächst auf sechs Monate festgesetzten Dienstzeit und während der endgültig auf insgesamt nicht mehr als zwei Jahre festgesetzten Dienstzeit (§ 16 a Abs. 1 ArbPlSchG) ordentlich gekündigt werden.

cc) Einem Soldaten kann jedoch wirksam außerordentlich gekündigt werden, die Einberufung ist allerdings kein wichtiger Grund. Im Falle des Grundwehrdienstes von mehr als 6 Monaten kann dagegen einem unverheirateten Arbeitnehmer in einem Betrieb oder einer Verwaltung mit bis zu 5 Arbeitnehmern ausschließlich der Auszubildenden außerordentlich gekündigt werden, wenn dem Arbeitgeber infolge Einstellung einer Ersatzkraft die Weiterbeschäftigung des Arbeitnehmers nach der Entlassung aus dem Wehrdienst nicht zugemutet werden kann (§ 2 Abs. 3 ArbPlSchG).

dd) Vor und nach dem Wehrdienst ist eine Arbeitgeberkündigung aus Anlass des Wehrdienstes unwirksam (§ 2 Abs. 2 S. 1 ArbPlSchG) und darf bei einem dem Kündigungsschutzgesetz unterliegenden Arbeitnehmer im Falle der betriebsbedingten Kündigung bei der Auswahl der zu entlassenden Arbeitnehmer die Einberufung zum Wehrdienst nicht zu seinen Ungunsten berücksichtigt werden (§ 2 Abs. 2 Sätze 2 und 3 ArbPlSchG).

ee) Die Klagefrist des § 4 KSchG beginnt erst zwei Wochen nach Ende des Wehrdienstes, wenn die Kündigung nach Zustellung des Einberufungsbescheides oder während des Wehrdienstes zugeht (§ 2 Abs. 4 ArbPlSchG).

Das Arbeitsverhältnis wird durch den Grundwehrdienst oder eine Wehrübung nicht beendet, sondern ruht während dieser Zeit nur (§ 1 Abs. 1 ArbPlSchG). Während einer Wehrübung ist dem Arbeitnehmer im öffentlichen Dienst Arbeitsentgelt wie bei einem Erholungsurlaub zu zahlen (§ 1 Abs. 2 ArbPlSchG).

d) Für **Zivildienstleistende** gelten die Regelungen entsprechend (§ 78 Abs. 1 Ziffer 1 und Abs. 2 Zivildienstgesetz). 406

e) Mitgliedern einer **Personalvertretung**, einer **Jugend- und Auszubildendenvertretung** oder einer **Jugendvertretung** kann ordentlich während ihrer Amtszeit und innerhalb eines Jahres danach nicht wirksam gekündigt werden, es sei denn, die Beendigung der Mitgliedschaft beruht auf einer gerichtlichen Entscheidung nach § 28 Abs. 1 BPersVG wegen grober Verletzung der gesetzlichen Befugnisse oder grober Verletzung der gesetzlichen Pflichten (§ 15 Abs. 2 KSchG). Dies gilt auch für Gruppenänderungskündigungen, von denen auch Arbeitnehmer erfasst werden, die nicht Mitglieder einer Personalvertretung oder einer Jugend- und Auszubildendenvertretung sind.[657] 407

---

[657] BAG, BB 1981, 2069.

Die außerordentliche Kündigung durch den Arbeitgeber während der Amtszeit, nicht während des Nachwirkungszeitraumes von einem Jahr, bedarf zu ihrer Wirksamkeit der Zustimmung des Personalrates (§§ 47 Abs. 1 S. 1, 54 Abs. 1, 56, 62 S. 2, 64 Abs. 1 S. 2, 64 Abs. 2 S. 2 BPersVG). Verweigert der Personalrat seine Zustimmung oder äußert er sich nicht innerhalb von drei Arbeitstagen nach Eingang des Antrages, so kann das Verwaltungsgericht die Zustimmung auf Antrag des Dienststellenleiters ersetzen, wenn die außerordentliche Kündigung unter Berücksichtigung aller Umstände gerechtfertigt ist (§§ 47 Abs. 1 S. 2 BPersVG). Die Zustimmung ist zu ersetzen, wenn die Kündigung nach § 626 BGB gerechtfertigt ist.[658] Im Falle einer außerordentlichen Änderungskündigung jedenfalls gegenüber dem genannten Personenkreis, bei dem ja eine ordentliche Kündigung ausgeschlossen ist, ist nach der Rechtsprechung des BAG nicht erforderlich, zu prüfen, ob dem Kündigenden die Fortsetzung des Arbeitsverhältnisses mit dem bisherigen Inhalt bis zum Ablauf der (fiktiven) Kündigungsfrist zuzumuten ist.[659] Ob diese Prüfung bei der außerordentlichen Beendigungskündigung vorzunehmen ist, wird in der einschägigen Entscheidung des BAG ausdrücklich offengelassen.[660]

408 Der Kündigungsschutz gilt auch für **Mitglieder des Wahlvorstandes** von ihrer Bestellung an bis zur Bekanntgabe des Wahlergebnisses und innerhalb von 6 Monaten nach Bekanntgabe des Wahlergebnisses, es sei denn, der Wahlvorstand ist durch gerichtliche Entscheidung durch einen anderen Wahlvorstand ersetzt worden, und für **Wahlbewerber** von der Aufstellung des Wahlvorschlags bis zum Ablauf von 6 Monaten nach Bekanntgabe des Wahlergebnisses (§§ 15 Abs. 3 KSchG, 24 Abs. 1 S. 3, 53 Abs. 3 S. 1, 56, 62 S. 3, 64 Abs. 1 S. 2, Abs. 2 S. 2 BPersVG). Der Kündigungsschutz des Wahlbewerbers setzt dessen Wählbarkeit voraus.[661]

409 Nach § 15 Abs. 4 KSchG kann Mitgliedern der Personalvertretung, einer Jugend- und Auszubildendenvertretung, einer Jugendvertretung, einem Mitglied des Wahlvorstandes oder einem Wahlbewerber **wenn der Betrieb stillgelegt wird** frühestens zum Zeitpunkt der Stilllegung ordentlich gekündigt werden, es sei denn, ihre Kündigung zu einem früheren Zeitpunkt ist durch dringende betriebliche Erfordernisse bedingt.

Handelt es sich um die **Stilllegung einer Betriebsabteilung** und wird eine dem besonderen Kündigungsschutz unterliegende Person in der stillzulegenden Abteilung beschäftigt, so ist sie in eine andere Abteilung zu übernehmen, es sei denn, dies ist aus betrieblichen Gründen nicht möglich (§ 15 Abs. 5 KSchG). Dabei ist der Arbeitgeber verpflichtet, einen gleichwertigen Arbeitsplatz anzubieten oder die Übernahme auf einen geringerwertigen Arbeitsplatz zu ermöglichen. Ist die Übernahme auf einen gleichwertigen Arbeitsplatz und auch auf einen geringerwertigen Arbeitsplatz, gegebenenfalls durch Änderungskündigung gegenüber dem Mandatsträger, nicht möglich; so muss der Arbeitgeber versuchen, einen gleichwertigen Arbeitsplatz durch Umverteilung der Arbeit freizumachen. Ist ein gleichwertiger Arbeitsplatz mit einem nicht durch § 15 KSchG geschützen Arbeitnehmer besetzt, so muss der Arbeitgeber den Arbeitsplatz gegebenenfalls für den Mandatsträger **freikündigen**.[662]

---

[658] BAG, BB 1974, 1578; 21. 6. 1995, ZTR 1996, 75 f. Zur Reichweite der Präjudizialität eines Zustimmungsersetzungsbeschlusses vgl. BAG, 15. 8. 2002, NZA 2003, 432 f. (zu § 103 Abs. 2 BetrVG).
[659] BAG, 21. 6. 1995, ZTR 1996, 75 f. (76, 77).
[660] So allerdings BAG, 8. 8. 1968, AP Nr. 57 zu § 626 BGB; 14. 11. 1984, AP Nr. 83 zu § 626 BGB.
[661] BAG, 26. 9. 1996, NZA 1997, 666 f.
[662] Str., so BAG, 18. 10. 2000, NZA 2001, 321 f.; 2. 3. 2006, NZA 2006, 988 f.; a. A. Leuchten, NZA 2007, 585 f., m. w. N.

Der Gesetzestext passt für die Arbeitnehmer des öffentlichen Dienstes nur insoweit, als Dienststelle ein Betrieb ist. Bei sonstigen Dienststellen ist wegen des gestuften Verwaltungsaufbaus der Fall der Stilllegung einer Dienststelle nicht ohne weiteres mit der Betriebsstilllegung vergleichbar. Daher ist bei der Stilllegung einer Dienststelle zu berücksichtigen, ob die dort Beschäftigten wegen der Stilllegung entlassen werden oder in eine andere Dienststelle übernommen werden können. Im öffentlichen Dienst jedenfalls wird deshalb eine Kündigung gegenüber dem geschützten Personenkreis bei Stilllegung einer Dienststelle nur gerechtfertigt sein, wenn der Arbeitnehmer nicht in einer anderen Dienststelle desselben Verwaltungszweiges an demselben Dienstort einschließlich seines Einzugsgebietes weiterbeschäftigt werden kann. Dies ergibt sich aus der Anwendung der Wertung, die der Gesetzgeber in § 1 Abs. 2 S. 2, Ziffer 2 b KSchG getroffen hat, auf § 15 Abs. 4 KSchG.

§ 15 Abs. 4 KSchG lässt nur eine ordentliche Kündigung zu, nicht dagegen eine außerordentliche.[663] Deshalb ist für eine derartige Kündigung auch nicht die Zustimmung des Personalrates erforderlich. Liegen im Zusammenhang mit der Betriebsstilllegung zusätzliche Umstände vor, die die Einhaltung der Kündigungsfrist unzumutbar machen, so kann eine außerordentliche Kündigung aus wichtigem Grund nach Maßgabe der §§ 15 Abs. 2 und 3 KSchG, 47 Abs. 1 BPersVG in Betracht kommen. Das Arbeitsverhältnis kann durch ordentliche Kündigung, also unter Einhaltung der Kündigungsfrist, nur dann zu einem früheren Termin als dem Zeitpunkt der Betriebsstilllegung beendet werden, wenn dies durch zwingende betriebliche Erfordernisse bedingt ist (§ 15 Abs. 4 KSchG).

Bei der Kündigung nach § 15 Absätze 4 und 5 KSchG ist die Personalvertretung wie bei jeder anderen ordentlichen Kündigung zu beteiligen.[664] Zum Schutz der Auszubildenden, die in den genannten Personenkreis fallen (§ 9 BPersVG), vgl. die Ausführungen im Zusammenhang mit den besonderen Arbeitsverhältnissen.

Handelt es sich bei dem Mitglied der Personalvertretung bzw. der ihm hinsichtlich des Kündigungsschutzes gleichgestellten Person um einen Arbeitnehmer mit einer Beschäftigungszeit von mehr als 15 Jahren, der das vierzigste Lebensjahr vollendet hat, so kann ihm nach den § 34 Abs. 2 TVöD/TV-L nicht ordentlich gekündigt werden. In einem derartigen Fall kommt bei einer Betriebsstilllegung oder Stilllegung einer Betriebsabteilung nur die außerordentliche Kündigung in Betracht. Diese außerordentliche Kündigung bedarf nicht der Zustimmung der Personalvertretung gemäß § 47 Abs. 1 (54 Abs. 1, 56, 62) BPersVG. Dies ist darin begründet, dass der Schutzzweck des § 15 KSchG, nämlich den Mandatsträgern die erforderliche Unabhängigkeit für die Ausübung ihres Amtes und die Kontinuität der Amtsführung während einer Wahlperiode zu sichern, bei der Betriebsstilllegung oder der Stilllegung einer Betriebsabteilung hinter den Interessen des Arbeitgebers zurückzutreten hat. Für den identischen Schutzzweck des § 47 Abs. 1 BPersVG kann in den genannten Fällen nichts anderes gelten.[665]

Nach Beendigung des nachwirkenden Kündigungsschutzes kann der Arbeitgeber dem erfolglosen Wahlbewerber wieder wie jedem anderen Arbeitnehmer kündigen. Er ist insbesondere nicht gehindert, die Kündigung auf Pflichtverletzungen des Arbeitnehmers zu stützen, die dieser während der Schutzfrist begangen hat und die erkennbar nicht im Zusammenhang mit der Wahlbewerbung stehen.[666]

Dies gilt auch für die **Schwerbehindertenvertretung** einschließlich des Wahlvorstandes und der Wahlbewerber (§ 96 Abs. 3 SGB IX), nicht dagegen für die Vertretung der nichtständig Beschäftigten.

410

---

[663] BAG, NJW 1977, 2182.
[664] BAG, NJW 1977, 2182.
[665] BAG, 18. 9. 1997, NJW 1998, 189 f. (zu § 103 BetrVG).
[666] BAG, 13. 6. 1996, NZA 1996, 1032 f.

411 Die Zustimmung des Personalrats bzw. die Ersetzung der Zustimmung durch das Verwaltungsgericht muss vor Ausspruch der Kündigung vorliegen. Kündigt der Arbeitgeber vorher, so ist die Kündigung nichtig, die nachträgliche Genehmigung heilt nicht.[667] Hat der Personalrat die Zustimmung erteilt, so kann sie nicht mehr zurückgenommen werden, wenn der Arbeitgeber von der Kündigungsmöglichkeit Gebrauch gemacht hat. Der Personalrat kann allerdings die zunächst verweigerte oder nicht erteilte Zustimmung noch nachträglich erteilen, und zwar auch dann, wenn das Verfahren zur gerichtlichen Ersetzung der Zustimmung bereits eingeleitet ist. Der Arbeitgeber muss dann unverzüglich, d.h. ohne schuldhaftes Zögern (§ 121 Abs. 1 BGB) kündigen, nachdem er von der nachträglichen Zustimmung Kenntnis erlangt hat.[668]

412 Weil die Zustimmung bzw. deren Ersetzung vor Ausspruch der Kündigung vorliegen muss, kann der Arbeitgeber wegen der Kündigungserklärungsfrist des § 626 Abs. 2 BGB in Zeitnot geraten, wenn er mit dem Ausspruch der Kündigung zuwartet, um beispielsweise den gegen den Arbeitnehmer erhobenen Vorwurf, der die außerordentliche Kündigung begründen soll, sorgfältig zu überprüfen. Weil es dazu an einer gesetzlichen Regelung fehlt, hat das Bundesarbeitsgericht entschieden:[669]

aa) Will der Arbeitgeber sein Recht zur außerordentlichen Kündigung nicht verlieren, so muss er innerhalb der Kündigungserklärungsfrist nicht nur den Zustimmungsantrag beim Personalrat stellen, sondern bei Verweigerung der Zustimmung (oder Nichtäußerung des Personalrates innerhalb von drei Tagen) auch das Verfahren auf Ersetzung der Zustimmung beim Verwaltungsgericht einleiten.

bb) Stellt der Arbeitgeber den Zustimmungsantrag beim Personalrat nicht so rechtzeitig, dass das Ende der Äußerungsfrist des Personalrats nicht mehr innerhalb der Kündigungserklärungsfrist liegt, so muss er das Verfahren auf Ersetzung der Zustimmung vorsorglich innerhalb der Kündigungserklärungsfrist einleiten. Stimmt der Personalrat zu oder lässt er die Äußerungsfrist verstreichen, so erledigt sich das gerichtliche Ersetzungsverfahren.

cc) Stimmt der Personalrat zu oder wird die Zustimmung ersetzt und wird die Kündigung daraufhin unverzüglich (§ 121 Abs. 1 BGB) ausgesprochen, so ist die Kündigungserklärungsfrist auch dann gewahrt, wenn die Zustimmung oder Ersetzung außerhalb derselben erfolgt.

III. Zeitablauf

413 Liegt ein befristetes Arbeitsverhältnis vor, so endet es automatisch mit dem Ablauf der Zeit oder mit Erreichen des Zwecks, für die es eingegangen ist, ohne dass es einer Kündigung bedarf (§ 15 Abs. 1 und 2 TzBfG). Alle Vorschriften, die sich mit der Kündigung befassen, insbesondere diejenigen, die den Schutz des Arbeitnehmers vor Kündigungen bezwecken, sind mithin nicht anwendbar. Die Einschränkungen, die die Rechtsprechung deshalb für die Zulässigkeit der Befristung von Arbeitsverhältnissen aufgestellt hat, werden im Zusammenhang mit den besonderen Arbeitsverhältnissen unter den Rdn. 765–772 behandelt.

414 Während der Befristung ist die ordentliche Kündigung ausgeschlossen (§ 15 Abs. 3 TzBfG), es sei denn, die ordentliche Kündbarkeit ist vereinbart oder das Arbeitsverhältnis ist auf die Lebenszeit einer Person eingegangen oder auf länger als

---

[667] BAG, 9. 7. 1998, NZA 1998, 1273 f.; ständige Rechtsprechung.
[668] BAGE 37, 44 f.
[669] BAGE 27, 113; 29, 270; 31, 253; 37, 56.

fünf Jahre befristet (§ 15 Abs. 4 TzBfG).[670] Möglich ist nur die außerordentliche Kündigung, wenn ein wichtiger Grund vorliegt, der die Fortsetzung des Arbeitsverhältnisses bis zu der vereinbarten Beendigung unzumutbar macht (§ 626 Abs. 1 BGB).

TVöD/TV-L

§ 30 Abs. 1 S. 1 TVöD/TV-L eröffnet die Möglichkeit einer Befristung des Arbeitsvertrages nach Maßgabe des Teilzeit- und Befristungsgesetzes sowie anderer gesetzlicher Vorschriften über die Befristung von Arbeitsverträgen (z. B. BEEG, WissZeitVG). Diese Vorschrift gilt grundsätzlich für alle Arbeitsverhältnisse im Geltungsbereich des TVöD/TV-L und löst die Sonderregelungen SR 2 y BAT und SR 2 k MTArb ab. § 30 Abs. 1 S. 1 TVöD/TV-L enthält also keine gegenüber § 620 BGB abweichende Bestimmung.

§ 30 Abs. 1 S. 2 i. V. m. § 30 Abs. 2 bis 5 TVöD/TV-L sieht jedoch für die Beschäftigten, auf die die Regelungen des Tarifgebiets West Anwendung finden und deren Tätigkeit vor dem 1. Januar 2005 der Rentenversicherung der Angestellten unterlegen hätte,[671] Besonderheiten bezüglich einer Befristung des Arbeitsvertrages vor, soweit die §§ 57 a ff. HRG (jetzt WissZeitVG) weder unmittelbar noch entsprechend Anwendung finden. Mit den Absätzen 2 bis 5 blieben einige Bestimmungen aus dem Sonderrecht in SR 2 y BAT erhalten. Soweit die Absätze 2 bis 5 Abweichendes vorsehen, gehen sie dem TzBfG vor. Gemäß § 22 Abs. 1 TzBfG sind abweichende tarifrechtliche Regelungen nur insoweit zulässig, als diese den Arbeitnehmer besser stellen. Mithin enthalten die Absätze 2 bis 5 weitergehende Schutzvorschriften für den genannten Personenkreis.[672]

IV. Aufhebungsvertrag[673]

Arbeitnehmer und Arbeitgeber können das Arbeitsverhältnis dadurch beenden, dass sie einen Aufhebungsvertrag abschließen, also vereinbaren, dass das Arbeitsverhältnis zu einem bestimmten Zeitpunkt aufgelöst wird. Dies folgt aus der Vertragsfreiheit. Besondere gesetzliche Vorschriften dazu gibt es nicht.[674] Allerdings be-

---

[670] BAG, 25. 2. 1998, NZA 1998, 747 f.
[671] § 30 TVöD/TV-L ist eine der wenigen Vorschriften im TVöD/TV-L, die die Trennung des Tarifgebietes in West und Ost sowie die Unterscheidung zwischen Angestellten und Arbeitern noch aufrechterhält.
[672] Näheres zur Befristung eines Arbeitsverhältnisses nach dem TVöD/TV-L siehe Kapitel „Das befristete Arbeitsverhältnis".
[673] Vgl. dazu allg. Bauer, Arbeitsrechtliche Aufhebungsverträge, München 8. Aufl. 2007; ders., NZA 2002, 169 f.; Gaul, BB 2003, 2457.
[674] Zu den sozialversicherungsrechtlichen Konsequenzen eines Aufhebungsvertrages vgl. Geiger, NZA 2003, 838 f.; Heuchemer/Insam, BB 2004, 1562 f. (Freistellungsphase im Aufhebungsvertrag). Zu den Aufklärungs- und Hinweispflichten des Arbeitgebers bei Abschluss eines Aufhebungsvertrages vgl. BAG, 17. 10. 2000, ZTR 2001, 184 f.; 12. 12. 2002, ZTR 2003, 243 f. Zur Sicherung des sozialen Schutzes durch richtige Wahl des Zeitpunktes für die Auflösung vgl. Gagel, AuR 1992, 225 f. Zu den Möglichkeiten der Beseitigung (Rücktritt, Widerruf, Anfechtung) von Aufhebungsverträgen vgl. Kienast/Schmiedl, DB 2003, 1440 f.; Pauly, ZTR 2004, 541 f. (Widerrufsrecht nach §§ 312, 355 BGB, Haustürgeschäfte); Künzl, ZTR 2004, 16 f.; Benecke, RdA, 2004, 147 f. (Anfechtung wegen widerrechtlicher Drohung); BAG, 12. 8. 1999, ZTR 2000, 40 f.; 6. 12. 2001, NZA 2002, 731 f.; 15. 12. 2006, NZA 2006, 841 f., zu den Auswirkungen der Unwirksamkeit eines Aufhebungsvertrages, der im Rahmen eines Kündigungsschutzprozesses abgeschlossen wurde, vgl. Weber/Ehrich, DB 1995, 2369 f., zu den steuerlichen Auswirkungen von Auflösungsverträgen vgl. Bauer, NZA 1996, 729 f. insbesondere hinsichtlich von Abfindungsregelungen vgl. Hümmerich/Spirolke, NZA 1998, 225 f.

darf der Aufhebungsvertrag gemäß § 623 BGB zu seiner Wirksamkeit der **Schriftform**,[675] wobei die Verwendung der elektronischen Form (§§ 126 Abs. 3, 126a Abs. 1 BGB) ausdrücklich ausgeschlossen ist. Die Schriftform wird durch einen gerichtlichen Vergleich i. S. v. § 278 Abs. 6 S. 1 ZPO gewahrt (§ 127a BGB analog).[676]

Im Falle einer einvernehmlichen Beendigung des Beschäftigungsverhältnisses muss der Arbeitnehmer mit einer **Sperrzeit und einer Minderung der Anspruchsdauer seines Anspruchs auf Arbeitslosengeld** rechnen (§ 144 Abs. 1 S. 2 Nr. 1 Alt. 1 SGB III).[677]

418 Nicht möglich ist ein Aufhebungsvertrag, der unter einer aufschiebenden Bedingung abgeschlossen wird, in dem also vereinbart ist, dass das Arbeitsverhältnis mit dem Eintritt oder Nichteintritt eines bestimmten Ereignisses endet, weil damit der Kündigungsschutz und die Kündigungsfristen umgangen werden.[678] Ein Aufhebungsvertrag, der nicht auf die alsbaldige Beendigung des Arbeitsverhältnisses gerichtet ist, sondern mit dem ein unbefristetes Arbeitsverhältnis in ein befristetes umgewandelt wird, unterliegt der arbeitsgerichtlichen Befristungskontrolle (vgl. dazu Rdn. 767–770).[679]

419 In einer Kündigungserklärung kann zugleich das Angebot zum Abschluss eines Aufhebungsvertrages gesehen werden, wenn der wirkliche oder mutmaßliche Wille des Kündigenden zu erkennen ist, sich auch beim Fehlen eines Kündigungsgrundes vom Kündigungsempfänger zu trennen.

420 Vom Aufhebungsvertrag zu unterscheiden ist der **Abwicklungsvertrag**. Während durch den Aufhebungsvertrag das Arbeitsverhältnis einvernehmlich von den Parteien beendet wird, ohne dass zuvor eine Kündigung erfolgte, geht dem Abwicklungsvertrag eine Kündigung voraus, mit der sich der Gekündigte durch den Abwicklungsvertrag abfindet und durch den lediglich die Rechte und Pflichten im Zusammenhang mit der Beendigung des Arbeitsverhältnisses einvernehmlich geregelt werden.[680]

V. Tod des Arbeitnehmers

421 Weil nach § 613 Satz 1 BGB der Arbeitnehmer seine Dienste im Zweifel in Person zu leisten verpflichtet ist, endet das Arbeitsverhältnis mit seinem Tode.

VI. Anfechtung

422 Die Willenserklärungen, durch die der Arbeitsvertrag abgeschlossen worden ist, können angefochten werden, und zwar wegen der Anfechtungsgründe aus den §§ 119, 120 und 123 BGB.[681] Die erfolgreiche Anfechtung hat nach § 142 Abs. 1 BGB Nichtigkeit von Anfang an zur Folge.

423 Um den Arbeitnehmer zu schützen, wenn er seine Arbeitsleistung aber bereits erbracht hat, die Arbeit also bereits aufgenommen hat, kann die Nichtigkeit jedoch

---

[675] Vgl. dazu Preiss/Gotthardt, NZA 2000, 348 f. (354 f.); Sander/Siebert, AuR 2000, 287 f.; 330 f.; Krabbenhöft, DB 2000, 1562 f.; Richardi, NZA 2001, 57 f.; Caspers, RdA 2001, 28 f.
[676] BAG, 23. 11. 2006, NZA 2007, 466 f.
[677] Vgl. dazu Spellbrink, BB 2006, 1274 f.; Gaul/Niklas, NZA 2008, 137 f.
[678] BAG, AP Nr. 3 und 4 zu § 620 BGB, Bedingungen.
[679] BAG, 12. 1. 2000, NZA 2000, 718 f.; Reiserer, BB 2000, 1679 f.
[680] Vgl. dazu Hümmerich, NZA 2001, 1280 f. Zum Sperrzeittatbestand (§ 144 Abs. 1 S. 1 Nr. 1 SGB III) beim Abwicklungsvertrag vgl. BAG, 18. 12. 2003, NZA 2004, 661 f.; Boecken/Hümmerich, DB 2004, 2046 f.; Kern/Kreutzfeldt, NJW 2004, 3081 f.
[681] BAG, 11. 11. 1993, NZA 1994, 407 f. (407); Strick, NZA 2000, 695 f. (Anfechtung durch den Arbeitgeber).

nicht mit Wirkung für die Vergangenheit, sondern **nur mit Wirkung in die Zukunft** geltend gemacht werden. Deshalb entsteht im Falle der Anfechtung für die Zeit, in der die Arbeit tatsächlich geleistet wurde, ein sogenanntes **faktisches Arbeitsverhältnis**. Dies wird unter den Rdn. 762–764 eingehend behandelt.

Die Anfechtung kann gegen Treu und Glauben verstoßen und unwirksam sein, wenn der Anfechtungsgrund im Zeitpunkt der Anfechtungserklärung seine Bedeutung für die weitere Durchführung des Arbeitsverhältnisses bereits verloren hatte.[682]   424

VII. Auflösung des Arbeitsverhältnisses durch das Gericht

Das Arbeitsgericht kann das Arbeitsverhältnis auf Antrag auflösen, wenn es feststellt, dass es durch die Kündigung des Arbeitgebers nicht aufgelöst ist, der Arbeitnehmer den Rechtsstreit über die Wirksamkeit der Kündigung also gewinnt, weil   425
– die ordentliche Kündigung sozial ungerechtfertigt ist (§ 9 Abs. 1 S. 1 KSchG),[683]
– ein wichtiger Grund nach § 626 Abs. 1 BGB nicht oder nicht mehr vorliegt (§ 13 Abs. 1 S. 3 KSchG),
– die Kündigung gegen die guten Sitten verstößt und der Arbeitnehmer innerhalb der Klagefrist[684] Klage gegen die Kündigung erhoben hat (§ 13 Abs. 2 KSchG) oder
– sie aus anderen Gründen (z.B. wegen Nichtbeteiligung der Personalvertretung) und darüber hinaus auch aus einem der Ersten drei genannten Gründen unwirksam ist.[685]

Antragsberechtigt ist in allen Fällen der Arbeitnehmer, der Arbeitgeber nur, wenn er ordentlich gekündigt hat.   426

Voraussetzung ist, wenn der Arbeitnehmer die Auflösung verlangt, dass ihm die Fortsetzung des Arbeitsverhältnisses nicht zuzumuten ist. Dies ist nicht nur dann der Fall, wenn Gründe vorliegen, die den Arbeitnehmer seinerseits zur außerordentlichen Kündigung berechtigt hätten, sondern auch bei solchen, die noch nicht das Gewicht eines wichtigen Grundes haben. Die Interessen beider Vertragspartner sind in jedem Einzelfall gegeneinander abzuwägen.[686] Der Abschluss eines neuen Arbeitsvertrages ist kein Grund, weil der Arbeitnehmer in diesem Fall nach § 12 KSchG die Fortsetzung des Arbeitsverhältnisses mit dem bisherigen Arbeitgeber verweigern kann.   427

Im Streitfall muss der Arbeitnehmer die Auflösungsgründe darlegen und beweisen.

Verlangt der Arbeitgeber die Auflösung, so ist erforderlich, dass Gründe vorliegen, die eine den Betriebszwecken dienliche weitere Zusammenarbeit zwischen ihm und dem Arbeitnehmer nicht erwarten lassen (§ 9 Abs. 1 S. 2 KSchG). Dabei muss es sich um solche handeln, die das persönliche Vertrauensverhältnis stören, betriebliche oder wirtschaftliche Gründe alleine reichen nicht aus.[687] Auch sie müssen nicht von einem solchen Gewicht sein, dass eine außerordentliche Kündigung begründet wäre, es muss auch hier eine Interessenabwägung vorgenommen werden.[688] Darlegungs- und Be-

---

[682] BAG, ZTR 1988, 185; vgl. auch BAG, NZA 1988, 731.
[683] Vgl. zum Auflösungsantrag im Zusammenhang mit der Änderungskündigung Müller, DB 2002, 2597 f.
[684] Der Arbeitnehmer muss die Klagefrist nicht einhalten, um geltend machen zu können, die Kündigung verstoße gegen die guten Sitten; vgl. dazu oben Rdn. 358.
[685] Vgl. dazu Hertzfeld, NZA 2004, 298 f.
[686] BAG, DB 1982, 757 f.
[687] BAG, 7. 3. 2002, NZA 2003, 261 f.; 10. 10. 2002, ZTR 2003, 407 f.
[688] BAG, AP Nr. 2 und 7 zu § 7 KSchG.

weislast liegen beim Arbeitgeber.[689] Der Arbeitgeber kann darüber hinaus die Auflösung nur verlangen, wenn die ordentliche Kündigung wenigstens hinsichtlich eines Kündigungssachverhalts alleine wegen Sozialwidrigkeit unwirksam ist.[690]

Der Auflösungsantrag des Arbeitgebers bedarf keiner Begründung, wenn der gekündigte Arbeitnehmer leitender Angestellter ist, der zur selbständigen Einstellung oder Entlassung von Arbeitnehmern berechtigt ist (§ 14 Abs. 2 S. 2 KSchG).[691] Wird der Auflösungsantrag sowohl vom Arbeitgeber als auch vom Arbeitnehmer gestellt, so geht das Gericht ohne Prüfung davon aus, dass Auflösungsgründe vorliegen.[692]

428 Als **Auflösungszeitpunkt** setzt das Gericht im Falle der ordentlichen Kündigung den Termin fest, an dem das Arbeitsverhältnis bei sozial gerechtfertigter Kündigung geendet hätte (§ 9 Abs. 2 KSchG), im Falle der außerordentlichen Kündigung, an dem es geendet hätte, wenn die außerordentliche Kündigung wirksam gewesen wäre (§ 13 Abs. 1 S. 4 KSchG).

429 Löst das Arbeitsgericht das Arbeitsverhältnis auf, so hat es den Arbeitgeber zur Zahlung einer angemessenen **Abfindung** zu verurteilen (§§ 9 Abs. 1 S. 1, 13 Abs. 1 S. 3, Abs. 2 KSchG). Die Höhe ergibt sich aus den §§ 10 und 11 KSchG.[693]

Sie zählt nicht zu den beitragspflichtigen Bezügen des Arbeitnehmers im Rahmen der Sozialversicherung, weil sie nicht Arbeitsentgelt, sondern Entschädigung für den Verlust des Arbeitsplatzes ist.[694] Dies gilt auch dann, wenn eine derartige Abfindung im Rahmen eines gerichtlichen oder außergerichtlichen Vergleichs vereinbart wird.[695]

VIII. Besondere gesetzliche Beendigungstatbestände im öffentlichen Dienst

430 Mit der Ernennung zum Beamten erlischt kraft Gesetzes ein Arbeitsverhältnis zu demselben Dienstherrn (§ 116 BRRG i. V. m. § 10 Abs. 3 BBG bzw. den entsprechenden Vorschriften der Beamtengesetze der Länder). Es lebt nach Rücknahme der Beamtenernennung nicht wieder auf.[696]

431 Bleibt ein Arbeitnehmer im Anschluss an eine Eignungsübung als freiwilliger Soldat bei der Bundeswehr, so endet sein Arbeitsverhältnis kraft Gesetzes (§ 3 EignungsübungsG).

---

[689] Zur Frage der Notwendigkeit, diejenigen Umstände der Personalvertretung mitzuteilen, auf die der Auflösungsantrag des Arbeitgebers gestützt wird, vgl. Lunk, NZA 2000, 807f. (behandelt für den Betriebsrat).
[690] BAG, 21. 9. 2000, NZA 2001, 102 f.; Hertzfeld, NZA 2004, 298 f.
[691] Vgl. dazu BAG, 18. 10. 2000, NZA 2001, 437 f.
[692] BAG, AP Nr. 7 zu § 7 KSchG; Leisten, BB 1994, 2138 f.
[693] Zur Verfassungsmäßigkeit der §§ 9, 10 KSchG vgl. BVerfG, 29. 1. 1990, NZA 1990, 535 f.
[694] BAG, AP Nr. 24 zu § 7 KSchG. Wegen der Auswirkung auf das Arbeitslosengeld, vgl. Rolfs, NZA 1997, 793 f.; Kliemt, NZA 1998, 173 f.; Bader, AuR 1998, 56 f.; Schließmann, BB 1998, 318 f.; Hanau, RdA 1998, 296 f.; Johannsen, ZTR 1998, 531 f.; ders., ZTR 1999, 241 f.; Hümmerich, NZA 1999, 342 f. (346, 347).
[695] BFH, BB 1977, 1288; DB 1979, 481 und 726. Wegen weiterer Einzelheiten hierzu vgl. Klar, NZA 2003, 543 f. Zur Fälligkeit der Abfindung, die im Vergleich vereinbart wird, vgl. Grauer, BB 1988, 1817 f., zur Abfindungsanrechnung beim Anspruch auf Arbeitslosengeld vgl. Rockstroh/Polduwe, DB 1999, 529 f.
[696] BAG, 24. 4. 1997, NZA 1997, 1045 f. Vgl. Zu den Umständen, unter denen neben einem Beamtenverhältnis ein Arbeitsverhältnis bestehen kann, BAG, 27. 6. 2001, ZTR 2001, 571 f.

IX. Die Ausgleichsquittung

Häufig wird durch den ausscheidenden Arbeitnehmer der Empfang der Arbeitspapiere bestätigt und gleichzeitig gegenseitig erklärt, keine weiteren Ansprüche mehr aus dem Arbeitsverhältnis zu haben (Ausgleichsquittung). 432

Soweit der Arbeitnehmer den Empfang der Arbeitspapiere bestätigt, ist darin eine Quittung zu erblicken, auf die der Arbeitgeber nach § 368 S. 1 BGB einen Anspruch hat. 433

Die Ausgleichsquittung hat jedoch nicht nur den Charakter einer Quittung, sondern wird in der Praxis mit verschiedenartigen Vereinbarungen zwischen Arbeitnehmer und Arbeitgeber verbunden, auf die die Parteien keinen Rechtsanspruch haben.[697] 434

Haben die Parteien des Arbeitsvertrages über das Bestehen oder Nichtbestehen von Ansprüchen gestritten und ist der Streit im Wege gegenseitigen Nachgebens bereinigt worden, so enthält die Ausgleichsquittung neben der Quittung einen **Vergleichsvertrag** im Sinne von § 779 BGB.

Ist den Parteien dagegen bekannt, dass noch Ansprüche aus dem Arbeitsverhältnis bestehen, sollen diese aber nicht mehr geltend gemacht werden können, so tritt neben die Quittung ein **Erlassvertrag** nach § 397 Abs. 1 BGB, durch den Arbeitnehmer und Arbeitgeber auf ihre Rechte verzichten.

Gehen die Parteien davon aus, dass keine Ansprüche mehr bestehen, dann liegt ein **negatives deklaratorisches Schuldanerkenntnis** vor.

Haben die Parteien die Absicht, alle bekannten und etwa doch noch vorhandenen unbekannten Ansprüche zu beseitigen, so handelt es sich um ein **negatives konstitutives Schuldanerkenntnis** (§ 397 Abs. 2 BGB). Es enthält folglich für den Fall, dass eine Schuld bestand, einen Erlassvertrag.

Die Parteien des Arbeitsvertrages sind sich, wenn es zum Rechtsstreit kommt, häufig nicht darüber einig, was neben der Quittungswirkung Inhalt der Ausgleichsquittung ist. Deshalb ist oft eine Auslegung der Ausgleichsquittung erforderlich, die nach dem sogenannten objektiven Erklärungswert zu erfolgen hat, das heißt, es kommt darauf an, wie die Erklärungen aus der Sicht eines objektiven Erklärungsempfängers unter Berücksichtigung aller auf einen bestimmten Sinn der Erklärungen hindeutenden Umstände nach den üblichen Gepflogenheiten zu verstehen sind.[698] Aus dieser Sicht liegt nach meiner Meinung in der Bestätigung, keine Ansprüche aus dem Arbeitsverhältnis mehr zu haben, in der Regel ein **negatives Schuldanerkenntnis mit konstitutiver Wirkung**, das heißt, es erlöschen im Zweifel bekannte und unbekannte etwa doch noch bestehende Ansprüche, weil bei objektiver Betrachtung in der Ausgleichsquittung eine Erklärung zu sehen ist, die einen Schlussstrich unter das beendete Arbeitsverhältnis ziehen soll, durch die die Rechtsbeziehungen zwischen Arbeitnehmer und Arbeitgeber für Vergangenheit und Zukunft in jeder Hinsicht restlos beendet werden und eine eventuell vorhandene ungewisse Rechtslage hinsichtlich der Existenz von Forderungen aus dem Arbeitsverhältnis beseitigt und nachfolgende Streitigkeiten vermieden werden sollen.[699] 435

Das **Bundesarbeitsgericht** hingegen kommt dabei in seiner neueren Rechtsprechung[700] zu dem Ergebnis, dass es sich, wenn keine Anhaltspunkte dafür bestehen, 436

---

[697] Müller, BB 1976, 1466 f., m. w. N.
[698] BAG, 7. 11. 2007, NZA 2008, 355 f.
[699] Müller, BB 1976, 1467; BAG, 31. 5. 1990, NZA 1990, 935 f.
[700] 7. 11. 2007, NZA 2008, 355 f. Vgl. dazu Böhm, NZA 2008, 919 f.

die Parteien wollten alle oder eine bestimmte Gruppe von bekannten oder unbekannten Ansprüchen zum Erlöschen bringen, um ein **negatives deklaratorisches Schuldanerkenntnis** handelt, weil davon auszugehen sei, dass im Zweifel lediglich die von den Parteien angenommene Rechtslage eindeutig dokumentiert und damit fixiert werden solle. Dadurch ist die weitere Geltendmachung von Ansprüchen nicht gehindert.

437 Ansprüche, die durch die Beendigung des Arbeitsverhältnisses erst fällig werden, wie zum Beispiel Ruhegeldansprüche, Ansprüche auf ein Zeugnis und Rechte aus einem Wettbewerbsverbot werden im Zweifel, das heißt, wenn es sich nicht eindeutig aus dem Inhalt der Erklärung ergibt, nicht erfasst.[701]

438 Es ist möglich, dass Ansprüche, die von einer Ausgleichsquittung erfasst werden sollen, darin ausdrücklich bezeichnet werden. Andererseits ist fraglich, welche Ansprüche sie erfasst, wenn lediglich formuliert wird, dass keine Ansprüche mehr bestehen. In beiden Fällen kommt es darauf an, **auf welche Ansprüche sich eine Ausgleichsquittung wirksam erstrecken kann.**

Dabei muss zwischen unabdingbaren und unverzichtbaren Ansprüchen unterschieden werden. Unabdingbar ist ein Anspruch dann, wenn er nicht vor seiner Entstehung durch Vereinbarungen ausgeschlossen werden kann. Unverzichtbar ist ein Anspruch, wenn seine Geltendmachung, nachdem er bereits entstanden ist, vertraglich nicht ausgeschlossen werden kann.

439 Tarifliche Ansprüche sind unabdingbar und unverzichtbar, denn § 4 Abs. 3 TVG bestimmt, dass abweichende Abmachungen nur zulässig sind, soweit sie durch den Tarifvertrag gestattet sind oder eine Änderung der Regelungen zugunsten des Arbeitnehmers enthalten, und § 4 Abs. 4 S. 1 TVG legt fest, dass ein Verzicht auf entstandene tarifliche Rechte nur in einem von den Tarifvertragsparteien gebilligten Vergleich zulässig ist. Obwohl die Vorschrift kein Gebot enthält, Ansprüche geltendzumachen, und weder die Tarifvertragsparteien noch eine staatliche Behörde von sich aus legitimiert sind, Ansprüche von tarifgebundenen Personen in oder außerhalb von Prozessen zu verfolgen, kann sich eine Ausgleichsquittung nicht wirksam auf tarifliche Ansprüche erstrecken, es sei denn, es handelt sich um solche, die nur durch Inbezugnahme des Tarifvertrages im Arbeitsvertrag entstanden sind. Allgemein gehaltene Ausgleichsquittungen schließen demnach ein Erlöschen derartiger Ansprüche nicht ein, ausdrücklich auf sie bezogene Formulierungen sind wegen § 134 BGB nichtig.[702] Dies gilt auch für Ansprüche aus Dienstvereinbarungen, weil § 77 Abs. 4 S. 2 BetrVG, wonach ein Verzicht nur mit Zustimmung des Betriebsrates zulässig ist, entsprechend anzuwenden ist.

440 Der Kündigungsschutz des Kündigungsschutzgesetzes ist wegen seiner Arbeitnehmerschutzfunktion, also aus der Natur der Sache, ohne dass dies ausdrücklich gesetzlich geregelt ist, unabdingbar aber nicht unverzichtbar. Deshalb kann der Arbeitnehmer nach Zugang der Kündigung auf ihn verzichten, und zwar auch im Rahmen einer Ausgleichsquittung.[703] Das Bundesarbeitsgericht begründet seine Auffassung folgendermaßen. Die Zulässigkeit des Verzichts auf Kündigungsschutz nach Ausspruch der Kündigung ergebe sich daraus, dass der Arbeitnehmer die Kündigung hinnehmen könne. Erhebe er keine Kündigungsschutzklage, so werde selbst eine sozial ungerechtfertigte Kündigung nach § 7 KSchG von Anfang an rechtswirksam. Ein derartiger Verzicht muss allerdings aus der Ausgleichsquittung eindeutig

---

[701] BAG, AP Nr. 163 zu § 242 BGB, Ruhegehalt; AP Nr. 9 zu § 630 BGB; NJW 1982, 1479.
[702] Müller, BB 1976, 1467.
[703] BAG, BB 1969, 1539 f.; BB 1977, 1400 f.; BB 1979, 1197 f.

B. Die Beendigung des Arbeitsverhältnisses

hervorgehen. Dazu reicht die Formulierung, „aus Anlass der Beendigung des Arbeitsverhältnisses bestehen keine Ansprüche mehr" nicht aus. Der Vericht muss vielmehr unmißverständlich zum Ausdruck gebracht werden.[704] Dies gilt auch für den besonderen Kündigungsschutz nach dem Mutterschutzgesetz, dem SGB IX (Schwerbehindertenschutz) und der Regelung des § 103 BetrVG.[705]

Der Ansicht des Bundesarbeitsgerichts ist zuzustimmen. Sie folgt einmal daraus, dass der Verzicht auf den Kündigungsschutz nicht ausdrücklich gesetzlich ausgeschlossen ist, aber auch aus der Interessenlage. Es erscheint sinnvoll wegen des vorhandenen Kollektivinteresses, einen Verzicht auf Ansprüche, die im Tarifvertrag oder in der Dienstvereinbarung ausgehandelt sind, an die Beteiligung der Tarifvertragsparteien bzw. der Personalvertretung zu binden. Darüber hinaus ist es jedoch unangemessen, einen Verzicht im Rahmen der Ausgleichsquittung auch bei lediglich unabdingbaren Ansprüchen für unwirksam zu halten. Die Unabdingbarkeit dient dem Schutz des Arbeitnehmers. Er soll nicht unter dem Druck stehen, um ein Arbeitsverhältnis begründen zu können oder es erhalten zu wollen, Ansprüche vertraglich auszuschließen. Dieser Druck ist aber nach Beendigung des Arbeitsverhältnisses in der Regel nicht mehr vorhanden, sodass der Arbeitnehmer sich nicht veranlasst sehen könnte, eine Ausgleichsquittung zu erteilen. Abgesehen davon sieht das Bürgerliche Gesetzbuch Erlaßvertrag und negatives Schuldanerkenntnis in der Vorschrift des § 397 ausdrücklich vor und ist es Aufgabe der Bestimmungen der §§ 119, 123 und 138 BGB zu verhindern, dass Verzichtserklärungen unter Täuschung, Druck oder unter Ausnutzung der Unerfahrenheit erwirkt werden. Unter Beachtung dieser Interessenlage und bestätigt durch die Entwicklungsgeschichte der im Arbeitsrecht einschlägigen gesetzlichen Regelungen sind mithin auch diejenigen Vorschriften auszulegen, die festlegen, dass von den Bestimmungen des Gesetzes nicht zuungunsten des Arbeitnehmers abgewichen werden kann. Sie verbieten nur einen vorherigen vertraglichen Ausschluss von Ansprüchen, nicht aber einen nachträglichen Verzicht auf bereits entstandene Ansprüche jedenfalls dann, wenn dies in einer Ausgleichsquittung, also im Zusammenhang mit der Beendigung des Arbeitsverhältnisses erfolgt. Solche Festlegungen enthalten z. B. § 13 Abs. 1 S. 3 BUrlG und § 12 EFZG.

Das Tarifvertragsgesetz stammt aus dem Jahre 1949, das Bundesurlaubsgesetz aus dem Jahre 1963 und das EFZG aus dem Jahre 1994. Das Tarifvertragsgesetz ist also das älteste Gesetz. Aus dessen § 4 ergibt sich, dass der Gesetzgeber, wenn er vorschreibt, dass nicht zuungunsten des Arbeitnehmers von einer Regelung abgewichen werden darf, nur den vorherigen vertraglichen Ausschluss meint. Anderenfalls hätte es nicht des ausdrücklichen Ausschlusses des Verzichts in § 4 Abs. 4 TVG bedurft. Hätte der Gesetzgeber also die Unabdingbarkeit auch auf bereits entstandene Ansprüche ausdehnen wollen, so hätte er dies, so wie es in § 4 Abs. 4 TVG geschehen ist, ausdrücklich bestimmen können. Wenn er eine so einschneidende von § 397 BGB abweichende die Vertragsfreiheit der Arbeitsvertragspartner ausschaltende Regelung gewollt hätte, dann hätte er dies sicherlich in die anderen genannten Vorschriften übernommen. Schließlich wird die hier vertretene Meinung auch durch die Argumentation des Bundesarbeitsgerichts zum Verzicht auf den Kündigungsschutz gestützt, wonach der Arbeitnehmer die Kündigung ja auch hinnehmen könne. Ebensogut braucht der Arbeitnehmer nach Beendigung des Arbeitsverhältnisses Ansprüche aus dem Bundesurlaubsgesetz und Fortzahlungsansprüche im Krankheitsfall nicht geltendzumachen.

Weitgehende Einigkeit herrscht in Rechtsprechung und Lehre darüber, dass in einer Ausgleichsquittung auf Lohnfortzahlung im Krankheitsfall wirksam verzichtet werden kann, weil § 12 EFZG nur einen vorherigen vertraglichen Ausschluss verbietet und der Arbeitnehmer sich nicht mehr in einer abhängigen Situation befindet.[706] Allgemein formulierte Ausgleichsklauseln erfassen im Zweifel nicht Ansprüche auf betriebliche Altersversorgung einschließlich eines als Schadensersatz geltend gemachten Versorgungsverschaffungsanspruchs. Ein derartiger Verzicht muss vielmehr eindeutig und zweifelsfrei zum Ausdruck gebracht sein.[707]

441

---

[704] BAG, 17. 10. 2000, NZA 2001, 203 f. (204), m. w. N.
[705] BAG, 29. 6. 1978, AP Nr. 5 zu § 4 KschG 1969; 10. 12. 1964, AP Nr. 4 zu § 1 SchwBeschG.
[706] BAG, AP Nr. 2, 3 zu § 9 LohnFG; AP Nr. 10, 12 zu § 6 LFG.
[707] BAG, 17. 10. 2000, NZA 2001, 203 f. (204, 205), m. w. N.

442 Dagegen ist nach der Rechtsprechung des Bundesarbeitsgerichts,[708] der aus den dargelegten Gründen nicht gefolgt werden kann, ein Verzicht auf Urlaubsentgelt und Urlaubsabgeltung wegen § 13 Abs. 1 S. 1 BUrlG im Rahmen einer Ausgleichsquittung nicht möglich, soweit es sich um den gesetzlichen Mindesturlaub handelt. Das Gericht begründet seine Ansicht damit, dass es zum Wesen des Urlaubsabgeltungsanspruchs gehöre, dass er überhaupt erst nach der Beendigung des Arbeitsverhältnisses existent werde und der Freizeitanspruch anderenfalls nur unvollkommen geschützt würde, denn der Arbeitgeber könnte versucht sein, das Arbeitsverhältnis vor Erfüllung des Freizeitanspruchs zu beenden und danach einen Verzicht des Arbeitnehmers auf die Abgeltung herbeizuführen. Mithin würden Sinn und Zweck des Urlaubsanspruchs, der ein Mindestmaß an Erholungsfreizeit gewähren wolle, nicht erreicht.

443 Das in der Ausgleichsquittung liegende negative Schuldanerkenntnis kann nach der herrschenden Meinung wegen ungerechtfertigter Bereicherung gemäß § 812 Abs. 2 BGB zurückgefordert werden, wenn der Anerkennende irrtümlich davon ausging, dass keine Forderungen mehr bestehen, nicht dagegen, wenn er über die Existenz von Forderungen im Zweifel war.

Dieser Ansicht kann nicht gefolgt werden. Der im Leistungsverhältnis erforderliche rechtliche Grund, das Schuldverhältnis, auf das hin geleistet wurde, das Verpflichtungsgeschäft zu der im Schuldanerkenntnis liegenden Verfügung, bestand nämlich und ist bestehen geblieben. Es liegt in der gleichzeitig mit der Ausgleichsquittung getroffenen Vereinbarung, einen Schlussstrich unter das beendete Arbeitsverhältnis ziehen zu wollen. Es kann auch nicht durch Anfechtung beseitigt werden, denn geht der Erklärende irrtümlich vom Nichtbestand von Forderungen aus, so liegt nur ein unerheblicher Motivirrtum (§ 119 Abs. 2 BGB) vor. Es kann aber auch nicht geltend gemacht werden, der mit der Leistung nach dem Inhalt des Rechtsgeschäfts bezweckte Erfolg trete nicht ein. Selbst wenn der Erklärende davon ausging, es bestünden keine Ansprüche mehr und der Zweck des Rechtsgeschäfts nach dem Willen des einen Erklärenden deshalb lediglich dahin ging, die Rechtslage klarzustellen und nicht, unbekannte Ansprüche zum Erlöschen zu bringen, so führt dies nicht zur erfolgreichen Kondiktion, weil der Wille beider Parteien für die Feststellung des nach dem Inhalt des Rechtsgeschäfts bezweckten Erfolgs maßgebend ist.

444 Anfechtung wegen Inhaltsirrtums (§ 119 Abs. 1 BGB) ist möglich, wenn der Erklärende geglaubt hat, die Erklärung in der Ausgleichsquittung bedeute nicht einen Verzicht auf etwa doch noch bestehende Ansprüche, sondern lediglich eine einfache Quittung,[709] nicht dagegen, wenn er sie ungelesen unterschreibt.[710]

Eine Anfechtung wegen Täuschung oder Drohung (§ 123 BGB) kann in Betracht kommen, wenn dem Erklärenden vorgespiegelt wurde, er unterschreibe nur eine Quittung, wenn der Arbeitgeber die Aushändigung der Arbeitspapiere von der Unterzeichnung der Ausgleichsquittung abhängig macht oder wenn ein Strafverfahren angedroht wird, für den Fall, dass nicht unterzeichnet wird.

X. Altersteilzeitarbeit[711]

445 Um Arbeitsplätze freizumachen, älteren Arbeitnehmern durch Verminderung ihrer Arbeitszeit einen gleitenden Übergang in den Ruhestand zu ermöglichen und die

---

[708] BAG, AP Nr. 2 zu § 7 BUrlG, Abgeltung; 31. 5. 1990, NZA 1990, 935 f.; 20. 1. 1998, NZA 1998, 816 f.
[709] BAG, AP Nr. 33 zu § 133 BGB.
[710] BAG, AP Nr. 33 zu § 133 BGB; LAG Hamm, BB 1976, 553.
[711] Vgl. zu den Einzelheiten Rittweger/Petri/Schweikert, Altersteilzeit, München, 2. Aufl. 2002; Drespa/Meyer/Slawik, Altersteilzeit von Arbeitnehmern in öffentlichen Verwaltungen, Einrichtungen, Unternehmen und Sparkassen, Neuwied, Loseblatt; Gaul/Cepl, BB 2000, 1727 f.; Hampel, DB 2004, 706 f.

B. Die Beendigung des Arbeitsverhältnisses

Arbeitslosen- und Rentenversicherung von den Kosten der bisherigen Frühverrentungspraxis zu entlasten, fördert der Gesetzgeber die Vereinbarung von Altersteilzeitarbeit. Dies ist durch das **Altersteilzeitgesetz (ATG)** vom 23. 7. 1996 erfolgt, das am 1. 8. 1996 in Kraft getreten und inzwischen mehrfach geändert worden ist, zuletzt durch Gesetz vom 20. 12. 2007.

Es gilt der **Grundsatz der Freiwilligkeit**, d. h. Altersteilzeitarbeit ist nicht zwingend vorgeschrieben, kann aber im Arbeitsvertrag oder im Tarifvertrag vereinbart werden. Die Konzeption des Gesetzes besteht darin, dass die Bundesagentur für Arbeit dem Arbeitgeber Förderleistungen gewährt, wenn bestimmte Voraussetzungen gegeben sind und Altersteilzeitarbeit vereinbart ist.

Altersteilzeitarbeit kann nach dem Gesetz mit einem Arbeitnehmer vereinbart werden, wenn dieser (§ 2 Abs. 1 ATG)

1. das 55. Lebensjahr vollendet hat,
2. seine Arbeitszeit nach dem 14. 2. 1996 mindestens für die Zeit bis eine Rente wegen Alters beansprucht werden kann auf die Hälfte der bisherigen wöchentlichen Arbeitszeit vermindert und versicherungspflichtig beschäftigt im Sinne des SGB III ist und
3. innerhalb der Letzten fünf Jahre vor Beginn der Altersteilzeitarbeit mindestens 1080 Kalendertage arbeitslosenversicherungspflichtig beschäftigt war. Vollzeitbeschäftigung ist mithin nicht mehr vorausgesetzt.[712]

Aufgrund des Gesetzes zur sozialrechtlichen Absicherung flexibler Arbeitszeitregelungen (FlexiG) vom 6. 4. 1998 (BGBl I 1998, 688), durch das § 2 Abs. 2 ATG neu gefasst und Abs. 3 eingefügt worden ist, sind im Zusammenhang mit der Altersteilzeitarbeit **Arbeitszeitblockmodelle** ermöglicht worden.[713] Diese Regelungen sind für Arbeitnehmer von Bedeutung, die Arbeitszeitregelungen anstreben, bei denen sie in einem bestimmten Zeitraum keine Arbeitsleistung zu erbringen brauchen, aber während dieser Zeit Vergütung von ihrem Arbeitgeber erhalten, die durch eine Arbeitsleistung in der vorhergehenden oder nachfolgenden Arbeitsphase erzielt wird. Der Arbeitnehmer tritt während der Arbeitsphase mit seiner vollen Arbeitsleistung für die Freistellungsphase in Vorleistung. Dennoch erhält er in der Arbeitsphase nur ein anteiliges Entgelt als Altersteilzeitvergütung. Das verbleibende Wertguthaben kommt erst in der Freistellungsphase zur Auszahlung. Deshalb orientiert sich die Höhe der während der Freistellungsphase zu zahlenden Vergütung an der Höhe der in der Arbeitsphase erarbeiteten Vergütung und ist mithin die Vergütungsgruppe der Arbeitsphase zu Grunde zu legen.[714] Mit Beginn der sog. Freistellungsphase, also dem Zeitraum, in dem keine Arbeitsleistung zu erbringen ist, erlischt die Mitgliedschaft in der Personalvertretung.[715] Mit dem Eintritt in die Freistellungsphase verliert der Arbeitnehmer seine Wahlberechtigung zur Personalvertretung.[716]

Der Übergang in die Freistellungsphase stellt keine Beendigung des Arbeitsverhältnisses i. S. v. § 7 Abs. 4 BUrlG dar. Die Gewährung von Urlaub wird in der Freistellungsphase unmöglich, so dass Resturlaubsansprüche nach Ablauf der Übertragungszeit verfallen.[717]

Nach § 8 Abs. 1 ATG gilt die Möglichkeit zur Inanspruchnahme von Altersteilzeit nicht als eine die Kündigung des Arbeitsverhältnisses durch den Arbeitgeber be-

---
[712] Zur Altersteilzeit für Teilzeitbeschäftigte vgl. Thiel, ZTR 2000, 390 f.
[713] Vgl. dazu Ahlbrecht/Ickenroth, BB 2002, 2440 f.
[714] BAG, 4. 10. 2005, NZA 2006, 506 f.
[715] BVerwG, 15. 5. 2002, ZTR 2002, 551 f.
[716] BVerwG, 15. 5. 2002, ZTR 2002, 553 f.
[717] BAG, 15. 3. 2005, NZA 2005, 994 f.

gründende Tatsache im Sinne des § 1 Abs. 2 S. 1 KSchG und kann auch nicht bei der sozialen Auswahl nach § 1 Abs. 3 S. 1 KSchG zum Nachteil des Arbeitnehmers berücksichtigt werden.

Stockt der Arbeitgeber das Regelarbeitsentgelt für die Altersteilzeitarbeit (§ 6 Abs. 1 ATG) um mindestens 20% auf (§ 3 Abs. 1 Nr. 1, Buchst. a ATG) und entrichtet er zusätzliche Beiträge zur gesetzlichen Rentenversicherung für den Arbeitnehmer mindestens in Höhe des Beitrags, der auf 80% des Regelarbeitsentgelts für die Altersteilzeitarbeit, begrenzt auf den Unterschiedsbetrag zwischen 90% der monatlichen Beitragsbemessungsgrenze und dem Regelarbeitsentgelt, entfällt, höchstens bis zur Beitragsbemessungsgrenze (§ 3 Abs. 1 Nr. 1, Buchst. b ATG), so erstattet die Bundesagentur für Arbeit dem Arbeitgeber diese Leistungen in dem im Gesetz festgelegten Umfang, sofern der frei werdende Arbeitsplatz mit einem arbeitslosen Arbeitnehmer oder einem Arbeitnehmer nach Abschluss der Ausbildung wiederbesetzt wird oder in Kleinunternehmen aus Anlass des Übergangs des Arbeitnehmers in die Altersteilzeitarbeit ein Auszubildender beschäftigt wird (§ 3 Abs. 1 Nr. 2 ATG).[718] Diese Altersteilzeitförderung setzt voraus, dass der Arbeitnehmer spätestens ab 31. 12. 2009 in die Altersteilzeit eintritt (§ 1 Abs. 2 ATG). Die Förderungshöchstdauer beträgt sechs Jahre (§ 4 Abs. 1 ATG). Die Förderleistungen knüpfen an das Tatbestandsmerkmal der Wiederbesetzung der vom Arbeitnehmer in Altersteilzeit freigemachten Stelle an. Die Mindestwiederbesetzungspflicht beträgt vier Jahre (§ 5 Abs. 2 S. 2 ATG).[719]

TVöD/TV-L

Nach dem Tarifvertrag zur Regelung der Altersteilzeit (TV ATZ) vom 5. 5. 1998 der gemäß § 2 Abs. 3 TVÜ-Bund i. V. m. Anlage 1 TVÜ-Bund Teil C bzw. § 2 Abs. 5 TVÜ-Länder i. V. m. Anlage 1 TVÜ-Länder Teil C nicht ersetzt wurde, gilt folgende tarifvertragliche Regelung:

Mit Arbeitnehmern, die das 55. Lebensjahr und eine Beschäftigungszeit (z. B. gem § 34 Abs. 3 TVöD/TV-L) von fünf Jahren vollendet haben, **kann** Altersteilzeit entsprechend den Regelungen des Altersteilzeitgesetzes vereinbart werden, soweit dringende dienstliche beziehungsweise betriebliche Gründe nicht entgegenstehen. Arbeitnehmern, die das 60. Lebensjahr vollendet haben, **ist Altersteilzeit zu gewähren**, soweit dringende dienstliche bzw. betriebliche Gründe nicht entgegenstehen (§ 2 Abs. 1 bis 3 TV ATZ).[720]

§ 2 Abs. 3 TV ATZ ist mithin nicht auf Arbeitnehmer anzuwenden, die zwar das 55. aber noch nicht das 60. Lebensjahr vollendet haben. Aber auch bei dieser Altersgruppe ist der Arbeitgeber nicht frei in der Ausübung seines Ermessens. Der Arbeitnehmer hat vielmehr Anspruch darauf, dass der Arbeitgeber bei der Entscheidung über seinen Antrag billiges Ermessen wahrt (§ 315 Abs. 1 BGB entsprechend). Der Arbeitgeber ist verpflichtet, bei seiner Entscheidung die wesentlichen Umstände des Einzelfalles zu berücksichtigen und die beiderseitigen Interessen angemessen zu wahren.[721]

Das Alterszeitarbeitsverhältnis soll mindestens für die Dauer von zwei Jahren vereinbart werden. Es muss vor dem 1. 1. 2010 beginnen (§ 2 Abs. 4 TV ATZ).

---

[718] Vgl. zur Berechnungsmethode zur Ermittlung der Aufstockungsbeträge Kovacs/Koch, NZA 2004, 585 f.
[719] Wegen der weiteren Einzelheiten vgl. Rittweger/Petri/Schweigert, Altersteilzeit, München, 2. Aufl. 2002; Moderegger, DB 2000, 1225 f.; Wolf, NZA 2000, 637 f., zur Umgehung des Gesetzes durch arbeitsvertragliche Individualvereinbarung vgl. Schmidt/Borowsky, NZA 1999, 411 f., zur Kündigung im Altersteilzeitverhältnis vgl. Stück, NZA 2000, 749 f.
[720] Vgl. dazu BAG, 23. 1. 2007, NZA 2007, 1236 f.
[721] BAG, 12. 12. 2000, ZTR 2001, 411 f.

Die Altersteilzeit kann in Form von Blockmodellen (Arbeitsphase – Freizeitphase) vereinbart werden (§ 3 Abs. 2 TV ATZ).

Die für die Hälfte der regelmäßigen Arbeitszeit zustehende Vergütung wird um einen Aufstockungsbetrag angehoben. Dieser muss so hoch sein, dass der Arbeitnehmer insgesamt 83% des Nettobetrages der bisherigen Arbeitsvergütung erhält (§ 5 Abs. 2 TV ATZ), bemisst sich also nach dem Arbeitsentgelt, das der Arbeitnehmer ohne Begründung des Altersteilzeitarbeitsverhältnisses zu beanspruchen hätte („Hätte-Entgelt").[722]

Der Arbeitgeber entrichtet zusätzliche Beiträge zur Rentenversicherung entsprechend der gesetzlichen Regelung (§ 5 Abs. 4 TV ATZ).

Muß der Arbeitnehmer durch die Inanspruchnahme der vorgezogenen Altersrente nach Altersteilzeitarbeit Rentenkürzungen in Kauf nehmen, so erhält er eine nach der Höhe der Rentenabschläge gestaffelte Abfindung (§ 5 Abs. 7 TV ATZ).

Wegen weiterer Einzelheiten wird auf die einschlägigen Kommentierungen zum Altersteilzeitgesetz und zu den Tarifverträgen des öffentlichen Dienstes verwiesen.

C. Betriebsinhaberwechsel

Unter Betriebsinhaberwechsel ist der Übergang eines Betriebes oder Betriebsteiles[723] auf einen neuen Rechtsträger zu verstehen. Für den öffentlichen Dienst bedeutet Rechtsträger nicht der öffentliche Dienst überhaupt, sondern diejenige juristische Person, die Partei des Arbeitsvertrages ist. Rechtsträger in diesem Zusammenhang sind mithin der Bund, die Länder, die Gemeinden, die sonstigen rechtlich selbständigen juristischen Personen des öffentlichen Rechts und die als juristische Personen des Privatrechts organisierten Einrichtungen des Bundes, eines Bundeslandes oder einer Gemeinde. 446

Der Betriebsinhaberwechsel kann durch Gesamtrechtsnachfolge oder Einzelrechtsnachfolge erfolgen.

Gesamtrechtsnachfolge bedeutet, dass der Rechtsträger kraft Gesetzes wechselt. Diese Fälle sind in der Rechtsordnung abschließend geregelt. Hierzu gehören insbesondere die Umwandlung nach dem Umwandlungsgesetz – UmwG –[724] und der Erbfall (§ 1922 BGB). Entscheidend ist also, dass der Wechsel des Rechtsträgers nicht durch Rechtsgeschäft erfolgt. 447

Im Bereich des öffentlichen Dienstes kommen noch Zusammenschlüsse und Aufspaltungen juristischer Personen des öffentlichen Rechts kraft einzelgesetzlicher Regelung dazu.

Im Falle der Gesamtrechtsnachfolge tritt der neue Rechtsträger in die Rechte und Pflichten aus den Arbeitsverhältnissen ein, es findet also ein Arbeitgeberwechsel statt, der aber das Arbeitsverhältnis in seinem Bestand nicht berührt. Neuer Arbeitgeber und Arbeitnehmer sind also an die bestehenden Arbeitsverhältnisse gebunden, gleichgültig ob die Rechte und Pflichten daraus aus den Arbeitsverträgen, Einzelver-

---

[722] BAG, 9. 9. 2003, ZTR 2004, 250 f.; 9. 12. 2003, ZTR 2004, 253 f.
[723] Vgl. zum selbständig übergangsfähigen Betriebsteil BAG, 26. 8. 1999, NZA 2000, 144 f.; 16. 2. 2006, NZA 2006, 794 f.; 2. 3. 2006, NZA 2006, 1105 f.; Steffan, NZA 2000, 687 f., zur „wirtschaftlichen Teileinheit" gem. Art. 1 Abs. 1 lit. B Richtlinie 2001/23/EG als Betriebsteil Klinebrink/Commandeur, NZA 2007, 113 f.
[724] Vgl. zum Arbeitsrecht im Umwandlungsgesetz (UmwG) Däubler, RdA 1995, 136 f.; Bachner, NJW 1995, 2881 f.; Düwell, NZA 1996, 393 f.; Heinze, ZFA 1997, 1 f.; Hartmann, ZFA 1997, 21 f.; BAG, 24. 6. 1998, NZA 1998, 1346 f.

einbarungen, betrieblicher Übung, Dienstvereinbarungen oder Tarifverträgen folgen.[725] Betriebsübergänge, die im Wege der Gesamtrechtsnachfolge kraft Gesetzes vollzogen werden, werden vom Geltungsbereich des § 613 a BGB nicht erfasst.[726]

Da sich der Wechsel des Rechtsträgers kraft Gesetzes vollzieht, ist die Personalvertretung daran nicht zu beteiligen.

448 **Einzelrechtsnachfolge** bedeutet, dass der Rechtsträger durch Rechtsgeschäft wechselt. Dies kann erfolgen auf Grund eines Kaufvertrages, eines Pachtvertrages,[727] eines Schenkungsvertrages oder der Bestellung eines Nießbrauchs, und zwar **auch von und an juristische Personen des öffentlichen Rechts.**[728] Konstitutives Erfordernis für den Betriebsübergang ist, dass der neue Inhaber den Betrieb auch tatsächlich führt.[729]

449 Im Falle der Einzelrechtsnachfolge tritt der neue Rechtsträger wie bei der Gesamtrechtsnachfolge **automatisch in die Rechte und Pflichten aus den** im Zeitpunkt des Übergangs bestehenden **Arbeitsverhältnissen** ein (§ 613a Abs. 1 S. 1 BGB),[730]

---

[725] Zur Anwendbarkeit der Regelungen in § 613a Abs. 5 und 6 BGB auf die Gesamtrechtsnachfole vgl. Altenburg/Leister, NZA 2005, 15 f.

[726] Vgl. zum Widerspruchsrecht im Falle einer Gesamtrechtsnachfolge BAG, 2. 3. 2006, NZA 2006, 848 f.

[727] BAG, 16. 7. 1998, NZA 1998, 1233 f. Zum Fall der vertragsgemäßen Rückgabe eines verpachteten Betriebes vgl. BAG, 27. 4. 1995, NZA 1995, 1155 f.

[728] BAG, 27. 10. 1992, NZA 1993, 645 f.; 7. 9. 1995, ZTR 1996, 83 f.; LAG Hamm, BB 1977, 296; 31. 5. 1990, ZTR 1990, 484. Vgl. zum Grundtatbestand des Betriebsübergangs nach § 613a BGB Willemsen, RdA 1991, 204 f.; Loritz, ZFA 1991, 585 f.; Preis/Steffan, DB 1998, 309 f.; Schiefer, NZA 1998, 1095 f.; Schaub, BB 1998, 2106 f., zur Frage des Betriebsübergangs bei einem Wechsel von Gesellschaftern einer Personengesellschaft BAG, 12. 7. 1990, NZA 1991, 63 f., m. w. N.; Schleifenbaum, DB 1991, 1705 f., zum grenzüberschreitenden Betriebsübergang Richter, AuR 1992, 65 f., zum Betriebsübergang im Zusammenhang mit der Privatisierung öffentlicher Einrichtungen Schipp, NZA 1994, 865 f.; Gaul, ZTR 1995, 344 f. und 387 f.; Kohte, BB 1997, 1738 f., zum Betriebsübergang im Falle der Übertragung von Verwaltungsaufgaben von einer öffentlichen Verwaltung auf eine andere EuGH, 15. 10. 1996, ZTR 1997, 37 f.; BAG, 20. 3. 1997, NZA 1997, 1225 f.; 26. 6. 1997, NZA 1997, 1228 f., im Falle der Fusion öffentlich-rechtlicher Körperschaften Bieback, ZTR 1998, 396 f., im Falle der Ausgliederung eines Unternehmens, das von einer Gebietskörperschaft betrieben wird, zur Aufnahme durch eine Kapitalgesellschaft oder zur Neugründung einer Kapitalgesellschaft (§ 168 UmwG) BAG, 25. 5. 2000, NZA 2000, 1115 f., zur gesetzlichen Ausgliederung von Betrieben aus dem Vermögen eines Landes auf eine Anstalt öffentlichen Rechts BAG, 8. 5. 2001, NZA 2001, 1200 f., zur Übergabe einer militärisch genutzten Liegenschaft (Schießplatz) von der Royal Air Force an die Bundeswehr BAG, 25. 9. 2003, NZA 2004, 316 f., beim Übergang von öffentlichem zu privatem Unternehmen EuGH, 14. 9. 2000, NZA 2000, 1279 f., von einer juristischen Person des Privatrechts auf eine Gebietskörperschaft EuGH, 29. 6. 2000, NZA 2000, 1327 f., durch Übernahme von Personal EuGH, 11. 3. 1997, BB 1997, 735 f.; BAG, 11. 12. 1997, NZA 1998, 534 f.; 22. 1. 1998, NZA 1998, 536 f.; 22. 1. 1998, NZA 1998, 638 f.; 10. 12. 1998, NZA 1999, 420 f. Brößke, BB 1997, 1412 f.; Baeck/Lingemann, NJW 1997, 2492 f., bei Outsourcing und Auftragsnachfolge Gaul, ZTR 1998, 1 f.

[729] Vgl. dazu BAG, 15. 12. 2005, NZA 2006, 597 f.; 27. 10. 2005, NZA 2006, 668 f.; 6. 4. 2006, NZA 2006, 723 f.; 4. 5. 2006, NZA 2006, 1096 f.; 13. 6. 2006, NZA 2006, 1101 f.; 13. 7. 2006, NZA 2006, 1357 f.; 21. 2. 2008, NZA 2008, 825 f.; Krause, ZFA 2001, 67 f., m. w. N.

[730] Zum Bestandsschutz beim Betriebsübergang Müller-Glöge, NZA 1999, 449 f. Vgl. Richtlinie 77/187/EWG des Rates vom 14. 2. 1977 i. d. F. vom 29. 6. 1998 (Richtlinie 98/50/EG), NZA 1998, 1211 f.; Oetker, NZA 1998, 1193 f.; Krause, NZA 1998, 1201 f.; Schlachter, RdA 1998, 321 f., zum Begriff des Unternehmensübergangs i. S. d. Richtlinie EuGH, 11. 3. 1996, NZA 1996, 413 f.; 11. 3. 1997, NZA 1997, 433 f.; Buchner, NZA 1997, 408 f. Zum Betriebsübergang im Rahmen eines Konkursverfahrens vgl. BAG, 23. 7. 1991, DB 1992, 92 f.; 12. 11. 1991, NZA 1992, 929 f., m. w. N.; 11. 2. 1992, NZA 1993, 20 f.; 16. 2. 1993, NZA 1993, 643 f.; 13. 7. 1994, NZA 1994, 1144 f.; 11. 10. 1995, NZA 1996, 432 f.; 26. 3. 1996, NZA 1997, 94 f.; EuGH, 12. 3. 1998, NZA 1998, 529 f. (Art. 1 und 4 I der Richtlinie 77/187/EWG); Göpfert, DB 1992, 1727 f. Zur Umgehung des § 613a Abs. 1 S. 1 BGB durch Änderungs- und Erlaßverträge vgl. BAG, 12. 5. 1992, 1080 f. Zur Anwendung des § 613a BGB im Zusammenhang mit den Regelungen des Umwandlungsgesetzes vgl. Wlotzke, DB 1995, 40 f. (42, 43), zu den Möglichkeiten im Falle eines Betriebs-

und zwar auch dann, wenn es sich um ein Altersteilzeitarbeitsverhältnis in der Freistellungsphase handelt.[731] Dies bedeutet nicht nur Nachfolge in rechtlichen Beziehungen, wie z.B. hinsichtlich der beim Betriebsveräußerer erbrachten Beschäftigungszeiten bei der Berechnung der Wartezeit nach § 1 Abs. 1 KSchG,[732] der neue Rechtsträger muss sich vielmehr auch Gegebenheiten zurechnen lassen, die als Tatbestandsmerkmale für spätere Rechtsfolgen von Bedeutung sind. Das gilt zum Beispiel für ein Angebot, das der Arbeitnehmer gegenüber seinem früheren Arbeitgeber zur Begründung von Annahmeverzug gemacht hat. Aus dem Zweck des § 613a BGB folgt nämlich, dass der Arbeitnehmer nicht eines Anspruchs nur deshalb verlustig gehen soll, weil der Betrieb übergeht, obwohl er vorher alle Voraussetzungen für einen Anspruch gegen den alten Inhaber des Betriebes geschaffen hatte.[733] Allerdings geht der im Arbeitsverhältnis mit dem Betriebsveräußerer auf Grund der Zahl der beschäftigten Arbeitnehmer erwachsene **Kündigungsschutz** nach dem Kündigungsschutzgesetz **nicht** mit dem Arbeitsverhältnis auf den Erwerber über, wenn in dessen Betrieb die Voraussetzungen des § 23 Abs. 1 KSchG nicht vorliegen. Das Erreichen des sogenannten Schwellenwertes des § 23 Abs. 1 KSchG und der dadurch entstehende Kündigungsschutz ist kein Recht des übergehenden Arbeitsverhältnisses.[734] Beim Betriebsveräußerer erbrachte Beschäftigungszeiten sind bei der Berechnung der Wartezeit nach § 1 Abs. 1 KSchG für eine vom Betriebsübernehmer ausgesprochene Kündigung zu berücksichtigen.[735] Dies gilt auch hinsichtlich der Berechnung der Kündigungsfrist nach § 622 Abs. 2 BGB.[736] Nach erfolgtem Betriebsübergang können die Arbeitsvertragsparteien bislang geltende Arbeitsvertragsbedingungen durch Vereinbarung ändern.[737]

Der Wechsel des Betriebsinhabers ist auch ohne Bedeutung für die personalvertretungsrechtliche Stellung der für diesen Betrieb gewählten Personalvertretung. Die Personalvertretung behält das ihr durch die Wahl vermittelte Mandat.[738] Das gilt nicht, wenn sich der Betriebsinhaberwechsel von einem Arbeitgeber des öffentlichen Dienstes zu einem solchen der Privatwirtschaft oder umgekehrt vollzieht, weil sich die Arbeitnehmervertretungen in den beiden Bereichen (Personalvertretung – Betriebsrat) zu sehr unterscheiden.[739]

Die in § 613a Abs. 1 S. 1 BGB festgelegte Rechtsfolge kann weder durch Vereinbarung zwischen dem alten und dem neuen Rechtsträger ausgeschlossen,[740] noch durch Kündigung durch den alten oder neuen Rechtsträger vereitelt werden. Nach § 613a Abs. 4 S. 1 BGB ist nämlich die Kündigung durch den bisherigen Arbeitgeber oder durch den neuen Inhaber wegen des Übergangs eines Betriebs[741] oder eines

---

übergangs Arbeitsbedingungen einzelvertraglich zu ändern vgl. Meyer, NZA 2002, 246 f., zum Schicksal erfolgsbezogener Vergütungsformen beim Betriebsübergang vgl. Grimm/Walk, BB 2003, 577 f.; zu Altersversorgungsregelungen Lindemann/Simon, BB 2003, 2510 f.

[731] BAG, 31. 1. 2008, NZA 2008, 705 f. (707, 708).
[732] BAG, 5. 2. 2004, NZA 2004, 845 f.
[733] BAG, 21. 3. 1991, NZA 1991, 726 f., m. w. N.
[734] BAG, 15. 2. 2007, NZA 2007, 739 f.
[735] BAG, 27. 6. 2002, NZA 2003, 145 f.
[736] BAG, 18. 9. 2003, NZA 2004, 319 f.
[737] BAG, 7. 11. 2007, NZA 2008, 530 f.; Dzida/Wagner, NZA 2008, 571 f.
[738] BAG, 11. 10. 1995, NZA 1996, 495 f., m. w. N.
[739] BAG, 28. 3. 2001, 7 ABR 21/00. Vgl. zur Frage eines Übergangsmandats des Personalrates im Falle der Auflösung einer Dienststelle durch sogenannte privatisierende Umwandlung Besgen/Langner, NZA 2003, 1239 f.
[740] BAG, BB 1976, 315.
[741] Zum Tatbestand der Kündigung „wegen des Betriebsübergangs" vgl. BAG, 20. 3. 2003, NZA 2003, 1027 f., zur Unwirksamkeit einer Kündigung bei bevorstehendem Betriebsübergang vgl. BAG,

Betriebsteils⁷⁴² unwirksam. Umgehungsgeschäfte, durch die das Regelungsziel der Vorschrift vereitelt werden könnte, sind unwirksam.⁷⁴³ Die Kündigung aus anderen Gründen und die Arbeitnehmerkündigung sind dagegen nicht ausgeschlossen (§ 613a Abs. 4 S. 2 BGB), ebenso wenig wie Aufhebungsverträge zwischen dem Arbeitnehmer und dem alten oder dem neuen Betriebsinhaber aus Anlass eines Betriebsübergangs.⁷⁴⁴

450 Nach § 613a Abs. 5 BGB hat der bisherige Arbeitgeber oder der neue Inhaber die von einem Übergang betroffenen Arbeitnehmer vor dem Übergang in Textform (§ 126b BGB) über den Zeitpunkt oder den geplanten Zeitpunkt des Übergangs, den Grund für den Übergang, die rechtlichen, wirtschaftlichen und sozialen Folgen des Übergangs für die Arbeitnehmer und die hinsichtlich der Arbeitnehmer in Aussicht genommenen Maßnahmen zu unterrichten.⁷⁴⁵ Die Verletzung der Unterrichtungspflicht kann Schadensersatzansprüche des Arbeitnehmers gemäß § 280 Abs. 1 BGB auslösen.⁷⁴⁶ Gemäß Abs. 6 kann der Arbeitnehmer gegenüber dem bisherigen Arbeitgeber oder dem neuen Inhaber dem Übergang des Arbeitsverhältnisses innerhalb eines Monats nach Zugang dieser Unterrichtung schriftlich **widersprechen**.⁷⁴⁷ Die Widerspruchsfrist wird weder durch eine unterbliebene noch durch eine nicht ordnungsgemäße Unterrichtung ausgelöst. Die Unterrichtung ist nur dann ordnungsgemäß, wenn der Arbeitnehmer durch sie eine ausreichende Wissensgrundlage für die Ausübung oder Nichtausübung seines Widerspruchsrechts erhält. **Neben den gesetzlichen Unterrichtungsgegenständen** gemäß § 613a Abs. 5 Nr 1 bis 4 BGB ist dem Arbeitnehmer **Klarheit über die Identität des Erwerbers** zu verschaffen.⁷⁴⁸ Trotz der Regelung in § 613a Abs. 5 und Abs. 6 BGB kann die Ausübung des Widerspruchsrechts wegen Verwirkung ausgeschlossen sein.⁷⁴⁹ Widerspricht der Arbeitnehmer, so bleibt sein Arbeitsverhältnis zum alten Rechtsträger bestehen, erfolgt der Widerspruch nach dem Betriebsübergang, so wird der Übergang des Arbeitsverhält-

---

3. 9. 1998, NZA 1999, 147 f., zum Wiedereinstellungsanspruch des Arbeitnehmers, der sich bei einem Betriebsübergang in gekündigter Stellung befindet, BAG, 13. 11. 1997, BB 1998, 319 f.; Langenbucher, ZFA 1999, 299 f., m. w. N.; Meyer, BB 2000, 1032 f., zum Kündigungsschutz beim Betriebsübergang allgemein Lipinski, NZA 2002, 75 f.
⁷⁴² Zum Begriff „Betriebsteil" vgl. EuGH, 14. 4. 1994, NZA 1994, 545 f.; zum Teilbetriebsübergang BAG, 27. 10. 2005, NZA 2006, 263 f.
⁷⁴³ BAGE 55, 228 f. (232 f.) (Aufhebungsverträge aus Anlass des Betriebsübergangs, wenn sie von dem Betriebsveräußerer oder Betriebserwerber allein veranlasst werden, um dem Kündigungsverbot auszuweichen); 15. 2. 1995, NZA 1995, 987 f. m.w.N. (Befristung eines Arbeitsverhältnisses um den Bestandsschutz zu vereiteln).
⁷⁴⁴ BAG, 11. 12. 1997, NZA 1999, 262 f.; 10. 12. 1998, NZA 1999, 422 f.
⁷⁴⁵ Vgl. dazu Schnittker/Grau, BB 2005, 2238 f.; Gaul/Otto, DB 2005, 2465 f.; Grau, RdA 2005, 367 f.
⁷⁴⁶ BAG, 13. 7. 2006., NZA 2006, 1406 f.; 31. 1. 2008, NZA 2008, 642 f.; 20. 3. 2008, NZA 2008, 1297 f.; Rupp, NZA 2007, 301 f.
⁷⁴⁷ Vgl. dazu BAG, 13. 7. 2006, NZA 2006, 1406 f. (Andeutungstheorie); Worzalla, NZA 2002, 353 f.; Gaul/Otto, DB 2002, 634 f.; Grobys, BB 2002, 726 f. Franzen, RdA 2002, 258 f.; Meyer, BB 2003, 1010 f.; Nehls, ZFA 2003, 822 f.; Pröpper, DB 2003, 2011 f.; Adam, AuR 2003, 441 f.; Rieble, NZA, 2004, 1 f., m. w. N., zu den bei einem Widerspruch des Arbeitnehmers auf Veräußerer- und auf Erwerberseite entstehenden Problemen Meyer, NJW 2002, 1615 f., zu den Folgeproblemen nach Widerspruch im Falle eines Betriebsteilübergangs Lunk/Möller, NZA 2004, 9 f., zur zeitlichen Grenze des Widerspruchsrechts Olbertz/Ungnad, BB 2004, 213 f., zum Widerspruchsrecht bei gesetzlich angeordnetem Übergang des Arbeitsverhältnisses BAG, 2. 3. 2006, ZTR 2006, 379 f.
⁷⁴⁸ Vgl. dazu und zu den Anforderungen an die gesetzlichen Unterrichtungsgegenstände BAG, 13. 7. 2006, NZA 2006, 1268 f.; 13. 7. 2006, NZA 2006, 1273 f.; 14. 12. 2006, NZA 2007, 682 f.; 20. 3. 2008, NZA 2008, 1354 f.; Hohenstatt/Grau, NZA 2007, 13 f.
⁷⁴⁹ BAG, 13. 7. 2006., NZA 2006, 1406 f.; 15. 2. 2007, NZA 2007, 793 f.; 24. 7. 2008, NZA 2008, 1294 f.

nisses rückgängig gemacht und gleichzeitig das Arbeitsverhältnis zum Betriebsveräußerer wieder hergestellt, und zwar rückwirkend, das heißt, der Arbeitnehmer wird so behandelt, als sei ein Übergang des Arbeitsverhältnisses nie erfolgt.[750] Er setzt sich damit allerdings der Gefahr der betriebsbedingten Kündigung aus.[751] Auch ein Arbeitnehmer, der einem Übergang seines Arbeitsverhältnisses auf einen Betriebserwerber widersprochen hat, **kann sich** bei einer nachfolgenden, vom Betriebsveräußerer erklärten Kündigung **auf eine mangelhafte Sozialauswahl** nach § 1 Abs. 3 S. 1 KSchG berufen. Die Gründe für den Widerspruch des Arbeitnehmers gegen den Übergang seines Arbeitsverhältnisses sind bei der Abwägung der sozialen Auswahlkriterien nicht mehr zu berücksichtigen, da diese Kriterien (Betriebszugehörigkeit, Alter, Unterhaltspflichten, Schwerbehinderung) vom Gesetzgeber nunmehr abschließend benannt worden sind.[752] Widerspricht ein Mitglied der Personalvertretung des übergehenden Betriebes, so scheidet es mit dem Betriebsübergang aus der Personalvertretung aus, weil Mitglieder von Vertretungsorganen nur solche Personen sein können, die Arbeitnehmer des Betriebsinhabers sind und dem Betrieb angehören.[753] Der Widerspruch ist eine einseitige empfangsbedürftige Willenserklärung, die nicht einseitig nach Zugang beim Erklärungsadressaten widerrufen oder mit einem Vorbehalt versehen werden kann.[754]

Folgen **Rechte und Pflichten** aus den im Zeitpunkt des Übergangs bestehenden Arbeitsverhältnissen aus **Dienstvereinbarungen oder Tarifverträgen** so gilt folgendes:[755] Sie werden automatisch Inhalt des Arbeitsvertrages zwischen Arbeitnehmer und neuem Arbeitgeber und können innerhalb eines Jahres nach dem Betriebsinhaberwechsel nicht zuungunsten des Arbeitnehmers geändert werden (§ 613a Abs. 1 S. 2 BGB). Dies gilt auch dann, wenn es sich um in einem Tarifvertrag geregelte Rechte und Pflichten handelt, die **Wirksamkeit** jedoch **erst** zu einem Zeitpunkt entfalten sollen, der **nach dem Betriebsübergang** liegt. So nimmt beispielsweise ein Arbeitnehmer nach einem Betriebsübergang an einem Aufstieg in den Lebensaltersstufen seiner Vergütungsgruppe teil, die in dem beim Betriebsübergang geltenden, Inhalt seines Arbeitsverhältnisses gewordenen Tarifrecht vorgesehen ist.[756] Dies gilt außerdem auch für solche, die auf nachwirkenden Tarifnormen im Sinne von § 4 Abs. 5 TVG beruhen,[757] sie können allerdings jederzeit abgeändert werden.[758] Im Falle von Rechten und Pflichten aus einem Tarifvertrag setzt die Fortgeltung allerdings voraus, dass der Tarifvertrag zum Zeitpunkt des Betriebsüberganges kraft Tarifbindung galt.[759] Ein Tarifvertrag, der erst nach dem Betriebsübergang abgeschlossen worden ist, wird nicht Inhalt des Arbeitsverhältnisses zwischen dem Arbeitnehmer und dem neuen Arbeitgeber.[760] Ebenso verhält es sich mit tarifvertraglichen Änderungen nach dem Betriebsübergang, und zwar auch dann, wenn sie rückwirkend gelten sollen.[761]

451

---

[750] BAG, 22. 4. 1993, NZA 1994, 360 f. (361).
[751] Vgl. dazu Meyer, NZA 2005, 9 f.; Nicolai, BB 2006, 1162 f.
[752] BAG, 31. 5. 2007, NZA 2008, 33 f.; Schumacher-Mohr/Urban, NZA 2008, 513 f.
[753] BAG, 25. 5. 2000, ZTR 2001, 41 f.
[754] BAG, 30. 10. 2003, NZA 2004, 481 f.
[755] Vgl. dazu Feudner, DB 2001, 1250 f.; Prange, NZA 2002, 817 f.; Schiefer/Pogge, NJW 2003, 3734 f.; Schiefer, DB 2005, 2134 f. Zum Betriebsinhaberwechsel im Zusammenhang mit dem Berufsausbildungsverhältnis vgl. Mehlich, NZA 2002, 823 f.
[756] BAG, 14. 11. 2007, NZA 2008, 420 f.
[757] BAG, 12. 12. 2007, NZA 2008, 892 f.
[758] BAG, 1. 8. 2001, ZTR 2002, 172 (L.).
[759] Vgl. dazu BAG, 11. 5. 2005, ZTR 2006, 27 f.
[760] BAG, 10. 11. 1993, NZA 1994, 948 f. (951).
[761] BAG, 13. 9. 1994, NZA 1995, 740 f.

Die Tarifnormen werden in dem Rechtsstand zum Inhalt des Arbeitsverhältnisses, der im Zeitpunkt des Betriebsübergangs besteht, und zwar auch dann, wenn es sich um Tarifnormen aus einem Firmentarifvertrag handelt, der eine sogenannte dynamische Blankettverweisung („in seiner jeweis geltenden Fassung") auf andere Tarifverträge enthält.[762]

Sind die Rechte und Pflichten beim neuen Arbeitgeber durch eine andere Dienstvereinbarung oder einen anderen Tarifvertrag geregelt, so findet die in § 613a Abs. 1 S. 2 BGB vorgesehene Transformation in die Arbeitsverhältnisse nicht statt (§ 613a Abs. 1 S. 3 BGB). Die kollektivrechtliche Regelung hat also in diesem Fall Vorrang vor der individualrechtlichen.[763] Dabei ist eine sogenannte „Über-Kreuz-Ablösung" von Tarifnormen durch eine Betriebsvereinbarung ausgeschlossen.[764] § 613a Abs. 1 S. 3 BGB erfordert allerdings beiderseitige Tarifgebundenheit.[765] Eine vor dem Betriebsübergang mit dem Betriebs- bzw. Personalrat des Betriebs des Übernehmers abgeschlossene Betriebs- bzw. Dienstvereinbarung ist nur dann eine andere Regelung, wenn die Vereinbarung der Sache nach denselben Gegenstand regelt und betriebsverfassungsrechtlich im übernommenen Betrieb gilt.[766]

Das Verbot, die in das Arbeitsverhältnis transformierten Rechte und Pflichten aus Dienstvereinbarungen und Tarifverträgen innerhalb eines Jahres nach dem Betriebsinhaberwechsel zuungunsten des Arbeitnehmers zu ändern, gilt in folgenden Fällen nicht (§ 613a Abs. 1 S. 4 BGB):

Die Dienstvereinbarung oder der Tarifvertrag gilt vor Ablauf des Jahres nicht mehr (z.B. durch Fristablauf); in diesem Fall ist die Abänderung vom Geltungsende an möglich.

Neuer Arbeitgeber und Arbeitnehmer vereinbaren die Anwendung eines Tarifvertrages auf das Arbeitsverhältnis und beide sind nicht tarifgebunden.

Darüber hinaus können tarifvertragliche Ansprüche eines Arbeitnehmers, die beim Betriebsübergang Inhalt des Arbeitsverhältnisses mit dem neuen Arbeitgeber geworden sind, später durch einen Tarifvertrag, an den der neue Arbeitgeber und der Arbeitnehmer gebunden sind, eingeschränkt werden.[767] Ebenso können Ansprüche aus Dienstvereinbarungen, die individualrechtlich als Inhalt des Arbeitsverhältnisses weitergelten, durch Neuregelung in einer Dienstvereinbarung ersetzt werden, auch wenn sie für den Arbeitnehmer ungünstiger sind. Es gilt das Ablösungsprinzip und nicht das Günstigkeitsprinzip.[768]

Nach § 613a Abs. 1 S. 3 BGB können allerdings **lediglich die vorher normativ geltenden Rechte und Pflichten** durch einen nunmehr ebenfalls normativ geltenden Tarifvertrag **abgelöst werden**. Einzelvertragliche Vereinbarungen zwischen dem Betriebsveräußerer und dem Arbeitnehmer gehen dagegen nach § 613a Abs. 1 S. 1 BGB auf das Arbeitsverhältnis über. Für die danach bestehende Kollision zwischen den übergegangenen einzelvertraglichen Vereinbarungen und den entsprechenden, für das Arbeitsverhältnis zwischen dem Betriebserwerber und dem Arbeitnehmer

---

[762] BAG, 20. 6. 2001, NZA 2002, 517f.
[763] Vgl. dazu Meyer, NZA 2001, 751f. (Modifizierung einer beim Veräußerer bestehenden Tarifregelung durch eine Betriebsvereinbarung beim Erwerber), m.w.N. Zur Verdrängung einer im veräußerten Betrieb geltenden Betriebsvereinbarung über Leistungen der betrieblichen Altersversorgung durch eine beim Erwerber geltende Betriebsvereinbarung vgl. BAG, 24. 7. 2001, NZA 2002, 520f.; 11. 5. 2005, NZA 2005, 1362f.
[764] BAG, 6. 11. 2007, NZA 2008, 542f. (545, 546); 13. 11. 2007, NZA 2008, 600f. (603).
[765] BAG, 21, 2. 2001, NZA 2001, 1318f.
[766] BAG, 1. 8. 2001, ZTR 2002, 172 (L.).
[767] BAG, 16. 5. 1995, NZA 1995, 1166f.
[768] BAG, 14. 8. 2001, NZA 2002, 276f.

wegen deren Tarifbindung geltenden Regelungen des Tarifvertrags gilt das Günstigkeitsprinzip gemäß § 4 Abs. 3 TVG.[769]

Die Haftung für Verbindlichkeiten gegenüber den Arbeitnehmern beim Betriebsinhaberwechsel ist in § 613a Abs. 2 BGB geregelt. Danach gilt folgendes: 452

Der **neue** Arbeitgeber haftet für die nicht erfüllten Verbindlichkeiten, die zum Zeitpunkt des Betriebsinhaberwechsels bestehen, gleichgültig, ob sie bereits fällig sind oder erst danach fällig werden. Zeitpunkt des Betriebsübergangs ist der Zeitpunkt, in dem der Erwerber die Leitungsmacht im Betrieb im Einvernehmen mit dem Betriebsveräußerer ausüben kann.[770]

Der **bisherige** Arbeitgeber haftet für derartige Verbindlichkeiten aus dem alten Arbeitsverhältnis mit (Gesamtschuldner, § 421 BGB), wenn sie vor Ablauf von einem Jahr nach dem Betriebsinhaberwechsel fällig werden. Von der gesamtschuldnerischen Haftung erfasst werden also auch nicht erfüllte Verbindlichkeiten, die vor der Betriebsübernahme bereits fällig waren. Für die danach fällig werdenden erstreckt sich seine Mithaftung allerdings nur auf den Teil, der dem im Zeitpunkt des Betriebsinhaberwechsels abgelaufenen Teil ihres Bemessungszeitraums entspricht.

Beispiel:
Dem Arbeitnehmer A steht auf Grund des Arbeitsvertrages mit B ein 13. Monatsgehalt zu. B veräußert seinen Betrieb mit Wirkung zum 1. 9. an C. C ist zur Bezahlung des 13. Monatsgehalts verpflichtet, B haftet mit C als Gesamtschuldner für 2/3 des 13. Monatsgehalts.

Für bei Betriebsinhaberwechsel bestehende aber erst ein Jahr danach oder noch später fällig werdende Verbindlichkeiten wird der bisherige Arbeitgeber mithin von der Haftung frei.

Der bisherige Arbeitgeber schuldet dem neuen Arbeitgeber anteiligen **Ausgleich** in Geld für die vor dem Betriebsübergang entstandenen Urlaubsansprüche des Arbeitnehmers, die der neue Arbeitgeber erfüllt hat.[771]

Eine vereinbarte **Ausschlussfrist** für Ansprüche gegen den bisherigen Arbeitgeber, die an das Ausscheiden aus dem Arbeitsverhältnis anknüpft, beginnt mit dem Zeitpunkt des Übergangs des Betriebes zu laufen, weil der Fall des Betriebsübergangs im Hinblick auf den bisherigen Arbeitgeber als Ausscheiden aus dem Arbeitsverhältnis zu werten ist.[772] 453

Der Betriebsinhaberwechsel durch Einzelrechtsnachfolge unterliegt nicht der Beteiligung der Personalvertretung, weil die Übertragung der Dienststelle auf einen anderen Rechtsträger nicht zur Auflösung im Sinne von § 78 Abs. 1 Ziffer 2 BPersVG führt. Ihre Identität ist vom Wechsel des Rechtsträgers unabhängig.[773] 454

---

[769] BAG, 12. 12. 2007, NZA 2008, 649 f. (652, 653).
[770] BAG, 12. 11. 1991, NZA 1992, 929 f.; 16. 2. 1993, NZA 1993, 643 f.; 26. 3. 1996, NZA 1997, 94 f. Zum Betriebsübergang für den Fall, dass Betriebsmittel in einzelnen Schritten auf den Erwerber übergehen, vgl. BAG, 16. 2. 1993, NZA 1993, 645 f., zu den arbeitsrechtlichen Grundsatzfragen der Betriebsaufspaltung Weimar/Alfes, BB 1993, 783 f. Zur Haftung bei Betriebs- und Unternehmensaufspaltung Schaub, NZA 1989, 5 f., zum Arbeitnehmerschutz bei Betriebsaufspaltung Bork, BB 1989, 2181 f.; Belling/Collas, NJW 1991, 1919 f.
[771] BGH, 25. 3. 1999, NZA 1999, 817 f., m. w. N. Vgl. dazu Schmalz/Ebener, DB 2000, 1711 f.
[772] BAG, 10. 8. 1994, NZA 1995, 742 f.
[773] Zu den Rechten der Personalvertretung des abgebenden Rechtsträgers nach dem Betriebsinhaberwechsel hinsichtlich der nunmehr beim neuen Rechtsträger beschäftigten Arbeitnehmer vgl. BAG, 23. 11. 1988, NZA 1989, 433 f.

D. Rechte und Pflichten im Arbeitsverhältnis, Arbeitsschutzrecht

455 Die Rechte und Pflichten im Arbeitsverhältnis ergeben sich vor allem aus dem Arbeitsvertrag. Sie können aber auch in anderen Rechtsquellen des Arbeitsrechts begründet sein, zum Beispiel in gesetzlichen Vorschriften oder im Tarifvertrag. Enthalten die verschiedenen Rechtsquellen unterschiedliche Regelungen, so kommt es für die Frage, welche Rechte und Pflichten im konkreten Arbeitsverhältnis bestehen, auf das Verhältnis der Rechtsquellen zueinander an (vgl. dazu Rdn. 25–29).

Die Gegenüberstellung der Begriffe Rechte und Pflichten ist deshalb mißverständlich, weil die Rechte des einen Partners im Arbeitsverhältnis zugleich Pflichten des anderen Partners sind. Es wird deshalb nur noch der Begriff Pflichten verwendet.

456 Die Pflichten im Arbeitsverhältnis lassen sich in zweifacher Hinsicht gliedern. Man unterscheidet zwischen **Hauptpflichten** und **Nebenpflichten**. Hauptpflichten sind diejenigen Pflichten, um derentwillen das Arbeitsverhältnis begründet wird, Nebenpflichten sind solche, die einer sinnvollen Erfüllung der Hauptpflichten dienen sollen.

Man unterscheidet außerdem zwischen den **Pflichten des Arbeitnehmers** und den **Pflichten des Arbeitgebers**.

Hauptpflicht des Arbeitnehmers ist die **Pflicht zur Arbeitsleistung**. Dieser steht als Hauptpflicht des Arbeitgebers die **Pflicht zur Zahlung der Vergütung** (Lohnzahlungspflicht) gegenüber. Die Nebenpflichten des Arbeitnehmers werden unter dem Oberbegriff **Treuepflicht** zusammengefasst, die des Arbeitgebers unter dem Oberbegriff **Fürsorgepflicht**.

Die beiden Begriffspaare, die die Pflichten im Arbeitsverhältnis ausmachen, sind also:

Arbeitsleistungspflicht – Pflicht zur Zahlung der Vergütung
Treuepflicht – Fürsorgepflicht

I. Die Pflicht zur Arbeitsleistung

457 Die Pflicht des Arbeitnehmers zur Arbeitsleistung ergibt sich aus dem Arbeitsvertrag. Nach § 611 Abs. 1 BGB wird derjenige, welcher Dienste zusagt, zur Leistung der versprochenen Dienste verpflichtet.

458 § 613 S. 1 BGB bestimmt, dass der Arbeitnehmer die Dienste im Zweifel in Person zu leisten hat. Der Arbeitnehmer kann sich also bei der Erbringung der Arbeitsleistung nicht einer anderen Person bedienen, es sei denn, es ist zwischen ihm und dem Arbeitgeber etwas anderes vereinbart.

459 Dem Arbeitnehmer kann wegen eines ihm gegen den Arbeitgeber zustehenden Anspruchs ein Zurückbehaltungsrecht nach § 273 BGB zustehen.

1. Art der Arbeitsleistung

460 Die Art der Arbeitsleistung, die der Arbeitnehmer zu erbringen hat, ist regelmäßig im Arbeitsvertrag festgelegt. Sie kann aber im Arbeitsvertrag nicht abschließend beschrieben werden. Deshalb ist der Arbeitnehmer verpflichtet, im Rahmen der generell festgelegten Art und soweit seine Aufgaben dort nicht präzisiert sind, den Weisungen des Arbeitgebers (Direktionsrecht) Folge zu leisten. Allgemein lässt sich sagen, dass das Weisungsrecht des Arbeitgebers umso größer ist, je allgemeiner die Art der Tätigkeit festgelegt ist.[774]

---

[774] Vgl. dazu Bayreuther, NZA Beilage 1/2006 (zu Heft 10/ 2006), S. 3 f.

Im öffentlichen Dienst, in dem die Arbeitnehmer in bestimmte Vergütungsgruppen eingereiht sind, kann dem Arbeitnehmer grundsätzlich jede zumutbare Tätigkeit im Rahmen der Vergütungsgruppe zugewiesen werden. Dies rechtfertigt allerdings nicht die Übertragung einer Tätigkeit, die geringerwertige Qualifikationsmerkmale erfüllt und nur im Wege des Bewährungsaufstiegs (vgl. dazu Rdn. 594) die Eingruppierung in die ursprünglich maßgebende Vergütungsgruppe ermöglicht.[775] Eine andere als die bisherige Arbeit ist nicht unterwertig und muss vom Arbeitnehmer ausgeführt werden, wenn es sich um eine solche innerhalb derselben Vergütungsgruppe handelt, auch wenn sie einer anderen Fallgruppe innerhalb derselben Vergütungsgruppe angehört. Die Zuweisung kann allerdings im Einzelfall unbillig sein.[776] Das Weisungsrecht des Arbeitgebers kann dadurch eingeschränkt sein, dass der Arbeitnehmer längere Zeit eine bestimmte Arbeit verrichtet hat (ständige Übung), wenn Umstände hinzukommen, aus denen nach Treu und Glauben zu schließen ist, dass der Arbeitnehmer darauf vertrauen darf, zukünftig nur noch diese Tätigkeit ausüben zu dürfen. Solche Umstände können z. B. darin gesehen werden, dass dem Arbeitnehmer für eine bestimmte Arbeit eine bestimmte Ausbildung gewährt worden ist.[777]

461

In Notfällen ist der Arbeitnehmer verpflichtet, vorübergehend auch solche Arbeit zu verrichten, die nicht der Festlegung im Arbeitsvertrag entspricht und im Normalfall nicht auf Grund des Direktionsrechts angeordnet werden kann. Hierzu können auch Fälle der Erkrankung oder des Urlaubs eines anderen Arbeitnehmers gehören, wenn die Arbeit aus betrieblichen Gründen erledigt werden muss.[778]

462

Der Arbeitnehmer muss seine Arbeit weiterleisten, wenn er sich an einem Streik nicht beteiligt, er ist aber nicht verpflichtet, die Arbeit zu verrichten, die bisher von streikenden Arbeitnehmern erbracht wurde (direkte Streikarbeit), es sei denn, es handelt sich um sogenannte Erhaltungsarbeiten, um Arbeiten also, die erforderlich sind zum Schutz des Betriebes, zur Abwehr von Gefahren, die vom Betrieb ausgehen, zur Sicherung empfindlicher Rohstoffe, zur Abwehr unverhältnismäßiger Schäden oder um eine Wiederaufnahme der Arbeit sicherzustellen.

463

Soll dem Arbeitnehmer eine andere Arbeit zugewiesen werden und ist dies weder von den vertraglichen Festlegungen, noch vom Weisungsrecht des Arbeitgebers gedeckt oder durch einen Notfall gerechtfertigt, so ist eine Änderungskündigung erforderlich.[779] Dies gilt auch dann, wenn es sich bei der anderen Arbeit um eine solche handeln soll, sie zu einer anderen Vergütungsgruppe gehört, und der Arbeitgeber die Vergütung nach der bisherigen Vergütungsgruppe weiterbezahlen will.[780]

Zur Beteiligung der Personalvertretung bei der Bestimmung der Art der Arbeitsleistung, die der Arbeitnehmer zu erbringen hat, vgl. Rdn. 258–284.

464

2. Ort der Arbeitsleistung

Auch der Ort der Arbeitsleistung ergibt sich regelmäßig aus dem Arbeitsvertrag. Fehlt es dort an einer Vereinbarung, so gilt der Sitz der Dienststelle, für die der Ar-

465

---

[775] BAG, 30. 8. 1995, NZA 1996, 440 f.
[776] BAG AP Nr. 8 zu § 611 BGB, Beschäftigungspflicht; AP Nr. 17, 18, 19, 22 und 24 zu § 611 BGB, Direktionsrecht; AP Nr. 6 zu § 75 BPersVG; 23. 6. 1993, NZA 1993, 1127 f.; 24. 11. 1993, ZTR 1994, 166 f.; 28. 10. 1999, ZTR 2000, 473 f.
[777] BAG, AP Nr. 2 und 17 zu § 611 BGB, Direktionsrecht; AP Nr. 5 zu § 242 BGB, Gleichbehandlung; AP Nr. 10 zu § 615 BGB; AP Nr. 73 zu § 3 TOA.
[778] BAG, AP Nr. 17, 18, 19 zu § 611 BGB, Direktionsrecht; AP Nr. 2, 3, 4, 5 zu § 24 BAT; AP Nr. 2 zu § 46 BPersVG; AP Nr. 1, 3 zu § 9 MTB II.
[779] BAG, AP Nr. 17 zu § 611 BGB, Direktionsrecht.
[780] BAG, AP Nr. 18 zu § 611 BGB, Direktionsrecht.

beitnehmer eingestellt worden ist, als stillschweigend vereinbarter Arbeitsort, soweit sich nicht aus der Art der Tätigkeit des Arbeitnehmers etwas anderes ergibt (z. B. Einsatz als Fahrer). Der Arbeitnehmer ist nicht verpflichtet, seine Arbeit an einem anderen Ort als dem Arbeitsort zu leisten, und zwar auch dann nicht, wenn der andere Ort innerhalb der Gemeinde liegt, in der sich der Arbeitsort befindet, er braucht sich also nicht **versetzen** zu lassen. Dies gilt nicht, wenn vertraglich etwas anderes vereinbart ist. Ist in einem Arbeitsvertrag mit einem Arbeitnehmer des öffentlichen Dienstes die Änderung der Verwaltungsbezirke vorbehalten, so ist zwischen der Rechtmäßigkeit des Verwaltungsaktes, durch den die Neueinteilung erfolgt und der Rechtmäßigkeit der Weisung, mit der der Arbeitsort neu festgelegt wird, zu unterscheiden. Die Rechtmäßigkeit der Weisung unterliegt der arbeitsgerichtlichen Nachprüfung.

466 Wird die Dienststelle innerhalb der Gemeinde verlegt, so muss der Arbeitnehmer folgen, wenn damit keine besonderen Schwierigkeiten für ihn verbunden sind. Dies gilt auch bei eng zusammenliegenden Nachbargemeinden. Für die Frage, ob die Gemeinden eng zusammenliegen, ist auf die Verkehrsverbindung und nicht auf die Gemeindegrenzen abzustellen. In anderen Fällen der Dienststellenverlegung ist der Arbeitnehmer nicht verpflichtet zu folgen, und zwar auch dann nicht, wenn die Personalvertretung nach § 78 Abs. 1 Ziffer 2 BPersVG im Mitwirkungsverfahren zugestimmt hat.[781] Dies gilt nicht, wenn vertraglich etwas anderes vereinbart ist. Folgt der Arbeitnehmer nicht, weil er dazu nicht verpflichtet ist, so kann dem Arbeitnehmer allerdings betriebsbedingt ordentlich gekündigt werden.

467 Ein Wechsel des Arbeitsortes liegt auch im Falle der **Abordnung** vor. Um eine Abordnung handelt es sich dann, wenn der Arbeitnehmer seine Arbeit vorübergehend an einem anderen Ort als dem Arbeitsort leisten soll. Versetzung ist also ein Wechsel des Arbeitsortes, der auf Dauer angelegt ist, Abordnung dagegen eine zeitlich begrenzte Maßnahme. Für die Frage, ob sich der Arbeitnehmer abordnen lassen muss, gelten dieselben Regeln wie im Zusammenhang mit der Versetzung.

468 Der Arbeitgeber kann auf Grund der Fürsorgepflicht verpflichtet sein, einen Wechsel des Arbeitsortes vorzunehmen, wenn dies durch in der Person des Arbeitnehmers liegende besondere Gründe geboten und dem Arbeitgeber zumutbar ist.[782] Nicht verwechselt werden dürfen Versetzungen und Abordnungen mit der **Umsetzung**. Eine Umsetzung liegt vor, wenn der Arbeitnehmer am Arbeitsort räumlich oder funktional nicht nur vorübergehend einen anderen Arbeitsbereich oder Arbeitsplatz zugewiesen erhält, wenn es sich mithin um einen Arbeitsplatzwechsel handelt, der nicht über die Dienststelle hinausgeht, also nicht mit dem Wechsel des Arbeitsortes verbunden ist. Für die Befugnis des Arbeitgebers, den Arbeitnehmer umzusetzen, gelten die Ausführungen zur Frage, welche Art der Arbeitsleistung der Arbeitnehmer zu erbringen verpflichtet ist.

469 Bei der Versetzung und Abordnung für eine Dauer von mehr als 3 Monaten steht der Personalvertretung das volle Mitbestimmungsrecht zu,[783] und zwar auch dann, wenn der Arbeitnehmer mit der Maßnahme einverstanden ist, weil das Mitbestimmungsrecht auch dem Kollektivinteresse der Dienststelle dient. Im Falle der Umsetzung ist die Personalvertretung nur zu beteiligen, wenn zugleich auch der Dienstort wechselt (§ 75 Abs. 1 Nr. 3 und 4 BPersVG). Dies ist denkbar, wenn eine Dienst-

---

[781] Zu den Beamten- und arbeits-/tarifrechtlichen Problemen bei der örtlichen Verlegung von Behörden vgl. Scheuring/Süsterhenn, ZTR 1991, 487 f.
[782] BAG, AP Nr. 27 zu § 611 BGB, Fürsorgepflicht.
[783] § 75 Abs. 1 Nr. 3 und 4 BPersVG.

stelle auf verschiedene Orte aufgeteilt ist. Die Mitglieder der Personalvertretung und der Jugend- und Auszubildendenvertretung genießen besonderen Schutz vor Versetzungen und Abordnungen (§§ 47 Abs. 2, 54 Abs. 1, 56, 62 BPersVG).

Im TVöD und TV-L ist in erheblichem Umfang davon Gebrauch gemacht worden, die Anordnung eines Wechsels des Arbeitsortes zu regeln.

TVöD/TV-L

Nach § 4 Abs. 1 S. 1 TVöD/TV-L sind für die Versetzung und Abordnung **dienstliche oder betriebliche Gründe** erforderlich. Das Interesse des Arbeitgebers an der ordnungsgemäßen Erfüllung öffentlicher Aufgaben muss also höher zu bewerten sein, als das Interesse des Beschäftigten an der Beibehaltung des Arbeitsplatzes. Dies kann aus organisatorischen Gründen der Fall sein (z. B. Veränderung des Bedarfs an Arbeitskräften bei verschiedenen Dienststellen), aber auch aus Gründen, die in der Person des Beschäftigten liegen (z. B. mangelnde Eignung, dienstliches Verhalten). 470

Die Zulässigkeit der Maßnahme unterliegt der arbeitsgerichtlichen Nachprüfung.[784] 471

Die Zulässigkeit einer Versetzung oder Abordnung berechtigt nicht zur Änderung der Art der Arbeitsleistung. 472

Soll der Arbeitnehmer an eine Dienststelle außerhalb des bisherigen Arbeitsortes versetzt oder voraussichtlich länger als drei Monate abgeordnet werden, so ist er vorher zu hören (§ 4 Abs. 1 S. 2 TVöD/TV-L). Die Anhörung ist nachzuholen, wenn die zunächst für nicht länger als drei Monate vorgesehene Abordnung überschritten wird. 473

§ 4 Abs. 2 TVöD/TV-L regelt die vorübergehende Beschäftigung bei einem Dritten im In- und Ausland, bei dem der Allgemeine Teil des TVöD bzw. bei dem der TV-L nicht zur Anwendung kommt (Zuweisung) [vgl. Protokollerklärung zu § 4 Abs. 2 TVöD/TV-L]. Die vorübergehende Beschäftigung kann zum Beispiel erfolgen bei zwischenstaatlichen oder überstaatlichen Organisationen (z. B. Kommission der EG, Europäisches Patentamt, bei Behörden anderer Staaten, Fluggesellschaften im In- und Ausland). Mehrere Voraussetzungen müssen erfüllt sein (§ 4 Abs. 2 S. 1 TVöD/TV-L): 474

a) Die Maßnahme muss im dienstlichen/betrieblichen oder im öffentlichen Interesse liegen.

b) Sie kann nur mit Zustimmung des Arbeitnehmers erfolgen. Die Zustimmung kann aber nur aus wichtigem Grund verweigert werden (§ 4 Abs. 2 S. 2 TVöD/TV-L).[785]

c) Sie kann nur vorübergehend erfolgen.

d) Es muss sich um eine mindestens gleichvergütete Tätigkeit handeln.

An der Rechtsstellung des Arbeitnehmers ändert sich durch die Maßnahme nichts (§ 4 Abs. 2 S. 3 TVöD/TV-L), die Tätigkeit des Arbeitnehmers unterliegt allerdings dem Direktionsrecht der aufnehmenden Stelle. Erhält der Arbeitnehmer Bezüge von der aufnehmenden Einrichtung, so werden diese grundsätzlich angerechnet (§ 4 Abs. 2 S. 4 TVöD/TV-L).

Gemäß § 75 Abs. 1 Nr. 4a BPersVG hat die Personalvertretung mitzubestimmen bei Maßnahmen dieser Art für die Dauer von mehr als drei Monaten.

---

[784] BAG, AP Nr. 8 zu § 611 BGB, Direktionsrecht; AP Nr. 3 zu § 25 BAT; BAG AP Nr. 1 zu § 12 BAT.
[785] Die wichtigen Gründe werden nicht weiter konkretisiert. § 626 Abs. 1 BGB ist hier nicht heranzuziehen. Ein wichtiger Grund nach § 4 Abs. 2 S. 2 TVöD/TV-L liegt beispielsweise vor, wenn soziale (z. B. Kindererziehung oder Pflege eines Angehörigen) oder gesundheitliche Gründe gegen eine Zuweisung vorgebracht werden können.

475 Neu im TVöD/TV-L geregelt ist die in der Protokollerklärung zu § 4 Abs. 3 TVöD/TV-L definierte „Personalgestellung". Danach ist Personalgestellung – unter Fortsetzung des bestehenden Arbeitsverhältnisses – die auf Dauer angelegte Beschäftigung bei einem Dritten. Die Modalitäten der Personalgestellung werden zwischen dem Arbeitgeber und dem Dritten vertraglich geregelt. Eine solche Personalgestellung ist gemäß § 4 Abs. 3 TVöD/TV-L auf Verlangen des Arbeitgebers möglich, wenn Aufgaben des Beschäftigten zu einem Dritten verlagert werden. Eine Aufgabenverlagerung findet häufig durch einen Betriebsübergang nach § 613a BGB statt.[786] § 613a BGB sowie gesetzliche Kündigungsrechte bleiben nach § 4 Abs. 3 S. 2 TVöD/TV-L unberührt.

476 Arbeitsort (die Niederschriftserklärung zu § 4 Abs. 1 TVöD/TV-L erläutert, dass sich der Begriff „Arbeitsort" nicht von dem bisherigen Begriff „Dienstort" unterscheidet) ist in diesem Zusammenhang die Gemeinde, in der die Dienststelle, bei der der Arbeitnehmerbeschäftigt ist, ihren Sitz hat. Dies ergibt sich daraus, dass eine Versetzung oder Abordnung auch dann vorliegt, wenn ein Wechsel des Arbeitsortes innerhalb der Gemeinde erfolgt, in der sich der Arbeitsort befindet, also zu einer anderen Dienststelle innerhalb der Gemeinde. Zum Arbeits- bzw. Dienstort im Sinne des TVöD/TV-L wird in entsprechender Anwendung des § 75 Abs. 1 Nr. 3 BPersVG auch das Einzugsgebiet im Sinne des Umzugskostenrechts zu rechnen sein.[787]

477 Anhörung bedeutet, dass dem Beschäftigtenausreichend Gelegenheit zu geben ist, sich zu der beabsichtigten Maßnahme zu äußern. Der Arbeitgeber muss die Einwendungen ernsthaft prüfen und in der Regel begründen, warum er sich darüber hinwegsetzt. Die Wirksamkeit der Maßnahme wird durch die Unterlassung der Anhörung nicht beeinflusst.

478 Die Zustimmung kann vor der Anordnung der Maßnahme (Einwilligung, § 183 S. 1 BGB) oder danach (Genehmigung, § 184 Abs. 1 BGB) erfolgen.

3. Arbeitszeit

479 Das Arbeitszeitrecht gliedert sich in zwei Bereiche. Der eine Bereich betrifft die Frage
innerhalb welcher Arbeitszeit der Arbeitnehmer auf Grund von Vereinbarungen seine Arbeitsleistung zu erbringen verpflichtet ist (**vertragliches Arbeitszeitrecht**).
Der andere Bereich regelt,
welche Grenzen dem Inhalt dieser Vereinbarungen durch gesetzliche Vorschriften gesetzt sind, in welchem Rahmen sich also die Vereinbarungen zu halten haben (**gesetzliches Arbeitszeitrecht, Arbeitszeitschutzrecht, öffentlich-rechtliches Arbeitszeitrecht**).

a) Begriffe

480 Im Arbeitszeitrecht werden Begriffe verwendet, deren Bedeutung vorab erläutert wird.
Arbeitszeit ist die Zeitspanne, innerhalb derer der Arbeitnehmer dem Arbeitgeber seine Arbeitskraft zur Verfügung stellt.[788]

---

[786] Vgl. Kuner, S. 138 Rdn. 194, zur in der Praxis relevanten Personalgestellung bei Umwandlung eines öffentlichen Arbeitgebers (z. B. Krankenhaus) in eine privatrechtliche GmbH.
[787] Vgl. zum Umzugskostenrecht die Zusammenstellung der Umzugskostengesetze des Bundes und der Länder bei Ebert, Kennzahl 370, Rdn. 1 und 20.
[788] Vgl. zur arbeitsrechtlichen Behandlung von Wegezeiten bei Dienstreisen BAG, 11. 7. 2006, NZA 2007, 155 f.; Heins/Leder, NZA 2007, 249 f.

D. Rechte und Pflichten im Arbeitsverhältnis, Arbeitsschutzrecht

Arbeitsbereitschaft ist die Zeit „wacher Achtsamkeit im Zustande der Entspannung",[789] liegt also zwischen der vollen Arbeitstätigkeit und der Arbeitsruhe.
Bereitschaftsdienst ist die Zeit, während der sich der Arbeitnehmer, ohne Arbeit zu leisten und ohne dass von ihm wache Achtsamkeit gefordert wird, an der Arbeitsstelle oder an einem anderen vom Arbeitgeber bestimmten Ort zur Verfügung des Arbeitgebers zu halten hat, um im Bedarfsfalle vorkommende Arbeiten zu verrichten.[790] Er ist der Arbeitszeit i. S. v. Art. 2 Nr. 1 Richtlinie 93/104/EG vom 23. 11. 1993 zuzuordnen,[791] muss aber nicht wie die sonstige Arbeitszeit vergütet werden. Die Arbeitsvertragsparteien sind mithin frei, für Bereitschaftsdienst und so genannte Vollarbeit unterschiedliche Vergütungssätze vorzusehen.[792] Bei der sogenannten **Rufbereitschaft** handelt es sich um die Verpflichtung des Arbeitnehmers, sich zuhause oder an einem anderen Ort, den er dem Arbeitgeber anzuzeigen hat aber frei wählen und wechseln kann, erreichbar zu sein, um auf Abruf die Arbeit alsbald aufnehmen zu können.[793] Dies ist insbesondere auch dann der Fall, wenn er auf Anordnung seines Arbeitgebers verpflichtet ist, außerhalb der regelmäßigen Arbeitszeit ein auf Empfang geschaltetes Funktelefon mitzuführen, um auf telefonischen Abruf Arbeit zu leisten.[794]

Zur Arbeitszeit gehört auch die Arbeitsbereitschaft,[795] nicht dagegen die Rufbereitschaft, die zur Ruhezeit im Sinne von § 5 ArbZG zählt.[796]

Regelmäßige Arbeitszeit ist die Zeitspanne, innerhalb derer der Arbeitnehmer „wiederkehrend, normal", also grundsätzlich gleich bleibend, seine Arbeitskraft zur Verfügung zu stellen hat. Darüber hinausgehende Arbeitszeit heißt Überarbeit oder **Überstunden**. Damit nicht verwechselt werden darf der Begriff Mehrarbeit.

Um Überstunden handelt es sich auch dann, wenn die Arbeit in unmittelbarem Anschluss an die Beendigung der regelmäßigen Arbeitszeit fortgesetzt werden muss, selbst dann, wenn der Arbeitnehmer für diese Zeit dienstplanmäßig zur Rufbereitschaft eingeteilt ist.[797]

Mehrarbeit, ist diejenige Arbeitszeit, die über die sich aus dem Arbeitszeitschutzrecht ergebende grundsätzliche Höchstdauer der Arbeitszeit gearbeitet wird.

b) Vertragliches Arbeitszeitrecht

Der Zeitraum, innerhalb dessen der Arbeitnehmer seine Arbeitsleistung zu erbringen hat, ergibt sich grundsätzlich aus dem Arbeitsvertrag, kann aber auch im Tarifvertrag festgelegt sein.[798]

---

[789] BAG, AP Nr. 5 und 8 zu § 7 AZO.
[790] BAGE 8, 25 (28); BB 1988, 1046 f.; EuGH, 3. 10. 2000, AuR 2000, 465 f.; BAG, 31. 1. 2002, ZTR 2002, 432 f. mit Anm. von Pieper, S. 420 f.; Karthaus, AuR 2001, 485 f.; Trägner, NZA 2002, 126 f.; Heinze, ZTR 2002, 102 f.; Buschmann, AuR 2003, 1 f.
[791] EuGH, 3. 10. 2000, NZA 2000, 1227 f.; 9. 9. 2003, NZA 2003, 1019 f.; BAG, 21. 11. 2006, NZA 2007, 446 f.
[792] Vgl. dazu Benecke, ZTR 2005, 521 f., m. w. N.; Schliemann, NZA 2006, 1009 f.
[793] BAGE 8, 25 (28); 21, 348 (355); BVerwGE 59, 45 (47); 59, 176 (181); BB 1988, 1046 f.
[794] BAG, 29. 6. 2000, ZTR 2001, 129 f.; Pieper, ZTR 2001, 292 f.
[795] BVerwG, BB 1988, 1046 f.
[796] BAGE 21, 348 (355); BVerwGE 59, 45 (47); 59, 176 (181); BB 1988, 1046 f.
[797] BAG, 26. 11. 1992, NZA 1993, 659 f. Zu den Anforderungen an die Geltendmachung der Bezahlung von Überstunden im Prozess vgl. BAG, 25. 11. 1993, NZA 1994, 837 f., m. w. N.; 4. 5. 1994, NZA 1994, 1035 f.
[798] Vgl. zu den Grenzen, innerhalb derer sich die Vertragsparteien bei der Vereinbarung flexibler Arbeitszeitmodelle bezüglich der Lage der Arbeitszeit bewegen dürfen Wisskirchen/Bissels, NZA Beilage 1/2006 (zu Heft 10/2006), S. 24 f.; Hanau, NZA Beilage 1/2006 (zu Heft 10/2006), S. 34 f.; zur Reisezeit als Arbeitszeit im Sinne des ArbZG Hunold, NZA Beilage 1/2006 (zu Heft 10/2006), S. 38 f.

Die Arbeitszeit kann im Arbeitsvertrag hinsichtlich Dauer und Lage individuell vereinbart sein. Ist dies nicht geschehen, so gilt die sogenannte betriebsübliche Arbeitszeit als vereinbart, diejenige Zeit also, innerhalb derer die Arbeit in der Dienststelle üblicherweise erbracht wird. Im Arbeitsvertrag kann auch auf die für Beamte geltende Arbeitszeit verwiesen werden.[799] Ist die Arbeitszeit im Tarifvertrag festgelegt, so gilt bei Tarifgebundenheit der Inhalt des Tarifvertrages. Weicht die tarifvertragliche Regelung von einer vorhandenen Vereinbarung im Arbeitsvertrag ab, so ergibt sich die einzuhaltende Arbeitszeit aus der Anwendung des Günstigkeitsprinzips. Häufig und regelmäßig im öffentlichen Dienst fehlt es an einer Vereinbarung über die Arbeitszeit im Arbeitsvertrag. Vielmehr wird die tarifvertragliche Festlegung durch Inbezugnahme des Tarifvertrages im Arbeitsvertrag zum Inhalt des Arbeitsverhältnisses gemacht.

Läßt die arbeitsvertragliche Vereinbarung beziehungsweise die tarifvertragliche Regelung Spielraum, so kann der Arbeitgeber – vorbehaltlich der personalvertretungsrechtlichen Beteiligungspflichten – Dauer und Lage der Arbeitszeit auf Grund seines Weisungsrechts festlegen.

482 Zur Leistung von Überarbeit (**Überstunden**) ist der Arbeitnehmer nur verpflichtet, wenn und soweit dies vereinbart ist. Aufgrund des Weisungsrechts des Arbeitgebers kann also grundsätzlich keine Überarbeit angeordnet werden.

Eine Ausnahme kann sich aus der Treuepflicht des Arbeitnehmers ergeben, wenn Überarbeit in dringenden Fällen erforderlich ist. Mithin darf sie nur angeordnet werden, wenn stichhaltige Gründe vorliegen, weil ein dringendes dienstliches Bedürfnis besteht, insbesondere auch in Notfällen.

Ein Anspruch auf Überstundenvergütung erfordert grundsätzlich die Darlegung, dass die Arbeitsstunden über die vertraglich vereinbarte Arbeitszeit geleistet worden sind, diese angeordnet oder betriebsnotwendig waren und billigend entgegengenommen worden sind.[800]

483 Soweit eine Regelung der Arbeitszeit nicht durch Tarifvertrag erfolgt, hat die Personalvertretung nach § 75 Abs. 3 Nr. 1 BPersVG das volle Mitbestimmungsrecht bei der Festlegung
– der Lage der Arbeitszeit am Tag,
– der Pausen und
– der Verteilung der Arbeitszeit auf die einzelnen Wochentage.

Dabei spielt es keine Rolle, ob die Festlegung für den gesamten Geschäftsbereich des Arbeitgebers erfolgt, nur für eine bestimmte Dienststelle, nur für bestimmte Arbeitsplätze oder nur für einen einzelnen Beschäftigten. Die Festlegung der Dauer der Arbeitszeit unterliegt dagegen nicht der Mitbestimmung.

TVöD/TV-L

484 Durch den TVöD/TV-L kann die Arbeitszeit nunmehr flexibler gestaltet werden. Von Bedeutung sind u. a. die Regelung zur Durchschnittsberechnung sowie die Möglichkeit einen wöchentlichen Arbeitszeitkorridor oder eine tägliche Rahmenarbeitszeit einzurichten.

Der TVöD/TV-L regelt den zeitlichen Umfang der zu erbringenden Arbeitsleistung in den §§ 6 bis 11. Die Vergütung für die Arbeitsleistung ist grundsätzlich an einer anderen Stelle des TVöD/TV-L festgelegt, nämlich in den §§ 12 bis 25, bestimmte Vergütungsansprüche aber innerhalb der Vorschriften über die Arbeitszeit. An dieser

---

[799] Vgl. dazu BAG, 14. 3. 2007, NZA 2008, 45 f.
[800] Vgl. dazu und zum Abfeiern von Überstunden BAG, 4. 5. 1994, ZTR 1995, 215 (L.).

D. Rechte und Pflichten im Arbeitsverhältnis, Arbeitsschutzrecht 171

Stelle wird deshalb zunächst die Arbeitszeit behandelt, sowie die innerhalb der §§ 6 bis 11 TVöD/TV-L festgelegten Vergütungsregelungen. Die Behandlung der Pflicht des Arbeitgebers zur Bezahlung der Vergütung allgemein erfolgt in einem besonderen Abschnitt.

Die **regelmäßige wöchentliche Arbeitszeit** im Geltungsbereich des TVöD beträgt 485 nach § 6 Abs. 1 S. 1 TVöD ausschließlich der Pausen durchschnittlich
lit. a: 39 Stunden für die Beschäftigten des Bundes
lit. b Alt. 1: 39 Stunden für die Beschäftigten der kommunalen Arbeitgeber im Tarifgebiet West
lit. b Alt. 2: 40 Stunden für die Beschäftigten der kommunalen Arbeitgeber im Tarifgebiet Ost

Die **regelmäßige wöchentliche Arbeitszeit** im Geltungsbereich des TV-L ist nicht einheitlich geregelt worden.

Im **Tarifgebiet West** wird die wöchentliche Regelarbeitszeit gemäß § 6 Abs. 1 S. 1 lit. a TV-L nach speziellen im Anhang zu § 6 TV-L vorgegebenen Berechnungsgrundsätzen für jedes Bundesland separat festgelegt:

– Baden-Württemberg   39 Stunden, 30 Minuten
– Bayern   40 Stunden, 06 Minuten
– Bremen   39 Stunden, 12 Minuten
– Hamburg   39 Stunden, 00 Minuten
– Niedersachsen   39 Stunden, 48 Minuten
– Nordrhein-Westfalen   39 Stunden, 50 Minuten
– Rheinland-Pfalz   39 Stunden, 00 Minuten
– Saarland   39 Stunden, 30 Minuten
– Schleswig-Holstein   39 Stunden, 42 Minuten

Diese Arbeitszeiten gelten wiederum ausschließlich der Pausen.

§ 6 Abs. 1 S. 1 lit. b TV-L legt die Regelarbeitszeit für bestimmte Beschäftigtengruppen (u.a. Beschäftigte, die ständig Wechselschicht- oder Schichtarbeit leisten; Beschäftigte an Universitätskliniken; Beschäftigte in Straßenmeistereien) im Tarifgebiet West auf durchschnittlich 38,5 Stunden ausschließlich der Pausen fest.

Im **Tarifgebiet Ost** beträgt die durchschnittliche regelmäßige wöchentliche Arbeitszeit nach § 6 Abs. 1 S. 1 lit. c TV-L einheitlich 40 Stunden ausschließlich der Pausen.

In allen Ländern (Tarifgebiet West und Ost) gilt für Ärzte, die unter die Sonderregelungen des § 41 TV-L zu subsumieren sind, eine durchschnittliche Regelarbeitszeit von 42 Stunden ausschließlich der Pausen (§ 6 Abs. 1 S. 1 lit. d TV-L).

Bei Wechselschichtarbeit werden grundsätzlich die gesetzlich vorgeschriebenen Pausen in die Arbeitszeit eingerechnet (§ 6 Abs. 1 S. 2 TVöD/TV-L).[801]

Gemäß § 6 Abs. 2 S. 1 TVöD/TV-L ist für die Berechnung des Durchschnitts der regelmäßigen Arbeitszeit ein Zeitraum von bis zu einem Jahr zugrunde zu legen.[802]

Für die Berechnung kann bei Beschäftigten, die ständig Wechselschicht- oder Schichtarbeit zu leisten haben, ein längerer Zeitraum zugrundegelegt werden (§ 6 Abs. 2 S. 2 TVöD/TV-L). Im Geltungsbereich des TV-L besteht diese Möglichkeit auch im Zusammenhang mit der Durchführung sog. Sabbatjahrmodelle (§ 6 Abs. 2 S. 2 letzter HS. TV-L).

---

[801] Dies gilt u.a. nicht für Wechselschichtarbeit in Krankenhäusern (§ 48 Abs. 1 TVöD BT-K/§ 41 Nr. 3 zu § 6 Nr. 1, § 42 Nr. 4 zu § 6 Nr. 1 und § 43 Nr. 3 zu § 6 Nr. 1 TV-L).
[802] Die Tarifvertragsparteien haben mit § 6 Abs. 2 TVöD/TV-L von der in § 7 Abs. 1 Nr. 1 b) ArbZG eröffneten Möglichkeit Gebrauch gemacht, von dem in § 3 S. 2 ArbZG vorgesehenen Ausgleichszeitraum von sechs Kalendermonaten bzw. 24 Wochen abzuweichen.

Durchschnittlich heißt, dass die Wochenarbeitszeit nicht in jeder Woche die regelmäßige wöchentliche Arbeitszeit betragen, sondern im Falle ungleichmäßiger Verteilung auf den Berechnungszeitraum im Durchschnitt ausmachen muss.

§ 6 Abs. 1 S. 3 TVöD/TV-L regelt – anders als die Tarifverträge vor Inkrafttreten des TVöD/TV-L – die Verteilung der regelmäßigen wöchentlichen Arbeitszeit des einzelnen Arbeitnehmers auf die Wochentage.[803] Grundsätzlich soll die Arbeitszeit auf fünf Tage, aus notwendigen betrieblichen/dienstlichen Gründen auch auf sechs Tage verteilt werden. Zu bemerken ist, dass nicht „dringende" betriebliche Gründe verlangt werden; nach dem Willen der Tarifvertragsparteien sollen keine übersteigerten Anforderungen an die Notwendigkeit einer Verteilung auf sechs Tage gestellt werden. Zur Frage, an welchen Wochentagen von Montag bis Sonntag die Arbeitsleistung zu erbringen ist, äußert sich der Tarifvertrag nicht. Die Ableistung ist danach also auch an einem Samstag oder unter Beachtung des ArbZG an einem Sonntag möglich. § 5 ArbZG sieht grundsätzlich eine im Anschluss an die tägliche Arbeitszeit einzuhaltende Mindestruhezeit von elf Stunden vor. Bei der Verteilung der Arbeitszeit auf die Wochentage ist diese Mindestruhezeit zu berücksichtigen.

Die tägliche Arbeitszeit ist im TVöD/TV-L nicht geregelt. Bei ihrer Festlegung ist lediglich die gesetzliche Höchstgrenze des § 3 ArbZG (acht Stunden, verlängerbar auf zehn Stunden) zu beachten.[804]

Der TVöD/TV-L enthält nicht mehr eine dem § 15 Abs. 7 BAT vergleichbare Regelung zur Frage, wann die Arbeit beginnt und endet. Die nach dem Arbeitsvertrag geschuldete Tätigkeit wird nun für die Bestimmung ausschlaggebend sein. In dem Augenblick, in dem der Arbeitnehmer die vertraglich geschuldete Tätigkeit an seinem vom Arbeitgeber bestimmten Arbeitsplatz aufnimmt, beginnt die Arbeit, wobei der Arbeitsplatz der Ort ist, an dem der Beschäftigte die geschuldete Leistung tatsächlich erbringt.[805]

Pausen sind die Unterbrechungen während der täglichen Arbeitszeit, die der Erholung des Arbeitnehmers dienen und in denen er von der Erfüllung seiner Pflicht zur Arbeitsleistung frei ist. Dauer und Lage richten sich, wenn nicht im Dienstplan festgelegt, nach dem Zweck der Pause (z. B. zur Einnahme einer Mittagsmahlzeit), der Verkehrssitte und den örtlichen Verhältnissen. § 4 ArbZG ist jedoch zu beachten: Bei einer Arbeitszeit von mehr als 6 bis 9 Stunden ist eine Pause von 30 Minuten und bei einer Arbeitszeit über 9 Stunden 45 Minuten einzuhalten. Während der Pausen darf der Arbeitnehmer weder Arbeitsbereitschaft noch Bereitschaftsdienst, einschließlich der sog. Rufbereitschaft leisten.[806] Dennoch steht es einer Pause nicht entgegen, wenn der Arbeitnehmer gewissen Aufenthaltsbeschränkungen unterliegt,

---

[803] Die Tarifvertragsparteien erwähnen in § 6 Abs. 1 S. 3 TVöD/TV-L nicht ausdrücklich, dass sich die Verteilung der regelmäßigen Arbeitszeit auf 5 bzw. 6 Tage auf eine Woche bezieht; dies ist aber aus dem Sinnzusammenhang zu folgern, denn § 6 Abs. 1 regelt die wöchentliche Arbeitszeit.

[804] Siehe die Ausführungen zu § 6 Abs. 4 TVöD/TV-L und dessen Öffnungsklausel.

[805] Nicht zu verwechseln ist der Begriff „Arbeitsplatz" mit dem Begriff „Arbeitsstelle": Nach der Rechtsprechung des Bundesarbeitsgerichts ist Arbeitsstelle eine durch Organisationsentscheidung des Arbeitgebers festgelegte räumliche Einheit, die nicht den ganzen Betrieb oder die ganze Dienststelle umfassen muss und auch nicht das ganze Gebäude oder den ganzen Gebäudeteil, in dem der Angestellte arbeitet. Arbeitsstelle einer in einem Krankenhaus beschäftigten Krankenschwester ist mithin regelmäßig die Krankenstation, auf der die Arbeitsleistung zu erbringen ist, weil die Station die organisatorische Einheit innerhalb eines Klinikgebäudes ist und damit der Verwaltungs-/Betriebsbereich, in dem eine Krankenschwester arbeitet [BAG, 28. 7. 1994, ZTR 1995, 69 f. (70, 71)].

[806] BAG, DB 1966, 1059; 23. 6. 1988, NZA 1989, 55 f. (56, 57); 5. 5. 1988, NZA 1989, 138 f.; 29. 10. 2002, NZA 2003, 1212 zu § 611 BGB Arbeitsbereitschaft.

z.B. die Dienststelle oder die Werkshalle nicht verlassen darf, sofern er nur sonst von seiner Arbeitspflicht, insbesondere seiner Verantwortung, frei ist.[807]

Eine Sonderregel für den 24. 12. und 31. 12. sieht § 6 Abs. 3 S. 1 und 2 TVöD/TV-L vor: Soweit betrieblich/dienstlich nichts entgegensteht, werden die Beschäftigten an diesen Tagen unter Fortzahlung des Entgelts (im Geltungsbereich des TVöD nach § 21) von der Arbeit freigestellt. Ist eine Freistellung nicht möglich, ist ein entsprechender Freizeitausgleich innerhalb von drei Monaten zu gewähren. Nach § 6 Abs. 3 S. 3 TVöD/TV-L vermindert sich die regelmäßige Arbeitszeit für jeden gesetzlichen Feiertag, sowie für den 24. 12. und 31. 12., sofern sie auf einen Werktag fallen, um die dienstplanmäßig ausgefallenen Stunden. Die Protokollnotiz zu Abs. 3 S. 3 erläutert, dass die Verminderung der regelmäßigen Arbeitszeit die Beschäftigten betrifft, die wegen des Dienstplans am Feiertag frei haben und deshalb ohne diese Regelung nacharbeiten müssten. 486

§ 6 Abs. 4 TVöD/TV-L enthält eine **Öffnungsklausel** für abweichende Regelungen zum Arbeitszeitgesetz. Absatz 4 macht von der in den §§ 7 Abs. 1 und 2 und 12 ArbZG eröffneten Möglichkeit Gebrauch, auf Grund eines Tarifvertrages in einer Betriebs- oder Dienstvereinbarung **vom Arbeitszeitgesetz abzuweichen**. Voraussetzung ist, dass „dringende betriebliche oder dienstliche Gründe" die Abweichung nötig machen. Wann ein dringender Grund in diesem Sinne vorliegt, ist nicht definiert. Klar ist, dass die Erfordernisse des § 14 ArbZG nicht erfüllt zu sein brauchen, da bereits auf Grund dieser Regelung bei den dort genannten außergewöhnlichen Fällen Abweichungen vom ArbZG möglich sind. Die Tariföffnungsklausel ist also nicht auf diese besonderen Ausnahmen beschränkt. Dennoch sollte durch das Wort „dringend" verdeutlicht werden, dass die Abweichung vom ArbZG nicht als Normalfall anerkannt sein sollte. Der Beurteilungsspielraum, den die Betriebsparteien, die die Dienstvereinbarung aushandeln, auszuschöpfen haben, bewegt sich zwischen der unternehmerischen Konzeption sowie der Zahl der zur Verfügung stehenden Arbeitskräfte einerseits und der Schutzbedürftigkeit des Arbeitnehmers andererseits. 487

Gemäß § 6 Abs. 5 TVöD/TV-L sind Vollzeitbeschäftigte zur Leistung von Sonntags-, Feiertags-, Nacht-, Wechselschicht- und Schichtarbeit sowie zu Bereitschaftsdienst, Rufbereitschaft, Überstunden und Mehrarbeit verpflichtet, sofern hierfür eine begründete betriebliche bzw. dienstliche Notwendigkeit besteht. Die einzelnen Sonderformen der Arbeit werden in § 7 TVöD/TV-L definiert. Grundsätzlich hat der Arbeitgeber sein Direktionsrecht nach billigem Ermessen (§ 315 BGB) auszuüben. Die Anordnung nach § 6 Abs. 5 TVöD/TV-L vom Vorliegen begründeter betrieblicher Notwendigkeiten abhängig zu machen, stellt lediglich diesen ohnehin geltenden Grundsatz noch einmal klar. Unsachliche Gründe oder Willkür dürfen die Entscheidung des Arbeitgebers nicht bedingen, sondern die Sonderform der Arbeit muss zur Erledigung der Arbeitsaufgaben erforderlich sein. Die Pflicht des Arbeitnehmers, der Anordnung Folge zu leisten, ist nicht von einer arbeitsvertraglichen Regelung oder der Zustimmung des Beschäftigten abhängig.

Für Teilzeitbeschäftigte wird eine Einschränkung bezüglich des Bereitschaftsdienstes sowie der Rufbereitschaft, Überstunden und Mehrarbeit gemacht. Zu diesen können Teilzeitbeschäftigte nur herangezogen werden, wenn dies im Arbeitsvertrag vereinbart ist oder sie zugestimmt haben.

Die Ableistung spezifischer Sonderformen der Arbeit ist gemäß § 8 TVöD/TV-L neben dem Entgelt für die tatsächliche Arbeitsleistung durch **Zeitzuschläge** auszugleichen. Die Zeitzuschläge betragen je Stunde die für die spezielle Sonderform

---

[807] Vgl. zu den Anforderungen außerdem BAG, 23. 9. 1992, NZA 1993, 752 f.

der Arbeit vorgesehenen Prozente des auf eine Stunde entfallenden Anteils des Tabellenentgelts der Stufe 3 der jeweiligen Entgeltgruppe. Der auf eine Stunde entfallende Anteil des Tabellenentgelts wird errechnet, indem das Tabellenentgelt der betreffenden Entgeltgruppe und Stufe durch das 4,348-fache der regelmäßigen wöchentlichen Arbeitszeit geteilt wird (§ 24 Abs. 3 S. 3 TVöD/TV-L). Beim Zusammentreffen von Zeitzuschlägen für Sonntags-, Feiertags-, Vorfesttagsarbeit und Samstagsarbeit (§ 8 Abs. 1 S. 2 lit. c bis f) wird nur der höchste Zeitzuschlag gezahlt (Kumulierungsverbot, § 8 Abs. 1 S. 3 TVöD/TV-L). Auf Wunsch des Beschäftigten können unter den Voraussetzungen des § 8 Abs. 1 S. 4 TVöD/TV-L die Zeitzuschläge auch in Zeit umgewandelt (faktorisiert) und ausgeglichen werden. Dies gilt für Überstunden eins zu eins (§ 8 Abs. 1 S. 5 TVöD/TV-L). Im Einzelnen gilt folgendes:

Sonntagsarbeit ist im Tarifvertrag nicht definiert. Es gelten die allgemeinen Grundsätze, wonach Sonntagsarbeit die Arbeit ist, die an einem Sonntag zwischen 00 Uhr und 24 Uhr geleistet wird.[808] Der Zuschlag für Sonntagsarbeit beträgt 25% des auf eine Stunde entfallenden Anteils des monatlichen Entgelts der Stufe 3 der Entgeltgruppe des Beschäftigten (§ 8 Abs. 1 S. 2 lit. c TVöD/TV-L).

Nach allgemeinem Arbeitsrecht ist **Feiertagsarbeit** Arbeit an einem gesetzlichen Feiertag von 00 Uhr bis 24 Uhr. Der Feiertagszuschlag (§ 8 Abs. 1 S. 2 lit. d TVöD/TV-L) beträgt 135% der Stufe 3 der jeweiligen Entgeltgruppe. Der Arbeitnehmer erhält also 100% für die geleistete Arbeit und 135% Feiertagszuschlag, zusammengerechnet 235%.[809]

Dies gilt nicht, wenn für den Feiertagsdienst Freizeitausgleich gewährt wird; dann ist ein Zeitzuschlag von 35% zu zahlen. Die Möglichkeit, Freizeitausgleich vorzusehen, ergibt sich nur mittelbar aus der Differenzierung in § 8 Abs. 1 S. 2 TVöD/TV-L; eine spezielle Rechtsvorschrift existiert hierzu nicht. Die Protokollerklärung zu Abs. 1 S. 2 lit. d TVöD/TV-L erläutert, dass der Freizeitausgleich im Dienstplan besonders ausgewiesen und bezeichnet werden muss.

Ein Zeitzuschlag für den 24.12. und den 31.12. (**Vorfesttage**) wird für Arbeit gewährt, die nach 6 Uhr geleistet wird. Er beträgt 35% des Entgelts der Stufe 3 der jeweiligen Entgeltgruppe des Beschäftigten. Der nach § 6 Abs. 3 S. 2 TVöD/TV-L zu gewährende Freizeitausgleich bleibt daneben bestehen.

Arbeit an Samstagen von 13 Uhr bis 21 Uhr wird mit einem Zeitzuschlag von 20% des Entgelts der Stufe 3 der jeweiligen Entgeltgruppe beglichen (§ 8 Abs. 1 S. 2 lit. f TVöD/TV-L), wenn sie nicht im Rahmen von Wechselschicht- oder Schichtarbeit anfällt. Ab 21 Uhr wird nur **Nachtzuschlag** gewährt, der ebenfalls 20% beträgt (§ 8 Abs. 1 S. 2 lit. b TVöD/TV-L). Nachtarbeit ist nämlich nach § 7 Abs. 5 TVöD/TV-L die Arbeit zwischen 21 Uhr und 6 Uhr.

488 Die Überstundenregelungen im TVöD/TV-L gehören zu dem Teil der Tarifreform, der die anvisierte freiere Gestaltung der Arbeitszeit insbesondere ermöglicht. Grundsätzlich sind **Überstunden** nach § 7 Abs. 7 TVöD/TV-L die auf Anordnung des Arbeitgebers geleisteten Arbeitsstunden, die über die im Rahmen der regelmäßigen Arbeitszeit von Vollbeschäftigten (§ 6 Abs. 1 S. 1 TVöD/TV-L) für die Woche dienstplanmäßig bzw. betriebsüblich festgesetzten Arbeitsstunden hinausgehen und nicht bis zum Ende der folgenden Kalenderwoche ausgeglichen werden.[810] Diese

---

[808] § 3 b Abs. 2 EStG oder auch § 9 Abs. 1 ArbZG gehen von einer solchen Definition aus.
[809] Vgl. dazu die klarstellende Erläuterung in Satz 2 der Protokollnotiz zu § 8 Abs. 1 S. 2 lit. d) TVöD/TV-L.
[810] Beachte: Überstunden sind von Mehrarbeit abzugrenzen. § 7 Abs. 6 TVöD/TV-L definiert Mehrarbeit als die Arbeitsstunden, die Teilzeitbeschäftigte über die vereinbarte regelmäßige Arbeitszeit hinaus bis zur regelmäßigen wöchentlichen Arbeitszeit von Vollbeschäftigten leisten.

D. Rechte und Pflichten im Arbeitsverhältnis, Arbeitsschutzrecht

Definition wird jedoch in § 7 Abs. 8 TVöD/TV-L im Zusammenhang mit den neu eingeführten Arbeitszeitmodellen des Arbeitszeitkorridors und der Rahmenarbeitszeit sowie für den Fall der Wechselschicht- und der Schichtarbeit variiert.

Bevor auf diese Besonderheiten eingegangen wird, soll zunächst die Abgeltung für geleistete Überstunden Beachtung finden: Zunächst sieht § 8 Abs. 1 S. 1 TVöD/TV-L ebenfalls einen Zeitzuschlag vor. § 8 Abs. 1 S. 2 lit a TVöD/TV-L staffelt den **Überstundenzuschlag**: Er beträgt für die Entgeltgruppe 1 bis 9 30% und für die Entgeltgruppe 10 bis 15 15% des Entgelts der Stufe 3 der Entgeltgruppe, in der der Beschäftigte eingruppiert ist. Hier wird nur die Höhe des Überstundenzuschlags geregelt, nicht aber die Höhe der Bezahlung der Überstunde selbst. Die Protokollerklärung zu § 8 Abs. 1 S. 1 TVöD/TV-L stellt hierzu klar, dass die Überstunde selbst nach der jeweiligen Entgeltgruppe des Beschäftigten und der individuellen Stufe, höchstens jedoch nach der Stufe 4 abgegolten wird. Ist der Beschäftigte also einer Stufe unterhalb der Stufe 4 zugeordnet, so erhält er das Entgelt dieser Stufe. Ist er höher eingestuft, ist Stufe 4 die Maßgebliche für die Abgeltung der Überstunde. 489

Gemäß § 8 Abs. 2 S. 1 TV-L sind daneben Überstunden grundsätzlich durch entsprechende Freizeit auszugleichen; für die Zeit des Freizeitausgleichs werden das Tabellenentgelt sowie die sonstigen, in Monatsbeträgen festgelegten Entgeltbestandteile weitergezahlt. Eine Vorschrift fehlt zwar diesbezüglich im TVöD AT; jedoch sieht § 43 Abs. 1 S. 1 TVöD BT-V eine solche Regelung vor, und diese kann im Rahmen des TVöD AT entsprechend angewendet werden, da dem TVöD BT-V grundsätzlich eine Auffangfunktion zukommt.

Sofern kein Arbeitszeitkonto (vgl. § 10 TVöD/TV-L) eingerichtet ist oder ein solches zwar besteht, der Beschäftigte aber keine Faktorisierung nach § 8 Abs. 1 S. 4 TVöD/TV-L geltend macht, erhält der Beschäftigte gemäß § 8 Abs. 2 S. 2 TV-L/§ 43 Abs. 1 S. 2 TVöD BT-V für Überstunden, die nicht bis zum Ende des dritten Kalendermonats (möglichst aber schon bis zum Ende des nächsten Kalendermonats) nach deren Entstehen mit Freizeit ausgeglichen worden sind, je Stunde 100% des auf die Stunde entfallenden Anteils des Tabellenentgelts der jeweiligen Entgeltgruppe und Stufe, höchstens jedoch nach der Stufe 4.

Durch Betriebs- bzw. Dienstvereinbarung kann ein wöchentlicher **Arbeitszeitkorridor** von bis zu 45 Stunden eingerichtet werden (§ 6 Abs. 6 TVöD/TV-L). Die innerhalb eines Arbeitszeitkorridors zusätzlich geleisteten Arbeitsstunden werden im Rahmen des nach § 6 Abs. 2 S. 1 TVöD/TV-L festgelegten Zeitraums ausgeglichen. Ist ein Arbeitszeitkorridor vereinbart, so sind nur die Arbeitsstunden Überstunden, die über 45 Stunden oder über die vereinbarte Obergrenze hinaus angeordnet werden (§ 7 Abs. 8 lit. a TVöD/TV-L). 490

Ebenfalls durch Betriebs- bzw. Dienstvereinbarung kann eine **Rahmenarbeitszeit** eingeführt werden. Sie muss innerhalb der Zeitspanne zwischen 6 bis 20 Uhr liegen und darf zwölf Stunden nicht überschreiten (§ 6 Abs. 7 S. 1 TVöD/TV-L). Auch hier werden die zusätzlich geleisteten Arbeitsstunden im Rahmen des nach § 6 Abs. 2 S. 1 TVöD/TV-L festgelegten Zeitraums ausgeglichen. Im Falle einer Rahmenarbeitszeit können Überstunden nur anfallen, wenn sie außerhalb der Rahmenzeit angeordnet werden (§ 7 Abs. 8 lit. b TVöD/TV-L). 491

Beachte: Arbeitszeitkorridor und Rahmenarbeitszeit schließen sich gegenseitig aus und können bei Wechselschicht- und Schichtarbeit nicht eingerichtet werden (§ 6 Abs. 8 TVöD/TV-L). Der Arbeitgeber hat sich für eine Variante zu entscheiden. Die Protokollerklärung zu § 6 TVöD/zu Abschnitt II TV-L erläutert des Weiteren, dass **Gleitzeitregelungen** unabhängig von den Vorgaben zu Arbeitszeitkorridor und Rahmenzeit möglich sind. Entscheidet sich jedoch der Arbeitgeber für Gleitzeitregelun- 492 gen, so ist die Anwendung der Öffnungsklausel in § 6 Abs. 4 TVöD/TV-L, wonach von § 7 Abs. 1 und 2 sowie § 12 ArbZG abgewichen werden kann, ausgeschlossen.

493 Wechselschichtarbeit und Schichtarbeit sind in § 7 Abs. 1 bzw. Abs. 2 TVöD/TV-L definiert. **Wechselschichtarbeit** ist die Arbeit nach einem Schichtplan, der einen regelmäßigen Wechsel der täglichen Arbeitszeit in Wechselschichten vorsieht, bei denen der Arbeitnehmer durchschnittlich längstens nach Ablauf eines Monats erneut zur Nachtarbeit herangezogen wird. Ständige Wechselschichtarbeit wird gemäß § 8 Abs. 5 TVöD mit einer Wechselschichtzulage von 150 €/§ 8 Abs. 7 TV-L mit einer Wechselschichtzulage von 105 € monatlich abgegolten. Nicht ständige Wechselschichtarbeit wird mit einer Wechselschichtzulage von 0,63 € pro Stunde beglichen.

Schichtarbeit ist die Arbeit nach einem Schichtplan, der einen regelmäßigen Wechsel des Beginns der täglichen Arbeitszeit um mindestens zwei Stunden in Zeitabständen von längstens einem Monat vorsieht, und die innerhalb einer Zeitspanne von mindestens 13 Stunden geleistet wird. Auch bei der Schichtarbeit wird zwischen ständiger und nicht ständiger Schichtarbeit unterschieden, was die Schichtzulagenbemessung angeht: erstere wird mit 40 € monatlich und letztere mit 0,24 € pro Stunde bemessen (§ 8 Abs. 6 TVöD/§ 8 Abs. 8 TV-L).

Im Zusammenhang mit Wechselschicht- oder Schichtarbeit sind Überstunden die angeordneten Arbeitsstunden, die über die im Schichtplan festgelegten täglichen Arbeitsstunden einschließlich der im Schichtplan vorgesehenen Arbeitsstunden, die bezogen auf die regelmäßige wöchentliche Arbeitszeit im Schichtplanturnus nicht ausgeglichen werden (§ 7 Abs. 8 lit. c TVöD/TV-L).

494 **Rufbereitschaft** leisten Beschäftigte, die sich auf Anordnung des Arbeitgebers außerhalb der regelmäßigen Arbeitszeit an einer dem Arbeitgeber anzuzeigenden Stelle aufhalten, um auf Abruf die Arbeit aufzunehmen (§ 7 Abs. 4 S. 1 TVöD/TV-L). Für die Rufbereitschaft wird gemäß § 8 Abs. 3 S. 1 TVöD/§ 8 Abs. 5 S. 1 TV-L eine tägliche Pauschale je Entgeltgruppe bezahlt. § 8 Abs. 3 S. 2 ff. TVöD/§ 8 Abs. 5 S. 2 ff. TV-L regeln detailliert, wie die Pauschale zu bemessen ist.

495 Beschäftigte, die **Bereitschaftsdienst** leisten, halten sich auf Anordnung des Arbeitgebers außerhalb der regelmäßigen Arbeitszeit an einer vom Arbeitgeber bestimmten Stelle auf, um im Bedarfsfall die Arbeit aufzunehmen (§ 7 Abs. 3 TVöD/TV-L). Für die Bereitschaftszulage wurde noch keine Regelung im TVöD getroffen. § 8 Abs. 4 TVöD verweist die Regelungsbefugnis auf die landesbezirkliche bzw. Bundesebene. Solange dort keine Bestimmung in einem Tarifvertrag vereinbart wird, gelten die am 30. September 2005 jeweils geltenden Bestimmungen fort. Für Angestellte gilt also § 15 VIa und für Arbeiter § 18 MTArb fort. Ähnliches regelt § 8 Abs. 6 S. 1–2 TV-L: Auch hier soll ein spezieller Tarifvertrag die Abgeltung des Bereitschaftsdienstes regeln. Bis zum Inkrafttreten einer Regelung gelten die bis zum 31. Oktober 2006 geltenden Bestimmungen fort. Darüber hinaus wird aber in § 8 Abs. 6 S. 3–4 TV-L die Möglichkeit geschaffen, soweit ein Arbeitszeitkonto (§ 10 TV-L) eingerichtet ist und die betrieblichen/dienstlichen Verhältnisse es zulassen, im Einvernehmen mit dem Beschäftigten das Bereitschaftsdienstentgelt im Verhältnis 1:1 in Freizeit abzugelten (beachte hierzu auch die Niederschriftserklärung zu § 8 Abs. 6). In einer Dienst- oder Betriebsvereinbarung können auch andere Faktorisierungsregelungen getroffen werde.

496 Der Bereitschaftsdienst (§ 7 Abs. 3 TVöD/TV-L) ist nicht mit der **Bereitschaftszeit** i.S.v. § 9 TVöD/TV-L zu verwechseln. Der Begriff „Bereitschaftszeit" ersetzt insoweit den bisherigen Begriff der „Arbeitsbereitschaft", die nach der Rechtsprechung des BAG die wache Aufmerksamkeit im Zustand der Entspannung ist. Bereitschaftszeit ist gemäß § 9 Abs. 1 S. 1 TVöD/TV-L die Zeit, in der sich der Arbeitnehmer am Arbeitsplatz oder einer anderen vom Arbeitgeber bestimmten Stelle zur Verfügung halten muss, um im Bedarfsfall die Arbeit selbständig, gegebenenfalls auch auf Anordnung, gegebenenfalls auch auf Anordnung aufzunehmen und in der die Zeiten ohne Arbeitsleistung überwiegen. Bereitschaftszeiten können gemäß § 9 Abs. 2 TVöD/TV-L im Bereich der VKA/im Bereich der Länder nur im Wege einer einvernehmlichen Dienstvereinbarung angeordnet werden – dies gilt, wenn das Personalvertretungsgesetz Anwendung findet. Im Geltungsbereich des Betriebsverfassungsgesetzes bedarf die Festlegung von Bereitschaftszeiten der Mitbestimmung im Sinne von § 87 Abs. 1 Nr. 2 BetrVG. Bereitschaftszeiten sind zulässig, wenn sie die Voraussetzungen des § 9 Abs. 1 S. 2 und 3 TVöD/TV-L erfüllen. Im Bereich des Bundes ist die zusätzliche Voraussetzung in § 9 Abs. 3 TVöD zu beachten. Besondere Regelungen sieht der Anhang zu § 9 TVöD/§ 9 Abs. 3 TV-L für Bereitschaftszeiten von Hausmeistern/Hausmeisterinnen sowie für Bereitschaftszeiten im Rettungsdienst und in Leitstellen vor.

Gemäß § 10 Abs. 1 S. 1 TVöD ist die Einrichtung eines **Arbeitszeitkontos** durch Dienst- bzw. Betriebsvereinbarung möglich. Soweit ein Arbeitszeitkorridor oder eine Rahmenarbeitszeit vereinbart wird, ist ein Arbeitszeitkonto einzurichten. Der Arbeitnehmer hat in diesem Fall einen Anspruch auf Einrichtung eines Arbeitszeitkontos. Der Beschäftigte hat nämlich mit einem Arbeitszeitkonto die Möglichkeit, seine Arbeitszeit vom Arbeitgeber unabhängig zu gestalten; er allein ist dafür verantwortlich, welche Zeiten auf das Arbeitszeitkonto tatsächlich gebucht werden (§ 10 Abs. 3 S. 3 TVöD/TV-L). Es können Zeitguthaben oder Zeitschulden gebucht werden (§ 10 Abs. 3 S. 1 TVöD/TV-L). Weitere Kontingente (z.B. Rufbereitschafts- oder Bereitschaftsdienstentgelte) können durch Betriebs- bzw. Dienstvereinbarung zur Buchung freigegeben werden § 10 Abs. 3 S. 2 TVöD/TV-L).

497

Die Einrichtung und Führung eines Arbeitszeitkontos muss in einer Dienst- bzw. Betriebsvereinbarung gestaltet werden (§ 10 Abs. 5 TVöD/TV-L), insbesondere sind Regelungen bezüglich der höchstmöglichen Zeitschuld (bis 40 Stunden) und des höchstzulässigen Zeitguthaben (bis zu einem Vielfachen von 40 Stunden) zu treffen. Des Weiteren sind die Fristen für das Abbuchen von Zeitguthaben oder für den Abbau von Zeitschulden durch den Beschäftigten nach dem Umfang des beantragten Freizeitausgleichs zu staffeln. Weiter ist eine Berechtigung über das Abbuchen von Zeitguthaben zu bestimmten Zeiten (z.B. an Brückentagen) vorzusehen. Die Folgen, wenn der Arbeitgeber einen bereits genehmigten Freizeitausgleich kurzfristig widerruft, sind im Geltungsbereich des TVöD darüber hinaus festzulegen.

§ 10 Abs. 4 TVöD/TV-L löst das Problem, das entstehen kann, wenn während eines Zeitausgleichs der Beschäftigte arbeitsunfähig erkrankt. Im Falle einer unverzüglich angezeigten und durch ärztliches Attest nachgewiesenen Arbeitsunfähigkeit tritt eine Minderung des Zeitguthabens nicht ein.

Die Möglichkeit zur Einrichtung eines Langzeitkontos ist in § 10 Abs. 6 TVöD/TV-L geregelt.

c) Gesetzliches Arbeitszeitrecht (Arbeitszeitschutzrecht, öffentlich-rechtliches Arbeitszeitrecht)

Durch das gesetzliche Arbeitszeitrecht, das Arbeitszeitschutzrecht, wird die Vertragsfreiheit auf dem Gebiet des Arbeitszeitrechts stark eingeschränkt. Das gesetzliche Arbeitszeitrecht setzt die Grenzen, innerhalb derer sich das vertragliche Arbeitszeitrecht bewegen kann. Werden diese Grenzen von den vertraglichen Regelungen nicht eingehalten, so sind sie insoweit gemäß § 134 BGB nichtig. Die übrigen vertraglichen Vereinbarungen bleiben dagegen wirksam.

498

499 **Hauptrechtsquelle** für das allgemeine Arbeitszeitschutzrecht ist
– das Arbeitszeitgesetz (ArbZG).
Daneben gibt es Regelungen zum Arbeitszeitschutzrecht
– für **besondere Gruppen von Arbeitnehmern**, z.B. das Mutterschutzgesetz (MuSchG) und das Jugendarbeitsschutzgesetz (JArbSchG),
– für **gefährliche Betriebe** und **gefährliche Arbeiten** (§ 8 ArbZG) und
– für **besondere Gewerbezweige**, z.B. für Seeleute (§ 18 Abs. 3 ArbZG), Beschäftigte in der Luftfahrt (§ 20 ArbZG) und in der Binnenschifffahrt (§ 21 ArbZG).

500 **Hauptinhalt** des Arbeitszeitschutzrechts ist
– die Festsetzung der **Höchstdauer der Arbeitszeit**,
– die Regelung der **zeitlichen Lage der Arbeit**,
– die Festsetzung der **Ruhepausen und Ruhezeiten** und
– die Regelung der **Sonn- und Feiertagsruhe**.
In dieser Darstellung erfolgt eine Beschränkung auf die Inhalte des Arbeitszeitgesetzes und des Jugendarbeitsschutzgesetzes.

501 Das Arbeitszeitgesetz gilt für alle Arbeitnehmer (Begriff: § 2 Abs. 2 ArbZG), die das 18. Lebensjahr vollendet haben (§ 18 Abs. 2 ArbZG). Für die Beschäftigung von Personen unter 18 Jahren gilt an seiner Stelle das Jugendarbeitsschutzgesetz. Das ArbZG ist nicht anzuwenden auf leitende Angestellte im Sinne von § 5 Abs. 3 BetrVG sowie Chefärzte (§ 18 Abs. 1 Nr. 1 ArbZG), Leiter von öffentlichen Dienststellen, und deren Vertreter sowie Arbeitnehmer im öffentlichen Dienst, die zu selbständigen Entscheidungen in Personalangelegenheiten befugt sind (§ 18 Abs. 1 Nr. 2 ArbZG), Arbeitnehmer, die in häuslicher Gemeinschaft mit den ihnen anvertraute Personen zusammenleben und sie eigenverantwortlich erziehen, pflegen oder betreuen (§ 18 Abs. 1 Nr. 3 ArbZG), z.B. in SOS-Kinderdörfern,[811] und Arbeitnehmer im liturgischen Bereich der Kirchen und Religionsgemeinschaften (§ 18 Abs. 1 Nr. 4 ArbZG).

502 Das Arbeitszeitgesetz setzt die **Höchstdauer der Arbeitszeit** einschließlich des Bereitschaftsdienstes[812] auf werktäglich acht Stunden fest (§ 3 S. 1 ArbZG). Werktage sind die Wochentage Montag bis Samstag.

503 Die Arbeitszeit darf **auf bis zu 10 Stunden** verlängert werden, wenn die Verlängerung innerhalb von sechs Kalendermonaten oder innerhalb von 24 Wochen auf durchschnittlich 8 Stunden **ausgeglichen** wird (§ 3 S. 2 ArbZG). Die Verlängerung ist ohne besonderen Grund zulässig. Urlaubs- und Krankheitstage sowie Tage sonstiger Arbeitsbefreiung im Ausgleichszeitraum sind als Tage mit der Regelarbeitszeit von 8 Stunden in Anrechnung zu bringen.[813] Gemäß § 2 Abs. 1 S. 1 ArbZG sind Arbeitszeiten bei mehreren Arbeitgebern zusammenzurechnen.[814]

504 Nach § 7 Abs. 1 Ziff. 1 ArbZG kann in einem Tarifvertrag oder auf Grund eines Tarifvertrages in einer Betriebs- oder Dienstvereinbarung abweichend von § 3 ArbZG
– die Arbeitszeit **über zehn Stunden** werktäglich verlängert werden, wenn in die Arbeitszeit regelmäßig und in erheblichem Umfang Arbeitsbereitschaft oder Bereitschaftsdienst fällt (Buchst. a)
– der Ausgleichszeitraum anders festgelegt werden (Buchst. b).
„Erheblich" im Sinne von Buchstabe a) ist dann gegeben, wenn die während der Vollarbeit anfallende Zeit der Arbeitsbereitschaft einen Richtwert von 25 bis 30%

---

[811] BT-Drucks. 12/1990 S. 44.
[812] Vgl. dazu Schliemann, NZA 2004, 513 f.; Wahlers, DÖD 2004, 117 f.; Boerner, NJW 2004, 1559 f.; Litschen, ZTR 2006, 182 f.
[813] Anzinger, BB 1994, 1492 f. (1493).
[814] Vgl. zu den Auswirkungen der Vorschrift auf Nebentätigkeiten Hunold, NZA 1995, 558 f.

erreicht. „Regelmäßig" bedeutet, dass es zur Eigenart der Tätigkeit gehören muss, dass Zeiten der Vollarbeit mit Zeiten geringerer Inspruchnahme wechseln.[815]

Eine Arbeitszeitverlängerung gemäß § 7 Abs. 1 Ziff. 1 ArbZG ist nur zulässig, wenn ein **Ausgleichszeitraum** festgelegt wird (§ 7 Abs. 8 ArbZG). Danach darf durch die Verlängerung die Arbeitszeit 48 Stunden wöchentlich im Durchschnitt von 12 Kalendermonaten nicht überschreiten, im Falle der Genehmigung durch die Aufsichtsbehörde gemäß § 7 Abs. 5 ArbZG im Durchschnitt von 6 Kalendermonaten oder 24 Wochen.

Gemäß § 7 Abs. 2a ArbZG kann in einem Tarifvertrag oder auf Grund eines Tarifvertrages in einer Betriebs- oder Dienstvereinbarung abweichend von den §§ 3, 5 Abs. 1 und 6 Abs. 2 ArbZG zugelassen werden, die werktägliche Arbeitszeit **auch ohne Ausgleich über acht Stunden** zu verlängern, wenn in die Arbeitszeit regelmäßig und in erheblichem Umfang Arbeitsbereitschaft oder Bereitschaftsdienst fällt und durch besondere Regelungen sichergestellt wird, dass die Gesundheit der Arbeitnehmer nicht gefährdet wird.[816]

§ 7 Abs. 7 ArbZG bestimmt darüber hinaus, dass die Arbeitszeit auf Grund einer Regelung nach Abs. 2a oder den Absätzen 3 bis 5 jeweils in Verbindung mit Abs. 2a **nur mit schriftlicher Einwilligung** des Arbeitnehmers, also mit vorheriger Zustimmung (§ 183 BGB), verlängert werden kann.

Wird die werktägliche Arbeitszeit **über zwölf Stunden** hinaus verlängert, muss im unmittelbaren Anschluss an die Beendigung der Arbeitszeit eine Ruhezeit von mindestens 11 Stunden gewährt werden (§ 7 Abs. 9 ArbZG).

Jugendliche Arbeitnehmer werden durch § 8 JArbSchG besonders geschützt.

505

Was die **zeitliche Lage der Arbeit** betrifft enthält das ArbZG im § 6 nur Vorschriften über die Nacht- und Schichtarbeit.[817] (Begriffe „Nachtzeit", „Nachtarbeit" und „Nachtarbeitnehmer" vgl. § 2 Abs. 3, 4 und 5 ArbZG).[818] Darüber hinaus bestehen für einige Wirtschaftszweige, z.B. für Verkaufsstellen nach dem Ladenschlussgesetz,[819] und für jugendliche Arbeitnehmer Bestimmungen (§§ 14 bis 17, 21 JArbSchG).

506

Nach § 6 Abs. 1 ArbZG ist die Arbeitszeit der Nacht- und Schichtarbeitnehmer nach den gesicherten arbeitswissenschaftlichen Erkenntnissen über die menschengerechte Gestaltung der Arbeit festzulegen.

507

§ 6 Abs. 2 ArbZG entspricht § 3 ArbZG hinsichtlich der Dauer der Arbeitszeit mit dem Unterschied, dass der Ausgleichszeitraum für über 8 Stunden werktäglich hinausgehende Arbeitszeit auf einen Kalendermonat bzw. 4 Wochen reduziert ist. In einem Tarifvertrag oder auf Grund eines solchen in einer Betriebs- oder Dienstvereinbarung kann der Ausgleichszeitraum für Nachtarbeitnehmer anders festgelegt werden (§ 7 Abs. 1 Ziff. 4b ArbZG).

§ 6 Abs. 3 ArbZG regelt den Anspruch des Arbeitnehmers auf arbeitsmedizinische Untersuchungen und die Kostentragung dafür. Absatz 4 betrifft den Umsetzungsanspruch auf einen Tagesarbeitsplatz und Absatz 5 den Ausgleich für Nachtarbeit durch bezahlte freie Tage oder durch einen Zuschlag.

Das ArbZG setzt **Ruhepausen und Ruhezeiten** fest.

508

Ruhepausen sind die im Voraus festgelegten, zumindest jedoch vorhersehbaren Zeiten der Arbeitsunterbrechung von bestimmter Dauer, in denen der Arbeitnehmer

509

---

[815] Anzinger, BB 1994, 1492 f. (1493).
[816] Vgl. dazu Reim, DB 2004, 186 f. (188); Ulber, ZTR 2005 70 f.
[817] Zum Begriff „Schichtarbeit" vgl. BAG, 18. 7. 1990, DB 1991, 551 f., zur Höhe des Nachtarbeitszuschlags vgl. BAG, 5. 9. 2002, NZA 2003, 563 f.
[818] Vgl. dazu Zmarzlik, DB 1994, 1082 f. (1084); Anzinger, BB 1994, 1492 f. (1494, 1495).
[819] Vgl. dazu Kerwer, NZA 1999, 1313 f.

180 *Dritter Abschnitt. Individuelles Arbeitsrecht und Arbeitsschutzrecht*

von jeglicher Arbeitspflicht befreit ist und sich auch in keiner Weise zur Arbeitsleistung bereithalten muss.[820] Sie erfordern nicht, dass der Arbeitnehmer berechtigt sein muss, den Betrieb oder die Dienststelle zu verlassen.[821] Gemäß § 4 S. 1 ArbZG ist die Mindestdauer der Ruhepausen nach der Dauer der Arbeitszeit gestaffelt. Sie beträgt bei einer Arbeitszeit von mehr als 6 bis zu 9 Stunden mindestens 30 Minuten, bei einer Arbeitszeit von mehr als 9 Stunden 45 Minuten und kann gemäß S. 2 in Zeitabschnitte von jeweils mindestens 15 Minuten aufgeteilt werden. In Schichtbetrieben und Verkehrsbetrieben kann die Mindestdauer in einem Tarifvertrag oder auf Grund eines solchen in einer Betriebs- oder Dienstvereinbarung in kürzere Zeitabschnitte (Kurzpausen) von angemessener Dauer aufgeteilt werden (§ 7 Abs. 1 Ziff. 2 ArbZG). Länger als 6 Stunden hintereinander dürfen Arbeitnehmer nicht ohne Ruhepause beschäftigt werden (§ 4 S. 3 ArbZG). Jugendlichen Arbeitnehmern steht bei einer Beschäftigung von mehr als 4 1/2 bis 6 Stunden eine Pause von mindestens 30 Minuten, bei einer Beschäftigung von mehr als 6 Stunden eine Pause von einer Stunde zu (§ 11 JArbSchG).

510 **Ruhezeit** ist die Zeit zwischen dem Ende der täglichen Arbeitszeit und ihrem Wiederbeginn. Sie beträgt gemäß § 5 Abs. 1 ArbZG ununterbrochen mindestens 11 Stunden und kann nur in den Fällen und unter den Voraussetzungen der Absätze 2 und 3 und des § 7 Abs. 1 Ziff. 3 und Abs. 2 Ziff. 1 ArbZG verkürzt werden.[822] Für jugendliche Arbeitnehmer beträgt sie mindestens 12 Sunden (§ 13 JArbSchG) und kann in den in den §§ 20 und 21 JArbSchG genannten Fällen verkürzt werden.

511 In den Vorschriften der §§ 9 bis 13 ArbZG ist die **Sonn- und Feiertagsruhe** geregelt. Sie besteht in einem Verbot der Beschäftigung von Arbeitnehmern an Sonn- und Feiertagen und in Ausnahmen.[823]

512 Gemäß § 9 Abs. 1 ArbZG dürfen an Sonn- und gesetzlichen Feiertagen Arbeitnehmer grundsätzlich nicht in der Zeit von 0 bis 24 Uhr beschäftigt werden. In mehrschichtigen Betrieben kann nach § 9 Abs. 2 ArbZG Beginn oder Ende der Sonn- und Feiertagsruhe um bis zu 6 Stunden vor- oder zurückverlegt werden, z. B. auf Samstag 22 Uhr bis Sonntag 22 Uhr oder auf Sonntag 6 Uhr bis Montag 6 Uhr, und zwar um den Schichtwechsel sicherzustellen. Voraussetzung für die Vor- oder Zurückverlegung ist die Einhaltung einer Betriebsruhe von mindestens 24 Stunden. Für Kraftfahrer und Beifahrer kann der Anfang der Sonn- und Feiertagsruhe gemäß § 9 Abs. 3 ArbZG entsprechend dem bis 22 Uhr dauernden Fahrverbot in § 30 Abs. 3 StVO um bis zu 2 Stunden vorverlegt werden.

513 § 10 Abs. 1 ArbZG enthält 16 Ausnahmetatbestände, die allerdings voraussetzen, dass die Arbeiten nicht an Werktagen vorgenommen werden können. Einer Ausnahmegenehmigung bedarf es nicht, die Ausnahmen gelten kraft Gesetzes.[824] Nach § 10 Abs. 2 ArbZG dürfen Arbeitnehmer an Sonn- und Feiertagen beschäftigt werden, wenn die infolge der Unterbrechung nach § 10 Abs. 1 Ziff. 14 ArbZG zulässigen Arbeiten an Sonn- und Feiertagen den Einsatz von mehr Arbeitnehmern als bei durchgehender Produktion erfordern. Damit werden an Sonn- und Feiertagen auch dann Produktionsarbeiten erlaubt, wenn Unterbrechungen wegen zulässiger Reinigungs- und Instandhaltungsarbeiten den Einsatz von mehr Arbeitnehmern erfordern

---

[820] BAG, 23. 11. 1960, BB 1961, 216; 5. 5. 1988, BB 1988, 1215.
[821] BAG, 21. 8. 1990, ZTR 1991, 32.
[822] Vgl. dazu Einzelheiten bei Zmarzlik, DB 1994, 1082 f. (1083, 1084).
[823] Vgl. zur Verfassungsmäßigkeit der Regelungen zur Sonntagsruhe Kuhr, DB 1994, 2186 f., zur Vergütung der Arbeit an Sonn- und Feiertagen Deckers, NZA 1999, 964 f.
[824] Vgl. zu den einzelnen Ausnahmetatbeständen Zmarzlik, DB 1994, 1082 f. (1085, 1086); Anzinger, BB 1994, 1492 f. (1496, 1497); zu Nr. 15 BVerwG, 19. 9. 2000, NZA 2000, 1232 f.

D. Rechte und Pflichten im Arbeitsverhältnis, Arbeitsschutzrecht

als bei durchgehender Produktion. Auf diese Weise soll eine Verringerung der Zahl der von Sonntagsarbeit betroffenen Arbeitnehmer erreicht werden.[825] Weitere Ausnahmen vom Verbot der Beschäftigung von Arbeitnehmern an Sonn- und Feiertagen sind in § 13 ArbZG enthalten, und zwar durch Ermächtigung zu Rechtsverordnungen (Abs. 1 und 2),[826] und zum Erlass von Verwaltungsakten durch die Aufsichtsbehörde (Abs. 3 bis 5).[827] Für Arbeitnehmer, die zulässigerweise an Sonn- und Feiertagen beschäftigt werden, sieht § 11 ArbZG eine Reihe von Ausgleichsregelungen vor.[828] Von diesen können gemäß § 12 ArbZG durch Tarifvertrag oder auf Grund eines Tarifvertrages durch Betriebs- oder Dienstvereinbarung bestimmte Abweichungen zugelassen werden.

Im JArbSchG ist in den §§ 16, 17 und 18 die Samstags-, Sonn- und Feiertagsruhe besonders geregelt. 514

Das ArbZG enthält schließlich einige **Ausnahmen für besondere Fälle** und **Sonderregelungen**. 515

Im **öffentlichen Dienst**, in dem häufig sowohl Beamte als auch Arbeitnehmer beschäftigt werden, können bei der Wahrnehmung hoheitlicher Aufgaben, um eine einheitliche Dienstdauer zu ermöglichen soweit keine tarifvertragliche Regelung besteht, die zuständigen Dienstbehörden die für Beamte geltenden Bestimmungen über die Arbeitszeit auf die Arbeitnehmer übertragen. Insoweit finden die §§ 3 bis 13 ArbZG keine Anwendung (§ 19 ArbZG). Besteht eine tarifliche Regelung, so sind die Arbeitnehmer bei beiderseitiger Tarifgebundenheit, bei Allgemeinverbindlichkeit und bei Inbezugnahme des Tarifvertrages verpflichtet, nach der Arbeitszeit für Beamte zu arbeiten.[829] 516

In Umsetzung der EU-Fahrpersonalrichtlinie 2002/15/EG wurde das deutsche Arbeitszeitrecht zum 1. 9. 2006 um einen neuen § 21a ArbZG ergänzt, der **spezifische Arbeitszeitregelungen für Fahrpersonal** vorschreibt.[830] 517

Arbeitnehmer in der Bundeswehr können durch Rechtsverordnung des Bundesministeriums der Verteidigung mit Zustimmung des Bundesministeriums für Arbeit und Soziales aus zwingenden Gründen der Verteidigung verpflichtet werden, über die im ArbZG und den auf Grund dieses Gesetzes erlassenen Rechtsverordnungen und vereinbarten Tarifverträgen festgelegten Arbeitszeitgrenzen und -beschränkungen hinaus Arbeit zu leisten (§ 15 Abs. 3 ArbZG). Diese Vorschrift nimmt im gesetzlichen Arbeitszeitrecht eine Sonderstellung ein, weil sie die Abweichungen nicht nur öffentlich-rechtlich zulässig macht, sondern die betroffenen Arbeitnehmer auch verpflichtet, unabhängig vom Inhalt von Vereinbarungen etwa im Arbeitsvertrag oder im Tarifvertrag nach dem Inhalt der Rechtsverordnung zu arbeiten. Eine solche ist allerdings nicht erlassen worden. Die Beteiligung der Personalvertretung an Weisungen auf Grund einer solchen Verordnung an die Arbeitnehmer scheidet aus, weil die Zulässigkeit gesetzlich geregelt ist (§ 75 Abs. 3 Ziff. 1, Eingangssatz, BPersVG). § 15 Abs. 3 ArbZG betrifft nicht den besonderen Schutz des Jugendarbeitsschutzgesetzes. 518

Abweichungen von erheblichem Umfang sind auch gestattet in den Fällen sogenannter **Notarbeiten**. Darunter versteht man 519
– vorübergehende Arbeiten in Notfällen und in außergewöhnlichen Fällen, die unabhängig vom Willen der Betroffenen eintreten und deren Folgen nicht auf andere

---

[825] Zmarzlik, DB 1994, 1082 f. (1086); Anzinger, BB 1994, 1492 f. (1497).
[826] Vgl. dazu Richardi/Annuß, NZA 1999, 953 f. (sog. Bedarfsgewerbeverordnungen).
[827] Zur uneingeschränkten Erlaubnis gemäß § 13 Abs. 5 ArbZG vgl. Rose, DB 2000, 1662 f.
[828] Vgl. dazu BAG, 11. 1. 2006, NZA 2006, 372 f.
[829] BAG, AP Nr. 2 zu § 13 AZO.
[830] Vgl. dazu Didier, NZA 2007, 120 f.

Weise zu beseitigen sind, besonders wenn Rohstoffe oder Lebensmittel zu verderben oder Arbeitsergebnisse zu misslingen drohen (§ 14 Abs. 1 ArbZG) und
– die vorübergehende Beschäftigung einer verhältnismäßig geringen Zahl von Arbeitnehmern mit Arbeiten, deren Nichterledigung das Ergebnis der Arbeiten gefährden oder einen unverhältnismäßigen Schaden zur Folge haben würde, wenn dem Arbeitgeber andere Vorkehrungen nicht zugemutet werden können (§ 14 Abs. 2 Ziff. 1 ArbZG).

520 Abweichungen sind gemäß § 14 Abs. 2 Ziff. 2 ArbZG auch erlaubt bei
– **Forschung und Lehre**,
– unaufschiebbaren **Vor- und Abschlussarbeiten** sowie bei
– unaufschiebbaren Arbeiten zur **Behandlung, Pflege und Betreuung von Personen** oder zur **Behandlung und Pflege von Tieren** an einzelnen Tagen,
wenn dem Arbeitgeber andere Vorkehrungen nicht zugemutet werden können.

Der Begriff „Vor- und Abschlussarbeiten" ist im § 5 der nicht mehr geltenden AZO definiert. Man versteht darunter Arbeiten zur Reinigung und Instandhaltung, soweit sich diese Arbeiten während des regelmäßigen Betriebes nicht ohne Unterbrechung oder erhebliche Störung ausführen lassen, Arbeiten, von denen die Wiederaufnahme oder Aufrechterhaltung des vollen Betriebes arbeitstechnisch abhängt, sowie das Zuendebedienen der Kundschaft einschließlich der damit zusammenhängenden notwendigen Aufräumungsarbeiten.

521 Die **Aufsichtsbehörde** schließlich kann Abweichungen und Ausnahmen in den in § 15 Abs. 1 und 2 ArbZG geregelten Fällen zulassen.

522 In den Fällen der §§ 14 Abs. 1 und 2 und 15 Abs. 1 und 2 ArbZG darf die Arbeitszeit 48 Stunden wöchentlich im Durchschnitt von 6 Kalendermonaten oder 24 Wochen nicht überschreiten (§§ 14 Abs. 3, 15 Abs. 4 ArbZG).

4. Schlechterfüllung der Pflicht zur Arbeitsleistung[831]

523 Verursacht der Arbeitnehmer durch Schlechtleistung einen Schaden, so kann er zum Schadensersatz verpflichtet sein. Zur Beantwortung der Frage, welche Voraussetzungen erfüllt sein müssen, damit der Arbeitnehmer in Anspruch genommen werden kann, muss unterschieden werden,
– ob der Arbeitnehmer in Wahrnehmung öffentlicher Aufgaben auf der Grundlage des öffentlichen Rechts oder
– im privatrechtlichen Bereich (fiskalisches Handeln)
tätig geworden ist.
Darüber hinaus kommt es darauf an,
– ob er den Schaden seinem Arbeitgeber zugefügt hat,
– ob der Schaden einer dritten, am Arbeitsverhältnis nicht beteiligten Person, die nicht Arbeitskollege ist, entstanden ist oder
– ob die geschädigte Person ein Arbeitskollege ist.

524 a) Ist der Arbeitnehmer im öffentlichen Dienst **in Wahrnehmung öffentlicher Aufgaben** tätig geworden und hat er dabei **einem Dritten**, der nicht Arbeitskollege ist, einen Schaden zugefügt, so trifft die Verantwortlichkeit dafür nach Art. 34 S. 1 GG in Verbindung mit § 839 Abs. 1 BGB den Staat oder die Körperschaft, in deren Dienst er steht, also den Arbeitgeber. Zwar verwendet § 839 Abs. 1 BGB, anders als Art. 34 S. 1 GG, nicht den Begriff „jemand", sondern den Begriff „Beamter", unter diesen Begriff fallen in diesem Zusammenhang jedoch auch die Arbeitnehmer im öffentlichen Dienst. Nicht der staatsrechtliche Beamtenbegriff ist gemeint, sondern der amtshaftungsrechtliche Beamtenbegriff, mithin alle diejenigen Personen, denen ein

---

[831] Vgl. dazu Maschmann, NZA Beilage 1/2006 (zu Heft 10/2006), S. 13 f.

öffentliches Amt im funktionellen Sinn anvertraut worden ist. Der Arbeitgeber kann den Arbeitnehmer nach Art. 34 S. 2 GG allerdings in Regress nehmen, wenn ihm Vorsatz oder grobe Fahrlässigkeit zur Last fällt.

b) Die Vorschriften des Art. 34 GG und des § 839 BGB regeln die Haftung des Beschäftigten im Außenverhältnis, die von der dienstrechtlichen Innenhaftung zu unterscheiden ist. Dies ergibt sich daraus, dass es in § 839 Abs. 1 S. 1 BGB ausdrücklich heißt, dass dem „Dritten" der entstehende Schaden zu ersetzen ist. Schädigt der Arbeitnehmer im öffentlichen Dienst in **Wahrnehmung öffentlicher Aufgaben** also **seinen Arbeitgeber**, das heißt die juristische Person, die Partei des Arbeitsvertrages ist, mithin der Arbeitnehmer des Bundes den Bund, der Arbeitnehmer eines Landes das jeweilige Land, der Arbeitnehmer der Gemeinde die jeweilige Gemeinde oder der Arbeitnehmer einer rechtlich selbständigen bundes- oder landesunmittelbaren juristischen Person die juristische Person, so finden die Vorschriften des Art. 34 GG und des § 839 BGB keine Anwendung.

525

Soweit der Arbeitnehmer nicht den Tarifverträgen des öffentlichen Dienstes unterliegt, ist er seinem Arbeitgeber gegenüber wie ein Arbeitnehmer in der Privatwirtschaft verantwortlich. Als Anspruchsgrundlage für den Arbeitgeber kommen Verletzung einer Pflicht aus einem Schuldverhältnis (§ 280 f. BGB) und unerlaubte Handlung in Betracht. In beiden Fällen ist Verschulden des Schädigers erforderlich. Schuldhaft bedeutet vorsätzlich oder fahrlässig (§ 276 Abs. 1 S. 1 BGB), Fahrlässigkeit die Außerachtlassung der im Verkehr erforderlicher Sorgfalt (§ 276 Abs. 2 BGB). Dabei gilt das sog. „Alles-oder-nichts-Prinzip", das heißt, die Verschuldenshaftung des Bürgerlichen Gesetzbuches lässt den Schädiger bereits bei leichter Fahrlässigkeit für den gesamten Schaden haften. Dieses Prinzip wird von der Lehre und der Rechtsprechung im Bereich des Arbeitsrechts für unbillig gehalten. Bei einem Arbeitsverhältnis muss nämlich berücksichtigt werden, dass der Arbeitnehmer im Rahmen einer fremdbestimmten Arbeitsorganisation tätig wird. Dadurch ist er einem erhöhten Schadensrisiko ausgesetzt, dem er anders als bei Zufallskontakten nicht ausweichen kann. Er hat auch keinen Einfluss auf Höhe und Umfang des Schadensrisikos. Er steht in einer Drucksituation, wie sie sonst nicht besteht. In ihr liegt ein besonderer Tatbestand, der es rechtfertigt, die Haftung des Arbeitnehmers zu begrenzen. Da der Arbeitnehmer keinen durch die Dienstleistung herbeizuführenden Arbeitserfolg schuldet, sondern nur die Dienstleistung selbst, ist das Arbeitsentgelt auch nicht Äquivalent für dieses zusätzliche Risiko. Hinzu kommt, dass er wegen seiner Stellung am Arbeitsmarkt, aber auch wegen der Dauerbeziehung des Arbeitsverhältnisses keine entsprechenden rechtsgeschäftlichen Vorkehrungen treffen kann, um zur Sicherung seiner Interessenlage eine Haftungsbegrenzung festzulegen.[832] Deshalb wird im Arbeitsrecht die Verschuldenshaftung des Bürgerlichen Gesetzbuches durch die **Lehre von der schadensgeneigten (gefahrgeneigten) Arbeit** eingeschränkt.[833]

526

Diese Lehre hat folgenden Inhalt:

527

aa) Sie findet Anwendung auf die **betriebliche Tätigkeit** des Arbeitnehmers,[834] also auf jede Tätigkeit, die durch den Betrieb veranlasst ist und auf Grund des Arbeitsverhältnisses geleistet wird, die also einem Betriebszweck dient. Dass ein

---

[832] So zutreffend Richardi, NZA 1994, 241 f. (242).
[833] Vgl. dazu Deutsch, RdA 1996, 1 f.
[834] BAG, NZA 1990, 95 f.; (GS) 12. 6. 1992, NZA 1993, 547 f.; (GS) 27. 9. 1994, NZA 1994, 1083 f.; BGH, 21. 9. 1993, NZA 1994, 270 f. Vgl. dazu Richardi, NZA 1994, 241 f.; Hanau/Rolfs, NJW 1994, 1439 f.; Hofmann, ZTR 1995, 99 f.; Peifer, ZFA 1996, 69 f.; Ahrens, DB 1996, 934 f.

Unfall bei Gelegenheit der Tätigkeit im Betrieb erfolgt ist, genügt nicht.[835] Bei ihr muss sich der Arbeitgeber zurechnen lassen, dass er den Arbeitsprozess organisiert. Er kann „den arbeitstechnischen Zweck des Betriebs eigenverantwortlich bestimmen, die Arbeitsorganisation nach seinen Plänen und Bedürfnissen gestalten und auf die Tätigkeit des Arbeitnehmers einwirken".[836]

> Schadensgeneigtheit, das Erfordernis, das der Lehre den Namen gab, ist seit dem Jahre 1993 nicht mehr nötig. Unter schadensgeneigter Arbeit versteht man eine Tätigkeit, die es wegen ihrer Eigenart mit großer Warscheinlichkeit mit sich bringt, dass auch dem sorgfältigen Arbeitnehmer gelegentlich Fehler unterlaufen, die zwar jedes Mal vermeidbar sind, mit denen aber angesichts der menschlichen Unzulänglichkeit als mit einem typischen Abirren der Dienstleistung erfahrungsgemäß zu rechnen ist, und bei der der durch ein solches Versehen verursachte Schaden außer Verhältnis zum Arbeitseinkommen des Arbeitnehmers steht.[837]

bb) Verursacht der Arbeitnehmer in Ausübung betrieblicher Tätigkeit einen Schaden, so hängt die Frage, wer ihn zu tragen hat, vom Ausmaß des Verschuldens des Arbeitnehmers ab.[838] Dabei muss sich das Verschulden nicht nur auf die Pflichtverletzung, sondern auch auf den Eintritt des Schadens erstrecken.[839]

Trifft den Arbeitnehmer **Vorsatz** oder **grobe Fahrlässigkeit**, so hat er grundsätzlich für den angerichteten Schaden aufzukommen.

Trifft ihn **leichteste Fahrlässigkeit**, so gehört der Schaden zum Betriebsrisiko des Arbeitgebers und ist von ihm alleine zu tragen.

Im Falle **normaler Fahrlässigkeit** ist der Schaden zwischen Arbeitgeber und Arbeitnehmer zu verteilen. Dazu ist auf der Seite des Arbeitnehmers das Verschulden und auf der des Arbeitgebers in entsprechender Anwendung des § 254 BGB das Betriebsrisiko gegeneinander abzuwägen. Bei der Gewichtung dieser Abwägungsfaktoren kann zum Beispiel zu Lasten des Arbeitgebers ins Gewicht fallen, dass der Schaden in einer den Rückgriff des Versicherers ausschließenden Weise hätte versichert werden können.[840] Zu berücksichtigen sind außerdem die Stellung des Arbeitnehmers in der Dienststelle oder im Betrieb, die Höhe des Arbeitsentgelts, die Höhe des Schadens, persönliche Umstände, wie Dauer der Betriebszugehörigkeit, Lebensalter, Familienverhältnisse und bisheriges Verhalten.[841] Abwägungskriterium ist insbesondere auch das Maß der Schadensgeneigtheit der betrieblichen Tätigkeit.[842]

Auch bei grober Fahrlässigkeit sind Haftungserleichterungen zugunsten eines Arbeitnehmers nicht ausgeschlossen. Gegenüber dem Verschulden des Arbeitnehmers kann das vom Arbeitgeber zu tragende Betriebsrisiko ins Gewicht fallen und zu einer Herabsetzung der Schadensersatzpflicht führen. Die Entscheidung hierüber ist nach Abwägung aller Umstände des Einzelfalles zu treffen. Dabei kann auch entscheidend sein, ob der Verdienst des Arbeitnehmers in einem deutlichen Missverhältnis zum Schadensrisiko der jeweiligen Tätigkeit steht.[843]

---

[835] BAG, AP Nr. 1 zu § 637 RVO.
[836] BAG (GS), 12. 6. 1992, NZA 1993, 547 f. (548); (GS) 27. 9. 1994, NZA 1994, 1083 f.
[837] BAG (GS), NJW 1958, 235 f.
[838] BAG, ZTR 1988, 20 f.; 1988, 349 f.; 1988, 351 f.; 23. 1. 1997, NZA 1998, 140 f.
[839] BAG, 18. 1. 2007, NZA 2007, 1230 f.
[840] BAG, 18. 1. 2007, NZA 2007, 1230 f.
[841] BAG (GS), 25. 9. 1957, NJW 1958, 235; 17. 9. 1998, NZA 1999, 141 f. (143).
[842] BGH, 21. 9. 1993, NZA 1994, 270 f.; BAG (GS), 12. 6. 1992, NZA 1993, 547 f. (550).
[843] BAG, 12. 10. 1989, NZA 1990, 97 f.; 23. 1. 1997, NZA 1998, 140 f.; 25. 9. 1997, NZA 1998, 310 f.; 12. 11. 1998, NZA 1999, 263 f.; Hübsch, BB 1998, 690 f. (693 f.), m. w. N.

cc) Die Vorschrift des § 280 Abs. 1 S. 2 BGB, wonach im Streitfall anzunehmen ist, dass der Schädiger bei der Verursachung des Schadens schuldhaft gehandelt hat, bis er bewiesen hat, dass dies nicht der Fall ist, ist wegen § 619a BGB[844] nicht anzuwenden, wenn die Schadenszufügung in Ausübung betrieblicher Tätigkeit erfolgt ist. Der Arbeitgeber muss also im Streitfall beweisen, dass der im Rahmen von betrieblicher Tätigkeit vom Arbeitnehmer verursachte Schaden von diesem vorsätzlich oder grob fahrlässig herbeigeführt worden ist.

c) Ist der Arbeitnehmer im öffentlichen Dienst **im privatrechtlichen Bereich** tätig geworden und hat er dabei **seinem Arbeitgeber oder einem Dritten, der nicht Arbeitskollege ist,** einen Schaden zugefügt, so findet die unter b) dargestellte **Lehre von der schadensgeneigten Arbeit** Anwendung. Ist der Geschädigte der Arbeitgeber, so gilt die Lehre ohne Besonderheiten. Ist dagegen der Schaden bei einem Dritten eingetreten, so gilt folgendes:

528

Als Anspruchsgrundlage des Dritten gegen den Arbeitnehmer kommt nur unerlaubte Handlung und nicht Verletzung einer Pflicht aus einem Schuldverhältnis (§ 280 f. BGB) in Betracht, weil nur der Arbeitgeber Vertragspartner des Arbeitnehmers ist.

Verursacht der Arbeitnehmer dem Dritten den Schaden in Ausübung betrieblicher Tätigkeit, so hat der Arbeitnehmer gegen seinen Arbeitgeber insoweit einen **Freistellungsanspruch**, wie er haften würde, wenn er seinen Arbeitgeber geschädigt hätte.[845]

Das bedeutet:

aa) Fällt dem Arbeitnehmer Vorsatz oder grobe Fahrlässigkeit zur Last, so hat er grundsätzlich keinen Freistellungsanspruch gegen den Arbeitgeber.

bb) Fällt dem Arbeitnehmer leichteste Fahrlässigkeit zur Last, so haften Arbeitnehmer und Arbeitgeber wegen des gesamten Schadens gegenüber dem Dritten als Gesamtschuldner (§ 421 BGB), das heißt, der Dritte kann den Schadensersatz nach seiner freien Wahl vom Arbeitnehmer und vom Arbeitgeber ganz oder zu einem Teil fordern, insgesamt allerdings nur einmal.

Hat der Dritte den Arbeitnehmer ganz oder zum Teil in Anspruch genommen, so kann dieser vom Arbeitgeber nach § 426 Abs. 1 S. 1 BGB Erstattung des an den Dritten geleisteten Schadensersatzes verlangen. Wegen der Geltung der Lehre von der schadensgeneigten Arbeit ist im Sinne der Vorschrift „ein anderes bestimmt". Hat der Dritte den Arbeitgeber ganz oder zum Teil in Anspruch genommen, so hat dieser keinen Erstattungsanspruch gegen den Arbeitnehmer.

cc) Ist dem Arbeitnehmer normale Fahrlässigkeit vorzuwerfen, so haften Arbeitnehmer und Arbeitgeber ebenfalls wegen des gesamten Schadens dem Dritten als Gesamtschuldner. Die quotenmäßige Verteilung des Schadens zwischen Arbeitnehmer und Arbeitgeber entscheidet darüber, ob und in welcher Höhe ein Anspruch auf Erstattung nach § 426 Abs. 1 S. 1 BGB besteht.

Für die Geltendmachung des Anspruchs des Dritten gegen den Arbeitnehmer oder den Arbeitgeber muss der Dritte im Streitfall das Verschulden des Arbeitnehmers beweisen, weil die Vorschrift des § 280 Abs. 1 S. 2 BGB nicht auf die Ansprüche aus unerlaubter Handlung anzuwenden ist. Hat der Dritte den Arbeitnehmer in Anspruch genommen und verlangt der Arbeitnehmer vom Arbeitgeber Erstattung dessen, was er an den Dritten geleistet hat, so muss der Arbeitgeber, um die Erstattung verweigern zu können, beweisen, dass der Arbeitnehmer vorsätzlich oder grob fahr-

---

[844] Oetker, BB 2002, 43 f.
[845] BAG, AP Nr. 4 zu § 898, 899 RVO; AP Nr. 37 zu § 611 BGB, Haftung des Arbeitnehmers; Bittner, NZA 2002, 833 f.; Katzenstein, RdA 2003, 346 f.

lässig gehandelt hat, weil der Arbeitnehmer so zu behandeln ist, wie wenn er seinen Arbeitgeber geschädigt hätte (§ 619a BGB).

529 d) Hat der Arbeitnehmer im öffentlichen Dienst **einem in derselben Dienststelle Beschäftigten, also einem Arbeitskollegen**, einen Schaden zugefügt, so ist zu unterscheiden, ob er dabei in Wahrnehmung öffentlicher Aufgaben oder im privatrechtlichen Bereich tätig geworden ist.

Hat der Schädiger **in Wahrnehmung öffentlicher Aufgaben** gehandelt, so trifft die Verantwortlichkeit dafür nach Art. 34 S. 1 GG in Verbindung mit § 839 Abs. 1 BGB den Staat oder die Körperschaft, in deren Dienst er steht.[846] Ist der Schädiger dagegen **im privatrechtlichen Bereich** tätig geworden, so kann er wegen Personenschäden durch eine betriebliche Tätigkeit[847] von im Betrieb tätigen Versicherten, ihren Angehörigen und Hinterbliebenen auf Schadensersatz grundsätzlich nicht in Anspruch genommen werden. Ausnahmsweise besteht jedoch ein Anspruch, wenn ihm Vorsatz zur Last fällt oder wenn der Arbeitsunfall (Begriff § 8 SGB VII)[848] auf einem nach § 8 Abs. 2 Nr. 1 bis 4 SGB VII versicherten Weg eingetreten ist, d. h. wenn das schadensverursachende Ereignis im Zusammenhang mit dem Aufsuchen oder Verlassen des Arbeitsplatzes stand (§§ 105, 104 SGB VII).[849] Der Vorsatz muss dabei sowohl die Verletzungshandlung als auch den Verletzungserfolg erfassen.[850]

Zu beachten ist, dass die grundsätzliche Freistellung des Arbeitnehmers voraussetzt, dass der Versicherungsfall durch eine **betriebliche Tätigkeit** verursacht worden ist. Der Umstand alleine, dass der Schaden durch einen Versicherungsfall, etwa durch einen sogenannten Wegeunfall im Sinne von § 8 Abs. 2 SGB VII, entstanden ist, reicht mithin nicht aus.

Allerdings kann der Sozialversicherungsträger unter Umständen bei Vorsatz oder grober Fahrlässigkeit auf ihn zurückgreifen (§ 110 SGB VII).

Der Grund für die haftungsbeschränkenden Vorschriften liegt darin, dass die Berufsgenossenschaften, in denen die Arbeitgeber zusammengeschlossen sind, bei einem Arbeitsunfall einzustehen haben. Die Beiträge zur Berufsgenossenschaft werden alleine von den Arbeitgebern aufgebracht, es gibt keinen Arbeitnehmeranteil wie bei der Kranken-, Renten- und Arbeitslosenversicherung. Dadurch wird erreicht, dass der Arbeitnehmer unabhängig von der Zahlungsfähigkeit des Arbeitgebers eine Entschädigung erhält. Unter diesen Umständen erscheint es gerechtfertigt, im Interesse des Betriebsfriedens Rechtsstreitigkeiten anlässlich eines Betriebsunfalls zwischen Arbeitnehmern weitestgehend zu vermeiden.[851]

Eine Vermögensbeeinträchtigung stellt einen **Personenschaden** dar, wenn sie durch die Verletzung oder Tötung eines Menschen verursacht wird. Mithin unterliegt auch der Anspruch auf Ersatz der Beerdigungskosten (§ 844 Abs. 1 BGB) dem Haftungsausschluss.[852] Soweit der Haftungsausschluss keine Anwendung findet, insbesondere also bei Sachschäden, gilt die Lehre von der schadensgeneigten Arbeit mit der Folge, dass der Arbeitnehmer unter Umständen einen Freistellungsanspruch gegen den Arbeitgeber hat. Der **Begriff des Betriebs** im Sinne von § 105 Abs. 1

---

[846] BAG, BB 1963, 1335 f.
[847] Zum Begriff BAG, 22. 4. 2004, NZA 2005, 163 f.
[848] Vgl. dazu Waltermann, RdA 1998, 330 f.
[849] Vgl. dazu BAG, 14. 12. 2000, NZA 2001, 549 f.; BGH, 9. 3. 2004, NZA 2004, 1165 f.; Marburger, BB 2000, 1781 f.; Zacharias, BB 2000, 2411 f.; Waltermann, NJW 2002, 1225 f.; Schmidt, BB 2002, 1859 f., zur Haftungsfreistellung bei Personenschäden im öffentlichen Dienst vgl. Leube, ZTR 1999, 302 f., zur Abgrenzung zwischen „versichertem Weg" und „Betriebsweg" vgl. BAG, 30. 10. 2003, ZTR 2004, 326 (L.).
[850] BAG, 10. 10. 2002, NZA 2003, 436 f.
[851] BAG, AP Nr. 4 zu §§ 898, 899 RVO.
[852] BAG, 24. 5. 1989, NZA 1989, 795 f.

SGB VII ist unfallversicherungsrechtlich und nicht arbeitsrechtlich zu bestimmen. Um „einen Versicherten desselben Betriebs" handelt es sich mithin dann, wenn es um den Arbeitskollegen desselben Unternehmens geht. Für die Bundeswehr beispielsweise bedeutet dies, dass alle in dieser dem Betriebszweck „Landesverteidigung" dienenden Organisation eingesetzten Arbeitnehmer in „demselben Betrieb" im Sinne von § 105 Abs. 1 SGB VII beschäftigt sind.[853]

Handelt es sich bei dem **geschädigten Kollegen** um einen **Beamten** und hat der Schädiger **in Wahrnehmung öffentlicher Aufgaben** gehandelt, so finden die Vorschriften des Art. 34 S. 1 GG und § 839 BGB Anwendung. Ist der Schädiger dagegen **im privatrechtlichen Bereich** tätig geworden und hat er dabei einem Beamten seiner Dienststelle einen Schaden zugefügt, so finden die Vorschriften der §§ 105, 104 SGB VII keine Anwendung. Dies ergibt sich daraus, dass § 105 SGB VII nur für Ersatzansprüche eines **versicherten** Arbeitskollegen gilt. Der Beamte gehört aber nicht zum Kreis der nach der RVO gegen Unfall versicherten Personen, sondern ist nach § 4 Abs. 1 Nr. 1 SGB VII von der Versicherungspflicht frei. Es gelten in diesem Falle die Regelungen der §§ 30 bis 46 des Beamtenversorgungsgesetzes (BeamtVG) in Verbindung mit dem Gesetz über die erweiterte Zulassung von Schadensersatzansprüchen bei Dienst- und Arbeitsunfällen vom 7. 12. 1943 (RGBl. I, S. 674). Danach kann ein Beamter weitergehende Ansprüche als die in den §§ 30 bis 43 a BeamtVG geregelten Ansprüche, gegen Personen, die im Dienst eines öffentlich-rechtlichen Dienstherrn stehen, nur dann geltend machen, wenn es sich um eine vorsätzliche unerlaubte Handlung einer solchen Person handelt (§ 46 Abs. 2 BeamtVG). Verursacht der Arbeitnehmer dem beamteten Arbeitskollegen in Ausübung betrieblicher Arbeit den Schaden, so hat er unter Umständen einen Freistellungsanspruch gegen seinen Arbeitgeber. 530

Bei den Ansprüchen nach den §§ 30 bis 43 a BeamtVG handelt es sich um
Erstattung von Sachschäden und besonderen Aufwendungen (§ 32),
Kosten für Heilverfahren, Pflegekosten, Hilflosigkeitszuschlag (§§ 33, 34),
Unfallausgleich (§ 35),
Unfallruhegehalt oder Unterhaltsbeitrag (§§ 36–38),
Unterhaltsbeitrag bei Schädigung eines ungeborenen Kindes (§ 38 a)
Unfallhinterbliebenenversorgung (§§ 39–42),
einmalige Unfallentschädigung und einmalige Entschädigung (§ 43),
Schadensausgleich in besonderen Fällen (§ 43 a) und
Einsatzversorgung (§ 31 a).

Das Beamtenversorgungsgesetz ist anwendbar, gleichgültig, ob es sich bei dem geschädigten Beschäftigten um einen Bundesbeamten, Beamten der Länder, der Gemeinden, der Gemeindeverbände oder einer sonstigen der Aufsicht eines Landes unterstehenden juristischen Person des öffentlichen Rechts handelt (§ 1 Abs. 1).

e) Verursacht der Arbeitnehmer in Ausübung betrieblicher Tätigkeit **sich selbst** einen Schaden, so hat er wegen der Fürsorgepflicht des Arbeitgebers gegen diesen einen Anspruch auf Freistellung nach den Grundsätzen der Lehre von der schadensgeneigten Arbeit.[854] 531

§ 3 Abs. 6 TVöD regelt nunmehr[855] die Schadenshaftung der Beschäftigten, die in einem Arbeitsverhältnis zu einem Arbeitgeber stehen, der Mitglied eines Mitglied- 532

---

[853] BAG, 24. 9. 1992, AP Nr. 22 zu § 637 RVO mit Anmerkung von Müller.
[854] BAG, BB 1960, 939, 940. Zur Arbeitgeberhaftung für unfallbedingte Schäden des Arbeitnehmers bei Dienstfahrten mit dem privaten Pkw vgl. Schiefer, NJW 1993, 966 f., m. w. N.
[855] § 3 Abs. 6 TVöD wurde mit den Änderungstarifverträgen zur Tarifrunde 2008 neu eingefügt.

verbandes der **VKA** ist. Hiernach ist die Arbeitnehmerhaftung bei dienstlich oder betrieblich veranlassten Tätigkeiten auf Vorsatz und grobe Fahrlässigkeit beschränkt.

533 **§ 3 Abs. 7 TVöD[856]/TV-L** hat für die Beschäftigten des **Bundes** bzw. der **Länder** die Vorgängerregelungen des § 14 BAT und § 11a MTArb inhaltsgleich übernommen. Hiernach finden für die Schadenshaftung der Beschäftigten die Bestimmungen, die für die Beamten des Bundes bzw. des jeweiligen Landes jeweils gelten, entsprechende Anwendung.

Daraus ergeben sich folgende Konsequenzen:

aa) Fügt der Arbeitnehmer **seinem Arbeitgeber** in Wahrnehmung **öffentlicher Aufgaben** oder durch **fiskalisches Handeln** einen Schaden zu, so gelten die Vorschriften der Bundesbeamtengesetze bzw. der Beamtengesetze der Länder. Sie enthalten folgende Regelungen:

Verletzt der Arbeitnehmer vorsätzlich oder grob fahrlässig die ihm obliegenden Pflichten, so hat er dem Arbeitgeber, dessen Aufgaben er wahrgenommen hat, den daraus entstandenen Schaden zu ersetzen. Die Ansprüche des Arbeitgebers nach § 3 Abs. 7 TVöD/TV-L sind solche aus dem Arbeitsverhältnis bzw. aus Arbeitsverträgen, die sich nach dem Tarifvertrag bestimmen. Deshalb werden sie von der Ausschlussfrist des Tarifvertrages erfasst (§ 37 Abs. 1 TVöD/TV-L).[857]

534 Durch die Anordnung der entsprechenden Anwendung der für die Beamten jeweils geltenden Vorschriften werden auch die Vorschriften über die Verjährung der Beamtengesetze einbezogen.

bb) Fügt der Arbeitnehmer **in Wahrnehmung öffentlicher Aufgaben einem Dritten (unter Einschluss des Arbeitskollegen, auch wenn dieser Beamter ist)** einen Schaden zu, so trifft die Verantwortlichkeit dafür nach Art. 34 S. 1 GG und § 839 BGB den Staat oder die Körperschaft, in deren Dienst er steht. Die Rückgriffsmöglichkeit auf den Arbeitnehmer besteht nur bei Vorsatz und grober Fahrlässigkeit (Art. 34 S. 2 GG).

cc) **§ 3 Abs. 7 TVöD/TV-L** regelt nur die Verantwortlichkeit des Arbeitnehmers gegenüber seinem Arbeitgeber. Schädigt deshalb der Arbeitnehmer bei **fiskalischem Handeln einen Dritten oder einen Arbeitskollegen**, so gelten für seine Verantwortlichkeit dafür dieselben Regeln, die für nicht vom Tarifvertrag erfasste Arbeitnehmer Anwendung finden.

g) Verursacht ein Arbeitnehmer **einem Dritten bei der Führung des Kraftfahrzeuges des Arbeitgebers** einen Schaden, so ist die Haftung des Arbeitnehmers dafür gegenüber dem Arbeitgeber insoweit beschränkt, als die Inanspruchnahme des Arbeitnehmers nach dem Gesetz über die Pflichtversicherung für Kraftfahrzeughalter (**Pflichtversicherungsgesetz, PflVG**) ausgeschlossen ist. Danach gilt folgendes:

aa) Der Halter eines Kraftfahrzeuges oder Anhängers ist verpflichtet, für sich, den Eigentümer und den Fahrer eine Haftpflichtversicherung abzuschließen (§ 1 PflVG).

bb) Von der Pflicht zur Versicherung sind der Bund, die Länder, Gemeinden mit mehr als 100 000 Einwohnern und bestimmte weitere juristische Personen des öffentlichen Rechts befreit (§ 2 Abs. 1 Ziffern 1–5 PflVG). Sie nehmen selbst die Stellung eines Hapftpflichtversicherers ein und sind verpflichtet, für den Fahrer ebenso einzutreten, wie ein Versicherer bei Bestehen einer Haftpflichtversicherung für den Fahrer eines Kraftfahrzeuges einzutreten hätte (§ 2 Abs. 2 S. 1 und 2 PflVG).

---

[856] § 3 Abs. 7 TVöD wurde mit den Änderungstarifverträgen zur Tarifrunde 2008 neu eingefügt.
[857] BAG, AP Nr. 3, 9 zu § 70 BAT.

cc) Der Rückgriff gegen den Fahrer ist ausgeschlossen. Dies gilt nicht, wenn der Schaden die Mindestversicherungssummen übersteigt, hinsichtlich des übersteigenden Teils und, wenn ein Versicherer bei gleichem Tatbestand nach dem Versicherungsvertragsgesetz berechtigt wäre, gegen den Versicherungsnehmer oder den mitversicherten Fahrer Rückgriff zu nehmen.

Die nur ausnahmsweise bestehende Rückgriffsmöglichkeit kann wegen der oben abgehandelten Beschränkungen der Arbeitnehmerhaftung, z. B. durch die Lehre von der schadensgeneigten Arbeit, ausgeschlossen sein.

Der Arbeitnehmer hat einen **Freistellungsanspruch** gegen den Arbeitgeber, wenn dieser ihm ein nicht versichertes Kraftfahrzeug zur Benutzung im öffentlichen Verkehr überlässt,[858] ihm ein nicht verkehrssicheres Fahrzeug zur Verfügung stellt, das die Versicherung zur Entziehung des Deckungsschutzes berechtigt[859] und wenn er ihn als Kraftfahrer im öffentlichen Verkehr einsetzt, obwohl er weiß, dass dieser nicht im Besitz der erforderlichen Fahrerlaubnis ist.[860]

535

h) Die dargelegten Regeln zur Verantwortlichkeit des Arbeitnehmers für einen von ihm verursachten Schaden können **in bestimmtem Umfang vertraglich abgeändert werden**.

536

Eine Grenze dafür besteht zunächst insofern, als dadurch nicht gegen zwingende gesetzliche Vorschriften verstoßen werden darf (§ 134 BGB). So ist die in Art. 34 S. 1 GG enthaltene, den Beschäftigten befreiende Schuldübernahme nach herrschender Meinung zwar gesetzlich abänderbar (wegen des Wortes „grundsätzlich" in Art. 34 S. 1), nicht aber durch untergesetzliche Rechtsetzung, etwa durch Satzungen oder gar durch vertragliche Vereinbarungen. Ebensowenig vertraglich einschränkbar oder ausschliessbar sind die Haftungsbegrenzungen nach den §§ 105, 104 SGB VII, nach den Vorschriften des Beamtenversorgungsgesetzes in Verbindung mit dem Gesetz über die erweiterte Zulassung von Schadensersatzansprüchen bei Dienst- und Arbeitsunfällen und nach dem Pflichtversicherungsgesetz.

537

Die Anwendbarkeit der Lehre von der schadensgeneigten Arbeit kann dagegen vertraglich ausgeschlossen werden. Eine derartige Vereinbarung ist jedoch nur wirksam, wenn dem Arbeitnehmer hierfür ein angemessener wirtschaftlicher Ausgleich für die Übernahme des Risikos gezahlt wird.[861]

538

Es ist auch möglich, die Haftung des Arbeitnehmers gegenüber der Verschuldenshaftung des Bürgerlichen Gesetzbuches und den Regeln der Lehre von der schadensgeneigten Arbeit vertraglich zu verschärfen, etwa mit dem Inhalt, dass der Arbeitnehmer auch ohne Verschulden für einen Schaden einzustehen verpflichtet ist, den er angerichtet hat. Derartige Klauseln werden häufig im Zusammenhang mit der sogenannten **Mankohaftung**[862] des Arbeitnehmers vereinbart, also wenn es um die Verantwortlichkeit für Waren- und Kassenfehlbestände geht. Eine solche Abrede ist allerdings nicht in allen Fällen wirksam. Zu den Grenzen solcher Vereinbarungen hat sich eine umfangreiche Rechtsprechung entwickelt, wie auch zu der Frage, unter welchen Voraussetzungen und in welchem Umfang der Arbeitnehmer haftet, wenn eine Mankoabrede nicht besteht.[863] Weil die Lehre von der schadensgeneigten Arbeit auch für die Mankohaftung gilt und einseitig zwingendes Arbeitnehmerschutz-

539

---

[858] BAG, AP Nr. 18 zu §§ 898, 899 RVO; AP Nr. 9 und 21 zu § 611 BGB, Haftung des Arbeitnehmers.
[859] BAG, AP Nr. 37 zu § 611 BGB, Haftung des Arbeitnehmers.
[860] BAG, 23. 6. 1988, NZA 1989, 181 f.
[861] LAG Frankfurt, BB 1970, 578.
[862] Zu den Grundfragen der Mankohaftung vgl. Deinert, RdA 2000, 22 f.
[863] Vgl. dazu BAG, 17. 9. 1998, NZA 1999, 141 f., m. w. N.; Schwirtzek, NZA 2005, 437 f.

recht darstellt, ist eine zu Lasten des Arbeitnehmers abweichende einzel- oder kollektivvertragliche Mankoabrede grundsätzlich unwirksam.[864] Demgegenüber ist eine derartige Abrede ausnahmsweise wirksam, wenn sie eine angemessene Gegenleistung z. B. in Form eines Mankogeldes oder eines angemessenen erhöhten Gehaltes vorsieht und sich nur auf Bereiche erstreckt, die der Arbeitnehmer kontrollieren kann, d. h. auf Bereiche, wo der Arbeitnehmer unbeobachteten Zugriff auf Geld oder andere Wertgegenstände des Arbeitgebers hat, nicht dagegen wo noch andere Personen Zugriff haben. Dabei darf die vorgesehene vertragliche Haftung die Summe der gezahlten Mankogelder nicht übersteigen.[865]

540 Der öffentliche Arbeitgeber kann Ansprüche gegen den Arbeitnehmer in derselben Weise geltend machen, wie der Arbeitgeber in der Privatwirtschaft, nämlich durch Aufrechnung (§§ 387 f. BGB), Ausübung des Zurückbehaltungsrechts (§ 273 BGB) oder durch Klage beim Arbeitsgericht.

II. Die Treuepflicht

541 Treuepflicht ist der Oberbegriff für die Nebenpflichten des Arbeitnehmers. Sie ist vom Bundesarbeitsgericht ursprünglich allgemein als Pflicht des Arbeitnehmers beschrieben worden, sich nach besten Kräften für die Interessen des Arbeitgebers einzusetzen und Maßnahmen zu unterlassen, die den Arbeitgeber oder den Betrieb schädigen könnten.[866]

Heute wird sie als Nebenpflicht des Arbeitnehmers definiert, seine Verpflichtungen aus dem Arbeitsverhältnis so zu erfüllen, seine Rechte so auszulegen und die im Zusammenhang mit dem Arbeitsverhältnis stehenden Interessen des Arbeitgebers so zu wahren, wie dies von ihm unter Berücksichtigung seiner Stellung im Betrieb, seiner eigenen Interessen und der Interessen der anderen Arbeitnehmer des Betriebes nach Treu und Glauben billigerweise verlangt werden kann.[867]

542 Die Treuepflicht beinhaltet eine Reihe von Einzelpflichten, die – wie generell bei Nebenpflichten – gesetzlich geregelt, vertraglich vereinbart sein oder sich aus dem Grundsatz von Treu und Glauben ergeben können.

1. Politische Treuepflicht

543 Wichtigste Ausprägung der Treuepflicht der Arbeitnehmer im öffentlichen Dienst ist die politische Treuepflicht, das heißt die Pflicht, sich durch sein gesamtes Verhalten zur freiheitlichen demokratischen Grundordnung im Sinne des Grundgesetzes zu bekennen. Dies bedeutet allgemein jedenfalls, dass der Arbeitnehmer im öffentlichen Dienst den Staat und seine Verfassungsorgane nicht in unangemessener Weise angreifen, verächtlich machen oder beschimpfen darf. Darüber hinaus richtet sich das Maß der politischen Treuepflicht nach der vom Arbeitnehmer ausgeübten Funktion im Einzelfall. So ist zum Beispiel von einem Lehrer, der auf Grund eines Arbeitsverhältnisses an einer staatlichen Schule unterrichtet, zu erwarten, dass er den Schülern

---

[864] BAG, 17. 9. 1998, NZA 1999, 141 f. (143, 144).
[865] BAG, 17. 9. 1998, NZA 1999, 141 f. (144); 2. 12. 1999, NZA 2000, 715 f.; Lansnicker/Schwirtzek, BB 1999, 259 f.
[866] BAG, AP Nr. 1 zu § 611 BGB, Treuepflicht.
[867] Zum sog. Whistleblowing vgl. BAG, 3. 7. 2003, NZA 2004, 427 f.; Müller, NZA 2002, 424 f.; Deiseroth, AuR 2002, 161 f.; Bürkle, DB 2004, 2158 f.; Sauer, DÖD 2005, 121 f.; Wisskirchen/Körber/Bissels, BB 2006, 1567 f.

die Grundwerte der Verfassung vermitteln kann. Die Verletzung der politischen Treuepflicht kann nach Abwägung der beiderseitigen Interessen im Einzelfall die Kündigung des Arbeitsverhältnisses begründen.[868]

TVöD/TV-L

Das im BAT noch vorgesehene Gelöbnis über die gewissenhafte Diensterfüllung und Wahrung der Gesetze wurde vom TVöD/TV-L nicht übernommen. § 41 S. 1 TVöD BT-V und § 3 Abs. 1 S. 1 TV-L enthalten demgegenüber nur noch eine arbeitsvertragsrechtliche Selbstverständlichkeit, indem festgehalten wird, dass die arbeitsvertraglich geschuldete Leistung gewissenhaft und ordnungsgemäß auszuführen ist.[869] Gemäß § 3 Abs. 1 S. 2 TV-L wird von den Beschäftigten unspezifisch erwartet, dass sie sich durch ihr gesamtes Verhalten zur freiheitlich demokratischen Grundordnung im Sinne des Grundgesetzes bekennen. § 41 S. 2 TVöD BT-V unterscheidet hier zwischen den Aufgabenbereichen, die ein Beschäftigter wahrzunehmen hat. Werden auch hoheitliche Tätigkeiten wahrgenommen, so haben sich die Beschäftigten durch ihr gesamtes Verhalten zurfreiheitlich demokratischen Grundordnung im Sinne des Grundgesetzes zu bekennen. Der TVöD übernimmt damit die Rechtsprechung des BAG, das beim Ausmaß der politischen Treuepflicht des Angestellten nach der ausgeübten Funktion differenziert hat.[870]

2. Pflicht zu achtungswürdigem Verhalten

Zur Treuepflicht des Arbeitnehmers im öffentlichen Dienst gehört auch die Pflicht, sich im Dienst und außerhalb desselben, so zu verhalten, wie es von Angehörigen des öffentlichen Dienstes erwartet wird. Dies ergibt sich aus dem Grundsatz von Treu und Glauben. Zu dieser Pflicht gehören insbesondere[871]
– die Pflicht zur Beachtung des Gemeinwohls bei Ausübung der übertragenen Tätigkeit (z. B. sparsame Handlungsweise),
– die Pflicht zur Erhaltung des Ansehens des Staates (z. B. Takt, Sachlichkeit, Unparteilichkeit),
– die Pflicht zur anständigen Lebensführung (z. B. kein übermäßiger Alkoholgenuss in der Öffentlichkeit) und
– die Pflicht zur Mäßigung bei ansonsten ungehinderter politischer Betätigung.

Auch die Verletzung dieser Pflicht kann die Kündigung des Arbeitsverhältnisses durch den Arbeitgeber rechtfertigen.

544

3. Verschwiegenheitspflicht

Die Verschwiegenheitspflicht ist eine Nebenpflicht, die sich aus dem Grundsatz von Treu und Glauben ergibt und geht weiter als der in § 17 UWG unter Strafe gestellte Verrat von Geschäfts- oder Betriebsgeheimnissen.
Sie besteht gegenüber jedermann und verbietet dem Arbeitnehmer, alle betrieblichen Umstände, die betriebsfremden Personen nicht oder nicht leicht zugänglich und nur einem eng begrenzten Personenkreis bekannt sind und die der Arbeitgeber

545

---

[868] BAG, 28. 9. 1989, ZTR 1990, 214 f.; Lakies/Kutscha, NZA 1995, 1079 f.
[869] Beachte: Andere spezifischere Formulierungen wählen die Besonderen Vorschriften des TV-L in § 40 Nr. 2 zu § 3 Nr. 1 TV-L oder § 41 Nr. 2 zu § 3 TV-L.
[870] Vgl. BAG, AP Nr. 2 zu Art. 33 Abs. 2 GG.
[871] Vgl. Scheuring, ZTR 1999, 337 f., 387 f. (außerdienstliches Fehlverhalten); Becker-Kavan, DÖD 1999, 249 f. (253 f.).

auf Grund eines berechtigten wirtschaftlichen Interesses erkennbar geheim halten will, Dritten weiterzugeben.[872] Nach der Rechtsprechung und der ganz überwiegenden Meinung in der Lehre[873] besteht sie auch nach Beendigung des Arbeitsverhältnisses weiter, auch wenn dies nicht ausdrücklich vereinbart ist. Die berufliche Weiterentwicklung des Arbeitnehmers könne nämlich nicht daran scheitern, dass es dem Arbeitnehmer verwehrt sei, seinen künftigen beruflichen Erfolg auf die Preisgabe oder Verwertung eines bestimmten Betriebsgeheimnisses zu gründen. Soweit sich die Verschwiegenheitspflicht aus gesetzlichen Vorschriften ergibt, ist sie dort auf die Dauer des Arbeitsverhältnisses beschränkt.

546 Die schuldhafte Verletzung der Verschwiegenheitspflicht begründet einen Schadensersatzanspruch des Arbeitgebers gegen den Arbeitnehmer, und zwar aus Verletzung einer Pflicht aus einem Schuldverhältnis (§ 280 f. BGB) und unter den Voraussetzungen der Vorschriften über die unerlaubten Handlungen (§§ 823 f. BGB). Erfolgt die Verletzung zu Zwecken des Wettbewerbs, aus Eigennutz, zugunsten eines Dritten oder in der Absicht, dem Arbeitgeber Schaden zuzufügen, so macht sich der Arbeitnehmer darüber hinaus nach § 17 UWG strafbar. Schließlich kann sie nach erfolgter Abwägung der beiderseitigen Interessen eine Kündigung des Arbeitsverhältnisses durch den Arbeitgeber begründen.[874]

547 Der Arbeitnehmer im öffentlichen Dienst ist darüber hinaus verpflichtet, wenn er glaubt, ein verfassungswidriges Handeln seiner Behörde festgestellt zu haben, zunächst die in der institutionellen Ordnung des demokratischen Staates liegenden Abhilfemöglichkeiten auszuschöpfen, bevor er die Öffentlichkeit unterrichtet.[875]

548 § 3 Abs. 1 TVöD/§ 3 Abs. 2 TV-L begründet ausdrücklich die Pflicht zur Dienstverschwiegenheit, die auch nach Beendigung des Arbeitsverhältnisses gewahrt werden muss, obwohl sie sich aus dem Grundsatz von Treu und Glauben ohnehin ergibt.

549 Die Pflicht zur Dienstverschwiegenheit verpflichtet den Arbeitnehmer Verschwiegenheit zu wahren über Angelegenheiten, deren Geheimhaltung
– durch gesetzliche Vorschriften vorgesehen oder
– auf Weisung des Arbeitgebers angeordnet ist. Nach § 9 Abs. 3 BAT hatte der Arbeitgeber einen Anspruch auf Herausgabe dienstlicher Schriftstücke, von Formeln, Zeichnungen, bildlichen Darstellungen etc. Im TVöD/§ 3 Abs. 2 TV-L gibt es hierzu keine Entsprechung mehr, jedoch ergibt sich eine solche Herausgabepflicht des Arbeitnehmers aus der allgemein arbeitsvertraglichen Treuepflicht.[876]

550 Die Bedeutung der Schweigepflicht im öffentlichen Dienst ergibt sich aus der zusätzlichen Sanktion, die bei ihrer Verletzung vorgesehen ist. Abgesehen von der Möglichkeit des Arbeitgebers, Schadensersatz zu verlangen und das Arbeitsverhältnis zu kündigen und über die Sanktion unter den Voraussetzungen des § 17 UWG hinaus, enthält nämlich § 353 b des Strafgesetzbuches (StGB) eine Strafvorschrift für die Verletzung der Schweigepflicht, die nach Abs. 1 Ziffer 2 auch für Personen gilt, die für „den öffentlichen Dienst besonders verpflichtet" sind. Damit sind Personen

---

[872] Zur Abgrenzung zwischen Schweigepflicht und Anzeigerecht vgl. ausführlich Preis/Reinfeld, AuR 1989, 361 f.
[873] BAG, AP Nr. 4 zu § 611 BGB, Fürsorgepflicht; AP Nr. 1 zu § 611 BGB, Betriebsgeheimnis; 15. 12. 1987, AuR 1989, 388 f. mit Anm. von Eisemann; Dietz, Die Pflicht der ehemaligen Beschäftigten zur Verschwiegenheit über Betriebsgeheimnisse, Festschrift für Hedemann 1938, S. 337 f, m. w. N.; Molkenbur, BB 1990, 1196 f.
[874] BAG, AP Nr. 1 zu § 626 BGB, Arbeitnehmervertreter im Aufsichtsrat.
[875] BVerfG, AP Nr. 5 zu Art. 5 GG, Meinungsfreiheit.
[876] Siehe Durchführungshinweise des BMI zum TVöD (GMBl. 2006, S. 179).

gemeint, die nicht Amtsträger alleine auf Grund des Amtsverhältnisses sind, nämlich z.B. die Beamten, Richter und Minister, sondern auf Grund ihrer Funktion. Dies sind die Arbeitnehmer, die dazu bestellt sind, bei einer Behörde oder einer sonstigen Stelle oder in deren Auftrag Aufgaben der öffentlichen Verwaltung wahrzunehmen und gemäß § 11 Abs. 1 Nr. 4 StGB nach dem Gesetz über die förmliche Verpflichtung nichtbeamteter Personen (**Verpflichtungsgesetz** i.d.F. von Art. 42 EGStGB) förmlich verpflichtet worden sind. Das Verpflichtungsgesetz schreibt die förmliche Verpflichtung der Arbeitnehmer im öffentlichen Dienst vor, wenn sie Aufgaben der öffentlichen Verwaltung vornehmen. Zu diesem Personenkreis gehören also die Arbeitnehmer nicht, die zwar im öffentlichen Dienst beschäftigt sind, selbst jedoch keine öffentlichen Aufgaben wahrnehmen, wie z.B. Boten, Bürokräfte und Schreibkräfte. Da die Einordnung im Einzelfall schwierig sein kann, empfiehlt es sich, in Zweifelsfällen die förmliche Verpflichtung vorzunehmen.[877]

Der Arbeitnehmer bedarf der Genehmigung des Arbeitgebers, wenn er im Zivilprozess, im Strafprozess, im arbeits-, sozial- oder verwaltungsgerichtlichen Verfahren als Zeuge oder Sachverständiger über Angelegenheiten vor Gericht aussagen soll, die er nach den genannten Vorschriften der Tarifverträge geheim zu halten verpflichtet ist (§§ 376 ZPO, 54, 72 StPO, 46 Abs. 2, 80 Abs. 2 ArbGG, 118 Abs. 1 SGG, 98 VwGO). Soll der Arbeitnehmer nach Beendigung des Arbeitsverhältnisses aussagen, so ist die Genehmigung des früheren Arbeitgebers einzuholen.

4. Pflicht zur Unbestechlichkeit (Schmiergeldverbot)

Auch das Schmiergeldverbot ist eine Nebenpflicht auf Grund des Grundsatzes von Treu und Glauben. Es beinhaltet das Verbot zur Annahme von geldwerten Geschenken oder anderen Vorteilen, durch die der Arbeitnehmer zu einem pflichtwidrigen Verhalten veranlasst oder dafür belohnt werden soll. Ein Verstoß gegen die Treuepflicht ist selbst dann gegeben, wenn der Arbeitnehmer nicht pflichtwidrig handelt. Folgen des Verstoßes gegen die Pflicht zur Unbestechlichkeit sind Schadensersatzpflicht bei Verschulden, Kündigung des Arbeitsverhältnisses durch den Arbeitgeber nach erfolgter Interessenabwägung und Anspruch des Arbeitgebers auf Herausgabe des Schmiergeldes unter dem Gesichtspunkt der unberechtigten Geschäftsführung ohne Auftrag nach den §§ 687 Abs. 2 S. 1, 681 S. 1, 667 BGB.[878]

§ 3 Abs. 2 **TVöD**/§ 3 Abs. 3 TV-L enthält das Gebot der Unbestechlichkeit ausdrücklich , obwohl es sich aus dem Grundsatz von Treu und Glauben ohnehin ergibt, sodass die Vorschriften über die Verpflichtung des Arbeitnehmers hinaus, dem Arbeitgeber Bestechungsversuche unverzüglich und unaufgefordert mitzuteilen, keine selbständige Bedeutung haben.[879]

Der besonderen Bedeutung der Unbestechlichkeit für den öffentlichen Dienst wird durch die Strafvorschrift des § 332 StGB (i.V.m. § 11 Abs. 1 Nr. 4 StGB, und dem Verpflichtungsgesetz) Rechnung getragen.

---

[877] Ebert, Kennzahl 630, Rdn. 17.
[878] Str.; BAG, AP Nr. 5 zu § 687 BGB; Isele, RdA 1962, 52; Schulz, RdA 1971, 278; Mayer, NJW 1983, 1300.
[879] Im Vergleich zur alten Regelung in § 10 BAT erwähnt § 3 Abs. 2 TVöD/§ 3 Abs. 3 TV-L neben Belohnungen und Geschenken, die der Arbeitnehmer nicht annehmen darf, Provisionen und sonstige Vergünstigungen (letztere als Oberbegriff).

5. Pflicht zur Unterlassung einer Nebentätigkeit[880]

555 Aus der Treuepflicht des Arbeitnehmers kann sich auch die Verpflichtung ergeben, eine Nebentätigkeit, sei es in einem anderen Arbeitsverhältnis, sei es als selbständige Nebentätigkeit, zu unterlassen, allerdings bestehen insoweit erhebliche Einschränkungen.

556 Ausgangspunkt für die Einschränkungen, die hinsichtlich der Verpflichtung des Arbeitnehmers bestehen, eine Nebentätigkeit zu unterlassen, ist der Umstand, dass Art. 12 GG das Recht des Arbeitnehmers schützt, grundsätzlich mehrere Arbeitsverhältnisse gleichzeitig zu haben oder neben einer Beschäftigung als Arbeitnehmer eine selbständige Tätigkeit auszuüben.[881] Danach gilt folgendes:

557 a) Besteht eine vertragliche Beschränkung nicht, so gelten für die Nebenbeschäftigung **in einem weiteren Arbeitsverhältnis** folgende Grenzen:

aa) Die Nebenbeschäftigung darf nicht dazu führen, dass die Pflichten aus dem zeitlich ersten Arbeitsverhältnis vernachlässigt oder nicht erfüllt werden.

bb) Die Gesamtarbeitszeit bei den Arbeitgebern darf die Höchstgrenzen des Arbeitszeitrechts nicht überschreiten.[882]

cc) Während des Urlaubs darf der Arbeitnehmer keine dem Urlaubszweck widersprechende Tätigkeit ausüben (§ 8 BUrlG).

dd) Die Nebenbeschäftigung darf dem Arbeitgeber keinen Wettbewerb machen.[883]

558 b) Ohne vertragliche Beschränkung ist **eine selbständige Nebentätigkeit** unzulässig, wenn sie
– gesetzliche Vorschriften verletzt (z. B. das Gesetz zur Bekämpfung der Schwarzarbeit),
– dazu führt, dass die Pflichten aus dem Arbeitsverhältnis vernachlässigt oder nicht erfüllt werden oder
– dem Arbeitgeber Wettbewerb macht.

559 c) Eine Einschränkung oder ein Verbot im Arbeitsvertrag, eine Nebentätigkeit auszuüben, ist wirksam, allerdings nur dann, wenn der Arbeitgeber ein berechtigtes Interesse daran hat.[884]

Auch eine tarifvertragliche Einschränkung ist vor allem zur Verhinderung von Mißbräuchen zulässig.

560 d) Verstößt der Arbeitnehmer gegen die Pflicht zur Unterlassung einer Nebentätigkeit, so kann dies nach Abwägung der beiderseitigen Interessen die Kündigung des Arbeitsverhältnisses durch den Arbeitgeber begründen.

561 e) Der TVöD/TV-L hat von der Möglichkeit Gebrauch gemacht, die Nebentätigkeit tarifvertraglich zu regeln.

Gemäß § 3 Abs. 3 S. 1 TVöD/§ 3 Abs. 4 TV-L haben die Beschäftigten dem Arbeitgeber **entgeltliche Nebentätigkeiten** lediglich rechtzeitig vorher schriftlich anzuzeigen. Nebentätigkeiten stehen damit tarifrechtlich nicht mehr unter einem

---

[880] Vgl. dazu Wertheimer/Krug, BB 2000, 1462f.; Braun, DB 2003, 2282f.; ders., ZTR 2004, 69f.; ders., AuR 2004, 47f. Zur Anzeigepflicht und zum Auskunftsanspruch vgl. BAG, 18. 1. 1996, ZTR 1996, 475f., zum Anspruch von Mitarbeitern des öffentlichen Dienstes auf Zulassung als Nebentätigkeits-Rechtsanwalt vgl. Haller, DÖD 1998, 59f.

[881] BAG, AP Nr. 6 zu Art. 12 GG; AP Nr. 4 zu § 60 HGB. Vgl. zur Bedeutung des Art. 12 GG für das Arbeitsrecht Söllner, AuR 1991, 45f.

[882] BAG, AP Nr. 1 zu § 611 BGB, Doppelarbeitsverhältnis.

[883] BAG, AP Nr. 7 zu § 611 BGB, Treuepflicht.

[884] BAG, 11. 12. 2001, NZA 2002, 965f. Vgl. zu Inhalt und Grenzen arbeitsvertraglicher Nebentätigkeitsverbote Grunewald, NZA 1994, 971f.

Erlaubnisvorbehalt. Nebentätigkeiten, für die der Beschäftigte kein Entgelt erhält, sind von der Tarifregelung nicht erfasst. Zum Entgelt zählen nicht nur Gehalt und Lohn, sondern auch jeder andere geldwerte Vorteil, wie Sachbezüge, Honorare, Gewinnanteile, Zurverfügungstellung von Gegenständen zum unentgeltlichen Gebrauch, wenn diese sonst im Allgemeinen nur gegen Entgelt überlassen werden.[885] Bei unentgeltlichen Tätigkeiten bleibt es bei den allgemeinen arbeitsrechtlichen Grundsätzen, wonach eine Nebentätigkeit z. B. dann unzulässig ist, wenn sie den Beschäftigten daran hindert, seinen Arbeitspflichten aus dem Hauptarbeitsverhältnis nachzukommen, oder bei entgegenstehenden Wettbewerbsinteressen.[886]

Der Arbeitgeber hat die Möglichkeit, die **Nebentätigkeit zu untersagen oder mit Auflagen zu versehen**, wenn diese geeignet ist, die Erfüllung der arbeitsvertraglichen Pflichten oder berechtigte Interessen des Arbeitgebers zu beeinträchtigen (§ 3 Abs. 3 S. 2 TVöD/§ 3 Abs. 4 S. 2 TV-L). Dies könnte z. B. der Fall sein, wenn der Arbeitnehmer eine der Haupttätigkeit gleichartige Nebentätigkeit bei einem anderen Arbeitgeber aufnimmt oder wenn durch die Nebentätigkeit, die in einem Arbeitsverhältnis ausgeübt wird, die nach dem Arbeitszeitgesetz zulässige Höchstarbeitszeit überschritten wird. Die Beeinträchtigung kann auch in der Gefährdung der physischen oder psychischen Leistungsfähigkeit auf längere Sicht liegen. Der Arbeitgeber hat insoweit eine sorgfältige Prognoseentscheidung zu treffen. Die Anzeigepflicht besteht unabhängig von der Einschätzung des Beschäftigten, ob die beabsichtigte Nebentätigkeit die arbeitsvertraglichen Pflichten oder die Interessen des Arbeitgebers beeinträchtigen werde. Wann die Anzeige **rechtzeitig** vorher ist, ist im Einzelfall zu bestimmen. Der Arbeitnehmer muss jedenfalls bedenken, dass der Arbeitgeber genügend Zeit hat, zu prüfen und zu entscheiden, ob ein Untersagungsgrund gegeben ist. Rechtzeitigkeit liegt nicht mehr vor, wenn der Arbeitgeber faktisch vor vollendete Tatsachen gestellt wird. 562

Ob die zuvor angezeigte und nicht untersagte Nebentätigkeit nach Aufnahme der Tätigkeit noch untersagt werden kann, hängt vom Einzelfall ab. Es ist ggf. ein ausreichend großer Zeitraum für die Beendigung der Nebentätigkeit einzuräumen.

Für Nebentätigkeiten bei demselben Arbeitgeber oder im Übrigen öffentlichen Dienst kann eine Ablieferungspflicht der Nebentätigkeitsvergütung an den Arbeitgeber zur Auflage gemacht werden (§ 3 Abs. 3 S. 3 HS. 1 TVöD/§ 3 Abs. 4 S. 3 TV-L). Für die Beschäftigten des Bundes sind dabei gemäß § 3 Abs. 3 S. 3 HS. 2 TVöD die für die Beamten des Bundes geltenden Bestimmungen maßgeblich. Mit dieser Rückkehr zur unter dem BAT gültigen Rechtslage (vgl. § 11 BAT) wurde im Bereich des Bundes die mit der Tarifreform angestrebte Lösung vom Beamtenrecht wieder aufgegeben.[887]

Da § 3 Abs. 3 TVöD/§ 3 Abs. 4 TV-L zu den vertraglichen Nebenpflichten gehört, ergeben sich aus der Mißachtung verschiedene Rechtsfolgen: von Schadensersatz- und Unterlassungsansprüchen aus positiver Vertragsverletzung (§ 280 Abs. 1 BGB), über Abmahnung bis hin zur ordentlichen oder. außerordentlichen Kündigung.[888]

---

[885] Breier/Dassau/e. a., Erl. 4.3 zu § 3 TVöD.
[886] Siehe auch die weiteren Beispiele in den Durchführungsbestimmungen des BMI zum TVöD (GMBl. 2006, S. 181).
[887] § 3 Abs. 3 S. 3 TVöD wurde mit den Änderungstarifverträgen zur Tarifrunde 2008 neu eingefügt.
[888] Siehe die näheren Ausführungen bei Breier/Dassau/e. a., Erl. 4.5.2–4.5.4 zu § 3 TVöD Rdn. 61–63.

6. Pflicht zur Anzeige und Abwendung von Schäden

563 Inhalt der Treuepflicht ist auch die Verpflichtung des Arbeitnehmers, in seinem Tätigkeitsbereich drohende oder bereits eingetretene Schäden dem Arbeitgeber anzuzeigen, damit dieser für Abhilfe sorgen kann, und in Notfällen selbst ihm zumutbare Abwehrmaßnahmen zu ergreifen.[889] Gehen die Beeinträchtigungen von einem Arbeitskollegen aus, so muss im Einzelfall eine Abwägung zwischen dem Interesse an der Verhinderung eines Denunziantentums und den Belangen des Arbeitgebers vorgenommen werden. Dabei überwiegen die Belange des Arbeitgebers in der Regel dann, wenn es sich um Personenschäden oder schwere Schäden handelt, Wiederholungsgefahr besteht oder der Arbeitnehmer, der die Beeinträchtigung feststellt, Aufsichtsfunktion hat.[890]

564 Die Verletzung der Pflicht zur Anzeige und Abwendung von Schäden kann unter dem Gesichtspunkt der Verletzung einer Pflicht aus einem Schuldverhältnis (§ 280 f. BGB) einen Schadensersatzanspruch gegen den Arbeitnehmer begründen[891] und nach Abwägung der beiderseitigen Interessen die Kündigung des Arbeitsverhältnisses rechtfertigen.

7. Pflicht zur Unterlassung von Wettbewerb

565 a) Für Arbeitnehmer, die in einem öffentlichen Unternehmen tätig sind, in einem Unternehmen also, das ganz oder teilweise von der öffentlichen Hand betrieben wird und in einem Marktbereich in Konkurrenz zu privatwirtschaftlichen Unternehmen steht, besteht **während des Arbeitsverhältnisses** ein Wettbewerbsverbot. Dies ergibt sich aus § 60 Abs. 1 HGB. Diese Vorschrift gilt zwar unmittelbar nur für kaufmännische Angestellte, ist aber auf alle Arbeitnehmer entsprechend anzuwenden. Es gilt
– gleichermaßen für Wettbewerb durch Aufnahme einer selbständigen unternehmerischen Tätigkeit und im Rahmen eines weiteren Arbeitsverhältnisses und
– unabhängig davon, ob der Arbeitgeber den von seinem Arbeitnehmer beworbenen Sektor oder Kunden erreichen würde oder nicht.[892]

566 b) Ein Verstoß gegen das Wettbewerbsverbot kann folgende Konsequenzen haben:
aa) Er kann nach Abwägung der beiderseitigen Interessen eine Kündigung des Arbeitsverhältnisses begründen.[893]
bb) Der Arbeitgeber kann vom Arbeitnehmer die Unterlassung der Wettbewerbstätigkeit verlangen.
cc) Wegen des Schadens, der dem Arbeitgeber durch die Wettbewerbstätigkeit des Arbeitnehmers entsteht, haftet der Arbeitnehmer auf Schadensersatz (§ 61 Abs. 1 HGB analog). Zum Schaden gehört auch der entgangene Gewinn, den der Arbeitgeber erzielt hätte, wenn er das Geschäft abgeschlossen hätte (§ 252 BGB).
dd) Statt der Geltendmachung des Schadensersatzanspruchs kann der Arbeitgeber durch Erklärung gegenüber dem Arbeitnehmer verlangen, dass der Arbeitnehmer die im Widerspruch zum Wettbewerbsverbot gemachten Geschäfte als für Rechnung des Arbeitgebers eingegangen gelten lassen muss (sog. Eintrittsrecht, § 61 Abs. 1 2. Halbsatz HGB analog). Um entscheiden zu können, ob er Scha-

---

[889] BAG, AP Nr. 57 zu § 611 BGB, Haftung des Arbeitnehmers.
[890] BAG, AP Nr. 57 zu § 611 BGB, Haftung des Arbeitnehmers; AP Nr. 66 zu § 626 BGB.
[891] BAG, AP Nr. 57 zu § 611 BGB, Haftung des Arbeitnehmers.
[892] BAG, 11. 4. 2000, NZA 2001, 94.
[893] BAG, 25. 4. 1991, NZA 1992, 212 f.

densersatz nach § 61 Abs. 1 1. Halbsatz HGB verlangt oder vom Eintrittsrecht Gebrauch macht, steht dem Arbeitgeber ein Auskunftsanspruch gegen den Arbeitnehmer zu.[894]

ee) Die dreimonatige Verjährungsfrist nach § 61 Abs. 2 HGB gilt nicht nur für den Schadensersatzanspruch und das Eintrittsrecht nach Abs. 1, sondern für alle Ansprüche des Arbeitgebers, die dieser aus Wettbewerbsverstößen nach § 60 HGB herleitet.[895]

c) Nach Beendigung des Arbeitsverhältnisses besteht zwischen Arbeitgeber und Arbeitnehmer wegen der bisherigen Tätigkeit des Arbeitnehmers häufig ein Interessenkonflikt. Der Arbeitnehmer möchte seine beim bisherigen Arbeitgeber erworbenen Fähigkeiten und Kenntnisse frei verwerten, der frühere Arbeitgeber dagegen möchte durch die Tätigkeit seines früheren Arbeitnehmers nicht geschädigt werden. Zur Lösung dieses Konflikts kann zwischen dem Arbeitgeber und dem Arbeitnehmer eine Vereinbarung getroffen werden, die den Arbeitnehmer **nach Beendigung des Arbeitsverhältnisses** in seiner Tätigkeit einschränkt, ohne eine derartige Abrede darf ein Arbeitnehmer nach der Beendigung seines Arbeitsverhältnisses zu seinem Arbeitgeber in Wettbewerb treten.[896] Wettbewerbsverbote sind gegenseitige Verträge.[897]

Solch ein nachvertragliches Wettbewerbsverbot unterliegt allerdings den Voraussetzungen der §§ 74 bis 75 d HGB. Diese Vorschriften gelten zwar unmittelbar auch nur für kaufmännische Angestellte, sind aber auf Arbeitnehmer allgemein entsprechend anzuwenden (§§ 6 Abs. 2, 110 GewO).[898] Danach gilt folgendes:

aa) Eine derartige Vereinbarung bedarf zu ihrer Wirksamkeit der Schriftform und der Aushändigung einer vom Arbeitgeber unterschriebenen, die vereinbarten Bestimmungen enthaltenden Urkunde an den Arbeitnehmer (§ 74 Abs. 1 HGB).[899]

bb) Das Wettbewerbsverbot kann nicht auf mehr als 2 Jahre von der Beendigung des Arbeitsverhältnisses an vereinbart werden (§ 74a Abs. 1 S. 3 HGB). Ein für längere Zeit vereinbartes Verbot ist für zwei Jahre wirksam und darüber hinaus unwirksam.[900]

cc) Die Vereinbarung ist nur wirksam, wenn der Arbeitnehmer bei ihrem Abschluss volljährig ist (§ 74a Abs. 2 S. 1 HGB). Sie ist mithin auch dann unwirksam, wenn der gesetzliche Vertreter zustimmt.[901]

dd) Der Arbeitgeber muss Anlass haben, den Wettbewerb des Arbeitnehmers zu fürchten, weil dieser bei ihm besondere Kenntnisse, Erfahrungen und Beziehungen erworben hat, weil die Vereinbarung andernfalls nicht zum Schutze eines berechtigten geschäftlichen Interesses des Arbeitgebers dient (§ 74a Abs. 1 S. 1 HGB).[902] Besteht der Anlass nicht, so ist das Wettbewerbsverbot unverbindlich.

ee) Das Wettbewerbsverbot ist außerdem nicht verbindlich, wenn sich der Arbeitgeber nicht verpflichtet, für seine Dauer eine bestimmte Entschädigung zu bezahlen (§ 74 Abs. 2 HGB). Abgesehen von dem Fall der Verbüßung einer Freiheitsstrafe (§ 74c Abs. 1 S. 3 HGB) ist es für die Pflicht zur Zahlung der

---

[894] BAG, BB 1970, 1095; 1971, 86; 1977, 41.
[895] BAG, 11. 4. 2000, NZA 2001, 94 f.
[896] BAG, 19. 5. 1998, NZA 1999, 200 f.; Anm. dazu von Wertheimer, BB 1999, 1600 f.
[897] BAG, 23. 11. 2004, NZA 2005, 411 f.
[898] Vgl. dazu Düwell, DB 2002, 2270 f.
[899] Vgl. dazu BAG, 23. 11. 2004, NZA 2005, 411 f.
[900] BAG, BB 1984, 535.
[901] BAG, AP Nr. 1 zu § 90a HGB.
[902] BAG, AP Nr. 2 zu § 74a HGB; 1. 8. 1995, NZA 1996, 310 f.

Entschädigung unerheblich, warum der Arbeitnehmer den Wettbewerb unterlässt.[903]

ff) Es ist schließlich insoweit unverbindlich, als es unter Berücksichtigung der Entschädigung nach Ort, Zeit und Gegenstand eine unbillige Erschwerung des Fortkommens des Arbeitnehmers enthält (§ 74a Abs. 1 S. 2 HGB). Dies kann zum Beispiel wegen der weiten räumlichen Erstreckung (z. B. auf ganz Europa) der Fall sein.[904] Allgemein muss die Entschädigung umso höher sein, je erheblicher die berufliche Beschränkung des Arbeitnehmers ist, wenn eine unbillige Erschwerung des Fortkommens verneint werden soll. Enthält das Wettbewerbsverbot eine unbillige Erschwerung, so ist es dennoch insoweit verbindlich, als die Behinderung nicht unbillig ist.[905]

gg) Sowohl der Arbeitgeber als auch der Arbeitnehmer können sich vom vereinbarten Wettbewerbsverbot lösen, allerdings unter unterschiedlichen Voraussetzungen. Der Arbeitnehmer kann sich vom Wettbewerbsverbot lossagen,
- wenn **er aus wichtigem Grund das Arbeitsverhältnis außerordentlich kündigt** und vor Ablauf eines Monats nach der Kündigung schriftlich erklärt, dass er sich an die Vereinbarung nicht gebunden erachte. Erforderlich ist, dass vertragswidriges Verhalten des Arbeitgebers den wichtigen Grund bildet (§ 75 Abs. 1 HGB) oder
- wenn **er das Arbeitsverhältnis ordentlich kündigt oder durch Aufhebungsvertrag beendet** er aber einen Grund zur außerordentlichen Kündigung wegen vertragswidrigen Verhaltens des Arbeitgebers hat, bei der Lösung des Arbeitsverhältnisses den Arbeitgeber daraufhinweist, dass er einen außerordentlichen Kündigungsgrund beansprucht und vor Ablauf eines Monats nach der Kündigung oder der einvernehmlichen Aufhebung das Lossagerecht schriftlich ausübt (§ 75 Abs. 1 HGB analog) oder
- wenn **der Arbeitgeber** das Arbeitsverhältnis **ordentlich kündigt** und der Arbeitnehmer vor Ablauf eines Monats nach der Kündigung das Lossagerecht schriftlich ausübt. In diesem Fall besteht das Lossagerecht nicht,
  wenn in der Person des Arbeitnehmers ein personen- oder verhaltensbedingter Kündigungsgrund vorliegt oder
  wenn sich der Arbeitgeber bei der Kündigung bereit erklärt, während der Verbotsdauer die vollen zuletzt vom Arbeitnehmer bezogenen Vergütungen zu bezahlen (§ 75 Abs. 2 HGB).

Das Lossagerecht des Arbeitnehmers besteht auch dann, wenn **der Arbeitgeber außerordentlich kündigt**, es sei denn, es liegt eine der beiden genannten Ausnahmen vor.

Macht der Arbeitnehmer von seinem Lossagerecht Gebrauch, so kann der Arbeitgeber keine Unterlassung und der Arbeitnehmer keine Karenzentschädigung verlangen.

Der **Arbeitgeber** kann sich vom Wettbewerbsverbot lossagen,
- wenn **er aus wichtigem Grund das Arbeitsverhältnis außerordentlich kündigt** und vor Ablauf eines Monats nach der Kündigung das Lossagerecht schriftlich ausübt. Voraussetzung ist, dass vertragswidriges Verhalten des Arbeitnehmers den wichtigen Grund bildet (§ 75 Abs. 1 HGB analog;[906] die Vor-

---

[903] BAG, 23. 11. 2004, NZA 2005, 411 f.
[904] Vgl. zur Wirksamkeit nachvertraglicher Wettbewerbsverbote in Fällen mit Auslandsbezug Thomas/Weidmann, DB 2004, 2694 f.
[905] BAG, AP Nr. 25 zu § 133 f GewO.
[906] BAG, 19. 5. 1998, NZA 1999, 37 f.

schrift des § 75 Abs. 3 HGB, die dem Arbeitgeber in diesem Fall das Recht gibt, Unterlassung zu verlangen, dem Arbeitnehmer aber den Anspruch auf Karenzentschädigung nimmt, ist mit Art. 3 Abs. 1 GG nicht vereinbar und daher nichtig[907]) oder

- wenn er das Arbeitsverhältnis **ordentlich kündigt oder durch Aufhebungsvertrag beendet**, jedoch einen Grund zur außerordentlichen Kündigung wegen vertragswidrigen Verhaltens des Arbeitnehmers hat, bei der Lösung des Arbeitsverhältnisses den Arbeitnehmer daraufhinweist, dass er einen außerordentlichen Kündigungsgrund beansprucht und vor Ablauf eines Monats nach der Kündigung oder der einvernehmlichen Aufhebung das Lossagerecht schriftlich ausübt (§ 75 Abs. 1 HGB analog) oder
- wenn **er bis zur Beendigung des Arbeitsverhältnisses** schriftlich auf das Wettbewerbsverbot **verzichtet**. Dann tritt das Wettbewerbsverbot nach Beendigung des Arbeitsverhältnisses nicht in Kraft. Der Arbeitnehmer kann aber Karenzentschädigung von Beendigung des Arbeitsverhältnisses an verlangen, allerdings nur für die Dauer eines Jahres vom Zugang der Verzichtserklärung an. Will der Arbeitgeber also am Wettbewerbsverbot nicht festhalten und keine Karenzentschädigung bezahlen, so muss er dafür sorgen, dass seine Verzichtserklärung dem Arbeitnehmer spätestens ein Jahr vor Beendigung des Arbeitsverhältnisses zugeht (§ 75a HGB).

Eine Vertragsbestimmung, in der sich ein Arbeitgeber **vorbehält,** bei Ausscheiden des Arbeitnehmers diesem ein Wettbewerbsverbot aufzuerlegen, ist für den Arbeitnehmer unverbindlich.[908] Wird das Arbeitsverhältnis vor Arbeitsantritt gekündigt und der Arbeitnehmer gegebenenfalls für die Dauer der Kündigungsfrist von der Arbeit freigestellt, so ist im Zweifel davon auszugehen, dass das Wettbewerbsverbot keine Gültigkeit erlangt.[909] 569

Im Falle der **Unwirksamkeit** einer Vereinbarung kann keine der Parteien irgendwelche Ansprüche aus ihr herleiten. Bei **unverbindlichen** Abreden kann sich nur der Arbeitgeber nicht auf sie berufen, der Arbeitnehmer dagegen kann wählen, ob er sich auf die Unverbindlichkeit berufen und damit auf die Karenzentschädigung verzichten oder aber Wettbewerb unterlassen und dafür Karenzentschädigung beanspruchen will.[910] 570

8. Pflicht zur Rückzahlung von Aus-, Fort- und Weiterbildungskosten

Im Arbeitsleben spielen Aus-, Fort- und Weiterbildung eine erhebliche Rolle. Grundsätzlich sind einzelvertragliche Vereinbarungen zulässig, wonach die Kosten dafür, die der Arbeitgeber aufgewendet hat, vom Arbeitnehmer zurückzuzahlen sind, wenn dieser das Arbeitsverhältnis vor Ablauf bestimmter Fristen beendet.[911] Dies gilt jedoch nur unter folgenden Einschränkungen:[912] 571

---

[907] BAG, NJW 1977, 1357.
[908] BAG, 22. 5. 1990, NZA 1991, 263 f.
[909] BAG, 26. 5. 1992, NZA 1992, 976 f.
[910] BAG, AP Nr. 24 zu § 611 BGB, Konkurrenzklausel; Nr. 36 zu § 74 HGB.
[911] Zur Rückzahlung von Ausbildungskosten allgemein Braun, DÖD 2003, 177 f., zur Rückzahlungspflicht bei vorzeitiger oder erfolgloser Beendigung der Ausbildung vgl. BAG, 5. 12. 2002, ZTR 2003, 302 f.; Rischar, BB 2002, 2550 f., zur Rückzahlungspflicht bei Kündigung des Arbeitsverhältnisses vgl. Zeranski, NJW 2000, 336 f., bei Beendigung des Arbeitsverhältnisses auf Veranlassung des Arbeitnehmers vgl. BAG, 5. 7. 2000, ZTR 2000, 560 f.
[912] Vgl. dazu BAGE 13, 168; 42, 48; 68, 178; 15. 12. 1993, NZA 1994, 835 f. m. w. N.; 16. 3. 1994, NZA 1994, 937 f., m. w. N.; 26. 10. 1994, NZA 1995, 305 f.; 30. 11. 1994, NZA 1995, 727 f.; 6. 9. 1995, NZA 1996, 314 f.; 6. 9. 1995, ZTR 1996, 185 f.

a) Die Rückzahlungspflicht muss vom Standpunkt eines verständigen Betrachters einem begründeten und zu billigendem Interesse des Arbeitgebers entsprechen. Unter diesem Gesichtspunkt ist eine arbeitsvertragliche Vereinbarung insoweit unwirksam, als sie eine Erstattung auch für den Fall einer betriebsbedingten Kündigung durch den Arbeitgeber vorsieht.[913]

b) Der Arbeitnehmer muss mit der Ausbildungsmaßnahme eine angemessene Gegenleistung für die Rückzahlungsverpflichtung erhalten, z. B. einen beruflichen Vorteil durch Erwerb einer anerkannten Qualifikation.

c) Insgesamt muss die Erstattungspflicht dem Arbeitnehmer nach Treu und Glauben zumutbar sein. Die für den Arbeitnehmer tragbaren Bindungen sind aufgrund einer Güter- und Interessenabwägung nach Maßgabe des Verhältnismäßigkeitsgrundsatzes unter Heranziehung der Umstände des Einzelfalles zu ermitteln. Dabei kommt es u. a. auf die Dauer der Bindung, den Umfang der Ausbildungsmaßnahme, die Höhe des Rückzahlungsbetrages und dessen Abwicklung an.[914]

Derartige einzelvertragliche Vereinbarungen unterliegen einer durch § 242 BGB begründeten und von Verfassungs wegen gebotenen richterlichen Inhaltskontrolle.[915] Dieser kann eine Abrede, die den Arbeitnehmer auch bei vorzeitiger Kündigung des Arbeitgebers zur Rückzahlung verpflichtet, nur genügen, wenn der Arbeitnehmer die Kündigungsentscheidung und damit das Fehlschlagen der Bildungsinvestition des Arbeitgebers durch ein vertragswidriges Verhalten veranlasst hat.[916]

Eine Vereinbarung in einem **Formulararbeitsvertrag**, nach der ein Arbeitnehmer vom Arbeitgeber getragene Ausbildungskosten **in jedem Fall** (anteilig) zurückzahlen muss, wenn das Arbeitsverhältnis vor Ablauf einer bestimmten Frist endet, ist unwirksam, weil die Rückzahlungspflicht ohne Rücksicht auf den Beendigungsgrund gelten soll. Eine derartige Rückzahlungsklausel hält einer Inhaltskontrolle nach § 307 BGB nicht stand und ist auch nicht im Wege der sogenannten geltungserhaltenden Reduktion oder der ergänzenden Vertragsauslegung auf die Fälle zu beschränken, in denen der Beendigungsgrund in die Verantwortungs- oder Risikosphäre des Arbeitnehmers fällt.[917]

Eine Klausel, die den Abbau eines Studiendarlehens in Raten für jeden Monat der späteren Tätigkeit und im Falle einer Kündigung die sofortige Rückzahlung der Restschuld vorsieht, ist unangemessen nach § 307 Abs. 1 S. 1 BGB, wenn sie keine Verpflichtung des Darlehensgebers enthält, den Studierenden nach erfolgreichem Abschluss des Studiums zu beschäftigen, und nach § 307 Abs. 1 S. 2 BGB, wenn sie den Studierenden völlig im Unklaren lässt, zu welchen Arbeitsbedingungen er nach erfolgreichem Abschluss des Studiums vom Darlehensgeber beschäftigt werden soll.[918]

TVöD/TV-L

572 § 5 TVöD/TV-L ist allein der Qualifizierung der Beschäftigten gewidmet. Hiernach (§ 5 Abs. 1 S. 2 und. 3) dient Qualifizierung der Steigerung von Effektivität

---

[913] BAG, 6. 5. 1998, NZA 1999, 79 f.
[914] BAG, 5. 12. 2002, NZA 2003, 559 f.; 21. 7. 2005, AP Nr. 37 zu § 611 BGB, Ausbildungsbeihilfe (Rückzahlungstabelle für Ausbildungskosten); Schmidt, NZA 2004, 1002 f.
[915] Vgl. zur richterlichen Inhaltskontrolle einer Vereinbarung allgemein BAG, 21. 7. 2005, NZA 2006, 542 f., zu einer Vereinbarung, durch die ein Arbeitnehmer an Ausbildungskosten beteiligt wird, BAG, 21. 11. 2001, NZA 2002, 551 f.
[916] BAG, 24. 6. 2004, NZA 2004, 1035 f.
[917] BAG, 11. 4. 2006, NZA 2006, 1042 f.; 23. 1. 2007, NZA 2007, 748 f.
[918] BAG, 18. 3. 2008, NZA 2008, 1004 f.; Maier/Mosig, NZA 2008, 1168 f.

und Effizienz des öffentlichen Dienstes, der Nachwuchsförderung und der Steigerung von beschäftigungsbezogenen Kompetenzen. Die Tarifvertragsparteien verstehen Qualifizierung auch als Teil der Personalentwicklung. Darüber hinaus kann eine Weiterqualifizierung im Rahmen von § 17 Abs. 2 TVöD/TV-L (Stufenaufstieg) und § 18 TVöD/TV-L (Leistungsentgelt) Beachtung finden. § 5 Abs. 2 TVöD/TV-L stellt jedoch klar, dass kein Anspruch auf eine Weiterbildungsmaßnahme besteht. Gemäß § 5 Abs. 4 TVöD/TV-L hat aber jeder Beschäftigte Anspruch auf ein regelmäßiges (soweit nicht anderweitig geregelt jährliches) Gespräch mit seiner Führungskraft. Es ist darin festzustellen, ob und welcher Qualifizierungsbedarf besteht. Der so ermittelte Bedarf wird den zuständigen Fortbildungsstellen gemeldet. Veranlasst der Arbeitgeber eine Qualifizierungsmaßnahme (beachte die nicht abschließende Aufzählung in § 5 Abs. 3 TVöD/TV-L), sind die Kosten – einschließlich Reisekosten – grundsätzlich vom Arbeitgeber zu tragen (§ 5 Abs. 5 S. 1 TVöD/§ 5 Abs. 6 TV-L). Die Betriebsparteien sind jedoch aufgefordert, die Grundsätze einer fairen Kostenverteilung unter Berücksichtigung des betrieblichen und individuellen Nutzens zu regeln. Der Eigenbeitrag des Arbeitnehmers wird in der Qualifizierungsvereinbarung festgelegt. Dieser kann dergestalt einfließen, dass eine Fortbildung kostenmäßig getragen wird, jedoch in der Freizeit des Arbeitnehmers stattfindet. Ansonsten gelten nämlich Zeiten von vereinbarten Maßnahmen als Arbeitszeit (§ 5 Abs. 6 TVöD/§ 5 Abs. 5 TV-L). § 5 Abs. 7 TV-L regelt die – im TVöD nicht vorgesehene – Möglichkeit, eine Rückzahlungspflicht der Kosten der Qualifizierungsmaßnahme in Verbindung mit der Bindung des Beschäftigten an den Arbeitgeber zu vereinbaren.

9. Herausgabepflicht des Arbeitnehmers gemäß § 667 BGB

Nach § 667 BGB ist der Beauftragte verpflichtet, seinem Auftraggeber alles herauszugeben, was er aus der Geschäftsbesorgung erlangt. Dieser Grundsatz gilt auch im Arbeitsrecht. Dazu gehören auch die aus einem Vielfliegerprogramm erworbenen **Bonusmeilen** für dienstlich veranlasste und vom Arbeitgeber bezahlten Flüge eines Arbeirnehmers, wobei es unerheblich ist, ob die Fluggesellschaft die Bonusmeilen ausschließlich dem Vielflieger zukommen lassen will oder nicht.[919]

573

III. Die Pflicht zur Zahlung der Vergütung

1. Verpflichtung zur Entgeltzahlung bei Arbeitsleistung

a) Die Pflicht des Arbeitgebers, dem Arbeitnehmer eine Vergütung für seine Arbeitsleistung zu bezahlen, ergibt sich aus dem Arbeitsvertrag. Nach § 611 Abs. 1 BGB wird durch den Dienstvertrag „der andere Teil" zur Gewährung der vereinbarten Vergütung (Arbeitsentgelt) verpflichtet. Der Begriff Arbeitsentgelt umfasst jedes Entgelt aus dem Arbeitsvertrag, also zum Beispiel Gehalt, Lohn, Gage und Provision.[920] Im allgemeinen Sprachgebrauch nennt man das Arbeitsentgelt des Angestellten Gehalt, das des Arbeiters Lohn.

574

Die Vorschriften der §§ 6 Abs. 2, 107 und 108 GewO regeln Einzelheiten zum Arbeitsentgelt. Danach ist das Arbeitsentgelt in Euro zu berechnen und auszuzahlen (§ 107 Abs. 1 GewO). Dem Arbeitnehmer ist bei Auszahlung eine Abrechnung in

---

[919] BAG, 11. 4. 2006, NZA 2006, 1089 f.
[920] Vgl. zur Verpflichtung zur Rückzahlung zu viel gezahlter Vergütung (Überzahlung) BAG, 18. 1. 1995, ZTR 1995, 371 f., bei Arbeitnehmern des öffentlichen Dienstes Reckendress, ZTR 1999, 115 f., zum formularvertraglichen Ausschluss des Entreicherungseinwands Bieder, DB 2006, 1318 f.

Textform (§ 126b BGB) zu erteilen, die mindestens Angaben über Abrechnungszeitraum und Zusammensetzung des Arbeitsentgelts enthalten muss und von der nur abgesehen werden kann, wenn sich die Angaben gegenüber der Letzten ordnungsgemäßen Abrechnung nicht geändert haben (§ 108 GewO). Die Zahlung eines regelmäßigen Arbeitsentgelts kann nicht für die Fälle ausgeschlossen werden, in denen der Arbeitnehmer für seine Tätigkeit von Dritten ein Trinkgeld erhält (§ 107 Abs. 3 S. 1 GewO; Definition: S. 2).

Im öffentlichen Dienst wird statt Gehalt für den Angestellten der Begriff Vergütung verwendet, das Entgelt für den Arbeiter heißt in der Regel Lohn, gelegentlich aber ebenfalls Vergütung.

575 b) Man unterscheidet verschiedene **Vergütungsarten** nämlich

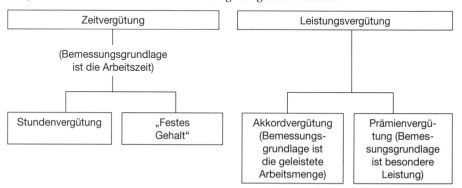

576 Ob **Geldvergütung** oder **Naturalvergütung** geschuldet wird, unterliegt der Vereinbarung. Allerdings besteht insofern eine Einschränkung, als nach § 107 Abs. 2 GewO für die Gewährung von Sachbezügen Grenzen gesetzt werden können.

Die **Höhe der Vergütung** ergibt sich aus dem Arbeitsvertrag und kann aus einem Tarifvertrag folgen, wenn dieser auf das Arbeitsverhältnis Anwendung findet. Wegen des Günstigkeitsprinzips stellt die im Tarifvertrag geregelte Vergütung dann die Mindestvergütung dar.

577 Hat der Arbeitgeber im Arbeitsvertrag eine übertarifliche Zulage vereinbart, so ist sie zusätzlich zu jeder Erhöhung der Vergütung durch Tarifvertrag zu bezahlen (**arbeitsvertragliche Effektivklausel**). Es kann allerdings auch im Arbeitsvertrag vereinbart sein, dass die übertarifliche Zulage auf Vergütungserhöhungen durch Tarifvertrag angerechnet wird. Selbst wenn der Arbeitgeber bisher niemals eine übertarifliche Vergütung mit Tariflohnerhöhungen verrechnet hat, genügt dies allein noch nicht für die Annahme einer betrieblichen Übung (vgl. Rdn. 21, 22), nach der die übertarifliche Vergütung auch künftig zum jeweiligen Tariflohn zusätzlich zu zahlen ist.[921]

Fraglich ist, ob Effektivklauseln im Tarifvertrag wirksam vereinbart werden können. Dazu ist eine differenzierende Betrachtung erforderlich. Von einer **Effektivgarantieklausel** spricht man dann, wenn vereinbart wird, dass die bisher gezahlte tatsächliche Vergütung, also die Vergütung zuzüglich einer im Arbeitsvertrag vereinbarten übertariflichen Zulage, im Falle einer Tariflohnerhöhung um den im Tarifvertrag vorgesehenen Betrag erhöht zu bezahlen ist. Das hätte zur Folge, dass die bisher gezahlte Vergütung einschließlich der arbeitsvertraglich vereinbarten übertariflichen Zulage zusammen mit der Tariflohnerhöhung zum unabdingbaren tariflichen Mindestlohn wird. Für derartige Vereinbarungen in Tarifverträgen fehlt es an der Rechtsgrund-

---

[921] BAG, 7. 2. 1995, NZA 1995, 894 f.

lage, denn der Tarifvertrag darf nicht an den auf einzelvertraglicher Grundlage gestalteten effektiven und möglicherweise ganz individuellen Lohn anknüpfen.[922]

Um eine **begrenzte Effektivklausel** handelt es sich, wenn zum Ausdruck gebracht wird, dass durch die Tariflohnerhöhung einzelvertraglich vereinbarte übertarifliche Zulagen nicht aufgezehrt werden. Der Unterschied zur Wirkung einer Effektivgarantieklausel besteht darin, dass im Falle der begrenzten Effektivklausel theoretisch weiterhin zwischen Tariflohn und übertariflichen Vergütungsbestandteilen unterschieden wird. Solche Klauseln in Tarifverträgen sind deshalb unwirksam, weil sie in die Vertragsbeziehungen zwischen Arbeitgeber und Arbeitnehmer eingreifen und deshalb den Rahmen der durch das Tarifvertragsgesetz gegebenen Normsetzungsbefugnis überschreiten.[923]

Unwirksam sind auch sogenannte **negative Effektivklauseln** (Verrechnungsklauseln), die für die Arbeitsvertragsparteien verbindlich vorschreiben, dass arbeitsvertraglich vereinbarte übertarifliche Zulagen von einer Tariflohnerhöhung aufgezehrt werden. Sie verstoßen gegen das Günstigkeitsprinzip.[924]

Bei der Zeitvergütung ergibt sich die maßgebende **Vergütungsperiode** (Stunden-, Tages-, Wochen- oder Monatsvergütung) aus der getroffenen Vereinbarung. 578

Bei der **Umrechnung auf Teilperioden**,[925] z.B. von Monatsvergütung auf Tagesvergütung, ist ebenfalls in erster Linie eine vorhandene einschlägige Vereinbarung maßgebend. Ist eine solche nicht vorhanden, so ist von der individuellen Arbeitszeit ausgehend bei der Umwandlung – am Beispiel der Umrechnung einer Monatsvergütung auf Tagesvergütung bei 5-Tage-Woche dargestellt – wie folgt zu verfahren:
– Die jahresdurchschnittlichen monatlichen Arbeitstage sind zu ermitteln. 365 (Tage) – 104 (52 Sonntage und 52 Samstage) = 261 (Arbeitstage). 261 : 12 (Monate) = 21,75 mithin aufgerundet 22 (jahresdurchschnittliche monatliche Arbeitstage).
– Die Monatsvergütung ist durch 22 zu teilen.

Die jahresdurchschnittliche Tageszahl ist maßgebend, weil mit der Vereinbarung einer Monatsvergütung die im Laufe eines Monats erbrachte Arbeitsleistung unabhängig von der im betreffenden Monat gerade gegebenen Zahl von Tagen in gleichbleibender Höhe abgegolten wird. Die Arbeitstage und nicht die Kalendertage sind anzusetzen, weil die Vergütung für die Arbeitszeit, mithin für die Arbeitstage geschuldet wird.

Bei einer Klage auf Vergütung müssen die Zeiträume, für die die Vergütung gefordert wird, kalendermäßig bezeichnet werden. Andernfalls ist der Gegenstand des erhobenen Anspruchs nicht ausreichend bezeichnet (§ 253 Abs. 2 Nr. 2 ZPO).[926]

c) Mit der **Tarifreform** wurde die Entgeltstruktur im öffentlichen Dienst völlig 579 neu gestaltet. Hing früher die Vergütung bzw. der Lohn nicht von der konkreten Leistung des Arbeitnehmers ab, so hat nun das Leistungsprinzip auch im öffentlichen Dienst Einzug gehalten. Verwirklicht wird es zum einen durch **leistungsorientierte Bezahlung** und zum anderen durch **leistungsorientierten Stufenaufstieg**. Davon abgesehen bleibt es dabei, dass die Höhe des Entgelts[927] grundsätzlich nicht ausgehandelt wird, sondern von der Zugehörigkeit des Arbeitnehmers zu einer Ent-

---

[922] BAG, AP Nr. 2 zu § 4 TVG, Effektivklausel; Nr. 12 zu § 4 TVG, Ordnungsprinzip.
[923] BAG, AP Nr. 7 und 15 zu § 4 TVG, Effektivklausel.
[924] BAG, AP Nr. 12 zu § 4 TVG, Ordnungsprinzip.
[925] Vgl. dazu Müller, NZA 1990, 769 f., m.w.N.
[926] BAG, 5. 9. 1995, NZA 1996, 266 f.
[927] § 17 Abs. 1 S. 3 TVÜ-Bund/-VKA/-Länder ersetzt die früheren Begriffe Vergütung und Lohn mit dem Begriff Entgelt.

geltgruppe bzw. -stufe abhängt. Die Zugehörigkeit des Beschäftigten zu einer Entgeltgruppe ihrerseits hängt davon ab, ob die Tätigkeitsmerkmale der Gruppe erfüllt sind. Die Tätigkeitsmerkmale beschreiben abstrakt die im Bereich des jeweiligen Tarifvertrags anfallenden Tätigkeiten.[928] Zulässig ist allerdings auch die Vereinbarung einer bestimmten Entgeltgruppe.[929]

580   d) Bei der Zugehörigkeit des Arbeitnehmers zu einer Entgeltgruppe ist zwischen Eingruppierung und Höhergruppierung zu unterscheiden. **Eingruppierung** ist die Zuordnung zu einer Entgeltgruppe bei Einstellung des Arbeitnehmers. Die Eingruppierung ist kein konstitutiver Akt des Arbeitgebers. Sie erfolgt also nicht durch Vereinbarung, sondern ergibt sich daraus, dass die Tätigkeit des Arbeitnehmers den Tätigkeitsmerkmalen zuzuordnen ist, die im Tarifvertrag aufgeführt sind. Dabei ist die **Tätigkeit** ausschlaggebend, **die der Arbeitnehmer nach dem Inhalt des Arbeitsvertrages auszuüben hat,** auch wenn er später andere Arbeit zu verrichten hat. **Höhergruppierung** (Umgruppierung)[930] ist die Zuordnung zu einer Entgeltgruppe als Folge des Umstandes, dass die Tätigkeit des Arbeitnehmers nicht den Tätigkeitsmerkmalen der Gruppe entspricht, in die er eingruppiert worden ist.

Der Umstand, dass die Tätigkeit nicht den Tätigkeitsmerkmalen der Gruppe entspricht, in die er eingruppiert worden ist, kann folgende Ursachen haben:

aa) Die Eingruppierung entspricht nicht der vom Arbeitnehmer nach dem Inhalt des Arbeitsvertrages auszuübenden Tätigkeit, er ist also falsch eingruppiert worden.

bb) Der Arbeitnehmer ist mit Billigung des Arbeitgebers in eine Tätigkeit hineingewachsen, die den Tätigkeitsmerkmalen einer höheren Gruppe entspricht.

cc) Ihm ist durch ausdrückliche Anordnung des Arbeitgebers für die Dauer eine Tätigkeit übertragen worden, die den Tätigkeitsmerkmalen einer höheren Gruppe entspricht.

dd) Die Zuordnung zu einer Gruppe hängt vom Eintritt bestimmter Voraussetzungen in der Person des Arbeitnehmers ab (z. B. vom Bestehen einer bestimmten Prüfung) und er erfüllt diese Voraussetzungen nunmehr.

581   Auch die Höhergruppierung ist kein konstitutiver Akt des Arbeitgebers, sondern nur die deklaratorische Anpassung an die gegebene Rechtslage, mithin die Zuordnung zu einer Entgeltgruppe nur die Interpretation der Rechtslage.

Durch die Angabe der Entgeltgruppe im Arbeitsvertrag bringt der Arbeitgeber im öffentlichen Dienst mithin nur zum Ausdruck, dass er das Entgelt gewähren will, das sich aus der Anwendung der tariflichen Bestimmungen ergibt, grundsätzlich nicht dagegen das angegebene Entgelt gegebenenfalls übertariflich gewähren zu wollen.[931]

582   Die Zuordnung des Arbeitnehmers zu einer Entgeltgruppe **unterliegt der Nachprüfbarkeit durch die Gerichte für Arbeitssachen** und zwar im Wege der sogenannten **Eingruppierungsfeststellungsklage.**[932] Der Kläger muss dabei diejenigen Tatsachen vortragen, aus denen der rechtliche Schluss möglich ist, dass er die beanspruchten

---

[928] Vgl. zum Eingruppierungsrecht allgemein Fromm, ZTR 1989, 211f., 251f.; Steingen, ZTR 1989, 474f.; Schliemann, ZTR 1999, 435f.

[929] BAG, 3. 6. 1992, ZTR 1992, 430. Zur arbeitsvertraglichen Verweisung auf Beamtenbesoldung BAG, 6. 11. 2002, ZTR 2003, 192f.

[930] Unter Umgruppierung versteht man die Höhergruppierung und die Herabgruppierung. Vgl. zum Begriff BAG, 20. 3. 1990, NZA 1990, 699f.

[931] BAG, 9. 12. 1999, ZTR 2000, 460f.

[932] BAG, AP Nr. 2, 8, 11, 19 zu §§ 22, 23 BAT 1975. Zu den Rechtskraftwirkungen des Feststellungsurteils vgl. BAG, 10. 12. 1997, ZTR 1998, 271f.; Zimmerling, NZA 1989, 418f.; Friedrich/Kloppenburg, ZTR 2003, 314f., zur Darlegungs- und Beweislast im Rahmen der Eingruppierungsfeststellungsklage vgl. Zimmerling, ZTR 2002, 354f.; Kiefer, ZTR 2002, 454f., zum Streitwert bei Eingruppierungsstreitigkeiten vgl. Brinkmann, ZTR 2003, 599f.

Tätigkeitsmerkmale einschließlich der darin vorgesehenen Qualifizierungen erfüllt. Die genaue und lückenlose Darstellung der eigenen Tätigkeit und von Einzelaufgaben reicht für die schlüssige Darlegung von Heraushebungsmerkmalen (z. B. „besondere Schwierigkeit" oder „besondere Bedeutung" einer Tätigkeit) nicht aus.[933]

Steigen im Laufe der Zeit die Anforderungen an die Berufstätigkeit eines Arbeitnehmers und lassen die Tarifvertragsparteien die Merkmale, von denen die Zuordnung abhängt, gleichwohl unberührt, so sind die Gerichte für Arbeitssachen nicht befugt, den Tarifvertrag korrigierend auszulegen.[934]

TVöD/TV-L

Der TVöD/TV-L ist noch nicht abschließend auf das neue Entgeltrecht umgestellt. Nur Eckpunkte bezüglich der neuen Entgeltordnung sind bereits vereinbart. Die neuen Entgeltgruppen wurden schon festgelegt. Es fehlt aber insbesondere noch an einer der Grundvorschrift des § 22 BAT vergleichbaren Eingruppierungsregelung. § 12 TVöD/TV-L (Eingruppierung) und § 13 TVöD/TV-L (Eingruppierung in besonderen Fällen) sind derzeit nicht belegt; die Tarifvertragsparteien konnten sich nicht einigen. Daher gilt bis zum Inkrafttreten der Eingruppierungsvorschriften und der neuen Entgeltordnungen **Übergangsrecht**, welches in die TVÜ aufgenommen wurde.[935] § 17 Abs. 1 TVÜ-Bund/-VKA/-Länder bestimmt, dass die entsprechenden Regelungen aus dem alten Tarifrecht über den 30. 9. 2005 bzw. 31. 10. 2006 hinaus fortgelten. Für die Ein- und Umgruppierung der Angestellten gilt also weiterhin § 22 und § 23 BAT/BAT-O in Verbindung mit der Vergütungsgruppenordnung (Anlagen 1a und 1b BAT). Die dort geltenden Eingruppierungsgrundsätze, insbesondere die Tätigkeitsbewertung gemäß § 22 Abs. 2 BAT/BAT-O, werden also auch für die nach dem 30. 9. 2005/31. 10. 2006 im Geltungsbereich des TVöD/TV-L vorgenommenen Eingruppierungen verwendet. Das Gleiche gilt für das Lohngruppenrecht der Arbeiter (§ 17 Abs. 1 TVÜ). Darüber hinaus legt § 17 TVÜ die Grundsätze für die Eingruppierung bzw. Einreihung der Beschäftigten für die Übergangszeit fest.

Die nach dem BAT vorgenommene Eingruppierung wird den im TVöD/TV-L/TVÜ neu gestalteten Entgeltgruppen zugeordnet. Dies geschieht nach den in den TVÜ aufgenommenen Zuordnungstabellen. Dabei ist zu beachten, dass es die Vergütungsgruppe I BAT im Geltungsbereich des TVöD/TV-L nicht mehr gibt und eine Zuordnung daher unterbleibt. Die früheren Arbeitsverhältnisse müssen in diesem Bereich außertariflich ausgestaltet werden.

Für nach dem 1. 10. 2005/1. 11. 2006 einzustellende Beschäftigte, die in die neue Entgeltgruppe 1 eingruppiert werden (dies geschieht nach wie vor nach altem Tarifrecht), gilt der bereits in die TVÜ aufgenommene Tätigkeitskatalog.

Die in der Übergangszeit ansonsten vorgenommenen Eingruppierungen sind nur vorläufig und müssen nach Inkrafttreten der neuen Entgeltordnung dem neuen Recht angepasst werden.

Ein- und Umgruppierung nach § 17 Abs. 1 TVÜ i. V. m. BAT

Nach § 22 Abs. 1 S. 1 BAT richtet sich die Zuordnung des Angestellten zu einer Vergütungsgruppe nach den Tätigkeitsmerkmalen der **Vergütungsordnung**, die An-

583

584

---
[933] BAG, 4. 5. 1994, ZTR 1994, 507 f.
[934] BAG, 21. 10. 1992, ZTR 1993, 156 f.
[935] Siehe zum Entgeltübergangsrecht der TVÜ insbesondere Bredendiek/Tewes, ZTR 2005, S. 230 ff.; Böhle/Poschke, ZTR 2005, 286 ff.; Steinherr, ZTR 2005, 303; Rothländer, ZTR 2005, 619 ff.; Klaus/Klapproth, ZTR 2006, 118 ff.; Kuner, S. 159 ff.

wendbarkeit der Vorschrift setzt mithin voraus, dass die Tätigkeit des Angestellten von der Vergütungsordnung zum BAT erfasst wird.[936] Hat ein bestimmtes Berufsbild bisher keine Aufnahme in die Fallgruppen der Vergütungsordnung gefunden, so liegt eine **unbewusste Tariflücke** vor. Bei der Schließung einer solchen ist darauf abzustellen, wie in der Vergütungsordnung artverwandte und vergleichbare Tätigkeiten bewertet werden, weil nach § 22 Abs. 2 BAT die auszuübende Tätigkeit die Eingruppierung bestimmt.[937] Ist auch auf diese Weise ein Regelungswille der Tarifvertragsparteien nicht feststellbar, so ist auf die allgemeinen tariflichen Tätigkeitsmerkmale für den Verwaltungsdienst zurückzugreifen, weil diese nach dem Willen der Tarifvertragsparteien eine Auffangfunktion haben. Dies gilt allerdings nur dann, wenn zwischen der Tätigkeit, für die keine speziellen Tätigkeitsmerkmale existieren, und der Tätigkeit der im allgemeinen Verwaltungsdienst beschäftigten Angestellten ein Zusammenhang besteht.[938] Die Gerichte für Arbeitssachen sind jedoch grundsätzlich nicht befugt, spezielle Eingruppierungsmerkmale für eine Berufsgruppe zu schaffen, deren Eingruppierung von den Tarifvertragsparteien bislang **bewusst** nicht geregelt worden ist.[939] Die Vergütungsordnung ist dem BAT als Anlage 1 a und 1 b angefügt.[940] Nach § 22 Abs. 2 Unterabs. 1 BAT ist der Angestellte der Vergütungsgruppe zugeordnet, **deren Tätigkeitsmerkmalen die gesamte von ihm nicht nur vorübergehend auszuübende Tätigkeit entspricht.** Die Feststellung, welcher Vergütungsgruppe der Angestellte zugeordnet ist, ist außerordentlich schwer zu treffen, weil die Arbeitsplatzbeschreibung in der Regel nicht eine einzige Aufgabe beinhaltet, sondern eine Vielzahl von Aufgaben umfasst, die unter den verschiedensten Tätigkeitsmerkmalen der Vergütungsordnung einzuordnen sind. Deshalb ist in § 22 Abs. 2 Unterabs. 2 S. 1 BAT festgelegt, dass die gesamte auszuübende Tätigkeit dann bereits den Tätigkeitsmerkmalen einer Vergütungsgruppe entspricht, wenn **mindestens die Hälfte der Arbeitszeit** des Angestellten **mit Arbeitsvorgängen ausgefüllt wird, die für sich genommen den tariflichen Tätigkeitsmerkmalen entsprechen.**[941] Ist in einem Tätigkeitsmerkmal ein hiervon abweichendes zeitliches Maß bestimmt, so gilt dieses (§ 22 Abs. 2 Unterabs. 4 BAT). Es kommt also nicht darauf an, ob mindestens die zahlenmäßige Hälfte der Arbeitsvorgänge die Tätigkeitsmerkmale erfüllt. Entscheidend ist vielmehr der zeitliche Umfang. Für das tariflich geforderte Zeitmaß zählt nicht die Dauer des Bereitschaftsdienstes, sondern die der darin angefallenen Arbeit. Zeiten verlängerter regelmäßiger Arbeitszeit im Sinne von § 15 Abs. 2 BAT sind gegebenenfalls für das Zeitmaß in regelmäßige Arbeitszeit umzurechnen.[942]

585 aa) **Arbeitsvorgang** ist nach der Protokollnotiz Nr. 1 S. 1 zu § 22 Abs. 2 BAT eine Arbeitsleistung einschließlich der Zusammenhangsarbeiten, die zu einem bei natürlicher Betrachtung abgrenzbaren Arbeitsergebnis führt. Die Protokollnotiz nennt dazu eine Reihe von Beispielen. Der Begriff „Arbeitsvorgang" ist von der Rechtsprechung wie folgt konkretisiert worden:[943]

Arbeitsvorgang ist die nach tatsächlichen Gesichtspunkten abgrenzbare und tarifrechtlich selbständige Arbeitseinheit, die

---

[936] BAG, 18. 5. 1994, NZA 1995, 482, 483 (L.).
[937] BAG, 21. 6. 2000, ZTR 2000, 553 f., m. w. N.
[938] BAG, 15. 6. 1994, NZA 1995, 1212 f.; 6. 3. 1996, ZTR 1996, 464 f.
[939] BAG, 6. 3. 1996, ZTR 1996, 464 f.
[940] Zum Verstoß einer Vergütungsordnung gegen das Lohngleichheitsgebot für Männer und Frauen vgl. BAG, 10. 12. 1997, NZA 1998, 599 f.
[941] BAG, AP Nr. 2 zu §§ 22, 23 BAT 1975; 20. 10. 1993, NZA 1994, 560 f.
[942] BAG, 29. 11. 2001, NZA 2002, 1288 f.
[943] Vgl. zum Begriff Arbeitsvorgang Jesse, ZTR 1987, 193 f.

unter Hinzurechnung der Zusammenhangsarbeiten und
unter Berücksichtigung einer vernünftigen, sinnvollen praktischen Verwaltungsübung und einer natürlichen Betrachtungsweise
zu einem bestimmten Arbeitsergebnis führt.[944]
Tariflich selbständig zu bewertende, tatsächlich trennbare Tätigkeiten, die keine Zusammenhangstätigkeiten darstellen, sind jeweils für sich zu bewerten und dürfen nicht zu einem Arbeitsvorgang zusammengefasst werden.[945] Mithin können Tätigkeiten, die tatsächlich nicht voneinander getrennt werden können, einen Arbeitsvorgang bilden, auch wenn die Tätigkeiten unterschiedlicher tariflicher Wertigkeit unterliegen.[946]

Arbeitsvorgang ist nicht der kleinstmögliche abgrenzbare Teil einer Tätigkeit, weil der Arbeitsvorgang einer selbständigen tarifrechtlichen Bewertung zugänglich bleiben muss. Die Annahme, der Arbeitsvorgang sei der kleinstmögliche abgrenzbare Teil einer Tätigkeit würde zu einer lebensfremden Zerstückelung und zur Preisgabe des von den Tarifvertragsparteien geschaffenen Rechtsbegriffes des Arbeitsvorganges führen. Dies ergibt sich insbesondere daraus, dass die Protokollnotiz als Beispiel für einen Arbeitsvorgang die unter Umständen sehr lange Zeit in Anspruch nehmende Konstruktion einer Brücke nennt, einen großen und möglicherweise langdauernden Arbeitsvorgang also, der nach der Lebenserfahrung rein tatsächlich in vielerlei Weise aufgegliedert werden kann.[947]

Zusammenhangsarbeiten sind solche Tätigkeiten, die auf Grund ihres engen Zusammenhanges mit bestimmten, insbesondere höherwertigen Aufgaben bei der tariflichen Bewertung zwecks Vermeidung tarifwidriger „Atomisierung" der Arbeitseinheit nicht abgetrennt werden dürfen, auch wenn sie für sich alleine betrachtet den Tätigkeitsmerkmalen der Gruppe nicht entsprechen, der der gesamte Arbeitsvorgang zuzurechnen ist.[948] Dies trifft zum Beispiel auf im Rahmen der Bearbeitung von Anträgen auf Erteilung von Vertriebenenausweisen und Rückführungskosten miterledigten Schreibarbeiten zu, weil die schriftliche Niederlegung dessen, was insoweit zu bearbeiten und aktenkundig zu machen ist, unmittelbar der entsprechenden Sachbearbeitung dient und von dieser nicht getrennt werden kann.[949]

Nach der Protokollnotiz Nr. 1 S. 2 zu § 22 Abs. 2 BAT ist **jeder einzelne Arbeitsvorgang als solcher zu bewerten** und darf dabei hinsichtlich der Anforderungen der Tätigkeitsmerkmale zeitlich nicht aufgespalten werden.

bb) Die Tarifvertragsparteien haben **nicht näher bestimmt**, wie das von den tariflichen Anforderungen der Tätigkeitsmerkmale bestimmte **zeitliche Ausmaß** (Fünftel, Drittel, Hälfte) **rechtlich zu realisieren** ist.

Einerseits bestimmt § 22 Abs. 2 Unterabs. 1 S. 1 BAT, dass die Arbeitsvorgänge **für sich genommen** die Anforderungen der Tätigkeitsmerkmale erfüllen müssen und die Protokollnotiz Nr. 1 S. 2 zu § 22 Abs. 2 BAT, der tariflicher Charakter zukommt, dass jeder einzelne Arbeitsvorgang als solcher zu bewerten ist. Andererseits besagt § 22 Abs. 2 Unterabs. 3 BAT, dass, wenn in einem Tätigkeitsmerkmal mehrere Anforderungen gestellt werden, das zeitliche Ausmaß, ebenfalls bezogen auf die gesamte auszuübende Tätigkeit, für jede Anforderung zu gelten habe.

Für die rechtliche Realisierung des tariflich geforderten zeitlichen Ausmaßes sind drei Lösungsmöglichkeiten denkbar:

586

587

588

---

[944] BAG, AP Nr. 2, 62 zu §§ 22, 23 BAT; 20. 10. 1993, NZA 1994, 560 f., m. w. N.
[945] BAG, AP Nr. 53 zu §§ 22, 23 BAT 1975; 20. 10. 1993, NZA 1994, 560 f.
[946] BAG, 20. 10. 1993, NZA 1994, 560 f.
[947] BAG, AP Nr. 2 zu §§ 22, 23 BAT 1975.
[948] BAG, AP Nr. 15 zu §§ 22, 23 BAT 1975.
[949] BAG, AP Nr. 15 zu §§ 22, 23 BAT 1975.

Lösungsmöglichkeit Nr. 1:
Es wird auf die Aufteilung der Gesamttätigkeit des Angestellten in Arbeitsvorgänge verzichtet, abgestellt auf die gesamte auszuübende Tätigkeit und quantitativ geprüft, ob hinsichtlich der Gesamtarbeitszeit das tariflich geforderte zeitliche Ausmaß erfüllt ist.
Lösungsmöglichkeit Nr. 2:
Die Gesamttätigkeit des Angestellten wird in Arbeitsvorgänge aufgespalten und festgestellt, innerhalb welcher Arbeitsvorgänge das tariflich geforderte zeitliche Ausmaß erfüllt ist. Es wird geprüft, ob mindestens die Hälfte der Gesamtarbeitszeit des Angestellten mit Arbeitsvorgängen ausgefüllt ist, die das tariflich geforderte zeitliche Ausmaß erfüllen, und zwar unter Einbeziehung der Zusammenhangsarbeiten der jeweiligen Arbeitsvorgänge.
Lösungsmöglichkeit Nr. 3:
Die Gesamttätigkeit des Angestellten wird in Arbeitsvorgänge aufgespalten und festgestellt, welche Arbeitsvorgänge als Arbeitseinheit, also unter zeitlicher Einbeziehung der jeweiligen Zusammenhangsarbeiten, die Anforderungen der Tätigkeitsmerkmale erfüllen. Dabei genügt es, dass der jeweilige Arbeitsvorgang in rechtserheblichem Ausmaß die Anforderungen der Qualifizierungsmerkmale (z. B. selbständige Leistungen) erfüllt. Sodann wird geprüft, ob die Gesamtarbeitszeit des Angestellten mindestens zu dem tariflich geforderten zeitlichen Ausmaß mit Arbeitsvorgängen ausgefüllt ist, die die Anforderungen der Tätigkeitsmerkmale erfüllen. Nicht erforderlich ist, dass darüber hinaus auch innerhalb jedes Arbeitsvorganges die Qualifizierungsmerkmale dieses tariflich geforderte zeitliche Ausmaß erreichen.

589 Die Lösungsmöglichkeit Nr. 1 ist zu verwerfen. Sie berücksichtigt nicht, dass die Tarifvertragsparteien in § 22 BAT die Arbeitsvorgänge zur grundlegenden und universalen Bezugsgröße für die tarifliche Mindestvergütung der Angestellten des öffentlichen Dienstes gemacht haben.[950]

590 Lösungsmöglichkeit Nr. 2 entspricht der früheren Rechtsprechung des Bundesarbeitsgerichts.[951] Mit dieser Rechtsprechung sind zwar in vielen Fällen gerechte Ergebnisse erzielt worden. In anderen Fällen hat sich die Handhabung aber auch als unbefriedigend erwiesen. So erreicht ein Angestellter die gewünschte Vergütungsgruppe, bei dem zu 50% seiner Gesamtarbeitszeit Arbeitsvorgänge anfallen, die ihrerseits die nur zu einem Drittel tariflich geforderten Anforderungen der Tätigkeitsmerkmale erfüllen. Ein Angestellter dagegen, bei dem zu 49% seiner Gesamtarbeitszeit Arbeitsvorgänge anfallen, die ihrerseits zu 100% die tariflich nur zu einem Drittel geforderten Anforderungen der Tätigkeitsmerkmale erfüllen, erreicht die Vergütungsgruppe nicht.[952] Die Lösungsmöglichkeit wird darüber hinaus den Regelungen in § 22 BAT nicht gerecht. Nach Nr. 1 S. 2 der Protokollnotiz zu § 22 Abs. 2 BAT nämlich ist jeder Arbeitsvorgang als solcher zu bewerten und darf hinsichtlich der Anforderungen zeitlich nicht aufgespalten werden. Nach der allgemeinen Lebenserfahrung und den Gesetzen der Logik ist eine menschliche Tätigkeit und insbesondere ein Arbeitsvorgang im Sinne von § 22 BAT zum Beispiel schwierig oder nicht schwierig, bedeutungsvoll oder nicht bedeutungsvoll, verantwortungsvoll oder nicht verantwortungsvoll, eine selbständige Leistung oder keine selbständige Leistung. Die Einordnung nur eines Bruchteils eines Arbeitsvorgangs ist nicht vorstellbar.[953]

---

[950] BAG, AP Nr. 116 zu §§ 22, 23 BAT 1975.
[951] BAG, AP Nr. 19, 53, 68, 89 zu §§ 22, 23 BAT 1975.
[952] Neumann, ZTR 1987, 41 f., (42).
[953] BAG, AP Nr. 116 zu §§ 22, 23 BAT 1975.

Lediglich die **Lösungsmöglichkeit Nr. 3** berücksichtigt in vollem Umfang die Regelungen in § 22 BAT. Sie entspricht der heutigen Rechtsprechung des Bundesarbeitsgerichts.[954] Sie wird sowohl dem Umstand gerecht, dass die Arbeitsvorgänge grundlegende Bezugsgrößen sind, als auch der Forderung, die Arbeitsvorgänge zur Bewertung zeitlich nicht aufzuspalten. Darüber hinaus entspricht sie der allgemeinen Lebenserfahrung. Die praktische Durchführung dieser Lösungsmöglichkeit soll an folgendem Beispiel dargestellt werden. Dazu wird angenommen, dass die Anforderungen des Tätigkeitsmerkmals der Vergütungsgruppe in einem zeitlichen Ausmaß von einem Drittel tariflich gefordert werden. Dann sind nacheinander folgende Schritte zu vollziehen:

591

> **Zerlegung** der Gesamttätigkeit des Angestellten **in Arbeitsvorgänge.**
>
> **Bestimmung der Zeit** für die Erledigung jedes Arbeitsvorganges unter Einbeziehung der Zusammenhangsarbeiten.
>
> **Feststellung, welcher Arbeitsvorgang** als ganzer den **Anforderungen** des Tätigkeitsmerkmals entspricht.
>
> **Feststellung, ob die Zeit für die Erledigung der Arbeitsvorgänge,** die den Anforderungen des Tätigkeitsmerkmals entsprechen, **mindestens ein Drittel der Gesamtarbeitszeit** des Angestellten ausmacht.
>
> **Zuordnung** (Eingruppierung oder Höhergruppierung) des Angestellten zu dieser Vergütungsgruppe.

Die 3. Lösungsmöglichkeit erfordert also notwendigerweise die Aufspaltung der Gesamttätigkeit in Arbeitsvorgänge.[955] Nur dadurch ist es möglich, die Zeit für ihre Erledigung zu bestimmen, indem die zu den Arbeitsvorgängen gehörenden Zusammenhangsarbeiten zeitlich mitberücksichtigt werden. Die Zeit für ihre Erledigung ist erforderlich, um festzustellen, ob sie das tariflich geforderte zeitliche Ausmaß der Gesamtarbeitszeit ausmachen. Die nach dieser Handhabung erforderliche Aufspaltung setzt aber voraus, dass – wie seither – tariflich selbständig zu bewertende, tatsächlich trennbare Tätigkeiten, die keine Zusammenhangsarbeiten darstellen, nicht zu einem Arbeitsvorgang zusammengefasst werden.

Bei der praktischen Durchführung kann es zu dem Ergebnis kommen, dass zum Beispiel ein zu 100% selbständige Leistungen erfordernder Arbeitsvorgang, der 49% der Gesamtsarbeitszeit ausmacht, nicht für die Eingruppierung ausreicht, wohl aber ein 50% der Gesamtsarbeitszeit in Anspruch nehmender Arbeitsvorgang, der nur zu weniger als der Hälfte selbständige Leistungen erfordert. Diese Folge beruht auf dem Umstand, dass die Tarifvertragsparteien die Qualifizierungsmerkmale nicht auf die Arbeitszeit, sondern auf den Arbeitsvorgang bezogen haben.[956]

cc) Die Zuordnung des Angestellten zu einer Vergütungsgruppe erfolgt sowohl bei der Eingruppierung als auch bei der Höhergruppierung in der gerade dargelegten Art und Weise. Der **Zeitansatz** für die einzelnen Tätigkeiten erfolgt bei der **Eingruppierung**, also bei der Zuordnung zu einer Vergütungsgruppe bei der Einstellung, durch den Arbeitgeber. Er hat dabei von Erfahrungswerten, etwa innerhalb der eigenen Dienststelle auf Grund ähnlicher Tätigkeiten oder bei Eingruppierungen in

592

---

[954] BAG, AP Nr. 116 zu §§ 22, 23 BAT 1975; 20. 10. 1993, NZA 1994, 560 f.; 22. 3. 1995, NZA 1996, 42 f.
[955] Clemens, ZTR 1987, 74 f., (78); a. A. Neumann, ZTR 1987, 41 f., (44).
[956] BAG, 20. 10. 1993, NZA 1994, 560 f. (561).

anderen Dienststellen auszugehen. Erweist sich der Zeitansatz als unzutreffend, so kann eine Höhergruppierung in Betracht kommen.

593 dd) Bei der **Höhergruppierung** ist folgendes zu beachten:

Keine Rolle spielt, wieviel Arbeit der Arbeitnehmer erledigt, ob er also schnell oder langsam arbeitet, sondern maßgebend ist nur, wieviel Zeit er auf die Arbeiten verwendet, die den Tätigkeitsmerkmalen der Gruppe entsprechen. Dabei ist bei einfachen Arbeiten ein Betrachtungszeitraum von einem Monat, bei schwierigeren Arbeiten von sechs Monaten anzusetzen.[957] Empfehlenswert ist die Anfertigung tagebuchartiger Aufzeichnungen über einen längeren Zeitraum.[958]

Der Umstand, dass die Eingruppierung nicht der vom Angestellten nach dem Inhalt des Arbeitsvertrages auszuübenden Tätigkeit entspricht, dass er also falsch eingruppiert worden ist, kann darauf beruhen, dass die Subsumtion der Tätigkeit unter die Tätigkeitsmerkmale unzutreffend erfolgt ist oder dass der Zeitansatz für die Erledigung der Arbeitsvorgänge nicht der Zeit entspricht, die der Angestellte tatsächlich darauf verwendet. In diesen Fällen ist der Angestellte höherzugruppieren.

Ist der Angestellte mit Billigung des Arbeitgebers in eine Tätigkeit hineingewachsen, die den Tätigkeitsmerkmalen einer höheren Gruppe entspricht, so ist er gemäß § 23 S. 1 BAT nach sechs Monaten höherzugruppieren. Für die zurückliegenden sechs Monate erhält er gemäß § 23 S. 2 BAT eine Zulage nach § 24 Abs. 1 BAT. Eine vertragswidrige höherwertige Tätigkeit des Angestellten ab Beginn des Arbeitsverhältnisses erfüllt daher nicht die Voraussetzungen des § 23 BAT.[959]

Ist dem Angestellten durch ausdrückliche Anordnung des Arbeitgebers für die Dauer eine Tätigkeit übertragen worden, die den Tätigkeitsmerkmalen einer höheren Gruppe entspricht, so ist er höherzugruppieren. Dies ergibt sich nicht aus § 23 BAT, sondern aus § 22 BAT. Ist die Übertragung durch einen nicht zuständigen Vorgesetzten erfolgt und kannte der Angestellte die Unzuständigkeit, so ist die Übertragung nicht geeignet, einen Anspruch auf die für die höherwertige Tätigkeit tariflich vorgesehene Vergütung nach § 22 BAT zu begründen.[960]

Erfüllt der Angestellte Voraussetzungen in seiner Person, die neben den tätigkeitsbezogenen Anforderungen gegeben sein müssen (§ 22 Abs. 2 Unterabs. 5 BAT) und ist dies bei der Eingruppierung nicht berücksichtigt worden oder erfüllt er sie erst danach, so ist er höherzugruppieren. Es handelt sich bei derartigen Voraussetzungen um Ausbildungsvoraussetzungen. Sie werden in der Regel in den Tätigkeitsmerkmalen der Vergütungsordnung festgelegt. Für den Bereich der Vereinigung der kommunalen Arbeitgeberverbände sind zusätzlich zu den Ausbildungsvoraussetzungen der Vergütungsordnung in der Anlage 3 des BAT Ausbildungsvoraussetzungen aufgestellt, die neben den im jeweiligen Tätigkeitsmerkmal aufgestellten Anforderungen erfüllt sein müssen. Die Anlage 3 ist durch § 25 BAT in den Tarifvertrag ausdrücklich einbezogen worden.

594 Den Bewährungsaufstieg, wie dies § 23a BAT vorsah, gibt es nach neuem Tarifrecht nicht mehr.

595 ee) Die Zuordnung zu einer Vergütungsgruppe erfolgt nur dann, wenn die zu bewertende Tätigkeit **nicht nur vorübergehend** ausgeübt wird (§§ 22 Abs. 2 Unterabs. 1, 23 S. 1 BAT). Dabei kommt es auf den Willen des Arbeitgebers an, der bei der Übertragung der Tätigkeit beziehungsweise seiner Billigung, dass der Angestellte

---

[957] BAG, AP Nr. 2 zu §§ 22, 23 BAT.
[958] BAG, AP Nr. 16 zu §§ 22, 23 BAT 1975.
[959] BAG, 5. 5. 1999, ZTR 1999, 554 f.
[960] BAG, 5. 5. 1999, ZTR 1999, 554 f.

in eine höherwertige Tätigkeit hineinwächst, zum Ausdruck gekommen ist.[961] Will der Arbeitgeber dem Arbeitnehmer eine Tätigkeit nur vorübergehend übertragen, so bedarf es einer entsprechenden ausdrücklichen Erklärung oder eines konkludenten Verhaltens des Arbeitgebers. Für den Arbeitnehmer muss deutlich erkennbar sein, dass er die betreffende Tätigkeit nur vorübergehend ausüben soll.[962] Von dieser Gestaltungsmöglichkeit darf der Arbeitgeber allerdings nicht rechtsmissbräuchlich zur Umgehung der tarifgerechten Eingruppierung Gebrauch machen, mit anderen Worten, die vorübergehende Übertragung bedarf eines sachlichen Grundes, das heißt, sie darf nicht willkürlich sein. Gibt es keinen sachlichen Grund oder fällt dieser später weg, so gilt die Tätigkeit als auf Dauer übertragen.[963] Eine vorübergehende Übertragung kommt zum Beispiel in Betracht, wenn die wahrzunehmende Tätigkeit keine Daueraufgabe darstellt oder der bisherige Arbeitsplatzinhaber nur vorübergehend abwesend ist.[964] War sie willkürlich, ist der Angestellte so zu stellen, wie wenn ihm die Tätigkeit auf Dauer übertragen worden wäre,[965] d. h. der Arbeitgeber ist arbeitsvertraglich zur Zahlung der Vergütung nach der höheren Vergütungsgruppe verpflichtet, auch wenn er den Personalrat nicht beteiligt hat.[966] Eine zeitliche Höchstgrenze für die vorübergehende Übertragung einer Tätigkeit ist zwar grundsätzlich nicht vorgesehen, die Dauer wird allerdings bei der Prüfung des erforderlichen sachlichen Grundes zu berücksichtigen sein. Im Falle der vorübergehenden einschließlich der vertretungsweisen Übertragung einer Tätigkeit erhält der Angestellte eine Zulage nach Maßgabe des § 14 TVöD.[967] Wird dem Beschäftigten vorübergehend eine andere Tätigkeit übertragen, die den Tätigkeitsmerkmalen einer höheren als seiner Eingruppierung entspricht,[968] und hat er diese mindestens einen Monat ausgeübt, erhält er für die Dauer der Ausübung eine persönliche Zulage (vgl. zur Höhe § 14 Abs. 3 TVöD/TV-L) rückwirkend ab dem ersten Tag der Übertragung der Tätigkeit (§ 14 Abs. 1 TVÖD/TV-L). Die Niederschriftserklärung lit. a zu § 14 Abs. 1 TVöD/TV-L stellt nochmals klar, dass gemäß § 18 Abs. 3 TVÜ-Bund/-VKA/-Länder die Regelungen des § 22 Abs. 2 BAT/BAT/O bzw. die entsprechenden Regelungen für Arbeiter für die Frage weitergelten, ob die vorübergehend übertragene höherwertige Tätigkeit einer höheren Entgeltgruppe entspricht.

Eine zunächst nur vorübergehend übertragene Tätigkeit kann zur „auszuübenden Tätigkeit" werden, nach der sich die tarifliche Vergütung des Arbeitnehmers nach den §§ 22, 23 BAT bestimmt. Dabei kommt es darauf an, dass der Arbeitgeber dem Arbeitnehmer ausdrücklich oder durch schlüssiges Verhalten (konkludent) in erkennbarer Weise zu verstehen gibt, dass er die ihm ursprünglich nur vorübergehend übertragene Tätigkeit nunmehr als seine auf Dauer auszuübende Tätigkeit betrachten soll. Eine konkludente Übertragung einer Tätigkeit auf Dauer kann darin gesehen werden, dass eine dem Arbeitnehmer zunächst nur befristet vorübergehend

596

---

[961] BAG, AP Nr. 24 zu §§ 22, 23 BAT 1975.
[962] BAG, AP Nr. 24, 36, 116 zu §§ 22, 23 BAT 1975; BB 1988, 1117.
[963] BAG, AP Nr. 3, 4, 8 zu § 24 BAT; BB 1988, 1117; 1. 3. 1989, ZTR 1989, 269; 16. 1. 1991, NZA 1991, 490 f.; 21. 6. 2000, ZTR 2001, 25 f.; 17. 4. 2002, NZA 2003, 159 f.; 15. 5. 2002, ZTR 2003, 80 f.; 12. 6. 2002, ZTR 2003, 82 f.; Gusonne, ZTR 2003, 54 f.
[964] BAG, 16. 1. 1991, NZA 1991, 490 f.
[965] BAG, 26. 3. 1997, ZTR 1997, 413 f.
[966] BAG, 16. 1. 1991, NZA 1991, 490 f.
[967] Vgl. zur ähnlichen Vorschrift des § 24 BAT BAG, 21. 2. 2001, ZTR 2001, 464 f.; 11. 9. 2003, ZTR 2004, 259 f.
[968] Die Niederschriftserklärung lit. b zu § 14 Abs. 1 TVöD/TV-L stellt klar, dass die vertretungsweise Übertragung einer höherwertigen Tätigkeit ein Unterfall der vorübergehenden Übertragung einer höherwertigen Tätigkeit darstellt.

übertragene Tätigkeit nach Ablauf der Befristung mit Wissen und Billigung der Vorgesetzten fortgeführt wird, wobei unerheblich ist, ob die Vorgesetzten nach den einschlägigen Verwaltungsvorschriften für die Übertragung höherwertiger Tätigkeiten zuständig sind.[969]

597 ff) Häufig beruft sich der Arbeitnehmer bei der Zuordnung zu einer Vergütungsgruppe auf die Zuordnung seines Vorgängers oder eines anderen Arbeitnehmers, der die gleichen Voraussetzungen erfüllt wie er, und begehrt mit dieser Begründung die Zuordnung zur Vergütungsgruppe des Vorgängers oder des anderen Arbeitnehmers. Damit stellt sich die Frage, inwieweit der **Gleichbehandlungsgrundsatz** in diesem Zusammenhang anwendbar ist. Bei der Bestimmung des Inhalts des Gleichbehandlungsgrundsatzes ist zu berücksichtigen, dass im Privatrecht auch der Grundsatz der Vertragsfreiheit gilt. Daraus folgt, dass der Gleichbehandlungsgrundsatz nur dann zum Zuge kommt, wenn der Arbeitgeber in der Dienststelle oder im Betrieb eine allgemeine Handhabung eingeführt hat und er hinsichtlich einzelner Arbeitnehmer davon abweicht, ohne dass für die Abweichung ein rechtfertigender Grund besteht. Deshalb hat ein Arbeitnehmer grundsätzlich keinen Anspruch auf Zuordnung zu einer Vergütungsgruppe, deren Voraussetzungen er nicht erfüllt, weil sein Vorgänger oder ein vergleichbarer Arbeitnehmer dieser Vergütungsgruppe zugeordnet ist.[970] Mithin kann sich der Arbeitnehmer bei der Zuordnung ausnahmsweise auf den Gleichbehandlungsgrundsatz berufen, wenn eine bestimmte Gruppe von Arbeitnehmern generell und bewusst einer Vergütungsgruppe zugeordnet ist, deren Voraussetzungen sie nicht erfüllt, er aber davon ohne sachlichen Grund ausgenommen wird.[971]

598 gg) Die **Entgeltgruppe** des Beschäftigten ist im **Arbeitsvertrag anzugeben**. Die Angabe im Arbeitsvertrag hat grundsätzlich nur deklaratorische Bedeutung.[972] Mit ihr geben die Parteien des Arbeitsvertrages lediglich zu erkennen, welche Zuordnung sie im Einzelfall für zutreffend halten und schalten im Zweifel nicht die tariflichen Vorschriften über die Zuordnung des Arbeitnehmers zu einer Entgeltgruppe aus. Die Angabe der Entgeltgruppe im Arbeitsvertrag kann allerdings auch bedeuten, dass damit ohne Rücksicht auf die tarifliche Zuordnung eine bestimmte Entgeltgruppe einzelvertraglich vereinbart ist. Dies müssen die Parteien aber deutlich zum Ausdruck bringen. Dies kann z. B. dadurch erfolgen, dass die Parteien im Arbeitsvertrag nach der Bezeichnung der Entgeltgruppe, nach der der Arbeitnehmer vergütet werden soll, die Vorschriften des TVöD/TV-L nur „im Übrigen" für anwendbar erklären.[973] Diese Unterscheidung wirkt sich im Falle der **Korrektur einer unrichtigen Zuordnung** zu einer Entgeltgruppe aus. Erfolgt die unrichtige Zuordnung zuungunsten des Arbeitnehmers, ist er also einer zu niedrigen Entgeltgruppe zugeordnet worden, so ist er höherzugruppieren. Erfolgte die unrichtige Zuordnung allerdings zugunsten des Arbeitnehmers, ist er also einer zu hohen Entgeltgruppe zugeordnet worden, so ist dies in der Regel ohne weiteres korrigierbar. Auf einen Vertrauenstatbestand kann sich der Arbeitnehmer nicht berufen. Ist mit der Angabe der Entgeltgruppe jedoch ohne Rücksicht auf die tarifliche Zuordnung die Entgeltgruppe einzelvertraglich vereinbart worden, so kann die Korrektur nur im Wege der Anfechtung oder der Änderungskündigung erfolgen.

---

[969] BAG, 26. 3. 1997, ZTR 1997, 465.
[970] BAG, AP Nr. 38 zu §§ 22, 23 BAT; AP Nr. 4 zu § 611 BGB, Direktionsrecht.
[971] BAG, AP Nr. 5, 15, 32, 36, 38 zu § 242 BGB, Gleichbehandlung; 6. 9. 1989, ZTR 1990, 26.
[972] BAG, 5. 9. 2002, NZA 2003, 344 (L.).
[973] BAG, AP Nr. 65 zu §§ 22, 23 BAT 1975.

hh) Wird dem Angestellten eine geringerwertige Tätigkeit übertragen oder vermindert sich die Wertigkeit der dem Angestellten übertragenen Tätigkeit, so kann eine **Herabgruppierung (Rückgruppierung)** in Betracht kommen. Die Übertragung einer geringerwertigen Tätigkeit bedarf allerdings entweder der vertraglichen Vereinbarung mit dem Angestellten oder einer wirksamen Änderungskündigung, weil sie eine Vertragsänderung darstellt. Obwohl Eingruppierung und Höhergruppierung nicht konstitutive Akte sind, sondern lediglich Interpretation der Rechtslage, bedarf nach ganz überwiegender Ansicht die Herabgruppierung auch dann der Vereinbarung oder der Änderungskündigung, wenn sich die Wertigkeit der dem Angestellten übertragenen Tätigkeit vermindert, ohne dass der Arbeitgeber dies durch die Übertragung anderer Tätigkeiten herbeiführt.[974] Hat der Arbeitgeber den Arbeitnehmer irrtümlich in eine zu hohe Vergütungsgruppe eingruppiert, so bedarf es für die sogenannte **korrigierende Rückgruppierung**[975] keiner Änderungskündigung, die Vergütung nach der bisherigen Vergütungsgruppe kann vielmehr einseitig vom Arbeitgeber eingestellt werden. Beruhte die bisherige Eingruppierung auf einer vom Arbeitgeber erstellten Tätigkeitsbeschreibung, so muss er im Streitfall im Einzelnen aufzeigen, dass und inwieweit er sich bei der ursprünglichen Tätigkeitsbeschreibung und deren Bewertung geirrt hat.[976] Der Arbeitgeber muss die Tatsachen vortragen und gegebenenfalls beweisen, die eine fehlerhafte Eingruppierung des Arbeitnehmers begründen.[977] Bei unveränderter Tätigkeit des Arbeitnehmers muss der Arbeitgeber im Einzelnen vortragen, warum und inwieweit seine bisherige Bewertung der Tätigkeit fehlerhaft war und deshalb die Eingruppierung korrigiert werden muss.[978] Macht ein Arbeitnehmer geltend, eine Vergütung nach einer tariflich nicht geschuldeten Vergütungsgruppe sei vereinbart worden, so hat er die Tatsachen darzulegen und gegebenenfalls zu beweisen, aus denen dies folgen soll.[979]

ii) Nach § 75 Abs. 1 Ziff. 1 und 2 BPersVG steht der **Personalvertretung** sowohl bei der Einstellung des Arbeitnehmers für eine bestimmte Tätigkeit (Ziff. 1) und der Übertragung einer höher oder niedriger zu bewertenden Tätigkeit (Ziff. 2) das volle Mitbestimmungsrecht zu, als auch bei dem damit verbundenen deklaratorischen Zuordnungsakt (Eingruppierung, Höhergruppierung, Herabgruppierung) (Ziff. 2). Erfolgt die Übertragung einer niedriger zu bewertenden Tätigkeit durch Änderungskündigung, so bedarf es wegen der Doppelnatur derselben außerdem der Beteiligung der Personalvertretung nach den Vorschriften des § 79 BPersVG über Entlassungen (vgl. Rdn. 277–284).[980] Die nicht oder nicht ordnungsgemäße Beteiligung der Personalvertretung im Rahmen des vollen Mitbestimmungsrechts hat grundsätzlich Unwirksamkeit der Maßnahme zur Folge. Fehlt es bei der Einstellung des Arbeitnehmers an der erforderlichen Beteiligung der Personalvertretung, so ist nach der Rechtsprechung des Bundesarbeitsgerichts[981] der Arbeitsvertrag nicht unwirksam, der Arbeitgeber darf den Arbeitnehmer allerdings nicht beschäftigen, solange

---

[974] ZTR 1989, 40.
[975] Vgl. dazu Müller-Uri, ZTR 2004, 176 f., m. w. N.
[976] BAG, 28. 5. 1997, ZTR 1997, 457 f. Zur Bedeutung des Nachweisgesetzes für fehlerhafte tarifliche Eingruppierungen vgl. Schwarze, RdA 1997, 343 f.
[977] BAG, 26. 4. 2000, NZA 2001, 1391 f.; 17. 5. 2000, ZTR 2001, 315 f.; 16. 10. 2002, ZTR 2003, 232 f.; 26. 4. 2000, ZTR 2001, 317 f. (Verweigerung des Zeit- bzw. Bewährungsaufstiegs). Vgl. dazu Bergwitz, ZTR 2001, 539 f.
[978] BAG, 11. 6. 1997, ZTR 1998, 29 f.; 18. 2. 1998, NZA 1998, 950 f.; 26. 8. 1998, ZTR 1999, 216 f.; 16. 2. 2000, ZTR 2001, 222 f.
[979] BAG, 17. 5. 2000, NZA 2001, 1316 f.; 5. 11. 2003, ZTR 2004, 300 f.
[980] Kanz, ZTR 1989, 219 f.
[981] BAG, AP Nr. 9 zu Art. 33 Abs. 2 GG; AP Nr. 5 zu § 101 BertrVG 1972.

die Zustimmung der Personalvertretung nicht vorliegt, muss aber dennoch das Arbeitsentgelt bezahlen. Weil der Arbeitsvertrag in diesem Falle nicht unwirksam ist, ist der Arbeitnehmer der Vergütungsgruppe zugeordnet, deren Tätigkeitsmerkmale seiner nach dem Inhalt des Arbeitsvertrages auszuübenden Tätigkeit entspricht. Danach richtet sich die Vergütung. Fehlt es bei der Übertragung einer höher oder niedriger zu bewertenden Tätigkeit an der Beteiligung der Personalvertretung, so ist diese allerdings unwirksam.[982] Würde in einem solchen Fall der Arbeitnehmer die höherwertige Tätigkeit dennoch ausüben, so stünde ihm die höhere Vergütung allerdings nach den §§ 612 bzw. 812 BGB in entsprechender Anwendung zu.[983] Da auch die Übertragung einer niedriger zu bewertenden Tätigkeit der Beteiligung der Personalvertretung bedarf, ist die Zustimmung sowohl für die dazu erforderliche Vertragsänderung als auch für die Änderungskündigung erforderlich.[984]

601 Wird die Personalvertretung bei der Maßnahme, durch die eine Zuordnung zur Vergütungsgruppe ausgelöst wird, also bei der Einstellung oder der Übertragung einer höher oder niedriger zu bewertenden Tätigkeit, ordnungsgemäß beteiligt und wird die Zustimmung erteilt, fehlt es aber beim deklaratorischen Zuordnungsakt (Eingruppierung, Höhergruppierung, Herabgruppierung) an der Beteiligung, so ändert dies nichts an der Wirksamkeit der Einstellung oder der Übertragung einer höher oder niedriger zu bewertenden Tätigkeit und damit nichts am Anspruch des Arbeitnehmers auf Zuordnung zur richtigen Vergütungsgruppe.[985]

Wegen des lediglich deklaratorischen Charakters des Zuordnungsaktes hat die Beteiligung der Personalvertretung daran Bedeutung nur im Hinblick auf die Kontrollaufgaben der Personalvertretung. Der Arbeitnehmer wird durch das Beteiligungsrecht der Personalvertretung nicht daran gehindert, Eingruppierungsfeststellungsklage zu erheben und feststellen zu lassen, dass der Arbeitgeber verpflichtet ist, ihn einer bestimmten Vergütungsgruppe zuzuordnen. Die Wirksamkeit der deklaratorischen Zuordnung hängt deshalb alleine davon ab, ob sie richtig ist. Dies gilt auch für die Herabgruppierung, weil die Schutzfunktion der Personalvertretung durch die Beteiligung an der Übertragung einer niedriger zu bewertenden Tätigkeit und für den Fall der Verminderung der Wertigkeit der dem Angestellten übertragenen Tätigkeit durch die zusätzliche Beteiligung an der für die Herabgruppierung dann erforderlichen Änderungskündigung gewährleistet wird.

602 Da die Zuordnung zu einer Entgeltgruppe nur deklaratorischer Natur ist, ist auch die Korrektur einer unrichtigen Zuordnung eine Höhergruppierung oder Herabgruppierung. Deshalb unterliegt auch die sogenannte korrigierende Höher- oder Herabgruppierung der Beteiligung der Personalvertretung.[986] Die Beteiligung der Personalvertretung daran hat allerdings nur die oben dargestellte geringe Bedeutung, weil der Schutzfunktion der Beteiligung der Personalvertretung bereits durch ihre Beteiligung an der die Zuordnung auslösenden Maßnahme Rechnung getragen wird. Die fehlende Beteiligung der Personalvertretung bei der korrigierenden Rückgruppierung führt mithin nicht dazu, dass die bisherige Vergütung weitergezahlt werden muss. Der Vergütungsanspruch richtet sich vielmehr nach den vertraglichen oder tariflichen Bestimmungen einer zutreffenden Eingruppierung.[987]

---

[982] BAG, AP Nr. 8 zu §§ 22, 23 BAT 1975.
[983] BAG, AP Nr. 2 zu § 24 BAT; AP Nr. 3 zu § 24 BAT, m. w. N.; AP Nr. 8 zu §§ 22, 23 BAT 1975.
[984] BAGE 18, 142; AP Nr. 22 zu § 611 BGB, Direktionsrecht; Kanz, ZTR 1989, 219 f.
[985] BAGE 2, 310; AP Nr. 54 zu §§ 22, 23 BAT; BAG, ZTR 1987, 212.
[986] BVerwGE 35, 164; 50, 186; 6. 10. 1992, ZTR 1993, 125 f.; BAG, 30. 5. 1990, NZA 1990, 899 f.; 6. 2. 1991, ZTR 1991, 305 f.; 26. 8. 1992, ZTR 1993, 126 f.; 28. 5. 1997, ZTR 1997, 457 f.
[987] BAG, 28. 5. 1997, ZTR 1997, 457 f.

Schmidt[988] ist hingegen der Ansicht, dass im Falle des Unterbleibens der gebotenen Beteiligung der Personalvertretung an der korrigierenden Herabgruppierung im Rahmen der Klage des betroffenen Beschäftigten auf Fortzahlung der bisherigen Vergütung davon auszugehen ist, dass die von ihm wahrgenommenen Aufgaben die Zuordnung zu der im Eingruppierungsverfahren für zutreffend erachteten Entgeltgruppe rechtfertigen. Sache des Dienstherrn ist es danach, seinerseits Umstände darzulegen und gegebenenfalls zu beweisen, die die behauptete Fehlerhaftigkeit der Eingruppierung und damit die Zuordnung zu einer niedrigeren Entgeltgruppe begründen können.

Ein- und Umreihung nach § 17 Abs. 1 TVÜ i. V. m. MTArb, BMT-G

Nach § 22 MTArb werden die Lohngruppen besonders vereinbart. Dies erfolgt durch besondere **Tarifverträge über das Lohngruppenverzeichnis**. In deren §§ 2 Abs. 1 ist bestimmt, dass für die Einreihung in die Lohngruppe die mit mindestens der Hälfte der vereinbarten regelmäßigen wöchentlichen Arbeitszeit auszuübende Tätigkeit maßgebend ist, soweit sich aus den Tätigkeitsmerkmalen nichts anderes ergibt.

603

Nach § 20 Abs. 1 BMT-G wird der Lohn nach der **Arbeitsleistung**, der **Art und den besonderen Umständen der Arbeit**, dem **Dienstalter** und dem **Lebensalter** gebildet. Im Rahmentarifvertrag zu § 20 Abs. 1 BMT-G ist der Grundsatz der Eingruppierung nach der zeitlich mindestens zur Hälfte auszuübenden Tätigkeit festgelegt (§ 2 Abs. 2).

Das Tarifvertragsrecht der Arbeiter des öffentlichen Dienstes kennt also den Begriff des Arbeitsvorganges nicht. Die Zuordnung zu einer Lohngruppe ist vielmehr stets von der zeitlich mindestens zur Hälfte auszuübenden Tätigkeit des betreffenden Arbeiters abhängig, sofern nicht die Tätigkeitsmerkmale selbst bzw. bezirklich geltende andere Festlegungen etwas anderes bestimmen. Damit ist grundsätzlich diejenige Tätigkeit des Arbeiters tarifrechtlich zu beurteilen, **die mindestens die Hälfte seiner Gesamtarbeitszeit in Anspruch nimmt**. Nimmt beim Arbeiter keine Aufgabe für sich alleine mindestens die Hälfte seiner Arbeitszeit in Anspruch, so ist darauf abzustellen, ob mindestens die die Hälfte seiner Gesamtarbeitszeit beanspruchenden Aufgaben (Teiltätigkeiten) zusammengenommen die jeweiligen tariflichen Tätigkeitsmerkmale erfüllen.[989]

Nicht anwendbar ist die Rechtsprechung des Bundesarbeitsgerichtes zu den §§ 22, 23 BAT, alte Fassung, wonach für die Zuordnung sowohl auf eine einheitlich zu bewertende Gesamttätigkeit als auch auf die überwiegend auszuübende Tätigkeit des betreffenden Arbeitnehmers abgestellt werden kann.[990] Dies ergibt sich aus dem Tarifwortlaut und der Tarifsystematik der Arbeitertarifverträge, aus dem Umstand, dass es in den Tarifverträgen über das Lohngruppenverzeichnis und im Rahmentarifvertrag zu § 20 Abs. 1 BMT-G an der typischen Summierung von qualifizierenden sowie Heraushebungsmerkmalen fehlt und Arbeiter, anders als Angestellte, in aller Regel keine theoretischen Fachkenntnisse bereitzuhalten haben, die möglicherweise längere Zeit nicht tatsächlich angewendet zu werden brauchen.

Im Übrigen gelten die Ausführungen über die Zuordnung des Angestellten zu einer Vergütungsgruppe auch für die Zuordnung des Arbeiters zu einer Lohngruppe.

---

[988] Schmidt, NZA 1992, 237 f.
[989] BAG, AP Nr. 1, 3 und 4 zu § 21 BMT-G II.
[990] BAG, AP Nr. 3 und 4 zu § 21 BMT-G II; vgl. zur alten Rechtsprechung BAG, AP Nr. 77 zu §§ 22, 23 BAT, m. w. N.

604 e) Gemäß § 15 Abs. 1 S. 1 TVöD/TV-L erhalten Beschäftigte im Geltungsbereich des TVöD/TV-L monatlich ein **Tabellenentgelt**, das sich aus der Entgelttabelle ergibt.

Die neue Entgelttabelle sieht zunächst vier Entgeltgruppenebenen mit 15 Entgeltgruppen vor (vertikale Achse). Die Entgeltordnung ist in vier **Qualifikationsebenen** gegliedert:

Ebene 1: Entgeltgruppe 1 bis 4	Ungelernte und Angelernte
Ebene 2: Entgeltgruppe 5 bis 8	Ausgebildete mit einer dreijährigen Ausbildung
Ebene 3: Entgeltgruppe 9 bis 12	Fachhochschulabsolventen
Ebene 4: Entgeltgruppe 13 bis 15	Hochschulabsolventen

Die Zuordnung erfolgt hier nach der Qualifikation und der auszuübenden Tätigkeit. Jede Entgeltgruppe ist in grundsätzlich sechs, teilweise in fünf **Stufen** unterteilt.

Des Weiteren ist nämlich jede Entgeltgruppe auf horizontaler Achse in Entgeltstufen unterteilt (vgl. § 16 TVöD[991]/TV-L). Diese sind nicht mit den Stufen und den Lebensaltersstufen im alten Recht vergleichbar. Die Zuordnung des Arbeitnehmers erfolgt nunmehr nach der Stufenlaufzeit und der erbrachten Leistung.

Bei der **Einstellung** werden Beschäftigte grundsätzlich der Stufe 1 zugeordnet (§ 16 Abs. 2 S. 1, Abs. 3 S. 1 HS. 1 TVöD-Bund/§ 16 Abs. 2 S. 1 HS. 1 TVöD-VKA/§ 16 Abs. 2 S. 1 HS. 1 TV-L). Die verschiedenen Tarifverträge sehen darüber hinaus aber unterschiedliche Möglichkeiten einer Anrechnung von Berufserfahrung mit der Folge einer höheren Einstufung bei Einstellung vor (vgl. § 16 Abs. 2 S. 2, Abs. 3 S. 2–4, § 16 Abs. 3a TVöD-Bund/§ 16 Abs. 2 und 2a TVöD-VKA/§ 16 Abs. 2 TV-L).

Der durchschnittliche Stufenverlauf erfordert eine ununterbrochene Tätigkeit innerhalb derselben Entgeltgruppe und Stufe. Unterbrechungen, die nicht unter § 17 Abs. 3 S. 1 TVöD/TV-L fallen (z.B. wegen Krankheit, Urlaub oder Mutterschutz), können dazu führen, dass sich die Stufenlaufzeiten zulasten des Beschäftigten verlängern.

605 Gemäß § 17 Abs. 2 S. 2 und 3 TVöD/TV-L werden auf die Stufenlaufzeit Tätigkeitsunterbrechungen bis zu einer Dauer von jeweils drei Jahren und Elternzeit bis zu jeweils fünf Jahren nicht angerechnet. Andere lange Tätigkeitsunterbrechungen führen des Weiteren dazu, dass eine neue Zuordnung zu der Stufe, die der vor der Unterbrechung erreichten Stufe vorangeht erfolgt, jedoch nicht niedriger als bei einer Neueinstellung (§ 17 Abs. 3 S. 3 TVöD/TV-L).

606 Die Einführung einer Leistungskomponente im TVöD/TV-L wird dadurch umgesetzt, dass ein **leistungsorientierter Stufenaufstieg** ermöglicht wird. Der leistungsorientierte Stufenaufstieg unterstützt insbesondere die Anliegen der Personalentwicklung (Protokollerklärung zu § 17 Abs. 2 S. 2 TVöD/TV-L). Die Stufenzeit kann in den Stufen 3 bis 6 jeweils verkürzt werden, wenn die Leistungen des Beschäftigten erheblich über dem Durchschnitt liegen (§ 17 Abs. 2 S. 1 TVöD/TV-L). Hierbei ist nicht klar, ob es eine Höchstgrenze der Verkürzung geben sollte. Nach dem Wortlaut könnte die einzelne Stufe auch bis auf eine Laufzeit von Null verkürzt werden, sodass faktisch eine Stufe übersprungen würde. In der Literatur ist man sich über die Möglichkeit einer Überspringung nicht einig: Kuner, S. 178 neigt dazu, das Überspringen für möglich zu halten. Poschke, KommunalPraxis spezial 3/2005, S. 97 vertritt dagegen, dass eine Verkürzung auf Null nicht statthaft sei. Die einzelnen Mitgliederverbände argumentieren ebenso, dass bei einer Verkürzung ein Rest

---

[991] Beachte: § 16 TVöD ist zweifach gefasst – erstens für den Bund und zweitens für den VKA.

D. Rechte und Pflichten im Arbeitsverhältnis, Arbeitsschutzrecht

(Minimum von einem Monat) bestehen müsse. Hier wird der zweiten Ansicht gefolgt. Das Überspringen einer Stufe hätte m.E. ausdrücklich in den Text des TVöD mitaufgenommen werden müssen.

Die Laufzeiten der Stufen 3 bis 6 können auch verlängert werden, wenn die Leistungen erheblich unter dem Durchschnitt liegen (§ 17 Abs. 2 S. 2 TVöD/TV-L). Auch hier ist keine Höchstgrenze genannt. Da jedoch der Arbeitgeber jährlich zu prüfen hat, ob die Voraussetzungen für die Verlängerung noch vorliegen (§ 17 Abs. 2 S. 3 TVöD/TV-L), kann angenommen werden, dass ein weiterer Stufenaufstieg auch ganz verhindert werden kann.

Die Entscheidung einer Stufenverkürzung bzw. -verlängerung ist vom Arbeitgeber nach billigem Ermessen zu treffen. Sie ist gerichtlich voll nachprüfbar. Der Arbeitgeber kann Beurteilungsgrundsätze aufstellen, wobei hierbei die Mitbestimmungsrechte des Betriebsrats nach § 94 BetrVG zu beachten sind. Daneben wird eine Überwachungskommission eingerichtet, deren Mitglieder je zur Hälfte vom Arbeitgeber und vom Betriebs- bzw. Personalrat benannt werden. Der Arbeitnehmer hat die Möglichkeit, eine Beschwerde einzureichen, über die die Kommission zu befinden hat. Die Kommission kann sodann dem Arbeitgeber einen Vorschlag darüber unterbreiten, ob und in welchem Umfang der Beschwerde abgeholfen werden soll. Der Arbeitgeber ist aber nicht an den Vorschlag gebunden (§ 17 Abs. 2 Sätze 4 bis 6 TVöD/TV-L).

Die Höhe des Entgelts ergibt sich demnach nach der Entgeltgruppe einerseits und der Entgeltstufe andererseits. Die Entgelttabellen sind gemäß § 15 Abs. 2 TVöD/TV-L in den Anlagen A und B abgedruckt. Hier wird immer noch nach den Tarifgebieten West und Ost unterschieden. **607**

Auch nach dem TVöD/TV-L erhält der Beschäftigte u.U. **Zulagen und Zuschüsse** (vgl. §§ 8, 14 Abs. 1, 19, 22 Abs. 2, 23, 31 Abs. 3, 32 Abs. 3 TVöD/TV-L). Im Vergleich zum alten Tarifrecht ist vorallem anzumerken, dass der Orts- und Familienzuschlag weggefallen ist. **608**

Des Weiteren ist die Einführung des Leistungsentgelts (§ 18 TVöD/TV-L) als zweite Leistungskomponente stark von Bedeutung. Das **Leistungsentgelt** wurde ab dem 1.1.2007 eingeführt. Es wird aus einem so genannten Leistungstopf bezahlt. Startgröße ist gemäß § 18 Abs. 2 TVöD/§ 18 Abs. 1 S. 3 TV-L 1% der ständigen Monatsentgelte des Vorjahres aller unter den Geltungsbereich des TVöD/TV-L fallenden Beschäftigten des jeweiligen Arbeitgebers. Protokollerklärung zu § 18 Abs. 2 S. 1 TVöD/§ 18 Abs. 1 S. 3 TV-L erläutert, welche Bezüge hier zum ständigen Entgelt zu zählen sind. Zielgröße ist 8% (§ 18 Abs. 2 S. 1 TVöD/§ 18 Abs. 1 S. 2 TV-L). Wann diese Zielgröße erreicht werden soll, ist noch offen. Das Leistungsentgelt finanziert sich aus dem alten Recht durch abgeschmolzene Besitzstände und reduzierte Bezüge. § 18 Abs. 2 S. 2 TVöD-Bund/§ 18 Abs. 3 S. 2 TVöD-VKA/§ 18 Abs. 2 TV-L schreibt daher vor, dass das zur Verfügung stehende Leistungsentgelt jedes Jahr auszuzahlen ist. **609**

§ 18 Abs. 3 **TVöD-Bund**/§ 18 Abs. 4 **TV-L** bestimmt, dass nähere Regelungen zum Leistungsentgelt in einem speziellen Tarifvertrag vereinbart werden. Zur näheren Ausgestaltung enthalten die Tarifverträge aber nur sehr wenige Vorgaben. Wichtig ist lediglich die Protokollerklärung zu § 18 TVöD/TV-L, nach der eine Nichterfüllung der Voraussetzungen für die Gewährung eines Leistungsentgelts für sich genommen keine arbeitsrechtlichen Maßnahmen auslösen darf, arbeitsrechtliche Maßnahmen jedoch auch nicht durch Teilnahme an einer Zielvereinbarung bzw. durch Gewährung eines Leistungsentgelts ausgeschlossen sind. Darüber hinaus dürfen Leistungsgeminderte grundsätzlich nicht durch Teilnahme an einer Zielvereinba- **610** rung ausgenommen werden. Ihre jeweiligen Leistungsminderungen sollen angemessen berücksichtigt werden.

Ein landesbezirklicher Tarifvertrag steht noch aus. § 18 Abs. 5 TV-L sieht für die Zwischenzeit bis zum Zustandekommen eines Tarifvertrags vor, dass die Beschäftigten mit dem Tabellenentgelt des Monats Dezember 12% des Tabellenentgelts ausgezahlt bekommen, das jeweils für den Monat September desselben Jahres zusteht.

Im Geltungsbereich des TVöD-Bund ist am 1. Januar 2007 der Tarifvertrag über das Leistungsentgelt für die Beschäftigten des Bundes (**LeistungsTV-Bund**) vom 25. August 2006 in Kraft getreten.

LeistungsTV

611   Gemäß § 1 LeistungsTV gilt der Tarifvertrag für alle Beschäftigten des Bundes, die unter den TVöD fallen. Der LeistungsTV ergänzt damit den TVöD. Er ist in fünf Abschnitte gegliedert und enthält insgesamt 18 Paragrafen. Kernstück zur Ausgestaltung des Leistungsentgelts bilden der II. und III. Abschnitt mit den §§ 3–10 LeistungsTV. Hier finden sich die Vorgaben für die Leistungsfeststellung und die Auszahlungsmodalitäten wieder. Jedoch stellt § 2 LeistungsTV klar, dass es sich bei diesen lediglich um Rahmenregelungen und wesentliche Details für die Gewährung des Leistungsentgelts handelt. Das Weitere soll dann durch einvernehmliche Dienst- oder Betriebsvereinbarungen ausgestaltet werden. Für den Inhalt der Dienst- oder Betriebsvereinbarungen enthält § 15 LeistungsTV Soll-Vorschriften, die die regelungsbedürftigen Detailfragen zusammenfassen, aber nicht abschließend darstellen.

612   Die Präambel zum LeistungsTV gibt für die Einführung eines Leistungsentgelts folgende Ziele vor: Es sollen die öffentlichen Dienstleistungen verbessert und die Effizienz der öffentlichen Verwaltung gestärkt werden. Zugleich sollen Motivation, Eigenverantwortung und Führungskompetenz gestärkt werden. Das Leistungsentgelt soll sich also nicht nur in Richtung Beschäftigter wenden, sondern ebenso ist die gesamte öffentliche Verwaltung angesprochen. Das Leistungsentgelt verfolgt also hiernach nicht einen Selbstzweck, am Ende sollen alle Bürger etwas davon haben. Dies kann meines Erachtens aber nicht allein mit der Einführung eines Leistungsentgelts erreicht werden, wenn nicht strukturelle Veränderungen der Arbeitsabläufe damit einhergehen. Diese Auffassung legt auch die Dreierkombination der Worte „Motivation", „Eigenverantwortung" und „Führungskompetenz" nahe, die sich gegenseitig bedingen. Nicht das Inaussichtstellen einer Prämie allein wird den Beschäftigten motivieren. Intrinsisch motiviert ist der Beschäftigte nur, wenn er im Bewusstsein handelt, etwas Sinnvolles zu tun, und er den Wert seiner eigenen Arbeit im Verhältnis zur Gesamtleistung erkennt. An dieser Stelle ist Eigenverantwortung das Schlagwort: Den Beschäftigten dürfen keine ‚Leistungsbremsen' demotivieren. Fehlende Handlungskompetenzen und/oder ineffiziente Entscheidungswege führen aber genau dazu. Die Führungskraft ist nunmehr also gefordert. Indem sie die Aufmerksamkeit der Beschäftigten stärker auf Arbeitsergebnisse als auf Kompetenzen lenkt, wird ziel- und ergebnisorientierter gearbeitet. Das heißt aber auch, dass in der Organisation der Arbeit Prioritäten gesetzt und der Zeit-, Personal- und Ressourceneinsatz durch strategische Ausrichtung sinnvoll gestaltet werden müssen. Ob diese Ziele durch die spezifische Einführung des Leistungsentgelt im Rahmen des TVöD i. V. m. dem LeistungsTV erreicht wird, bleibt abzuwarten.

613   Die **Leistungsfeststellung** erfolgt gemäß § 3 Abs. 1 LeistungsTV anhand von **Zielvereinbarung** (§ 4) und/oder **systematischen Leistungsbewertungen** (§ 5). Für die Feststellung an sich enthält § 3 Abs. 2 LeistungsTV zunächst generelle zu beachten-

D. Rechte und Pflichten im Arbeitsverhältnis, Arbeitsschutzrecht 219

de Regeln: Die Leistungsfeststellung muss tätigkeitsbezogen sein, d. h. sie muss mit der Erfüllung von Aufgaben durch den Beschäftigten in Zusammenhang stehen. Die auszuübende Tätigkeit muss von der beschäftigten Person beeinflussbar und in der regelmäßigen Arbeitszeit erreichbar sein. Hier ist zu beachten, dass § 3 Abs. 1 S. 3 LeistungsTV aber nicht nur die individuelle Leistung einer Leistungsfeststellung zugänglich macht, sondern hierfür auch eine Gruppenleistung als Anknüpfungspunkt vorsieht. Die Leistungskriterien, die die Leistungsfeststellung tragen, müssen transparent und nachvollziehbar sein. Dem Beschäftigten muss daher offengelegt werden, wie sich das Ergebnis der Leistungsfeststellung zusammensetzt. Bei Zielvereinbarungen sind die zu erreichenden Leistungsanforderungen mit der Abrede bekannt. Bei der systematischen Leistungsbewertung ist Voraussetzung, dass die Beschäftigten die Kriterien während der Bewertungsphase zur Kenntnis nehmen können. Unzulässig wäre demnach, dem Beschäftigten nur das Endergebnis ohne Erklärung über das Zustandekommen mitzuteilen.[992] Die Leistungsfeststellung muss jährlich von einer Führungskraft durchgeführt werden, die der Arbeitgeber zu Beginn des Leistungszeitraums zu bestimmen hat. Beginn und Ende des Leistungs- und des Feststellungszeitraums[993] werden in der Dienstvereinbarung geregelt.

Zu beachten ist aber, dass keine Leistungsfeststellung gemäß § 11 Abs. 1 LeistungsTV stattfindet, wenn der Beschäftigte während des Leistungszeitraums weniger als zwei Kalendermonate tätig war. Dann erhält der Beschäftigte auch kein Leistungsentgelt (§ 11 Abs. 2 S. 1 LeistungsTV). Erfüllt der Beschäftigte zwar die **Karenzzeit** des § 11 Abs. 1 LeistungsTV, bestand aber nicht während des gesamten Leistungszeitraums ein Entgeltanspruch, so wird das Leistungsentgelt nach § 11 Abs. 2 S. 2 LeistungsTV für jeden Kalendermonat, in dem kein Entgeltanspruch bestand, um ein Zwölftel gekürzt.[994] Das Leistungsentgelt entfällt ganz, wenn das Arbeitsverhältnis aus einem Grund, den der Beschäftigte durch eigenes Verschulden verursacht hat, beendet wurde. Kein eigenes Verschulden ist in den Fällen anzunehmen, in denen der Beschäftigte selbst kündigt oder der Beschäftigte verbeamtet wird. § 11 Abs. 5 LeistungsTV enthält spezielle Regelungen zu Personen, die Interessensvertretungen wahrnehmen (Gleichstellungsbeauftragte, Personalräte oder Vertrauenspersonen der Schwerbehinderten) und ggf. von ihrer Arbeitsleistung ganz oder teilweise freigestellt sind.

§ 4 LeistungsTV widmet sich der **Zielvereinbarung**, die gemäß Abs. 1 S. 1 als eine schriftlich niedergelegte, freiwillige und verbindliche Abrede zwischen der Führungskraft und einzelnen Beschäftigten oder Beschäftigtengruppen für einen festgelegten Zeitraum über objektivierbare Leistungsziele und die Bedingungen ihrer Erfüllung definiert. Eine Gruppenvereinbarung erfolgt in Form einer Abrede zwischen der Führungskraft und jedem Beschäftigten der Gruppe (§ 4 Abs. 4 S. 1 LeistungsTV). Eine Zielvereinbarung für die Gruppe kommt zustande, wenn sich alle Beschäftigten der Gruppe und die Führungskraft für den Abschluss der Gruppenzielvereinbarung entscheiden (§ 4 Abs. 4 S. 2 LeistungsTV).

§ 4 Abs. 1 Sätze 2–4 LeistungsTV stellen sechs Anforderungen an die Zielbestimmung: Eindeutig, konkret, präzise, realistisch, messbar und nachvollziehbar

614

---

[992] Beachte hierzu auch den Durchführungshinweis 3.4 zu § 3 im Rundschreiben des BMI vom 11. 12. 2006.
[993] Gemäß § 17 Abs. 2 LeistungsTV ist der Leistungszeitraum der Zeitraum, der für die Feststellung der Leistungen der Beschäftigten berücksichtigt wird. Nach Abs. 3 ist der Feststellungszeitraum der Zeitraum, in welchem die Leistungen der Beschäftigten festgestellt werden.
[994] Beachte zur Bestimmung der Karenzzeit und zur Kürzung des Leistungsentgelts die ergänzenden Hinweise des BMI zu § 11 LeistungsTV in dem Rundschreiben vom 20. 3. 2008.

muss die Zielbestimmung sein.[995] Schon mit der Formulierung „Leistungsziel" wollten die Tarifvertragsparteien deutlich machen, dass das Ziel auch anspruchsvoll sein soll und die Zielerreichung nicht ohne Zutun der Beschäftigten eintreten darf.[996]

Mit dem Beschäftigten sind höchstens fünf Ziele zu vereinbaren, die unterschiedlich gewichtet werden können. Für jedes Ziel sind bis zu fünf Zielerreichungsgrade festzulegen. Das Nähere soll eine Dienstvereinbarung regeln (§ 4 Abs. 2 LeistungsTV). Gemäß § 4 Abs. 3 LeistungsTV können die Beschäftigten von sich aus ein Gespräch mit der Führungskraft suchen, um auszuloten, ob die Möglichkeit für den Abschluss einer Zielvereinbarung besteht. Einen Anspruch auf Abschluss einer Zielvereinbarung gibt es nämlich nicht. Kommt eine Zielvereinbarung nicht zustande, wird die Leistung des Beschäftigten mit Hilfe der systematischen Leistungsbewertung festgestellt.

Die Leistungsfeststellung erfolgt durch Vergleich der vereinbarten Ziele mit dem Grad der Zielerreichung (§ 4 Abs. 6 LeistungsTV).

615 Während der Laufzeit der Zielvereinbarung sollen **Zwischengespräche** zwischen der Führungskraft und dem Beschäftigten geführt werden. Bei relevanten Änderungen, die die Zielerreichung gefährden (z.B. Arbeitsplatzwechsel, Tätigkeitswechsel, Reduzierung oder Wegfall personeller oder materieller Ressourcen; vgl. Protokollerklärung zu Abs. 5 S. 2), ist ein Gespräch zu führen. Dasselbe gilt, wenn ein Zielerreichungsgrad zu erwarten ist, der ein Leistungsentgelt ausschließt. In dem Gespräch sind gemeinsame Wege zur Zielerreichung zu erörtern. Die Initiative für ein Gespräch kann sowohl von der Führungskraft als auch von dem Beschäftigten ausgehen.

616 Die **systematische Leistungsbewertung** wird in § 5 LeistungsTV näher ausgestaltet. Diese Art der Leistungsfeststellung ist die auf einem festgelegten System beruhende Feststellung der erbrachten Leistung nach möglichst messbaren oder anderweitig objektivierbaren Kriterien (§ 5 Abs. 1 LeistungsTV). Grundlage der Bewertung ist eine Aufgabenbenennung des zurückliegenden Bewertungszeitraums von bis zu fünf Aufgaben, die den Arbeitsplatz im Wesentlichen tragen, wobei die voraussichtlichen Schwerpunkte des künftigen Bewertungszeitraums erörtert werden sollen (§ 5 Abs. 3 LeistungsTV). Die Aufgabenerfüllung ist nach einem System mit bis zu fünf Bewertungsstufen nach Leistungskriterien zu bewerten. Die Leistungskriterien sind in einer Dienstvereinbarung festzulegen, wobei die Vertragspartner aus den Merkmalen Adressatenorientierung, Arbeitsqualität, Arbeitsquantität, Führungsverhalten, Wirtschaftlichkeit und Zusammenarbeit auszuwählen haben. Die Leistungsmerkmale und -kriterien können unterschiedlich gewichtet und nach Arbeitsbereichen differenziert werden (§ 5 Abs. 2 LeistungsTV). Auch bei der systematischen Leistungsbewertung ist ein **Zwischengespräch** zwischen der Führungskraft und dem Beschäftigten zu führen, nämlich dann, wenn aufgrund der Leistungen des Beschäftigten absehbar ist, dass die Bewertung nicht zu einem Leistungsentgelt führen wird (§ 5 Abs. 3 S. 4 LeistungsTV). Es sind gemeinsame Wege zur Leistungssteigerung (z.B. Qualifizierungsbedarf oder Veränderung der Arbeitsabläufe) zu finden.

Die §§ 6 und 7 LeistungsTV regeln zum einen die Verbindung der beiden Feststellungsinstrumente (Zielvereinbarung und systematische Leistungsbewertung) und

---

[995] Durchführungshinweis 2.1 zu § 4 im Rundschreiben des BMI vom 11.12.2006 fasst diese Anforderung mit der SMART-Regel zusammen: spezifiziert, messbar, anspruchsvoll, realistisch und termingebunden.

[996] Vgl. Durchführungshinweis 2.1 zu § 4 im Rundschreiben des BMI vom 11.12.2006.

zum anderen deren Verhältnis zueinander. Das Ergebnis der individuellen Leistungsfeststellung wird in schriftlicher Form zur Personalakte genommen; eine Kopie ist dem Beschäftigten auszuhändigen (§ 12 Abs. 1 LeistungsTV).

Der III. Abschnitt des LeistungsTV befasst sich mit den Auszahlungs-, Aufteilungs- und Berechnungsmodalitäten des Leistungsentgelts. Gemäß § 8 Abs. 1 kann das Leistungsentgelt als Leistungsprämie oder Leistungszulage ausgezahlt werden. Die Leistungsprämie ist eine einmalige, die Leistungszulage eine zeitliche befristete, widerrufliche, in der Regel monatlich wiederkehrende Zahlung.

Der Beschäftigte hat gemäß § 13 LeistungsTV ein besonderes **Beschwerderecht** 617 gegen das Ergebnis der Leistungsfeststellung. Innerhalb von drei Wochen nach Eröffnung des Ergebnisses kann er beim Arbeitgeber Beschwerde erheben. Wird dieser nicht abgeholfen, so wird sie der nach § 14 LeistungsTV zu errichtenden paritätischen Kommission (jeweils die Hälfte der Mitglieder sind vom Arbeitgeber und von der Personalvertretung zu stellen) zugeleitet. Die Kommission überprüft, ob bei der Leistungsfeststellung die sachlichen Grenzen eingehalten wurden. Die Kontrolle umfasst also lediglich die Kontrolle hinsichtlich eines Bewertungsausfalls, eines Bewertungsfehlgebrauchs, einer Überschreitung der Bewertungsrahmens und das Zugrundelegen unrichtiger Tatsachen (vgl. Protokollerklärung zu § 13 Abs. 2 S. 2 LeistungsTV). Der Arbeitgeber entscheidet sodann gemäß § 13 Abs. 2 S. 3 LeistungsTV auf Vorschlag der Kommission, ob und in welchem Umfang der Beschwerde im Einzelfall abgeholfen wird.

TVöD-VKA

Das Leistungsentgelt im Bereich der VKA ist dagegen bereits in § 18 TVöD-VKA 618 detailliert geregelt. Die konkrete Ausgestaltung wird Betriebs- bzw. Dienstvereinbarungen überlassen (§ 18 Abs. 6 S. 1 TVöD-VKA).

§ 18 Abs. 4 TVöD-VKA nennt bereits die Formen des Leistungsentgelts: **Leistungsprämie, Erfolgsprämie und Leistungszulage**. Diese Liste ist abschließend, die Kombination der verschiedenen Formen ist aber zulässig (§ 18 Abs. 4 S. 1 HS. 2 TVöD-VKA). Die Leistungsentgelte müssen grundsätzlich allen Beschäftigten zugänglich sein (§ 18 Abs. 4 S. 6 TVöD-VKA). Die **Feststellung oder Bewertung von Leistungen** erfolgt durch Vergleich von Zielerreichungen mit den in der Zielvereinbarung angestrebten Zielen oder über eine systematische Leistungsbewertung (§ 18 Abs. 5 TVöD-VKA). **Zielvereinbarung** ist gemäß § 18 Abs. 5 S. 2 TVöD-VKA eine freiwillige Abrede zwischen der Führungskraft und einzelnen Beschäftigten oder Beschäftigungsgruppen über objektivierbare Leistungsziele und die Bedingungen ihrer Erfüllung. **Leistungsbewertung** wird in § 18 Abs. 5 S. 3 TVöD-VKA definiert: Sie ist die auf einem betrieblich vereinbarten System beruhende Feststellung der erbrachten Leistung nach möglich messbaren oder anderweitig objektivierbaren Kriterien oder durch aufgabenbezogene Bewertung. Die Protokollerklärung zu § 18 Abs. 5 S. 3 TVöD stellt klar, dass die systematische Leistungsbewertung nicht mit der Regelbeurteilung übereinstimmt.

Das zu verwendende System wird in der Betriebs- bzw. Dienstvereinbarung festgelegt; hierbei ist zu beachten, dass die individuellen Leistungsziele von Beschäftigten bzw. Beschäftigungsgruppen beeinflussbar und in der regelmäßigen Arbeitszeit erreichbar sein müssen (§ 18 Abs. 6 S. 2 TVöD-VKA). Das gewählte System wird sodann von einer betrieblichen Kommission überwacht, deren Mitglieder gemäß § 18 Abs. 7 S. 1 TVöD-VKA zur Hälfte vom Arbeitgeber und zur anderen Hälfte vom Betriebs- bzw. Personalrat benannt werden. Die Kommission ist nicht für die individuelle Vergabe von Leistungsentgelten zuständig (Niederschriftserklärung zu § 18 Abs. 7 TVöD-VKA). Sie ist mehr eine Kontroll-, Beratungs- und Beschwerdestelle ohne Mitwirkungsrechte.

619 Zum Entgelt gehören schließlich auch die **vermögenswirksamen Leistungen**. Nach Maßgabe des Vermögensbildungsgesetzes haben Beschäftigte, deren Arbeitsverhältnis voraussichtlich mindestens sechs Monate dauert, einen Anspruch auf vermögenswirksame Leistungen (§ 23 Abs. 1 TVöD/TV-L).

620 § 24 TVöD/TV-L enthält Bestimmungen über die Berechnung und die Auszahlung des Entgelts.

621 f) Das Tarifrecht des öffentlichen Dienstes kennt schließlich auch noch sog. **Nebenleistungen**. Es handelt sich dabei insbesondere um Reisekostenvergütung, Umzugskostenvergütung und Trennungsentschädigung. § 44 Abs. 1 TVöD-BT-V/ § 23 Abs. 4 TV-L bestimmt für die Erstattung von Reise- und Umzugskosten sowie Trennungsgeld, dass die Bestimmungen, die für die Beamten des Arbeitgebers jeweils gelten, entsprechende Anwendung finden.

622 g) Obwohl die tarifrechtliche Vergütung und der tarifrechtliche Lohn nach den Vorstellungen der Schöpfer des Tarifvertragsgesetzes Mindestentgelte darstellen, werden sie **im öffentlichen Dienst in der Praxis als Höchstentgelte** behandelt. Dies erfolgt einmal im Interesse sparsamer Haushaltsführung. Darüber hinaus kann der Staat im Hinblick auf die Zahl seiner Arbeitnehmer und die Fülle ihrer Funktionen das Entgelt im Regelfall gar nicht frei festlegen, wenn er seine Arbeitnehmer bei gleicher Leistung gleichbehandeln will.

2. Verpflichtung zur Entgeltzahlung ohne Arbeitsleistung

623 Bei der Pflicht des Arbeitgebers zur Bezahlung des Arbeitsentgeltes ist zwischen zwei Bereichen zu unterscheiden, nämlich der Verpflichtung zur Entgeltzahlung bei Arbeitsleistung des Arbeitnehmers und der Verpflichtung zur Entgeltzahlung, ohne dass der Arbeitnehmer die Arbeitsleistung erbringt. Im Regelfall wird die Vergütung nur geschuldet, wenn der Arbeitnehmer die Arbeitsleistung erbringt. Es gibt allerdings Fälle, in denen ein **Entgeltanspruch** besteht, **obwohl der Arbeitnehmer nicht arbeitet**.[997] Dabei sind folgende Fälle zu unterscheiden.

a) **Feiertagsentgelt**

624 Die sogenannte Lohnzahlung an Feiertagen ist im Gesetz über die Zahlung des Arbeitsentgelts an Feiertagen und im Krankheitsfall *(Entgeltfortzahlungsgesetz, EFZG)* festgelegt. Nach § 2 Abs. 1 EFZG hat der Arbeitgeber dem Arbeitnehmer für Arbeitszeit, die infolge eines gesetzlichen Feiertages ausfällt, das Arbeitsentgelt zu zahlen, das er ohne den Arbeitsausfall erhalten hätte. Der Anspruch besteht nicht, wenn der Arbeitnehmer am letzten Arbeitstag vor oder am ersten Arbeitstag nach Feiertagen unentschuldigt der Arbeit fernbleibt (§ 2 Abs. 3 EFZG). Fällt Arbeitszeit an einem gesetzlichen Feiertag gleichzeitig infolge Kurzarbeit aus und wird für die an anderen als gesetzlichen Feiertagen wegen Kurzarbeit ausfallende Arbeitszeit Kurzarbeitergeld geleistet, so gilt die Arbeit als infolge eines gesetzlichen Feiertages ausgefallen (§ 2 Abs. 2 EFZG). Mit Ausnahme des 3. Oktober werden diejenigen Tage, die gesetzliche Feiertage sind, durch den Landesgesetzgeber geregelt.[998]

---

[997] Zum Anspruch auf Entgeltfortzahlung beim Zusammentreffen mehrerer Verhinderungsgründe vgl. Reinecke, DB 1991, 1168 f.
[998] Vgl. dazu die Übersicht über die gesetzlichen Feiertage bei Nipperdey I, Arbeitsrecht, Textsammlung, Nr. 250, Loseblatt, München.

b) **Urlaubsentgelt, Urlaubsabgeltung, Urlaubsgeld**

Urlaubsentgelt ist das Arbeitsentgelt für die Zeit, innerhalb derer der Arbeitnehmer seinen Erholungsurlaub antritt. Es bemisst sich nach dem durchschnittlichen Arbeitsverdienst, das der Arbeitnehmer in den letzten dreizehn Wochen vor dem Beginn des Urlaubs erhalten hat (Bezugszeitraum, § 11 Abs. 1 S. 1 BUrlG). 625

> Diese Berechnungsmethode nennt man **Referenzprinzip**. Nach diesem Prinzip wird die Vergütung nach einer vorausgegangenen Vergütungsperiode berechnet. Eine andere Methode ist das **Lohnausfallprinzip**, wonach die Vergütung sich danach bemisst, was der Arbeitnehmer verdient hätte, wenn die Arbeit nicht ausgefallen wäre, er also gearbeitet hätte.

Das Urlaubsentgelt ist vor Antritt des Urlaubes auszuzahlen (§ 11 Abs. 2 BUrlG). 626

Für die Berechnung des Urlaubsentgelts nach dem durchschnittlichen Arbeitsverdienst der Letzten 13 Wochen vor Urlaubsantritt (Bezugszeitraum) gilt folgendes: 627

aa) Bei monatlicher Abrechnung ist von den letzten drei Monaten auszugehen.

bb) Zu berücksichtigen ist das gesamte Arbeitsentgelt einschließlich derjenigen Zulagen, die der Arbeitnehmer als Gegenleistung für seine Tätigkeit im Bezugszeitraum erhalten hat. Hierzu zählen z.B. Zeitzuschläge für Nachtarbeit,[999] nicht dagegen beispielsweise eine einmalige Sonderleistung, die an die Betriebszugehörigkeit anknüpft, und die vermögenswirksamen Leistungen, weil sie ebenfalls ohne Bezug zum Umfang der tatsächlich erbrachten Arbeitsleistung im Bezugszeitraum gezahlt werden. Diese Leistungen erhält der Arbeitnehmer unabhängig davon, ob er Urlaub nimmt oder nicht.[1000]

cc) Der im Bezugszeitraum infolge von Überstunden erzielte Arbeitsverdienst des Arbeitnehmers wird nicht zur Grundlage der Berechnung des Urlaubsentgelts gemacht (§ 11 Abs. 1 S. 1 BUrlG). Bereitschaftsdienst und Rufbereitschaft sind keine Überstunden im Sinne von § 11 BUrlG.[1001]

> Damit ist allerdings nicht ein Ausschluss des Entgelts für die wegen des Urlaubs im Freistellungszeitraum ausfallenden Überstunden verbunden. Der Arbeitgeber ist nämlich nach § 1 BUrlG verpflichtet, das Entgelt für alle infolge der Arbeitsbefreiung ausfallenden Arbeitsstunden einschließlich der Überstunden zu vergüten. Die Höhe der Vergütung für diese ausfallenden regelmäßigen Stunden und Überstunden ist allerdings nach dem Durchschnittsverdienst im Bezugszeitraum ohne Berücksichtigung des Verdienstes für in diesem Zeitraum geleisteten Überstunden zu berechnen.[1002]

dd) Naturalentgelt, das während des Urlaubes nicht weitergewährt wird, ist abzugelten (§ 11 Abs. 1 S. 4 BUrlG).

ee) Bei erfolgsabhängiger Vergütung ist auf den wirklichen Verdienst abzustellen.[1003] Vereinbarte Bedienungsprozente sind weiter zu bezahlen.

ff) Aufwandsentschädigungen bleiben grundsätzlich unberücksichtigt.

gg) Bei nicht nur vorübergehenden Verdiensterhöhungen, die während des Berechnungszeitraumes oder des Urlaubs eintreten, ist von dem erhöhten Verdienst auszugehen (§ 11 Abs. 1 S. 2 BUrlG).

hh) Verdienstkürzungen, die im Berechnungszeitraum infolge von Kurzarbeit, Arbeitsausfällen oder unverschuldeter Arbeitsversäumnis eintreten, bleiben für die Berechnung außer Betracht (§ 11 Abs. 1 S. 3 BUrlG).

---

[999] BAG, 12. 1. 1989, NZA 1989, 758.
[1000] BAG, 17. 1. 1991, NZA 1991, 778 f.
[1001] BAG, 24. 10. 2000, NZA 2001, 449 f.
[1002] BAG, 9. 11. 1999, ZTR 2000, 520 f.
[1003] Vgl. zur Berücksichtigung von Provision bei der Berechnung BAG, 11. 4. 2000, NZA 2001, 153 f.

Die Berechnungsformel für die Praxis lautet:

$$\text{Urlaubsentgelt} = \frac{\text{Gesamtarbeitsverdienst der Letzten 13 Wochen} \times \text{Anzahl der Urlaubstage}}{78 \text{ Werktage}}$$

628 **Urlaubsabgeltung** ist zu bezahlen, wenn der Urlaub wegen Beendigung des Arbeitsverhältnisses ganz oder teilweise nicht mehr gewährt werden kann (§ 7 Abs. 4 BUrlG).[1004] Dies gilt nicht, wenn der Arbeitnehmer bei Fortdauer des Arbeitsverhältnisses für die Dauer seines Urlaubsanspruchs seine Arbeitsleistung hätte nicht erbringen können, z. B. weil er arbeitsunfähig krank ist,[1005] und zwar auch dann nicht, wenn die Arbeitsunfähigkeit auf einem Arbeitsunfall (Wegeunfall) beruht.[1006] Kann der Urlaub aus anderen Gründen als wegen der Beendigung des Arbeitsverhältnisses nicht mehr gewährt werden, z. B. weil der Arbeitnehmer gestorben ist oder weil er in die Freistellungsphase im Altersteilzeitarbeitsverhältnis (Blockmodell) eintritt,[1007] so entsteht kein Abgeltungsanspruch.[1008] Für die Berechnung der Abgeltung sind die Grundsätze über die Berechnung des Urlaubsentgeltes anzuwenden, wobei als Berechnungszeitraum die letzten 13 Wochen vor Beendigung des Arbeitsverhältnisses gelten. Der Urlaubsabgeltungsanspruch umfasst den gesamten Urlaubsanspruch des Arbeitnehmers und ist nicht auf den gesetzlichen Mindesturlaub im Sinne von §§ 1, 3 BUrlG beschränkt.[1009]

629 **Urlaubsgeld** ist eine zusätzliche Bezahlung, die über das Urlaubsentgelt hinausgeht. Hierauf besteht nur ein Anspruch, wenn dies vereinbart ist.[1010]

630 Nach Art. 74 Abs. 1 Ziffer 12 GG gehört das Arbeitsrecht zur konkurrierenden Gesetzgebung. Deshalb haben die Länder nach Art. 72 Abs. 1 GG die Befugnis zur Gesetzgebung, solange und soweit der Bund von seinem Gesetzgebungsrecht keinen Gebrauch macht. Weil der Bund nicht tätig geworden ist, haben die meisten Bundesländer durch Landesgesetze **Bildungsurlaub** eingeführt. Danach haben Arbeitnehmer einen Anspruch auf bezahlte Freistellung zum Zwecke ihrer Bildung bei unterschiedlichen Voraussetzungen (vgl. die Landesgesetze bei Nipperdey I, Arbeitsrecht, Texts., Nr. 134a).

631 Darüber hinaus haben die Mitglieder der Personalvertretung einen Anspruch auf bezahlte Freistellung für die Teilnahme an Schulungs- und Bildungsveranstaltungen, soweit diese Kenntnisse vermitteln, die für die Tätigkeit in der Personalvertretung erforderlich sind, und für die Teilnahme an Schulungs- und Bildungsveranstaltungen, die von der Bundeszentrale für politische Bildung anerkannt sind (§§ 46 Abs. 6 und 7, 54 Abs. 1 und 56 BPersVG).

[1004] Zur Urlaubsabgeltung im Falle eines Betriebsinhaberwechsels vgl. BAG, 2. 12. 1999, NZA 2000, 480 f., zur Entstehung des Abgeltungsanspruchs im Zusammenhang mit der Erhebung einer Kündigungsschutzklage BAG, 21. 9. 1999, ZTR 2000, 329 f.
[1005] BAG, 20. 4. 1989, ZTR 1989, 451 f.; 15. 8. 1989, ZTR 1990, 21 f.; 8. 2. 1994, AP Nr. 17 zu § 47 BAT; 5. 9. 1995, ZTR 1996, 28 f. (zu § 54 MTB II); 5. 12. 1995, NZA 1996, 594 f.
[1006] BAG, 27. 5. 2003, ZTR 2003, 623 (L.).
[1007] BAG, 10. 5. 2005, ZTR 2006, 143 (L.).
[1008] BAG, 23. 6. 1992, NZA 1992, 1088. Zur Vererblichkeit eines Schadensersatzanspruchs, der entstanden ist, weil der Arbeitnehmer nach seinem Ausscheiden erfolglos von seinem früheren Arbeitgeber Urlaubsabgeltung verlangt hat und vor dem Ende eines Rechtsstreits darüber stirbt vgl. BAG, 19. 11. 1996, ZTR 1997, 470, m. w. N.; Stein, RdA 2000, 16 f.
[1009] BAG, 18. 10. 1990, NZA 1991, 466 f.
[1010] Vgl. zum Urlaubsgeld Sibben, DB 1997, 1178 f., zum Urlaubsgeld während des Erziehungsurlaubs BAG, 18. 3. 1997, ZTR 1998, 134.

TVöD/TV-L

Nach § 13 Abs. 1 S. 1 BUrlG kann von den Vorschriften des Gesetzes mit Ausnahme der §§ 1, 2 und 3 Abs. 1 in Tarifverträgen abgewichen werden. Hiervon hat der TVöD/TV-L in § 26 i. V. m. §§ 21 und 24 Gebrauch gemacht.[1011]

632

Danach wird das Entgelt während des Urlaubs nach § 21 zu dem in § 24 genannten Zeitpunkt fortgezahlt (§ 26 II lit. d TVöD/TV-L).

c) Entgelt bei Arbeitsunfähigkeit infolge Krankheit

Der Entgeltanspruch bei Arbeitsunfähigkeit infolge Krankheit gegen den Arbeitgeber ist im Gesetz über die Zahlung des Arbeitsentgelts an Feiertagen und im Krankheitsfall (Entgeltfortzahlungsgesetz, EFZG) geregelt.

633

Ein Arbeitnehmer, der durch Arbeitsunfähigkeit infolge Krankheit an seiner Arbeitsleistung verhindert ist, hat einen Anspruch auf Entgeltfortzahlung im Krankheitsfall durch den Arbeitgeber für die Zeit der Arbeitsunfähigkeit **bis zur Dauer von 6 Wochen** (42 Kalendertage[1012]), wenn ihn an der Krankheit kein Verschulden trifft (§ 3 Abs. 1 S. 1 EFZG). Dieser Anspruch entsteht erst nach vierwöchiger ununterbrochener Dauer des Arbeitsverhältnisses (§ 3 Abs. 3 EFZG). Für den Beginn der Wartezeit kommt es auf den Zeitpunkt des rechtlichen Beginns des Arbeitsverhältnisses an, nicht auf den Zeitpunkt der tatsächlichen Arbeitsaufnahme. Besteht zwischen einem beendeten und einem neubegründeten Arbeitsverhältnis zu demselben Arbeitgeber ein enger zeitlicher und sachlicher Zusammenhang, so wird der Lauf der Wartezeit in dem neuen Arbeitsverhältnis nicht erneut ausgelöst.[1013] Der Arbeitnehmer erfüllt die Wartezeit auch in einem dem Arbeitsverhältnis vorausgehenden Ausbildungsverhältnis.[1014] Erkrankt der Arbeitnehmer während der Wartezeit, so beginnt der mögliche Bezug von Entgeltfortzahlung mit dem Ende der Wartezeit. Die Sechs-Wochen-Frist beginnt nunmehr mit dem Tag nach Ablauf der Wartezeit. In die Wartezeit fallende Krankheitstage sind nicht anzurechnen. Das gilt auch dann, wenn das Arbeitsverhältnis durch eine Kündigung aus Anlass der Arbeitsunfähigkeit noch während der Wartezeit beendet wird.[1015] Bei der Berechnung der Sechs-Wochen Frist werden die Tage mitgezählt, an denen nicht gearbeitet wird, bei nicht täglicher Arbeitszeit also die arbeitsfreien Werktage.

634

Arbeitet also beispielsweise ein Arbeitnehmer regelmäßig nur an zwei Tagen in der Woche, so ist die Frist nach sechs Wochen Arbeitsunfähigkeit aufgebraucht. Anders ist der Fall zu beurteilen, dass ein Arbeitnehmer immer nur an den Tagen arbeitsunfähig ist, die seine wöchentlichen Arbeitstage sind. Dann ist die Dauer von sechs Wochen in Anlehnung an § 191 BGB mit 42 Kalendertagen anzunehmen.

Erkrankt der Arbeitnehmer während eines ruhenden Arbeitsverhältnisses, z. B. während der Elternzeit, so beginnt der mögliche Bezug von Entgeltfortzahlung mit der tatsächlichen Verhinderung an der Arbeitsleistung infolge der Krankheit. Das ist der Zeitpunkt der Aktualisierung des Arbeitsverhältnisses. In den Ruhezeitraum fallende Krankheitstage sind nicht anzurechnen.[1016]

Der Arbeitnehmer, der Entgeltfortzahlung im Krankheitsfall begehrt, hat darzulegen und zu beweisen, dass er arbeitsunfähig krank war. Diesen Beweis führt er in

---

[1011] Gemäß § 2 Abs. 1 TVÜ-Bund/TVÜ-Länder i. V. m. der Anlage 1 Teil B ersetzt der TVöD/TV-L den bisher für Bundesangestellte gültigen Tarifvertrag über ein Urlaubsgeld und den bisher für Arbeiter geltenden Tarifvertrag über ein Urlaubsgeld.
[1012] BAG, 22. 8. 2001, ZTR 2002, 232 f.
[1013] BAG, 22. 8. 2001, ZTR 2002, 232 f.
[1014] BAG, 20. 8. 2003, NZA 2004, 205 f.
[1015] BAG, 26. 5. 1999, DB 1999, 2268 f. Vgl. dazu Gaumann/Schafft, NZA 2000, 811 f.
[1016] BAG, 29. 9. 2004, NZA 2005, 225 f.

der Regel durch Vorlage einer ärztlichen Arbeitsunfähigkeitsbescheinigung. Er kann aber auch durch andere Beweismittel erbracht werden, und zwar auch dann, wenn die Erkrankung im Ausland aufgetreten ist.[1017]

635 **Ursache des Arbeitsausfalles** muss die Krankheit sein und nicht ein anderer Umstand. So hat ein Arbeitnehmer keinen Anspruch auf Lohnfortzahlung, wenn er am 24. und 31. 12. arbeitsunfähig krank ist und die für diese Tage vorgesehene Arbeit vorgeholt worden ist, weil die Ursache des Arbeitsausfalles die anderweitige Verteilung der Arbeitszeit war.[1018] Der Anspruch setzt außerdem voraus, dass der erkrankte Arbeitnehmer ohne die Arbeitsunfähigkeit einen Vergütungsanspruch gehabt hätte.[1019]

636 Als unverschuldete Arbeitsunfähigkeit gilt auch eine Arbeitsverhinderung, die als Folge einer **nicht rechtswidrigen Sterilisation** oder eines **nicht rechtswidrigen Abbruchs der Schwangerschaft** eintritt (§ 3 Abs. 2 S. 1 EFZG). Auf der Grundlage der Rechtsprechung des BVerfG zur Neufassung des § 218 StGB i. d. F. des Gesetzes vom 27. 7. 1992[1020] ist als unverschuldete Arbeitsunfähigkeit auch die Arbeitsverhinderung infolge eines **straffreien aber rechtswidrigen Schwangerschaftsabbruchs** anzusehen, wenn also die Schwangerschaft innerhalb von zwölf Wochen nach der Empfängnis durch einen Arzt abgebrochen wird, die schwangere Frau den Abbruch verlangt und dem Arzt durch eine Bescheinigung nachgewiesen hat, dass sie sich mindestens drei Tage vor dem Eingriff von einer anerkannten Beratungsstelle hat beraten lassen. (§ 3 Abs. 2 S. 2 EFZG). Gleichbehandelt wird schließlich die Arbeitsverhinderung infolge einer **Maßnahme der medizinischen Vorsorge oder Rehabilitation** nach Maßgabe des § 9 EFZG.[1021]

637 Ein Anspruch besteht nicht, wenn der Arbeitnehmer die Erkrankung verschuldet hat. Entgegen dem Wortlaut der Vorschriften besteht der Anspruch nur dann nicht, wenn **grobes Verschulden**, also grobe Fahrlässigkeit oder Vorsatz vorliegt.[1022] Zu der Frage, in welchen Fällen dies anzunehmen ist, hat sich eine umfangreiche Rechtsprechung entwickelt.[1023]

638 Im Streitfall muss der **Arbeitgeber** das grobe Verschulden des Arbeitnehmers **darlegen und beweisen**, allerdings finden die Grundsätze über den Anscheinsbeweis Anwendung, wonach bei typischen Geschehensabläufen die beweispflichtige Partei nur einen Tatbestand dartun muss, der nach der Lebenserfahrung auf eine bestimmte Ursache hinweist. Unter diesem Gesichtspunkt hat das Bundesarbeitsgericht unter Aufgabe seiner bisherigen Rechtsprechung[1024] entschieden, dass es keinen Erfahrungssatz gibt, wonach der Arbeitnehmer krankhaften Alkoholismus in der Regel selbst verschuldet hat.[1025] Ebensowenig stellt die Ausübung eines als besonders gefährlich oder unfallträchtig angesehenen Sports wegen der damit verbundenen Unfallgefahr für sich gesehen ein grob schuldhaftes Verhalten dar. Anders ist es nur,

---

[1017] BAG, 1. 10. 1997, NZA 1998, 369 f.; 372 f.
[1018] BAG, 13. 2. 2002, NZA 2002, 738 f.; 24. 3. 2004, ZTR 2004, 423 f.; Gutzeit, NZA 2003, 81 f.
[1019] Vgl. dazu BAG, 4. 12. 2002, ZTR 2003, 241 f.
[1020] BVerfG, 28. 5. 1993, NJW 1993, 1751 f.
[1021] Vgl. zu den Voraussetzungen BAG, 19. 1. 2000, NZA 2000, 773 f.
[1022] BAG, 30. 3. 1988, E 57, 380 f.; 27. 3. 1991, AuR 1991, 281 f.
[1023] Vgl. dazu die Rechtsprechung des Bundesarbeitsgerichtes zu § 1 LFG in der AP. Zum Entgeltfortzahlungsanspruch bei Organspenden, Thivesse, ZTR 1989, 267 f., zum Anspruch, wenn die krankheitsbedingte Arbeitsunfähigkeit auf einem Unfall beruht, den der Arbeitnehmer bei der Ausübung einer Nebentätigkeit erlitten hat, Boecken, NZA 2001, 233 f.
[1024] BAG, AP Nr. 26 zu § 1 LFG.
[1025] BAG, AP Nr. 52 zu § 1 LFG; zum Rückfall vgl. BAG, ZTR 1988, 146 f.; zur Darlegungslast des Arbeitgebers vgl. BAG, 7. 8. 1991, NZA 1992, 69.

wenn es sich um einen Sportunfall handelt, der durch besonders waghalsige Übungen, die aus dem Rahmen einer normalen sportlichen Betätigung herausfallen, herbeigeführt worden ist, oder die vom Arbeitnehmer gewählte Sportart seine Leistungsfähigkeit in auffälliger Weise übersteigt oder er die zu einer gefahrlosen Ausübung der Sportart notwendigen Ausrüstungserfordernisse oder sonstigen Sicherheitsvorkehrungen gröblich außerachtgelassen hat.[1026]

Der Entgeltanspruch besteht auch dann, wenn **der Arbeitgeber** das Arbeitsverhältnis **aus Anlass der Arbeitsunfähigkeit kündigt** und wenn die **Kündigung durch den Arbeitnehmer aus einem vom Arbeitgeber zu vertretenden Grunde** erfolgt, der den Arbeitnehmer zur außerordentlichen Kündigung berechtigt (§ 8 Abs. 1 EFZG). Das gilt auch, wenn der Arbeitgeber aus Anlass einer **bevorstehenden** Arbeitsunfähigkeit, mit der er sicher rechnen muss, kündigt.[1027] Das Arbeitsverhältnis ist aus Anlass der Arbeitsunfähigkeit gekündigt, wenn sich die Arbeitsunfähigkeit als eine die Kündigung wesentlich mitbestimmende Bedingung darstellt.[1028] 639

Bei **mehrfacher Erkrankung** entsteht der Anspruch jeweils für die Dauer von 6 Wochen neu, wenn die mehrfachen Erkrankungen nicht auf demselben Grundleiden beruhen. Beruhen die mehrfachen Erkrankungen auf demselben Grundleiden, so kann der Arbeitnehmer grundsätzlich innerhalb eines Zeitraums von 12 Monaten für alle Erkrankungen zusammen insgesamt nur einen Anspruch auf Entgeltfortzahlung für die Dauer von 6 Wochen geltend machen (§ 3 Abs. 1 S. 2 Ziff 2 EFZG). Er hat jedoch entgegen diesem Grundsatz erneut einen Anspruch auf Entgeltfortzahlung für 6 Wochen, wenn er zwischenzeitlich wegen desselben Grundleidens mindestens 6 Monate lang nicht arbeitsunfähig war, also entweder mindestens 6 Monate arbeitsfähig oder arbeitsunfähig auf Grund von Erkrankungen, die nicht auf demselben Grundleiden beruhen (§ 3 Abs. 1 S. 2 Ziff. 1 EFZG; die dortige Formulierung sollte besser lauten: „... mindestens sechs Monate infolge derselben Krankheit nicht arbeitsunfähig war ...").[1029] Weil § 3 Abs. 1 S. 2 EFZG eine **erneute** Arbeitsunfähigkeit voraussetzt, entsteht bei einer andauernden Erkrankung auch nach Ablauf der Frist von 12 Monaten kein neuer Entgeltfortzahlungsanspruch. 640

Der Anspruch auf Entgeltfortzahlung ist auf das jeweilige Arbeitsverhältnis bezogen und entsteht in jedem neuen Arbeitsverhältnis des Arbeitnehmers unabhängig von gleichartigen Ansprüchen aus einem vorausgegangenem Arbeitsverhältnis. Die zeitliche Begrenzung des Anspruchs auf sechs Wochen ist nämlich deshalb erfolgt, um den Arbeitgeber im Verhältnis zu den Krankenkassen nicht übermäßig zu belasten. Deshalb kommt ein Ausgleich zwischen verschiedenen Arbeitgebern nicht in Betracht.[1030] 641

In § 4 Abs. 1a EFZG wird bestimmt, dass das zusätzlich für Überstunden gezahlte Arbeitsentgelt nicht zur Entgeltfortzahlung gehört, und der Begriff „Arbeitsentgelt" hinsichtlich der Leistungen für Aufwendungen des Arbeitnehmers und für den Fall der Akkordvergütung präzisiert. 642

§ 4a EFZG erlaubt und begrenzt Vereinbarungen über die Kürzung von Leistungen, die der Arbeitgeber zusätzlich zum laufenden Arbeitsentgelt erbringt (Sondervergütungen), für Zeiten der Arbeitsunfähigkeit infolge Krankheit (sog. Anwesenheitsprämie).[1031]

[1026] BAG, AP Nr. 39, 41, 45 zu § 1 LFG.
[1027] BAG, 17. 4. 2002, NZA 2002, 899 f.
[1028] BAG, AP Nr. 6 zu § 6 LFG.
[1029] BAG, AP Nr. 2 zu § 611 BGB, Urlaub und Kur; NJW 1983, 2103.
[1030] BAG, 6. 9. 1989, NZA 1990, 142 f.
[1031] Vgl. dazu BAG, 25. 7. 2001, ZTR 2002, 42 f.

Nach § 4 Abs. 4 EFZG kann durch Tarifvertrag die Bemessungsgrundlage des fortzuzahlenden Arbeitentgelts, nicht aber die Höhe abweichend vom Gesetz festgelegt werden. Von dieser Ausnahme abgesehen können die Tarifvertragsparteien nur zugunsten der Arbeitnehmer vom Gesetz abweichen (§ 12 EFZG).[1032] Hiervon ist in den Tarifverträgen für den öffentlichen Dienst Gebrauch gemacht worden (vgl. dazu Rdn. 647 f.).

In einem Kollisionsfall mit der Entgeltfortzahlung an Feiertagen bemisst sich die Höhe des fortzuzahlenden Arbeitsentgelts gemäß § 4 Abs. 2 EFZG alleine nach den Regelungen über die Entgeltzahlung an Feiertagen in § 2 EFZG.

643 Nach § 5 Abs. 1 S. 1 EFZG hat der Arbeitnehmer seine krankheitsbedingte Arbeitsunfähigkeit und deren voraussichtliche Dauer **unverzüglich** (§ 121 Abs. 1 BGB) **mitzuteilen**. Spätestens am 4. Tag nach Beginn der Arbeitsunfähigkeit hat der Arbeitnehmer eine **ärztliche Bescheinigung**[1033] über das Bestehen der Arbeitsunfähigkeit und ihre voraussichtliche Dauer vorzulegen, wenn die Arbeitsunfähigkeit länger als drei Kalendertage dauert und der 4. Tag ein Arbeitstag ist (§ 5 Abs. 1 S. 2 EFZG). Der Arbeitgeber kann die Vorlage des Attestes auch früher verlangen (S. 3).

Das Vorlageverlangen nach Satz 3 ist nicht formgebunden, kann also mündlich oder schriftlich erfolgen. Für die Geltendmachung bedarf es keiner Begründung. Es ist zulässig, im Arbeitsvertrag zu vereinbaren, dass eine ärztliche Arbeitsunfähigkeitsbescheinigung bereits für den ersten Tag krankheitsbedingter Arbeitsunfähigkeit beigebracht werden muss.[1034]

Dauert die Arbeitsunfähigkeit länger als im Attest angegeben, so muss der Arbeitnehmer eine neue ärztliche Bescheinigung vorlegen (S. 4). Hält sich der Arbeitnehmer bei **Beginn der Arbeitsunfähigkeit im Ausland** auf, so hat er nach § 5 Abs. 2 S. 1 und 2 EFZG dem Arbeitgeber auf dessen Kosten die Arbeitsunfähigkeit, deren voraussichtliche Dauer und seine Adresse am Aufenthaltsort in der schnellstmöglichen Art der Übermittlung mitzuteilen.[1035]

Gemäß § 275 Abs. 1 Nr. 3 b SGB V ist die Krankenkasse bei Zweifel des Arbeitgebers an der Arbeitsunfähigkeit des Arbeitnehmers verpflichtet, eine gutachtliche Stellungnahme des Medizinischen Dienstes einzuholen. § 275 Abs. 1 a SGB V regelt in welchen Fällen insbesondere Zweifel anzunehmen sind.

644 Der Arbeitgeber hat ein **Leistungsverweigerungsrecht** bei Verschulden des Arbeitnehmers, solange der Arbeitnehmer die von ihm vorzulegende ärztliche Bescheinigung nicht vorlegt oder seine Verpflichtungen bei Beginn der Arbeitsunfähigkeit im Ausland nicht einhält oder wenn er den Übergang eines Schadensersatzanspruchs gegen einen Dritten auf den Arbeitgeber verhindert (§ 7 EFZG).

645 Steht dem Arbeitnehmer wegen der Arbeitsunfähigkeit ein **Schadensersatzanspruch gegen einen Dritten** zu, so geht dieser auf den Arbeitgeber insoweit über, als dieser das Entgelt fortzahlt (§ 6 EFZG).

646 Nach § 12 EFZG kann abgesehen von § 4 Abs. 4 von den Vorschriften des Gesetzes nicht zuungunsten des Arbeitnehmers abgewichen werden.[1036]

647 Nach Ablauf des Zeitraumes, für den der Entgeltanspruch besteht, und für den Fall, dass der Arbeitgeber seiner Verpflichtung zur Fortzahlung des Entgelts nicht

---

[1032] Vgl. dazu Rieble, RdA 1997, 134 f. Zur tarifvertraglichen Herausnahme tariflicher Zuschläge aus der Entgeltfortzahlung vgl. BAG, 13. 3. 2002, NZA 2002, 744 f.

[1033] Zum Beweiswert der ärztlichen Arbeitsunfähigkeitsbescheinigung vgl. BAG, 15. 7. 1992, NZA 1993, 23 f.

[1034] BAG, 1. 10. 1997, NZA 1998, 369 f., m. w. N., str.

[1035] Zu Anzeige- und Nachweispflichten bei Erkrankung im Ausland vgl. Berenz, DB 1995, 1462 f., zum Beweiswert ausländischer Arbeitsunfähigkeitsbescheinigungen BAG, 19. 2. 1997, NZA 1997, 705 f.; 1. 10. 1997, NZA 1998, 372 f.

[1036] Vgl. dazu BAG, 16. 1. 2001, NZA 2002, 746 f. (tarifliche Ausschlussfrist); 13. 3. 2002, ZTR 2002, 385 f. (tarifliche Zuschläge).

nachkommt, hat der Arbeitnehmer einen Anspruch auf **Krankengeld** gegen die gesetzliche Krankenkasse (§§ 44–52a SGB V).

TVöD/TV-L[1037]

§ 22 TVöD/TV-L enthält Vorschriften über das Entgelt bei Arbeitsunfähigkeit infolge Krankheit. Werden Beschäftigte durch Arbeitsunfähigkeit infolge Krankheit an der Arbeitsleistung verhindert, ohne dass sie ein Verschulden trifft, erhalten sie **bis zur Dauer von 6 Wochen das Entgelt nach § 21 TVöD/TV-L** (§ 22 Abs. 1 S. 1). Die Protokollerklärung zu Abs. 1 S. 1 erläutert, dass ein Verschulden nur dann vorliegt, wenn die Arbeitsunfähigkeit vorsätzlich oder grob fahrlässig herbeigeführt wurde. Als unverschuldete Arbeitsunfähigkeit gilt auch die Arbeitsverhinderung in Folge einer Maßnahme der medizinischen Vorsorge und Rehabilitation im Sinne von § 9 EFZG (§ 22 Abs. 1 S. 3). Die Vorschrift sieht anders als § 3 Abs. 3 EFZG keine Wartezeit vor. Der Anspruch entsteht bereits mit dem rechtlichen Beginn des Arbeitsverhältnisses. Da dies für den Arbeitnehmer günstiger ist, war eine solche Abweichung gemäß § 12 EFZG möglich. Eine Entgeltfortzahlung erfolgt aber nicht über das Ende des Arbeitsverhältnisses hinaus; hier bleibt es bei § 8 EFZG (§ 22 Abs. 4 S. 1 TVöD/TV-L). 648

Bei erneuter Arbeitsunfähigkeit infolge derselben Krankheit sowie bei Beendigung des Arbeitsverhältnisses gelten aber die gesetzlichen Bestimmungen (§ 22 Abs. 1 S. 2 TVöD/TV-L). 649

Nach Ablauf des sechswöchigen Zeitraums erhält der Arbeitnehmer einen **Krankengeldzuschuss** für die Zeit, für die ihm Krankengeld oder entsprechende gesetzliche Leistungen gezahlt werden (§ 22 Abs. 2 TVöD/TV-L). Mit dem Zuschuss wird der Unterschiedsbetrag zwischen den tatsächlichen Barleistungen des Sozialleistungsträgers und dem Nettoentgelt ausgeglichen. Hierbei ist gemäß § 22 Abs. 2 S. 2 TVöD/TV-L unter Nettoentgelt das um die gesetzlichen Abzüge verminderte Entgelt i.S.v. § 21 TVöD/TV-L zu verstehen. Für Beschäftigte, die nicht der Versicherungspflicht in der gesetzlichen Krankenversicherung unterliegen, ist bei der Berechnung des Krankengeldzuschusses der Krankengeldhöchstsatz, der bei der Pflichtversicherung in der gesetzlichen Krankenversicherung zustünde, zugrunde zu legen (§ 22 Abs. 2 S. 3 TVöD/TV-L). § 22 Abs. 3 TVöD/TV-L regelt die Zeiträume, für die ein Krankengeldzuschuss gewährt wird, und richtet sich dabei nach der Länge der Beschäftigungszeit: bei einer Beschäftigungszeit (§ 34 Abs. 3 TVöD/TV-L) 650
– von mehr als einem Jahr längstens bis zum Ende der 13. Woche
– von mehr als drei Jahren längstens bis zum Ende der 39. Woche
seit dem Beginn der Arbeitsunfähigkeit infolge derselben Krankheit.

Der Anspruch auf Krankengeldzuschuss besteht demnach erst nach einer Beschäftigungszeit von mindestens einem Jahr. Erkrankt ein Arbeitnehmer während des ersten Jahres und vollendet während der Krankheit das erste Beschäftigungsjahr, so hat er aber ab diesem Zeitpunkt Anspruch auf Krankengeldzuschuss (§ 22 Abs. 3 S. 2 TVöD/TV-L). 651

§ 22 Abs. 4 S. 2 bis 4 TVöD/TV-L regeln die Begrenzung des Krankengeldzuschusses bei Rentenzahlungen sowie die Fälle einer Überzahlung von Krankengeldzuschüssen. 652

[1037] Beachte auch die Übergangsregelungen in § 13 TVÜ, wonach für Angestellte, die unter § 71 BAT fallen, Sondervorschriften gelten.

d) Entgelt bei Schwangerschaft und Mutterschaft

653 Der Entgeltanspruch der Arbeitnehmerin bei Schwangerschaft und Mutterschaft ist im Mutterschutzgesetz (MuSchG) geregelt.

654 Werdende Mütter (Arbeitnehmerinnen und Auszubildende, § 10 Abs. 2 BBiG) dürfen in den letzten sechs Wochen vor der erwarteten Entbindung nicht beschäftigt werden, es sei denn, dass sie sich jederzeit widerruflich ausdrücklich dazu bereit erklären (§ 3 Abs. 2 MuSchG). Nach der Entbindung dürfen Frauen bis zum Ablauf von acht Wochen, bei Früh- und Mehrlingsgeburten bis zum Ablauf von zwölf Wochen nicht beschäftigt werden. Bei Frühgeburten und sonstigen vorzeitigen Entbindungen verlängern sich die Fristen zusätzlich um den Zeitraum, der nach § 3 Abs. 2 MuSchG nicht in Anspruch genommen werden konnte (§ 6 Abs. 1 MuSchG). Die Schutzfrist verlängert sich damit um den Zeitraum, um den sich im Einzelfall die sechswöchige Mutterschutzfrist vor der Geburt nach § 3 Abs. 2 MuSchG wegen der Frühgeburt oder sonstigen vorzeitigen Entbindung verkürzt hatte.

655 Für die Zeit dieser gesetzlichen Schutzfristen und für den Entbindungstag besteht einmal nach § 13 MuSchG ein Anspruch auf **Mutterschaftsgeld**. Ist die Frau in der gesetzlichen Krankenversicherung versichert, richtet sich dieser Anspruch gegen die gesetzliche Krankenkasse (§§ 13 Abs. 1 MuSchG, 200 RVO, 29 Gesetz über die Krankenversicherung der Landwirte, KVLG). Ist die Frau dagegen nicht in der gesetzlichen Krankenversicherung versichert, so richtet sich der Anspruch gegen den Bund. § 200 RVO ist entsprechend anzuwenden, das Mutterschaftsgeld beträgt in diesem Fall jedoch höchstens 210 Euro. Es wird vom Bundesversicherungsamt gezahlt (§ 13 Abs. 2 S. 2 MuSchG). Anspruch auf Mutterschaftsgeld haben gemäß § 13 Abs. 3 MuSchG auch Frauen, die während der gesetzlichen Schutzfristen von einem Beamten- in ein Arbeitsverhältnis wechseln, und zwar ab Beginn des Arbeitsverhältnisses. Ab diesem Zeitpunkt hat der Arbeitgeber auch den Zuschuss zum Mutterschaftsgeld zu zahlen (vgl. unten!).

Als Mutterschaftsgeld wird das durchschnittliche Nettoarbeitsentgelt (der Letzten drei abgerechneten Kalendermonate vor Beginn der Schutzfrist des § 3 Abs. 2 MuSchG) gezahlt, höchstens jedoch 13 Euro für den Kalendertag (§§ 200 Abs. 2 RVO, 29 Abs. 2 KVLG). Beträgt das durchschnittliche Arbeitsentgelt also weniger als 13 Euro netto für den Kalendertag, so hat die Frau nur einen Anspruch auf den geringeren Betrag als Mutterschaftsgeld.

Beträgt das durchschnittliche Arbeitsentgelt jedoch mehr als 13 Euro netto für den Kalendertag, so hat die Frau gegen ihren Arbeitgeber einen Anspruch auf **Zuschuss zum Mutterschaftsgeld** nach § 14 MuSchG. Dieser besteht in der Differenz zwischen dem durchschnittlichen kalendertäglichen Nettoarbeitsentgelt[1038] und 13 Euro. Der Arbeitgeber muss also den Unterschied zwischen dem tatsächlichen Arbeitsentgelt und dem Mutterschaftsgeld ausgleichen.[1039]

> Die Verpflichtung zur Zahlung eines Zuschusses zum Mutterschaftsgeld ist zwar grundsätzlich mit der Berufsfreiheit (Art. 12 Abs. 1 GG) vereinbar, in ihrer gegenwärtigen Ausgestaltung leistet sie jedoch im Widerspruch zu Art. 3 Abs. 2 GG einer Diskriminierung von Frauen im Arbeitsleben Vorschub und stellt deshalb keine verfassungsmäßige Beschränkung der Berufsfreiheit dar, und zwar wegen des auf Kleinunternehmen begrenzten Ausgleichs- und Umlageverfahrens (§ 10 LFZG). Der Gesetzgeber hatte bis zum 31. 12. 2005 eine verfassungsmäßige Regelung zu tref-

---

[1038] Vgl. zur Berechnung im Falle rückwirkend erfolgter Erhöhung der Vergütung BAG, 6. 4. 1994, NZA 1994, 793 f., zur Verfassungsmäßigkeit des § 14 Abs. 1 S. 1 MuSchG BAG, 1. 11. 1995, NZA 1996, 377 f., m. w. N.

[1039] Vgl. zur Weitergewährung eines Firmenfahrzeugs zum unbeschränkten privaten Gebrauch unter dem Gesichtspunkt des Zuschusses zum Mutterschaftsgeld BAG, 11. 10. 2000, NZA 2001, 445 f.

fen.¹⁰⁴⁰ Die Vorschrift ist allerdings bis zu einer gesetzlichen Neuregelung weiter anzuwenden. Durch das am 1. 1. 2006 in Kraft getretene „Gesetz über den Ausgleich der Arbeitgeberaufwendungen für Entgeltfortzahlung (AAG)" wurde die Verfassungswidrigkeit beseitigt. Danach haben alle Arbeitgeber gegen die Krankenkassen Anspruch auf Erstattung der von ihnen erbrachten Zuschussleistungen, werden aber von diesen im Umlageverfahren mit dem Gesamtaufwand anteilmäßig belastet.¹⁰⁴¹

Nicht nur vorübergehende Erhöhungen des Arbeitsentgelts, die während der Schutzfristen der §§ 3 Abs. 2 und 6 Abs. 1 MuSchG wirksam werden, sind ab diesem Zeitpunkt in die Berechnung einzubeziehen (§ 14 Abs. 1 S. 3 MuSchG).¹⁰⁴² Der Anspruch auf den Zuschuss zum Mutterschaftsgeld entfällt nicht deshalb, weil die Frau während der Schutzfristen arbeitsunfähig krank war¹⁰⁴³, wohl aber wenn das Arbeitsverhältnis während der Elternzeit (vgl. Rdn. 918–921) ruht und die Arbeitnehmerin keine zulässige Teilzeitarbeit leistet.¹⁰⁴⁴ Für den Anspruch auf den Zuschuss gegen den Arbeitgeber kommt es nicht auf die tatsächliche Zahlung von Mutterschaftsgeld durch die Krankenkasse, sondern das Bestehen des sozialrechtlichen Anspruchs auf Mutterschaftsgeld an.¹⁰⁴⁵

Die Inanspruchnahme der Schutzfrist nach § 6 Abs. 1 MuSchG setzt eine Entbindung voraus. In diesem Zusammenhang wird eine Entbindung auch dann angenommen, wenn das Kind zwar tot geboren wurde, das Embryo jedoch das Gewicht von mindestens 500 Gramm aufweist (Totgeburt).¹⁰⁴⁶ Die Frau kann jedoch auf ihr ausdrückliches Verlangen hin vor Ablauf der Mutterschutzfrist nach der Totgeburt wieder beschäftigt werden, wenn nach ärztlichem Zeugnis nichts dagegen spricht. Sie kann ihre Erklärung jederzeit widerrufen. 656

Eine Entbindung liegt dagegen nicht bei der sogenannten Fehlgeburt vor, wenn das aus dem Mutterleib ausgetretene Embryo keine Lebensmerkmale zeigt und sein Gewicht weniger als 500 Gramm beträgt.¹⁰⁴⁷

Frauen, die wegen eines Beschäftigungsverbotes oder wegen des Mehr-, Nacht- oder Sonntagsarbeitsverbotes teilweise oder völlig mit der Arbeit aussetzen (vgl. dazu Rdn. 914), erhalten Mutterschaftsgeld nach § 11 MuSchG.¹⁰⁴⁸ 657

e) Entgelt bei Arbeitsverhinderung aus sonstigen persönlichen Gründen

Aus § 616 BGB ergibt sich, dass ein Arbeitnehmer seinen Anspruch auf Arbeitsentgelt behält, wenn folgende Voraussetzungen kumulativ erfüllt sind: 658
aa) Der Hinderungsgrund muss **in der Person des Arbeitnehmers** liegen. Als Hinderung ist in diesem Zusammenhang auch ein Umstand anzusehen, der dem Arbeitnehmer die Erbringung der Arbeitsleistung unzumutbar macht.¹⁰⁴⁹ Solche persönlichen Hinderungsgründe sind zum Beispiel die Eheschließung des Arbeitnehmers, Todesfälle, Begräbnisse und Geburten in der Familie oder auch Umzug. Es hat sich eine umfangreiche Rechtsprechung gebildet.¹⁰⁵⁰

---

¹⁰⁴⁰ BVerfG, 18. 11. 2003, NZA 2004, 33 f.; Leisner, BB 2004, I; ders., DB 2004, 598 f.; Eichenhofer, BB 2004, 382 f.; Aubel, RdA 2004, 141 f.; Buchner, NZA 2004, 1121 f.; v. Koppenfels-Spies, AuR 2005, 52 f.
¹⁰⁴¹ Vgl. dazu Buchner, NZA 2006, 121 f.
¹⁰⁴² Vgl. zur Berechnung des Zuschusses zum Mutterschaftsgeld bei Entgelterhöhungen Müll, ZTR 1998, 69 f.
¹⁰⁴³ BAG, 12. 3. 1997, ZTR 1997, 521, 522 (L.).
¹⁰⁴⁴ BAG, 29. 1. 2003, ZTR 2003, 406 f.
¹⁰⁴⁵ BAG, 25. 2. 2004, NZA 2004, 537 f.
¹⁰⁴⁶ § 29 Abs. 2 VO zur Ausführung des Personenstandsgesetzes (BGBl. 1979 I, S. 493).
¹⁰⁴⁷ § 29 Abs. 3 VO zur Ausführung des Personenstandsgesetzes.
¹⁰⁴⁸ Vgl. dazu BAG, 5. 7. 1995, NZA 1996, 137 f.
¹⁰⁴⁹ BAG, AP Nr. 23, 24 zu § 616 BGB.
¹⁰⁵⁰ Vgl. dazu die Rechtsprechung des Bundesarbeitsgerichtes zu § 616 BGB in der AP.

bb) Der Hinderungsgrund muss **ohne Verschulden des Arbeitnehmers** eingetreten sein. Verschulden des Arbeitnehmers ist in diesem Zusammenhang dann gegeben, wenn die Inanspruchnahme des Arbeitgebers gegen die Treuepflicht des Arbeitnehmers verstoßen würde, wenn mithin ein gröblicher Verstoß gegen das von einem verständigen Menschen zu erwartende Verhalten vorliegt.[1051] Das Verschulden muss im Streitfall der Arbeitgeber darlegen und beweisen.

cc) Der Arbeitnehmer darf nur für eine **verhältnismäßig nicht erhebliche Zeit** verhindert sein. Dieser Zeitraum ist unter Berücksichtigung der Umstände des Einzelfalles zu bestimmen. Dabei kommt es auf das Verhältnis der Verhinderungszeit zur Gesamtdauer des Arbeitsverhältnisses unter Berücksichtigung der bereits verflossenen und noch zu erwartenden Dauer, auf die Länge der Kündigungsfrist und auf die für den Verhinderungsgrund objektiv notwendige Zeit an.

659 Der Anspruch ist vertraglich einschränkbar und ausschließbar.[1052]

TVöD/TV-L

660 § 29 TVöD/TV-L stellt eine **abschließende**, die allgemeine gesetzliche Regelung abdingende Vorschrift dar. Sie bestimmt Tatbestände und Dauer der Freistellung.[1053] Die Freistellung erfolgt unter Fortzahlung des Entgelts nach § 21 TVöD/TV-L.

f) **Entgelt bei Gläubigerannahmeverzug des Arbeitgebers**

661 Befindet sich der Arbeitgeber in Gläubigerannahmeverzug, nimmt er also die Arbeitsleistung nicht an, so bestimmt § 615 S. 1 BGB, dass der Arbeitnehmer dennoch seinen Anspruch auf Arbeitsentgelt behält.

Gläubigerannahmeverzug liegt insbesondere dann vor, wenn der Arbeitgeber dem Arbeitnehmer unberechtigterweise kündigt und ihn deshalb im Falle der außerordentlichen Kündigung vom Zeitpunkt der beabsichtigten Beendigung des Arbeitsverhältnisses an, im Falle der ordentlichen Kündigung nach Ablauf der Kündigungsfrist nicht mehr beschäftigt. Aus diesem Grund schließt sich in der Praxis an einen Rechtsstreit über die Wirksamkeit einer Arbeitgeberkündigung in aller Regel eine Klage auf Entgeltzahlung an, die auf § 615 S. 1 BGB gestützt wird.[1054] Annahmeverzug liegt im Regelfall auch dann vor, wenn der Arbeitgeber dem Arbeitnehmer statt einer nach dem „ultima-ratio-Prinzip" erforderlichen Änderungskündigung eine Beendigungskündigung ausspricht, die mithin sozial ungerechtfertigt ist, und er dem Arbeitnehmer nicht die ursprünglich geschuldete Arbeit anbietet.[1055]

662 Der Arbeitnehmer kann das Arbeitsentgelt verlangen, ohne zur Nachleistung verpflichtet zu sein. Auf das Arbeitsentgelt, das ihm im Falle des Gläubigerannahmeverzuges des Arbeitgebers zusteht, muss er sich **anrechnen lassen**, was er infolge des Unterbleibens der Arbeitsleistung erspart (z.B. Kosten für die Fahrt zur Dienststelle) und was er durch anderweitige Arbeit verdient (§§ 615 S. 2 BGB, 11 Ziff. 1 KSchG) hat.[1056] Ein teilzeitbeschäftigter Arbeitnehmer muss sich mithin nicht jeden anderweit erzielten Verdienst anrechnen lassen, sondern nur einen solchen, der ursächlich durch das Freiwerden der Arbeitskraft ermöglicht worden ist.[1057] Der anderweitige Verdienst ist auf das Arbeitsentgelt für die gesamte Dauer des Annahmeverzuges an-

---

[1051] BAG, AP Nr. 45 zu § 616 BGB.
[1052] BAG, AP Nr. 5, 8, 9, 23, 49, 51 zu § 616 BGB.
[1053] Vgl. zum Freistellungsanspruch bei Niederkunft der nichtehelichen Lebenspartnerin BVerfG, 8. 1. 1998, NZA 1998, 547; BAG, 18. 1. 2001, ZTR 2001, 421 f.
[1054] Vgl. dazu Opolony, BB 2004, 1386 f.
[1055] BAG, 27. 1. 1994, NZA 1994, 840 f.
[1056] BAG, 19. 3. 2002, ZTR 2003, 98 f.; Nübold, RdA 2004, 31 f.
[1057] BAG, 6. 9. 1990, NZA 1991, 221 f.

zurechnen und nicht nur auf die Vergütung für den Zeitabschnitt, in dem der Arbeitnehmer seine Dienste anderweitig verwendet hat.[1058] Der Arbeitgeber hat gegen den Arbeitnehmer einen Anspruch auf Auskunft über die Höhe seines anderweitigen Verdienstes in der Zeit des Annahmeverzuges, wenn der Arbeitnehmer Ansprüche aus § 615 S. 1 BGB geltend macht, und einen Anspruch auf Abgabe einer eidesstattlichen Versicherung, wenn Grund zu der Annahme besteht, dass die Angaben des Arbeitnehmers unvollständig sind.[1059]

Er muss sich auch anrechnen lassen, was er hätte verdienen können, wenn er es nicht böswillig unterlassen hätte, eine ihm zumutbare Arbeit anzunehmen. Dazu ist erforderlich, dass er vorsätzlich untätig bleibt, obwohl ihm eine anderweitige Arbeitsmöglichkeit bekannt ist und er weiß, dass sein Arbeitgeber ihm das Arbeitsentgelt nur in Höhe des um das dort zu erzielende Arbeitsentgelt verminderten Betrages schulden würde (§§ 615 S. 2 BGB, 11 Ziff. 2 KSchG), wenn er also grundlos zumutbare Arbeit ablehnt oder vorsätzlich verhindert, dass ihm zumutbare Arbeit angeboten wird.[1060] Auf eine unterlassene Meldung bei der Bundesagentur für Arbeit als Arbeitssuchender kommt es regelmäßig nicht an.[1061] Die Anrechnung kommt auch in Betracht, wenn die Beschäftigungsmöglichkeit bei dem Arbeitgeber besteht, der sich mit der Annahme der Dienste in Verzug befindet, wenn er dem Arbeitnehmer anbietet, die Arbeit jedenfalls vorläufig für die Dauer des Kündigungsrechtsstreits aufzunehmen.[1062] Dabei ist die Arbeit bei dem bisherigen Arbeitgeber nur zumutbar, wenn sie auf den Erwerb von Zwischenverdienst gerichtet ist, auf eine dauerhafte Änderung des Arbeitsvertrags braucht sich der Arbeitnehmer nicht einzulassen.[1063]

Schließlich ist anzurechnen, was ihm an öffentlich-rechtlichen Leistungen infolge Arbeitslosigkeit aus der Sozialversicherung, der Arbeitslosenversicherung, der Sicherung des Lebensunterhalts nach dem SGB II oder der Sozialhilfe für die Zwischenzeit gezahlt worden ist. Diese Anrechnung kommt allerdings dem Arbeitgeber nicht zugute, weil er diese Beträge der Stelle erstatten muss, die sie an den Arbeitnehmer geleistet hat (§ 11 Ziff. 3 KSchG). § 11 Ziff. 3 KSchG gilt auch dann, wenn der Gläubigerannahmeverzug nicht auf einer unberechtigten Kündigung beruht, obwohl in § 615 S. 2 BGB eine entsprechende Regelung nicht vorhanden ist.

Der Arbeitgeber hat das rückständige Arbeitsentgelt unter dem Gesichtspunkt des Schuldnerverzuges zu **verzinsen**, wenn er bei Anwendung der erforderlichen Sorgfalt hätte erkennen können, dass seine Kündigung unwirksam ist (§§ 280 Abs. 1 und 2, 286, 288 BGB).[1064]

Die Voraussetzungen, die erfüllt sein müssen, damit der Arbeitgeber in Gläubigerannahmeverzug gerät, sind in den §§ 293 bis 296 BGB geregelt. Danach ist erfor-

663

[1058] BAG, 29. 7. 1993, NZA 1994, 116 f., str. Vgl. dazu Boecken, NJW 1995, 3218 f.
[1059] BAG, 29. 7. 1993, NZA 1994, 116 f.; Klein, NZA 1998, 1208 f.
[1060] BAG, 11. 1. 2006, NZA 2006, 314 f.; Bayreuther, NZA 2003, 1365 f. Zur Berechnung des anzurechnenden Betrages vgl. BAG, 11. 1. 2006, NZA 2006, 313 f.
[1061] BAG, AP Nr. 1, 2 zu § 615 BGB, Böswilligkeit; 16. 5. 2000, NZA 2001, 26 f.; Schirge, DB 2000, 1278 f.; Spirolke, NZA 2001, 707 f.
[1062] BAG, 24. 9. 2003, NZA 2004, 90 f.; 16. 6. 2004, NZA 2004, 1155 f. ; 27. 8. 2008, NZA 2008, 1410 f. (Ablehnung der Fortsetzung des Arbeitsverhältnisses zu geänderten Arbeitsbedingungen im Falle einer Änderungskündigung); Tschöpe, DB 2004, 434 f.
[1063] BAG, 11. 1. 2006, ZTR 2006, 396 f.; 7. 2. 2007, NZA 2007, 561 f.; 26. 9. 2007, NZA 2008, 1063 f. Vgl. zum „böswilligen Unterlassen im Sinne von § 11 Nr. 2 KSchG, wenn im Falle einer Änderungskündigung der Arbeitnehmer das Änderungsangebot vorbehaltlos ablehnt, Schulze, NZA 2006, 1145 f.
[1064] BAG, 13. 6. 2002, NZA 2003, 44 f. (48).

derlich (§ 293 BGB), dass der Arbeitnehmer dem Arbeitgeber die Arbeitsleistung **anbietet**. Erst wenn diese Voraussetzung vorliegt, befindet sich der Arbeitgeber in Gläubigerannahmeverzug und kann auch erst die Wirkung des § 615 S. 1 BGB eintreten. § 294 BGB schreibt vor, dass dieses Angebot grundsätzlich tatsächlich zu erfolgen hat. Der Arbeitnehmer müsste also an seinem Arbeitsplatz erscheinen und dem Arbeitgeber dort seine Arbeitsleistung anbieten. § 295 BGB regelt allerdings, dass das Angebot nicht tatsächlich erfolgen muss, um den Arbeitgeber in Gläubigerannahmeverzug zu versetzen, sondern, dass ein wörtliches Angebot ausreicht, wenn der Arbeitgeber dem Arbeitnehmer erklärt hat, dass er die Arbeitsleistung nicht annehmen werde. Es wäre ja auch wenig sinnvoll, wenn der Arbeitnehmer auch dann seine Arbeitsleistung tatsächlich anbieten müsste, wenn ihm sein Arbeitgeber vorher ausdrücklich zum Ausdruck gebracht hat, dass er nicht bereit ist, sie anzunehmen. In der Kündigung ist die Erklärung des Arbeitgebers zu sehen, er werde die Arbeitsleistung des Arbeitnehmers ab sofort beziehungsweise nach Ablauf der Kündigungsfrist nicht annehmen, sodass in den weitaus häufigsten Fällen des Annahmeverzuges des Arbeitgebers, nämlich denen, die auf unberechtigter Kündigung beruhen, nur ein wörtliches Angebot des Arbeitnehmers nötig wäre.

Die Notwendigkeit, nach erfolgter unberechtigter Kündigung die Arbeitsleistung dem Arbeitgeber wenigstens wörtlich anzubieten, ist dem Arbeitnehmer allerdings oft unbekannt. Dies führt dazu, dass der Entgeltanspruch aus § 615 S. 1 BGB häufig verloren geht oder erst später geltend gemacht werden kann, nachdem dem Arbeitnehmer bekannt geworden ist, dass er seine Arbeitsleistung anbieten muss. Deshalb hat man überlegt, worin das erforderliche wörtliche Angebot des Arbeitnehmers gesehen werden könnte. Einig ist man sich darüber, dass es jedenfalls in der Erhebung der Klage gegen die Kündigung liegt, weil der Arbeitnehmer damit zum Ausdruck bringt, dass er arbeiten will.[1065] Unproblematisch ist die Angelegenheit dann, wenn die Kündigungsfrist länger ist als die Klagefrist (§§ 4 S. 1, 13 Abs. 1 S. 2 KSchG). Dann wird die Klage gegen die Kündigung dem Arbeitgeber vor Ablauf der Kündigungsfrist zugestellt sein, sodass ein lückenloser Übergang vom Entgeltanspruch bei Arbeitsleistung zum Anspruch aus § 615 S. 1 BGB stattfindet. Problematisch ist die Angelegenheit allerdings dann, wenn die Kündigungsfrist kürzer ist als die Klagefrist oder wenn eine außerordentliche Kündigung erfolgt. Dann kann ein Zeitraum zwischen der Einstellung der Arbeit durch den Arbeitnehmer und der Zustellung der Klage liegen. Zu der Frage, wie diese „Deckungslücke" ausgefüllt werden könnte, werden verschiedene Ansichten vertreten.

664 Das **Bundesarbeitsgericht** ist allerdings seit 1984 der Auffassung, dass im Fall der unberechtigten Arbeitgeberkündigung Gläubigerannahmeverzug **grundsätzlich auch ohne Arbeitsangebot** des Arbeitnehmers mit der Einstellung der Arbeit vorliegt.[1066] Dieser Auffassung ist nach meiner Ansicht zuzustimmen. Sie ist wie folgt begründet.

Die Einrichtung eines funktionsfähigen Arbeitsplatzes und die Zuweisung der Arbeit durch den Arbeitgeber sind „Handlungen des Gläubigers, die zur Bewirkung der Leistung des Schuldners erforderlich sind", sodass nach § 295 S. 1 BGB ein wörtliches Angebot genügt, um den Gläubiger in Gläubigerannahmeverzug zu versetzen. Es handelt sich dabei aber zugleich um Handlungen des Gläubigers, „für die

---

[1065] Die Erhebung der Kündigungsschutzklage setzt den Arbeitgeber allerdings nicht wegen der urlaubsrechtlichen Ansprüche des gekündigten Arbeitnehmers in Verzug (BAG, 17. 1. 1995, NZA 1995, 531 f.).
[1066] BAG, BB 1985, 399 f.; BB 1985, 1468 f.; 19. 4. 1990, ZTR 1990, 483; 21. 3. 1991, NZA 1991, 726 f. (727); 21. 1. 1993, NZA 1993, 550 f.; 23. 6. 1994, NZA 1995, 468 f. (469); 19. 1. 1999, NZA 1999, 925 f. Vgl. dazu Waas, NZA 1994, 151 f.

eine Zeit nach dem Kalender bestimmt ist", sodass es nach § 296 S. 1 BGB nicht einmal eines wörtlichen Angebotes bedarf, wenn der Gläubiger diese Handlungen nicht rechtzeitig vornimmt. Für die Handlungen des Arbeitgebers ist insofern eine Zeit nach dem Kalender bestimmt, als er sie im Falle der **ordentlichen Kündigung** am ersten Arbeitstag nach Ablauf der Kündigungsfrist vorzunehmen hat. Im Falle der **außerordentlichen Kündigung** ist zur Begründung des Annahmeverzuges grundsätzlich ein wörtliches Angebot des Arbeitnehmers erforderlich, das im Widerspruch gegen die Kündigung oder der Klage auf Gehaltsfortzahlung gesehen werden kann. **Das Angebot wirkt auf den Zeitpunkt der durch die Kündigung beabsichtigten Beendigung des Arbeitsverhältnisses zurück.** Das wörtliche Angebot ist entbehrlich, wenn der Arbeitgeber erkennen lässt, er sei unter keinen Umständen bereit, den Arbeitnehmer weiter zu beschäftigen.[1067]

Dies gilt jedoch nicht, wenn der Arbeitnehmer zu diesem Zeitpunkt seine Arbeit nicht aufnehmen kann, weil er zum Beispiel arbeitsunfähig erkrankt ist. In einem solchen Fall muss der Arbeitnehmer bei Wiedervorhandensein der Arbeitsfähigkeit den Arbeitgeber auffordern, ihm Arbeit zuzuweisen. Liegen die gesetzlichen Voraussetzungen vor, so hat der Arbeitnehmer allerdings einen Anspruch auf Entgeltfortzahlung im Krankheitsfall (vgl. dazu Rdn. 633).

Unabhängig von der Anzeige der Arbeitsfähigkeit treten mit ihrem Wiedervorliegen die Verzugsfolgen ein, wenn der Arbeitnehmer dem Arbeitgeber durch Erhebung einer Kündigungsschutzklage oder in sonstiger Weise seine weitere Leistungsbereitschaft deutlich gemacht hat.[1068]

Kann ein Fahrer wegen Entzugs des Führerscheins seine vertragliche Pflicht zunächst nicht erfüllen, so gerät der Arbeitgeber für die Zeit nach Zugang der Kündigung nur dann in Annahmeverzug, wenn er es unterlassen hat, dem Arbeitnehmer vorübergehend eine mögliche und zumutbare andere Beschäftigung anzubieten.[1069] Ist das Zustandekommen eines Aufhebungsvertrages zwischen den Parteien streitig, so bedarf es zur Begründung des Annahmeverzugs des Arbeitgebers in der Regel eines tatsächlichen Angebots der Arbeitsleistung durch den Arbeitnehmer.[1070]

Weiter ist dafür Voraussetzung, dass der Arbeitgeber in Gläubigerannahmeverzug gerät, dass der Arbeitnehmer zur Leistung **bereit und imstande** ist (§ 297 BGB).[1071] Damit gemeint sind die Fälle der krankheitsbedingten Arbeitsunfähigkeit des Arbeitnehmers, der rechtlichen Unmöglichkeit z. B. bei einem Beschäftigungsverbot oder der Unzumutbarkeit der Leistungserbringung auf Grund einer Gewissensentscheidung (§ 275 Abs. 3 BGB) Voraussetzung ist schließlich, dass der Arbeitgeber die Annahme der Dienste des Arbeitnehmers **ohne einen vom Recht anerkannten Grund verweigert hat.** Er ist berechtigt, die Arbeitsleistung abzulehnen, wenn ihm die Weiterbeschäftigung unter Berücksichtigung der dem Arbeitnehmer zuzurechnenden Umstände nach Treu und Glauben nicht zuzumuten ist. Deshalb gerät der Arbeitgeber ganz ausnahmsweise im Falle einer mangels Beteiligung der Personalvertretung unwirksamen außerordentlichen Kündigung auch dann nicht in Annahmeverzug, wenn er es ablehnt, den Arbeitgeber weiterzubeschäftigen, nämlich nur dann, wenn bei Annahme der Leistung Rechtsgüter des Arbeitgebers, seiner

665

[1067] BAG, 12. 7. 2006, NZA 2006, 1094 f.
[1068] BAG, 19. 4. 1990, ZTR 1990, 483; 24. 10. 1991, NZA 1992, 403 f.; 21. 1. 1993, NZA 1993, 550 f.; 24. 11. 1994, NZA 1995, 263 f., m. w. N.
[1069] BAG, ZTR 1987, 123.
[1070] BAG, 7. 12. 2005, NZA 2006, 435 f.
[1071] BAG, 19. 5. 2004, ZTR 2004, 604 f.; 4. 10. 2005, NZA 2006, 442 f.

Familienangehörigen oder anderer Arbeitnehmer gefährdet werden, deren Schutz Vorrang vor den Interessen des Arbeitnehmers an der Erhaltung seines Verdienstes hat.[1072]

g) Entgelt bei Unmöglichkeit der Arbeitsleistung

666 Kann der Arbeitgeber den Arbeitnehmer nicht beschäftigen, so erhebt sich die Frage, ob dann Gläubigerannahmeverzug oder Unmöglichkeit der Arbeitsleistung vorliegt. Wegen der Verpflichtung des Arbeitnehmers, seine Arbeitsleistung zeitgebunden zu erbringen, ist die Leistung des Arbeitnehmers in einem solchen Fall unmöglich. Der Arbeitgeber kann also dadurch, dass er den Arbeitnehmer nicht zu beschäftigen vermag, nicht in Verzug mit der Annahme der Arbeitsleistung kommen.[1073]

667 Daraus folgt, dass die Vorschriften des Bürgerlichen Gesetzbuches über Unmöglichkeit der Leistung bei gegenseitigen Verträgen Anwendung finden. Für den Entgeltanspruch des Arbeitnehmers hat dies folgende Konsequenzen:

aa) Ist die Unmöglichkeit vom Arbeitgeber, dem Gläubiger der Arbeitsleistung, alleine oder weit überwiegend zu vertreten, so behält der Arbeitnehmer seinen Entgeltanspruch (§ 326 Abs. 2 S. 1 BGB).

bb) Ist die Unmöglichkeit vom Arbeitnehmer, dem Schuldner der Arbeitsleistung, zu vertreten, so verliert der Arbeitnehmer seinen Entgeltanspruch (§ 326 Abs. 1 S. 1 BGB). Der Arbeitgeber hat in diesem Fall nach § 326 Abs. 5 BGB zwar kein Recht, vom Vertrag zurückzutreten, weil dieses Recht durch das Kündigungsrecht mit den dort eigens geregelten Beschränkungen ersetzt ist, kann jedoch gemäß der §§ 280 Abs. 1 und 3, 283 S. 1 BGB Schadensersatz statt der Leistung verlangen. Im Falle des Schadensersatzes statt der Leistung gilt die sogenannte Differenztheorie, die besagt, dass die Gegenleistung nicht erbracht zu werden braucht, allerdings einen Posten bei der Schadensberechnung bildet, das heißt im Falle der Geltendmachung des Schadens als Ersparnis anzurechnen ist. Der Arbeitgeber muss also das Arbeitsentgelt nicht bezahlen.

cc) Ist die Unmöglichkeit weder vom Arbeitgeber noch vom Arbeitnehmer zu vertreten, so verliert der Arbeitnehmer ebenfalls seinen Entgeltanspruch (§ 326 Abs. 1 S. 1 BGB).

668 Die Vorschrift des § 326 Abs. 1 S. 1 BGB wird im Arbeitsrecht für den Fall, dass die Unmöglichkeit weder vom Arbeitgeber noch vom Arbeitnehmer zu vertreten ist, ersetzt durch die **Sphärentheorie** oder **Betriebsrisikolehre**.[1074] Der Grund hierfür liegt in der Erkenntnis, dass das Arbeitsverhältnis kein Schuldverhältnis darstellt, das sich im Austausch vermögenswerter Leistungen erschöpft, sondern ein sogenanntes Gemeinschaftsverhältnis, in dem der Arbeitnehmer in der Regel durch Verwertung seiner Arbeitskraft die Lebensgrundlage, das Arbeitsentgelt, erwirbt. Nach der Sphärentheorie hängt die Verpflichtung des Arbeitgebers zur Entgeltzahlung davon ab, **in wessen Sphäre die Ursache der Leistungsstörung liegt**. Liegt die Ursache in der Sphäre des Arbeitgebers, so ist das Entgelt zu bezahlen (§ 615 Satz 3 BGB),[1075] liegt sie dagegen in der Sphäre des Arbeitnehmers, so entfällt der Entgeltanspruch.

669 Der **Sphäre des Arbeitgebers** werden alle Betriebsstörungen zugerechnet. Er trägt das Betriebsrisiko, „weil er den Betrieb organisiert, ihn leitet, die Erträge bezieht und dem es deshalb obliegt, das Funktionieren des Betriebes sicherzustellen."[1076] Zu

---

[1072] BAG [GS], AP Nr. 5 zu § 9 MuSchG; BB 1988, 914 f.
[1073] BAG, AP Nr. 1, 3 zu § 615 BGB, Betriebsrisiko; Nr. 2 zu § 324 BGB; DB 1983, 1496.
[1074] BAG, AP Nr. 14 zu § 615 BGB, Betriebsrisiko; st. Rspr.
[1075] Vgl. zur Neufassung des § 615 BGB Auktor, ZTR 2002, 464 f.; Luke NZA 2004, 244 f.
[1076] BAG, AP Nr. 14 zu § 615 BGB, Betriebsrisiko.

den wichtigsten Fällen gehören Mangel an Rohmaterial, Brand der Fabrik, Versagen einer Maschine, Ausfall einer Schlüsselarbeitskraft, staatliche Arbeitsverbote (z. B. Landestrauertag), Witterungseinflüsse[1077] und Inventur. In die Sphäre des Arbeitgebers fällt auch das sogenannte Wirtschaftsrisiko. Von Wirtschaftsrisiko spricht man dann, wenn die Erbringung der Arbeitsleistung zwar möglich ist, der Arbeitgeber sie jedoch beispielsweise wegen Absatz- oder Auftragsmangels, Verschlechterung der Wirtschaftslage oder Geldmangels und einer dadurch bedingten Unrentabilität oder Gefährdung der Existenz des Betriebes ablehnt.[1078]

Der **Sphäre des Arbeitnehmers** werden dagegen grundsätzlich alle diejenigen Ursachen zugerechnet, die auf **Streik** im Inland zurückgehen und die Erbringung der Arbeitsleistung unmöglich oder ihre Entgegennahme für den Arbeitgeber unzumutbar machen, und zwar unabhängig davon, ob der Streik rechtmäßig oder rechtswidrig ist, den eigenen Betrieb oder einen fremden Betrieb erfasst, auch wenn der fremde Betrieb einer anderen Branche angehört.[1079] Das Bundesarbeitsgericht hat diese Zurechnung allerdings erheblich eingeschränkt.[1080]

670

Im Falle des Streiks in einem fremden Betrieb tragen die von dessen „Fernwirkung" betroffenen Arbeitnehmer das Entgeltrisiko nur, wenn der eigene Betrieb in einem der Lage im bekämpften Betrieb entsprechenden Umfang betroffen ist und der Arbeitsausfall nicht durch eine vernünftige vorausschauende Planung ausgeglichen werden kann.[1081]

Darüber hinaus verlieren die Arbeitnehmer, die von der Fernwirkung betroffen sind, den Entgeltanspruch nur, wenn dies zur Erhaltung der Kampfparität notwendig ist, wenn also die Weiterzahlung des Entgelts in dem lediglich infolge Fernwirkung betroffenen Betrieb auf die am Arbeitskampf unmittelbar beteiligten Betriebe und Verbände Druck ausüben könnte. Dies wird anzunehmen sein, wenn der nur mittelbar betroffene Betrieb und der unmittelbar am Arbeitskampf beteiligte Betrieb einem Unternehmen angehören oder organisatorisch eng miteinander verbunden sind oder wenn der nur infolge Fernwirkung betroffene Betrieb dem Arbeitgeberverband angehört, der den Arbeitskampf führt. Die Beeinflussung der Kampfparität darf nicht nur möglich, sondern muss feststellbar sein.[1082]

Der Arbeitgeber ist nicht verpflichtet, seinen bestreikten Betrieb oder Betriebsteil soweit als möglich aufrechtzuerhalten. Er kann ihn für die Dauer des Streiks ganz stilllegen mit der Folge, dass die beiderseitigen Rechte und Pflichten aus dem Arbeitsverhältnis suspendiert werden und auch arbeitswillige Arbeitnehmer ihren Lohn verlieren.[1083]

Wird im eigenen Betrieb **ausgesperrt**, so entfällt der Entgeltanspruch des Arbeitnehmers. Zu den schwierigsten Fragen aus dem Bereich der Sphärentheorie gehört die Frage nach der Entgeltpflicht, wenn im fremden Betrieb ausgesperrt wird und dadurch die Erbringung der Arbeitsleistung im eigenen Betrieb unmöglich oder die Entgegennahme für den Arbeitnehmer unzumutbar wird. Die eine Meinung, die mit

671

[1077] BAG, 18. 5. 1999, NZA 1999, 1166 f. (1167).
[1078] BAG, AP Nr. 13 zu § 615 BGB, Betriebsrisiko; Nr. 2 zu § 615 BGB, Kurzarbeit; 23. 6. 1994, NZA 1995, 468 f.
[1079] BAG, AP Nr. 3, 4 zu § 615 BGB, Betriebsrisiko; str.; vgl. dazu Linnenkohl/Rauschenberg, AuR 1990, 137 f., m. w. N.
[1080] BAG, 17. 2. 1998, NZA 1998, 896 f.
[1081] BAG, BB 1976, 511.
[1082] BAG, BB 1981, 609 f.; vgl. dazu Trittin, DB 1990, 322 f. Zum Entgeltrisiko im Falle von Abwehrmaßnahmen des Arbeitgebers bei sog. Wellenstreiks vgl. BAG, 12. 11. 1996, NZA 1997, 393 f.; 17. 2. 1998, NZA 1998, 896 f.; 15. 12. 1998, NZA 1999, 550 f.; 552 f.
[1083] BAG, 22. 3. 1994, NZA 1994, 1097 f.; 17. 2. 1998, NZA 1998, 896 f.

dem Gedanken der Solidarität der Arbeitgeberschaft begründet wird, bejaht in diesen Fällen die Entgeltzahlungspflicht.[1084] Insbesondere das Bundesarbeitsgericht führt in einer alten Entscheidung aus dem Jahre 1957[1085] dazu aus, bei der Anwendung des Kampfmittels der Aussperrung müssten auch die Arbeitgeber, ebenso wie die Arbeitnehmer bei der Ausübung des Kampfmittels des Streiks, die unter ihnen bestehende Solidarität gegen sich gelten lassen. Könne also in einem Betrieb infolge der Aussperrung in einem anderen Betrieb die Arbeit ohne Verschulden der Arbeitsvertragsparteien nicht geleistet werden, so trage in diesem Fall der Arbeitgeber das Betriebsrisiko und habe das Entgelt zu bezahlen. Demgegenüber steht die Ansicht, die das sogenannte Risikoteilungsprinzip vertritt.[1086] Danach entfällt in diesen Fällen die Entgeltzahlungspflicht des Arbeitgebers. Dies ergebe sich aus der „institutionellen Einbettung des Arbeitskampfes in die Wirtschafts- und Sozialordnung", insbesondere aus dem Prinzip der Kampfparität. Dem Arbeitskampf ist nach dieser Auffassung eine ganz bestimmte Risikoverteilung eigen. Eine am Prinzip der Kampfparität orientierte Analyse der Risiken, die sich bei Arbeitskämpfen ergeben, zeige, dass dem Entgeltrisiko des Arbeitnehmers auf der Arbeitgeberseite außer dem Risiko des Einkommensverlustes das Risiko des Weiterbestehens der fixen Kosten, das des Verlustes von Geschäftsbeziehungen, insbesondere von Absatzmärkten, sowie das der Vertragshaftung gegenüber Zulieferern und Abnehmern gegenüberstehe. Würdige man diese Risiken in ihrer Gewichtigkeit, so ergebe sich, dass die Arbeitgeber der mittelbar kampfbetroffenen Betriebe mit einem der Lage im Kampfbetrieb selbst entsprechenden Risikobündel belastet seien, sodass in diesen Fällen die Risikoverteilung so vorzunehmen sei wie im Kampfbetrieb selbst. Danach ist in derartigen Fällen das Entgeltrisiko vom Arbeitnehmer und das Risiko der durch den Arbeitskampf verursachten wirtschaftlichen Verluste vom Arbeitgeber zu tragen. Dieser vom Risikoteilungsprinzip ausgehenden Begründung ist nach meiner Ansicht zuzustimmen. Das Bundesarbeitsgericht neigte bereits im Jahre 1975 dem Risikoteilungsprinzip zu. Es führte aus:[1087] „Es mag richtiger sein, das Lohnrisiko bei derartigen Tatbeständen (vom Arbeitskampf betroffene Drittbetriebe) nach arbeitskampfrechtlichen Erwägungen, insbesondere dem Grundsatz der Kampfparität zu verteilen." Seit 1980 bekennt sich das Bundesarbeitsgericht eindeutig dazu.[1088] Es verneint den Entgeltanspruch bei Fernwirkung jedenfalls einer rechtmäßigen Abwehraussperrung mit denselben Einschränkungen, die es bei der Fernwirkung eines Streiks aufgestellt hat.

672   Die Anwendung der Sphärentheorie findet dort ihre Grenzen, wo das Ereignis, das die Leistungsstörung herbeiführt, den Betrieb wirtschaftlich so schwer trifft, dass die Zahlung des Entgelts die Existenz des Betriebes gefährden würde.[1089]

673   Die Anwendung der Sphärentheorie kann in einzel- oder kollektivvertraglicher Regelung ausgeschlossen oder eingeschränkt werden, wenn dies mit hinreichender Deutlichkeit in der Vereinbarung zum Ausdruck kommt.[1090]

[1084] Vgl. die Zusammenstellung der Nachweise zu dieser Meinung bei Hueck/Nipperdey, S. 947, Fußnote 46.
[1085] BAG, AP Nr. 2 zu § 615 BGB, Betriebsrisiko.
[1086] Hueck/Nipperdey, S. 946, m. w. N.; Mayer-Maly/Nipperdey, Risikoverteilung in mittelbar von rechtmäßigen Arbeitskämpfen betroffenen Betrieben, 1965. Vgl. auch Lieb, NZA 1990, 289 f.
[1087] BAG, AP Nr. 30 zu § 615 BGB, Betriebsrisiko.
[1088] BAG, AP Nr. 70, 71 zu Art. 9 GG, Arbeitskampf.
[1089] BAG, AP Nr. 15 zu § 615 BGB, Betriebsrisiko.
[1090] BAG, AP Nr. 5, 13, 14, 16 zu § 615 BGB, Betriebsrisiko.

3. Pfändung und Abtretung der Vergütung[1091]

a) Die Vergütung des Arbeitnehmers, die in der Regel seine Lebensgrundlage darstellt, ist dem Zugriff seiner Gläubiger in gewissem Umfang entzogen. Dazu dient der **Pfändungsschutz**. Er ist in der Zivilprozessordnung geregelt und stellt **zwingendes Recht** dar.

674

b) Was unter **Arbeitseinkommen** im Zusammenhang mit dem Pfändungsschutz zu verstehen ist, ergibt sich aus § 850 Abs. 2 und 3 ZPO. Dazu gehört auch das sogenannte „verschleierte Arbeitseinkommen", das Urlaubsentgelt und die Urlaubsabgeltung.[1092] Wird die Vergütung ganz oder zum Teil an einen Dritten geleistet, so erfasst die Pfändung gemäß § 850h Abs. 1 ZPO auch den Anspruch des Dritten. Wird die Arbeitsleistung, die üblicherweise vergütet wird, unentgeltlich oder gegen eine unverhältnismäßig geringe Vergütung erbracht, so gilt gemäß § 850h Abs. 2 ZPO zugunsten der Gläubiger des Arbeitnehmers eine den ganzen Verhältnissen nach angemessene Vergütung als geschuldet.

c) Die Pfändung der Vergütung erfolgt nach Maßgabe der Vorschriften der §§ 828 f. ZPO, 62 Abs. 2 ArbGG über die Zwangsvollstreckung in Forderungen. Danach können die Gläubiger des Arbeitnehmers aufgrund eines vollstreckbaren Titels dessen Arbeitseinkommen durch einen **Pfändungs- und Überweisungsbeschluss** des Amtsgerichts beschlagnahmen lassen. Die in dem Beschluss enthaltene **Pfändung** verbietet dem Arbeitgeber von der Zustellung an, an den Arbeitnehmer weiterhin in Höhe der gepfändeten Beträge zu leisten.[1093] Verstößt er gegen das Verbot, so kann nochmalige Zahlung verlangt werden. Durch die in dem Beschluss enthaltene **Überweisung** erfolgt die Verwertung des gepfändeten Arbeitseinkommens. Es wird dem Gläubiger nach seiner Wahl zur Einziehung oder an Zahlungs Statt überwiesen (835 Abs. 1 ZPO). Im letzteren Fall geht die Vergütungsforderung des Arbeitnehmers in Höhe des pfändbaren Betrages auf den Gläubiger über (§ 835 Abs. 2 ZPO). Wegen der Gefahr, dass der Arbeitgeber den überwiesenen Vergütungsanspruch nicht erfüllt, wird in der Praxis in der Regel die Überweisung zur Einziehung gewählt. Im Gegensatz zur Überweisung an Zahlungs Statt behält der Gläubiger seinen Anspruch gegen den Arbeitnehmer, soweit er aus dem gepfändeten Anspruch Befriedigung nicht erlangt, erhält ein eigenes Einziehungsrecht gegen den Arbeitgeber und kann mit der sogenannten **Drittschuldnerklage** den Vergütungsanspruch des Arbeitnehmers zur Zahlung an sich einklagen, wenn dem Pfändungs- und Überweisungsbeschluss nicht Folge geleistet wird.[1094]

d) Der Pfändungsschutz besteht darin, dass
- bestimmte Bezüge der Pfändung entzogen sind (§ 850a ZPO),[1095]
- bestimmte Bezüge der Pfändung nur bedingt unterworfen sind (§ 850b ZPO) und
- Pfändungsgrenzen vorhanden sind, die dem Arbeitnehmer ein Existenzminimum belassen (§§ 850c f. ZPO).

Der pfändbare Teil des Arbeitseinkommens richtet sich nach der Höhe des **Nettoeinkommens** des Arbeitnehmers und seinen **Unterhaltsverpflichtungen**. Er ist aus einer **Tabelle** ablesbar, die der ZPO als Anlage zu § 850c angefügt ist. Im Pfän-

---

[1091] Zu den Einzelheiten vgl. Spiegelhalter, Arbeitsrechtslexikon, Stichwort: Pfändung von Lohn und Gehalt; Bengelsdorf, AuR 1995, 349 f.; Helwich, Pfändung des Arbeitseinkommens, Heidelberg 1999. Zu den Bearbeitungskosten einer Lohnpfändung vgl. Hannewald, NZA 2001, 19 f.
[1092] BAG, 20. 6. 2000, NZA 2001, 100 f.; 28. 8. 2001, ZTR 2001, 572 f.
[1093] Zu den Folgen für den Fall, dass der Arbeitgeber seiner Auskunftspflicht nach § 840 Abs. 1 ZPO nicht oder unvollständig nachkommt, vgl. Brüne/Liebscher, BB 1996, 743 f.
[1094] Vgl. zur Drittschuldnerklage Staab, NZA 1993, 439 f.
[1095] Zur Pfändung urlaubsrechtlicher Ansprüche vgl. Pfeifer, NZA 1996, 738 f.

dungsbeschluss genügt die Bezugnahme auf diese Tabelle (§ 850c Abs. 3 S. 2 ZPO).[1096]

e) Bei der Pfändung wegen gesetzlicher Unterhaltsansprüche gilt die besondere Regelung des § 850d ZPO, wegen vorsätzlich begangener unerlaubter Handlungen die des § 850f Abs. 2 ZPO. Unter den Voraussetzungen des § 850f Abs. 1 ZPO kann dem Arbeitnehmer ein Teil des pfändbaren Arbeitseinkommens belassen werden, nach Maßgabe des Absatzes 3 kann die Pfändbarkeit über die Beträge hinaus erweitert werden, die nach § 850c ZPO pfändbar wären.

f) Der Pfändungsschutz bezieht sich auch auf das **Kontoguthaben** des Arbeitnehmers bei einem Geldinstitut, wenn die Vergütung bereits dorthin ausgezahlt worden ist. Gemäß § 850k ZPO kann die Pfändung des Guthabens insoweit aufgehoben werden, als es dem der Pfändung nicht unterworfenen Teil der Einkünfte entspricht. Nach § 835 Abs. 3 S. 2 ZPO darf ein Geldinstitut überhaupt erst zwei Wochen nach der Zustellung des Pfändungs- und Überweisungsbeschlusses aus dem Guthaben des Arbeitnehmers leisten.

g) Gemäß § 400 BGB kann eine Forderung nicht **abgetreten** werden, soweit sie der Pfändung nicht unterworfen ist. Dies gilt mithin nicht mehr, wenn der Arbeitnehmer die Vergütung bereits erhalten hat.[1097] Aus § 399 BGB ergibt sich, dass ein generelles Abtretungsverbot vereinbart werden kann, und zwar auch im Tarifvertrag.[1098] Der Verstoß gegen ein vertraglich vereinbartes Abtretungsverbot führt – ebenso wie der Verstoß gegen die Vorschrift des § 400 BGB – zur Unwirksamkeit des Abtretungsvertrages und stellt nicht nur eine Vertragsverletzung dar.[1099]

h) Der Arbeitgeber hat keinen gesetzlichen Anspruch gegen den Arbeitnehmer auf Erstattung der **Kosten** für die Bearbeitung von Lohn- oder Gehaltspfändungen. Die Rechtsordnung weist wegen des Fehlens anderslautender Bestimmungen die dem Drittschuldner entstehenden Kosten diesem selbst zu.[1100]

IV. Die Fürsorgepflicht

675 Fürsorgepflicht ist der Oberbegriff für die Nebenpflichten des Arbeitgebers. Sie beinhaltet eine Reihe von Einzelpflichten, die – wie generell bei Nebenpflichten – gesetzlich geregelt, vertraglich vereinbart sein oder sich aus dem Grundsatz von Treu und Glauben ergeben können. Generalklauselartig lässt sie sich beschreiben als Pflicht des Arbeitgebers,

bei allen Maßnahmen und Anordnungen, die den Arbeitnehmer berühren, das persönliche Wohl und die Interessen des Arbeitnehmers zu berücksichtigen und dabei dem ständigen Wechsel der technischen und sozialen Verhältnisse Rechnung zu tragen.

Die wichtigsten Einzelpflichten[1101] sind:

[1096] Zu den Problemen bei der Ermittlung des pfändbaren Teils des Arbeitseinkommens vgl. Bengelsdorf, NZA 1996, 176 f.
[1097] BAG, AP Nr. 22, 29 zu § 63 HGB.
[1098] BAG, AP Nr. 1 zu § 399 BGB.
[1099] BGHZ 40, 159 f.
[1100] BAG, 18. 7. 2006, NZA 2007, 462 f.
[1101] Vgl. zu den Pflichten im Zusammenhang mit dem Rentenantrag eines Arbeitnehmers Marburger, BB 1991, 1482 f., zum Schadensersatz wegen fehlerhafter Auskünfte über Versorgungsansprüche BAG, 21. 11. 2000, ZTR 2001, 526 f., zu den Hinweis- und Belehrungspflichten allgemein Becker-Schaffner, BB 1993, 1281 f., m.w.N., zu den arbeitsrechtlichen Aushang- und Bekannt-

1. Verbot des Mobbings

Das **Mobbing** hat in § 3 Abs. 3 und 4 AGG eine gesetzliche Regelung gefunden, wonach Verhaltensweisen Benachteiligungen im Sinne des Gesetzes sind, wenn sie mit einem in § 1 AGG geschützten Merkmal in Zusammenhang stehen und bezwecken oder bewirken, dass die Würde der betreffenden verletzt und ein von Einschüchterungen, Anfeindungen, Erniedrigungen, Entwürdigungen oder Beleidigungen gekennzeichnetes Umfeld geschaffen wird. Dazu gehört auch die sexuelle Belästigung.[1102] Die genannten Regelungen sind auf andere Mobbingfälle **analog anwendbar**. 676

2. Arbeitsschutz[1103]

Unter dem Begriff Arbeitsschutz werden diejenigen gesetzlichen Vorschriften zusammengefasst, die den Arbeitgeber verpflichten, den Arbeitnehmer vor den von der Arbeit ausgehenden Gefahren, insbesondere für sein Leben und seine Gesundheit zu schützen. 677

Ausgangsvorschrift ist § 618 Abs. 1 BGB. Danach hat der Arbeitgeber Räume, Vorrichtungen oder Gerätschaften, die er zur Verrichtung der Dienste zu beschaffen hat, so einzurichten und zu unterhalten und Dienstleistungen, die unter seiner Anordnung oder seiner Leitung vorzunehmen sind, so zu regeln, dass der Arbeitnehmer gegen Gefahr für Leben und Gesundheit soweit geschützt ist, als die Natur der Dienstleistung es gestattet.[1104] Nach § 619 BGB kann diese Verpflichtung des Arbeitgebers nicht im Voraus durch Vertrag aufgehoben oder beschränkt werden. 678

Die Verletzung der Pflicht kann unter dem Gesichtspunkt der Verletzung einer Pflicht aus einem Schuldverhältnis (§ 280 f. BGB) einen Schadensersatzanspruch des Arbeitnehmers gegen den Arbeitgeber begründen. Hierauf finden nach § 618 Abs. 3 BGB die Vorschriften der §§ 842 bis 846 BGB entsprechende Anwendung. Da die Verletzung der Pflicht aus § 618 Abs. 1 BGB zugleich einen Verstoß gegen ein den Schutz eines anderen bezweckendes Gesetz im Sinne von § 823 Abs. 2 BGB darstellt,[1105] besteht auch ein Schadensersatzanspruch aus unerlaubter Handlung. Vertritt man die Ansicht, dass § 618 Abs. 1 BGB kein Schutzgesetz im Sinne von § 823 Abs. 2 BGB ist, so besteht ein Schadensersatzanspruch aus unerlaubter Handlung dann, wenn die Pflichtverletzung zur Verletzung eines von § 823 Abs. 1 BGB geschützten Rechtsgutes führt.

Der Schadensersatzanspruch des Arbeitnehmers gegen den Arbeitgeber ist allerdings nach den Vorschriften der §§ 104 f. SGB VII **eingeschränkt**. Danach ist der 679

---

machungspflichten Pulte, BB 2000, 197 f., 250 f., zur arbeitsrechtlichen Einordnung des „Mobbing" Wolmerath, Mobbing im Betrieb, Baden-Baden 2001; Grünwald/Hille, Mobbing im Betrieb, München 2003; Benecke, Mobbing, München 2005; Kerst-Würkner, AuR 2001, 251 f.; Braun, DÖD 2002, 265 f., zum gerichtlichen Mobbingschutz vgl. Wickler, DB 2002, 477 f.; Ruberg, AuR 2002, 201 f.; Hohmann/Eppstein, NZA 2006, 530 f.

[1102] Vgl. zum Mobbing allgemein BAG, 25. 10. 2007, NZA 2008, 223 f., zu den rechtlichen Besonderheiten der als Mobbing bezeichneten tatsächlichen Erscheinungen BAG, 16. 5. 2007, NZA 2007, 1154 f., zum Zurückbehaltungsrecht des Arbeitnehmers an seiner Arbeitsleistung BAG, 23. 1. 2007, NZA 2007, 1166 f.

[1103] Vgl. dazu Märtins, ZTR 1992, 223 f., 267 f., zu den Aushangs- und Auslegepflichten Kollmer, DB 1995, 1662 f.

[1104] Vgl. dazu allgemein BAG, 14. 12. 2006, NZA 2007, 262 f., zu den arbeitsrechtlichen Aspekten des Rauchens im Betrieb BAG, 8. 5. 1996, AuR 1996, 228 f.; 17. 2. 1998, ZTR 1998, 516 f.; 19. 1. 1999, BB 1999, 1380 f.; Buchner, BB 2002, 2.382 f.; Lorenz, DB 2003, 721 f.; Wellenhofer-Klein, RdA 2003, 155 f. (ArbeitsstättenVO); Schmieding, ZTR 2004, 12 f.

[1105] RG, JW 1907, 829 f., str.

Arbeitgeber seinen Arbeitnehmern, die der gesetzlichen Unfallversicherung unterliegen, deren Angehörigen und Hinterbliebenen grundsätzlich nicht schadensersatzpflichtig, auch wenn sie keinen Anspruch auf Rente haben, es sei denn, der Arbeitgeber hat den Schaden vorsätzlich herbeigeführt oder er ist auf einem nach § 8 Abs. 2 Nr. 1 bis 4 SGB VII versicherten Weg eingetreten (vgl. dazu Rdn 529, 530). Ausgeschlossen sind damit auch Ansprüche auf Schmerzensgeld.[1106] Nicht eingeschränkt ist dagegen der Schadensersatzanspruch wegen eines Sachschadens.

Ein Verstoß gegen § 618 Abs. 1 BGB kann den Arbeitnehmer auch dazu berechtigen, seine Arbeitsleistung zurückzubehalten (§ 273 Abs. 1 BGB).[1107]

Die Pflichtverletzung kann nach Abwägung der beiderseitigen Interessen sogar die außerordentliche Kündigung des Arbeitsverhältnisses durch den Arbeitnehmer rechtfertigen.

680 § 62 Abs. 1 HGB enthält eine mit § 618 Abs. 1 BGB nahezu inhaltsgleiche Sondervorschrift für kaufmännische Arbeitnehmer. Abgesehen davon, dass diese Regelung über § 618 Abs. 1 BGB nur insoweit hinausgeht, als sie den Arbeitgeber auch zur Sicherung der Aufrechterhaltung der guten Sitten und des Anstandes verpflichtet, ist sie für das Arbeitsrecht im öffentlichen Dienst nur einschlägig, wenn der Staat ein Handelsgewerbe in der Form einer juristischen Person des öffentlichen Rechts und nicht des Privatrechts betreibt.

681 Diese Ausgangsvorschriften werden konkretisiert und ergänzt durch die Vorschriften über den Betriebsschutz.[1108]

Die wichtigsten Vorschriften des Betriebsschutzes sind:
– Gesetz über die Durchführung von Maßnahmen des Arbeitsschutzes zur Verbesserung der Sicherheit und des Gesundheitsschutzes der Beschäftigten bei der Arbeit (Arbeitsschutzgesetz, ArbSchG).
– Verordnung über Arbeitsstätten (ArbStättV).
Sie dient der Sicherheit und dem Gesundheitsschutz der Beschäftigten beim Einrichten und Betreiben von Arbeitsstätten (Begriff: § 2 Abs. 1 ArbStättV), ist allerdings im Arbeitsrecht im öffentlichen Dienst nur einschlägig, soweit der Staat in der Form der juristischen Person des öffentlichen Rechtes gewerblich tätig wird.
– Gesetz über Betriebsärzte, Sicherheitsingenieure und andere Fachkräfte für Arbeitssicherheit (Arbeitssicherheitsgesetz).
Das Gesetz schreibt dem Arbeitgeber vor, Betriebsärzte und Sicherheitsingenieure zu bestellen und regelt in seinem § 16, dass in Verwaltungen und Betrieben des Bundes, der Länder, der Gemeinden und der sonstigen juristischen Personen des öffentlichen Rechts ein den Grundsätzen des Gesetzes gleichwertiger arbeitsmedizinischer und sicherheitstechnischer Arbeitsschutz zu gewährleisten ist.

3. Pflicht zur Erteilung eines Zeugnisses[1109]

682 Nach §§ 6 Abs. 2, 109 GewO, 630 S. 4 BGB hat der Arbeitnehmer einen Anspruch darauf, dass ihm bei Beendigung des Arbeitsverhältnisses ein schriftliches Zeugnis erteilt wird.[1110] Die Erteilung in elektronischer Form (§§ 126 Abs. 3 BGB, 126a Abs. 1 BGB) ist ausdrücklich ausgeschlossen (§§ 6 Abs. 2, 109 Abs. 3 GewO).

[1106] BAG, AP Nr. 1, 3, 4 zu § 636 RVO; BVerfG, AP Nr. 6 zu § 636 RVO.
[1107] BAG, 8. 5. 1996, ZTR 1997, 181 f.
[1108] Vgl. Nipperdey II, Arbeitssicherheit, Textsammlung, München.
[1109] Zum Arbeitszeugnis vgl. Löw, NJW 2005, 3605 f.
[1110] Zur Unterschriftsbefugnis und -pflicht vgl. BAG, 4. 10. 2005, NZA 2006, 436 f.

D. Rechte und Pflichten im Arbeitsverhältnis, Arbeitsschutzrecht

Maßgebender Zeitpunkt für die Zeugniserteilung ist der Ablauf der Kündigungsfrist bzw. das tatsächliche Ausscheiden. Dies gilt auch dann, wenn die Parteien in einem Rechtsstreit über die Rechtmäßigkeit der Kündigung streiten.

Vom Zeugnis zu unterscheiden ist die **dienstliche Beurteilung**. Sie unterscheidet sich vor allem dadurch vom Zeugnis, dass sie nicht auf Verlangen des Arbeitnehmers bei Beendigung des Arbeitsverhältnisses erteilt wird, sondern während des laufenden Arbeitsverhältnisses und gegebenenfalls sogar gegen den erklärten Willen des betroffenen Arbeitnehmers. Ein Arbeitgeber darf Eignung, Befähigung und fachliche Leistung der bei ihm beschäftigten Arbeitnehmer beurteilen und die Beurteilung in den Personalakten festhalten. Dabei ist es seine Sache zu bestimmen, mit welcher Intensität der betroffene Arbeitnehmer beurteilt wird.[1111]

Man unterscheidet zwischen **einfachem Zeugnis** (§§ 6 Abs. 2, 109 Abs. 1 S. 2 GewO), das nur Angaben über die Art der Tätigkeit und ihre Dauer enthält, und dem **qualifizierten Zeugnis**, dem Zeugnis, das sich auf Verlangen des Arbeitnehmers auf Leistung und Verhalten im Arbeitsverhältnis zu erstrecken hat (§§ 6 Abs. 2, 109 Abs. 1 S. 3 GewO).

Das Zeugnis muss klar und verständlich formuliert sein und darf keine Merkmale und Formulierungen enthalten, die den Zweck haben, eine andere als die aus der äußeren Form oder aus dem Wortlaut ersichtliche Aussage über den Arbeitnehmer zu treffen (**Verbot der Codierung**, §§ 6 Abs. 2, 109 Abs. 2 GewO).

Wenn der Arbeitnehmer einen **triftigen Grund** geltend machen kann, hat er einen Anspruch auf Erteilung eines **Zwischenzeugnisses**.[1112] Das ist anzunehmen, wenn rechtliche oder tatsächliche Veränderungen des Arbeitsverhältnisses eingetreten sind, z. B. bei einer Versetzung, im Falle der Zuweisung einer neuen Tätigkeit, beim Wechsel des Vorgesetzten oder wenn der Arbeitnehmer einen Stellenwechsel beabsichtigt.

Bei der Erteilung eines qualifizierten Zeugnisses sind bestimmte Grundsätze zu beachten. Die wichtigsten sind:

a) Das Zeugnis muss **wahr** aber dennoch von einem **verständigen Wohlwollen** getragen sein.[1113] Dies bedeutet nicht, dass für den Arbeitnehmer ungünstige Umstände nicht Inhalt des Zeugnisses sein dürfen, wohl aber, dass einmalige Vorfälle oder Umstände, die für den Arbeitnehmer, seine Führung und Leistung nicht charakteristisch sind – seien sie vorteilhaft oder nachteilig – nicht ins Zeugnis aufgenommen werden dürfen.[1114]

b) Das Zeugnis muss **vollständig** sein, das heißt, es muss alle wesentlichen Tatsachen und Bewertungen enthalten, die für die Gesamtbeurteilung des Arbeitnehmers und für Dritte von Bedeutung sind. Weder Wortwahl noch Satzstellung noch Auslassungen dürfen dazu führen, dass bei Dritten der Wahrheit nicht entsprechende Vorstellungen entstehen.[1115] So ist in einem Zeugnis für einen Kassierer eine Aussage zu seiner Ehrlichkeit erforderlich.[1116]

683

[1111] BAG, AP Nr. 3 zu § 75 BPersVG; Nr. 1 zu § 13 BAT; 19. 8. 1992, NZA 1993, 222 f. (Erwähnung von Personalratstätigkeit in dienstlicher Regelbeurteilung).
[1112] Vgl. zur Bindung des Arbeitgebers bei Erteilung eines Endzeugnisses an den Inhalt eines zuvor erteilten Zwischenzeugnisses BAG, 16. 10. 2007, NZA 2008, 298 f.
[1113] BAG, AP Nr. 1 zu § 73 HGB, AP Nr. 10 zu § 626 BGB.
[1114] BAG, AP Nr. 1 zu § 73 HGB. Zur Berechtigung oder Verpflichtung des Arbeitgebers, im Zeugnis Aussagen über die Gründe der Vertragsbeendigung zu machen, vgl. Popp, NZA 1997, 588 f.
[1115] BAG, AP Nr. 1 zu § 73 HGB.
[1116] BAG, AP Nr. 6 zu § 630 HGB.

c) Die **Formulierung** des Zeugnisses ist Sache des Arbeitgebers,[1117] allerdings sind die Gerichte für Arbeitssachen im Streitfall befugt, das gesamte Zeugnis zu überprüfen und selbst neu zu formulieren.[1118]

d) Der Arbeitgeber ist für die Tatsachen **beweispflichtig**, die der Zeugniserteilung und der darin enthaltenen Bewertung zu Grunde liegen.[1119] Hat der Arbeitgeber dem Arbeitnehmer im Zeugnis eine gut durchschnittliche Gesamtleistung bescheinigt, so hat der Arbeitnehmer die Tatsachen vorzutragen und zu beweisen, die eine bessere Schlussbeurteilung rechtfertigen sollen.[1120] Ein vom Arbeitgeber berichtigtes Zeugnis ist auf das ursprüngliche Ausstellungsdatum zurückzudatieren, wenn die verspätete Ausstellung nicht vom Arbeitnehmer zu vertreten ist.[1121]

e) Der **Arbeitnehmer** hat gegen den Arbeitgeber unter dem Gesichtspunkt der Verletzung einer Pflicht aus einem Schuldverhältnis (§ 280 f. BGB) einen **Schadensersatzanspruch** bei schuldhafter Nichterteilung, verspäteter Erteilung oder Erteilung eines unrichtigen Zeugnisses.[1122] Dabei ist der Arbeitnehmer dafür darlegungs- und beweispflichtig, dass sein Schaden darauf beruht.[1123]

f) Ein neuer Arbeitgeber kann gegen den alten Arbeitgeber aus unerlaubter Handlung (§§ 823 Abs. 2 i. V. m. 263 StGB oder 826 BGB) einen Schadensersatzanspruch haben, wenn dieser ein unrichtiges Zeugnis ausstellt.[1124]

TVöD/TV-L

684   § 35 Abs. 1–3 TVöD/TV-L unterscheidet drei verschiedene Zeugnisarten: End-, Zwischen- und vorläufiges Zeugnis. Bei Beendigung des Arbeitsverhältnisses hat der Arbeitnehmer Anspruch auf ein schriftliches Zeugnis über Art und Dauer der Tätigkeit, das sich auch auf Führung und Leistung erstrecken muss. Dieses qualifizierte Endzeugnis ist demnach regelmäßig zu erteilen. Ein Zwischenzeugnis, also ein während des Arbeitsverhältnisses auszustellendes Zeugnis, kann nur aus triftigen Gründen verlangt werden. Wortlaut und Systematik lassen darauf schließen, dass auch das Zwischenzeugnis ein qualifiziertes Zeugnis sein muss. Bei bevorstehender Beendigung des Arbeitsverhältnisses können die Beschäftigten ein einfaches Zeugnis (über Art und Dauer der Tätigkeit) verlangen. Da jedoch die Beendigung des Arbeitsverhältnisses stets auch als triftiger Grund i. S. v. § 35 Abs. 2 TVöD/TV-L anzusehen ist, hat der Arbeitnehmer in diesem Fall auch einen Anspruch auf ein qualifiziertes Zwischenzeugnis. Die Zeugnisse sind gemäß § 35 Abs. 4 TVöD/TV-L unverzüglich nach Geltendmachung des Anspruchs auszustellen.

4. Pflicht zur Urlaubsgewährung

685   Der Arbeitgeber ist verpflichtet, dem Arbeitnehmer bezahlten Erholungsurlaub zu gewähren. Der Anspruch des Arbeitnehmers darauf ergibt sich aus § 1 des Bundesurlaubsgesetzes (BUrlG), für jugendliche Arbeitnehmer, also für solche, die noch nicht 18 Jahre alt sind, aus § 19 Abs. 1 Jugendarbeitsschutzgesetz (JArbSchG).

[1117] BAG, AP Nr. 6 zu § 630 HGB.
[1118] BAG, AP Nr. 1 zu § 73 HGB.
[1119] BAG, AP Nr. 1 zu § 73 HGB, Nr. 12 zu § 630 BGB.
[1120] BAG, 14. 10. 2002, ZTR 2004, 433 f.
[1121] BAG, 9. 9. 1992, NZA 1993, 698 f.
[1122] BAG, AP Nr. 3 zu § 252 BGB; Nr. 6 zu § 73 HGB.
[1123] BAG, AP Nr. 3 zu § 252 BGB; Nr. 6 zu § 73 HGB.
[1124] BAG, AP Nr. 10 zu § 626 BGB.

Die **Mindestdauer** des Urlaubs beträgt für Arbeitnehmer, die das 18. Lebensjahr vollendet haben, jährlich 24 Werktage, wobei als Werktage alle Kalendertage gelten, die nicht Sonn- oder gesetzliche Feiertage sind (§ 3 Abs. 2 BUrlG). 686

In der Regel ist die wöchentliche Arbeitszeit des Arbeitnehmers nicht auf sechs Werktage, sondern auf fünf Werktage mit Ausnahme des Samstags verteilt. Werktage und Arbeitstage sind also nicht identisch. In diesen Fällen kommt eine Urlaubsgewährung durch Freistellung von der Arbeitspflicht an einem Samstag nicht in Betracht, weil dieser Tag ohnehin arbeitsfrei ist. Andererseits kann dem Arbeitnehmer aber auch nicht die volle Zahl von Urlaubstagen gewährt werden, wenn sein Urlaubsanspruch jeweils nur an Arbeitstagen erfüllt wird. Ist der Urlaubsanspruch eines Arbeitnehmers, so wie im Bundesurlaubsgesetz oder wie das auch im Tarifvertrag oder im Arbeitsvertrag der Fall sein kann, nach Werktagen bemessen und fehlt es an einer Umrechnungsregelung, so sind die arbeitsfreien Arbeitstage in der Weise zu berechnen, 687

> dass bei Verteilung der Arbeitszeit auf weniger als sechs Arbeitstage die Gesamtdauer des Urlaubs durch die Zahl sechs geteilt und mit der Zahl der Arbeitstage einer Woche multipliziert wird.[1125]

Damit entspricht dem gesetzlichen Urlaubsanspruch von 24 Werktagen nach dem Bundesurlaubsgesetz, wenn er auf fünf Arbeitstage einer Woche bezogen wird, eine Urlaubsdauer von 20 Arbeitstagen. Bei einem tariflichen Urlaubsanspruch von 35 Werktagen errechnet sich im Falle von fünf Arbeitstagen einer Woche eine Urlaubsdauer von 29,16 Arbeitstagen, eine Urlaubsdauer von 30 Arbeitstagen erst bei einem Urlaubsanspruch von 36 Werktagen.

§ 19 Abs. 2 JArbSchG legt einen nach dem Lebensalter des jugendlichen Arbeitnehmers gestaffelten Mindesturlaub fest. Dabei steht jugendlichen Arbeitnehmern, die im Bergbau unter Tage beschäftigt werden, in jeder Altersgruppe ein zusätzlicher Urlaub von drei Werktagen zu. 688

Dieser gesetzliche Mindesturlaub wird häufig vertraglich, also im Arbeitsvertrag oder Tarifvertrag, verlängert. 689

Wird ein Arbeitsverhältnis neu begründet, so entsteht der volle Urlaubsanspruch erst nach sechsmonatigem Bestehen des Arbeitsverhältnisses (**Wartezeit**, §§ 4 BUrlG, 19 Abs. 4 S. 1 JArbSchG), und zwar auch dann, wenn der Arbeitnehmer zu diesem Zeitpunkt arbeitsunfähig ist.[1126] 690

Anspruch auf **Teilurlaub**, und zwar auf ein Zwölftel des Jahresurlaubes für jeden vollen Monat des Bestehens des Arbeitsverhältnisses, hat der Arbeitnehmer (§§ 5 Abs. 1 BUrlG, 19 Abs. 4 S. 1 JArbSchG) 691
– für Zeiten eines Kalenderjahres, für die er wegen Nichterfüllung der Wartezeit in diesem Kalenderjahr keinen vollen Urlaubsanspruch erwirbt,
– wenn er vor erfüllter Wartezeit aus dem Arbeitsverhältnis ausscheidet oder
– wenn er nach erfüllter Wartezeit in der ersten Hälfte eines Kalenderjahres aus dem Arbeitsverhältnis ausscheidet.

> Maßgeblich für den Urlaubsanspruch ist nicht der Kalendermonat, sondern der Beschäftigungsmonat, also der Zeitraum, in dem das Arbeitsverhältnis rechtlich besteht. Ein voller Monat ist auch dann nicht erfüllt, wenn der Arbeitnehmer an den fehlenden Tagen nicht zur Arbeit verpflichtet gewesen wäre, weil sie z. B. auf einen Samstag und Sonntag fielen.[1127]

[1125] BAG, 8. 5. 2001, NZA 2001, 1254 f., zur Berechnung des Urlaubs bei Arbeit an Sonn- und Feiertagen vgl. Hohmeister, BB 2000, 406 f.
[1126] BAG, 18. 3. 2003, ZTR 2004, 36 f.
[1127] BAG, 26. 1. 1989, NZA 1989, 756 f. (757).

Konnte der Urlaub während des Urlaubsjahres (Kalenderjahr) nicht genommen werden und sind die Voraussetzungen für die Übertragung auf das nächste Kalenderjahr nicht gegeben (§§ 7 Abs. 3 S. 2–4 BUrlG, 19 Abs. 4 S. 1 JArbSchG), so erlischt er. Der Arbeitgeber ist nicht berechtigt, im Übertragungszeitraum die Gewährung des Urlaubs nach § 7 Abs. 1 BUrlG abzulehnen.[1128] Der nach § 9 BUrlG wegen Krankheit im Urlaubszeitraum nicht erfüllte Urlaubsanspruch muss mithin nur nachgewährt werden, wenn die gesetzliche Befristung noch nicht erreicht ist.[1129] Der Urlaub erlischt nur dann nicht, wenn der Arbeitgeber die Schuld daran trägt, dass der Urlaub nicht genommen werden konnte.[1130] Durch die Suspendierung der Arbeitspflichten während eines rechtmäßigen Streiks wird das Erlöschen von Urlaubsansprüchen nicht ausgeschlossen.[1131] Die nach § 7 Abs. 3 S. 3 BUrlG bestehende Beschränkung der Übertragung des Urlaubs auf die Ersten drei Monate des folgenden Kalenderjahres wird durch § 17 Abs. 2 BEEG verdrängt, weil durch die Inanspruchnahme von Elternzeit der restliche Erholungsurlaub nicht verloren gehen soll,[1132] ebenso wie durch § 17 S. 2 MuSchG.[1133]

692 Der Urlaub ist grundsätzlich **in Natur** zu nehmen. Er darf nur dann abgegolten werden, wenn er wegen Beendigung des Arbeitsverhältnisses ganz oder teilweise nicht mehr gewährt werden kann (§§ 7 Abs. 4 BUrlG, 19 Abs. 4 S. 1 JArbSchG). Auch der Abgeltungsanspruch erlischt mit dem Ende des Urlaubsjahres, sofern die Voraussetzungen für die Übertragung des Urlaubsanspruchs nicht vorliegen.[1134] In diesem Zusammenhang hat die Erhebung einer Kündigungsschutzklage regelmäßig nicht die Geltendmachung von Urlaubsansprüchen zum Inhalt.[1135] Der Abgeltungsanspruch ist das Surrogat des Urlaubsanspruchs und setzt wie dieser voraus, dass dem Arbeitnehmer bei Fortbestand des Arbeitsverhältnisses Urlaub im Urlaubsjahr oder dem Übertragungszeitraum des § 7 Abs. 3 BUrlG hätte gewährt werden können. Mithin kommt eine Urlaubsgewährung und damit auch eine Urlaubsabgeltung dann nicht in Betracht, wenn wegen Arbeitsunfähigkeit keine Arbeitsverpflichtung bestand, von der der Arbeitgeber hätte befreien können.[1136] Auch in einem Tarifvertrag können nicht über das Bundesurlaubsgesetz hinaus weitere Tatbestände der Abgeltung des Urlaubs eingeführt werden. Dies folgt daraus, dass nach § 13 Abs. 1 S. 1 BUrlG auch in Tarifverträgen nicht von den Regelungen der §§ 1, 2 und 3 Abs. 1 BUrlG abgewichen werden kann und § 1 BUrlG den Urlaub in Natur regelt.[1137] Wirksam ist dagegen eine tarifvertragliche Regelung, die eine nach dem Bundesurlaubsgesetz nicht vorgesehene zusätzliche Leistung des Arbeitgebers schafft, z.B. einen Abgeltungsanspruch als Ersatz für einen Urlaubsanspruch, der bereits wegen Zeitablaufs erloschen wäre oder der nicht bestand, weil der Arbeitnehmer arbeitsunfähig war und deshalb keine Arbeitsverpflichtung bestand, von der hätte befreit werden können.[1138]

[1128] BAG, 10. 2. 2004, NZA 2004, 986 f.
[1129] BAG, 19. 3. 1996, NZA 1996, 942, m. w. N.
[1130] BAG, NZA 1986, 394 f.; 28. 11. 1990, NZA 1991, 423 f.
[1131] BAG, 24. 9. 1996, NZA 1997, 507 f. (508).
[1132] BAG, 9. 8. 1994, NZA 1995, 174 f. (175), m. w. N.
[1133] Vgl. dazu Sowka, DB 2002, 1658 f.; Friese, NZA 2003, 597 f.
[1134] BAG, 17. 1. 1995, NZA 1995, 531 f. Zum Urlaub und der Urlaubsabgeltung bei Altersteilzeit im Blockmodell vgl. BAG, 15. 3. 2005, NZA 2005, 994 f.
[1135] BAG, 18. 9. 2001, ZTR 2002, 139 f.
[1136] Vgl. dazu Schäfer, NZA 1993, 204 f., m. w. N. BAG, 9. 8. 1994, NZA 1995, 230 f. (231).
[1137] BAG, AP Nr. 9 zu § 7 BUrlG, Abgeltung.
[1138] BAG, 26. 5. 1983, NJW 1984, 1835; 20. 4. 1989, NZA 1989, 761 f.; 9. 8. 1994, NZA 1995, 230 f.; 9. 11. 1999, ZTR 2000, 183.

D. Rechte und Pflichten im Arbeitsverhältnis, Arbeitsschutzrecht

In einem Tarifvertrag kann der Urlaubsabgeltungsanspruch auch nicht an engere Voraussetzungen geknüpft werden als in § 7 Abs. 4 BUrlG. So ist beispielsweise eine Tarifbestimmung nichtig, nach der Abgeltungsansprüche nur entstehen, wenn der Urlaub vor Beendigung des Arbeitsverhältnisses aus betrieblichen Gründen nicht gewährt werden konnte.[1139] Dagegen kann in einem Tarifvertrag wirksam auch für fortbestehende Arbeitsverhältnisse eine Urlaubsabgeltungsregelung getroffen werden, wenn der Urlaub wegen der Krankheit des Arbeitnehmers nicht genommen werden kann.[1140]

693

Im Falle des Wechsels des Arbeitgebers schließen die §§ 6 Abs. 1 BUrlG, 19 Abs. 4 S. 1 JArbSchG Doppelansprüche auf Urlaub in Natur aus. Die Vorschriften schließen nur Urlaubsansprüche in einem neuen nachfolgenden Arbeitsverhältnis aus. Sie eröffnen dem früheren Arbeitgeber keine Kürzungsbefugnis.[1141] Hat ein Arbeitnehmer wegen Beendigung des Arbeitsverhältnisses gegen seinen früheren Arbeitgeber lediglich einen Abgeltungsanspruch und gegen seinen neuen Arbeitgeber nach Erfüllung der Wartezeit einen Urlaubsanspruch in Natur, so verhindern die §§ 6 Abs. 1 BUrlG, 19 Abs. 4 S. 1 JArbSchG den Urlaubsanspruch gegen den neuen Arbeitgeber nicht. Da der Urlaubsanspruch in Natur vorgeht, kann der frühere Arbeitgeber die Abgeltung ablehnen und den Arbeitnehmer auf den Anspruch gegen den neuen Arbeitgeber in Natur verweisen.[1142]

694

Der Arbeitnehmer darf den **Urlaub nicht selbst nehmen**, weil er nach §§ 7 Abs. 1 BUrlG, 19 Abs. 4 S. 1 JArbSchG vom Arbeitgeber festzusetzen ist. Dabei sind vom Arbeitgeber allerdings die Urlaubswünsche zu berücksichtigen, es sei denn, dass ihrer Berücksichtigung dringende betriebliche Belange oder Urlaubswünsche anderer Arbeitnehmer, die unter sozialen Gesichtspunkten den Vorrang verdienen, entgegenstehen. Dabei hat der Arbeitgeber beispielsweise bei Arbeitnehmern mit schulpflichtigen Kindern die Schulferien zu beachten. Der Arbeitgeber muss den Urlaub allerdings gewähren, wenn der Arbeitnehmer dies im Anschluss an eine Maßnahme der medizinischen Vorsorge oder Rehabilitation im Sinne von § 9 EFZG verlangt (§ 7 Abs. 1 S. 2 BUrlG). Wenn der Arbeitnehmer der Ansicht ist, dass seine Urlaubswünsche unberechtigterweise nicht berücksichtigt werden, muss er die Gerichte für Arbeitssachen anrufen. Hierbei kann er sich der einstweiligen Verfügung bedienen.[1143] Selbst wenn der Arbeitnehmer im Laufe des Kalenderjahres aus dem Arbeitsverhältnis ausscheidet, darf er seinen noch nicht verbrauchten Urlaub nicht ohne Einverständnis des Arbeitgebers in den Lauf der Kündigungsfrist legen, und zwar selbst dann nicht, wenn nur die Tage der Kündigungsfrist für die Erteilung des Urlaubs in Natur zur Verfügung stehen.[1144] Der eigenmächtige Urlaubsantritt kann eine außerordentliche Kündigung rechtfertigen.[1145] Der Arbeitgeber ist nicht berechtigt, Fehlzeit infolge pflichtwidriger Selbstbeurlaubung nachträglich als gewährten Urlaub zu bezeichnen und die Erfüllung des vollen Jahresurlaubs zu verweigern.[1146] Im Rahmen seiner Befugnis, die Lage des Urlaubs festzusetzen, ist der Arbeitgeber auch berechtigt, allen Beschäf-

695

[1139] BAG, ZTR 1987, 178 f.
[1140] BAG, ZTR 1987, 180.
[1141] BAG, 28. 2. 1991, NZA 1991, 944 f.
[1142] BAGE 7, 76 f.; 8, 201 f.; AP Nr. 85 zu § 611 BGB, Urlaubsrecht; AP Nr. 8 zu § 7 BUrlG, Abgeltung.
[1143] Vgl. dazu Fischer, AuR 2003, 241 f.
[1144] BAG, AP Nr. 58 zu § 611 BGB, Urlaubsrecht.
[1145] BAG, AP Nr. 58 zu § 611 BGB, Urlaubsrecht; 20. 1. 1994, NZA 1994, 548 f., m. w. N.; 16. 3. 2000, NZA 2000, 1332 f.
[1146] BAG, 25. 10. 1994, ZTR 1995, 134.

tigten einheitlich Urlaub zu erteilen (**Betriebsferien**). Dies erscheint beispielsweise gerechtfertigt, wenn es sich dabei um einen Zeitraum handelt, in dem wegen Rohstoff- oder Auftragsmangels nicht oder nicht in ausreichendem Umfang gearbeitet werden kann. An Hochschulen kann einheitlich Urlaub in den Semesterferien erteilt werden. Aber auch bei der Festlegung von Betriebsferien müssen die Interessen der Arbeitnehmer ausreichend berücksichtigt werden. So kann beispielsweise der einheitliche Urlaub nicht grundsätzlich in die Winterzeit gelegt werden. Zu beachten ist bei der Festsetzung von Betriebsferien allerdings, dass der Personalvertretung dabei nach § 75 Abs. 3 Ziff. 3 BPersVG das volle Mitbestimmungsrecht zusteht, das Letztentscheidungsrecht mithin im Streitfall der Einigungsstelle obliegt.

Im Falle von Betriebsferien muss eine Arbeitnehmerin ihren Jahresurlaub außerhalb derselben nehmen können, wenn ihr **Mutterschaftsurlaub** zeitlich mit den Betriebsferien zusammenfällt.[1147]

696 Hat der Arbeitgeber unter Beachtung des § 7 Abs. 1 BUrlG den Urlaub zeitlich festgelegt und wird die Freistellung von der Arbeitspflicht zum Zwecke des Erholungsurlaubs im festgelegten Urlaubszeitraum nachträglich unmöglich, ohne dass der Arbeitgeber die Unmöglichkeit zu vertreten hat, so wird er nach § 275 Abs. 1 BGB von der Freistellungsverpflichtung frei. Dies ist beispielsweise dann gegeben, wenn wegen einer Schwangerschaft während des festgelegten Urlaubszeitraums ein Beschäftigungsverbot nach §§ 3, 4 MuSchG besteht. Der Arbeitgeber ist in derartigen Fällen nicht verpflichtet, den unmöglich gewordenen Urlaub neu festzusetzen, es sei denn, die Unmöglichkeit beruht auf krankheitsbedingter Arbeitsunfähigkeit (§ 9 BUrlG).[1148]

697 Der Urlaub in Natur **muss zusammenhängend gewährt werden**. Eine Ausnahme vom sogenannten Zerstückelungsverbot kann nur gemacht werden, wenn dringende betriebliche oder in der Person des Arbeitnehmers liegende Gründe eine Teilung des Urlaubs erforderlich machen. In solchen Fällen muss einer der Urlaubsteile mindestens zwölf aufeinanderfolgende Werktage umfassen, wenn der Arbeitnehmer Anspruch auf Urlaub von mehr als zwölf Werktagen hat (§§ 7 Abs. 2 BUrlG, 19 Abs. 4 S. 1 JArbSchG).

698 Während des Urlaubs darf der Arbeitnehmer keine dem **Urlaubszwecke** widersprechende Erwerbstätigkeit leisten (§§ 8 BUrlG, 19 Abs. 4 S. 1 JArbSchG). Verstößt er dagegen, so begründet dies weder ein Recht des Arbeitgebers, die Urlaubsvergütung zu kürzen, noch entfällt damit der Anspruch auf Urlaubsvergütung. Der mit den Vorschriften der §§ 8 BUrlG und 19 Abs. 4 S. 1 JArbSchG verfolgte gesetzgeberische Zweck, den Arbeitnehmer dazu anzuhalten, die durch die Befreiung von der Arbeitspflicht erlangte Freizeit nicht zu anderweitiger Erwerbstätigkeit zu nutzen, kann nicht mit einer Rückzahlungsverpflichtung oder dem Wegfall des Anspruchs auf das Urlaubsentgelt erreicht werden. In Betracht kommen vielmehr Ansprüche des Arbeitgebers auf Schadensersatz, auf Unterlassung der Erwerbstätigkeit sowie die Möglichkeit, gegebenenfalls wegen der Erwerbstätigkeit das Arbeitsverhältnis durch Kündigung zu beenden. Durch tarifvertragliche Regelung kann ein Anspruch des Arbeitgebers auf Rückgewähr von Urlaubsentgelt nur im Umfang des über den gesetzlichen Mindesturlaub hinaus zu gewährenden Urlaubs begründet werden.[1149]

699 Erkrankt der Arbeitnehmer während des Urlaubs, so werden die durch ärztliches Zeugnis nachgewiesenen Tage der Arbeitsunfähigkeit auf den Jahresurlaub nicht angerechnet (§§ 9 BUrlG, 19 Abs. 4 S. 1 JArbSchG). Ebenso verhält es sich mit

---

[1147] EuGH, 18. 3. 2004, NZA 2004, 535 f.
[1148] BAG, 9. 8. 1994, NZA 1995, 174 f. (175, 176).
[1149] BAG, NZA 1988, 607 f.

Maßnahmen der medizinischen Vorsorge oder Rehabilitation (i. S. v. § 9 EFZG), soweit ein Anspruch auf Fortzahlung des Arbeitsentgelts nach den gesetzlichen Vorschriften über die Entgeltfortzahlung im Krankheitsfall besteht (§§ 10 BUrlG, 19 Abs. 4 S. 1 JArbSchG).

Im Falle der Inanspruchnahme der **Elternzeit** ist der Arbeitgeber zur anteiligen Kürzung des Jahresurlaubsanspruchs um ein Zwölftel für jeden vollen Kalendermonat gemäß § 17 Abs. 1 Sätze 1 und 2 BEEG berechtigt, es sei denn, der Arbeitnehmer leistet während der Elternzeit bei seinem oder ihrem Arbeitgeber Teilzeitarbeit. 700

Ein bewilligter Urlaub wird nicht dadurch unterbrochen, dass während des Urlaubs der Betrieb **bestreikt** wird. Der Arbeitgeber bleibt zur Zahlung des Urlaubsentgelts an den im Urlaub befindlichen Arbeitnehmer auch während der Streiktage verpflichtet.[1150] 701

Nach § 13 Abs. 1 S. 1 BUrlG kann von den Vorschriften des Gesetzes mit Ausnahme der §§ 1, 2 und 3 Abs. 1 **in Tarifverträgen** abgewichen werden, mithin auch zuungunsten des Arbeitnehmers. Nach § 13 Abs. 1 S. 3 BUrlG kann im übrigen, also **im Arbeitsvertrag und im Tarifvertrag von den Vorschriften der §§ 1, 2 und 3 Abs. 1 nur zugunsten des Arbeitnehmers** abgewichen werden. Allerdings ist die Vereinbarung einer kleineren Zerstückelung der Urlaubsteile als die, die in § 7 Abs. 2 S. 2 vorgesehen ist, zulässig. Rechtsunwirksam ist dagegen eine Vereinbarung im Arbeitsvertrag oder im Tarifvertrag, wonach sich der Arbeitnehmer verpflichtet, seinen Urlaub abzubrechen und die Arbeit wieder aufzunehmen, wenn ihn der Arbeitgeber zurückruft.[1151] Das JArbSchG verweist im § 19 Abs. 4 nicht auf § 13 Abs. 1 BUrlG. Daraus folgt, dass für jugendliche Arbeitnehmer auch in Tarifverträgen nur zugunsten des Arbeitnehmers abgewichen werden kann. Zu beachten ist, dass die Unabdingbarkeitsvorschriften nur für den gesetzlichen Mindesturlaub, nicht für einen darüber hinaus vertraglich vereinbarten Urlaub gelten.[1152] Steht dem Arbeitnehmer also mehr Urlaub als der gesetzliche Urlaub zu, so können die Parteien mithin hierfür beispielsweise vereinbaren, dass er ohne Berücksichtigung entgegenstehender Wünsche des Arbeitnehmers während der Dauer der Kündigungsfrist zu gewähren ist.[1153] 702

In den Tarifverträgen des öffentlichen Dienstes ist von der Möglichkeit des § 13 Abs. 1 BUrlG Gebrauch gemacht worden, von den Vorschriften des Gesetzes abzuweichen.[1154]

Wegen des **Bildungsurlaubes** vgl. Rdn. 630, wegen der **Elternzeit** Rdn. 918–921. 703

TVöD/TV-L

§ 26 Abs. 1 S. 1 TVöD/TV-L wiederholt zunächst, dass Beschäftigte einen Anspruch auf **Erholungsurlaub** unter Entgeltfortzahlung haben.[1155] § 26 Abs. 1 S. 6 TVöD/§ 26 Abs. 1 S. 7 TV-L stellt klar, dass der Erholungsurlaub im laufenden Kalenderjahr zu gewähren ist, aber auch in Teilen genommen werden kann. Hierzu wird jedoch in der Protokollerklärung zum einen ausgeführt, dass der Urlaub grundsätzlich zusammenhängend gewährt werden soll; dabei soll ein Urlaubsteil von zwei Wochen angestrebt werden. In § 26 Abs. 2 lit. a TVöD/TV-L wird des Weiteren die Möglichkeit einer Übertragung des Erholungsurlaubs auf das nächste Ka- 704

[1150] BAG, AP Nr. 16 zu § 1 BUrlG.
[1151] BAG, 20. 6. 2000, NZA 2001, 100 f.
[1152] BAG, AP Nr. 1 zu § 9 BUrlG.
[1153] BAG, 22. 9. 1992, NZA 1993, 406 f.
[1154] Zur Vereinbarkeit der tariflichen Regelungen zum Erholungsurlaub mit dem Bundesurlaubsgesetz vgl. Fieberg, ZTR 1988, 113 f.
[1155] Vgl. zu den Urlaubsregelungen im TVöD allgemein Fritz, ZTR 2006, 2 ff.

lenderjahr näher ausgestaltet: Grundsätzlich darf der Urlaub nur in den ersten drei Monaten des folgenden Jahrs angetreten werden. Nur unter besonderen Voraussetzungen (Arbeitsunfähigkeit oder andere betriebliche bzw. dienstliche Gründe) kann der Antritt bis zum 31. Mai verschoben werden.

705 In § 26 Abs. 1 S. 2 bis 5 TVöD/§ 26 Abs. 1 S. 2 bis 6 TV-L wird die **Urlaubsdauer** festgelegt, die sich ausschließlich nach dem Lebensalter des Beschäftigten richtet. Bei der Bemessung der Urlaubsdauer ist das Lebensjahr ausschlaggebend, das im Laufe des Kalenderjahrs vollendet wird (§ 26 Abs. 1 S. 3 TVöD/§ 26 Abs. 1 S. 4 TV-L).

Bei einer wöchentlichen Arbeitszeitverteilung auf fünf Tage in der Kalenderwoche beträgt der Urlaubsanspruch für ein Kalenderjahr
26 Arbeitstage bis zum vollendeten 30. Lebensjahr
29 Arbeitstage bis zum vollendeten 40. Lebensjahr und
30 Arbeitstage nach dem vollendeten 40. Lebensjahr.

§ 26 Abs. 1 S. 3 TV-L stellt dazu klar, dass Arbeitstage alle Kalendertage sind, an denen die Beschäftigten dienstplanmäßig oder betriebsüblich zu arbeiten haben oder zu arbeiten hätten, mit Ausnahme der auf Arbeitstage fallenden gesetzlichen Feiertage, für die kein Freizeitausgleich gewährt wird. Eine entsprechende Regelung enthält der TVöD nicht, sodass hier solche Feiertage, für die kein Freizeitausgleich gewährt wird, als Arbeitstage zählen und damit ein Urlaubstag anzurechnen ist.[1156]

Wird eine andere wöchentliche Arbeitszeitverteilung (als auf fünf Tage) gewählt, erhöht oder vermindert sich der Urlaubsanspruch entsprechend. Ergibt sich bei der Berechnung ein Bruchteil, der mindestens einen halben Urlaubstag ergibt, wird er auf einen vollen Urlaubstag aufgerundet; ansonsten bleibt der Bruchteil unberücksichtigt (§ 26 Abs. 1 S. 5 TVöD/§ 26 Abs. 1 S. 6 TV-L).

Weitere spezielle Regelungen zur Berechnung der Urlaubsdauer treffen § 26 Abs. 2 lit. b und lit. c TVöD/TV-L: Beginnt oder endet das Arbeitsverhältnis im Laufe eines Jahres, erhält der Beschäftigte für jeden vollen Monat des Arbeitsverhältnisses ein Zwölftel des Urlaubsanspruchs nach § 26 Abs. 1 TVöD/TV-L. Hierbei bleibt aber § 5 BUrlG unberührt. Diese Klarstellung bezieht sich zum einen auf die Berechnungsvorschrift des § 5 Abs. 2 BUrlG, wonach Bruchteile von Urlaubstagen, die mindestens einen halben Tag ergeben, auf volle Tage aufzurunden sind. Bleiben sie hinter einem halben Tag zurück, werden sie nicht abgerundet, sondern der errechneten Summe genau entsprechend gewährt bzw. abgegolten. Zum anderen ist darüber hinaus zu beachten, dass gemäß § 5 Abs. 1 lit. c BUrlG der Arbeitnehmer einen Anspruch auf den **gesamten** Jahresurlaub nach dem Bundesurlaubsgesetz (= 24 Tage gemäß § 3 Abs. 1 BUrlG) hat, wenn er in der zweiten Hälfte eines Kalenderjahres aus dem Arbeitsverhältnis ausscheidet. Die tarifvertragliche Regelung nach § 26 Abs. 2 lit. b TVöD/TV-L würde also den Arbeitnehmer im zweiten Kalenderhalbjahr teilweise schlechter stellen, als er nach § 5 Abs. 1 BUrlG stehen würde. Nach dem Günstigkeitsprinzip ist dem Arbeitnehmer aber stets der Urlaubsanspruch zu gewähren, der für ihn günstiger ist, was durch eine Vergleichsrechnung festzustellen ist. Ruht das Arbeitsverhältnis, so vermindert sich gemäß § 26 Abs. 2 lit. c TVöD/TV-L die Dauer des Erholungsurlaubs einschließlich eines etwaigen Zusatzurlaubs für jeden vollen Kalendermonat um ein Zwölftel.

706 Wann der Anspruch auf Erholungsurlaub entsteht, ist im TVöD/TV-L nicht speziell geregelt. Da gemäß § 26 Abs. 2 S. 1 TVöD/TV-L das Bundesurlaubsgesetz

---

[1156] In der Praxis hat diese unterschiedliche tarifliche Regelung keine Auswirkungen, da nach § 11 ArbZG dem Arbeitnehmer ein Ersatzruhetag gewährt werden muss, wenn er an einem auf einen Werktag fallenden Feiertag beschäftigt wird.

Anwendung findet, soweit nichts anderes geregelt ist, beantwortet § 4 BUrlG diese Frage. Es bleibt also bei einer Wartezeit von sechs Monaten seit Bestehen des Arbeitsverhältnisses.

Beschäftigte, die ständig Wechselschicht (§ 7 Abs. 1 TVöD/TV-L) oder Schichtarbeit (§ 7 Abs. 2 TVöD/TV-L) leisten und denen eine Zulage nach § 8 Abs. 5 S. 1 oder Abs. 6 S. 1 TVöD/§ 8 Abs. 7 S. 2 oder Abs. 8 S. 2 TV-L zusteht, haben Anspruch auf einen **Zusatzurlaub** von einem Arbeitstag, 707
– bei Wechselschichtarbeit für je zwei zusammenhängende Monate
– bei Schichtarbeit für je vier zusammenhängende Monate (§ 27 Abs. 1 TVöD/§ 27 Abs. 2 TV-L).

Bei nicht ständiger Wechselschichtarbeit oder nicht ständiger Schichtarbeit unterscheidet der TVöD zwischen dem Geltungsbereich für den Bund und dem der VKA. Für Bundesbeschäftigte gilt § 27 Abs. 2 TVöD; die Beschäftigten erhalten eine Arbeitstag Zusatzurlaub für 708
– je drei Monate im Jahr, in denen sie überwiegend Wechselschichtarbeit geleistet haben
– je fünf Monate im Jahr, in denen sie überwiegend Schichtarbeit geleistet haben.
§ 27 Abs. 3 TV-L sieht die gleiche Regelung für die Beschäftigten der Länder vor.

Im Bereich der VKA überlässt § 27 Abs. 3 TVöD die Gewährung zusätzlicher Urlaubstage einer Dienst- oder Betriebsvereinbarung.

§ 27 Abs. 4 TVöD/TV-L bezieht sich auf nach anderen Vorschriften des jeweiligen Tarifvertrags und sonstigen Bestimmungen zu gewährende Zusatzurlaubstage. Sie werden nach oben hin begrenzt: Es dürfen nur bis zu sechs Arbeitstage im Kalenderjahr gewährt werden, wobei der Gesamturlaub (Erholungsurlaub + Zusatzurlaub) nicht mehr als 35 Arbeitstage im Kalenderjahr überschreiten darf, wenn es sich um einen Arbeitnehmer handelt, der das 50. Lebensjahr noch nicht vollendet hat. Ansonsten ist die Höchstgrenze 36 Arbeitstage. 709

§ 28 TVöD/TV-L bestimmt lediglich, dass bei Vorliegen eines wichtigen Grundes unter Verzicht auf die Entgeltfortzahlung **Sonderurlaub** gewährt werden kann. § 50 BAT sah noch verschiedene Tatbestände vor, die zu einem Sonderurlaub führten. Der wichtige Grund in § 28 TVöD/TV-L entspricht aber inhaltlich den dort geregelten Voraussetzungen, sodass weiterhin auf diese zurückgegriffen werden kann. Auch die dazu ergangene Rechtsprechung kann zur Auslegung herangezogen werden.[1157] Wichtig ist aber, dass nach § 17 Abs. 3 lit. c TVöD/TV-L nur Zeiten eines bezahlten Urlaubs für den Stufenverlauf und damit auch für den Stufenaufstieg Berücksichtigung finden. Zeiten eines Sonderurlaubs bleiben außenvor, wenn der Arbeitgeber vor dem Antritt nicht ein dienstliches beziehungsweise betriebliches Interesse schriftlich anerkannt hat (§ 17 Abs. 3 lit. c TVöD/TV-L). 710

5. Pflicht zur Freistellung bei Erkrankung eines Kindes des Arbeitnehmers[1158]

Nach § 45 SGB V erhält ein Versicherter Krankengeld, wenn es nach ärztlichem Zeugnis erforderlich ist, dass er zur Beaufsichtigung, Betreuung oder Pflege seines erkrankten und versicherten Kindes der Arbeit fernbleibt. 711

[1157] Vgl. zum „wichtigen Grund" BAG, 25. 1. 1994, NZA 1994, 546 f. (Aufnahme eines Studiums); 30. 10. 2001, ZTR 2002, 337 f. (Zulassung zum Hochschulstudium auf dem zweiten Bildungsweg; zu § 55 Abs. 2 MTArb); 8. 5. 2001, NZA 2002, 160 f. (Wahl zum Oberbürgermeister), zur Verpflichtung des Arbeitgebers, einer vorzeitigen Beendigung zuzustimmen BAG, 6. 9. 1994, NZA 1995, 953.
[1158] Kießling/Jünemann, DB 2005, 1684 f.; Schulz/Kießling, DB 2006, 838 f.

Voraussetzung dafür ist, dass das Kind das zwölfte Lebensjahr noch nicht vollendet hat oder behindert und auf Hilfe angewiesen ist und dass eine andere im Haushalt des Versicherten lebende Person diese Aufgaben nicht übernehmen kann.

Der Anspruch besteht in jedem Kalenderjahr für jedes Kind längstens für zehn, für alleinerziehende längstens für 20 Arbeitstage, insgesamt jedoch für höchstens 25 bzw. 50 Arbeitstage.

Welche Personen als Kinder gelten, ergibt sich aus § 10 Abs. 4 SGB V. Für die Dauer des Anspruchs hat der Arbeitnehmer gegen seinen Arbeitgeber einen Anspruch auf unbezahlte Freistellung von der Arbeitsleistung, der nicht durch Vertrag ausgeschlossen oder beschränkt werden kann.

Der Freistellungsanspruch besteht nur dann, wenn der Arbeitnehmer aus demselben Grund nicht einen vertraglichen Anspruch auf bezahlte Freistellung gegen seinen Arbeitgeber hat (§ 45 Abs. 3 SGB V).

TVöD/TV-L

712 § 29 Abs. 1 lit. e) bb) TVöD/TV-L enthält im Falle schwerer Erkrankung eines Kindes, das das 12. Lebensjahr noch nicht vollendet hat, einen derartigen Anspruch auf bezahlte Freistellung, der allerdings nur gegeben ist, wenn kein Anspruch nach § 45 SGB V besteht oder bestanden hat, die Regelung des § 45 SGB V hat also Vorrang vor der tariflichen Regelung. Innerhalb des Tatbestandes des § 29 Abs. 1 lit. e) bb) führt ein Anspruch nach § 45 SGB V dazu, dass sich die Zahl der für die tarifliche Arbeitsbefreiung zur Verfügung stehenden Kalendertage um die Zahl der Kalendertage vermindert, für die Freistellung nach § 45 SGB V beansprucht werden konnte. Da nach der tariflichen Regelung Freistellung bis zu vier Arbeitstagen bei Fortzahlung der Vergütung pro Kalenderjahr gewährt wird (auch wenn mehrere Kinder vorhanden sind), hat dies mithin zur Folge, dass der Arbeitnehmer zwar im Umfang von bis zu 25 bzw. 50 Arbeitstagen freigestellt werden kann, wegen des Anspruchs auf Krankengeld nach dem SGB V jedoch kein Anspruch auf Fortzahlung der Vergütung besteht. Aus den Worten „oder bestanden hat" folgt, dass bei einem erneuten Krankheitsfall ein Freistellungsanspruch auch dann nicht gegeben ist, wenn der Anspruch nach § 45 SGB V bereits anlässlich eines früheren Krankheitsfalles im Kalenderjahr ausgeschöpft worden ist.

6. Pflicht zur Freistellung und zur Gewährung von Teilzeitarbeit zur Pflege naher Angehöriger in häuslicher Umgebung[1159]

713 Das Gesetz über die Pflegezeit (**PflegeZG**) hat zum Ziel, Beschäftigten die Möglichkeit zu eröffnen, pflegebedürftige nahe Angehörige in häuslicher Umgebung zu pflegen und damit die Vereinbarkeit von Beruf und familiärer Pflege zu verbessern (§ 1). Von den Vorschriften des Gesetzes kann nicht zuungunsten der Beschäftigten abgewichen werden (§ 8).

714 Wer Beschäftigter im Sinne des Gesetzes ist, ist im § 7 Abs. 1 definiert, nahe Angehörige im § 7 Abs. 3. Arbeitgeber im Sinne des Gesetzes sind gemäß § 7 Abs. 2 natürliche und juristische Personen, sowie rechtsfähige Personengesellschaften, die Personen nach § 7 Abs. 1 beschäftigen. Für arbeitnehmerähnliche Personen tritt an die Stelle des Arbeitgebers der Auftraggeber oder Zwischenmeister (§ 7 Abs. 2 S. 2). Pflegebedürftig sind nach § 7 Abs. 4 Personen, die die Voraussetzungen nach den

---
[1159] Vgl. dazu Preis/Nehring, NZA 2008, 729 f.

§§ 14 und 15 SGB XI erfüllen, also den Pflegestufen I bis III zugeordnet sind, oder diese Voraussetzungen voraussichtlich erfüllen.

Nach § 2 Abs. 1 haben Beschäftigte das Recht, bis zu zehn Arbeitstagen je pflegebedürftigem Angehörigen der Arbeit fernzubleiben, wenn dies erforderlich ist, um für einen pflegebedürftigen nahen Angehörigen in einer akut aufgetretenen Pflegesituation eine bedarfsgerechte Pflege zu organisieren oder eine pflegerische Versorgung in dieser Zeit sicherzustellen. Das Recht ist nicht an die Zustimmung des Arbeitgebers gebunden, sondern ein **Leistungsverweigerungsrecht**. Der Gesetzeswortlaut schränkt den Anspruch je pflegebedürftigem Angehörigen nicht auf eine einmalige Inanspruchnahme ein. Nach § 2 Abs. 3 ist der Arbeitgeber zur Fortzahlung der Vergütung nur verpflichtet, soweit sich eine solche Verpflichtung aus anderen gesetzlichen Vorschriften oder auf Grund einer Vereinbarung ergibt. Derartige gesetzliche Vorschriften sind die Regelungen in den §§ 616 BGB (vgl. dazu Rdn. 658 bis 660) und 19 Abs. 1 Nr. 2 b BBiG. Als Vereinbarungen kommen einzelvertragliche Abreden und Regelungen in Tarifverträgen (z. B. § 29 Abs. 1 S. 1 Buchst. e) TVöD/TV-L) in Betracht. 715

Gegenüber Arbeitgebern mit in der Regel mehr als 15 Beschäftigten besteht gemäß § 3 Abs. 1 ein Anspruch auf vollständige oder teilweise Freistellung von der Arbeitsleistung, wenn ein Beschäftigter einen pflegebedürftigen nahen Angehörigen in häuslicher Umgebung pflegt (**Pflegezeit**). Die Pflegezeit beträgt für jeden pflegebedürftigen Angehörigen längstens sechs Monate (§ 4 Abs. 1). Die Inanspruchnahme der Pfegezeit ist dem Arbeitgeber spätestens zehn Arbeitstage vor Beginn schriftlich anzukündigen und gleichzeitig zu erklären, für welchen Zeitraum und in welchem Umfang die Freistellung in Anspruch genommen werden soll (§ 3 Abs. 3). Wird die Ankündigungsfrist versäumt, so verschiebt sich der Beginn der Pflegezeit entsprechend. Wenn nur teilweise Freistellung in Anspruch genommen wird, haben Arbeitgeber und Beschäftigter darüber eine schriftliche Vereinbarung zu treffen, wobei der Arbeitgeber den Wünschen des Beschäftigten zu entsprechen hat, es sei denn, dass dringende betriebliche Interessen entgegenstehen.[1160] 716

Der Beschäftigte genießt von der Ankündigung bis zur Beendigung der kurzzeitigen Arbeitsverhinderung nach § 2 oder der Pflegezeit nach § 3 **Kündigungsschutz** nach Maßgabe des § 5, und zwar, anders als im Zusammenhang mit der Elternzeit (vgl. § 18 Abs. 1 S. 1 BEEG), unabhängig davon, wann die Ankündigung erfolgt. Dieser Sonderkündigungsschutz gilt auch für arbeitnehmerähnliche Personen. Werden für Zeiten gemäß § 2 oder § 3 Arbeitnehmer zur Vertretung eingestellt, so liegt hierin nach Maßgabe des § 6 ein sachlicher Grund für die Befristung des Arbeitsverhältnisses. 717

7. Sozialbezüge, zusätzliche Alters- und Hinterbliebenenver-sorgung, Übergangsgeld

Die Tarifverträge des öffentlichen Dienstes enthalten Ansprüche der Arbeitnehmer auf **Sozialbezüge**. 718

TVöD/TV-L

Nach § 23 Abs. 2 TVöD/TV-L haben Beschäftigte einen Anspruch auf **Jubiläumszuwendungen**. Nach Maßgabe des § 23 Abs. 3 TVöD/TV-L besteht ein Anspruch auf **Sterbegeld**. 719

[1160] Vgl. zur sozialrechtlichen Absicherung während der Pflegezeit Preis/Nehring, NZA 2008, 729 f. (736).

720 Häufig gewährt der Arbeitgeber den Arbeitnehmern eine **zusätzliche betriebliche Alters- und Hinterbliebenenversorgung** (Betriebsrente).[1161] Auf eine derartige Betriebsrente besteht nur dann ein Anspruch, wenn eine entsprechende Vereinbarung getroffen worden ist.

721 Das Betriebsrentengesetz setzt das Bestehen eines vertraglichen Anspruchs[1162] voraus, beinhaltet also selbst keine Anspruchsgrundlage, und regelt die Durchführung der betrieblichen Altersversorgung (§§ 1a bis 4a), das sogenannte Auszehrungsverbot (§ 5), die Altersgrenze (§ 6), die Insolvenzsicherung (§§ 7 bis 15), die Anpassung laufender Leistungen (§ 16)[1163] und enthält im § 18 **Sonderregelungen für den öffentlichen Dienst.**[1164]

Alleine aus dem Beitritt des öffentlichen Arbeitgebers zu einer Zusatzversorgungskasse kann der Arbeitnehmer noch kein Recht herleiten, an dem Versorgungswerk der Kasse beteiligt zu werden, und zwar auch dann nicht, wenn der Arbeitgeber nach der Satzung der Kasse verpflichtet ist, den Arbeitnehmer anzumelden. Wegen des Gleichbehandlungsgrundsatzes besteht ein Anspruch allerdings dann, wenn der Arbeitgeber seinen Beitritt im Betrieb verlautbart und praktiziert hat.[1165]

Die Tarifverträge des öffentlichen Dienstes haben von der Möglichkeit Gebrauch gemacht, eine zusätzliche Alters- und Hinterbliebenenversorgung zu begründen.

TVöD/TV-L

722 Nach § 25 TVöD/TV-L haben die Arbeitnehmer, einen Anspruch auf Versicherung unter eigener Beteiligung zum Zwecke einer zusätzlichen Alters- und Hinterbliebenenversorgung nach Maßgabe des Tarifvertrags über die betriebliche Altersversorgung der Beschäftigten des öffentlichen Dienstes (Tarifvertrag Altersversorgung – ATV) bzw. des Tarifvertrags über die zusätzliche Altersvorsorge der Beschäftigten des öffentlichen Dienstes – Altersvorsorge –TV-Kommunal – (ATV-K). Für Beschäftigte der Freien und Hansestadt Hamburg gilt das Hamburgische Zusatzversorgungsgesetz.

723 Diese Tarifverträge betreffen die **zusätzliche** Versorgung. Die Arbeitnehmer sind nämlich in die gesetzliche Rentenversicherung ebenso einbezogen, wie die Arbeitnehmer in der Privatwirtschaft.[1166]

[1161] Vgl. dazu allgemein Gilbert/Hesse, Die Versorgung der Angestellten und Arbeiter des öffentlichen Dienstes, Loseblatt, Beck Verlag; Schaub, NZA 2002, 1119 f.; v. Puskas, ZTR 2002, 512 f., und die Übersicht über die Rechtsprechung des BAG zur betrieblichen Altersversorgung von Heither, RdA 1994, 363 f. Zur Belehrungspflicht des Arbeitgebers über die Zusatzversorgung und zum Anspruch des Arbeitnehmers auf Ersatz eines Versorgungsschadens wegen unzureichender Aufklärung vgl. Jeske, ZTR 1988, 292 f.; BAG, 3.7.1990, NZA 1990, 971 f.; 9.7.1991, ZTR 1992, 116 f.; 17.12.1991, NZA 1992, 973 f., 17.10.2000, NZA 2001, 206 f. (Zusatzversorgung des öffentlichen Dienstes); 11.12.2001, ZTR 2002, 598 f.. Zur Zusatzversorgung im Versorgungsausgleich vgl. Minz, ZTR 1990, 3 f. Zum Widerrufsrecht vgl. Kerschner, AuR 1990, 171 f.; Schaub, NZA 1990, 181 f.; BAG, 3.4.1990, NZA 1990, 808 f.; 8.5.1990, NZA 1990, 807 f. Zu den Auswirkungen tatsächlicher Unterbrechungen der Arbeitstätigkeit ohne Entgeltanspruch (Erziehungsurlaub, lange Krankheit, unbezahlter Urlaub, Teilnahme am Wehrdienst etc.) vgl. Doetsch, DB 1992, 1239 f. Zum Gleichbehandlungsgrundsatz im Zusammenhang mit einer Betriebsrente vgl. BAG, 27.6.2006, NZA 2006, 1276 f. (Altersabstandsklausel, Vorlagebeschluss an den EuGH); 28.7.2006, NZA 2006, 1293 f. (Spätehenklausel).

[1162] Vgl. zur betrieblichen Übung in der betrieblichen Altersversorgung Reinecke, BB 2004, 1625 f.

[1163] Vgl. dazu allgemein BAG, 13.12.2005, NZA 2007, 39 f.; 21.2.2006, NZA 2007, 931 f. (Anpassungsverpflichtung bei Betriebsübergang).

[1164] Wegen der Einzelheiten zur betrieblichen Altersversorgung vgl. Förster/Cisch, BB 2004, 2126 f.; Matthießen, AuR 2005, 81 f.

[1165] BAG, 10.3.1992, NZA 1993, 263 f.

[1166] Vgl. dazu allgemein Gilbert/Hesse, Die Versorgung der Angestellten und Arbeiter des öffentlichen Dienstes, München 2005, zum ATV Stephan, ZTR 2002, 49 f., 150 f.; Bergmann, ZTR 2003,

8. Weihnachtsgratifikation[1167]

Gratifikation ist eine Leistung mit jährlicher Fälligkeit, das heißt, sie erfolgt nur einmal im Jahr. Bei den **Jahresleistungen** unterscheidet man zwischen solchen **ohne Bindungswirkung** (arbeitsleistungsbezogene Sonderzahlungen) und **mit Bindungswirkung**. Jahresleistungen mit Bindungswirkung setzen eine bestimmte Dauer des Arbeitsverhältnisses voraus und bezwecken, den Arbeitnehmer an den Betrieb zu binden.

Ob im Einzelfall eine Jahresleistung ohne oder mit Bindungswirkung vorliegt, wird häufig vertraglich ausdrücklich festgelegt. Ist dies nicht erfolgt, so muss die Art der Jahresleistung **durch Auslegung ermittelt** werden:

Ist eine anteilige Minderung der Jahresleistung bei Fehltagen vorgesehen, so spricht dies für eine Jahresleistung ohne Bindungswirkung, weil bei einer solchen mit Bindungswirkung, mit der die Betriebstreue belohnt wird, eine tatsächliche Arbeitsleistung im Zweifel nicht erforderlich ist. Für eine Jahresleistung ohne Bindungswirkung spricht auch eine vorgesehene Quotenregelung bei Ein- und Austritt des Arbeitnehmers. Im Tarifvertrag kann eine solche ohne Verstoß gegen den Gleichheitbehandlungsgrundsatzfür den Fall der Eigenkündigung des Arbeitnehmers auch differenziert nach Arbeitern und Angestellten vereinbart werden.[1168] Die Rechtsprechung lehnt es ab, alleine auf die Bezeichnung der Leistung abzustellen (13. Monatsgehalt/Gratifikation).[1169] Um eine Jahresleistung mit Bindungswirkung handelt es sich dann, wenn vereinbart ist, dass der Arbeitnehmer, damit die Jahresleistung nicht ganz entfällt, zu einem bestimmten Zeitpunkt, meist der Fälligkeit in einem ungekündigten Arbeitsverhältnis stehen muss. Dies folgt nicht lediglich aus einem Freiwilligkeitsvorbehalt. Die Vereinbarung muss eindeutig sein. Eine Befristung des Arbeitsverhältnisses steht in diesem Zusammenhang einer Kündigung nicht gleich.[1170] Die Differenzierung zwischen Arbeitnehmern in ungekündigter Stellung und in gekündigter Stellung verstößt auch nicht gegen den Gleichbehandlungsgrundsatz,[1171] und zwar auch dann nicht, wenn der Arbeitnehmer im Laufe des Bezugszeitraumes auf Grund betriebsbedingter Kündigung ausscheidet[1172] oder wenn der Arbeitgeber den im Laufe des Bezugsjahres neu eingetretenen Arbeitnehmern die Leistung anteilig gewährt.[1173] Bindungswirkung ist auch anzunehmen, wenn Abreden bestehen, die zur Rückzahlung der Leistung verpflichten, wenn das Arbeitsverhältnis während eines bestimmten Zeitraums im Anschluss an den Stichtag beendet wird (Rückzahlungsklauseln).

Im Zweifel ist eine Jahresleistung **ohne Bindungswirkung** anzunehmen.

Ein Rechtsanspruch auf eine Jahresleistung besteht nur im Falle einer Vereinbarung.[1174] Sie kann auch auf einer sogenannten betrieblichen Übung beruhen, wenn die Leistung dreimal vorbehaltlos, das heißt, nicht als freiwillig gekennzeich-

724

725

---

478 f.; Rengier, NZA 2004, 817 f. Zu den verfassungsrechtlichen Problemen Preis/Temming, ZTR 2003, 262 f.
[1167] Vgl. dazu Vossen, NZA 2005, 734 f.
[1168] BAG, 18. 10. 2000, NZA 2001, 508 f.
[1169] BAG, 24. 10. 1990, DB 1991, 446 f.
[1170] BAG, 14. 12. 1993, NZA 1994, 463 f.
[1171] BAG, AP Nr. 16, 81, 86 zu § 611 BGB, Gratifikation; 26. 10. 1994, NZA 1995, 307 f.
[1172] BAG, 25. 4. 1991, NZA 1991, 763 f.; 19. 11. 1992, ZTR 1993, 252 f.
[1173] BAG, 8. 3. 1995, NZA 1996, 418 f.
[1174] Zu den verfassungsrechtlichen Grenzen tariflicher Regelungen über Gratifikationen vgl. BAG, 14. 9. 1994, NZA 1995, 429 f., zu den Anforderungen an eine sogenannte Freiwilligkeitsklausel BAG, 12. 1. 2000, NZA 2000, 944 f., 11. 4. 2000, NZA 2001, 24 f.

net oder mit dem ausdrücklichen Hinweis versehen, ein Anspruch darauf sei ausgeschlossen, gewährt wurde.[1175] Ein solcher Freiwilligkeitsvorbehalt schließt nicht nur Ansprüche für die Zukunft, sondern auch für den laufenden Bezugszeitraum aus und berechtigt den Arbeitgeber, erneut zu bestimmen, ob und unter welchen Voraussetzungen er eine Jahresleistung gewähren will.[1176] Der Arbeitgeber, der eine Jahresleistung zusagt, kann generell die Voraussetzungen bestimmen, unter denen der Arbeitnehmer einen Anspruch darauf haben soll.[1177] Dies kann auch durch einen klaren und verständlichen Hinweis im Formulararbeitsvertrag erfolgen, durch den z. B. die Entstehung eines Anspruchs des Arbeitnehmers auf die Leistung für zukünftige Bezugszeiträume ausgeschlossen wird. Dann muss der Arbeitgeber nicht jede Sonderzahlung mit einem Freiwilligkeitsvorbehalt verbinden.[1178] Ein durch betriebliche Übung entstandener Anspruch kann auch durch betriebliche Übung wieder geändert werden, zum Beispiel durch dreimalige unwidersprochene Gewährung der Jahresleistung mit Freiwilligkeitsvorbehalt.[1179]

Im Falle einer Jahresleistung ohne Bindungswirkung ist es möglich, auszumachen, dass sich krankheitsbedingte Fehlzeiten[1180] und Zeiten mutterschaftsbedingter Beschäftigungsverbote nach den §§ 3 Abs. 2, 6 Abs. 1 MuSchG[1181] anspruchsmindernd auswirken. Fehlt es allerdings an einer derartigen ausdrücklichen Regelung in der Abrede so besteht ein Anspruch auf die Sonderzahlung in allen den Fällen, in denen dem Arbeitnehmer auf Grund gesetzlicher, tariflicher oder sonstiger Regelungen das Entgelt auch ohne tatsächliche Arbeitsleistung fortzuzahlen ist (z. B. auch im Falle des Urlaubs),[1182] nicht dagegen, wenn das Arbeitsverhältnis ruht und damit die gegenseitigen Hauptleistungspflichten suspendiert sind (z. B. bei der Elternzeit oder im Falle der Beteiligung des Arbeitnehmers an einem gewerkschaftlich geführten rechtmäßigen Streik).[1183] Lautet die Formulierung, es erfolge eine Minderung für Monate, in denen kein Anspruch auf „Gehalt" oder „Gehaltsfortzahlung" besteht, so ist darin keine ausdrückliche Regelung in dem oben genannten Sinne zu sehen.[1184] Sieht eine Vereinbarung (in einem Tarifvertrag) die anteilige Kürzung für alle Zeiten vor, in denen das Arbeitsverhältnis „kraft Gesetzes oder Vereinbarung oder aus sonstigen Gründen" ruht, erfasst eine solche Regelung mangels anderer Hinweise auch das Ruhen während eines Streiks.[1185]

726 Bei Jahresleistungen mit Bindungswirkungen (Gratifikationen) untersagt es Art. 141 EGV, dass ein Arbeitgeber bei der Gewährung einer Leistung Mutter-

---

[1175] BAG, 28. 2. 1996, NZA 1996, 758 f.; Reiserer, DB 1997, 426 f. Zur Frage der Abänderung einer bestehenden betrieblichen Übung durch Aushang des Arbeitgebers mit der Mitteilung, er könne auf Grund der wirtschaftlichen Lage des Betriebes in diesem Jahr eine Gratifikation nicht bezahlen, vgl. BAG, 14. 8. 1996, NZA 1996, 1323 f., zur Reduzierung von Gratifikationsleistungen durch betriebliche Übung allgemein vgl. BAG, 26. 3. 1997, NZA 1997, 1007 f.; Speiger, NZA 1998, 510 f.
[1176] BAG, 6. 12. 1995, NZA 1996, 1027 f.; 5. 6. 1996, NZA 1996, 1028 f.; 12. 1. 2000, NZA 2000, 944 f.
[1177] Zur Gleichbehandlung von Arbeitern und Angestellten vgl. BAG, 19. 3. 2003, NZA 2003, 724 f.
[1178] BAG, 30. 7. 2008, NZA 2008, 1173 f.
[1179] BAG, 4. 5. 1999, NZA 1999, 1162 f. Vgl. dazu Becker, BB 2000, 2095 f. Zur Ablösung einer betrieblichen Übung durch eine Betriebsvereinbarung vgl. BAG, 28. 3. 2000, DB 2001, 47 f.; Merten/Schwartz, DB 2001, 646 f.
[1180] BAGE, 26. 10. 1994, 174 f.
[1181] BAG, 25. 11. 1998, NZA 1999, 766 f. (offen gelassen)
[1182] BAG, 21. 3. 2001, NZA 2001, 785 f.
[1183] BAG, 25. 11. 1998, NZA 1999, 766 f.; 13. 2. 2007, NZA 2007, 573 f.
[1184] BAG, 24. 2. 1999, NZA 1999, 772 f. (entschieden für eine tarifvertragliche Regelung und die Beschäftigungsverbote nach den §§ 3 Abs. 2, 6 Abs. 1 MuSchG).
[1185] BAG, 3. 8. 1999, NZA 2000, 487 f.

schutzzeiten (Beschäftigungsverbote) anteilig leistungsmindernd berücksichtigt, nicht dagegen Zeiten der Elternzeit.[1186]

Die Zahlung einer Jahresleistung mit Bindungswirkung (Gratifikation) wird häufig mit einer **Rückzahlungsklausel** verbunden, wonach der Arbeitnehmer zur Rückzahlung verpflichtet ist, wenn er vor einem bestimmten Zeitpunkt aus dem Arbeitsverhältnis ausscheidet. Das Bundesarbeitsgericht hat auf Grund des Umstandes, dass durch derartige Klauseln das Grundrecht des Arbeitnehmers auf freie Wahl des Arbeitsplatzes aus Art. 12 Abs. 1 GG eingeschränkt wird, deren Zulässigkeit zwar bejaht, die Rückzahlungsverpflichtung jedoch stark eingeschränkt. Folgende Regeln sind zu beachten:[1187]

a) Eine Verpflichtung zur Rückzahlung besteht überhaupt nur dann, wenn darüber eine Vereinbarung getroffen worden ist.[1188]

b) Eine Rückzahlungsverpflichtung besteht trotz Vereinbarung nicht, wenn der Arbeitnehmer eine Gratifikation erhalten hat, die 102,26 Euro brutto nicht übersteigt.[1189]

c) Erhält der Arbeitnehmer als Gratifikation einen Betrag, der 102,26 Euro brutto übersteigt, jedoch keinen Bruttomonatsbezug ausmacht, so ist ihm regelmäßig zuzumuten, eine Rückzahlungsklausel einzuhalten, die bis zum 31. 3. des folgenden Jahres reicht.[1190] Er kann die Gratifikation mithin nur dann behalten, wenn das Arbeitsverhältnis so beendet wird, dass es bis zum 31. 3. des folgenden Jahres bestehen bleibt.[1191] Für den Monatsbezug ist der Auszahlungsmonat und nicht das durchschnittliche Entgelt maßgebend.[1192]

d) Erreicht die Gratifikation einen Bruttomonatsbezug, so gilt folgendes: Hat der Arbeitnehmer bis zum 31. 3. des Folgejahres nur eine Kündigungsmöglichkeit, d. h. eine Kündigungsfrist von 6 Wochen zum Quartalsende, so ist ihm in der Regel zuzumuten, diese nicht wahrzunehmen, wenn er die Gratifikation behalten will. Er muss also so kündigen, dass das Arbeitsverhältnis nicht zum 31. 3., sondern zu einem späteren Zeitpunkt aufgelöst wird. Hat er mehrere Kündigungsmöglichkeiten bis zum 31. 3. des Folgejahres, so muss er so kündigen, dass er den Betrieb erst nach dem 31. 3. zum nächstmöglichen Termin verlässt.[1193]

Ist der Monatsbezug abredegemäß je zur Hälfte im Juni und im November des Kalenderjahres zu zahlen, so kann der Arbeitnehmer längstens bis zum Ende des auf den jeweiligen Zahlungszeitpunkt folgenden Quartals gebunden werden.[1194]

e) Erhält der Arbeitnehmer eine Gratifikation, die einen Bruttomonatsbezug übersteigt, nicht aber einen zweifachen Monatsbezug erreicht, und hat er bis zum 30. 6. des Folgejahres nur eine Kündigungsmöglichkeit, so muss er diese auslassen. Hat er bis dahin mehrere Kündigungsmöglichkeiten, so kann er mit dem Ablauf des 30. 6. ausscheiden.[1195]

[1186] EuGH, 21. 10. 1999, NZA 1999, 1325 f.; BAG, 12. 1. 2000, NZA 2000, 944 f. Zur Abhängigkeit des Anspruchs auf Sonderzahlungen von der tatsächlichen Arbeitsleistung allgemein vgl. Tofall, ZTR 1997, 446 f.
[1187] Beckers, NZA 1997, 129 f.
[1188] BAG, AP Nr. 15, 22, 23 zu § 611 BGB, Gratifikation; NJW 1974, 2151.
[1189] BAG, DB 1982, 1881.
[1190] BAG, AP Nr. 22, 23 zu § 611 BGB, Gratifikation.
[1191] BAG, 9. 6. 1993, NZA 1993, 935 f.
[1192] BAG, AP Nr. 99 zu § 611 BGB, Gratifkation.
[1193] BAG, AP Nr. 25 zu § 611 BGB, Gratifikation; 28. 4. 2004, NZA 2004, 924 f.
[1194] BAG, 21. 5. 2003, NZA 2003, 1032 f.
[1195] BAG, AP Nr. 99 zu § 611 BGB, Gratifikation.

f) Erhält der Arbeitnehmer zwei Bruttomonatsbezüge als Gratifikation, so ist folgende Vereinbarung zulässig. Beim Ausscheiden bis zum 31. 3. des Folgejahres: Verpflichtung zur Rückzahlung von 1,5 Monatsbezügen, beim Ausscheidens bis zum 30. 6. des Folgejahres: Verpflichtung zur Rückzahlung eines Monatsbezuges und beim Ausscheiden bis zum 30. 9. des Folgejahres: Verpflichtung zur Zurückzahlung eines halben Monatsbezuges.[1196]

g) Ist der Arbeitnehmer zur Rückzahlung verpflichtet, so darf er den „Sockelbetrag" von 102,26 Euro nicht behalten.[1197]

h) Die von der Rechtsprechung entwickelten Rückzahlungsgrundsätze gelten auch bei vorzeitiger Auszahlung der Gratifikation etwa mit den Novemberbezügen, weil die darin liegende Vergünstigung für den Arbeitnehmer dem Arbeitgeber nicht zum Nachteil gereichen darf.[1198]

i) Eine Rückzahlungsklausel kann wirksam nicht nur für den Fall vereinbart werden, dass der Arbeitnehmer kündigt, sondern auch für den Fall, dass der Arbeitgeber das Arbeitsverhältnis durch Kündigung beendet. Dies gilt auch für die betriebsbedingte Arbeitgeberkündigung.[1199] Der Grund dafür liegt darin, dass der Arbeitgeber berechtigt ist, nicht nur die Betriebstreue des Arbeitnehmers zum Zweck der Gratifikation zu machen, sondern mit ihr ebensogut den Zweck verfolgen kann, den Fortbestand des Arbeitsverhältnisses an sich, unabhängig vom Verhalten des betroffenen Arbeitnehmers zu sichern.[1200] Diese Zweckbestimmung kann der Arbeitgeber im Rahmen der Gratifikationszusage ausdrücklich vornehmen. Fehlt es daran, so wird sie darin zu erblicken sein, dass die Rückzahlungsklausel eine Stichtagsregel enthält, die darauf abstellt, dass der Arbeitnehmer noch an einem bestimmten Tag in ungekündigtem Arbeitsverhältnis steht. Soll dagegen die zukünftige Betriebstreue des Arbeitnehmers belohnt werden, so müsste sich dies aus einem zusätzlichen Hinweis ergeben.

j) Bei der Frage, ob eine Rückzahlungsklausel auch für andere Beendigungstatbestände als die Kündigung vereinbart werden kann, wird auf den Anlass für die Beendigung abzustellen sein.[1201]

k) Wird die Rückzahlungsklausel für den Fall vereinbart, dass der Arbeitnehmer „auf eigenen Wunsch" ausscheidet, so ist der Tatbestand erfüllt, wenn die Beendigung des Arbeitsverhältnisses auf Veranlassung des Arbeitnehmers erfolgt, d. h., wenn er den Beendigungstatbestand unmittelbar verursacht und herbeiführt, mithin z. B. auch durch die Bitte um Abschluss eines Aufhebungsvertrages. Ob das Auflösungsbegehren des Arbeitnehmers auf einer ausschließlich vom Eigennutz bestimmten Motivation beruht oder etwa wegen der Übernahme eines politischen Mandats gestellt wird, ist unerheblich.[1202]

Rückzahlungsklauseln, die weder Vorausetzungen für die Rückzahlungspflicht noch einen eindeutig bestimmten Zeitraum für die Bindung des Arbeitnehmers festlegen, sind unwirksam. Eine Auslegung derartiger Klauseln dahin, dass die Rückforderung im Rahmen der von der Rechtsprechung entwickelten Grenzen erfolgen könne, kommt nur dann in Betracht, wenn entsprechende Anhaltspunkte dafür ge-

---

[1196] BAG, AP Nr. 69 zu § 611 BGB, Gratifikation.
[1197] BAG, AP Nr. 36 zu § 611 BGB, Gratifikation.
[1198] BAG, AP Nr. 78 zu § 611 BGB, Gratifikation.
[1199] BAG, AP Nr. 123 zu § 611 BGB, Gratifikation; 28. 3. 2007, NZA 2007, 687 f.
[1200] BAG, 25. 4. 1991, NZA 1991, 765.
[1201] BAG, AP Nr. 101 zu § 611 BGB, Gratifikation.
[1202] BAG, 29. 9. 1992, ZTR 1993, 208 f.

geben sind.¹²⁰³ Klauseln dagegen, die über die von der Rechtsprechung entwickelten Grundsätze hinausgehen, werden von den Gerichten im Wege der sogenannten geltungserhaltenden Reduktion auf das zulässige Ausmaß zurückgeführt.

Von den unter b) bis g) dargestellten Regeln kann im Tarifvertrag abgewichen werden, weil davon ausgegangen werden kann, dass die Tarifpartner von dem ihnen eingeräumten Beurteilungsspielraum einen sachgemäßen Gebrauch machen.¹²⁰⁴

Gegenüber dem Rückzahlungsanspruch des Arbeitgebers kann der Einwand des Wegfalls der Bereicherung gemäß § 818 Abs. 3 BGB nur dann wirksam erhoben werden, wenn die Rückzahlungsklausel die ausdrückliche Regelung enthält, dass die Vorschrift entsprechend anwendbar sein soll. Dies gilt auch, wenn der Rückzahlungsanspruch tarifvertraglich geregelt ist, z.B. in einem Zuwendungstarifvertrag des öffentlichen Dienstes. § 818 Abs. 3 BGB stellt nämlich eine Sondervorschrift des Bereicherungsrechts dar, die auf andere Ansprüche ohne ausdrückliche Vereinbarung, dass das der Fall sein soll, nicht entsprechend anwendbar ist.¹²⁰⁵

TVöD/TV-L

§ 20 TVöD/TV-L sieht eine Jahressonderzahlung für Beschäftigte vor, die am 1. Dezember im Arbeitsverhältnis stehen. Diese ist keine Weihnachtszuwendung und auch kein Urlaubsgeld, sondern eine allgemeine Sonderzahlung. Gemäß § 20 Abs. 5 S. 1 TVöD wird im November¹²⁰⁶ eine gestaffelte Jahressonderzahlung gewährt, deren Bemessungsgrundlage sich nach dem durchschnittlichen monatlichen Entgelt ohne Leistungszulagen, Leistungsprämien, Ertrags- und Erfolgsprämien und ohne Überstundenentgelt in den Kalendermonaten Juli, August und September bemisst. Die Entgelte der drei Monate werden addiert und durch drei geteilt (Protokollerklärung zu § 20 Abs. 2 TVöD/§ 20 Abs. 3 TV-L). Zur Bemessung der Jahressonderzahlung gilt dann im Geltungsbereich des TVöD die in § 20 Abs. 2 TVöD geregelte Staffelung:
– in den Entgeltgruppen 1 bis 8 90%
– in den Entgeltgruppen 9 bis 12 80%
– in den Entgeltgruppen 13 bis 15 60%.

728

Diese Werte gelten aber nur für das ehemalige Tarifgebiet West. Für das ehemalige Tarifgebiet Ost sieht § 20 Abs. 3 TVöD eine 25prozentige Kürzung der in Abs. 2 genannten Prozentsätze vor.

Im Geltungsbereich des TV-L wird auch zwischen den Tarifgebieten West und Ost unterschieden. Im Tarifgebiet West gilt folgende Staffelung:
– in den Entgeltgruppen 1 bis 8 95%
– in den Entgeltgruppen 9 bis 11 80%
– in den Entgeltgruppen 12 bis 13 50%
– in den Entgeltgruppen 14 bis 15 35%.

Im Tarifgebiet Ost gilt folgende Staffelung:
– in den Entgeltgruppen 1 bis 8 71,5%
– in den Entgeltgruppen 9 bis 11 60%
– in den Entgeltgruppen 12 bis 13 45%
– in den Entgeltgruppen 14 bis 15 30%.

---

¹²⁰³ BAG, 14. 6. 1995, NZA 1995, 1034 f.
¹²⁰⁴ BAG, AP Nr. 54, 57 zu § 611 BGB, Gratifikation. Vgl. zu den Anforderungen an tarifvertragliche Regelungen über Weihnachtsgratifikation BAG, 24. 10. 1990, NZA 1991, 317 f., zur Auswirkung der Teilnahme an einem Streik auf die Berechnung Gerauer, ZTR 1995, 442 f.
¹²⁰⁵ LAG Frankfurt/Main, 27. 3. 1992, NZA 1993, 78 f., m. w. N.; BAG, 25. 8. 1992, NZA, 1993, 277 f. (Rückgewähr überzahlten tariflichen Vorruhestandsgeldes).
¹²⁰⁶ Gemäß § 20 Abs. 5 S. 2 TVöD/TV-L kann ein Teilbetrag der Jahressonderzahlung auch schon zu einem früheren Zeitpunkt ausgezahlt werden, z.B. im Juli als „Urlaubsgeld".

Der Anspruch vermindert sich grundsätzlich nach § 20 Abs. 4 S. 1 TVöD/TV-L um ein Zwölftel für jeden Kalendermonat, indem der Beschäftigte keinen Anspruch auf Entgelt oder Entgeltfortzahlung nach § 21 TVöD/TV-L hat.[1207]

9. Pflicht zur Obhut des in die Dienststelle oder den Betrieb eingebrachten Eigentums des Arbeitnehmers

729 Der Arbeitgeber ist verpflichtet, Vorkehrungen zu treffen, die den Arbeitnehmer in die Lage versetzen, eigene Sachen, die er in die Dienststelle oder den Betrieb mitnimmt, vor Beschädigungen oder Verlust zu schützen.

Dies gilt allerdings nur, wenn es sich dabei um **persönlich notwendige Sachen** handelt, also Sachen, die er benötigt, um die Dienststelle oder den Betrieb zu erreichen und sich zur Arbeitsleistung fähig zu halten (z.B. Kleider, Fahrkarten, angemessener Geldbetrag, Uhr).

Die Pflicht besteht auch hinsichtlich **arbeitsdienlicher Sachen**, also Sachen, die nach ihrer Zweckbestimmung mit dem Arbeitsverhältnis im engen Zusammenhang stehen (z.B. Fachbücher, Werkzeuge) oder deren Verwendung im Zusammenhang mit dem Arbeitsverhältnis zweckmäßig ist (z.B. eigene Verkehrsmittel).

Weiterhin ist Voraussetzung, dass der Arbeitnehmer den Schutz nicht selbst bewirken kann, weil er seine Arbeitsleistung zu erbringen hat. Hinsichtlich der Sachen, deren Verwendung im Zusammenhang mit dem Arbeitsverhältnis lediglich **zweckmäßig** ist, besteht die Pflicht nur dann, wenn dem Arbeitgeber diese nach Treu und Glauben billigerweise zuzumuten ist. So ist er beispielsweise nicht generell verpflichtet, einen Parkplatz zur Verfügung zu stellen, sondern nur unter Berücksichtigung der Umstände des Einzelfalls,[1208] wenn also z.B. öffentliche Verkehrsmittel nicht zur Verfügung stehen, oder wenn die Arbeitnehmer üblicherweise eigene Kraftfahrzeuge benutzen und den Arbeitgeber die Bereitstellung eines Parkplatzes nicht übermäßig und unverhältnismäßig belastet.[1209] Stellt er allerdings einen Parkplatz zur Verfügung, so ist er auch dann verpflichtet, dafür zu sorgen, dass von dem Parkplatz selbst keine Gefahren für die dort abgestellten Fahrzeuge ausgehen, wenn er nicht verpflichtet war, Parkfläche bereitzustellen.[1210]

730 Art und Umfang der Vorkehrungen richten sich nach den besonderen Umständen des Einzelfalles, insbesondere nach der Ortsüblichkeit, der Üblichkeit in der Dienststelle oder im Betrieb und der technischen und wirtschaftlichen Zumutbarkeit.[1211]

731 Erfüllt der Arbeitgeber die Pflicht nicht oder nicht ordnungsgemäß, so kann dem Arbeitnehmer ein Schadensersatzanspruch zustehen.[1212]

10. Beschäftigungspflicht

732 Umstritten ist die Frage, ob dem Arbeitnehmer nicht nur ein Anspruch auf das Arbeitsentgelt zusteht, sondern auch das Recht, vom Arbeitgeber vertragsgemäße Beschäftigung zu verlangen. Das Bundesarbeitsgericht bejaht eine allgemeine Be-

---

[1207] Beachte aber die Ausnahmen in § 20 Abs. 4 S. 2 TVöD/ § 20 Abs. 4 S. 2 und 3 TV-L.
[1208] BAGE 7, 280 f.; 9, 33 f.
[1209] BAG, AP Nr. 7, 9 zu § 618 BGB.
[1210] BAG, 25. 5. 2000, NZA 2000, 1052 f. Zum vertraglichen Haftungsausschluss für Schäden, die bei dem Betrieb von Kraftfahrzeugen des Arbeitgebers an Kraftfahrzeugen seiner Arbeitnehmer entstehen, die berechtigterweise auf dem Betriebshof parken, BAG, 28. 9. 1989, ZTR 1990, 162 f.
[1211] BAGE 9, 31, 34; 17, 229, 231 f.; 13, 190, 194 f.
[1212] Wegen der Zulässigkeit eines vertraglichen Haftungsausschlusses vgl. BAG, AP Nr. 26 zu § 611 BGB, Fürsorgepflicht.

schäftigungspflicht seit dem Jahre 1955.[1213] Dieser Rechtsprechung ist der Große Senat des Bundesarbeitsgerichts in seiner Entscheidung vom 27. 2. 1985 beigetreten.[1214] Von der Lehre wird der Beschäftigungsanspruch überwiegend anerkannt.[1215]

Der Anspruch ist abzuleiten aus den §§ 611, 613 i. V. m. 242 BGB. Die Generalklausel des § 242 BGB wird dabei ausgefüllt durch die Wertentscheidung der Artikel 1 und 2 GG. Diese Ableitung ist folgendermaßen zu begründen.[1216] 733

Die Vorschriften des Bürgerlichen Gesetzbuches über den Dienstvertrag (§§ 611 f.) geben selbst keinen unmittelbaren Aufschluss darüber, ob den Arbeitgeber aus dem Arbeitsverhältnis die Pflicht trifft, die angebotene vertragliche Arbeitsleistung des Arbeitnehmers entgegenzunehmen und ihn auf einem entsprechenden Arbeitsplatz zu beschäftigen. Sie stehen der Annahme einer solchen Pflicht aber auch nicht entgegen. Das Grundgesetz hat in seinen Artikeln 1 und 2 die Würde des Menschen und dessen Recht auf freie Entfaltung seiner Persönlichkeit zu zentralen Werten unserer Verfassung erhoben. Das Leben des Arbeitnehmers wird zu einem ganz wesentlichen Teil durch das Arbeitsverhältnis bestimmt und geprägt. Sein Selbstwertgefühl sowie die Achtung und Wertschätzung, die er in seiner Familie, bei seinen Freunden und Kollegen und überhaupt in seinem Lebenskreis erfährt, werden entscheidend mitbestimmt von der Art, wie er seine Arbeit leistet. Die Arbeit in seinem Arbeitsverhältnis stellt für den Arbeitnehmer außerdem eine wesentliche Möglichkeit zur Entfaltung seiner geistigen und körperlichen Fähigkeiten und damit zur Entfaltung seiner Persönlichkeit dar. Wird dem Arbeitnehmer diese Möglichkeit der Persönlichkeitsentfaltung durch Arbeitsleistung im Rahmen seines Arbeitsverhältnisses genommen, so berührt dies seine Würde als Mensch. Rechtsgrundlage des Beschäftigungsanspruchs ist mithin der Arbeitsvertrag, der den Arbeitnehmer gemäß § 613 BGB zur persönlichen Arbeitsleistung für den Arbeitgeber verpflichtet. Der Anspruch beruht unmittelbar auf der sich für den Arbeitgeber aus § 242 BGB unter Berücksichtigung der verfassungsrechtlichen Wertentscheidungen der Artikel 1 und 2 GG über den Persönlichkeitsschutz ergebenden arbeitsvertraglichen Förderungspflicht der Beschäftigungsinteressen des Arbeitnehmers.

Für die Anerkennung eines allgemeinen Beschäftigungsanspruchs spricht auch der in den §§ 102 Abs. 5 BetrVG, 79 Abs. 2 BPersVG geregelte Weiterbeschäftigungsanspruch des gekündigten Arbeitnehmers für die Zeit nach dem Ablauf der Kündigungsfrist bis zum rechtskräftigen Abschluss eines Kündigungsschutzprozesses. Dieser Anspruch ist auf tatsächliche Beschäftigung zu den bisherigen Arbeitsbedingungen und nicht nur auf die Aufrechterhaltung des Arbeitsverhältnisses unter Fortzahlung des Arbeitsentgelts gerichtet. Diese gesetzlichen Regelungen geben einen Hinweis darauf, dass der Gesetzgeber davon ausgeht, dass im unangefochtenen Arbeitsverhältnis ein Anspruch auf tatsächliche vertragsgemäße Beschäftigung besteht.

Da der allgemeine Beschäftigungsanspruch aus einer sich aus Treu und Glauben ergebenden Pflicht des Arbeitgebers herzuleiten ist, muss er dort zurücktreten, wo überwiegende schutzwerte Interessen des Arbeitgebers entgegenstehen. Deshalb bedarf es, wenn der Arbeitgeber wegen im Einzelfall entgegenstehender eigener Interessen die Beschäftigung des Arbeitnehmers ablehnt, einer Abwägung der beidersei-

---

[1213] BAG, AP Nr. 2, 4, 5 zu § 611, Beschäftigungspflicht; AP Nr. 44 zu Art. 9 GG, Arbeitskampf; AP Nr. 29 zu 102 BetrVG 1972.
[1214] BAG, BB 1985, 1979. Vgl. zur Zulässigkeit der Freistellung des Arbeitnehmers Hoß/Lohr, BB 1998, 2575 f.
[1215] Vgl. die Literaturzusammenstellung in der Entscheidung BAG, BB 1985, 1979; Ruhl/Kassebohm, NZA 1995, 497 f.
[1216] BAG, BB 1985, 1978 f.

tigen Interessen zur Feststellung, ob das Interesse des Arbeitgebers an der Nichtbeschäftigung schutzwürdig ist und überwiegt. Als Beispiele nennt das Bundesarbeitsgericht den Wegfall der Vertrauensgrundlage, den Auftragsmangel und die Notwendigkeit der Wahrung von Betriebsgeheimnissen bei einem demnächst zur Konkurrenz wechselnden Arbeitnehmer. Auf der Seite des Arbeitnehmers dagegen kann sich das allgemeine Beschäftigungsinteresse im Einzelfall durch besondere Interessen verstärken. Das Gericht nennt als Beispiele das Interesse an der Geltung in der Berufswelt, an einer Ausbildung oder an der Erhaltung von Fachkenntnissen.

11. Pflicht zur Gleichbehandlung

734 Der Gleichbehandlungsgrundsatz im Arbeitsrecht wird häufig für identisch mit dem Gleichheitssatz des Art. 3 GG gehalten. Diese Ansicht ist unzutreffend.[1217] Der Gleichheitssatz des Grundgesetzes gebietet dem Staat, die Rechtsunterworfenen nicht willkürlich ungleich zu behandeln. Ein Verstoß gegen den Gleichheitssatz liegt nur vor, „wenn sich ein vernünftiger, aus der Natur der Sache sich ergebender oder sonstwie einleuchtender Grund für eine Differenzierung nicht finden lässt".[1218]

735 Der Gleichbehandlungsgrundsatz im Arbeitsrecht als Ausprägung der Fürsorgepflicht dagegen entfaltet Wirkung zwischen Arbeitgeber und Arbeitnehmer. Er verbietet nur die willkürliche Schlechterstellung einzelner Arbeitnehmer gegenüber anderen in vergleichbarer Lage befindlichen Arbeitnehmern, das heißt, ihre **willkürliche Herausnahme aus einer bestimmten Ordnung**.[1219] Die Anwendbarkeit setzt also voraus, dass in der Dienststelle oder im Betrieb eine allgemeine oder für durch bestimmte Merkmale gekennzeichnete Gruppen eine bestimmte Handhabung erfolgt, von der hinsichtlich einzelner Arbeitnehmer abgewichen wird. Bildet der Arbeitgeber Gruppen von begünstigten und benachteiligten Arbeitnehmern, so muss diese Gruppenbildung sachlichen Kriterien entsprechen.[1220] Der Gleichbehandlungsgrundsatz besagt also nicht, dass von allen vergleichbaren Arbeitnehmern jeder einen Anspruch darauf hat, ebenso gestellt zu werden, wie bestimmte einzelne vom Arbeitgeber bevorzugte Arbeitnehmer.[1221] Seine Verletzung kann zur Begründung von Ansprüchen führen, wobei der benachteiligte Arbeitnehmer den Begünstigten gleichgestellt werden muss, wenn dies die einzige Möglichkeit ist, den Verstoß zu beseitigen,[1222] und zwar gegebenenfalls auch für abgelaufene Zeiträume.[1223] Der Arbeitnehmer hat allerdings nicht das Recht, aus der unrichtigen oder mit einer Bestimmung eines Gesetzes in Widerspruch stehenden Behandlung anderer Arbeitnehmer Ansprüche auf eine ebensolche Behandlung herzuleiten.[1224]

[1217] BAG, AP Nr. 13 zu Art. 3 GG; AP Nr. 34, 39 zu § 242 BGB, Gleichbehandlung.
[1218] BVerfGE 1, 52.
[1219] BAG, AP Nr. 4, 39, 47, 54, 76 zu § 242 BGB, Gleichbehandlung; 25. 4. 1991, NZA 1991, 763 f.; 28. 7. 1992, NZA 1993, 215 f.; 19. 8. 1992, NZA 1993, 171 f.; 6. 10. 1993, NZA 1994, 257 f.; 15. 11. 1994, NZA 1995, 939 f.; 19. 4. 1995, NZA 1996, 133 f. (134); 27. 1. 1999, ZTR 1999, 379 (L.); 13. 2. 2002, NZA 2003, 215 f. Widmaier, ZTR 1990, 359 f., m. w. N.; Gast, BB 1997, 1304 f. Vgl. zur „überbetrieblichen" Gleichbehandlung BAG, 25. 4. 1995, NZA 1995, 1063 f.
[1220] BAG, 25. 4. 1995, NZA 1996, 84 f.; 11. 2. 1998, NZA 1998, 895 f.; 17. 2. 1998, NZA 1998, 762 f.; 9. 12. 1997, NZA 1998, 1173 f. (betriebliche Altersversorgung).
[1221] BAG, AP Nr. 4 zu § 242 BGB, Gleichbehandlung.
[1222] BAG, 20. 7. 1993, NZA 1994, 125 f.; 6. 10. 1993, NZA 1994, 257 f.
[1223] BAG, 15. 5. 2001, ZTR 2001, 569 f.
[1224] BAG, AP Nr. 10 zu Art. 3 GG; AP Nr. 1 zu § 4 MTB II; 23. 8. 1980, AP Nr. 2 zu § 77 BetrVG 1972.

D. Rechte und Pflichten im Arbeitsverhältnis, Arbeitsschutzrecht

Der Gleichbehandlungsgrundsatz gilt im öffentlichen Dienst **dienststellenüber-** 736
greifend für den gesamten Geschäftsbereich eines Ministeriums,[1225] in der Privatwirtschaft **betriebsübergreifend**, mithin zwischen Arbeitnehmern verschiedener Betriebe eines Unternehmens.[1226] Er ist allerdings – auch im öffentlichen Dienst – auf einen Arbeitgeber bezogen, verpflichtet den Arbeitgeber mithin nicht, die Arbeitsbedingungen seiner Arbeitnehmer den für die Arbeitnehmer eines anderen Arbeitgebers geltenden Arbeitsbedingungen anzupassen. Deshalb besteht z. B. kein Anspruch eines bei einer Gemeinde beschäftigten Arbeitnehmers auf Gleichbehandlung mit einem Arbeitnehmer eines Landes.[1227]

Gemäß § 67 Abs. 1 BPersVG haben Dienststelle und Personalvertretung über die 737
Einhaltung des Gleichbehandlungsgrundsatzes zu wachen. Die Vorschrift erzeugt jedoch nicht Rechtsansprüche für den einzelnen Arbeitnehmer,[1228] der Gleichbehandlungsgrundsatz ergibt sich vielmehr aus Treu und Glauben (§ 242 BGB).

Aufgrund des oben beschriebenen Inhaltes des Grundsatzes haben die Gerichte 738
für Arbeitssachen einen Verstoß dagegen in folgenden Fällen bejaht: Differenzierung zwischen Arbeitern und Angestellten hinsichtlich der Höhe der Weihnachtsgratifikation[1229] und hinsichtlich der Gewährung einer Zulage;[1230] Herausnahme eines einzelnen oder einzelner Arbeitnehmer aus einer Lohnerhöhung, wenn der Arbeitgeber zu einem bestimmten Zeitpunkt Gehälter und Löhne der tariflichen und außertariflichen Arbeitnehmer allgemein erhöht, weil mit diesen linearen Erhöhungen der Preisverfall ausgeglichen werden soll;[1231] Nichtanmeldung eines Arbeitnehmers bei einer Zusatzversorgungskasse, der der öffentliche Arbeitgeber beigetreten ist, wenn er den Beitritt im Betrieb verlautbart und praktiziert hat und der Arbeitnehmer die satzungsmäßigen Voraussetzungen dafür erfüllt, dass der Arbeitgeber zur Anmeldung verpflichtet ist;[1232] Lohngleichheit zwischen Mann und Frau;[1233] Ungleichbehandlung verschiedener Arbeitnehmergruppen bei der freiwilligen Zahlung von Abfindungen nach der Schließung eines Betriebes durch den Arbeitgeber;[1234] Herausnahme eines Arbeitnehmers aus einem betrieblichen Versorgungswerk alleine deshalb, weil er in einem zweiten Arbeitsverhältnis steht;[1235] Differenzierung zwischen wissenschaftlichen Mitarbeitern und wissenschaftlichen Hilfskräften einer Universität bei der Gewährung einer freiwilligen Sonderzuwendung.[1236] Zur Frage der Anwendbarkeit des Gleichbehandlungsgrundsatzes bei der Zuordnung zu einer Vergütungs- oder Lohngruppe vgl. Rdn. 597. Der Gleichbehandlungsgrundsatz gebietet nicht die Anwendung beamtenrechtlicher Bestimmungen auf Arbeitnehmer des öffentlichen Dienstes, weil Beamte und Arbeitnehmer nicht in derselben Ordnung zu ihrem Dienstherrn bzw. Arbeitgeber stehen.[1237]

Der Gleichbehandlungsgrundsatz im Arbeitsrecht hinsichtlich des allgemeinen 739
Schutzes vor Diskriminierungen ist durch das **Allgemeine Gleichbehandlungsgesetz**

[1225] BAG, 17. 12. 1992, ZTR 1993, 249 f.
[1226] BAG, 17. 11. 1998, ZTR 1999, 232 f.
[1227] BAG, 6. 8. 1998, ZTR 1999, 85.
[1228] BAG, DB 1986, 756.
[1229] BAG, AP Nr. 67 zu § 242 BGB, Gleichbehandlung; 30. 3. 1994, NZA 1994, 786 f.
[1230] BAG, 17. 12. 1992, ZTR 1993, 249 f.
[1231] LAG Frankfurt, BB 1981, 613.
[1232] BAG, 10. 3. 1992, NZA 1993, 263 f.
[1233] BAG, AP Nr. 53 zu § 242 BGB, Gleichbehandlung.
[1234] BAG, 25. 11. 1993, NZA 1994, 788 f.
[1235] BAG, 22. 11. 1994, NZA 1995, 733 f.
[1236] BAG, 20. 12. 1995, ZTR 1996, 226 f.
[1237] BAG, 20. 3. 2002, ZTR 2002, 585 f. (587); 3. 4. 2003, NZA 2003, 1286 f..

(**AGG**) kodifiziert worden.[1238] Gemäß § 1 AGG ist Ziel des Gesetzes die Verhinderung oder Beseitigung von Benachteiligungen aus Gründen der Rasse oder wegen der ethnischen Herkunft, des Geschlechts,[1239] der Religion[1240] oder Weltanschauung, einer Behinderung,[1241] des Alters[1242] oder der sexuellen Identität.

Nach § 7 Abs. 1 AGG dürfen Beschäftigte nicht wegen eines in § 1 genannten Grundes benachteiligt werden und sind Bestimmungen in Vereinbarungen, die gegen das Benachteiligungsverbot des § 7 Abs. 1 AGG verstoßen, unwirksam. Eine Benachteiligung nach Abs. 1 durch Arbeitgeber oder Beschäftigte stellt eine Verletzung vertraglicher Pflichten dar (§ 7 Abs. 3 AGG).

§ 2 Abs. 1 AGG regelt **in welchen Hinsichten** Benachteiligungen unzulässig sind. Für den Bereich des Arbeitsrechts betrifft dies Einstellungs- und Arbeitsbedingungen (Ziffern 1 und 2), § 7 AGG verbietet Benachteiligungen im Zusammenhang mit personellen Einzelmaßnahmen, wobei gemäß § 2 Abs. 4 AGG die Verbotsnorm nicht für Kündigungen gilt.[1243] Für diese gelten ausschließlich die Bestimmungen zum allgemeinen und besonderen Kündigungsschutz. Trotz der Bestimmung des § 2 Abs. 2 S. 2 AGG gilt das Gesetz auch für die betriebliche Altersversorgung und nach § 6 Abs. 1 S. 2 AGG auch für ausgeschiedene Beschäftigte. § 2 Abs. 2 S. 2 AGG bewirkt jedoch, dass, in Abweichung von § 32 AGG, Regelungen des Betriebsrentengesetzes (BetrAVG) über Unterscheidungen, die Bezug zu den in § 1 AGG erwähnten Merkmalen haben, vom AGG nicht berührt werden. Das gilt z.B. hinsichtlich der an das Merkmal „Alter" anknüpfenden Vorschriften zur gesetzlichen Unverfallbarkeit.[1244]

§ 3 AGG definiert den Begriff „Benachteiligung". Das Gesetz unterscheidet zwischen **unmittelbarer Benachteiligung** (Abs. 1), **mittelbarer Benachteiligung** (Abs. 2), **Belästigung** (Abs. 3) und **sexueller Belästigung** (Abs. 4) und legt im Absatz 5 fest, dass auch die Anweisung zur Benachteiligung einer Person aus einem in § 1 genannten Grund als Benachteiligung gilt.

§ 6 AGG legt den **persönlichen Anwendungsbereich** des Gesetzes fest und definiert dabei Beschäftigte, Arbeitgeber und Organmitglieder.

§ 8 Abs. 1 AGG enthält die **allgemeine Rechtfertigungsklausel**, wonach eine unterschiedliche Behandlung wegen eines in § 1 genannten Grundes zulässig ist, wenn dieser Grund wegen der Art der auszuübenden Tätigkeit oder den Bedingungen ihrer Ausübung eine wesentliche und entscheidende berufliche Anforderung darstellt, sofern der Zweck rechtmäßig und die Anforderung angemessen ist. Sondervorschriften enthalten die §§ 9 und 10 AGG für die zulässige unterschiedliche Behandlung wegen der Religion oder Weltanschauung bzw. wegen des Alters.

[1238] Vgl. dazu Thüsing, Arbeitsrechtlicher Diskriminierungsschutz, München 2007; Meinel/Heyn/Herms, AGG, München 2007; Richardi, NZA 2006, 881 f.; Annuß, BB 2006, 1629 f.; Wisskirchen; DB 2006, 1491 f. Zu den Rechtsfolgen einer gegen Benachteiligungsverbote verstoßenden Kollektivvereinbarung vgl. Wiedemann, NZA 2007, 950 f.

[1239] Vgl.dazu BAG, 14. 8. 2007, NZA 2008, 99 f.; 24. 4. 2008, NZA 2008, 1351 f.

[1240] Vgl. zu den Möglichkeiten der Religionsgemeinschaften, unter bestimmten Voraussetzungen von den Erfordernissen des AGG abzuweichen Joussen, NZA 2008, 675 f.

[1241] Krankheitsbedingte Kündigung als Verstoß gegen das Verbot der Diskriminierung wegen einer Behinderung EuGH, 11. 7. 2006, NZA 2006, 839 f.; BAG, 3. 4. 2007, NZA 2007, 1098 f.; Domröse, NZA 2006, 1320 f.; Körner, NZA 2008, 497 f.

[1242] EuGH, 16. 10. 2007, NZA 2007, 1219 f.; 23. 9. 2008, NZA 2008, 1119 f.; Hamacher/Ulrich, NZA 2007, 657 f.; Temming, NZA 2007, 1193 f.; Wendeling-Schröder, NZA 2007, 1399 f.; Preis/Themming, NZA 2008, 1209 f. (Altersabstandsklauseln); Lingemann/Gotham, NZA 2007, 663 f. (kollektivrechtliche Regelungen).

[1243] Vgl. dazu Diller/Krieger/Arnold, NZA 2006, 887 f.; Sagan, NZA 2006, 1257 f.; Hamacher/Ulrich, NZA 2007, 657 f., Bauer/Krieger, NZA 2007, 574 f.

[1244] BAG, 11. 12. 2007, NZA 2008, 532 f.; Rolfs, NZA 2008, 553 f.

D. Rechte und Pflichten im Arbeitsverhältnis, Arbeitsschutzrecht 265

§ 11 AGG enthält die Pflicht zur **neutralen Stellenausschreibung**.[1245]
Der Beschäftigte hat folgende **Möglichkeiten, um gegen Benachteiligungen vorzugehen**:
a. Beschwerderecht (§ 13 AGG),[1246]
b. Leistungsverweigerungsrecht (§ 14 AGG),
c. Schadensersatzanspruch bei Vermögenschäden (§ 15 Abs. 1 AGG)[1247] und
d. Anspruch auf angemessene Entschädigung in Geld bei einem Schaden, der nicht Vermögensschaden ist (§ 15 Abs. 2).[1248] § 22 AGG enthält eine **Beweiserleichterung** hinsichtlich des Vorliegens einer Benachteiligung wegen eines in § 1 AGG genannten Grundes. Die Partei muss nur Indizien beweisen, die eine derartige Benachteiligung vermuten lassen, dann trägt die andere Partei die Beweislast dafür, dass kein Verstoß vorliegt.[1249]

§ 15 Abs. 1 S. 2 AGG enthält eine **Beweislastumkehr** hinsichtlich des Verschuldens. Das Verschulden des Arbeitgebers wird gesetzlich vermutet, ihn trifft die Beweislast dafür, dass er die Pflichtverletzung nicht zu vertreten hat.

Die Entschädigung darf gemäß § 15 Abs. 2 S. 2 AGG bei einer Nichteinstellung **drei Monatsgehälter nicht übersteigen**, wenn der oder die Beschäftigte auch bei benachteiligungsfreier Auswahl nicht eingestellt worden wäre.[1250]

Der Arbeitgeber ist bei Anwendung **kollektivrechtlicher Vereinbarungen** (Tarifverträge, Dienst- und Betriebsvereinbarungen) nur dann zur Entschädigung verpflichtet, wenn er **vorsätzlich oder grob fahrlässig** handelt (§ 15 Abs. 3 AGG).[1251]

Ein Verstoß des Arbeitgebers gegen das Benachteiligungsverbot des § 7 Abs. 1 AGG begründet grundsätzlich **keinen Anspruch auf Begründung eines Beschäftigungsverhältnisses, Berufsausbildungsverhältnisses oder einen beruflichen Aufstieg** (§ 15 Abs. 6 AGG).

Gemäß § 15 Abs. 4 AGG muss ein Anspruch aus § 15 Abs. 1 oder 2 innerhalb einer **Ausschlussfrist** von zwei Monaten nach Kenntniserlangung des Beschäftigten von der Benachteiligung, insbesondere dem Zugang der Ablehnung bei Bewerbungen, schriftlich beim Arbeitgeber geltend gemacht werden. Will der Beschäftigte Klage erheben, so muss er darüber hinaus gemäß § 61 b Abs. 1 ArbGG eine **weitere Ausschlussfrist** von drei Monaten, nachdem der Anspruch schriftlich geltend gemacht worden ist, beachten.

Von den Vorschriften des AGG kann nicht zu Ungunsten der geschützten Personen abgewichen werden (§ 31 AGG).

Der Arbeitgeber hat nach § 12 AGG bestimmte **Pflichten zu erfüllen** und **Maßnahmen zu treffen**. Er hat hat die erforderlichen Maßnahmen zum Schutz vor Benachteiligungen zu treffen, insbesondere soll er in geeigneter Art und Weise auf die Unzulässigkeit von Benachteiligungen hinweisen und darauf einwirken, dass sie unterbleiben. Diese Pflichten erfüllt der Arbeitgeber, wenn er seine Beschäftigten in geeigneter Weise zum Zwecke der Verhinderung von Benachteiligungen schult. Gemäß § 12 Abs. 5 AGG muss der Arbeitgeber das **AGG** sowie **§ 61 b ArbGG** im Betrieb, etwa durch Aushang oder Auslegung an geigneter Stelle **bekannt machen**.

[1245] Zur Einstellungsdiskriminierung durch Dritte vgl. Diller, NZA 2007, 649 f.
[1246] Vgl. dazu Westhauser/Sediq, NZA 2008, 78 f.; Oetker, NZA 2008, 264 f.
[1247] Vgl. dazu Bauer/Evers, NZA 2006, 893 f.; Adomeit/Mohr, NZA 2007, 179 f.
[1248] Vgl. dazu Bauer/Evers, NZA 2006, 893 f.
[1249] Vgl. dazu Grobys, NZA 2006, 898 f.
[1250] Vgl. dazu Bauer/Evers, NZA 2006, 893 f.
[1251] Vgl. dazu Bauer/Evers, NZA 2006, 893 f.

Die Vorschriften des Gesetzes gelten gemäß § 24 AGG unter Berücksichtigung ihrer besonderen Rechtsstellung auch für Personen, die in einem öffentlich-rechtlichen Dienstverhältnis stehen.

Im Übrigen wird wegen der Einzelheiten auf die spezielle Literatur zum AGG verwiesen.[1252]

12. Pflicht zur Ausfüllung und Herausgabe der Arbeitspapiere

740   Der Arbeitgeber ist verpflichtet, dem Arbeitnehmer die Arbeitspapiere bei Beendigung des Arbeitsverhältnisses **herauszugeben**, und zwar mit der **tatsächlichen Beendigung**.

Der Herausgabeanspruch ergibt sich **aus der Fürsorgepflicht** und ist teilweise ausdrücklich gesetzlich geregelt (z. B. § 39b Abs. 1 S. 3 EStG hinsichtlich der Lohnsteuerkarte). Es handelt sich dabei gemäß § 269 BGB um eine **Holschuld**, das heißt, der Arbeitgeber hat die Papiere grundsätzlich im Zeitpunkt der Beendigung des Arbeitsverhältnisses ausgefüllt zur Abholung bereitzuhalten, ein Anspruch auf Übersendung besteht grundsätzlich nicht.[1253]

Der Arbeitgeber ist jedoch zum Beispiel berechtigt, die Papiere später herauszugeben, ohne in Verzug zu geraten,

wenn er erst abrechnen muss, weil etwa der Arbeitnehmer fristlos entlassen worden ist[1254] oder

wenn der Arbeitnehmer im Akkord arbeitet und der Verdienst noch nicht feststeht.

Der Arbeitgeber muss dem Arbeitnehmer die Arbeitspapiere ausnahmsweise übersenden,

wenn die spätere Herausgabe ihre Ursache in der Sphäre des Arbeitgebers hat,

wenn sich der Arbeitgeber mit der Herausgabe im Schuldnerverzug befindet,

wenn die Abholung der Papiere für den Arbeitnehmer mit unverhältnismäßig hohen Kosten oder besonderen Umständen verbunden ist oder

wenn der Arbeitgeber dem Arbeitnehmer untersagt hat, den Betrieb noch einmal zu betreten.

Der Arbeitgeber hat **kein Zurückbehaltungsrecht** an den Arbeitspapieren. Dies folgt angesichts der Bedeutung der Papiere bei der Erlangung einer neuen Stelle ebenfalls aus der Fürsorgepflicht und ist teilweise auch gesetzlich geregelt.[1255] Gibt der Arbeitgeber die Papiere verspätet heraus, so ist er unter den allgemeinen Voraussetzungen des Schuldnerverzuges zum **Schadensersatz** verpflichtet.

741   Der Arbeitgeber ist nicht nur verpflichtet, die Arbeitspapiere herauszugeben, sondern sie auch **ordnungsgemäß auszufüllen**.

Der Arbeitgeber muss für den Arbeitnehmer ein Lohnkonto führen (§ 41 EStG). Bei Beendigung des Arbeitsverhältnisses hat er das Lohnkonto abzuschließen (§ 41b EStG) und auf Grund der dortigen Eintragungen die Lohnsteuerkarte auszufüllen. Obwohl diese Verpflichtung ihre Ursache im öffentlichen Recht hat, besteht auch die privatrechtliche Pflicht aus der Fürsorgepflicht.

Die Pflicht zur Aushändigung und Ausfüllung der Urlaubsbescheinigung und der Arbeitsbescheinigung ergibt sich aus § 6 Abs. 2 BUrlG bzw. § 312 Abs. 1 SGB III.

Die Pflicht zur Zeugniserteilung ist in § 109 GewO geregelt.

[1252] Bauer/Göpfert/Krieger, AGG, München 2007.
[1253] BAG, 8. 3. 1995, NZA 1995, 671 f.
[1254] LAG Frankfurt/Main, 1. 3. 1984, DB 1984, 2200.
[1255] BAG, 20. 12. 1958, E 7, 174 f. (177).

Gemäß § 2 Abs. 1 Nr. 3e ArbGG sind die Gerichte für Arbeitssachen ausschließ- 742
lich **zuständig** für bürgerliche Rechtsstreitigkeiten zwischen Arbeitnehmern und Arbeitgebern über Arbeitspapiere. Damit ist die Arbeitsgerichtsbarkeit für alle Klagen auf **Ausfüllung und Herausgabe** der Arbeitspapiere anrufbar.

Ist der Arbeitnehmer der Auffassung, die Lohnsteuerkarte sei nicht richtig ausgefüllt, so kann er das Finanzamt veranlassen, den Arbeitgeber zur **Berichtigung** zu zwingen. Deshalb ist eine Klage vor den Arbeitsgerichten auf Berichtigung der Lohnsteuerkarte unzulässig. Ebenso verhält es sich mit einer Klage auf Berichtigung der Arbeitsbescheinigung, weil es sich dabei um eine öffentlich-rechtliche Streitigkeit handelt, für die die Sozialgerichte zuständig sind.[1256]

E. Personalaktenrecht der Arbeitnehmer im öffentlichen Dienst[1257]

Im öffentlichen Dienst werden nicht nur über Beamte, sondern auch über Arbeit- 743
nehmer stets Personalakten geführt. Personalakten sind

alle Urkunden und Vorgänge, die die persönlichen und dienstlichen Verhältnisse eines Arbeitnehmers betreffen und in einem inneren Zusammenhang mit dem Arbeitsverhältnis stehen (materieller Personalaktenbegriff).[1258]

Der **Inhalt** der Personalakten wird vom Vollständigkeits- und vom Kontinuitäts- 744
grundsatz bestimmt. Danach müssen die Personalakten ein vollständiges und lückenloses Bild über die dienstliche Laufbahn und das dienstlich bedeutsame Verhalten des Arbeitnehmers ergeben. Der Arbeitnehmer hat dennoch keinen Anspruch darauf, dass der Arbeitgeber die zu den Personalakten genommenen Unterlagen paginiert.[1259] Man unterscheidet zwischen solchen Vorgängen, die in die Personalakten aufgenommen werden müssen, und solchen, die aufgenommen werden können. Dazu hat sich eine umfangreiche Rechtsprechung entwickelt.[1260] Der Arbeitnehmer hat das Recht, in angemessenen Abständen **Einsicht** in seine Personalakte zu nehmen, ohne dass dafür ein besonderer Anlass bestehen muss. Das Recht umfasst auch die Befugnis Abschriften anzufertigen. Auch die Personalvertretung darf in die Personalakten einsehen, allerdings nur mit Zustimmung des Arbeitnehmers und durch von ihm bestimmte Mitglieder (§ 68 Abs. 2 S. 3 BPersVG).

Der Arbeitnehmer hat einen Anspruch darauf, dass seine **Gegendarstellung** zu den 745
Personalakten genommen wird. Unabhängig davon hat er das Recht, **Berichtigung** der Personalakten, beziehungsweise **Entfernung**[1261] aus den Personalakten zu verlangen, wenn der Inhalt unzutreffend ist oder Vorgänge aufgenommen worden sind, die nicht hätten aufgenommen werden dürfen.[1262] Ein Anspruch auf Entfernung eines anfänglich berechtigterweise aufgenommenen Umstandes besteht dann, wenn durch den Verbleib das von der Peronalakte widergespiegelte wahre Bild des Arbeitsverhältnisses verfälscht würde.[1263] Ist zum Beispiel eine anfänglich berechtigt erteilte Abmahnung in die Personalakte aufgenommen worden, so kann Enfernung

---

[1256] BAG, 13. 7. 1988, NZA 1989, 321.
[1257] Vgl. zu den Einzelheiten Lepper/Rapsch, ZTR 1987, 225 f.
[1258] BVerwGE 35, 225, 227; BAG, AuR 1981, 124.
[1259] BAG, 16. 10. 2007, NZA 2008, 367 f.
[1260] Vgl. zur Aufbewahrung von Gesundheitsdaten in der Personalakte BAG, 12. 9. 2006, NZA 2007, 269 f.
[1261] Zur Rechtsprechung des Bundesarbeitsgerichts dazu allgemein vgl. Conze, DB 1989, 778 f.
[1262] BAG, 5. 8. 1992, ZTR 1993, 120.
[1263] BAG, BB 1987, 1252.

verlangt werden, wenn eine Wiederholung des berechtigt abgemahnten Verhaltens nicht mehr zu erwarten ist.[1264] Ein Anspruch auf Entfernung besteht auch dann, wenn der Umstand für die weitere Beurteilung des Arbeitnehmers überflüssig geworden ist und ihn in seiner beruflichen Entwicklungsmöglichkeit fortwirkend beeinträchtigen kann.[1265] Das Abmahnungsschreiben muss vollständig aus der Akte entfernt werden, wenn nicht alle in ihm gerügten Pflichtverletzungen zutreffen. Der Arbeitgeber kann allerdings eine auf die zutreffenden Verletzungen beschränkte Abmahnung aussprechen und in die Akte aufnehmen.[1266] Auch nach der Entfernung einer Abmahnung aus der Personalakte kann der Arbeitnehmer Widerruf der in der Abmahnung abgegebenen Erklärungen verlangen, wenn ohne den Widerruf eine anhaltende Beeinträchtigung der Rechte des Arbeitnehmers trotz der Entfernung fortbesteht.[1267] Ist im öffentlichen Dienst ein **Dienstleistungsbericht** erstellt worden, so kann der Arbeitnehmer verlangen, dass der Arbeitgeber es unterlässt, einen fehlerhaften oder sonst unrichtigen Bericht zu den Personalakten zu nehmen.[1268] Ist er bereits zu den Akten genommen, so kann er Berichtigung oder Entfernung verlangen[1269] oder, dass er durch einen richtigen ersetzt wird.[1270] Nach der umstrittenen Ansicht des Bundesarbeitsgerichtes trägt der Arbeitnehmer die Beweislast für die Fehlerhaftigkeit und sonstige Unrichtigkeit[1271] Ist der Inhalt der Personalakten unzutreffend, ein Vorgang zu Unrecht aufgenommen worden oder werden Berichtigung oder Entfernung zu Unrecht verweigert, so steht dem Arbeitnehmer ein Schadensersatzanspruch unter den Gesichtspunkten der Verletzung einer Pflicht aus einem Schuldverhältnis (§ 280 f. BGB) und der unerlaubten Handlung zu.[1272]

746 Soweit die Personalakten in automatisierten Verfahren umgeordnet und ausgewertet werden können oder in Dateien zusammengefasst sind, findet das **Bundesdatenschutzgesetz** Anwendung.

747 Nach Art. 35 Abs. 1 GG leisten sich alle Behörden des Bundes und der Länder gegenseitig **Amtshilfe**. Da die Vorschrift das reibungslose Funktionieren des gesamten Staatsorganismus gewährleisten soll, sind auch die Behörden der Gemeinden und Gemeindeverbände sowie der sonstigen juristischen Personen des öffentlichen Rechts erfasst, obwohl sie nicht besonders erwähnt sind. Genauer hätte es in Art. 35 Abs. 1 GG heißen müssen: „Alle Behörden im Geltungsbereich des Grundgesetzes …". Voraussetzungen und Grenzen der Amtshilfe sind in den Verwaltungsverfahrensgesetzen des Bundes und der Länder näher geregelt. Die Unterstützung einer Behörde bei ihrer Personalbesetzung stellt Unterstützung bei der Durchführung öffentlicher Aufgaben dar. Mit dieser Begründung hat das Bundesarbeitsgericht die Verpflichtung der Behörden bejaht, sich gegenseitig die Personalakten zur Verfügung zu stellen.[1273] Vertragliche Vereinbarungen, wonach diese Verpflichtung unter-

---

[1264] LAG Frankfurt am Main, BB 1988, 1255. Vgl. zur Beweislast bei Klagen auf Entfernung einer Abmahnung aus der Personalakte Kopke, NZA 2007, 1211 f.
[1265] Zur Geltung tariflicher Ausschlussfristen im Zusammenhang mit der Abmahnung vgl. Rdn. 751.
[1266] BAG, 13. 3. 1991, NZA 1991, 768 f. Vgl. zum Anspruch auf Berichtigung der Personalakte bei unzutreffenden Abmahnungen allgemein Kammerer, BB 1991, 1926 f.; BAG, 5. 8. 1992, NZA 1993, 838 f. Zu den kündigungsrechtlichen Folgen der Entfernung der Abmahnung aus den Personalakten vgl. Schunck, NZA 1993, 828 f.
[1267] BAG, 15. 4. 1999, NZA 1999, 1037 f.
[1268] BAG, AP Nr. 4 zu § 630 BGB; BGH, AP Nr. 6 zu § 839 BGB.
[1269] BAG, AP Nr. 6 zu § 611 BGB, Fürsorgepflicht; AP Nr. 9 zu § 611 BGB, Öffentlicher Dienst; BGH, AP Nr. 6 zu § 839 BGB.
[1270] BAG, AP Nr. 4 zu § 630 BGB.
[1271] BAG, AP Nr. 4 zu § 630 BGB.
[1272] BGH, AP Nr. 6 zu § 839 BGB.
[1273] BAG, AP Nr. 1 zu § 611 BGB, Fürsorgepflicht; AP Nr. 1 zu Art. 35 GG.

einander eingeschränkt oder aufgehoben wird, sind unwirksam.[1274] Einem potentiellen privaten Arbeitgeber hat der öffentliche Arbeitgeber auf Wunsch und im Interesse des Arbeitnehmers jedoch lediglich Auskunft zu erteilen. Die Auskunft muss sorgfältig und wahrheitsgemäß erteilt werden, auch wenn sie ungünstigen Inhalts ist, und darf nur solchen Personen gegenüber erfolgen, die ein berechtigtes Interesse an der Erteilung der Auskunft haben. Ein solches Interesse ist immer bei einem Arbeitgeber zu bejahen, der beabsichtigt, den Arbeitnehmer einzustellen.[1275] Der öffentliche Arbeitgeber ist sogar ohne Zustimmung und auch gegen den Willen des Arbeitnehmers berechtigt, Auskunft über die Person des Arbeitnehmers und sein Verhalten während des Arbeitsverhältnisses zu geben. Dieses Recht ergibt sich aus der Sozialpartnerschaft, die den Angehörigen der Arbeitgeberschaft das Recht gibt, sich gegenseitig bei der Wahrung ihrer Belange zu unterstützen.[1276]

TVöD/TV-L

Das Personalaktenrecht ist in § 3 Abs. 5 TVöD/§ 3 Abs. 6 TV-L geregelt. Hiernach hat der Beschäftigte das Recht auf Einsicht in seinen vollständigen Personalakten. Der Arbeitnehmer kann dieses auch durch einen hierzu schriftlich Bevollmächtigten ausüben. Darüber hinaus kann er Auszüge oder Kopien aus seinen Personalakten erhalten.

748

§ 3 Abs. 6 S. 4 und 5 TV-L hat darüber hinaus die Vorschriften des § 13 Abs. 2 BAT/§ 13a MTArb übernommen. Hiernach hat der Beschäftigte einen Anspruch darauf, dass er über Beschwerden und Behauptungen tatsächlicher Art, die für ihn ungünstig sind oder ihm nachteilig werden können, vor Aufnahme in die Personalakten gehört wird. Seine Äußerung ist zu den Personalakten zu nehmen.

Da die tarifrechtliche Vorschrift teilweise die Parallelregelung zu den beamtenrechtlichen Bestimmungen des § 90 BBG ist, können diese sowie die im Beamtenrecht entwickelten Grundsätze und die dortige Rechtsprechung[1277] sinngemäß berücksichtigt werden.

F. Verjährung, Ausschlussfristen

Nach § 195 BGB unterliegen vertragliche und nicht vertragliche Ansprüche des Arbeitnehmers als auch des Arbeitgebers der regelmäßigen **Verjährungsfrist** von drei Jahren. Durch die Kündigungsschutzklage nach § 4 KSchG oder eine Klage auf Feststellung des Fortbestehens des Arbeitsverhältnisses gemäß § 256 ZPO wird die Verjährung der sich aus § 615 BGB ergebenden Zahlungsansprüche des Arbeitnehmers auf Verzugsvergütung nicht unterbrochen.[1278] § 197 BGB sieht für rechtskräftig festgestellte Ansprüche (Abs. 1 Nr. 3), Ansprüche aus vollstreckbaren Vergleichen oder vollstreckbaren Urkunden (Abs. 1 Nr. 4) und Ansprüche, die durch die im Insolvenzverfahren erfolgte Feststellung vollstreckbar geworden sind (Abs. 1 Nr. 5) eine besondere dreißigjährige Verjährungsfrist vor. Eine besondere Verjährungsfrist enthält auch § 18a BetrAVG für die Betriebsrente. Danach unterliegt der unverfallbare Anspruch auf betriebliche Altersversorgung, das sogenannte Rentenstammrecht, einer dreißigjährigen Verjährung (Satz 1), für laufende Rentenzahlungen gilt

749

[1274] BAG, AP Nr. 1 zu Art. 35 GG.
[1275] BAG, AP Nr. 1 zu § 630 BGB; BGH, AP Nr. 2 zu § 630 BGB.
[1276] BAG, AP Nr. 1 zu Art. 35 GG.
[1277] BAG, 25. 4. 1972, AP Nr. 9 zu § 611 BGB Öffentlicher Dienst.
[1278] BAG, 7. 11. 1991, NZA 1992, 1025 f., m. w. N.

dagegen die Regelverjährung von drei Jahren (Satz 2). § 17 Abs. 3 BetrAVG stellt die Verjährungsfrist aus § 18a S. 1 nicht dagegen die aus § 18a S. 2 zur Disposition der Tarifvertragsparteien.

Die regelmäßige Verjährungsfrist beginnt mit dem Ende des Jahres zu laufen, in dem zwei Voraussetzungen kumulativ vorliegen (§ 199 Abs. 1 BGB), nämlich

der Anspruch ist entstanden und
der Gläubiger hat von den den Anspruch begründenden Umständen und der Person des Schuldners Kenntnis erlangt oder ohne grobe Fahrlässigkeit erlangen müssen.

Die Regelverjährung wird durch gestaffelte Höchstfristen gemäß § 199 Abs. 2 bis 4 BGB ergänzt.

Der Beginn anderer Verjährungsfristen als der Regelverjährung folgt aus den Vorschriften der §§ 200 und 201 BGB.

750 Ein Anspruch kann auch **verwirkt** sein. Allein der Zeitablauf kann die Verwirkung eines Rechts nicht rechtfertigen. Es müssen vielmehr zu dem Zeitmoment besondere Umstände sowohl im Verhalten des Berechtigten als auch des Verpflichteten hinzutreten (Umstandsmoment), die es rechtfertigen, die späte Geltendmachung des Rechts als mit Treu und Glauben unvereinbar und für den Verpflichteten als unzumutbar anzusehen.[1279]

751 In den Arbeitsverträgen[1280] und inbesondere in Tarifverträgen sind sehr oft **Ausschlussfristen** aufgenommen,[1281] die besagen, dass alle Ansprüche aus dem Arbeitsverhältnis innerhalb einer bestimmten Frist schriftlich oder gerichtlich geltend gemacht werden müssen.[1282] Das Arbeitsleben kennt auch sogenannte **zweistufige Ausschlussfristen**, also solche, die auf der ersten Stufe eine schriftliche oder auch nur mündliche Geltendmachung eines Anspruchs erfordern, und auf der zweiten Stufe dann aber die gerichtliche oder klageweise Geltendmachung verlangen, sofern der Anspruch nach der Geltendmachung auf der ersten Stufe nicht erfüllt oder abgelehnt wird. Sollen nur Ansprüche des Arbeitnehmers oder des Arbeitgebers erfasst werden, so muss dies deutlich zum Ausdruck kommen.[1283] „Geltend machen" bedeutet, dass der Schuldner zur Erfüllung des Anspruchs aufgefordert wird.[1284] Ausschlussfristen für die Geltendmachung tariflicher Rechte können allerdings nicht wirksam in Arbeitsverträgen, sondern nur in Tarifverträgen vereinbart werden (§ 4 Abs. 4 S. 3 TVG). § 174 BGB findet auf die Geltendmachung von Ansprüchen zur Wahrung einer tariflichen Ausschlussfrist keine Anwendung.[1285]

752 Mit der Erhebung der Kündigungsschutzklage sind die vom Fortbestand des Arbeitsverhältnisses abhängigen Entgeltansprüche als „schriftlich geltend gemacht"

[1279] BAG, 14. 2. 2007, NZA 2007, 690 f., m.w.N.; 15. 2. 2007, NZA 2007, 793 f.; 16. 10. 2007, NZA 2008, 298 f. (301).
[1280] BAG, 13. 12. 2000, NZA 2001, 723 f.
[1281] Vgl. dazu Krause, RdA 2004, 36 f.; 106 f., zur schriftlichen Geltendmachung durch Telefax vgl. BAG, 11. 10. 2000, BB 2001, 1201 f., zu tariflichen Ausschlussfristen für Ansprüche aus rückwirkend festgestelltem Arbeitsverhältnis vgl. BAG, 14. 3. 2001, NZA 2002, 155 f.
[1282] Zu Ausschlussfristen nach Inkrafttreten der sog. Schuldrechtsreform vgl. Schrader, NZA 2003, 345 f.
[1283] BAG, 14. 9. 1994, ZTR 1995, 224 f. Vgl. zur Verfassungsmäßigkeit (Art. 3 Abs. 1 GG) von tariflichen Ausschlussfristen, die nur für Ansprüche des Arbeitnehmers gelten und von solchen, die unterschiedliche Regelungen für Arbeiter und Angestellte enthalten, BAG, 4. 12. 1997, NZA 1998, 431 f.
[1284] BAG, 5. 4. 1995, NZA 1995, 1068 f. Zu den Anforderungen an die Geltendmachung vgl. BAG, 18. 3. 1999, ZTR 1999, 420.
[1285] BAG, 14. 8. 2002, ZTR 2003, 88.

anzusehen, weil der Arbeitgeber typischerweise bei einer solchen Klage erkennen muss, dass derartige Ansprüche verfolgt werden sollen, sofern kein atypischer Sachverhalt vorliegt.[1286] Da Gegenstand einer Kündigungsschutzklage oder einer allgemein auf den Fortbestand des Arbeitsverhältnisses gerichtete Feststellungsklage das Bestehen oder Nichtbestehen des Arbeitsverhältnisses ist, enthalten sie allerdings keine „gerichtliche Geltendmachung" von Zahlungsansprüchen, auch wenn diese vom Bestehen des Arbeitsverhältnisses abhängen.[1287]

Das Bundesarbeitsgericht vertritt nunmehr[1288] zu vorformulierten zweistufigen Ausschlussfristen die Auffassung, dass die Erhebung einer Kündigungsschutzklage zur ordnungsgemäßen Geltendmachung der von ihr abhängigen Annahmeverzugsansprüche auch im Rahmen der zweiten Stufe einer Ausschlussfrist ausreichend sei. Die Kündigungsschutzklage sei in der Regel nicht allein auf den Erhalt des Arbeitsplatzes beschränkt, sondern zugleich und gerade auch auf die Sicherung von Ansprüchen gerichtet, die durch den Verlust des Arbeitsplatzes möglicherweise verloren gehen. Dem Erfordernis einer gerichtlichen Geltendmachung sei daher aus Arbeitnehmersicht mit der Erhebung der Bestandsschutzklage genüge getan. Es könne von einem durchschnittlichen Arbeitnehmer nicht erwartet werden, dass er den Begriff des prozessualen Streitgegenstandes und dessen Bedeutung kenne. Beabsichtige der Arbeitgeber, dass der Arbeitnehmer zur Wahrung der Ausschlussfrist eine bezifferte Leistungsklage erhebe, so müsse sich dies auf Grund des Transparenzgebots (§ 307 Abs. 1 S. 2 BGB) unmissverständlich aus der Ausschlussklausel ergeben. Sei dies nicht der Fall, ginge die Auslegung gemäß § 305c Abs. 2 BGB zu Lasten des Arbeitgebers als Verwender.[1289]

Die Wirkung der Ausschlussfrist kann ausnahmsweise dann nicht greifen, wenn 753 die Funktion der Geltendmachung des Anspruchs bereits auf andere Weise erfüllt ist (z. B. der Schuldner erkennt den Anspruch vor Geltendmachung an, es handelt sich um einen durch einen gerichtlichen Vergleich begründeten Anspruch auf Abfindung nach den Vorschriften der §§ 9, 10 KSchG, der Anspruch wird in einer schriftlichen Abrechnung des Arbeitgebers ausgewiesen und damit streitlos gestellt oder die Ausschlusswirkung verstößt gegen Treu und Glauben).[1290]

Eine tarifliche oder arbeitsvertragliche Ausschlussklausel findet auf Ansprüche, 754 die wie Urlaubs- und Urlaubsabgeltungsansprüche befristet für eine bestimmte Zeit bestehen und deren Erfüllung während dieser Zeit stets verlangt werden kann, grundsätzlich keine Anwendung. Dies folgt, was den Urlaub betrifft, aus der Ausgestaltung der einschlägigen gesetzlichen Vorschriften, die den Arbeitnehmer lediglich zwingen, seine Ansprüche rechtzeitig vor Ablauf des Urlaubsjahres oder des Übertragungszeitraumes zu verlangen. Im Zweifel kann nicht angenommen werden, dass darüber hinaus eine vereinbarte Ausschlussfrist eingehalten werden muss.[1291]

[1286] BAG, 26. 2. 2003, ZTR 2003, 293 f. Zur Anwendbarkeit von Ausschlussfristen im Zusammenhang mit der Geltendmachung des Anspruchs auf Entgelt bei Gläubigerannahmeverzug des Arbeitgebers im Falle unwirksamer Kündigung vgl. Groeger, NZA 2000, 793 f., zur Erfassung von Ansprüchen der Hinterbliebenen eines Arbeitnehmers auf Sterbegeld BAG, 4. 4. 2001, ZTR 2002, 86 f., zur Fälligkeit von Rückzahlungsansprüchen des Arbeitgebers wegen Überzahlung gemäß § 812 Abs. 1, 818 Abs. 3 BGB im Sinne einer tarifvertraglichen Ausschlussfrist, wenn ein Arbeitnehmer seinen Arbeitnehmerstatus (rückwirkend) geltend macht, BAG, 14. 3. 2001, ZTR 2002, 135 f.
[1287] BAG, 8. 8. 2000, NZA 2000, 1236 f., m. w. N.
[1288] BAG, 19. 3. 2008, NZA 2008, 757 f.
[1289] Vgl. zu dieser Begründung Matthiessen, NZA 2008, 1165 f.
[1290] Vgl. dazu BAG, 21. 4. 1993, NZA 1993, 1091 f.
[1291] BAG, 24. 11. 1992, ZTR 1993, 209 f. Zur Frage, ob Tarifvertragsparteien überhaupt befugt sind, den Bestand der nach dem Bundesurlaubsgesetz garantierten Mindesturlaubstage und die Ab-

Umstritten ist, ob der Hemmungstatbestand des § 203 BGB analog auch für Ausschlussfristen gilt.[1292] Im Falle der Versäumung einer vertraglich vereinbarten Frist zur gerichtlichen Geltendmachung eines Anspruchs scheidet eine analoge Anwendung der Vorschriften über die Wiedereinsetzung in den vorigen Stand nach §§ 233 f. ZPO aus.[1293]

TVöD/TV-L

755 § 37 TVöD/TV-L regelt die Ausschlussfrist für den Geltungsbereich der Tarifverträge. Hiernach verfallen Ansprüche aus dem Arbeitsverhältnis (außer Ansprüche aus einem Sozialplan, § 37 Abs. 2 TVöD/TV-L), wenn sie nicht innerhalb einer Ausschlussfrist von sechs Monaten nach Fälligkeit schriftlich geltend gemacht werden. Die Ausschlussfrist gilt für Ansprüche des Arbeitnehmers und des Arbeitgebers. Für denselben Sachverhalt reicht die einmalige Geltendmachung des Anspruchs auch für später fällige Leistungen aus.[1294] In diesem Zusammenhang wahrt die Geltendmachung der Rückzahlung überzahlter Bezüge unter Hinweis auf eine fehlerhafte Eingruppierung nicht die tarifliche Ausschlussfrist für Rückzahlungsansprüche aus künftigen Überzahlungen.[1295] Eine Geltendmachung kann erst erfolgen, wenn der Anspruch entstanden ist, auf seine Fälligkeit kommt es nicht an.[1296]

756 Ein Anspruch, der nicht innerhalb der Ausschlussfrist schriftlich geltend gemacht wird, erlischt. Die Verjährung eines Anspruchs dagegen führt dazu, dass der Anspruch bestehen bleibt, aber nicht mehr geltend gemacht werden kann, wenn sich der Anspruchsgegner auf die Verjährung beruft (§ 214 Abs. 1 BGB). Deshalb sind die Ausschlussfristen auch von Amts wegen zu beachten und nicht lediglich dann, wenn der Schuldner sich darauf beruft.

> Die einseitige Erklärung, die Zahlung erfolge „unter Vorbehalt" schiebt den Beginn der Ausschlussfrist nicht hinaus. Die Erklärung und die widerspruchslose Entgegennahme der Zahlung begründet auch keine Vereinbarung, wonach der Beginn der Ausschlussfrist hinausgeschoben wird.[1297]

757 Auf die Kenntnis der Ausschlussfrist kommt es für den Eintritt ihrer Wirkung nicht an,[1298] ebenso wenig wie darauf, ob der Gläubiger vom Bestehen des Anspruchs gewusst hat[1299] oder ob der Arbeitgeber den Tarifvertrag gemäß § 8 TVG ausgelegt hat oder nicht.[1300]

Die Berufung auf eine Ausschlussfrist kann auch rechtsmissbräuchlich sein.[1301] Sie stellt dann eine unzulässige Rechtsausübung dar, wenn die zum Verfall des Anspruchs führende Untätigkeit des einen Vertragspartners durch ein Verhalten des anderen veranlasst worden ist.[1302] Der Ablauf der bei Fälligkeit beginnenden Ausschlussfrist führt

---

geltung dafür von der Einhaltung einer vereinbarten Ausschlussfrist abhängig zu machen, vgl. BAG, 25. 8. 1992, NZA 1993, 759, m. w. N.

[1292] Fromm, ZTR 2003, 70 f.
[1293] BAG, 18. 11. 2004, NZA 2005, 516 f.
[1294] Vgl. dazu auch BAG, 26. 10. 1994, NZA 1995, 858 f.
[1295] BAG, 17. 5. 2001, NZA 2002, 910 f.
[1296] BAG, 11. 12. 2003, ZTR 2004, 264 f.
[1297] BAG, 27. 3. 1996, ZTR 1996, 473 f.
[1298] BAG, AP Nr. 30 zu § 4 TVG, Ausschlussfristen; AP Nr. 1 zu § 70 BAT; AP Nr. 1 zu § 8 TVG; AP Nr. 14 zu § 242 BGB, Auskunftspflicht.
[1299] BAG, 1. 6. 1995, NZA 1996, 135 f.; 5. 8. 1999, ZTR 2000, 36 f.
[1300] BAG, AP Nr. 1 zu § 8 TVG; AP Nr. 43 zu § 4 TVG, Auskunftspflicht; AP Nr. 1 zu § 1 TVG, Bezugnahme auf Tarifvertrag.
[1301] BAG, 5. 6. 2003, ZTR 2003, 626 f.
[1302] BAG, 5. 8. 1999, ZTR 2000, 36 f.

mithin nach § 242 BGB nicht zum Wegfall des Anspruchs, wenn ein Vertragspartner des Arbeitsverhältnisses es pflichtwidrig unterlassen hat, dem anderen Umstände mitzuteilen, die die Geltendmachung des Anspruchs innerhalb der Ausschlussfrist ermöglicht hätten. Der Arbeitnehmer ist beispielsweise zu einer Mitteilung an den Arbeitgeber verpflichtet, wenn er bemerkt, dass er eine gegenüber sonst ungewöhnlich hohe Zahlung erhalten hat, deren Grund er sich nicht erklären kann.[1303]

Der Anspruchssteller muss sich die Versäumung der Ausschlussfrist durch seinen Vertreter zurechnen lassen.[1304]

§ 37 TVöD/TV-L erfasst alle Ansprüche aus dem Arbeitsverhältnis, gleichgültig ob sie auf dem Arbeitsvertrag, einer Dienstvereinbarung, auf Tarifvertrag oder auf einer gesetzlichen Vorschrift beruhen. Ansprüche aus dem Arbeitsverhältnis sind solche, die den Arbeitsvertragsparteien auf Grund des Arbeitsverhältnisses, das durch den Arbeitsvertrag begründet worden ist, gegeneinander zustehen.[1305] Somit unterliegt z. B. auch der Anspruch des Personalratsmitglieds auf Freizeitausgleich nach § 46 Abs. 2 S. 2 BPersVG der Ausschlussfrist,[1306] ebenso wie der Schadensersatzanspruch des Arbeitnehmers gegen den Arbeitgeber wegen einer im Rahmen des Arbeitsverhältnisses begangenen unerlaubten Handlung, die zu einer Gesundheitsverletzung des Arbeitnehmers geführt hat.[1307] Tritt Tarifbindung der Parteien des Arbeitsverhältnisses erst nach Vertragsabschluss ein oder erfasst der Tarifvertrag das Arbeitsverhältnis erst nach Vertragsabschluss, so erfasst die Ausschlussfrist die bis zum Zeitpunkt der Tarifgeltung entstandenen Ansprüche nicht. Etwas anderes gilt nur dann, wenn sich die tarifliche Ausschlussklausel ausdrücklich rückwirkende Kraft beilegt.[1308] Die Ausschlussfrist gilt dagegen nicht für öffentlich-rechtliche Ansprüche, wie zum Beispiel für den Anspruch auf Kindergeld nach dem BKGG, auf Auszahlung der Arbeitnehmer-Sparzulage nach dem VermBG, den Anspruch auf den Arbeitgeberanteil am Ersatzkassenbeitrag zur Krankenversicherung nach § 249 SGB V und den Zuschussanspruch nach § 257 SGB V.

758

Was die **Zuordnung zu einer Vergütungs- beziehungsweise Lohngruppe** anbetrifft (Eingruppierung, Höhergruppierung), so wird von der Ausschlussfrist nur der Anspruch auf das Entgelt, der sich aus der Zuordnung ergibt, erfasst, nicht dagegen der Anspruch auf die Zuordnung selbst. Der Arbeitnehmer kann also den Anspruch auf Zuordnung zu einer Vergütungs- oder Lohngruppe auch noch nach Ablauf der Ausschlussfrist geltend machen, das sich aus der Zugehörigkeit zur Gruppe ergebende Entgelt erhält er jedoch von der Zeit an, die sechs Monate vor der Geltendmachung der Zuordnung liegt.[1309]

759

Das Recht des Arbeitgebers, dem Arbeitnehmer eine Abmahnung zu erteilen und diese zu den Personalakten zu nehmen unterliegt nicht der Ausschlussfrist, da es sich dabei nicht um einen Anspruch handelt, Anspruch des Arbeitnehmers auf Entfernung einer Abmahnung aus der Personalakte deshalb nicht, weil der Entfernungsanspruch immer neu entsteht, solange sich die Abmahnung in der Personalakte befindet.[1310]

760

[1303] BAG, 1. 6. 1995, NZA 1996, 135 f. (136). Zum Verstoß gegen Treu und Glauben (§ 242 BGB) durch Berufung des Arbeitgebers auf die Ausschlussfrist allgemein vgl. BAG, 22. 1. 1997, NZA 1997, 445 f.
[1304] BAG, AP Nr. 131 zu § 1 TVG, Auslegung.
[1305] BAG, AP Nr. 3, 9 zu § 70 BAT.
[1306] BAG, 8. 2. 1989, ZTR 1989, 314 f.; 26. 2. 1992, ZTR 1992, 520.
[1307] BAG, 27. 4. 1995, ZTR 1995, 520.
[1308] BAG, 26. 9. 1990, ZTR 1991, 72 f.
[1309] BAG, AP Nr. 5, 6 zu § 1 TVG, Tarifverträge: BAVAV.
[1310] BAG, 14. 12. 1994, ZTR 1995, 175 f.

761 Nach der Rechtsprechung des Bundesarbeitsgerichts[1311] unterliegen Ansprüche auf Leistungen im Zusammenhang mit der Betriebsrente nur dann tariflichen Ausschlussfristen, wenn sich dies eindeutig und unmißverständlich aus dem Tarifvertrag ergibt. Im Zweifel ist davon auszugehen, dass die Tarifvertragsparteien derartige Ansprüche keinen tariflichen Ausschlussfristen unterwerfen.[1312]

762 Allgemein kann eine Ausschlussfrist, deren Lauf **mit der Beendigung** des Arbeitsverhältnisses **beginnt**, auf Ansprüche, **die erst nach der Beendigung entstehen**, nicht sinnvoll angewendet werden.[1313]

G. Besondere Arbeitsverhältnisse

I. Das faktische Arbeitsverhältnis

763 Das Arbeitsverhältnis kommt durch Abschluss des Arbeitsvertrages zwischen Arbeitgeber und Arbeitnehmer zustande.[1314] Gelegentlich wird jedoch die Arbeitsleistung erbracht, ohne dass ein wirksamer Arbeitsvertrag besteht. Dies ist beispielsweise der Fall, wenn der Arbeitsvertrag wegen Geschäftsunfähigkeit des Arbeitnehmers nicht zustandegekommen ist, bei beschränkt geschäftsfähigen Personen die nach den §§ 107 und 108 BGB erforderliche Zustimmung oder die nach § 113 Abs. 1 BGB mögliche Ermächtigung vom gesetzlichen Vertreter nicht erteilt wird oder der Arbeitsvertrag durch Anfechtung wegen Irrtums, arglistiger Täuschung oder widerrechtlicher Drohung beseitigt worden ist (§§ 119, 123, 142 Abs. 1 BGB). In Betracht kommt auch, dass der Arbeitsvertrag gegen die guten Sitten verstößt (§ 138 BGB), zum Beispiel weil die Anstellung zum Schmuggel oder zur Prostitution erfolgt. Das Fehlen der nach § 284 SGB III erforderlichen Genehmigung für Ausländer führt nicht zur Nichtigkeit des Arbeitsvertrages, sondern nur dazu, dass die Ausübung der Beschäftigung unzulässig ist.[1315]

In derartigen Fällen würde es unbillig sein, also gegen Treu und Glauben verstoßen, wenn der Arbeitgeber dem Arbeitnehmer die Unwirksamkeit des Vertrages entgegenhalten könnte, obwohl der Arbeitnehmer freiwillig und mit Wissen und Wollen des Arbeitgebers in dessen Dienste getreten ist, er ihn also tatsächlich beschäftigt, seine Arbeitsleistung entgegengenommen hat. Zur Unbilligkeit wird häufig lediglich auf das Erfordernis des sozialen Schutzes des Arbeitnehmers hingewiesen. Ganz konkret ergibt sie sich insbesondere aus folgendem Umstand. Wenn der Arbeitgeber dem Arbeitnehmer in derartigen Fällen die Unwirksamkeit des Arbeitsvertrages entgegenhalten könnte, würde dem Arbeitnehmer in allen Fällen, in denen er bei gültigem Arbeitsvertrag ohne Arbeitsleistung einen Entgeltanspruch hätte, dieser Anspruch nicht zustehen. Dies wäre zum Beispiel so beim Feiertagsentgelt, beim Urlaubsentgelt, beim Entgeltanspruch bei Arbeitsunfähigkeit infolge Krankheit und beim Entgeltanspruch bei Schwangerschaft und Mutterschaft.

[1311] BAG, 27. 2. 1990, NZA 1990, 627 f., m. w. N.
[1312] Wegen der Geltung der Ausschlussfrist bei Ansprüchen aus Verletzung des Persönlichkeitsrechts des Arbeitnehmers, aus dem Gesetz über Arbeitnehmererfindungen und aus der Mitgliedschaft in der Personalvertretung vgl. BAG, AP Nr. 9 zu § 611 BGB, öffentlicher Dienst; AP Nr. 4 zu § 9 ArbnErfG und AP Nr. 3 zu § 40 BetrVG 1972.
[1313] BAG, 19. 12. 2006, NZA 2007, 759 f.
[1314] Vgl. dazu Rdn. 303.
[1315] BAG, AP Nr. 2, 4 zu § 19 AFG.

Für diejenigen Zeiten, in denen der Arbeitnehmer tatsächlich gearbeitet hat, könnte er dem auf ungerechtfertigte Bereicherung gestützten Entgeltrückzahlungsanspruch des Arbeitgebers nach den Vorschriften der §§ 273 und 274 BGB seinen eigenen Anspruch auf Ersatz des Wertes seiner ohne rechtlichen Grund erbrachten Arbeitsleistung (§ 818 Abs. 2 BGB) entgegenhalten und wegen der sogenannten Saldotheorie im Bereicherungsrecht den Anspruch des Arbeitgebers abwehren. Diese Möglichkeit hätte er dagegen nicht, wenn er nicht gearbeitet hat und ihm bei gültigem Arbeitsvertrag ein Entgeltanspruch ohne Arbeitsleistung zustünde.

Deshalb entsteht in derartigen Fällen, obwohl kein wirksamer Arbeitsvertrag besteht, unter bestimmten Voraussetzungen ein Arbeitsverhältnis mit grundsätzlich allen Rechten und Pflichten, die aus einem Arbeitsverhältnis folgen. Dieses wird **faktisches Arbeitsverhältnis** genannt.

Die Voraussetzungen sind:
– Die Parteien müssen sich **tatsächlich geeinigt** haben,[1316]
– der Arbeitsvertrag muss **unwirksam oder erfolgreich angefochten** sein und
– die **Arbeit muss aufgenommen** worden sein.

Das Erfordernis der „tatsächlichen Einigung" lässt sich gut an folgendem Beispiel erklären. Der Hilfsarbeiter A bewirbt sich bei der Großmarkthalle in X um Anstellung als Sackträger. Er wird wegen seiner schlechten körperlichen Verfassung nicht eingestellt. Dennoch reiht er sich bei den Säcke schleppenden Arbeitern ein und entläd zusammen mit diesen den ganzen Tag, von der Leitung der Großmarkthalle unbemerkt, Lastwagen. Ein Arbeitsvertrag ist nicht zustandegekommen, die Arbeit ist aufgenommen worden, aber dennoch ist kein faktisches Arbeitsverhältnis zustandegekommen, weil die Parteien sich nicht tatsächlich geeinigt hatten.

Das faktische Arbeitsverhältnis **unterscheidet sich vom normalen Arbeitsverhältnis** nur hinsichtlich seiner Beendigung. Die Anfechtung wirkt entgegen der Vorschrift des § 142 Abs. 1 BGB nicht zurück, sondern nur für die Zukunft.[1317]

Ist das Arbeitsverhältnis allerdings – aus welchen Gründen auch immer – zwischenzeitlich wieder außer Funktion gesetzt worden und hat der Arbeitnehmer deshalb keine Arbeitsleistung mehr erbracht, so wirkt die Anfechtung auf den Zeitpunkt der Außerfunktionssetzung zurück, weil die Gründe für die Abweichung von der Regelfolge des § 142 Abs. 1 BGB dann nicht gegeben sind.[1318]

Hat der Arbeitnehmer bis zur Anfechtung für einen bestimmten Zeitraum lediglich tatsächlich nicht gearbeitet, zum Beispiel infolge krankheitsbedingter Arbeitsunfähigkeit, so wirkt die Anfechtung auf den Beginn der Arbeitseinstellung jedenfalls dann zurück, wenn die Anfechtung des Arbeitgebers wegen arglistiger Täuschung durch den Arbeitnehmer erfolgt ist. In diesem Fall rechtfertigt auch der Gesichtspunkt des Arbeitnehmerschutzes die Abweichung von der Regelfolge nicht. Wer den Abschluss des Arbeitsvertrages erschlichen hat, kann nicht darauf vertrauen, dass das Arbeitsverhältnis auch für die Zeit, in der es nicht mehr praktiziert worden ist, bis zur Anfechtungserklärung des Arbeitgebers als rechtsbeständig behandelt wird.[1319]

Das faktische Arbeitsverhältnis kann von jedem Teil ohne Einhaltung einer Frist durch einseitige Erklärung beendet werden. Es handelt sich bei dieser Erklärung nicht um eine Kündigung mit der Folge, dass die Kündigungsvoraussetzungen und -beschränkungen nicht beachtet werden müssen.[1320]

[1316] BAG (GS), AP Nr. 14 zu § 611 BGB, Beschäftigungspflicht; BAG, AP Nr. 1 zu § 611 BGB, Weiterbeschäftigung.
[1317] BAG, 28. 1. 1998, ZTR 1998, 329 f., m. w. N.
[1318] BAG, 16. 9. 1982, AP Nr. 24 zu § 123 BGB.
[1319] BAG, 3. 12. 1998, BB 1999, 796 f.
[1320] BAG, AP Nr. 1 zu § 611 BGB, Faktisches Arbeitsverhältnis.

II. Das befristete Arbeitsverhältnis[1321]

766 Normalerweise werden Arbeitsverhältnisse auf unbestimmte Zeit abgeschlossen, also unbefristet. Wie sich aus § 620 Abs. 1 BGB ergibt, können Arbeitsverhältnisse aber auch auf bestimmte Dauer, also befristet abgeschlossen werden. Gemäß § 620 Abs. 3 BGB gilt für Arbeitsverträge, die auf bestimmte Zeit abgeschlossen werden, das **Teilzeit- und Befristungsgesetz (TzBfG)**. Nach § 3 Abs. 1 S. 2 TzBfG liegt ein auf bestimmte Zeit geschlossener Arbeitsvertrag (befristeter Arbeitsvertrag) vor, wenn seine Dauer kalendermäßig bestimmt ist (kalendermäßig befristeter Arbeitsvertrag) oder sich aus Art, Zweck oder Beschaffenheit der Arbeitsleistung ergibt (zweckbefristeter Arbeitsvertrag[1322]). Ein kalendermäßig befristeter Arbeitsvertrag endet mit Ablauf der vereinbarten Zeit, ein zweckbefristeter mit Erreichen des Zwecks, frühestens jedoch zwei Wochen nach Zugang der schriftlichen Unterrichtung des Arbeitnehmers durch den Arbeitgeber über den Zeitpunkt der Zweckerreichung (§ 15 Abs. 1 und 2 TzBfG).[1323] Wird ein befristetes Arbeitsverhältnis mit Wissen des Arbeitgebers über das vorgesehene Ende hinaus fortgesetzt, so gilt es als auf unbestimmte Zeit verlängert, wenn der Arbeitgeber nicht unverzüglich widerspricht oder dem Arbeitnehmer die Zweckerreichung nicht unverzüglich mitteilt (§ 15 Abs. 5 TzBfG).[1324] Nach Ablauf eines wirksam befristeten Arbeitsvertrages besteht grundsätzlich kein Anspruch des Arbeitnehmers auf Wiedereinstellung.[1325]

Die Befristung eines Arbeitsvertrages, nicht der befristete Arbeitsvertrag generell, bedarf gemäß § 14 Abs. 4 TzBfG zu ihrer Wirksamkeit der **Schriftform**.[1326] Das Schriftformerfordernis erfasst nicht die Befristung einzelner Arbeitsvertragsbedingungen im Rahmen eines unbefristeten Arbeitsverhältnisses[1327] und den der Befristung zugrunde liegenden sachlichen Grund im Sinne von § 14 Abs. 1 TzBfG,[1328] wohl aber den Vertragszweck im Falle einer Zweckbefristung.[1329] Eine **nachträgliche Heilung** einer formunwirksamen Befristung ist nicht möglich, es sei denn, die Parteien wollen unabhängig von der Ersten (formunwirksamen) Befristung eine zweite Befristung vereinbaren.[1330] Die erforderliche Schriftform wird durch einen gerichtlichen Vergleich i. S. v. § 278 Abs. 6 S. 1 ZPO gewahrt (§ 127a BGB analog).[1331]

Befristete Arbeitsverträge sind nicht ordentlich kündbar. Die ordentliche Kündbarkeit kann aber vereinbart werden (§ 15 Abs. 3 TzBfG). Eine derartige Vereinbarung liegt auch vor, wenn die Arbeitsvertragsparteien die Anwendbarkeit eines Tarifvertrages vereinbart haben, der seinerseits die Möglichkeit einer ordentlichen

---

[1321] Vgl. dazu Sievers, RdA 2004, 291 f. Zur Befristung einzelner Arbeitsbedingungen vgl. Maschmann, RdA 2005, 212 f.

[1322] Vgl. zur Zweckbefristung BAG, 21.12.2005, NZA 2006, 321 f.; Sowka, DB 2002, 1158 f.; Petrovicki, NZA 2006, 411 f.

[1323] Vgl. zur Nichtverlängerungsmitteilung Schimana/von Glasz, AuR 2002, 365 f.

[1324] Vgl. dazu Nehls, DB 2001, 2718 f.

[1325] BAG, 20.2.2002, NZA 2002, 897 f.

[1326] Vgl. dazu BAG, 26.7.2006, NZA 2006, 1402 f.; 16.4.2008, NZA 2008, 1184 f.; Preis/Gotthardt, NZA 2000, 348 f. (356 f.); Sander/Siebert, AuR 2000, 287 f.; 330 f.; Krabbenhöft, DB 2000, 1562 f.; Richardi, NZA 2001, 57 f.; Caspers, RdA 2001, 28 f.; v. Koppenfels, AuR 2001, 201 f.; Schmitz, AuR 2001, 300 f.

[1327] BAG, 3.9.2003, NZA 2004, 255 f.

[1328] BAG, 23.6.2004, ZTR 2005, 211 f.; 26.7.2006, NZA 2007, 34 f.

[1329] BAG, 21.12.2005, NZA 2006, 321 f.

[1330] BAG, 1.12.2004, NZA 2005, 575 f.; Bahnsen, NZA 2005, 676 f.; Riesenhuber, NJW 2005 2268 f.; Nadler/v. Medem, NZA 2005, 1214 f.

[1331] BAG, 23.11.2006, NZA 2007, 466 f.

Kündigung vorsieht.[1332] Ist das Arbeitsverhältnis allerdings auf die Lebenszeit einer Person eingegangen oder beträgt die Befristung mehr als fünf Jahre, so kann es vom Arbeitnehmer nach Ablauf von fünf Jahren mit einer Kündigungsfrist von sechs Monaten gekündigt werden (§ 15 Abs. 4 TzBfG).

Da das Ende eines befristeten Arbeitsverhältnisses mit dem Fristablauf beziehungsweise der Zweckerreichung automatisch eintritt, bedarf es keiner Kündigung.[1333] Damit finden alle die Vorschriften, die den Schutz des Arbeitnehmers vor Kündigungen bezwecken (Kündigungsschutz), keine Anwendung. Um das Leerlaufen des Kündigungsschutzes durch Befristung des Arbeitsverhältnisses zu verhindern, ist die Zulässigkeit stark eingeschränkt. Das Leerlaufen des Kündigungsschutzes könnte besonders durch sogenannte Kettenarbeitsverträge erfolgen, dadurch also, dass mehrere befristete Arbeitsverträge ohne zeitliche Zwischenräume aneinandergereiht werden.[1334]

767

Einer nationalen Regelung, wonach bei missbräuchlicher Inanspruchnahme aufeinander folgender befristeter Arbeitsverträge **(Kettenarbeitsverträge) durch einen öffentlichen Arbeitgeber** ausgeschlossen ist, dass diese in unbefristete Arbeitsverträge oder –verhältnisse umgewandelt werden, während eine solche Umwandlung bei Arbeitsverträgen oder –verhältnissen mit einem Arbeitgeber der Privatwirtschaft vorgesehen ist, steht grundsätzlich die Rahmenvereinbarung über befristete Arbeitsverträge vom 18. 3. 1999 im Anhang der Richtlinie 1999/70/EG des Rates vom 28. 6. 1999 zu der EGB-UNICE-CEEP-Rahmenvereinbarung über befristete Arbeitsverträge (Nipperdey, Nr 892) nicht entgegen, sofern diese Regelung eine andere wirksame Maßnahme enthält, um die missbräuchliche Inanspruchnahme von Kettenarbeitsverträgen des öffentlichen Arbeitgebers zu verhindern und gegebenenfalls zu ahnden.[1335]

1. Zulässigkeit

Für die Zulässigkeit befristeter Arbeitsverhältnisse[1336] gilt folgendes:
a) Nach § 14 Abs. 2 S. 1 TzBfG ist die kalendermäßige Befristung eines Arbeitsvertrages **ohne weiteres bis zur Dauer von zwei Jahren** zulässig.[1337] Bis zur Gesamtdauer von zwei Jahren ist auch die höchstens dreimalige unmittelbar anschließende[1338] Verlängerung[1339] eines kalendermäßig befristeten Arbeitsvertrages zulässig. Verlängerung setzt voraus, dass die Vereinbarung über das Hinausschieben des Beendigungszeitpunktes noch vor Abschluss der Laufzeit des bisherigen Vertrags in schriftlicher Form ausgemacht wird und der Vertragsinhalt ansonsten grundsätzlich unverändert bleibt.[1340] In den ersten vier Jahren nach der Gründung eines Unternehmens beträgt die Dauer **vier Jahre**, innerhalb derer die der Anzahl nach nicht beschränkte Verlängerung des befristeten Vertrages möglich ist (Abs. 2a S. 1).[1341] Die Höchstdauer der ohne weiteres bestehenden Möglichkeit

768

[1332] BAG, 18. 9. 2003, NZA 2004, 222 f.
[1333] Zur Kündbarkeit des befristeten Arbeitsverhältnisses vgl. Rdn. 414.
[1334] Vgl. zu den Sachgrenzen für Kettenarbeitsverhältnisse nach dem TzBfG Plander, ZTR 2001, 499 f.
[1335] EuGH, 7. 9. 2007, NZA 2006, 1265 f.
[1336] Vgl. dazu Thüsing/Lambrich, BB 2002, 829 f.
[1337] Vgl. dazu Lembke, NJW 2006, 325 f.
[1338] Rolfs, NZA 1996, 1134 f. (1137); Wohlleben, RdA 1998, 277 f., m. w. N.
[1339] Zum Zeitpunkt des Abschlusses von und zu den Formanforderungen an Verlängerungsvereinbarungen vgl. BAG, 16. 3. 2005, NZA 2005, 923 f.; 18. 1. 2006, NZA 2006, 605 f.; 23. 8. 2006, NZA 2007, 204 f.; v. Koppenfels, AuR 2002, 241 f., zur Verlängerung trotz nachträglicher Vereinbarung über die Änderung der vertraglich geschuldeten Tätigkeit und der Vergütung vgl. BAG, 26. 7. 2006, NZA 2006, 1402 f., zur Verlängerung eines nach dem BeschFG 1996 befristeten Arbeitsvertrages nach Inkrafttreten des TzBfG vgl. BAG, 15. 1. 2003, NZA 2003, 1092 f.
[1340] BAG, 16. 1. 2008, NZA 2008, 701 f.
[1341] Vgl. dazu Lipinski, BB 2004, 1221 f.

der Befristung oder die Anzahl der möglichen Verlängerungen können durch Tarifvertrag abweichend festgelegt werden (§ 14 Abs. 2 Sätze 3 und 4 TzBfG). Diese Möglichkeit der Befristung ist nicht zulässig, wenn mit demselben Arbeitgeber bereits zuvor ein befristetes oder unbefristetes Arbeitsverhältnis bestanden hat (§ 14 Abs. 2 S. 2 TzBfG).[1342]

Nach der Protokollnotiz Nr. 6a zu Nr. 1 SR 2y BAT ist bei einer sachgrundlosen Befristung nach § 14 Abs. 2 TzBfG im Arbeitsvertrag anzugeben, ob es sich um ein Arbeitsverhältnis nach § 14 Abs. 2 TzBfG handelt. Fehlt diese Angabe, kann die Befristung im Anwendungsbereich des BAT nicht auf § 14 Abs. 2 TzBfG gestützt werden. Das Zitiergebot gilt nicht nur für den ersten nach § 14 Abs. 2 TzBfG befristeten Arbeitsvertrag, sondern auch für die Vertragsverlängerungen nach § 14 Abs. 2 S. 1, Halbsatz 2 TzBfG.[1343]

Hat der Arbeitnehmer zu Beginn des befristeten Arbeitsverhältnisses das 52. Lebensjahr vollendet und war er unmittelbar vor Beginn des befristeten Arbeitsverhältnisses mindestens vier Monate beschäftigungslos i. S. des § 119 Abs. 1 Nr. 1 SGB III, so ist die Befristung ohne Vorliegen eines sachlichen Grundes bis zu einer Dauer von fünf Jahren zulässig (§ 14 Abs. 3 S. 1 TzBfG). Bis zu einer Gesamtdauer von fünf Jahren ist auch die mehrfache Verlängerung des Arbeitsvertrages zulässig (S. 2). Den Zeiten der Beschäftigungslosigkeit stehen Zeiten des Bezuges von Transferkurzarbeitergeld nach § 216b SGB III und der Teilnahme an einer öffentlich geförderten Beschäftigungsmaßnahme nach dem SGB II oder SGB III, also Zeiten in denen der Arbeitnehmer in einer Arbeitsbeschaffungsmaßnahme oder Arbeitsgelegenheit beschäftigt war, gleich.[1344]

Die Regelungen in § 14 Abs. 2 TzBfG werfen Zweifelsfragen auf. Die eine betrifft die Vorschrift in § 14 Abs. 2 S. 3 TzBfG, durch welche die in § 14 Abs. 2 S. 1 TzBfG tarifdispositiv ausgestaltet ist. Nach dem Wortlaut kann durch Tarifvertrag nur von der Anzahl der Verlängerungen oder der Höchstdauer der Befristung abgewichen werden, nicht dagegen von beiden Einschränkungen.[1345] Fraglich ist, ob das tatsächlich so gewollt war.
Die andere betrifft den Begriff „bereits zuvor" in § 14 Abs. 2 S. 2 TzBfG. Ganz überwiegend wird dazu die Auffassung verteten, die Regelung schließe eine Befristung nach Satz 1 aus, wenn ein Arbeitnehmer irgendwann einmal für denselben Arbeitgeber tätig geworden ist.[1346] Löwisch[1347] dagegen meint, Sinn der Norm sei es, Kettenbefristungen zu verhindern. Deshalb ist er der Ansicht, dass die Befristung nach Satz 1 nur ausgeschlossen sei, wenn ein Zusammenhang zwischen dem neu abzuschließenden und einem vorhergehenden Arbeitsvertrag bestehe. Außerdem hält er es verfassungsrechtlich für bedenklich, wenn ein Arbeitnehmer alleine wegen einer lange Zeit zurückliegenden Tätigkeit der Möglichkeit beraubt werde, mit diesem Arbeitgeber einen befristeten Arbeitsvertrag abzuschließen. Er ist deshalb der Auffassung, die Vorschriften über die Verjährung von Ansprüchen aus dem Arbeitsverhältnis sollten zugrundegelegt werden. Die Ansicht Löwischs überzeugt zwar, berücksichtigt aber nicht den eindeutigen Willen des Gesetzgebers, der trotz heftiger Kritik an der geplanten Regelung, die bisherige Vorschrift dazu in § 1 Abs. 3 BeschFG bewusst nicht übernommen hat.[1348] Diese Entscheidung ist zu respektieren, jedenfalls bis zur Klärung der verfassungsrechtlichen Bedenklichkeit.

[1342] BAG, 10. 11. 2004, NZA 2005, 514 f.; 19. 10. 2005, NZA 2006, 154 f.; 16. 7. 2008, NZA 2008, 1347 f.
[1343] BAG, 16. 7. 2008, NZA 2008, 1347 f.
[1344] Vgl. dazu Bauer, NZA 2007, 544 f.; Bader, NZA 2007, 713 f.
[1345] a. A. Kliemt, NZA 2001, 296 f. (299) allerdings ohne Begründung.
[1346] BAG, 6. 11. 2003, NZA 2005, 218 f.; Dassau, ZTR 2001, 64 f. (69); Kliemt, NZA 2001, 296 f. (300); Hromadka, NJW 2001, 400 f. (404); ders., BB 2001, 621 f. (627); Brunhöber, a. a. O., S. 70.
[1347] Löwisch, BB 2001, 254 f.
[1348] Kliemt, NZA 2001, 296 f. (300); Schmalenberg, NZA 2001, 938 f.

b) Abgesehen von der unter Punkt a) dargestellten Möglichkeit der Befristung, ist sie nur zulässig, wenn sie durch einen **sachlichen Grund** gerechtfertigt ist (§ 14 Abs. 1 S. 1 TzBfG). § 14 Abs. 1 S. 2 TzBfG zählt sachliche Gründe beispielhaft („insbesondere") auf, und zwar unter Anknüpfung an die bisherige Rechtsprechung des Bundesarbeitsgerichts.[1349]

Auch diese Regelungen geben zu Fragen Anlass. So ist fraglich, ob das Erfordernis des sachlichen Grundes, anders als bisher, auch für Arbeitsverhältnisse gilt, die weder dem allgemeinen noch einem besonderen Kündigungsschutz unterliegen, in Anbetracht des Umstandes nämlich, dass das Erfordernis erkennbar dazu dienen soll, die Umgehung des Kündigungsschutzes zu verhindern. Der Gesetzestext enthält keine Anhaltspunkte dafür, dass der sachliche Grund in bestimmten Fällen nicht gefordert wird. Deshalb ist davon auszugehen, dass nunmehr für alle befristeten Arbeitsverhältnisse, abgesehen von den unter Punkt a) dargestellten Möglichkeiten, das Wirksamkeitserfordernis besteht.[1350]
Auch wenn die beispielhaft aufgezählten sachlichen Gründe dazu keine Ausführungen enthalten, wird anzunehmen sein, dass auch die Dauer der Befristung zu berücksichtigen ist.[1351] Die Angemessenheit der Dauer ergibt sich aus dem Grund der Befristung im Einzelfall, wobei die Üblichkeit im Arbeitsleben zu berücksichtigen ist.

Wegen der beispielhaft aufgezählten sachlichen Gründe in § 14 Abs. 1 S. 2 TzBfG wird auf die einschlägige Kommentierung verwiesen.[1352] Die Grundsätze zur arbeitsgerichtlichen Befristungskontrolle sind **nicht tarifdispositiv**. Daher bedürfen auch tarifliche Normen über Befristungen zu ihrer Wirksamkeit eines sie rechtfertigenden Sachgrunds.[1353]

Für die Frage, ob die Befristung zulässig war, ist der **Zeitpunkt des Abschlusses des Arbeitsvertrages** maßgebend. Nachträglich eintretende Umstände machen die zu diesem Zeitpunkt gerechtfertigte Befristung nicht unzulässig.[1354]

Bei mehreren aneinandergereihten befristeten Arbeitsverhältnissen ist nach der Rechtsprechung des Bundesarbeitsgerichts nur die Befristung des letzten Arbeitsvertrages auf ihre sachliche Rechtfertigung hin zu überprüfen, ob die vorausge-

---

[1349] Zur Befristung wegen nur vorübergehendem Arbeitsbedarf gem. § 14 Abs. 1 S. 2 Nr. 1 TzBfG vgl. BAG, 17. 1. 2007, NZA 2007, 566 f.; Plander/Witt, DB 2002, 1002 f., zur Vertretung eines anderen Arbeitnehmers gem. § 14 Abs. 1 S. 3 TzBfG vgl. BAG, 13. 10. 2004, NZA 2005, 469 f.; 25. 8. 2004, NZA 2005, 472 f.; 15. 2. 2006, NZA 2006, 781 f." zu den haushaltsrechtlichen Befristungsgründen vgl. § 14 Abs. 1 S. 2 Nr. 7 TzBfG vgl. BAG, 18. 10. 2006, NZA 2007, 332 f.; 14. 2. 2007, NZA 2007, 871 f.; 7. 5. 2008, NZA 2008, 880 f.; Meyer, AuR 2006, 86 f.; Löwisch, NZA 2006, 457 f. (Vereinbarkeit mit Europarecht und dem Grundgesetz), wegen der Eigenart der Arbeitsleistung gem. § 14 Abs. 1 S. 2 Nr. 4 TzBfG vgl. BAG, 26. 7. 2006, NZA 2007, 147 f. (programmgestaltender Rundfunkmitarbeiter), im Anschluss an eine Ausbildung oder ein Studium gem. § 14 Abs. 1 S. 2 Nr. 2 TzBfG vgl. BAG, 10. 10. 2007, NZA 2008, 295 f., wenn die Befristung auf einem gerichtlichen Vergleich beruht gem. § 14 Abs. 1 S. 2 Nr. 8 TzBfG vgl. Gravenhorst, NZA 2008, 803 f.
[1350] BAG, 6. 11. 2003, ZTR 2004, 488 f.
[1351] BAG, AP Nr. 38, 40, 46, 52, 54, 56 zu § 620 BGB, Befristeter Arbeitsvertrag.
[1352] Brunhöber, a. a. O., S. 36–62, Kliemt, NZA 2001, 296 f. (297–299); Hromadka, BB 2001, 621 f. (622–625); Dassau, ZTR 2001, 64 f. (68, 69); Plander, ZTR 2001, 499 f. Zu Befristungen zur Aushilfe und Vertretung (§ 14 Abs. 1 S. 2 Ziff. 1 und 3 TzBfG) vgl. Hunold, NZA 2002, 255 f., zur Vertretung BAG, 27. 6. 2001, ZTR 2002, 137 f.; 5. 6. 2002, ZTR 2003, 152 f., zur Krankheitsvertretung BAG, 23. 1. 2002, NZA 2002, 665 f., zur befristeten Verlängerung zur Sicherung der personellen Kontinuität der Arbeit der Personalvertretung BAG, 23. 1. 2002, ZTR 2002, 344, zur Befristung einzelner Vertragsbedingungen BAG, 23. 1. 2002, ZTR 2002, 392 f.; 4. 6. 2003, ZTR 2003, 579 f., zur Befristung von Leiharbeitsverhältnissen wegen eines naturgemäß lediglich vorübergehenden betrieblichen Bedarfs (§ 14 Abs. 1 S. 2 Ziff. 1 TzBfG) des Entleihers Frik, NZA 2005, 386; Werthebach, NZA 2005, 1044 f.
[1353] BAG, 31. 7. 2002, NZA 2002, 1156 f.
[1354] BAG, AP Nr. 16, 22, 23, 37, 39, 52 zu § 620 BGB, Befristeter Arbeitsvertrag. Zum Prognoseprinzip im Befristungsrecht vgl. Oberthür, DB 2001, 2246 f., zum Wiedereinstellungsanspruch bei Wegfall des Befristungsgrundes vgl. BAG, 20. 2. 2002, ZTR 2002, 440; Auktor, ZTR 2003, 550 f.

gangenen Verträge wirksam waren, ist unerheblich.[1355] Vereinbaren die Parteien während der Dauer eines befristeten Arbeitsvertrages eine Änderung der geschuldeten Tätigkeit und der Vergütung, so unterliegt der Änderungsvertrag als letzter Vertrag der Befristungskontrolle, auch wenn die Befristungsdauer unverändert bleibt.[1356] Die Parteien können bei Abschluss eines weiteren befristeten Arbeitsvertrages vereinbaren, dass dem Arbeitnehmer das Recht zustehen soll, die Befristung des vorangegangenen Vertrags auf ihre Wirksamkeit überprüfen zu lassen.[1357]

Die Vorschrift des § 14 Abs. 1 TzBfG gilt nur für die Befristung des gesamten Arbeitsvertrages, nicht aber für die Befristung einzelner Vertragsbedingungen (z. B. befristete Erhöhung der wöchentlichen Arbeitszeit).[1358] Die **Befristung einzelner Vertragsbedingungen** bedarf dann eines Sachgrundes, wenn der Arbeitnehmer durch die Befristung dem gesetzlichen Änderungskündigungsschutz entzogen werden kann, das heißt, wenn die einzelne Vertragsbedingung, wäre sie unbefristet vereinbart worden, dem Änderungskündigungsschutz nach § 2 KSchG unterlegen hätte.[1359] Darüberhinaus unterliegt die Angemessenheit der Befristung einer einzelnen Arbeitsbedingung nur dann einer gerichtlichen Kontrolle, wenn die Befristung als AGB vereinbart wurde und auch dann nur insoweit, als die Befristungsabrede gemäß § 307 Abs. 3 S. 1 BGB kontrollfähig ist.[1360]

Die Frage ob die Befristung zulässig war, unterliegt der **Nachprüfbarkeit durch die Gerichte**.[1361]

Für die Behauptung, dass für die Befristung ein sachlich gerechtfertigter Grund nicht gegeben sei, ist der Arbeitnehmer **darlegungs- und beweispflichtig**.[1362] Diese Ansicht des Bundesarbeitsgerichtes ist umstritten. Es wird auch die Ansicht vertreten, dass der Arbeitgeber, weil er mit der Befristung vom sozialstaatlich erwünschten Regeltatbestand des unbefristeten Arbeitsverhältnisses abweicht, die Voraussetzungen für die Abweichung darlegen und beweisen muss.[1363] Erhebt ein Tarifvertrag sachliche Gründe zur Wirksamkeitsvoraussetzung für Befristungen, dann trägt allerdings der Arbeitgeber die Darlegungs- und Beweislast für das Vorliegen sachlicher Gründe.[1364]

Die Unwirksamkeit der Befristung des Arbeitsverhältnisses muss innerhalb einer **Klagefrist** von drei Wochen nach dem vereinbarten Ende des Arbeitsverhältnisses geltend gemacht werden (§ 17 S. 1 TzBfG). Mit ihrer Versäumung werden alle Voraussetzungen einer rechtswirksamen Befristung fingiert.[1365] Die Frist muss auch eingehalten werden, wenn Formunwirksamkeit gemäß § 14 Abs. 4 TzBfG geltend gemacht wird.[1366] Die Berechnung dieser Klagefrist erfolgt anders als die Berechnung der Klagefrist im Zusammenhang mit der Kündigung (vgl.

[1355] BAG, 5. 6. 2002, NZA 2003, 64 (L.); 10. 3. 2004, NZA 2004, 925 f.; 25. 8. 2004, NZA 2005, 357 f.; 14. 2. 2007, NZA 2007, 803 f.; str., vgl. Kleveman/Ziemann, DB 1989, 2608 f. Vgl. zur mehrfachen Befristung von Arbeitsverträgen allgemein Engel, AuR 2000, 365 f.
[1356] BAG, 21. 3. 1990, NZA 1990, 744 f.
[1357] BAG, 14. 2. 2007, NZA 2007, 803 f.; 7. 11. 2007, NZA 2008, 467 f.
[1358] BAG, 14. 1. 2004, NZA 2004, 719 f. (721); 27. 7. 2005, NZA 2006, 40 f. (44).
[1359] BAG, 14. 1. 2004, NZA 2004, 719 f., m. w. N.
[1360] BAG, 8. 8. 2007, NZA 2008, 229 f.; Lunk/Leder, NZA 2008, 504 f.
[1361] BAG, AP Nr. 48 zu § 620 BGB, Befristeter Arbeitsvertrag.
[1362] BAG, AP Nr. 16, 35, 47 zu § 620 BGB, Befristeter Arbeitsvertrag.
[1363] LAG Düsseldorf, BB 1966, 82; DB 1968, 1719; AuR 1969, 60.
[1364] BAG, 11. 8. 1988, NZA 1989, 891 f. (893).
[1365] BAG, 9. 2. 2000, NZA 2000, 721 f.; 19. 9. 2001, NZA 2002, 464 (L.); 16. 4. 2003, NZA 2004, 283 f.
[1366] Kliemt, NZA 2001, 296 f. (302); Preis/Gotthardt, NZA 2000, 348 f. (360).

Rdn. 356), der Kündigungsfrist (vgl. Rdn. 344) und der Kündigungserklärungsfrist (vgl. Rdn. 378) nach § 187 Abs. 2 i. V. m. § 188 Abs. 2 BGB. Der für den Anfang der Frist maßgebende Zeitpunkt ist nämlich der Beginn eines Tages, und zwar der Beginn des Tages nach dem Tag, an dem das befristete Arbeitsverhältnis vereinbarungsgemäß endet. Fällt also der letzte Tag des befristeten Arbeitsverhältnisses beispielsweise auf einen Donnerstag, so beginnt die Klagefrist mit dem Beginn des folgenden Freitags und endet damit mit dem Ablauf des Donnerstag in drei Wochen.

Ist die Befristung rechtsunwirksam, so gilt der befristete Arbeitsvertrag als auf unbestimmte Zeit geschlossen (§ 16 S. 1, 1. Halbs. TzBfG). Er kann allerdings vom Arbeitgeber frühestens zum vereinbarten Befristungsende ordentlich gekündigt werden, es sei denn, es ist von der in § 15 Abs. 3 TzBfG vorgesehenen Möglichkeit Gebrauch gemacht worden, die ordentliche Kündbarkeit des befristeten Arbeitsverhältnisses zu vereinbaren. Dann kann eine darin festgelegte Kündigung zu einem früheren Zeitpunkt erfolgen (§ 16 S. 1, 2. Halbs. TzBfG). Ist die Befristung nur wegen Formmangels unwirksam, so gilt die Regelung über die früheste Kündigungsmöglichkeit zum Fristende nicht (§ 16 S. 2 TzBfG).

Die Befristung von Arbeitsverhältnissen in der Wissenschaft ist im **Wissenschaftszeitvertragsgesetz (WissZeitVG)** geregelt.[1367] 769
Danach gelten die besonderen Vorschriften für befristete Arbeitsverträge mit **wissenschaftlichem und künstlerischem Personal** mit Ausnahme der Hochschullehrerinnen und Hochschullehrer (§ 1 Abs. 1 S. 1). Da die Gesetzgebungsbefugnis zur Gestaltung der Personalstruktur der Hochschulen bei den Ländern liegt, können diese zukünftig neue Typen des wissenschaftlichen und künstlerischen Personals schaffen, für die dann ohne weiteres die Bestimmungen des WissZeitVG gelten.

Nach § 2 Abs. 1 S. 1 ist mit diesem Personal, das nicht promoviert ist, die Befristung von Arbeitsverträgen bis zur Dauer von sechs Jahren zulässig, ohne dass es eines sachlichen Grundes bedarf. Nach der Promotion ist gemäß § 2 Abs. 1 S. 2 eine weitere Befristung bis zu einer Dauer von sechs Jahren, im Bereich der Medizin bis zu einer Dauer von neun Jahren, zulässig. Dabei sind gemäß § 2 Abs. 3 S. 2 Zeiten eines befristeten Arbeitsverhältnisses, die vor dem Abschluss des Studiums liegen (also mit sog. studentischen Hilfskräften[1368]), auf die Dauer von befristeten Arbeitsverhältnissen nach Abschluss des Studiums nicht anzurechnen. § 5 des Gesetzes erstreckt die Befugnis zum Abschluss befristeter Arbeitsverträge auf die dort genannten **Forschungseinrichtungen**.

§ 1 Abs. 1 S 2 enthält ein **Verbot abweichender Vereinbarungen** und damit eine grundsätzliche Tarifsperre.

§ 2 Abs. 2 gestattet den Abschluss befristeter Arbeitsverträge vor und nach der Promotion für die Dauer von jeweils sechs Jahren mit wissenschaftlichem und künstlerischem Personal, das **aus Drittmitteln finanziert** wird. Dazu ist erforderlich, dass die Drittmittel für eine bestimmte Aufgabe und Zeitdauer bewilligt sind und dass der Mitarbeiter überwiegend der Zweckbestimmung entsprechend beschäftigt wird.

Nach § 2 Abs. 5 Nr. 1 **verlängert sich** die jeweilige Dauer eines befristeten Arbeitsvertrages im Einverständnis mit dem Mitarbeiter um Zeiten einer Beurlaubung oder einer Ermäßigung der Arbeitszeit um mindestens ein Fünftel der regelmäßigen Arbeitszeit, die für die Betreuung oder Pflege eines oder mehrerer Kinder unter

---

[1367] Vgl. dazu Löwisch, NZA 2007, 479 f.
[1368] Vgl. dazu Haratsch/Holljesiefken, NZA 2008, 207 f.

18 Jahren oder pflegebedürftiger sonstiger Angehöriger gewährt worden sind. Gleiches gilt gemäß § 2 Abs. 5 Nr 3 für Zeiten der Inanspruchnahme von Elternzeit und Zeiten eines Beschäftigungsverbotes nach dem Mutterschutzgesetz.

770 Das Gesetz über befristete Arbeitsverträge mit Ärzten in der Weiterbildung (ÄArbVtrG, Fassung vom 12. 4. 2007) regelt in § 1 Abs. 1, dass ein die Befristung eines Arbeitsvertrages mit einem Arzt rechtfertigender sachlicher Grund vorliegt, wenn die Beschäftigung des Arztes seiner in der Norm genauer definierten Weiterbildung dient. Auch eine derartige Befristung bedarf gemäß § 14 Abs. 4 TzBfG zu ihrer Wirksamkeit der Schriftform.[1369]

771 Zur Zulässigkeit von befristeten Arbeitsverhältnissen im Bereich des **öffentlichen Dienstes** gilt insbesondere folgendes.

aa) Die Unsicherheit darüber, ob auch im kommenden Haushaltsplan ausreichend Mittel für die zu besetzende Stelle vorgesehen sind, reicht als sachlicher Grund für eine Befristung nicht aus. Ausreichend für die Zulässigkeit der Befristung ist die Möglichkeit, dass der neue Haushaltsplan die für die Bezahlung von Arbeitskräften erforderlichen Mittel überhaupt nicht zubilligen wird,[1370] oder dass der Arbeitgeber im Zeitpunkt des Vertragsabschlusses auf Grund konkreter Tatsachen die Prognose erstellen kann, dass für die Beschäftigung des Arbeitnehmers Haushaltsmittel nur vorübergehend zur Verfügung stehen, z. B. wenn der Haushaltsgesetzgeber eine für die Beschäftigung eines Beamten bestimmte Planstelle nur vorübergehend für die Besetzung mit einem Angestellten freigegeben hat.[1371]

bb) Ein sachlicher Grund für die Befristung liegt vor, wenn sich der Arbeitgeber bei Vertragsabschluss zur Schließung der Dienststelle entschlossen hat und er die Prognose stellen kann, dass auch eine Weiterbeschäftigung des Arbeitnehmers in einer anderen Dienststelle nicht möglich ist.[1372]

cc) Zulässig ist die Befristung eines Arbeitsvertrages mit einem Dozenten, wenn noch nicht feststeht, ob Interesse an weiteren Lehrveranstaltungen durch ihn besteht. In diesem Fall besteht nämlich nur ein vorübergehender Bedarf für die Arbeitsleistung.[1373]

dd) Im Schuldienst ist der Abschluss eines befristeten Arbeitsvertrages beispielsweise zulässig
– wenn dies im Interesse des Lehrers liegt,[1374]
– mit Studenten, wenn eine voll ausgebildete Lehrkraft nicht zur Verfügung steht,[1375]
– mit einem Lehrer bis zum Bestehen der Zweiten Staatsprüfung und daran anschließend bis zum Ende des Schuljahres, um einen Lehrerwechsel vor dem Ende des Schuljahres möglichst zu vermeiden,[1376]
– mit Aushilfskräften ohne Lehrbefähigung, aber mit abgeschlossener fachspezifischer Ausbildung wegen Lehrermangels,[1377]

[1369] BAG, 13. 6. 2007, NZA 2008, 108 f. Vgl. zur Problematik der Befristung bei vorzeitigem Erreichen des Weiterbildungszieles Künzl, NZA 2008, 1101 f.
[1370] BAG, AP Nr. 17, 38, 40, 46, 50, 52, 61 zu § 620 BGB, Befristeter Arbeitsvertrag; NJW 1982, 1475; 7. 7. 1999, NZA 2000, 591 f.
[1371] BAG, 24. 10. 2001, NZA 2002, 443 f.; Steinherr, ZTR 2003, 216 f.
[1372] BAG, 3. 12. 1997, ZTR 1998, 520 f.
[1373] BAG, AP Nr. 3, 13 zu § 611 BGB, Lehrer und Dozenten.
[1374] BAG, AP Nr. 20 zu § 620 BGB, Befristeter Arbeitsvertrag.
[1375] BAG, AP Nr. 42, 56 zu § 620 BGB, Befristeter Arbeitsvertrag.
[1376] BAG, AP Nr. 70 zu § 620 BGB, Befristeter Arbeitsvertrag.
[1377] BAG, AP Nr. 56 zu § 620 BGB, Befristeter Arbeitsvertrag.

– bei einem absehbaren dauerhaften Absinken der Schülerzahl[1378] und
– vor Übernahme als Beamter mit einem Lehrer, dessen Examensnote für eine Übernahme in den Schuldienst nicht ausreicht, verbunden mit der Zusage, ihn nach Vertragsablauf in das Beamtenverhältnis zu übernehmen, wenn er sich als für den Schuldienst geeignet erwiesen habe.[1379]

Aus dem Bereich des Schuldienstes sind Befristungen nicht anerkannt worden
– wegen der Altersstruktur der Lehrerschaft,[1380]
– wegen der Berücksichtigung zukünftiger Bewerber,[1381]
– wegen des Interesses zur Regel der Beschäftigung von Lehrern im Beamtenverhältnis zurückzukehren[1382] und
– zur Erhaltung des Leistungsprinzips.[1383]

ee) Im Hochschuldienst ist ein befristeter Arbeitsvertrag sachlich gerechtfertigt mit Lektoren wegen der Nachwuchsförderung, Weiterbildung und einem aktualitätsbezogenen Unterricht, wenn im konkreten Fall tatsächlich aktualitätsbezogener Unterricht erteilt wird bzw. die Stelle auch wirklich der Nachwuchsförderung und Weiterbildung dient,[1384] nicht dagegen, wenn die Unterstützung der Lehrtätigkeit der Professoren im Vordergrund steht und eine damit lediglich verbundene Fort- und Ausbildung (z. B. für eine Dissertation) nicht der wesentliche Zweck der Lektorentätigkeit ist,[1385]
mit wissenschaftlichen Mitarbeitern wegen der zeitlich begrenzten Mitarbeit an einem Forschungsprojekt,[1386]
zum Zwecke spezieller Fort- und Weiterbildung, wie der Promotion, gleichgültig, ob nach dem Arbeitsvertrag in prozentualem oder zeitlichem Umfang eine Freistellung von den Dienstaufgaben erfolgt[1387] und nach Abschluss des Promotionsverfahrens aus allgemein anerkannten sachlichen Gründen, wie Erprobung, Wahrnehmung von Aufgaben von begrenzter Dauer oder wegen einer zielgerichteten Zwischen- oder Vorbereitungsphase für eine Tätigkeit außerhalb der Universität.[1388]

Bei einem Streit über die Dauer eines befristeten Arbeitsverhältnisses hat derjenige die Befristungsdauer zu **beweisen**, der sich auf die frühere Vertragsbeendigung beruft.[1389]

Die sogenannte arbeitsgerichtliche Befristungskontrolle greift auch ein, wenn mit einem Aufhebungsvertrag nicht das Arbeitsverhältnis alsbald beendet wird, sondern ein unbefristetes in ein befristetes umgewandelt wird.[1390]

TVöD/TV-L

§ 30 Abs. 1 S. 1 TVöD/TV-L stellt grundsätzlich klar, dass im Geltungsbereich des TVöD/TV-L keine Sonderregelungen im Verhältnis zum Teilzeitbefristungsgesetz gel-

---

[1378] BAG, AP Nr. 64 zu § 620 BGB, Befristeter Arbeitsvertrag.
[1379] BAG, 31. 8. 1994, ZTR 1995, 166 f.
[1380] BAG, AP Nr. 64, 72 zu § 620 BGB, Befristeter Arbeitsvertrag.
[1381] BAG, AP Nr. 72 zu § 620 BGB, Befristeter Arbeitsvertrag.
[1382] BAG, AP Nr. 64 zu § 620 BGB, Befristeter Arbeitsvertrag.
[1383] BAG, AP Nr. 64 zu § 620 BGB, Befristeter Arbeitsvertrag.
[1384] BAG, AP Nr. 59, 68 zu § 620 BGB, Befristeter Arbeitsvertrag.
[1385] BAG, AP Nr. 25 zu § 611 BGB, Lehrer, Dozenten.
[1386] BAG, AP Nr. 62 zu § 620 BGB, Befristeter Arbeitsvertrag.
[1387] BAG, AP Nr. 60 zu § 620 BGB, Befristeter Arbeitsvertrag.
[1388] BAG, AP Nr. 60 zu § 620 BGB, Befristeter Arbeitsvertrag.
[1389] BAG, 12. 10. 1994, NZA 1995, 780 f.
[1390] BAG, 12. 1. 2000, NZA 2000, 718 f.

ten.¹³⁹¹ § 30 Abs. 1 S. 2 i.V. m. § 30 Abs. 2 bis 5 TVöD/TV-L sieht jedoch für die Beschäftigten, auf die die Regelungen des Tarifgebiets West Anwendung finden und deren Tätigkeit vor dem 1. Januar 2005 der Rentenversicherung der Angestellten unterlegen hätte,¹³⁹² Besonderheiten bezüglich einer Befristung des Arbeitsvertrages vor, soweit die §§ 57 a ff. HRG weder unmittelbar noch entsprechend Anwendung finden.¹³⁹³ Mit den Absätzen 2 bis 5 blieben einige Bestimmungen aus dem Sonderrecht in SR 2 y BAT erhalten. Soweit die Absätze 2 bis 5 Abweichendes vorsehen, gehen sie dem TzBfG vor. Gemäß § 22 Abs. 1 TzBfG sind abweichende tarifrechtliche Regelungen nur insoweit zulässig, als diese den Arbeitnehmer besser stellen. Mithin enthalten die Absätze 2 bis 5 weitergehende Schutzvorschriften für den genannten Personenkreis. Die Absätze 2 bis 4 unterscheiden zwischen Arbeitsverhältnissen, die mit sachlichem Grund und ohne sachlichen Grund befristet werden.

774 Gemäß § 30 Abs. 2 S. 1 TVöD/TV-L sind kalendermäßig befristete Arbeitsverträge **mit sachlichem Grund** i. S. v. § 14 Abs. 1 TzBfG nur zulässig, wenn die Dauer des einzelnen Vertrages fünf Jahre nicht übersteigt. § 23 TzBfG bleibt hiervon unberührt. Der Bezug auf den Einzelvertrag in § 30 Abs. 2 S. 1 TVöD/TV-L ermöglicht die Aneinanderreihung mehrerer (für die Höchstdauer von fünf Jahren) befristeter Arbeitsverträge, auch wenn dadurch in der Addition aller befristeten Arbeitsverträge die Fünf-Jahres-Grenze überschritten wird. Wenn die persönlichen und sachlichen Voraussetzungen erfüllt sind (Art. 30 Abs. 2 GG), sind Beschäftigte mit einem Arbeitsvertrag gemäß § 30 Abs. 2 S. 1 TVöD/TV-L bei der Besetzung von Dauerarbeitsplätzen bevorzugt zu berücksichtigen (§ 30 Abs. 2 S. 2 TVöD/TV-L). Die Probezeit für aus sachlichem Grund befristete Arbeitsverträge i. d. S. beträgt sechs Monate. Innerhalb der Probezeit kann der Arbeitsvertrag mit einer Frist von zwei Wochen zum Monatsschluss gekündigt werden (§ 30 Abs. 4 TVöD/TV-L).

775 Befristete Arbeitsverträge **ohne sachlichem Grund** dürfen sechs Monate nicht unterschreiten, sollen aber in der Regel zwölf Monate nicht überschreiten [Soll-Vorschrift!] (§ 30 Abs. 3 S. 1 TVöD/TV-L). Eine Befristung ohne Sachgrund ist aber nur nach Maßgabe des § 14 Abs. 2, 2a und 3 TzBfG zulässig. Die Höchstdauer der Befristung beträgt also auch im Geltungsbereich des TVöD/TV-L zwei Jahre. Vor Ablauf des Arbeitsvertrages besteht für den Arbeitgeber eine Überprüfungspflicht dahingehend, ob eine Weiterbeschäftigung (befristet oder unbefristet) möglich ist (§ 30 Abs. 3 S. 2 TVöD/TV-L). Bei diesen Arbeitsverträgen gelten die Ersten sechs Wochen als Probezeit, innerhalb derer der Arbeitsvertrag mit einer Frist von zwei Wochen zum Monatsschluss gekündigt werden kann (§ 30 Abs. 4 TVöD/TV-L).

776 Absatz 5 enthält gemeinsame Sonderregelungen für beide Arten der Befristung bezüglich der Möglichkeit einer ordentlichen Kündigung nach Ablauf der Probezeit. Die Soll-Vorschrift des § 30 Abs. 3 S. 1 TVöD/TV-L wird hier wieder relevant: Eine ordentliche Kündigung ist nämlich nach § 30 Abs. 5 S. 1 TVöD/TV-L nur rechtmäßig, wenn die Vertragsdauer mindesten zwölf Monate beträgt. Insoweit weicht also das Tarifrecht vom TzBfG maßgeblich ab.

[1391] Vgl. zur Befristung von Arbeitsverträgen im öffentlichen Dienst aus dem Sachgrund der Vertretung (§ 14 Abs. 1 S. 2 Nr. 3 TzBfG i. V. mit Nr. 1 c SR 2 y BAT/ 30 TVöD) und aus Haushaltsgründen (§ 14 Abs. 1 S. 2 Nr. 7 TzBfG i. V. mit Nr. 1 a SR 2 y BAT/ 30 TVöD) Mennemeyer/Keysers, NZA 2008, 670 f., m. w. N.
[1392] § 30 TVöD/TV-L ist eine der wenigen Vorschriften im TVöD/TV-L, die die Trennung des Tarifgebietes in West und Ost und die Unterscheidung zwischen Angestellten und Arbeitern noch aufrechterhält.
[1393] Siehe hierzu Fritz, ZTR, 2006, 7 ff.

Darüber hinaus werden für diese Kündigung von der Dauer der Beschäftigung in 777
einem oder mehreren aneinandergereihten Arbeitsverhältnissen bei demselben Arbeitgeber abhängige Kündigungsfristen festgelegt (§ 30 Abs. 3 S. 2 TVöD/TV-L). Die Protokollerklärung zu Absatz 5 stellt klar, dass weitere vereinbare Probezeiten bei mehreren aneinandergereihten Arbeitsverhältnissen nicht zu einer Verkürzung der Kündigungsfrist führen.

2. Benachteiligungsverbot

§ 4 Abs. 2 TzBfG enthält ein einheitliches Verbot einer sachlich nicht gerechtfertigten Benachteiligung wegen einer befristeten Beschäftigung. § 4 Abs. 2 S. 2 TzBfG 778
konkretisiert das allgemeine Benachteiligungsverbot des Satzes 1 hinsichtlich des Arbeitsentgelts und anderer teilbarer geldwerter Leistungen.[1394]

3. Bedingtes Arbeitsverhältnis

Vom befristeten Arbeitsverhältnis, das mit dem Ablauf der Zeit endet, für die es 779
eingegangen ist, also mit einem sicher eintretenden Ereignis, ist das **auflösend bedingte** Arbeitsverhältnis zu unterscheiden. Dabei wird vereinbart, dass das Arbeitsverhältnis mit dem Eintritt eines zukünftigen ungewissen Ereignisses automatisch endet (vgl. § 158 Abs. 2 BGB). So könnte beispielsweise ein Arbeitsverhältnis mit einem Musiker unter der auflösenden Bedingung vereinbart werden, dass er ein Probespiel vor dem Orchester nicht besteht. Nach § 21 TzBfG gelten § 4 Abs. 2, § 5, § 14 Abs. 1 und 4, § 15 Abs. 2, 3 und 5 sowie die §§ 16 bis 20 des Gesetzes für Arbeitsverträge, die unter einer auflösenden Bedingung geschlossen werden. Daraus folgt insbesondere das Erfordernis eines sachlichen Grundes, der Schriftform, die Anwendbarkeit der Regelungen über das Ende eines zweckbefristeten Arbeitsvertrages, die Kündbarkeit, die Fortsetzung über das vorgesehene Ende hinaus, die Folgen unwirksamer Befristung und die Anrufung des Arbeitsgerichts.[1395]

Unproblematisch ist der Abschluss eines Arbeitsvertrag unter einer aufschiebenden Bedin- 780
gung (vgl. § 158 Abs. 1 BGB), etwa mit dem Inhalt, dass der Vertrag erst wirksam werden soll, wenn der zukünftige Arbeitnehmer nach einem ärztlichen Gutachten tropentauglich ist, weil dadurch der Kündigungsschutz nicht berührt wird.

III. Das Probearbeitsverhältnis

Fast jeder Arbeitsvertrag enthält heute einen sogenannten Probevorbehalt. Die 781
Formulierungen dazu lauten meistens: „Die Ersten ... Monate gelten als Probezeit.", „Die Probezeit beträgt ... Monate." oder „Die Ersten ... Monate der Beschäftigung gelten als Probezeit".[1396]

Fraglich ist, ob durch eine solche Vereinbarung ein auf die vereinbarte Probezeit 782
befristetes oder ein von Anfang an unbefristetes Arbeitsverhältnis zustandekommt.

[1394] Vgl. dazu BAG, 11.12. 2003, NZA 2004, 723 f. Zum Ausschluss befristet beschäftigter Arbeitnehmer aus der betrieblichen Altersversorgung vgl. Ars/Teslau, NZA 2006, 297 f., m. w. N.
[1395] Vgl. dazu BAG, 2. 7. 2003, AuR 2004 233 f.; 23. 6. 2004, NZA 2005, 520 f.; Kliemt, NZA 2001, 296 f. (303, 304); Hromadka, BB 2001, 621 f.; ders., NJW 2001, 400 f. (405); v. Koppenfels-Spies, AuR 2004, 209 f.
[1396] Zur Berechnung des Ablaufs der Probezeit, wenn sich die Parteien über die Arbeitsaufnahme für einen bestimmten Arbeitstag verständigt haben und der schriftliche Arbeitsvertrag erst an diesem Tag nach Arbeitsbeginn unterzeichnet wird BAG, 27. 6. 2002, NZA 2003, 377 f.

Die bloße Vereinbarung einer Probezeit begründet kein auf diese Zeit befristetes, sondern ein von Anfang an unbefristetes Arbeitsverhältnis. Die Parteien des Arbeitsvertrages können jedoch ein selbständiges auf die Probezeit befristetes Arbeitsverhältnis eingehen. Dafür ist allerdings erforderlich, dass dies im Arbeitsvertrag eindeutig zum Ausdruck gebracht wird.[1397] Hierzu werden folgende Formulierungen verwendet: „Das Arbeitsverhältnis ist bis zum Ablauf der Probezeit befristet", „Der Vertrag wird auf die Dauer von ... Monaten auf Probe abgeschlossen und endet mit dem Ablauf der Probezeit" oder „Das Arbeitsverhältnis endet mit dem Ablauf der Probezeit, sofern es nicht zuvor verlängert wird".

783 Handelt es sich um ein **von Anfang an unbefristetes Arbeitsverhältnis mit Probezeit** und nicht um ein auf die Probezeit befristetes, so gilt nach § 622 Abs. 3 BGB längstens für die Dauer von sechs Monaten eine Kündigungsfrist von zwei Wochen. Diese Mindestkündigungsfrist kann durch Tarifvertrag, nicht dagegen im Arbeitsvertrag verkürzt werden (§ 622 Abs. 4, Abs. 5 S. 1 BGB). Mit ihr kann bis zum letzten Tag der Probezeit gekündigt werden. Der Lauf der Kündigungsfrist kann also auch nach Ablauf der Probezeit liegen. Würde man nämlich verlangen, dass die Kündigung so rechtzeitig erfolgt, dass der Ablauf der Kündigungsfrist innerhalb der Probezeit erfolgt, so würde dies zu einer Verkürzung der Probezeit führen.[1398]

Für die Dauer der Probezeit gibt es beim unbefristeten Arbeitsverhältnis keine Grenzen. Der Grund dafür liegt darin, dass nach sechs Monaten Probezeit die gesetzlichen Kündigungsfristen des § 622 Abs. 1 und 2 BGB gelten.

784 Handelt es sich um ein selbständiges **auf die Probezeit befristetes Arbeitsverhältnis**, so endet es automatisch mit dem Ablauf der Probezeit, ohne dass es gekündigt zu werden braucht. Die Vorschriften, die den Schutz des Arbeitnehmers vor Kündigungen bezwecken (Kündigungsschutz), finden keine Anwendung.

In der Vereinbarung einer Probezeit ohne eine ausdrückliche Kündigungsregelung ist eine stillschweigende Vereinbarung der gesetzlichen (§ 622 Abs. 3 BGB) bzw. tariflich zulässigen Mindestkündigungsfrist zu sehen und damit die Vereinbarung der ordentlichen Kündbarkeit des befristeten Arbeitsverhältnisses.[1399]

Der Wunsch des Arbeitgebers, die Eignung des Arbeitnehmers zu erproben, ist als sachlich gerechtfertigter Grund für den Abschluss eines auf die Probezeit befristeten Arbeitsvertrages anerkannt (§ 14 Abs. 1 S. 2 Nr. 5 TzBfG).[1400]

785 Die Dauer der Probezeit darf beim hierauf befristeten Arbeitsverhältnis, abgesehen von der in § 14 Abs. 2 TzBfG vorgesehenen Möglichkeit der Befristung, grundsätzlich sechs Monate nicht überschreiten. Nur wenn der Arbeitgeber wegen der besonderen Anforderungen des Arbeitsplatzes Eignung und Leistung des Arbeitnehmers nicht innerhalb von sechs Monaten genügend beurteilen kann, kann eine längere Probezeit vereinbart werden. Für die Angemessenheit derartiger längerer Probezeiten können die Regelungen in den einschlägigen Tarifverträgen Anhaltspunkte geben.[1401]

Ist zwischen den Parteien eines Arbeitsverhältnisses streitig, ob ein von Anfang an unbefristetes Arbeitsverhältnis mit Probezeit oder ein auf die Probezeit befristetes Arbeitsverhältnis vorliegt, so muss der **Arbeitgeber beweisen**, dass ein auf die Probezeit befristetes Arbeitsverhältnis vereinbart wurde. Kann dies nicht bewiesen werden, so ist also von einem von Anfang an unbefristeten Arbeitsverhältnis mit Probezeit auszugehen.

[1397] BAG, AP Nr. 3 zu § 620 BGB, Probearbeitsverhältnis; BAG, BB 1978, 1264 f.
[1398] BAG, AP Nr. 1 zu § 53 BAT.
[1399] BAG, 4. 7. 2001, ZTR 2002, 127 f., m. w. N.
[1400] BAG, AP Nr. 26 zu § 620 BGB, Befristeter Arbeitsvertrag; BAG, BB 1978, 1264.
[1401] BAG, BB 1978, 1264.

Ein Probearbeitsverhältnis und seine Dauer können **gesetzlich vorgeschrieben** 786
sein. § 20 des **Berufsbildungsgesetzes** bestimmt, dass das Berufsausbildungsverhältnis mit der Probezeit beginnt und dass die Probezeit mindestens einen Monat betragen muss und höchstens vier Monate betragen darf. Ist also in einem Berufsausbildungsvertrag nichts über eine Probezeit vereinbart, so besteht dennoch eine solche, und zwar für die Dauer von einem Monat. Ist dagegen eine Probezeit von mehr als vier Monaten vereinbart, so besteht eine solche für die Dauer von vier Monaten. § 20 BBiG verbietet ein auf die Probezeit befristetes Berufsausbildungsverhältnis. Dies ergibt sich daraus, dass das Gesetz vorschreibt, dass das Berufsausbildungsverhältnis mit der Probezeit „beginnt".

Wehr- und Zivildienstzeiten werden nicht auf die Probezeit angerechnet; sie verlängert sich um diese Zeiten (§§ 6 Abs. 3 ArbPlSchG, 78 ZDG). 787

TVöD/TV-L

Nach § 2 Abs. 4 S. 1 TVöD/TV-L gelten die Ersten sechs Monate der Beschäftigung als Probezeit, es kann im Arbeitsvertrag eine kürzere Probezeit vereinbart werden, nicht aber eine längere. Enthält also der Arbeitsvertrag mit einem Arbeitnehmer, für den der TVöD/TV-L gilt, keine Vereinbarung über eine Probezeit, so besteht eine solche für die Dauer von sechs Monaten. 788

Eine Probezeit besteht nicht und kann auch nicht wirksam vereinbart werden, 789
wenn der Angestellte im unmittelbaren Anschluss an ein erfolgreich abgeschlossenes Ausbildungsverhältnis in ein Arbeitsverhältnis übernommen wird (§ 2 Abs. 4 S. 2 TVöD/TV-L). Obwohl die Vorschrift dies nicht ausdrücklich bestimmt, ist nach dem Sinn der Ausnahmeregelung erforderlich, dass die Einstellung in einer Tätigkeit erfolgt, für die der Angestellte ausgebildet wurde. Darüber hinaus sieht die Vorschrift keine besonderen Voraussetzungen vor. Insbesondere ist nicht Voraussetzung, dass der Auszubildende nach einem bestimmten Tarifvertrag ausgebildet wurde und dass die Einstellung bei derselben Dienststelle oder bei demselben Betrieb erfolgt.[1402]

Eine zeitliche Begrenzung der Probezeit in einem Tarifvertrag, so wie dies in § 2 790
Abs. 4 TVöD/TV-L erfolgt ist, schließt nicht aus, dass der Arbeitsvertrag auf die Probezeit befristet abgeschlossen wird.[1403] Wenn § 2 Abs. 4 TVöD/TV-L wegen einer fehlenden anderslautenden eindeutigen Formulierung von einem von Anfang an unbefristeten Arbeitsverhältnis mit Probezeit ausgeht, so ist es dennoch möglich, einen Arbeitsvertrag abzuschließen, der auf die Probezeit befristet ist und damit nach ihrem Ablauf ohne weiteres endet.[1404]

Zwar gelten nach dem Wortlaut des § 2 Abs. 4 TVöD/TV-L die ersten sechs Monate der Beschäftigung als Probezeit, sie beginnt aber dennoch mit dem im Arbeitsvertrag vereinbarten Termin der Einstellung, der nicht mit der tatsächlichen Arbeitsaufnahme übereinstimmen muss. Dies ergibt sich aus § 34 Abs. 3 TVöD/TV-L, der die Beschäftigungszeit definiert und dabei auf das rechtliche Bestehen des Arbeitsverhältnisses abstellt. 791

[1402] Anders noch § 5 Abs. 1 BAT. Umstritten ist daher, ob im Rahmen von § 2 Abs. 4 TVöD/TV-L nicht auch angenommen werden kann, dass das Ausbildungsverhältnis beim gleichen Arbeitgeber absolviert sein muss, der nun die Einstellung vornimmt. Dafür spricht, dass der Arbeitgeber ansonsten gezwungen wäre, auf eine Probezeit zu verzichten, obwohl er die Kenntnisse und Fähigkeiten dieses Beschäftigten nicht kennt. Darüber hinaus legt der Begriff „Übernahme" eine solche Auslegung nahe.
[1403] BAG, AP Nr. 1 zu § 620 BGB, Befristeter Arbeitsvertrag.
[1404] BAG, 31. 8. 1994, ZTR 1995, 166 f. (168).

792 Bis zum Ende des sechsten Monats seit Beginn des Arbeitsverhältnisses beträgt nach § 34 Abs. 1 S. 1 TVöD/TV-L die Kündigungsfrist zwei Wochen zum Monatsschluss. Es handelt sich dabei um eine abweichende Regelung im Sinne von § 622 Abs. 4 BGB. Die kurze Frist gilt nicht, wenn der Arbeitsvertrag auf die Probezeit befristet abgeschlossen wurde. In diesem Fall ist das Arbeitsverhältnis, wenn im Arbeitsvertrag nichts anderes vereinbart ist, während der Befristung auf die Probezeit überhaupt nicht ordentlich kündbar (§ 15 Abs. 3 TzBfG, Umkehrschluss aus § 620 Abs. 2 BGB).

793 Fraglich ist, ob die in § 2 Abs. 4 TVöD/TV-L festgelegte Höchstdauer der Probezeit auch dann eingehalten werden muss, wenn der Arbeitsvertrag auf die Probezeit befristet abgeschlossen wird, oder ob trotz der Regelung in § 2 Abs. 4 TVöD/TV-L ein über sechs Monate hinausgehendes befristetes Probearbeitsverhältnis wirksam abgeschlossen werden kann. Uttlinger/Breier u. a.[1405] waren bei der gleichlautenden Vorschrift des § 5 BAT der Ansicht, dass die Sonderregelungen zum BAT für Zeitangestellte, Angestellte für Aufgaben von begrenzter Dauer und für Aushilfsangestellte (SR 2 y BAT) den Abschluss von Probearbeitsverhältnissen nicht einschränken und gleichrangig neben § 5 BAT stehen. Sie hielten deshalb den Abschluss von auf die Probezeit befristeten Arbeitsverträgen auch dann für zulässig, wenn die Probezeit und damit die Befristung länger als sechs Monate beträgt. In der Vorauflage wurde dieser Auffassung nicht gefolgt.

794 Nach der Rechtsprechung des BAG ist die höchstens sechsmonatige Probezeit des § 2 Abs. 4 S. 1 TVöD/TV-L in dem strittigen Fall nicht verletzt, da sich § 2 Abs. 4 nur mit der Dauer einer vorgeschalteten Probezeit befasse, jedoch keine Regelungen für befristete Probearbeitsverhältnisse enthielte. Mit der Aufhebung des SR 2 y BAT und der Neufassung des Teilzeitbefristungsgesetzes in § 14 Abs. 1 S. 2 Nr. 5 TzBfG, in der die Befristung zur Erprobung normiert wurde, ist dieser Auffassung zu folgen. Die zulässige Dauer einer Befristung nach § 14 Abs. 1 S. 2 Nr. 5 TzBfG richtet sich nach dem Erprobungszweck. In der Regel wird auch hier von der für das vorgeschaltete Probearbeitsverhältnis tarifvertraglich vorgesehenen Probezeit von sechs Monaten auszugehen sein. Jedoch kann eine längere Probezeit vereinbart werden, wenn von vornherein feststeht, dass die Arbeitsleistung nicht innerhalb des tarifvertraglich vorgesehenen Zeitraums beurteilt werden kann.

IV. Das Teilzeitarbeitsverhältnis[1406]

795 Ein Teilzeitarbeitsverhältnis liegt vor, wenn ein Arbeitsverhältnis begründet wird, für das eine kürzere als die betriebsübliche Arbeitszeit vereinbart wird. Nach § 2 Abs. 1 TzBfG ist ein Arbeitnehmer teilzeitbeschäftigt, dessen regelmäßige Wochenarbeitszeit kürzer ist als die eines vergleichbaren vollzeitbeschäftigten Arbeitnehmers. Ist eine **regelmäßige Wochenarbeitszeit nicht vereinbart**, so ist ein Arbeitnehmer teilzeitbeschäftigt, wenn seine regelmäßige Arbeitszeit im Durchschnitt eines bis zu einem Jahr reichenden Beschäftigungszeitraums unter der eines vergleichbaren vollzeitbeschäftigten Arbeitnehmers liegt. **Vergleichbar** ist ein vollzeitbeschäftigter

---

[1405] Erl. 11 zu § 5 BAT.
[1406] Vgl. dazu Beckschulze, DB 2000, 2598 f.; Dassau, ZTR 2001, 64 f.; Hromadka, NJW 2001, 400 f.; Kliemt, NZA 2001, 63 f.; Lindemann, BB 2001, 146 f.; Preis/Gotthardt, DB 2001, 145 f.; Schloßer, BB 2001, 411 f.; Rolfs, RdA 2001, 129 f.; Straub, NZA 2001, 919 f.; Hanau, NZA 2001, 1168 f.; Buschmann, AuR 2001, 437 f., zur Gegenleistung bei der Reduzierung der Leistung nach dem TzBfG vgl. Kelber/Zeißig, NZA 2001, 577 f., zum sozialversicherungsrechtlichen Schutz von Teilzeitbeschäftigten vgl. Marschner, DB 2004, 1206 f.

G. Besondere Arbeitsverhältnisse

Arbeitnehmer des Betriebes mit derselben Art des Arbeitsverhältnisses und der gleichen oder einer ähnlichen Tätigkeit. Gibt es im Betrieb keinen vergleichbaren vollzeitbeschäftigten Arbeitnehmer, so ist der vergleichbare vollzeitbeschäftigte Arbeitnehmer auf Grund des anwendbaren Tarifvertrages zu bestimmen; in allen anderen Fällen ist darauf abzustellen, wer im jeweiligen Wirtschaftszweig üblicherweise als vergleichbarer vollzeitbeschäftigter Arbeitnehmer anzusehen ist. Teilzeitbeschäftigt ist nach § 2 Abs. 2 TzBfG auch ein Arbeitnehmer,
 wenn das Arbeitsentgelt aus der Beschäftigung regelmäßig im Monat 400 Euro nicht übersteigt
 oder die Beschäftigung innerhalb eines Kalenderjahres auf längstens zwei Monate oder 50 Arbeitstage nach ihrer Eigenart begrenzt zu sein pflegt oder im Voraus vertraglich begrenzt ist, es sei denn, dass die Beschäftigung berufsmäßig ausgeübt wird und ihr Entgelt 400 Euro im Monat übersteigt
 (geringfügige Beschäftigung, § 8 Abs. 1 Nr. 1 SGB IV).
Derartige Verträge werden abgeschlossen, um Arbeitskräfte auf dem Arbeitsmarkt zu gewinnen, die aus irgendwelchen Gründen kein Vollzeitarbeitsverhältnis eingehen können, um zeitweise höheren Arbeitsanfall zu bewältigen, besonders belastende Arbeiten ausführen zu lassen, denen ein vollzeitbeschäftigter Arbeitnehmer nicht gewachsen ist, oder um ältere Arbeitnehmer, die nicht mehr ganztätig arbeiten können oder wollen, der Dienststelle oder dem Betrieb zu erhalten. Teilzeitarbeit wurde schon immer ganz überwiegend von Frauen ausgeübt.

Arbeitnehmer haben unter bestimmten Voraussetzungen einen **Anspruch** auf Teilzeitarbeit.[1407] Diese **Voraussetzungen** sind: 796
1. Das Arbeitsverhältnis des Arbeitnehmers muss länger als sechs Monate bestanden haben (§ 8 Abs. 1 TzBfG) und
2. der Arbeitgeber muss in der Regel mehr als 15 Arbeitnehmer beschäftigen (§ 8 Abs. 7 TzBfG). Dabei werden Teilzeitbeschäftige und damit auch geringfügig Beschäftigte voll gezählt, Auszubildende bleiben dagegen nach dem Gesetzeswortlaut unberücksichtigt,[1408] weil Auszubildende unbestrittenermaßen keine Arbeitnehmer sind.

Fraglich ist, ob das Arbeitsverhältnis **ohne Unterbrechung** länger als sechs Monate bestanden haben muss, weil anders als beispielsweise in § 1 Abs. 1 S. 1 KSchG, § 15 Abs. 7 S. 1 Nr. 2 BErzGG und in § 90 Abs. 1 Nr. 1 SGB IX eine entsprechende Formulierung fehlt. Es handelt sich dabei wohl um ein Redaktionsversehen, weil anderenfalls ein nicht gewollter Anspruch auf Teilzeitbeschäftigung bestehen würde, wenn vor längerer Zeit zu demselben Arbeitgeber ein länger als sechs Monate währendes Arbeitsverhältnis oder mehrere Arbeitsverhältnisse von zusammen länger als sechs Monate bestanden haben.[1409]

Zweifellos können nach meiner Ansicht auch Arbeitnehmer in einem **befristeten Arbeitsverhältnis** den Anspruch geltend machen, weil eine anderslautende Einschränkung nicht besteht.

Fraglich ist weiter, ob der **Ablauf der Wartefrist auf den Beginn der Teilzeitarbeit oder auf ihre Geltendmachung abstellt.** Nach wohl zutreffender Ansicht kann ein Arbeitnehmer erst nach Ablauf der Ersten sechs Monate seines Arbeitsverhältnisses den Anspruch auf Teilzeitarbeit geltend machen mit der Folge, dass nach einer Mindestankündigungsfrist von drei Monaten frühestens nach Ablauf von neun Monaten und einem Tag die Teilzeitarbeit beginnen kann. An-

---

[1407] Vgl. dazu Hanau, NZA 2001, 1168 f. (1168–1173); Berger-Delhey, ZTR 2001, 453 f. Zur prozessualen Durchsetzung Grobys/Bram, NZA 2001, 1175 f., zum einstweiligen Rechtsschutz Gotthardt, NZA 2001, 1183 f.; Berger-Delhey, ZTR 2002, 371 f.; Dütz, AuR 2003, 161 f., zum Streitwert des Anspruchs Ennemann, NZA 2001, 1190 f., zum Antrag auf befristete Verringerung der Arbeitszeit BAG, 12. 9. 2006, NZA 2007, 253 f.
[1408] Beckschulze, DB 2000, 2598 f. (2598); Hromadka, NJW 2001, 400 f. (401); Kliemt, NZA 2001, 63 f. (64); Lindemann; BB 2001, 146 f. (148).
[1409] Preis/Gotthardt, DB 2001, 145 f. (149); Gaul/Wisskirchen, BB 2000, 2466 f. (2467).

derenfalls nämlich würde sich der Arbeitnehmer der Gefahr der Kündigung aussetzen, weil der allgemeine Kündigungsschutz gemäß § 1 Abs. 1 KSchG in den ersten sechs Monaten des Arbeitsverhältnisses noch nicht besteht.[1410]

Fraglich ist schließlich, ob bei der Wartefrist auf den Bestand des Arbeitsverhältnisses im Unternehmen oder nur im Betrieb abzustellen ist, ob also der Wechsel von einem Betrieb des Unternehmens in einen anderen desselben Unternehmens die Wartefrist verlängert. Aus der Formulierung des Gesetzes „dessen Arbeitsverhöltnis länger als sechs Monate bestanden hat" folgt nach meiner Ansicht, dass die Wartefrist **unternehmensbezogen** ist.[1411]

Obwohl in der Literatur einhellig die Auffassung vertreten wird, dass bei der Ermittlung der **Mindestbeschäftigtenzahl** des § 8 Abs. 7 TzBfG die Auszubildenden nicht mitzuzählen sind, bestehen meiner Meinung nach Zweifel daran. Die Vorschrift ist nicht eindeutig formuliert. Die Worte „unabhängig von der Anzahl der Personen in Berufsbildung" können nämlich auch bedeuten, dass die Beschäftigtenzahl 15 unabhängig davon zu ermitteln ist, ob darunter Auszubildende sind oder nicht. Die Zweifel ergeben sich insbesondere auch deshalb, weil der Gesetzgeber im TzBfG nicht die allgmein bekannte und eindeutige Formulierung z. B. aus § 23 Abs. 1 S. 2 KSchG „ausschließlich der zu ihrer Berufsbildung Beschäftigten" gebraucht hat.

797   Die **Geltendmachung des Anspruchs** des Arbeitnehmers auf Teilzeitbeschäftigung unterliegt einer bestimmten **Sytematik**:[1412]

1. Nach § 8 Abs. 2 TzBfG muss der Arbeitnehmer die Verringerung und den Umfang der Verringerung seiner Arbeitszeit spätestens drei Monate vor dem beabsichtigten Beginn beim Arbeitgeber **geltend machen**. Dabei soll er auch die gewünschte Verteilung der Arbeitszeit (vormittags, nachmittags, nur an bestimmten Tagen) angeben.[1413] Eine Form für die Geltendmachung ist nicht vorgeschrieben.[1414] Die Frist bestimmt sich nach den §§ 187 Abs. 1, 188 Abs. 2 BGB.[1415] Ein zu kurzfristig gestelltes Teilzeitverlangen ist der Auslegung zugänglich. Es kann so ausgelegt werden, dass es sich hilfsweise auf den Zeitpunkt richtet, zu dem der Arbeitnehmer die Verringerung frühestmöglich verlangen kann.[1416] Weil es sich bei dem Erfordernis der Angabe der gewünschten Verteilung um eine Sollvorschrift handelt, führt die rechtzeige Geltendmachung des Verringerungswunsches nicht aber der angstrebten Neuverteilung dazu, dass die Verteilung dann dem Direktionsrecht des Arbeitgebers unterliegt, wobei allerdings wegen der Fürsorgepflicht berechtigte Interessen des Arbeitnehmers zu berücksichtigen sind.

2. Nach der Geltendmachung der gewünschten Veränderungen hat zwischen Arbeitgeber und Arbeitnehmer eine **Erörterung** stattzufinden mit dem Ziel, sowohl hinsichtlich des Umfangs der Verringerung als auch der Verteilung der Arbeitszeit zu einer einvernehmlichen Lösung zu gelangen (§ 8 Abs. 3 TzBfG). Die Parteien haben also einen Einigungsversuch zu unternehmen.

3. Kommt es bei dieser Erörterung zu einer **einvernehmlichen Lösung, so gilt** frühestens drei Monate nach Geltendmachung der Vorstellungen durch den Arbeitnehmer **die neue Arbeitszeit**, es sei denn die Parteien haben sich dabei auf einen früheren Beginn geeinigt.

4. Will der Arbeitgeber das Teilzeitbegehren und/oder die gewünschte Arbeitszeitverteilung **ablehnen**, so hat er seine diesbezügliche Entscheidung dem Arbeitnehmer spätestens einen Monat vor dem gewünschten Beginn der Verringerung **schriftlich**

[1410] Lindemann, BB 2001, 146 f. (148); Kliemt, NZA 2001, 63 f. (64, 65); Preis/Gotthardt, DB 2001, 145 f. (149).
[1411] So auch Lindemann, BB 2001, 146 f. (148); a. A. Schiefer, DB 2000, 2118 f. (2119).
[1412] Vgl. dazu allgemein BAG, 18. 2. 2003, NZA 2003, 1392 f.
[1413] Zu den Anforderungen BAG, 16. 10. 2007, NZA 2008, 289 f.
[1414] Vgl. dazu Hopfner, DB 2001, 2144 f.
[1415] BAG, 14. 10. 2003, NZA 2004, 975 f.
[1416] BAG, 20. 7. 2004, NZA 2004, 1090 f.

G. Besondere Arbeitsverhältnisse

mitzuteilen (§ 8 Abs. 5 S. 1 TzBfG). Der Arbeitgeber kann die Wünsche des Arbeitnehmers nur ablehnen, soweit betriebliche Gründe entgegenstehen (§ 8 Abs. 4 S. 1 TzBfG).[1417] Das Gesetz zählt betriebliche Gründe beispielhaft („insbesondere") auf (§ 8 Abs. 4 S. 2 TzBfG).[1418] Ablehnungsgründe können auch durch Tarifvertrag festgelegt werden. Die tarifvertraglich geregelten Ablehungsgründe können im Geltungsbereich des Tarifvertrages auch zwischen nicht tarifgebundenen Arbeitnehmern und Arbeitgebern vereinbart werden, etwa durch Bezugnahme im Arbeitsvertrag auf den Tarifvertrag oder durch Bezugnahme auf die tariflichen Ablehnungsgründe (§ 8 Abs. 4 Sätze 3 und 4 TzBfG). Ist der Arbeitnehmer mit der Ablehnung nicht einverstanden, so muss er **Klage erheben**. Dann entscheiden die Gerichte für Arbeitssachen darüber, ob die betrieblichen Gründe die Ablehnung rechtfertigen. Beinhalten die tariflich festgelegten Ablehnungsgründe Beurteilungsspielräume, so unterliegen auch diese der gerichtlichen Nachprüfung.[1419]

5. Haben sich Arbeitgeber und Arbeitnehmer über die Verringerung der Arbeitszeit und/oder über die Verteilung der Arbeitszeit nicht geeinigt und hat der Arbeitgeber die Arbeitszeitverringerung und/oder die gewünschte Verteilung der Arbeitszeit nicht spätestens einen Monat vor dem gewünschten Beginn schriftlich abgelehnt, so verringert sich die Arbeitszeit in dem vom Arbeitnehmer gewünschten Umfang und/oder gilt die Verteilung der Arbeitszeit entsprechend den Wünschen des Arbeitnehmers als festgelegt (§ 8 Abs. 5 Sätze 2 und 3 TzBfG). Auf diese Weise werden also die vom Arbeitnehmer geltend gemachten Wünsche kraft Gesetzes zu Inhalt des Arbeitsvertrages (**fingierte Vertragsänderung**). Läßt sich der Arbeitgeber auf eine Erörterung der Wünsche des Arbeitnehmers gemäß § 8 Abs. 3 TzBfG nicht ein, so führt dies weder zu einer fingierten Vertragsänderung gemäß § 8 Abs. 5 Sätze 2 und 3 TzBfG noch zur Verwirkung des Ablehnungsrechts nach § 8 Abs. 5 S. 1 TzBfG. Eine derartige Rechtsfolge hätte im Gesetz ausdrücklich vorgesehen werden müssen.[1420]

Der Arbeitgeber kann nach § 8 Abs. 5 S. 4 TzBfG die vereinbarte oder kraft Gesetzes Vertragsinhalt gewordene Verteilung der Arbeitszeit, nicht hingegen die Verringerung, einseitig wieder ändern. Voraussetzung dafür ist, dass das betriebliche Interesse daran die Interessen des Arbeitnehmers an der Beibehaltung erheblich überwiegt und der Arbeitgeber die Änderung spätestens einen Monat vorher ankündigt. Auch diese Maßnahme unterliegt der gerichtlichen Nachprüfung.

6. Eine **erneute Verringerung** der Arbeitszeit kann der Arbeitnehmer nicht vor Ablauf von zwei Jahren verlangen. Dies gilt auch, wenn der Arbeitgeber den Teilzeitanspruch berechtigt abgelehnt hat (§ 8 Abs. 6 TzBfG).

Nach § 9 TzBfG hat der Arbeitgeber einen teilzeitbeschäftigten Arbeitnehmer, der ihm den Wunsch nach einer **Verlängerung** seiner vertraglich vereinbarten Arbeitszeit angezeigt hat, bei der Besetzung eines entsprechenden freien Arbeitsplatzes bei gleicher Eignung **bevorzugt zu berücksichtigen**, es sei denn, dass dringende betrieb- 798

[1417] Vgl. dazu BAG, 15. 8. 2006, NZA 2007, 259 f.; 16. 10. 2007, NZA 2008, 289 f. (292, 293); 13. 11. 2007, NZA 2008, 314 f.; Mühlhausen, NZA 2007, 1264 f.; Schulte, DB 2001, 2715 f.; Reiserer/Penner, BB 2002, 1694 f.; Bayreuther, DB 2004, 1726 f.; BAG, 30. 9. 2003, NZA 2004, 382 f. (Häufung von Teilzeitwünschen); 9. 12. 2003, ZTR 2004, 428 f.; 14. 10. 2003, NZA 2004, 975 f.; 27. 4. 2004, ZTR 2005, 257 f.; 19. 4. 2005, ZTR 2006, 146 f.; 21. 6. 2005, NZA 2006, 316 f. (Unverhältnismäßige Aufwendungen für Ersatzkraft).
[1418] Vgl. dazu Hohenhaus, DB 2003, 1954 f.
[1419] Zur Streitwertberechnung bei einer Klage auf Arbeitszeitverringerung vgl. Sieger, NZA 2005, 1276 f.
[1420] BAG, 18. 2. 2003, NZA 2003, 911 f.

liche Gründe oder Arbeitszeitwünsche anderer teilzeitbeschäftigter Arbeitnehmer entgegenstehen.[1421]

Wenn ein Arbeitgeber wegen des gestiegenen Personalbedarfs neue Teilzeitarbeitsplätze einrichtet und dadurch die Aufstockung der Arbeitszeit für die bereits Teilzeitbeschäftigten objektiv verhindert, müssen für diese Maßnahme, um den Anspruch aus § 9 TzBfG nicht leer laufen zu lassen, arbeitsplatzbezogene Sachgründe vorliegen.[1422]

799 § 12 Abs. 1 TzBfG bestimmt, dass Arbeitsverträge, die vorsehen, dass der Arbeitnehmer seine Arbeitsleistung entsprechend dem Arbeitsanfall zu erbringen hat (**Arbeit auf Abruf**),[1423] eine bestimmte Dauer der wöchentlichen und täglichen Arbeitszeit festlegen müssen und dass, wenn das nicht erfolgt, eine wöchentliche Arbeitszeit von 10 Stunden als vereinbart gilt, beziehungsweise der Arbeitgeber die Arbeitsleistung des Arbeitnehmers jeweils für mindestens drei aufeinanderfolgende Stunden in Anspruch zu nehmen hat. Sogar in einem vorformulierten Arbeitsvertrag kann wirksam vereinbart werden, dass der Arbeitgeber die vom Arbeitnehmer zu erbringende wöchentliche Arbeitszeit um bis zu 25% einseitig erhöhen kann.[1424] Die Vorschrift des § 12 Abs. 1 TzBfG ist nicht nur dann anzuwenden, wenn eine Festlegung unterblieben ist, sondern zwar vertraglich eine Mindestarbeitszeit vereinbart, dem Arbeitgeber aber das Recht eingeräumt worden ist, diese im Bedarfsfalle zu überschreiten.[1425] Ist der Arbeitnehmer vereinbarungsgemäß verpflichtet, seine Arbeitsleistung entsprechend dem Arbeitsanfall zu erbringen, so ist er nach § 12 Abs. 2 TzBfG zur Arbeitsleistung nur verpflichtet, wenn der Arbeitgeber ihm die Lage seiner Arbeitszeit jeweils mindestens 4 Tage im Voraus mitteilt. Die Fristberechnung erfolgt nach den Vorschriften der §§ 186, 187 Abs. 1 und 188 Abs. 2 BGB, mithin wird der Tag der Ankündigung nicht mitgerechnet. Dem Arbeitnehmer steht es allerdings frei, auch bei einem Verstoß gegen § 12 Abs. 2 TzBfG die Arbeitsleistung doch zu erbringen. Nach § 12 Abs. 3 S. 1 TzBfG kann von den Absätzen 1 und 2 auch zuungunsten des Arbeitnehmers durch Tarifvertrag abgewichen werden (tarifdispositives Recht), wenn der Tarifvertrag Regelungen über die tägliche und wöchentliche Arbeitszeit und die Vorankündigungsfrist vorsieht. Nach Satz 2 können die tariflichen Regelungen im Geltungsbereich eines solchen Tarifvertrages auch zwischen nicht tarifgebundenen Arbeitnehmern und Arbeitgebern vereinbart werden.

800 Grundsätzlich gelten für Teilzeitarbeitsverhältnisse die Regelungen des Arbeitsrechts unverändert. Nach § 4 Abs. 1 S. 1 TzBfG darf nämlich der Arbeitgeber einen teilzeitbeschäftigten Arbeitnehmer **nicht** wegen der Teilzeitarbeit gegenüber vollzeitbeschäftigten Arbeitnehmern **schlechter behandeln**, es sei denn, dass sachliche Gründe eine unterschiedliche Behandlung rechtfertigen.[1426] Diese Vorschrift bindet auch

---

[1421] Vgl. dazu BAG, 15. 8. 2006, NZA 2007, 255 f.; 8. 5. 2007, NZA 2007, 1349 f.; 16. 9. 2008, NZA 2008, 1285 f.

[1422] BAG, 13. 2. 2007, NZA 2007, 807 f.

[1423] (früher KAPOVAZ = kapazitätsorientierte variable Arbeitszeit) Vgl. dazu Busch, NZA 2001, 593 f.; Rudolf, NZA 2002, 1012 f.

[1424] BAG, 7. 12. 2005, DB 2006, 897 f. Vgl. dazu Bauer/Günther, DB 2006, 950 f.; Hohenstatt/Schramm, NZA 2007, 238 f.

[1425] Löwisch, BB 1985, 1200 f., 1203; Schüren, NZA 1996, 1306 f.; BAG, 20. 6. 1995, NZA 1996, 597 f.

[1426] Vgl. dazu Schüren, ZTR 1992, 355 f.; Kallenborn-Schmidtke, ZTR 1993, 195 f.; Hanau, NZA 2001, 1168 f. (1173, 1174); Thüsing, ZFA 2002, 249 f. (auch zur Diskriminierung wegen Befristung); EuGH, 15. 12. 1994, BB 1995, 153 f. (Überstundenzuschläge); Hanau/Gilberg, BB 1995, 1238 f. (Bindungswirkung des Urteils des EuGH vom 15. 12. 1994 für die nationale Rechtsanwen-

die Tarifvertragsparteien.[1427] Ausdrücklich ist in Satz 2 geregelt, dass einem teilzeitbeschäftigten Arbeitnehmer Arbeitsentgelt oder eine andere teilbare geldwerte Leistung mindestens in dem Umfang zu gewähren ist, der dem Anteil seiner Arbeitszeit an der Arbeitszeit eines vergleichbaren vollzeitbeschäftigten Arbeitnehmers entspricht (zur Vergleichbarkeit § 2 Abs. 1 Sätze 3 und 4 TzBfG).[1428] Nach § 11 TzBfG ist die Arbeitgeberkündigung wegen der Weigerung eines Arbeitnehmers, von einer Vollzeit- in ein Teilzeitarbeitsverhältnis oder umgekehrt zu wechseln, unwirksam. Es sind allerdings einige Besonderheiten zu beachten.

Anspruch auf **Feiertagsentgelt** besteht im Teilzeitarbeitsverhältnis nur dann, wenn ein gesetzlicher Feiertag auf einen Arbeitstag fällt, an dem der Arbeitnehmer zu arbeiten gehabt hätte. Der ausgefallene Arbeitstag muss nicht an einem anderen Arbeitstag nachgeholt werden.[1429] 801

Arbeitet ein teilzeitbeschäftigter Arbeitnehmer regelmäßig an weniger Arbeitstagen einer Woche als ein vollzeitbeschäftigter und fehlt es an einer Regelung zur **Umwandlung des Urlaubsanspruchs**, so ist entsprechend der Handhabung bei der 802

---

dung); Stückmann, DB 1995, 826 f. (Überstundenzuschläge); Hock, ZTR 2000, 151 f. (Diskriminierung von Teilzeitkräften im BAT); BAG, 21. 11. 1991, ZTR 1992, 198 f. (Vergütung von Überstunden im öffentlichen Dienst); 11. 3. 1992, ZTR 1992, 385 f. (Bezahlung nach Jahreswochenstunden statt anteiliger Vergütung nach dem BAT); 29. 1. 1992, NZA 1992, 1037 f. (tarifliche Arbeitszeitverkürzungen); 28. 7. 1992, ZTR 1993, 22 f. (Ausschluss teilzeitbeschäftigter Arbeitnehmer von der Zusatzversorgung nach dem BAT i. V. m. dem VersTV); 25. 10. 1994, NZA 1995, 730 f. (Ausschluss von Leistungen der betrieblichen Altersversorgung allgemein); 23. 1. 1992, ZTR 1993, 80 f. (Gleichbehandlung von wissenschaftlichen Hilfskräften bei Sonderzuwendungen); 5. 11. 1992, ZTR 1993, 294 f. (Tariflohnerhöhung); 3. 3. 1993, NZA 1993, 839 (altersbedingte Pflichtstundenermäßigung für Lehrkräfte); 11. 3. 1993, ZTR 1994, 211 f. (Arbeitszeitverkürzung); 16. 6. 1993, NZA 1994, 133 (Stundenvergütung); 17. 6. 1993, ZTR 1994, 297 f. (Gewährung von Beihilfen in Krankheits-, Geburts- und Todesfällen); 23. 6. 1993, NZA 1994, 41 f. (Wechselschichtzulage, § 34 Abs. 2 BAT); 27. 7. 1994, NZA 1994, 1130 f. (Ausschluss von Teilzeitbeschäftigten einer Sparkasse der Gewährung von Sonderkonditionen für Darlehen); 15. 11. 1994, NZA 1995, 936 f. (Gleichbehandlung universitärer Lehrkräfte); 30. 3. 1995, ZTR 1996, 72 (Übergangsgeld für Arbeiter der Deutschen Bundespost; 1. 11. 1995, NZA 1996, 813 f. und 816 f. (Teilzeitbeschäftigung neben Hauptberuf); 22. 5. 1996, NZA 1996, 938 f. (Jubiläumszuwendung nach § 39 BAT); 12. 6. 1996, NZA 1997, 191 f (Versicherungsfreiheit von Studenten in der Sozialversicherung); 9. 10. 1996, NZA 1997, 728 f. (nebenberuflich tätige Angestellte gem. § 3 Buchst. n BAT); 13. 3. 1997, NZA 1997, 842 f. (Unterschiedliche Dienstzeiten für den Ausschluss einer ordentlichen Kündigung); 18. 9. 1997, NZA 1998, 153 f. (Ausschluss der ordentlichen Kündigung für Teilzeitbeschäftigte gemäß § 53 Abs. 3 BAT); 30. 9. 1998, ZTR 1999, 275 f. (Ermäßigung der Unterrichtsverpflichtung für ältere Lehrer); 14. 10. 1998, ZTR 1999, 282 f. (Anrechnung der Sozialversicherungsrente auf eine Zusatzversorgung); 15. 12. 1998, NZA 1999, 882 f. (Ausschluss von Spätarbeits- und Nachtarbeitszuschlägen); 10. 2. 1999, NZA 1999, 1001 f. (Pflegezulage gem. Anlage 1 lit. b Abschnitt A Protokollerklärung Nr. 1 Abs. 1 lit. g zum BAT); 24. 5. 2000, NZA 2001, 216 f. (Kürzung des Weihnachtsgeldes um einen festen Betrag einheitlich für Voll- und Teilzeitbeschäftigte); 16. 1. 2003, ZTR 2003, 519 f. (anteilmäßige Reduzierung der Unterrichtsverpflichtung für ältere, teilzeitbeschäftigte Lehrer); 15. 4. 2003, ZTR 2003, 563 f. (anteilges Urlaubsgeld); 18. 3. 2003, ZTR 2004, 143 f. (Anspruch auf vorübergehende Verringerung der Arbeitszeit aus familienpolitischen Gründen nur für Vollzeitbeschäftigte, § 15 b BAT); 15. 4. 2003, NZA 2004, 494 f. (Anteilige Bemessung des tariflichen Urlaubsgeldes des öffentlichen Dienstes entsprechend dem zeitlichen Umfang der Arbeitsleistung); 15. 10. 2003, NZA 2004. 551 f. (Ausschluss teilzeitbeschäftigter Arbeitnehmer aus dem persönlichen Geltungsbereichs eines Tarifvertrages). BVerfG, 18. 2. 1993, NZA 1993, 741 (Geringere Vergütung für Teilzeitbeschäftigte, die diese Tätigkeit nur nebenberuflich ausüben); 19. 5. 1999, NZA 1999, 815 f. (Gleichstellung in der betrieblichen Altersversorgung); 16. 1. 2003, NZA 2003, 971 f. (Ermäßigung der Unterrichtsverpflichtung von Lehrern wegen Alters); 13. 2. 2007, NZA 2007, 860 f. (Höhe der Abfindung in einem Sozialplan); 25. 4. 2007, NZA 2007, 881 f. (Ungleichbehandlung im Tarifvertrag).

[1427] BAG, 15. 10. 2003, NZA 2004, 551 f.; Thüsing, ZTR 2005, 118 f.
[1428] Vgl. dazu BAG, 5. 11. 2003, ZTR 2004, 195 f. (Überstundenvergütung); 24. 9. 2008 NZA 2008, 1422 f.; Hanau, DB 2005, 946 f.
[1429] BAG, AP Nr. 5, 20 zu § 1 Feiertagslohnzahlungsgesetz.

Umrechnung eines nach Werktagen bemessenen Urlaubsanspruchs in Arbeitstage (Rdn. 687) die Gesamtdauer des Urlaubs durch die Zahl fünf zu teilen (angenommen der Urlaubsanspruch ist nach Arbeitstagen bemessen und es besteht die Fünftagewoche) und mit der Zahl der für den Arbeitnehmer maßgeblichen Zahl von Arbeitstagen zu multiplizieren.[1430]

803 **Tarifvertragliche Überstundenzuschläge** müssen erst bezahlt werden, wenn die tarifübliche Arbeitszeit überschritten wird, es sei denn, im Tarifvertrag oder Arbeitsvertrag ist etwas anderes vereinbart.[1431]

804 § 4 Abs. 1 TzBfG stellt ein Schutzgesetz im Sinne von § 823 Abs. 2 BGB dar, sodass bei Verstößen Schadensersatzansprüche in Betracht kommen.[1432]

805 Bei der nach § 23 Abs. 1 S. 2 KSchG für die Geltung des ersten Abschnitts des Gesetzes und damit für die Geltung des **Kündigungsschutzes** erforderlichen Zahl von beschäftigten Arbeitnehmern werden die Teilzeitarbeitnehmer nur mit den Einschränkungen des 23 Abs. 1 S. 3 KSchG mitgerechnet.

806 Für die **Wahlberechtigung und Wählbarkeit zur Personalvertretung** spielt keine Rolle, ob ein Teilzeitarbeitsverhältnis vorliegt.

807 Das Gesetz zur sozialrechtlichen Absicherung flexibler Arbeitszeitregelungen (**FlexiG**), das in das SGB IV eingefügt worden ist, gewährleistet die sozialrechtliche Absicherung von Mobilzeitvereinbarungen in Verblockungsmodellen. Mobilzeitvereinbarungen sehen vor, dass Arbeitnehmer in einem bestimmten Zeitraum keine Arbeitsleistung erbringen, jedoch kontinuierlich ein Arbeitsentgelt erhalten, das durch eine tatsächliche Arbeitsleistung vor oder nach der Freistellungsphase erzielt wird. Mittels Arbeitszeitkonten (Ansparkonten) erfolgt die Abrechnung der Arbeitsleistung.[1433]

808 Auch die Tarifverträge des öffentlichen Dienstes enthalten für das Teilzeitarbeitsverhältnis Vorschriften.

TVöD/TV-L

809 Nach § 1 Abs. 2 lit. m TVöD/§ 1 Abs. 2 lit. j TV-L fallen Beschäftigte des öffentlichen Dienstes nicht unter des Geltungsbereich des TVöD/TV-L, wenn sie geringfügig beschäftigt i. S. v. § 8 Abs. 1 Nr. 2 SGB IV sind.

§ 11 TVöD/TV-L regelt die Behandlung des Wunsches eines vollbeschäftigten Angestellten auf Teilzeitbeschäftigung aus bestimmten Gründen, z. B. wegen Kindererziehung,[1434] sowie eine etwaige spätere Rückkehr zur vollen Arbeitszeit. Die Regelung in § 8 TzBfG geht erheblich über die Sollvorschrift des § 11 TVöD/TV-L hinaus.[1435] Arbeitnehmer, bei denen die familiären Voraussetzungen des § 11 Abs. 1 TVöD/TV-L nicht vorliegen, können nach § 11 Abs. 2 TVöD/TV-L lediglich eine Erörterung der Möglichkeit einer Teilzeitbeschäftigung verlangen. Wenn die Voraussetzungen des § 11 Abs. 1 TVöD/TV-L allerdings gegeben sind, ist die Vorschrift

---

[1430] BAG, 5. 9. 2002, NZA 2003, 727 f.
[1431] BAG, DB 1977, 959; str., vgl. Schüren, RdA 1990, 18 f., m. w. N.
[1432] BAG, 12. 6. 1996, NZA 1997, 191 f. (193, 194). Zur Verjährung derartiger Ansprüche vgl. BAG, 24. 10. 2001, NZA 2002, 209 f.
[1433] Vgl. zur Anwendung im Rahmen der Altersteilzeitarbeit Rombach, RdA 1999, 194 f., zu den neuen gesetzlichen Rahmenbedingungen für Zeitwertkonten auf Grund des vom Bundestag am 13. 11. 2008 beschlossenen Gesetzes zur Verbesserung der Rahmenbedingungen für die Absicherung flexibler Arbeitszeitregelungen (FlexiG II; BT-Dr 16/10289; 16/10901) Langohr-Plato/Sopora, NZA 2008, 1377 f.
[1434] Vgl. dazu Kaiser, ZTR 1996, 107 f.
[1435] Vgl. dazu Feldhoff, ZTR 2006, 58 ff.

weitergehend als § 8 TzBfG. Der Arbeitgeber kann nämlich dann die Teilzeit nur ablehnen, wenn dringende dienstliche bzw. betriebliche Belange entgegenstehen, während § 8 Abs. 4 TzBfG nur betriebliche Belange fordert. Es handelt sich bei § 11 Abs. 1 TVöD/TV-L zwar um eine Sollvorschrift, der Arbeitnehmer hat aber nach der Rechtssprechung[1436] dennoch einen Anspruch, wenn die Voraussetzungen des Abs. 1 S. 1 erfüllt sind, nämlich darauf, dass die Entscheidung des Arbeitgebers willkürfrei und unter Beachtung der weiteren gesetzlichen Vorschriften zu treffen ist. Eine Entscheidung, die diesen Anforderungen nicht genügt, kann durch gerichtliches Urteil ersetzt werden (§ 315 Abs. 3 BGB).

Neu im Vergleich zur alten Regelung des § 15 b BAT ist § 11 Abs. 1 S. 4 TVöD/TV-L: Bei der Gestaltung der Arbeitszeit hat der Arbeitgeber im Rahmen der dienstlichen bzw. betrieblichen Möglichkeiten der besonderen persönlichen Situation des Beschäftigten nach S. 1 Rechnung zu tragen. Diese Pflicht ergibt sich aber auch schon nach den allgemeinen arbeitsrechtlichen Grundsätzen.

V. Gruppenarbeitsverhältnis, mittelbares Arbeitsverhältnis

Von einem Gruppenarbeitsverhältnis spricht man dann, wenn unter mehreren Arbeitnehmern nicht lediglich die üblichen Beziehungen bestehen, die in jedem Arbeitsverhältnis zwischen mehreren Arbeitnehmern desselben Arbeitgebers vorhanden sind, sondern weitergehende zwischen den einzelnen Arbeitnehmern und im Verhältnis zwischen ihnen und dem Arbeitgeber.

Man unterscheidet dabei drei Arten, nämlich die Betriebsgruppe, die Eigengruppe und das Gehilfenverhältnis (mittelbares Arbeitsverhältnis).

Bei der **Betriebsgruppe** werden die Arbeitsverträge einzeln und unabhängig voneinander mit dem Arbeitgeber abgeschlossen und die Gruppe wird erst vom Arbeitgeber zwecks Erreichung eines bestimmten Arbeitserfolges dergestalt zusammengestellt, dass hinsichtlich des Entgelts eine Gemeinschaft der Arbeitnehmer begründet wird. Beispiele hierfür sind die Bürogemeinschaft von Angestellten und die Akkordgruppe. Bildung, Zusammensetzung und Auflösung einer Betriebsgruppe unterliegen alleine dem Weisungsrecht des Arbeitgebers. Deshalb kann der Arbeitgeber auch einzelnen Gruppenmitgliedern kündigen. Jedes Gruppenmitglied kann dem Arbeitgeber kündigen.

Die Einführung einer Gruppenentlohnung bedarf dagegen der Vereinbarung mit den Arbeitnehmern der Gruppe. Möglich ist eine Vereinbarung, wonach das Gesamtentgelt dem Gruppensprecher zur Weiterführung an die einzelnen Arbeitnehmer ausgezahlt wird. Bei der Einführung einer Gruppenentlohnung steht der Personalvertretung nach § 75 Abs. 3 Nr. 4 BPersVG das volle Mitbestimmungsrecht zu. Unabhängig davon, ob das Arbeitsentgelt nach den einzelnen Forderungen oder insgesamt an den Gruppensprecher zur Weiterführung ausgezahlt wird, ist der Arbeitgeber Schuldner des Entgelts. Im Falle der Schlechterfüllung der Pflicht zur Arbeitsleistung eines Gruppenmitgliedes haften die Mitglieder der Gruppe im Zweifel nicht als Gesamtschuldner.[1437]

Von einer **Eigengruppe** spricht man dann, wenn mehrere Arbeitnehmer, bevor sie in Arbeit treten, sich zu einer Gruppe zusammenschließen und diese Gruppe als solche sich dem Arbeitgeber zur Arbeitsleistung anbietet. Typisches Beispiel dafür ist

---

[1436] BAG, 25. 1. 1994, ZTR 1994, 247 f.; 29. 11. 1995, ZTR 1996, 371 f; 18. 3. 2003, ZTR 2004, 143; 18. 5. 2004, NZA 2005, 108.
[1437] BAG, BB 1974, 1208.

die Musikkapelle. Die Gruppe kann sich die Rechtsform einer juristischen Person geben (z. B. GmbH oder Genossenschaft) oder als nicht rechtsfähiges Gebilde in Erscheinung treten (z. B. BGB-Gesellschaft oder nichtrechtsfähiger Verein). Schließt die Gruppe den Arbeitsvertrag im Namen der einzelnen Gruppenmitglieder ab, so stehen die einzelnen Gruppenmitglieder in einem Arbeitsverhältnis mit dem Arbeitgeber. Handelt es sich bei der Gruppe um eine juristische Person und schließt diese den Vertrag mit dem Arbeitgeber im eigenen Namen, so entsteht zwischen der Gruppe und dem Arbeitgeber kein Arbeitsvertrag, weil nur natürliche Personen Arbeitnehmer sein können. Es handelt sich dann je nach dem Inhalt des Vertrages um einen Dienst- oder Werkvertrag. Stellt dagegen die Gruppe ein nichtrechtsfähiges Gebilde dar und schließt sie den Vertrag im eigenen Namen, so treten die einzelnen Gruppenmitglieder in ein Arbeitsverhältnis mit dem Arbeitgeber, weil die Mitglieder des Gebildes Träger aller Rechte und Pflichten sind.

Gelangen die einzelnen Gruppenmitglieder in ein Arbeitsverhältnis, so findet darauf das Arbeitsrecht in vollem Umfang Anwendung. Das Weisungsrecht steht dem Arbeitgeber allerdings nur insoweit eingeschränkt zu, wie die Gruppenbindung reicht. Er hat alles zu unterlassen, was die Zusammensetzung und den Fortbestand der Gruppe berührt. Er kann die Entgegennahme der Arbeitsleistung verweigern, wenn die Gruppe ohne seine Zustimmung ein Mitglied ausschließt. Die Gruppe haftet bei Vertragsbruch eines Mitgliedes nur dann als Gesamtschuldner, wenn die Gruppenmitglieder die Verpflichtung übernommen haben, für die Erfüllung des Arbeitsverhältnisses einzustehen oder wenn der Vertragsbruch auf einem gemeinsamen Entschluss beruht.[1438] Im Zweifel ist die Kündigung gegenüber einem einzelnen Gruppenmitglied oder durch ein einzelnes Gruppenmitglied nicht möglich, sondern nur gegenüber oder durch alle Mitglieder. Liefert ein Gruppenmitglied einen Kündigungsgrund, so kann der ganzen Gruppe gekündigt werden. Hat ein Mitglied besonderen Kündigungsschutz, so kommt dieser der ganzen Gruppe zugute.[1439]

Entsteht zwischen dem Berechtigten und der Gruppe ein Dienst- oder Werkvertrag, so hat bei Leistungsstörungen der Berechtigte gegen die Gruppenmitglieder nur Schadensersatzansprüche aus unerlaubter Handlung. Die juristische Person haftet dagegen nach den allgemeinen Vorschriften des bürgerlichen Gesetzbuches über Vertragsverletzungen. Das Vertragsverhältnis zwischen Berechtigtem und Gruppe kann nur nach den Regeln des bürgerlichen Gesetzbuches über die Beendigung von Dienst- bzw. Werkverträgen aufgelöst werden.

814   Ein **Gehilfenverhältnis** liegt vor, wenn ein Arbeitnehmer zum Zwecke der Erfüllung seiner Arbeitspflicht gegenüber seinem Arbeitgeber eine dritte Person im eigenen Namen einstellt. Bestes Beispiel hierfür ist die Putzkolonne. Nicht um ein Gehilfenverhältnis handelt es sich dann, wenn die Person, die die dritte Person einstellt, nicht Arbeitnehmer, sondern selbständiger Unternehmer ist. Im Falle des Gehilfenverhältnisses kommt ein Arbeitsvertrag zwischen dem Arbeitgeber und der dritten Person nicht zustande, sondern zwischen dem Arbeitnehmer und der dritten Person. Die Rechtsbeziehung zwischen dem Arbeitgeber und der dritten Person nennt man mittelbares Arbeitsverhältnis. In diesem hat der Arbeitgeber die Pflicht, die notwendigen Maßnahmen zum Schutz von Leben und Gesundheit der dritten Person zu treffen, dafür zu sorgen, dass sie ihr Entgelt erhält, und den öf-

---

[1438] BAG, AP Nr. 50 zu § 4 TVG, Ausschlussfristen.
[1439] BAG, AP Nr. 1 zu § 611 BGB, Gruppenarbeitsverhältnis.

fentlichen Arbeitsschutz zu erfüllen. Wegen § 613 S. 1 BGB muss der Arbeitgeber die Dienste der dritten Person nur entgegennehmen, wenn er dem zugestimmt hat.

VI. Job-Sharing (Arbeitsplatzteilung)

Das Job-Sharing-Arbeitsverhältnis (Arbeitsplatzteilung) ist ein Gruppenarbeitsverhältnis und zugleich eine besondere Art des Teilzeitarbeitsverhältnisses. 815

Es ist insofern ein Gruppenarbeitsverhältnis, als der Arbeitsplatz unter zwei oder mehreren Arbeitnehmern aufgeteilt wird, und insofern ein Teilzeitarbeitsverhältnis, als die Arbeitnehmer, unter denen der Arbeitsplatz aufgeteilt ist, grundsätzlich nur eine kürzere Zeit als die betriebsübliche Arbeitszeit zu arbeiten verpflichtet sind. 816

Die Aufteilung kann in zeitlicher oder in funktionaler Hinsicht erfolgen. Bei der funktionalen Aufteilung übernimmt jeder Arbeitnehmer zeitlich beschränkt bestimmte Aufgaben. Die Summe dieser Aufgaben macht das Aufgabenprofil des Arbeitsplatzes aus. 817

Die Arbeitnehmer, unter denen der Arbeitsplatz aufgeteilt ist (Job-Sharer), bilden in der Regel eine Betriebsgruppe im Sinne des Gruppenarbeitsverhältnisses. Daraus folgt, dass unter ihnen nur eine tatsächliche Gemeinschaft vorhanden ist aber keine Rechtsbeziehungen bestehen. 818

Die Job-Sharer sind dann zur Leistung der ganzen Arbeit verpflichtet, wenn einer von ihnen verhindert ist. Diese Verpflichtung besteht nach § 13 Abs. 1 S. 2 TzBfG allerdings nur dann, wenn sie der Vertretung im Einzelfall zugestimmt haben. Lediglich für den Fall eines dringenden betrieblichen Bedürfnisses kann nach Abs. 1 S. 3 die Pflicht zur Vertretung auch vorab vereinbart werden, wobei aber der Arbeitnehmer zur Vertretung nur verpflichtet ist, soweit diese ihm im Einzelfall zumutbar ist. Ein dringendes betriebliches Bedürfnis ist dann gegeben, wenn Arbeiten verrichtet werden müssen, die nicht ohne Nachteile für die Dienststelle oder den Betrieb oder die Außenbeziehungen aufgeschoben werden können. Ob dem Arbeitnehmer die Vertretung zumutbar ist oder nicht, hängt von seiner jeweiligen persönlichen Lage ab. Dass durch die Vertretung die Freizeit verkürzt wird, reicht alleine zur Begründung der Unzumutbarkeit nicht aus, weil diese Verkürzung in der vorab getroffenen Vereinbarung schon angelegt ist. Vielmehr müssen besondere Umstände hinzukommen. Die Job-Sharer sind deshalb hinsichtlich der Arbeitsleistung nicht Gesamtschuldner, weil der Arbeitgeber nicht nach seinem Belieben die Arbeitsleistung ganz oder zum Teil von einem Job-Sharer fordern kann (§ 421 BGB). Deshalb besteht zwischen den Job-Sharern auch keine Ausgleichspflicht (§ 426 BGB), wenn einer von ihnen die ganze Arbeit verrichtet hat. Die Vertretungsarbeit wird besonders vergütet. Beim Job-Sharing-Arbeitsverhältnis ist also anders als beim Teilzeitarbeitsverhältnis die von der betriebsüblichen Arbeitszeit abweichende Arbeitszeit des Job-Sharers für den Fall nicht begrenzt, dass ein anderer von ihnen verhindert ist und die Voraussetzungen des § 13 Abs. 1 TzBfG vorliegen. 819

Aus dem Umstand, dass es sich bei den Job-Sharern um eine Betriebsgruppe handelt, folgt außerdem, dass im Falle der Leistungsstörung eines Job-Sharers die Mitglieder der Gruppe grundsätzlich nicht als Gesamtschuldner haften. 820

Im Job-Sharing-Arbeitsverhältnis ist den Job-Sharern die Verteilung der Arbeitszeit selbst überlassen. Der Arbeitgeber hat nur dann ein Weisungsrecht, wenn sie sich nicht einigen können. 821

822 Jeder Job-Sharer kann das Arbeitsverhältnis einzeln kündigen und jedem Job-Sharer gegenüber kann der Arbeitgeber einzeln kündigen. Was die Auswirkungen der Kündigung des einzelnen Arbeitsverhältnisses auf das oder die anderen Arbeitsverhältnisse anbetrifft, bestimmt § 13 Abs. 2 S. 1 TzBfG, dass die Kündigung des Arbeitsverhältnisses eines Arbeitnehmers durch den Arbeitgeber wegen des Ausscheidens eines anderen Arbeitnehmers aus der Arbeitsplatzteilung unwirksam ist. Bei der Vorschrift handelt es sich nicht um einen selbständigen Unwirksamkeitsgrund für die Kündigung, sondern um eine Konkretisierung der sozialen Rechtfertigung im Sinne von § 1 Abs. 2 KSchG, mit der Folge, dass die §§ 4 ff. und 9 ff. KSchG anwendbar sind und der Unwirksamkeitsgrund nur von Arbeitnehmern geltend gemacht werden kann, die unter das Kündigungsschutzgesetz fallen.

Nach § 13 Abs. 2 S. 2 TzBfG bleibt allerdings das Recht zur Änderungskündigung wegen des Ausscheidens eines anderen Arbeitnehmers aus der Arbeitsplatzteilung und zur Kündigung aus anderen Gründen unberührt. Der Arbeitnehmer im Job-Sharing-Arbeitsverhältnis muss sich also unter Umständen eine Versetzung an einen anderen Arbeitsplatz oder eine Änderung seines Arbeitsverhältnisses in ein Vollzeitarbeitsverhältnis gefallen lassen.

Gemäß § 13 Abs. 4 TzBfG kann von Abs. 1 durch Tarifvertrag auch zuungunsten des Arbeitnehmers abgewichen werden, wenn der Tarifvertrag Regelungen über die Vertretung enthält, und können die tariflichen Regelungen im Geltungsbereich eines solchen Tarifvertrages auch zwischen nicht tarifgebundenen Arbeitnehmern und Arbeitgebern vereinbart werden.

VII. Das Leiharbeitsverhältnis

823 Man spricht von einem Leiharbeitsverhältnis, wenn ein selbständiger Unternehmer (Verleiher) einen Arbeitnehmer (Leiharbeitnehmer) an einen anderen selbständigen Unternehmer (Entleiher) abgibt, und zwar in der Weise, dass der Arbeitnehmer für das Unternehmen des Entleihers nach dessen Weisungen[1440] zu arbeiten hat.

824 Die Einordnung dieses Sachverhaltes in das Arbeitsrecht bereitet deshalb gelegentlich Schwierigkeiten, weil dieses Rechtsgebiet auf das Sichgegenüberstehen von zwei Personen, nämlich des Arbeitgebers und des Arbeitnehmers, angelegt ist. Am Sachverhalt, den man als Leiharbeitsverhältnis bezeichnet, sind dagegen drei Personen beteiligt.

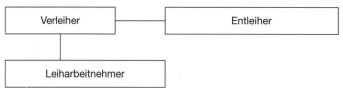

825 Die Verwendung des Begriffs „Leihe" für den beschriebenen Sachverhalt ist irreführend. Nach § 598 BGB kann nämlich Gegenstand eines Leihvertrages nur eine Sache, nicht aber eine Person sein. Darüber hinaus macht die Unentgeltlichkeit der Gebrauchsüberlassung das Wesen des Leihvertrages aus, Arbeitnehmerüberlassungsverträge erfolgen aber ganz überwiegend entgeltlich.

[1440] BSG, 11. 2. 1988, DB 1989, 930 (auch zur Abgrenzung zum Werkvertrag). Vgl. weiter zur Abgrenzung Leitner, NZA 1991, 293 f.; Walle, NZA 1999, 518 f.; BAG, 13. 5. 1992, NZA 1993, 357 f.; 31. 3. 1993, NZA 1993, 1078 f.; 22. 6. 1994, NZA 1995, 462 f.; 9. 11. 1994, NZA 1995, 572 f.; 26. 4. 1995, NZA 1996, 92 f.

1. Echtes Leiharbeitsverhältnis

Man unterscheidet zwei Arten von Leiharbeitsverhältnissen, nämlich das echte Leiharbeitsverhältnis und das unechte Leiharbeitsverhältnis, die gewerbsmäßige Arbeitnehmerüberlassung. Von einem **echten Leiharbeitsverhältnis** spricht man bei einem Arbeitnehmerüberlassungstatbestand, bei dem ein Unternehmer mit einem eigenen Betrieb, in dem der Leiharbeitnehmer grundsätzlich tätig ist, diesen ausnahmsweise und unter Fortbestand des Arbeitsverhältnisses vorübergehend einem anderen Unternehmer überlässt, und zwar zu dem Zweck, beim Entleiher eine Ausnahmesituation zu bewältigen (z.B. Ausfall von Arbeitnehmern durch Krankheit, vorübergehender Mehrbedarf beim Entleiher, Hilfe in einer Notlage). Dieser Sachverhalt ist arbeitsrechtlich unproblematisch. Es handelt sich dabei um die vorübergehende, wegen § 613 S. 2 BGB nur mit Zustimmung des Arbeitnehmers mögliche Übertragung des Anspruchs auf die Dienste, wobei der Verleiher subsidiär für die Erfüllung der Pflichten des Entleihers gegenüber dem Leiharbeitnehmer einzustehen hat. Dem Leiharbeitnehmer erwachsen über die Verpflichtung, für den Entleiher nach dessen Weisungen zu arbeiten, bestimmte zusätzliche Pflichten, wie z.B. Verschwiegenheitspflichten und die Pflicht zur Unterlassung von Wettbewerb. Fügt er einem Dritten einen Schaden zu, so kann er Verrichtungsgehilfe des Verleihers im Sinne von § 831 Abs. 1 S. 1 BGB dann sein, wenn das widerrechtliche Verhalten des Arbeitnehmers in die Weisungszuständigkeit des Verleihers fällt.[1441]

826

2. Unechtes Leiharbeitsverhältnis (gewerbsmäßige Arbeitnehmerüberlassung)[1442]

Gewerbsmäßige Arbeitnehmerüberlassung ist dagegen ein Arbeitnehmerüberlassungstatbestand, bei dem ein Unternehmer, der im Rahmen seiner eigenen Betriebsorganisation in der Regel keine Arbeitsmöglichkeit für Arbeitnehmer hat, diese nur einstellt, um sie anderen Unternehmern gegen Entgelt zu überlassen. Die entgeltliche Überlassung von Arbeitskräften ist also alleiniger oder überwiegender Geschäftszweck des Verleihunternehmens. Der Begriff der Gewerbsmäßigkeit ist ein gewerberechtlicher und nicht strafrechtlicher Begriff. Gewerbsmäßig ist mithin jede auf eine gewisse Dauer berechnete und auf die Erzielung wirtschaftlicher Vorteile gerichtete Tätigkeit. Wirtschaftliche Bedeutung hat die gewerbsmäßige Arbeitnehmerüberlassung deshalb, weil sie den Abbau von Personalreserven und die Verminderung von Personalbeschaffungskosten zu bewirken vermag. Weil der Staat gewerbsmäßige Arbeitnehmerüberlassung nicht betreibt, wird sie hier nur in einem kurzen Überblick behandelt.

827

Die Besonderheiten, die für diesen Arbeitnehmerüberlassungstatbestand gelten, sind im Gesetz zur Regelung der gewerbsmäßigen Arbeitnehmerüberlassung (**Arbeitnehmerüberlassungsgesetz, AÜG**) geregelt. Die bei einer Personal-Service-Agentur im Sinne von § 37c SGB III beschäftigten Personen unterliegen den Regelungen des AÜG, da die Überlassung von Leiharbeitnehmern durch solche Agenturen i.d.R. den Tatbestand des Art 1 § 1 Abs. 1 S. 1 AÜG erfüllt.[1443] Das Ge-

828

[1441] BAG, 5. 5. 1988, NZA 1989, 340 f.
[1442] Vgl. zur Abgrenzung zwischen Arbeitnehmerüberlassung und Werkvertrag BAG, 30. 1. 1991, NZA 1992, 19 f.; BGH, 25. 6. 2002, NZA 2002, 1086 f., von anderen Formen des Personaleinsatzes Marschner, NZA 1995, 668 f., zur grenzüberschreitenden Arbeitnehmerüberlassung Boemke, BB 2005, 266 f.
[1443] Kokemoor, NZA 2003, 238 f. (239); Lembke, BB 2003, 98 f.; Ulber, AuR 2003, 7 f.

setz enthält zunächst Bestimmungen, die öffentlich-rechtliche Angelegenheiten betreffen, und zwar folgende:

a) Arbeitgeber, die gewerbsmäßige Arbeitnehmerüberlassung betreiben wollen, bedürfen dazu der **Erlaubnis** der Bundesagentur für Arbeit (Art. 1 §§ 1 Abs. 1 S. 1, 17 AÜG). Die Erlaubnis kann nur aus den in Artikel 1 § 3 AÜG abschließend genannten Gründen versagt werden. Rücknahme und Widerruf der Erlaubnis sind in Art. 1 §§ 4 und 5 AÜG geregelt. Keiner Erlaubnis bedarf ein Arbeitgeber mit weniger als 50 Beschäftigten, der zur Vermeidung von Kurzarbeit oder Entlassungen an einen Arbeitgeber einen Arbeitnehmer bis zur Dauer von zwölf Monaten überlässt, wenn er die Überlassung vorher schriftlich der für seinen Geschäftssitz zuständigen Bundesagentur für Arbeit angezeigt hat (Art. 1 § 1a AÜG).

b) Gemäß Art. 1, § 1b S. 1 AÜG ist gewerbsmäßige Arbeitnehmerüberlassung **in Betriebe des Baugewerbes** für Arbeiten, die üblicherweise von Arbeitern verrichtet werden, unzulässig. Sätze 2 und 3 regeln Ausnahmen von diesem Verbot.[1444]

c) Arbeitgeber, die gewerbsmäßige Arbeitnehmerüberlassung betreiben, unterliegen der **Überwachung** durch die Bundesagentur für Arbeit. Sie haben nach Art. 1 §§ 7 und 8 AÜG bestimmte Anzeige-, Auskunfts- und Meldepflichten. Verstöße dagegen stellen gemäß Art. 1 § 16 Abs. 1 Ziff. 4 bis 7 AÜG Ordnungswidrigkeiten dar.

d) Arbeitgeber, die gewerbsmäßige Arbeitnehmerüberlassung betreiben, müssen die **Vorschriften über die Arbeitsvermittlung** einhalten (Art. 1 § 3 Abs. 1 Ziff. 1 AÜG). Arbeitsvermittlung ist nach § 35 Abs. 1 S. 2 SGB III eine Tätigkeit, die darauf gerichtet ist, Ausbildungssuchende mit Arbeitgebern zur Begründung eines Ausbildungsverhältnisses und Arbeitssuchende mit Arbeitgebern zur Begründung eines Beschäftigungsverhältnisses zusammenzuführen. Gemäß Art. 1 § 1 Abs. 2 AÜG wird vermutet, dass der Überlassende Arbeitsvermittlung betreibt, wenn Arbeitnehmer Dritten zur Arbeitsleistung überlassen werden und der Überlassende nicht die üblichen Arbeitgeberpflichten oder das Arbeitgeberrisiko (§ 3 Abs. 1 Nr. 1 bis 3 AÜG) übernimmt.

Die Nichteinhaltung der Vorschriften über die Arbeitsvermittlung durch den Verleiher rechtfertigt die Versagung der Erlaubnis (Art. 1 § 3 Abs. 1 Ziff. 1 AÜG) und ihren Widerruf (Art. 1 § 5 Abs. 1 Ziff. 3 AÜG).

829 Das Gesetz enthält darüber hinaus Bestimmungen, die privatrechtliche, insbesondere arbeitsrechtliche Angelegenheiten betreffen, und zwar folgende:

e) Ein **Arbeitsverhältnis** entsteht zwischen Verleiher und Leiharbeitnehmer, über das eine Urkunde mit einem festgelegten Inhalt aufzunehmen und dem Leiharbeitnehmer auszuhändigen ist (Art. 1 § 11 Abs. 1 AÜG). Die Einhaltung der Formvorschrift ist nicht Wirksamkeitsvoraussetzung. Ein Verstoß dagegen stellt gemäß Art. 1 § 16 Abs. 1 Ziff. 8 AÜG eine Ordnungswidrigkeit dar und kann zum Widerruf der Erlaubnis führen (Art. 1 § 5 Abs. 1 Ziff. 3 i. V. m. § 3 Abs. 1 Ziff. 1 AÜG).

f) Zwischen dem Verleiher und dem Entleiher kommt ein sog. **Arbeitnehmerüberlassungsvertrag** zustande, der nach Art. 1 § 12 Abs. 1 S. 1 AÜG zu seiner Wirksamkeit der Schriftform bedarf und nach des Sätzen 2 und 3 bestimmte Angaben enthalten muss. Daraus schuldet der Verleiher dem Entleiher, wenn zwischen diesen nichts anderes vereinbart ist, die Auswahl und Zurverfügungstellung einer für die vom Entleiher gewünschten Tätigkeit geeigneten Arbeitskraft, nicht dage-

---

[1444] Vgl. dazu Ulber, AuR 2003, 7f. (8); Reim, ZTR 2003, 106f. (106, 107).

gen die Tätigkeit des Leiharbeitnehmers und den Erfolg der Tätigkeit. Der Verleiher ist im Zweifel nur verpflichtet, die fachliche Eignung des Leiharbeitnehmers zu gewährleisten, die charakterliche dagegen nur, wenn dies vereinbart ist oder der Leiharbeitnehmer beim Entleiher eine Vertrauensposition einnehmen soll (z. B. Bewachungspersonal, Buchhalter).[1445]

g) Zwischen dem Entleiher und dem Leiharbeitnehmer entstehen **grundsätzlich keine vertraglichen Beziehungen**. Nach Art. 1 § 11 Abs. 6 AÜG obliegen jedoch dem Entleiher die Pflichten aus den öffentlich-rechtlichen Vorschriften des Arbeitsschutzrechts, die für seinen Betrieb gelten, dem Leiharbeitnehmer gegenüber. Darüber hinaus findet § 618 BGB entsprechende Anwendung und obliegt dem Entleiher die Pflicht zur Obhut des in den Betrieb eingebrachten Eigentums des Leiharbeitnehmers. Für den Leiharbeitnehmer besteht auch gegenüber dem Entleiher die Treuepflicht.

h) Nach Art. 1 § 9 Ziff. 1 AÜG sind Arbeitnehmerüberlassungsvertrag und Arbeitsvertrag zwischen Verleiher und Leiharbeitnehmer **unwirksam**, wenn der **Verleiher nicht die erforderliche Erlaubnis** der Bundesagentur für Arbeit hat. Für diesen Fall gilt nach Art. 1 § 10 Abs. 1 S. 1 AÜG zum Schutze des Leiharbeitnehmers ein Arbeitsverhältnis zwischen Entleiher und Leiharbeitnehmer nach Maßgabe der Sätze 2 bis 5 als zustandegekommen. Dieses steht einem vertraglich begründeten Arbeitsverhältnis gleich und kann, wenn es befristet ist, nur durch Kündigung oder Aufhebungsvertrag beendet werden.[1446]
Diese Regelung findet **keine analoge Anwendung**, wenn ein Verleiher, der die Erlaubnis zur gewerbsmäßigen Arbeitnehmerüberlassung hat, Leiharbeitnehmer **entgegen Art. 1 § 1b S. 1 AÜG** in Betriebe des Baugewerbes für Arbeiten überlässt, die üblicherweise von Arbeitern verrichtet werden. In einem solchen Fall kommt ein Arbeitsverhältnis zwischen dem Entleiher und dem Leiharbeitnehmer mithin nicht zustande.[1447]
Der Leiharbeitnehmer hat darüber hinaus gemäß Art. 1 § 10 Abs. 2 AÜG einen Schadensersatzanspruch gegen den Verleiher, und zwar in Höhe des Vertrauensschadens (negatives Interesse). Überlassung und Beschäftigung eines Leiharbeitnehmers ohne Erlaubnis stellen schließlich für den Verleiher beziehungsweise den Entleiher gemäß Art. 1 § 16 Abs. 1 Ziff. 1 und 1a AÜG Ordnungswidrigkeiten dar.

i) Art 1 § 9 AÜG erklärt eine Reihe von **Maßnahmen** für **unwirksam**:
  aa) Nach Art. 1 § 9 Ziff. 2 AÜG sind Vereinbarungen grundsätzlich unwirksam, die für den Leiharbeitnehmer für die Zeit der Überlassung an einen Entleiher schlechtere als die im Betrieb des Entleihers geltenden wesentlichen Arbeitsbedingungen einschließlich des Arbeitsentgelts vorsehen (sog. Equal Pay).[1448] Im Falle der Unwirksamkeit kann der Leiharbeitnehmer nach Art. 1 § 10 Abs. 4 AÜG vom Verleiher Gewährung der entsprechenden Arbeitsbedingungen verlangen.

  Zur Erleichterung dieses sogenannten Schlechterstellungsverbots ist der Entleiher nach Art. 1 § 12 Abs. 1 S. 3 AÜG verpflichtet, die wesentlichen Arbeitsbedingungen, die in seinem Betrieb für vergleichbare Arbeitnehmer gelten, in einer schriftlichen Vereinbarung mit dem Verleiher zu dokumentieren. Diese Verpflichtung besteht nicht, soweit die Vor-

---

[1445] BGH, NJW 1975, 969, 1965; Becker, NJW 1976, 1827 f.
[1446] BAG, 30. 1. 1991, NZA 1992, 19 f.
[1447] BAG, 13. 12. 2006, NZA 2007, 751 f.
[1448] Grobys/Schmidt/Brocker, NZA 2003, 777 f.; Lembke, BB 2003, 98 f. (99); Reim, ZTR 2003, 106 f. (107, 108); Kokemoor, NZA 2003, 238 f. (239–241); Waas, BB 2003, 2175 f.

aussetzungen einer der beiden Ausnahmen vom Schlechterstellungsverbot (Art. 1 § 3 Abs. 1 Nr. 3 und § 9 Nr. 2 AÜG) vorliegen.
Art. 1 § 13 AÜG gibt dem Leiharbeitnehmer einen entsprechenden Auskunftsanspruch gegen den Entleiher.

bb) Art. 1 § 9 Ziff. 3 AÜG bestimmt, dass Abreden unwirksam sind, die dem Entleiher untersagen, den Leiharbeitnehmer zu einem Zeitpunkt einzustellen, in dem dessen Arbeitsverhältnis zum Verleiher nicht mehr besteht; dies schließt die Vereinbarung einer angemessenen Vergütung zwischen Verleiher und Entleiher für die nach vorangegangenem Verleih oder mittels vorangegangenem Verleih erfolgte Vermittlung nicht aus.
Der Verleiher kann den Entleiher damit im Arbeitnehmerüberlassungsvertrag wirksam zur Zahlung einer Provision verpflichten, die fällig wird, wenn der Entleiher nach Ende des Verleihs ein eigenes Arbeitsverhältnis mit dem (vormaligen) Leiharbeitnehmer begründet.[1449] Dies kann auch formularmäßig erfolgen.[1450]

cc) Nach Art. 1 § 9 Ziff. 4 AÜG sind Vereinbarungen unwirksam, die dem Leiharbeitnehmer untersagen, mit dem Entleiher zu einem Zeitpunkt, in dem das Arbeitsverhältnis zwischen Verleiher und Leiharbeitnehmer nicht mehr besteht, einen Arbeitsvertrag einzugehen.

dd) Art. 1 § 11 Abs. 4 S. 1 AÜG regelt, dass die Möglichkeit, nach § 622 Abs. 5 Nr. 1 BGB mit Aushilfsarbeitnehmern kürzere Kündigungsfristen zu vereinbaren, nicht beim Arbeitsverhältnis zwischen Verleiher und Leiharbeitnehmer besteht.

ee) Art. 1 § 11 Abs. 4 S. 2 AÜG schließlich regelt, dass das Recht des Leiharbeitnehmers auf Vergütung bei Gläubigerannahmeverzug des Verleihers nach § 615 S. 1 BGB nicht durch Vertrag aufgehoben oder beschränkt werden kann.

j) Nach § 28e Abs. 2 SGB IV haftet der Entleiher als selbstschuldnerischer Bürge für die Abführung der **Sozialversicherungsbeiträge** durch den Verleiher.

k) Nach Art. 1 § 14 Abs. 1 und Abs. 2 S. 1 AÜG gehört der Leiharbeitnehmer **betriebsverfassungsrechtlich** zum Betrieb des Verleihers, ist jedoch nach § 7 Satz 2 BetrVG nach einem Einsatz von länger als drei Monaten im Entleiherbetrieb der Privatwirtschaft auch dort bei der Wahl des Betriebsrates aktiv wahlberechtigt.[1451] Er ist befugt, die Sprechstunden der betriebsverfassungsrechtlichen Arbeitnehmervertretungen im Entleiherbetrieb aufzusuchen und an den Betriebs- und Jugendversammlungen im Entleiherbetrieb teilzunehmen. Ihm stehen das Unterrichtungsrecht nach § 81 BetrVG, das Anhörungs- und Erörterungsrecht nach § 82 Abs. 1 BetrVG, das Beschwerderecht nach § 84 BetrVG und das Recht auf Behandlung seiner Beschwerden durch den Betriebsrat nach § 85 BetrVG im Entleiherbetrieb zu (Art. 1 § 14 Abs. 2 Sätze 2 und 3 AÜG). Der Betriebsrat des Entleiherbetriebes ist schließlich bei der Eingliederung eines Leiharbeitnehmers nach § 99 BetrVG zu beteiligen (Art. 1 § 14 Abs. 3 AÜG).[1452] Gemäß Art. 1 § 14 Abs. 4 AÜG gelten für die Anwendung des **Bundespersonalvertretungsgesetzes** die Absätze 1 und 2 Sätze 1 und 2 sowie Absatz 3 sinngemäß. Entsprechendes hat nach meiner Ansicht auch für die Anwendbarkeit der vergleichbaren Vor-

---

[1449] Vgl. dazu Böhm, DB 2004, 1150 f.
[1450] BGH, 7. 12. 2006, NZA 2007, 571 f.
[1451] Vgl. dazu Hamann, NZA 2003, 526 f.; Brose, NZA 2005, 797 f.
[1452] BAG, 13. 12. 2005, NZA 2006, 1369 f.

schriften des **Personalvertretungsrechts der Länder** zu gelten. Im Falle des Zustandekommens eines Arbeitsverhältnisses mit dem Entleiher nach Art. 1 § 10 Abs. 1 S. 1 AÜG ist der Leiharbeitnehmer allerdings betriebsverfassungsrechtlich beim Entleiher eingegliedert.

Das **Arbeitnehmerüberlassungsgesetz gilt** nach Art. 1 § 1 Abs. 3 **nicht** (mit Ausnahme der Einschränkungen im Baugewerbe gemäß Art. 1 § 1 b) bei Arbeitnehmerüberlassung zwischen Arbeitgebern desselben Wirtschaftszweiges zur Vermeidung von Kurzarbeit oder Entlassungen, wenn ein für Entleiher und Verleiher geltender Tarifvertrag dies vorsieht, zwischen Konzernunternehmen im Sinne des § 18 des Aktiengesetzes (AktG), wenn ein Arbeitnehmer vorübergehend seine Arbeit nicht bei seinem Arbeitgeber, sondern bei einem anderen dem Konzern angehörenden Arbeitgeber[1453] leistet und in das Ausland, wenn der Leiharbeitnehmer in ein auf der Grundlage zwischenstaatlicher Vereinbarungen begründetes deutsch-ausländisches Gemeinschaftsunternehmen verliehen wird, an dem der Verleiher beteiligt ist. „Derselbe Wirtschaftszweig" ist gegeben, wenn Verleiher und Entleiher demselben fachlichen Arbeitgeberverband angehören und damit für sie der Abschluss eines Tarifvertrages, der die Arbeitnehmerüberlassung vorsieht, möglich ist.[1454] Mit Konzern sind der Unterordnungs- und der Gleichordnungskonzern gemeint, weil die Vorschrift auf § 18 AktG insgesamt Bezug nimmt.

830

VIII. Das Berufsausbildungsverhältnis

1. Rechtsgrundlagen

Kennzeichnend für die Berufsausbildung ist das sogenannte **duale System**, nämlich die Kombination von

831

betrieblicher Berufsbildung (§ 2 Abs. 1 Ziff. 1 BBiG)	und	schulischer Berufsbildung (berufsbildende Schulen) (§ 2 Abs. 1 Ziff. 2 BBiG)

Daneben spielen sonstige Berufsbildungseinrichtungen außerhalb der schulischen und betrieblichen Berufsbildung eine Rolle (§ 2 Abs. 1 Ziff. 3 BBiG). Teile der Berufsausbildung bis zur maximalen Dauer von einem Viertel der Gesamtausbildungsdauer können im Ausland absolviert werden (§ 2 Abs. 3 BBiG). Damit werden rechtlich die Auslandsaufenthalte als Teil der Berufsausbildung behandelt, sofern sie dem Ausbildungsziel entsprechen.

Die **schulische Berufsbildung** ist in den Schulgesetzen der Länder geregelt (§ 3 Abs. 1 BBiG).

Die Rechtsgrundlagen für die **betriebliche** und die **außerbetriebliche Berufsbildung** sind vor allem
- das Berufsbildungsgesetz (BBiG) und
- der Tarifvertrag für Auszubildende des öffentlichen Dienstes (TVAöD)
- Die Tarifverträge für Auszubildende der Länder in Ausbildungsberufen nach dem Berufsbildungsgesetz (TVA-L BBiG) und in Pflegeberufen (TVA-L Pflege).

[1453] Vgl. dazu Brors/Schüren, BB 2004, 2745 f.; Willemsen/Annuß, BB 2005, 437 f.; Brors/Schüren, BB 2005, 494 f.
[1454] Löwisch, BB 1985, 1207.

832 Das Berufsbildungsgesetz fasst unter dem Oberbegriff **Berufsbildung** zusammen (§ 1 Abs. 1 BBiG):

Berufsausbildungsvorbereitung	Berufsausbildung	Berufliche Fortbildung	Berufliche Umschulung
Die Berufsausbildungsvorbereitung dient dem Ziel, durch die Vermittlung von Grundlagen für den Erwerb beruflicher Handlungsfähigkeit an eine Berufsausbildung in einem anerkannten Ausbildungsberuf heranzuführen (§ 1 Abs. 2 BBiG).	Die Berufsausbildung hat die für die Ausübung einer qualifizierten beruflichen Tätigkeit in einer sich wandelnden Arbeitswelt notwendigen beruflichen Fertigkeiten, Kenntnisse und Fähigkeiten (berufliche Handlungsfähigkeit) in einem geordneten Ausbildungsgang zu vermitteln. Sie hat ferner den Erwerb der erforderlichen Berufserfahrungen zu ermöglichen (§ 1 Abs. 3 BBiG).	Die berufliche Fortbildung soll es ermöglichen, die berufliche Handlungsfähigkeit zu erhalten und anzupassen oder zu erweitern und beruflich aufzusteigen (§ 1 Abs. 4 BBiG)	Die berufliche Umschulung soll zu einer anderen beruflichen Tätigkeit befähigen (§ 1 Abs. 5 BBiG).

833 Das Berufsbildungsgesetz gilt nicht für die Berufsbildung, die in berufsqualifizierenden oder vergleichbaren Studiengängen an Hochschulen auf der Grundlage des Hochschulrahmengesetzes und der Hochschulgesetze der Länder durchgeführt wird sowie die Berufsbildung in einem öffentlich-rechtlichen Dienstverhältnis (z. B. für den Beamten auf Widerruf im Vorbereitungsdienst) (§ 3 Abs. 2 Ziff. 1 und 2 BBiG).

834 Für die **Berufsbildung in Berufen der Handwerksordnung** gelten gemäß § 3 Abs. 3 BBiG **deren Regelungen** und nicht die Vorschriften des Berufsbildungsgesetzes über die Ordnung der Berufsausbildung und die Anerkennung von Ausbildungsberufen (§§ 4 bis 9), über die Eignung von Ausbildungsstätte und Ausbildungspersonal, das Verzeichnis der Berufsausbildungsverhältnisse und das Prüfungswesen (§§ 27 bis 49), über die berufliche Fortbildung, die berufliche Umschulung, die Berufsbildung für besondere Personengruppen (§§ 53 bis 70), über die Überwachung der Berufsbildung und den Berufsbildungsausschuss (§§ 76 bis 80) und nicht die Bußgeldvorschriften (§ 102).

Einzelheiten der **Berufsausbildungsvorbereitung** sind in den §§ 68 bis 70 BBiG geregelt.

Die §§ 64 bis 67 BBiG enthalten Vorschriften für die **Berufsbildung behinderter Menschen**.

835 Um eine geordnete und einheitliche Berufsausbildung zu gewährleisten können nach den §§ 4 f. BBiG **Ausbildungsberufe staatlich anerkannt**, die Anerkennung aufgehoben und für die Ausbildungsberufe **Ausbildungsordnungen** erlassen werden.

836 Nach § 4 Abs. 2 BBiG darf für einen anerkannten Ausbildungsberuf nur nach der Ausbildungsordnung ausgebildet werden. § 4 Abs. 3 BBiG schreibt vor, dass Jugendliche unter 18 Jahren in anderen als anerkannten Berufen nicht ausgebildet werden dürfen, soweit die Berufsausbildung nicht auf den Besuch weiterführender Bildungsgänge vorbereitet. Ausnahmen von § 4 Abs. 2 und 3 BBiG können nach Maßgabe des § 6 BBiG durch Rechtsverordnung zugelassen werden. Behinderte Menschen sollen in anerkannten Ausbildungsberufen ausgebildet werden (§ 64 BBiG).

G. Besondere Arbeitsverhältnisse

Für anerkannte Ausbildungsberufe werden Verzeichnisse der Berufsausbildungsverhältnisse geführt (§§ 34-36 BBiG). Das Bundesinstitut für Berufsbildung führt ein Verzeichnis der anerkannten Ausbildungsberufe, das jährlich veröffentlicht wird (§ 90 Abs. 3 Ziff. 3 BBiG).

Die §§ 28 bis 33 BBiG legen die Voraussetzungen für die **Eignung zur Einstellung und Ausbildung von Auszubildenden** allgemein fest. 837

§ 27 BBiG regelt die **Eignung der Ausbildungsstätte**. Daneben sind gegebenenfalls die Vorschriften der §§ 28 bis 31 JArbSchG zu beachten. 838

Umstritten ist die Frage, ob das Berufsausbildungsverhältnis ein Arbeitsverhältnis ist. Sie ist nach meiner Ansicht zu verneinen, weil es nicht zum Zwecke der Leistung abhängiger Arbeit, sondern zum Zwecke der Berufsausbildung begründet wird. Es ist allerdings mit einem Arbeitsverhältnis derart verwandt, dass es gerechtfertigt erscheint, es hier als „besonderes Arbeitsverhältnis" zu behandeln. Wegen der rechtlichen und tatsächlichen Unterschiede zum Arbeitsverhältnis, **ist es erforderlich, zu prüfen, ob die im Arbeitsrecht geltenden Rechtsvorschriften und Rechtsgrundsätze** entweder auf Grund ausdrücklicher Anordnung durch den Gesetzgeber oder wegen des Wesens und des Zweckes des Berufsausbildungsverhältnisses **anwendbar sind**. So gebietet § 10 Abs. 2 BBiG ausdrücklich, dass das individuelle Arbeitsrecht Anwendung findet, soweit sich aus dem Wesen und dem Zweck des Berufsausbildungsverhältnisses und aus dem Berufsbildungsgesetz selbst nichts anderes ergibt. 839

Nach § 25 BBiG ist eine Vereinbarung (im Arbeitsvertrag oder im Tarifvertrag), die zuungunsten des Auszubildenden von den Vorschriften des zweiten Teils des Gesetzes abweicht, nichtig. 840

Der Vollzug des Berufsbildungsgesetzes obliegt den **zuständigen Stellen**. Wer zuständige Stelle für die Berufsausbildung im öffentlichen Dienst ist, bestimmt für den Bund einschließlich der der Aufsicht des Bundes unterstehenden juristischen Personen des öffentlichen Rechts die oberste Bundesbehörde für ihren Geschäftsbereich. Die Länder bestimmen die zuständigen Stellen für ihren Bereich, für die Gemeinden, die Gemeindeverbände und die sonstigen der Aufsicht der Länder unterstehenden juristischen Personen des öffentlichen Rechts (§ 73 BBiG). 841

Werden in einem Berufsausbildungsverhältnis jugendliche Arbeitnehmer beschäftigt, also Personen, die 15 aber noch nicht 18 Jahre alt sind, so gilt auch das **Jugendarbeitsschutzgesetz**. 842

Wie das individuelle Arbeitsrecht im öffentlichen Dienst überhaupt, so ist auch das Berufsausbildungsrecht im öffentlichen Dienst **weitestgehend von Tarifbindung gekennzeichnet**. Soweit nicht Tarifgebundenheit die Anwendung der einschlägigen Tarifverträge gebietet, ist sie im Berufsausbildungsrecht des öffentlichen Dienstes durch Inbezugnahme im Berufsausbildungsvertrag herbeigeführt worden. Mit dem neuen **Tarifvertrag für Auszubildende des öffentlichen Dienstes (TVAöD)** – Allgemeiner Teil – und den Besonderen Teilen zum TVAöD (Tarifvertrag für Auszubildende des öffentlichen Dienstes – Besonderer Teil BBiG – und Tarifvertrag für Auszubildende des öffentlichen Dienstes – Besonderer Teil Pflege –) sowie den Tarifverträgen für Auszubildende der Länder in Ausbildungsberufen nach dem Berufsbildungsgesetz (TVA-L BBiG) und in Pflegeberufen (TVA-L Pflege) wurden die bisherigen Tarifverträge, insbesondere der Manteltarifvertrag für Auszubildende (MTA) und die Sondertarifverträge, nämlich 843
– der Ausbildungsvergütungstarifvertrag Nr. 21 für Auszubildende,
– die Tarifverträge über eine Zuwendung für Auszubildende (Bund/Tarifgemeinschaft deutscher Länder (TdL) und (VKA),
– der Tarifvertrag über vermögenswirksame Leistungen an Auszubildende,

– die Versorgungstarifverträge und
– der Tarifvertrag über ein Urlaubsgeld für Auszubildende

u. a. spezifische Tarifverträge für Auszubildende oder Schüler ersetzt (§ 20 Abs. 4 und 5 TVAöD i. V. m. Anlage 2 und Anlage 3, § 2 Abs. 1 TVÜ i. V. m. Anlage 1 Teil B/§ 23 Abs. 5 TVA-L BBiG i. V. m. Anlage zu § 23 Abs. 5/§ 21 Abs. 5 TVA-L Pflege i. V. m. Anlage zu § 21 Abs. 5).

844 Der **TVAöD** gilt für Personen (§ 1 Abs. 1 lit. a–b TVAöD), die

a) in Verwaltungen und Betrieben, die unter den Geltungsbereich des TVöD fallen, in einem staatlich anerkannten oder als staatlich anerkannt geltenden Ausbildungsberuf

oder

b) im Bereich der Gesundheit oder Pflege

ausgebildet werden.

§ 1 Abs. 1 lit. c–d TVAöD erweitert den Anwendungsbereich darüber hinaus auf Auszubildende in Betrieben, auf deren Arbeitnehmerinnen und Arbeitnehmer der TV-V oder der TV-WV/NW oder der TV-N Anwendung findet.

Er gilt nicht für die in § 1 Abs. 2 TVAöD ausgenommenen Personen.

Um einen staatlich anerkannten oder als staatlich anerkannt geltenden Ausbildungsberuf handelt es sich dann, wenn dieser in dem nach § 6 Berufsbildungsförderungsgesetz zu führenden Verzeichnis aufgeführt ist.

Soweit der TVAöD nichts anderes regelt, gelten die jeweils einschlägigen gesetzlichen Vorschriften (§ 1 Abs. 3 TVAöD).

Die beiden Besonderen Teile des TVAöD ergänzen den Allgemeinen Teil. Der TVAöD-BT-BBiG gilt für alle in § 1 Abs. 1 TVöAD-AT genannten Auszubildenden außer die im Bereich der Gesundheit und Pflege, für die der TVAöD-BT-Pflege gilt.

Der TVA-L BBiG gilt für Personen, die in Verwaltungen und Betrieben, die unter den Geltungsbereich des TV-L fallen, in einem staatlich anerkannten oder als staatlich anerkannt geltenden Ausbildungsberuf nach dem Berufsbildungsgesetz (BBiG) ausgebildet werden (§ 1 Abs. 1 TVA-L).

Gemäß § 1 Abs. 2 TVA-L BBiG fallen nicht in den Anwendungsbereich Ausbildungen in den Bereichen der Gesundheits- und Krankenpflege und verwandte Ausbildungen sowie Kranken- und Altenpflegehilfe und der Land- oder Forstwirtschaft oder des Weinbaus. Ebenfalls ausgenommen sind Tätigkeiten während eines Praktikums oder Volontariats. Des Weiteren gilt der TVA-L BBiG nicht für körperlich, geistig oder seelisch behinderte Personen, die in besonderen Ausbildungsstätten ausgebildet werden.

Der TVA-L Pflege gilt für Schülerinnen und Schüler in der Gesundheits- und Krankenpflege, Gesundheits- und Kinderkrankenpflege, Entbindungspflege und Altenpflege, wenn sie in Einrichtungen ausgebildet werden, die unter den Geltungsbereich des TV-L fallen (§ 1 Abs. 1 TVA-L BBiG).

Ausgenommen sind gemäß § 1 Abs. 2 TVA-L Pflege Auszubildende in der Krankenpflegehilfe und Altenpflegehilfe.

Da der TVAöD BT-BBiG und der TVA-L BBiG allgemeingültiger sind, werden diese im Weiteren dargestellt. Auf den TVAöD BT-Pflege und den TVA-L Pflege wird nur ausnahmsweise hingewiesen.

2. Begründung des Berufsausbildungsverhältnisses

Die §§ 10 bis 12 und 20 BBiG regeln die Begründung des Berufsausbildungsverhältnisses.

G. Besondere Arbeitsverhältnisse

Nach § 10 Abs. 1 BBiG wird das Berufsausbildungsverhältnis durch Abschluss 845 des **Berufsausbildungsvertrages** zwischen **Ausbildendem**, das heißt demjenigen, der andere Personen zur Berufsausbildung einstellt, und **Auszubildendem** begründet. Auf den Berufsausbildungsvertrag sind gemäß § 10 Abs. 2 BBiG die für den Arbeitsvertrag geltenden Rechtsvorschriften und Rechtsgrundsätze anzuwenden, soweit sich aus dem Wesen des Berufsausbildungsverhältnisses, seinem Zweck und aus dem Berufsbildungsgesetz nichts anderes ergibt. § 113 BGB, wonach der gesetzliche Vertreter den Minderjährigen ermächtigen kann, in Dienst oder Arbeit zu treten, ist auf das Berufsausbildungsverhältnis nicht anwendbar, weil beim Berufsausbildungsverhältnis die Ausbildung und nicht die Erbringung von Arbeitsleistung gegen Entgelt im Vordergrund steht.[1455] Der Vormund, nicht dagegen die Eltern, benötigt vielmehr gemäß §§ 1643 Abs. 1, 1822 Ziff. 6 BGB zum Abschluss eines Berufsausbildungsvertrages, der für längere Zeit als ein Jahr geschlossen wird, für sein Mündel sogar die Genehmigung des Vormundschaftsgerichtes.

Ist der Ausbildende nicht berechtigt, Auszubildende einzustellen oder auszubilden, so berührt dies die Wirksamkeit des Berufsausbildungsvertrages nicht (§ 10 Abs. 4 BBiG).

Für die Wirksamkeit des Berufsausbildungsvertrages ist eine **Form** nicht vorge- 846 schrieben. Weil das Berufsausbildungsverhältnis bereits kraft Gesetzes bedingt und befristet ist, gilt das Schriftformerfordernis des § 14 Abs. 4 TzBfG nicht.[1456] § 11 Abs. 1 und 3 BBiG schreibt vor, dass der Ausbildende unverzüglich nach Abschluss des Berufsausbildungsvertrages, spätestens vor Beginn der Berufsausbildung, den wesentlichen Inhalt des Vertrages, der die in Abs. 1 S. 2 Ziff. 1–9 BBiG festgelegten Mindestangaben enthalten muss, schriftlich und unter Ausschluss der elektronischen Form niederzulegen und dem Auszubildenden und dessen gesetzlichem Vertreter je eine Ausfertigung auszuhändigen hat. Der Verstoß gegen diese Pflicht macht den Berufsausbildungsvertrag nicht unwirksam, stellt für den Ausbildenden jedoch eine Ordnungswidrigkeit dar (§ 102 Abs. 1 Ziff. 1 und 2 BBiG).

§ 12 BBiG erklärt **bestimmte Vereinbarungen** zwischen Ausbildendem und Aus- 847 zubildendem für **nichtig**. Es handelt sich um folgende:
a) Vereinbarungen, die den Auszubildenden für die Zeit nach der Beendigung des Berufsausbildungsverhältnisses in der Ausübung seiner beruflichen Tätigkeit beschränken, sind nichtig (§ 12 Abs. 1 S. 1), es sei denn, der Auszubildende verpflichtet sich innerhalb der Letzten sechs Monate des Berufsausbildungsverhältnisses dazu, nach dessen Beendigung mit dem Ausbildenden ein Arbeitsverhältnis einzugehen.[1457] Unwirksam sind insbesondere Abreden, wonach der Auszubildende seinen späteren Beruf nicht im beruflichen oder räumlichen Bereich der Betätigung seines Ausbildenden ausüben darf.[1458]
b) Vereinbarungen über die Verpflichtung des Auszubildenden, für die Berufsausbildung eine Entschädigung („Lehrgeld") zu zahlen (§ 12 Abs. 2 Ziff. 1), die Vereinbarung einer Vertragsstrafe (§ 12 Abs. 2 Ziff. 2), Abreden über den Ausschluss oder die Beschränkung von Schadensersatzansprüchen (§ 12 Abs. 2 Ziff. 3) und die Festsetzung der Höhe eines Schadensersatzes in Pauschbeträgen (§ 12 Abs. 2 Ziff.

[1455] LAG Düsseldorf/Köln, DB 1980, 1135.
[1456] Preis/Gotthardt, NZA 2000, 348 f. (357).
[1457] Zur Beschäftigungssicherung durch befristete Übernahme von Auszubildenden auf Grund von Wiedereinstellungs- und Weiterbeschäftigungsklauseln in Tarifverträgen vgl. Kohte, NZA 1997, 457 f.
[1458] Zur Unwirksamkeit der Vereinbarung von Rückzahlungsklauseln bei Finanzierung der Ausbildung vgl. BAG, 25. 4. 2001, ZTR 2001, 475 f.

4) sind ebenfalls unwirksam. Der Zweck der Vorschrift des § 12 BBiG besteht darin, dem Auszubildenden Schutz zu gewähren. Deshalb können die Tatbestände der Ziff. 3 und 4 auf Seiten des Ausbildenden wirksam vereinbart werden. Die Ziff. 3 und 4 verbieten nur eine vorherige Vereinbarung. Mithin sind ein Verzicht auf bereits entstandene Schadensersatzansprüche und eine vereinbarte Ausgleichung eines entstandenen Schadensersatzanspruchs durch einen Pauschbetrag wirksam.

Die Nichtigkeit von Vereinbarungen nach § 12 BBiG führt nicht zur Gesamtnichtigkeit des Berufsausbildungsvertrages.[1459]

848 Arbeitsvertragsparteien hingegen, wenn also ein Berufsausbildungsverhältnis nicht vorliegt, können mit gewissen Einschränkungen vereinbaren, dass Ausbildungskosten, die der Arbeitgeber für den Arbeitnehmer aufgewendet hat, von diesem zurückzuzahlen sind, wenn der Arbeitnehmer das Arbeitsverhältnis vor Ablauf bestimmter Fristen beendet. (vgl. Rdn. 571)[1460]

849 Nach § 20 S. 1 BBiG beginnt das Berufsausbildungsverhältnis mit der **Probezeit**. Aus der Formulierung „beginnt mit der Probezeit" folgt, dass es sich dabei nicht um die Befristung des Berufsausbildungsvertrages auf die Probezeit handelt, sondern um einen von Anfang an unbefristeten Berufsausbildungsvertrag mit Probezeit. Da nach § 25 BBiG Vereinbarungen nichtig sind, die zuungunsten des Auszubildenden von den Vorschriften der §§ 10 bis 26 BBiG abweichen, wäre eine Abrede, wonach der Berufsausbildungsvertrag auf die Probezeit befristet sein soll, unwirksam.

Die Probezeit muss nach § 20 S. 2 BBiG mindestens einen Monat und darf höchstens vier Monate betragen. Wird also im Berufsausbildungsvertrag keine Probezeit oder eine solche von weniger als einem Monat vereinbart, so beträgt die Probezeit einen Monat. Wird eine Probezeit von mehr als vier Monaten ausgemacht, so beträgt die Dauer vier Monate.

TVAöD/TVA-L BBih

850 § 2 Abs. 1 TVAöD/TVA-L BBiG schreibt für den Berufsausbildungsvertrag Schriftform vor und regelt die Mindestangaben für die Vertragsniederschrift, die mit § 11 Abs. 1 S. 2 Ziff. 1 bis 8 BBiG übereinstimmen. Ist ein schriftlicher Berufsausbildungsvertrag mit dem Mindestinhalt des § 2 Abs. 1 TVAöD/TVA-L BBiG abgeschlossen, so bedarf es mithin nicht der Niederschrift nach § 4 Abs. 1 BBiG. Die Schriftform für den Berufsausbildungsvertrag nach § 2 Abs. 1 TVAöD/TVA-L BBiG ist nicht Voraussetzung für die Wirksamkeit des Vertrages. Die Vorschrift beinhaltet nur eine Ordnungsregelung, die der Klarstellung der Rechtsverhältnisse dient.

851 Die §§ 5 Abs. 2 Ziff. 1, 21 Abs. 1 S. 2 BBiG sehen vor, dass die Ausbildungsordnungen eine sogenannte Stufenausbildung ermöglichen, also eine Berufsausbildung, die sachlich und zeitlich besonders geordnete, aufeinander aufbauende Ausbildungsstufen enthält. Damit soll erreicht werden, dass Auszubildenden, die nur begrenzt bildungsfähig sind, eine Ausbildung vermittelt werden kann.

852 Die Probezeit beträgt für die unter § 1 Abs. 1 lit. a, c und d TVAöD/§ 1 Abs. 1 TVA-L BBiG aufgeführten Auszubildenden drei Monate (§ 3 Abs. 1 TVAöD-BT-BBiG/TVA-L BBiG). Für die unter § 1 Abs. 1 lit. b TVAöD/§ 1 Abs. 1 TVA-L Pflege, also die im Bereich der Pflege Auszubildenden, beträgt die Probezeit sechs Monate (§ 3 Abs. 1 TVAöD-BT-Pflege/TVA-L Pflege).

853 Der Auszubildende hat nach § 4 Abs. 1 TVAöD/TVA-L BBiG auf Verlangen des Ausbildenden vor seiner Einstellung seine körperliche Eignung durch das Zeugnis

---

[1459] BAG, BB 1975, 883.
[1460] BAG, 15. 12. 1993, NZA 1994, 835 f., m. w. N.

eines Amts- oder Betriebsarztes nachzuweisen und ist nach Abs. 2 verpflichtet, sich bei begründeter Veranlassung ärztlich untersuchen zu lassen. Demgegenüber hat der Ausbildende nach Abs. 3 die Pflicht, den Auszubildenden in regelmäßigen Zeitabständen ärztlich untersuchen zu lassen, wenn dieser besonderen Ansteckungsgefahren ausgesetzt, mit gesundheitsgefährdenden Tätigkeiten beschäftigt oder mit der Zubereitung von Speisen beauftragt ist. Nur die Kosten der nach Abs. 2 durchzuführenden Untersuchung trägt der Ausbildende.

3. Dauer des Berufsausbildungsverhältnisses

Die Berufsausbildung **beginnt** mit dem Tag, an dem die Ausbildung aufgenommen werden soll. Der Beginn muss nicht mit der tatsächlichen Aufnahme der Berufsausbildung übereinstimmen, wenn sie sich zum Beispiel wegen Erkrankung des Auszubildenden verzögert. 854

Die **Dauer** des Berufsausbildungsverhältnisses ergibt sich aus der jeweiligen Ausbildungsordnung. Sie soll nach § 5 Abs. 1 Ziff. 2 BBiG nicht mehr als drei und nicht weniger als zwei Jahre betragen. Das Berufsausbildungsverhältnis kann abgekürzt oder verlängert werden. 855

Eine **Abkürzung** kann nur in Fällen der §§ 8 Abs. 1 und 45 Abs. 1 BBiG erfolgen. 856

Nach § 8 Abs. 1 BBiG ist auf gemeinsamen Antrag der Auszubildenden und Ausbildenden eine Verkürzung vorzunehmen, wenn zu erwarten ist, dass das Ausbildungsziel in der verkürzten Ausbildungszeit erreicht wird. Dies kann zum Beispiel erfolgen, wenn der Auszubildende eine sonstige besondere schulische Vorbildung oder eine einschlägige andere Berufsausbildung aufzuweisen hat. Bei berechtigtem Interesse kann sich der Antrag auch auf die Verkürzung der täglichen oder wöchentlichen Ausbildungszeit richten (Teilzeitberufsausbildung).

Eine Verkürzung ist auch nach § 45 Abs. 1 BBiG möglich. Danach können Auszubildende nach Anhörung der Ausbildenden und der Berufsschule vor Ablauf ihrer Ausbildungszeit zur Abschlussprüfung zugelassen werden, wenn ihre Leistungen dies rechtfertigen.

Eine **Verlängerung** des Berufsausbildungsverhältnisses ist nur in den Fällen der §§ 8 Abs. 2 und 21 Abs. 3 BBiG und des § 6 Abs. 3 Arbeitsplatzschutzgesetz möglich. 857

Nach § 8 Abs. 2 BBiG kann die Ausbildungszeit in Ausnahmefällen verlängert werden, wenn die Verlängerung erforderlich ist, um das Ausbildungsziel zu erreichen. Dies kann zum Beispiel der Fall sein, wenn Auszubildende wegen häufiger Erkrankung in ihrer Ausbildung nicht weitergekommen sind.

Nach § 21 Abs. 3 BBiG ist das Berufsausbildungsverhältnis zu verlängern, wenn Auszubildende, die die Abschlussprüfung nicht bestanden haben, es verlangen. Die Verlängerung muss jedoch nur bis zur nächstmöglichen Wiederholungsprüfung und höchstens um ein Jahr erfolgen. § 21 Abs. 3 BBiG gilt auch, wenn ein Auszubildender eine Wiederholungsprüfung nicht besteht (§ 37 Abs. 1 S. 2 BBiG). Die höchste Verlängerungsmöglichkeit von einem Jahr kann dabei allerdings nicht überschritten werden.[1461] Der Auszubildende hat einen Anspruch auf Wiederbegründung des bereits beendet gewesenen Ausbildungsverhältnisses mit Nachausbildungsberechtigung, wenn es zu einem Zeitpunkt befristet geendet hat, der zeitlich vor der Schlussprüfung des Auszubildenden liegt, und dieser in der nachgeschalteten Prüfung versagt.

[1461] BAG, 15. 3. 2000, ZTR 2000, 424 f.

Nach § 6 Abs. 3 Arbeitsplatzschutzgesetz wird die Zeit des Grundwehrdienstes oder einer Wehrübung auf die Ausbildungszeit nicht angerechnet. Das Ausbildungsverhältnis ruht und die Ausbildungszeit verlängert sich um die Zeiten des Wehrdienstes.

858 Das Berufsausbildungsverhältnis **endet** normalerweise nach § 21 Abs. 1 BBiG mit Ablauf der regelmäßigen, der verkürzten oder der verlängerten Ausbildungszeit. Beim Berufsausbildungsverhältnis handelt es sich also um ein befristetes Vertragsverhältnis, das mithin mit Fristablauf automatisch endet. Kündigungsschutz besteht also nicht. Ein Ausbildender ist mithin grundsätzlich in seiner Entscheidung frei, ob er einen Auszubildenden im Anschluss an die Ausbildung in ein Arbeitsverhältnis übernimmt.[1462] § 2 Abs. 5 des Arbeitsplatzschutzgesetzes bestimmt allerdings, dass der Ausbildende die Übernahme eines Auszubildenden in ein Arbeitsverhältnis auf unbestimmte Zeit nach Beendigung des Berufsausbildungsverhältnisses nicht aus Anlass des Wehrdienstes ablehnen darf, und dass den Ausbildenden die Beweislast dafür trifft, dass die Ablehnung nicht aus diesem Grund erfolgt ist (Abs. 5 S. 2 i. V. m. Abs. 2 S. 3).

859 § 9 BPersVG gewährt Auszubildenden, die **Mitglied der Personalvertretung oder der Jugend- und Auszubildendenvertretung sind, einen Bestandsschutz.**[1463] Nach Absatz 1 hat der Arbeitgeber, der beabsichtigt einen Angehörigen dieses Personenkreises nach erfolgreicher Beendigung des Berufsausbildungsverhältnisses nicht in ein unbefristetes Arbeitsverhältnis zu übernehmen, dies der betreffenden Person drei Monate vor Beendigung des Berufsausbildungsverhältnisses schriftlich mitzuteilen. Verlangt ein Angehöriger dieses Personenkreises innerhalb der letzten drei Monate vor Beendigung des Berufsausbildungsverhältnisses schriftlich vom Ausbildenden seine Weiterbeschäftigung, so gilt zwischen dem Auszubildenden und dem Ausbildenden im Anschluss an das erfolgreiche Berufsausbildungsverhältnis ein Arbeitsverhältnis auf unbestimmte Zeit als begründet (Abs. 2), und zwar grundsätzlich ein Vollzeitarbeitsverhältnis.[1464] Dieser Bestandsschutz gilt nach Abs. 3 auch dann, wenn das Berufsausbildungsverhältnis vor Ablauf eines Jahres nach Beendigung der Amtszeit der Personalvertretung oder der Jugend- und Auszubildendenvertretung erfolgreich endet. Der Arbeitgeber kann sich gegen den Übergang des Berufsausbildungsverhältnisses in ein Arbeitsverhältnis nach Abs. 4 der Vorschrift spätestens bis zum Ablauf von zwei Wochen nach Beendigung des Berufsausbildungsverhältnisses mit Hilfe des Verwaltungsgerichtes zur Wehr setzen. Damit kann er nur Erfolg haben, wenn ihm unter Berücksichtigung aller Umstände die Weiterbeschäftigung nicht zugemutet werden kann.[1465] Bei der Prüfung der Zumutbarkeit ist beispielsweise auch eine haushaltsrechtliche Wiederbesetzungssperre zu beachten.[1466] Die Weiterbeschäftigung kann zumutbar sein, wenn der Auszubildende rechtzeitig erklärt, gegebenenfalls auch zu anderen Bedingungen zu arbeiten.[1467]

[1462] BAG, 20. 11. 2003, NZA 2004, 752 (L.).
[1463] Vgl. dazu BVerwG, 1. 11. 2005, ZTR 2006, 159 f.; BAG, 15. 11. 2006, NZA 2007, 1381 f. (zu § 78 a BetrVG); Jäger/Künzl, ZTR 2000, 300 f.; 347 f.; Feudner, NJW 2005, 1462 f.; Blaha/Mehlich, NZA 2005, 667 f. (zu § 78a BetrVG), zum Weiterbeschäftigungsanspruch eines Ersatzmitgliedes BVerwG, 28. 2. 1990, ZTR 1990, 256.
[1464] BAG, 13. 11. 1987, NZA 1989, 439 f.; 24. 7. 1991, NZA 1992, 174 f.; Graf, DB 1992, 1290 f.
[1465] Vgl. insbes. zur Zumutbarkeit BVerwG, 9. 9. 1999, NZA 2000, 443 f.; 17. 5. 2000, ZTR 2000, 571 f.; 572 f., zum Zumutbarkeitsbegriff, BAG, 28. 6. 2000, ZTR 2001, 139 f. (zu § 78 a Abs. 4 BetrVG).
[1466] BVerwG, 13. 9. 2001, ZTR 2002, 47 f.
[1467] BAG, 6. 11. 1996, NZA 1997, 783 f. (zu § 78 a BetrVG)

Bis zum rechtskräftigen Abschluss des Verfahrens vor dem Verwaltungsgericht 860
hat der Auszubildende einen Anspruch auf vorläufige Beschäftigung, der bei den
Gerichten für Arbeitssachen geltend gemacht werden muss. Die vom Großen Senat
des Bundesarbeitsgerichts aufgestellten Grundsätze über den Weiterbeschäftigungsanspruch nach einer Kündigung ohne Beteiligung der Personalvertretung (vgl. dazu
Rdn. 396–401)[1468] finden grundsätzlich auch auf den durch den Antrag des Arbeitgebers beim Verwaltungsgericht eintretenden Ungewissheitstatbestand sinngemäße
Anwendung. Ein Anspruch auf Beschäftigung besteht dann, wenn der Auszubildende
seine Weiterbeschäftigung ordnungsgemäß verlangt hat und der Antrag des Arbeitgebers nach § 9 Abs. 4 S. 1 Nr. 1 BPersVG offensichtlich unwirksam ist. Ein Anspruch auf Weiterbeschäftigung besteht ferner, wenn die Gerichte für Arbeitssachen
unabhängig vom Vorliegen einer zwischenzeitlich ergangenen verwaltungsgerichtlichen Entscheidung nach umfassender selbständiger Würdigung des Sachverhaltes
zu dem Ergebnis kommen, der nach § 9 Abs. 4 S. 1 Nr. 1 BPersVG gestellte Antrag
des Arbeitgebers werde keinen Erfolg haben und deshalb bestehe ein Arbeitsverhältnis.[1469]

Die Verletzung der Mitteilungspflicht nach Absatz 1 bringt für den Arbeitgeber
keine Nachteile mit sich, führt also nicht zum Übergang des Berufsausbildungsverhältnisses in ein Arbeitsverhältnis. Dies folgt daraus, dass nach Absatz 5 die Absätze 2 bis 4 unabhängig davon anzuwenden sind, ob der Arbeitgeber dieser Pflicht
nachgekommen ist oder nicht.

Das Berufsausbildungsverhältnis kann allerdings auch auf andere Weise als durch 861
Fristablauf enden.

Nach § 21 Abs. 2 BBiG endet das Berufsausbildungsverhältnis mit **Bestehen
der Abschlussprüfung**, wenn Auszubildende die Abschlussprüfung vor Ablauf der
Ausbildungszeit bestehen, und zwar mit der Bekanntgabe des Ergebnisses durch
den Prüfungsausschuss.[1470] Dies gilt auch dann, wenn es sich dabei um eine Wiederholungsprüfung handelt und das Berufsausbildungsverhältnis verlängert worden ist (§ 21 Abs. 3 BBiG). Im Falle einer zweiten Wiederholungsprüfung tritt
die Beendigungswirkung unabhängig davon ein, ob sie bestanden wird oder
nicht.[1471]

Das Berufsausbildungsverhältnis kann auch durch **Kündigung** enden. Wirksam- 862
keitsvoraussetzung für die Kündigung ist die Einhaltung der Schriftform (§ 22
Abs. 3 BBiG). Das Berufsbildungsgesetz unterscheidet zwischen der Kündigung
während der Probezeit und der Kündigung nach der Probezeit.

a) Nach § 22 Abs. 1 BBiG kann das Berufsausbildungsverhältnis **während der
Probezeit** von beiden Seiten jederzeit ohne Einhaltung einer Kündigungsfrist gekündigt werden. Es kann auch eine angemessene Auslauffrist zugebilligt werden. Ein
Kündigungsgrund muss nicht gegeben sein. Es handelt sich dabei um eine ordentliche Kündigung.

Die Kündigung kann bereits vor Beginn der Berufsausbildung erfolgen, wenn die Parteien keine abweichende Regelung vereinbart haben und sich der Ausschluss der Kündigung vor Beginn
der Ausbildung auch nicht aus den konkreten Umständen (z. B. der Abrede oder dem ersicht-
lichen gemeinsamen Interesse, die Ausbildung jedenfalls für einen bestimmten Teil der Probezeit
tatsächlich durchzuführen) ergibt.[1472]

[1468] BAG, BB 1985, 1978 f.
[1469] BAG, ZTR 1987, 254.
[1470] BAG, 16. 6. 2005, NZA 2006, 680 f.
[1471] BAG, 15. 3. 2000, NZA 2001, 214 f.
[1472] BAG, ZTR 1988, 353 f.

b) Nach § 22 Abs. 2 BBiG kann das Berufsausbildungsverhältnis **nach der Probezeit** nur noch in zwei Fällen gekündigt werden. Die Kündigung nach der Probezeit bedarf nach § 22 Abs. 3 BBiG zu ihrer Wirksamkeit nicht nur der Schriftform, sondern der Angabe der Kündigungsgründe. Es handelt sich in beiden Fällen um außerordentliche Kündigungen.

Nach Ziff. 1 kann die Kündigung von beiden Seiten aus wichtigem Grund außerordentlich erfolgen. In entsprechender Anwendung des § 626 Abs. 1 BGB ist ein wichtiger Grund gegeben, wenn Tatsachen vorliegen, auf Grund derer dem Kündigenden unter Berücksichtigung aller Umstände des Einzelfalles und unter Abwägung der Interessen beider Vertragsteile die Fortsetzung des Berufsausbildungsverhältnisses bis zum Ende der Ausbildungszeit nicht zugemutet werden kann. Nach § 22 Abs. 4 BBiG ist die Kündigung unwirksam, wenn die ihr zugrunde liegenden, den wichtigen Grund ausmachenden Tatsachen dem zur Kündigung Berechtigten länger als zwei Wochen bekannt sind. Der Lauf der Frist wird bis zur Beendigung eines eingeleiteten außergerichtlichen Güteverfahrens gehemmt.

Nach Ziff. 2 kann eine Kündigung nur von Auszubildenden mit einer Kündigungsfrist von vier Wochen ordentlich erfolgen, wenn sie die Berufsausbildung aufgeben oder sich für eine andere Berufstätigkeit ausbilden lassen wollen.

Die Kündigung nach der Probezeit kann einen Schadensersatzanspruch auslösen, wenn der Grund für die Auflösung des Berufsausbildungsverhältnisses von einem der Vertragspartner zu vertreten war. Der Anspruch muss innerhalb von drei Monaten nach Beendigung des Berufsausbildungsverhältnisses geltend gemacht werden (§ 23 BBiG).[1473]

863 Auszubildende müssen nach § 4 S. 1 KSchG (§ 13 Abs. 1 S. 2 KSchG) die Klagefrist einhalten, wenn er die Kündigung des Berufsausbildungsverhältnisses durch den Ausbildenden nicht hinnehmen will (§ 10 Abs. 2 BBiG). Nach § 111 Abs. 2 ArbGG können im Bereich des Handwerks die Handwerksinnungen, im übrigen die zuständigen Stellen im Sinne des BBiG **Ausschüsse** zur Beilegung von Streitigkeiten zwischen Ausbildenden und Auszubildenden errichten. Die Errichtung steht in ihrem Ermessen. Sind solche Ausschüsse gebildet, so hängt die Anrufung des Arbeitsgerichts von der vorherigen Durchführung eines Verfahrens vor dem Ausschuss ab, das Vorschaltverfahren ist Prozessvoraussetzung (§ 111 Abs. 2 S. 5 ArbGG).[1474] Die vorherige Anrufung des Ausschusses ist nicht erforderlich, wenn das Ausbildungsverhältnis beendet worden ist, wohl aber, wenn darüber gestritten wird, ob es beendet ist. Muß eine Klage innerhalb einer Klagefrist erhoben werden, so ist binnen dieser Frist der Ausschuss anzurufen. Die Parteien können den Spruch des Ausschusses anerkennen; damit ist der Streit erledigt. Tun sie das nicht innerhalb einer Woche, so kann binnen zwei Wochen nach ergangenem Spruch Klage beim Arbeitsgericht erhoben werden. In diesem Falle gilt diese Frist und gelten nicht die allgemeinen Klagefristen außerhalb des ArbGG (z.B. §§ 4 S. 1, 13 Abs. 1 S. 3 KSchG). Wird Klage nicht oder nicht fristgerecht erhoben, so wird der Spruch des Ausschusses verbindlich. Soweit kein Ausschuss gebildet ist, kann sofort Klage erhoben werden. In diesem Fall sind die allgemeinen Klagefristen zu beachten. Eine gerichtliche Auflösung nach § 13 Abs. 1 S. 3, § 9 Abs. 2 und § 10 KSchG auf Antrag des Auszubildenden ist nicht möglich.[1475]

864 Auch die Grundsätze über den Weiterbeschäftigungsanspruch während des Rechtsstreits um die Wirksamkeit einer Arbeitgeberkündigung ohne Beteiligung der

---

[1473] Vgl. zum Schadensersatzanspruch BAG, 17. 8. 2000, NZA 2001, 150 f.
[1474] BAG, 26. 1. 1999, NZA 1999, 934 f., m. w. N.
[1475] BAG, 29. 11. 1984, AP Nr. 6 zu § 13 KSchG 1969.

Personalvertretung (vgl. dazu Rdn. 396–401) gelten für das Berufsausbildungsverhältnis.[1476]

§ 15 Abs. 1 Arbeitsplatzschutzgesetz bezieht die Auszubildenden in den Geltungsbereich des Gesetzes ein.

Nach § 4 Abs. 1 BPersVG sind Auszubildende **Beschäftigte** im öffentlichen Dienst. Damit gilt für sie § 79 Abs. 1 BPersVG über die Mitwirkung der Personalvertretung bei der ordentlichen Kündigung und § 79 Abs. 3 BPersVG über die Anhörung der Personalvertretung bei außerordentlicher Kündigung durch den Arbeitgeber (hier Ausbildenden). Außerdem sind anzuwenden die Vorschriften über den besonderen Kündigungsschutz von Mitgliedern der Personalvertretung, der Jugend- und Auszubildendenvertretung, des Wahlvorstandes und von Wahlbewerbern (vgl. dazu Rdn. 407, 408). Nach § 47 Abs. 3 Sätze 1 und 2 BPersVG gilt allerdings für Beschäftigte, die sich in einer dem Vorbereitungsdienst der Beamten entsprechenden Berufsausbildung befinden, weder der Kündigungsschutz im Rahmen der Personalvertretung noch der Versetzungs- und Abordnungsschutz. Entsprechende Berufsausbildung ist eine solche, die in der Regel bei mehreren Dienststellen nach Weisung der Stammbehörde erfolgt, die die Einstellung vornimmt und die Ausbildung im Einzelnen regelt.[1477]

Auch der Arbeitsplatzschutz des Mutterschutzgesetzes gilt für Auszubildende.

Die zu ihrer Berufsbildung Beschäftigten, also auch die Auszubildenden, gelten als Arbeitnehmer im Sinne des Bundeserziehungsgeldgesetzes (§ 20 Abs. 1 S. 1 BEEG).

Auch der Bestandsschutz für schwerbehinderte Menschen ist nach § 73 Abs. 1 SGB IX auf Auszubildende anzuwenden.

Das Berufsausbildungsverhältnis endet auch durch einen **Aufhebungsvertrag** und mit dem **Tode des Auszubildenden**.[1478]

Individualrechtlich oder im Tarifvertrag kann auch die **Verpflichtung** des Ausbildenden vorgesehen sein, **Auszubildende** nach erfolgreich bestandener Abschlussprüfung **in ein Arbeitsverhältnis zu übernehmen**.[1479]

865
866
867
868
869
870
871

TVAöD/TVA-L BBiG

§ 16 TVAöD/§ 18 TVA-L BBiG lehnt sich an §§ 21, 22, 23, 24 BBiG an und ergänzt diese teilweise.

§ 16 Abs. 3 TVAöD/§ 18 TVA-L BBiG begründet eine **Mitteilungspflicht des Ausbildenden**. Danach hat der Ausbildende dem Auszubildenden drei Monate vor dem voraussichtlichen Ende der Ausbildungszeit schriftlich Mitteilung zu machen, wenn er ihn nicht in ein Arbeitsverhältnis übernehmen will. Wird diese Mitteilung unterlassen oder nicht fristgerecht abgegeben, so wird dadurch nicht automatisch ein Arbeitsverhältnis begründet. Jedoch kann ein Schadensersatzanspruch begründet sein, wenn sich der Auszubildende im Vertrauen auf die zu erwartende Übernahme nicht um eine anderweitige Einstellung bemüht hat. § 16 a TVAöD-BT-BBiG/§ 19 TVA-L BBiG[1480] enthält eine Ausbildungsförderungsregelung bzw. Schutzvorschrift betreffs drohender Arbeitslosigkeit. Die Tarifvertragsparteien wirken nämlich hiernach darauf hin, dass Auszubildende nach erfolgreich bestandener Abschlussprüfung für

872
873

[1476] BAG, ZTR 1987, 313.
[1477] Richardi/Dörner/Weber, a.a.O., § 47 Rdn. 86.
[1478] Zum Betriebsinhaberwechsel im Zusammenhang mit dem Berufsausbildungsverhältnis vgl. Mehlich, NZA 2002, 823 f.
[1479] Vgl. dazu Schulze, NZA 2007, 1329 f., m.w.N.
[1480] § 16 a S. 3 TVAöD-BT-BBiG/§ 19 S. 3 TVA-L BBiG begrenzen die Laufzeit der Übernahmeregelungen.

mindestens zwölf Monate in ein Arbeitsverhältnis übernommen werden, soweit nicht personen- oder verhaltensbedingte Gründe entgegenstehen. Dies gilt nicht, wenn die Verwaltung bzw. der Betrieb über Bedarf ausgebildet hat.

§ 16 Abs. 5 TVöD/§ 18 Abs. 5 TVA-L BBiG entspricht der Regelung in § 24 BBiG. Danach gilt ein Arbeitsverhältnis auf unbestimmte Zeit als begründet, wenn der Auszubildende im Anschluss an das Berufsausbildungsverhältnis beschäftigt wird, ohne dass hierüber ausdrücklich etwas vereinbart worden ist.

Nach § 16 Abs. 2 TVöD/§ 18 Abs. 2 TVA-L BBiG wird der Auszubildende auf sein Verlangen, wenn er ohne eigenes Verschulden die Abschlussprüfung erst nach beendeter Ausbildungszeit ablegen kann, bis zum Zeitpunkt der Prüfung weiterbeschäftigt, längstens jedoch ein Jahr.

4. Pflichten des Auszubildenden und des Ausbildenden im Berufsausbildungsverhältnis

874   a) **Hauptpflicht Auszubildender** besteht darin, sich **zu bemühen, die berufliche Handlungsfähigkeit zu erwerben, die erforderlich sind, um das Ausbildungsziel zu erreichen** (§ 13 S. 1 BBiG). § 13 S. 2 BBiG konkretisiert diese Pflicht. Die Aufzählung ist wegen der Verwendung des Wortes „insbesondere" nicht abschließend.

Auszubildende sind verpflichtet, die ihnen im Rahmen ihrer Berufsausbildung aufgetragenen Aufgaben sorgfältig auszuführen (§ 13 S. 2 Ziff. 1 BBiG) und Werkzeuge, Maschinen und sonstige Einrichtungen pfleglich zu behandeln (§ 13 S. 2 Ziff. 5 BBiG).

Sie haben die Pflicht, am Berufsschulunterricht, an Prüfungen und an Ausbildungsmaßnahmen außerhalb der Ausbildungsstätte, für die sie nach § 15 BBiG unter Fortzahlung der Vergütung (§ 19 Abs. 1 Ziff. 1 BBiG) freigestellt werden, teilzunehmen (§ 13 S. 2 Ziff. 2 BBiG).

Sie müssen den Weisungen folgen, die ihnen im Rahmen der Berufsausbildung erteilt werden, die für die Ausbildungsstätte geltende Ordnung beachten und über Betriebs- und Geschäftsgeheimnisse Stillschweigen bewahren (§ 13 S. 2 Ziff. 3, 4 und 6 BBiG).

Auszubildende sind selbstverständlich an die regelmäßige tägliche Ausbildungszeit gebunden, die im Berufsausbildungsvertrag vereinbart wird. Haben Auszubildende zwar das 15. aber noch nicht das 18. Lebensjahr vollendet, so ergeben sich die Grenzen für die Vereinbarung im Berufsausbildungsvertrag aus dem Jugendarbeitsschutzgesetz (JArbSchG). Nach § 8 Abs. 1 JArbSchG darf die tägliche Ausbildungszeit acht Stunden und die wöchentliche Ausbildungszeit 40 Stunden nicht übersteigen. Nach Maßgabe des § 8 Absätze 2 und 3 JArbSchG ist es möglich, Auszubildende 8,5 Stunden täglich zu beschäftigen. § 9 JArbSchG regelt die Ausbildungszeit an Berufsschultagen. Auch die Vorschrift über Ruhepausen des § 11 JArbSchG ist zu beachten.

Nach § 14 Abs. 1 Ziff. 4 BBiG muss der Auszubildende schriftliche Ausbildungsnachweise führen, wozu ihn der Ausbildende anzuhalten und die er durchzusehen hat. Das Führen der schriftlichen Ausbildungsnachweise ist nach § 43 Abs. 1 Ziff. 2 BBiG Zulassungsvoraussetzung für die Abschlussprüfung.

Während des Bestands des Ausbildungsverhältnisses hat der Auszubildende **Wettbewerb** zu Lasten seines Ausbildungsbetriebes **zu unterlassen**. Dies ergibt sich aus § 10 Abs. 2 BBiG und der Treuepflicht.[1481]

[1481] BAG, 20. 9. 2006, NZA 2007, 977 f.

Eine Pflichtverletzung von Auszubildenden kann eine Kündigung nach § 22 875
Abs. 2 Ziff. 1 BBiG rechtfertigen. Sie kann außerdem einen Schadensersatzanspruch
begründen. Die Regeln der Lehre von der schadensgeneigten Arbeit gelten auch im
Berufsausbildungsverhältnis (§ 10 Abs. 2 BBiG).[1482]

TVAöD/TVA-L BBiG

§ 5 TVAöD/TVA-L BBiG konkretisiert die in § 13 S. 2 Ziff. 6 BBiG geregelte 876
Schweigepflicht. Auszubildende haben hiernach in demselben Umfang Verschwiegenheit zu wahren wie die Beschäftigten des Ausbildenden; für diese legt § 3 Abs. 1
TVöD/§ 3 Abs. 2 TV-L den Umfang fest.

§ 7 Abs. 1 TVAöD-BT-BBiG/TVA-L BBiG regelt, dass hinsichtlich der täglichen 877
und der wöchentlichen Ausbildungszeit die maßgebenden Vorschriften über die Arbeitszeit für die Beschäftigten des Ausbildenden gelten, sofern die Auszubildenden
nicht unter das Jugendarbeitsschutzgesetz fallen. Damit kommen die Vorschriften
des TVöD/TV-L zur Anwendung. Allerdings bestimmt § 7 Abs. 6 TVAöD-BT-BBiG/
TVA-L BBiG, dass Auszubildende nicht zu Mehrarbeit herangezogen und nicht mit
Akkordarbeit beschäftigt werden dürfen. Mehrarbeit ist die über die gesetzlichen
Grenzen des Arbeitszeitgesetzes und des Jugendarbeitsschutzgesetzes unzulässigerweise oder nach den gesetzlichen Ausnahmevorschriften zulässigerweise hinausgehende Beschäftigung, nicht dagegen Überarbeit (Überstunden), also diejenige Zeit,
die über die regelmäßige Arbeitszeit (Ausbildungszeit) hinausgeht. Eine Rückausnahme enthält § 7 Abs. 6 S. 2 TVAöD-BT-BBiG/TVA-L BBiG, wonach § 21 JArbSchG unberührt bleibt. Danach sind Abweichungen von den Vorschriften der §§ 8
und 11 bis 18 JArbSchG zulässig, bei Beschäftigung Auszubildender mit vorübergehenden und unaufschiebbaren Arbeiten in Notfällen, soweit erwachsene Beschäftigte nicht zur Verfügung stehen. Die Zulässigkeit der Beschäftigung im Rahmen des
§ 21 JArbSchG gilt unabhängig davon, ob der Auszubildende unter das JArbSchG
fällt oder nicht. Werden Auszubildende über die vereinbarte regelmäßige tägliche
Arbeitszeit hinaus beschäftigt, so ist diese Beschäftigung besonders zu vergüten
(§§ 7 Abs. 6 S. 2 TVAöD-BT-BBiG/TVA-L BBiG i.V.m. 17 Abs. 3 BBiG). Dabei
spielt es keine Rolle, ob es sich um Mehrarbeit handelt und ob die Mehrarbeit unzulässigerweise oder im Rahmen des § 21 JArbSchG ausgeübt wird. Nach § 7 Abs. 2
TVAöD-BT-BBiG/TVA-L BBiG darf der Auszubildende sein Berichtsheft während
der Ausbildungszeit führen. An Sonn- und Wochenfeiertagen und in der Nacht darf
er zur Ausbildung nur herangezogen werden, wenn dies nach dem Ausbildungszweck erforderlich ist (§ 7 Abs. 5 TVAöD-BT-BBiG/TVA-L BBiG). An Tagen, an denen er an einem theoretischen betrieblichen Unterricht von mindestens 270 tatsächlichen Unterrichtsminuten teilnimmt, darf er nicht zu praktischer Ausbildung
herangezogen werden (§ 7 Abs. 3 TVAöD-BT-BBiG/TVA-L BBiG).

b) Hauptpflichten des Ausbildenden sind die **Ausbildungspflicht** nach § 14 Abs. 1 878
Ziff. 1 BBiG und die Pflicht zur **Zahlung der Ausbildungsvergütung** nach § 17
Abs. 1 S. 1 BBiG.

Was die Ausbildungspflicht anbetrifft, so dürfen Auszubildenden nur Aufgaben 879
übertragen werden, die dem Ausbildungszweck dienen und ihren körperlichen Kräften angemessen sind (§ 14 Abs. 2 BBiG). Die Ausbildungspflicht wird in § 14 Abs. 1
Ziff. 3 bis 5 BBiG noch präzisiert. Danach hat der Ausbildende Auszubildenden
kostenlos die Ausbildungsmittel zur Verfügung zu stellen, sie zum Besuch der Be-

---

[1482] BAG, 18. 4. 2002, NZA 2003, 37 f.

rufsschule und zum Führen von schriftlichen Ausbildungsnachweise anzuhalten, diese zu kontrollieren und dafür zu sorgen, dass sie charakterlich gefördert sowie sittlich und körperlich nicht gefährdet werden. Nach § 15 BBiG hat er sie für die Teilnahme am Berufsschulunterricht, an Prüfungen und an Ausbildungsmaßnahmen außerhalb der Ausbildungsstätte unter Fortzahlung der Vergütung (§ 19 Abs. 1 Ziff. 1 BBiG) freizustellen. Bei einem Verstoß gegen die Ausbildungspflicht kann ein Schadensersatzanspruch gegen den Ausbildenden begründet sein. Nach Maßgabe des § 102 Abs. 1 Ziff. 3 und 4 BBiG liegt eine Ordnungswidrigkeit vor.

880 Die Ausbildungsvergütung muss angemessen[1483] und nach dem Lebensalter des Auszubildenden so bemessen sein, dass sie mit fortschreitender Berufsausbildung, mindestens jährlich, ansteigt (§ 17 Abs. 1 BBiG). Die Vergütungspflicht besteht wie beim Arbeitsverhältnis grundsätzlich nur dann, wenn der Auszubildende an der Ausbildung teilnimmt. Wie im Arbeitrecht gibt es auch im Berufsausbildungsrecht Fälle, in denen ein Anspruch auf Ausbildungsvergütung besteht, obwohl der Auszubildende nicht an der Ausbildung teilnimmt.

aa) Die Vergütung ist in den Fällen des § 19 Abs. 1 Ziff. 2 BBiG fortzuzahlen.

bb) Gemäß § 10 Abs. 2 BBiG gelten im Berufsausbildungsverhältnis das Bundesurlaubsgesetz bzw. die Vorschriften des Jugendarbeitsschutzgesetzes über den Urlaub, das Mutterschutzgesetz und die Vorschrift des § 615 BGB über das Arbeitsentgelt bei Gläubigerannahmeverzug und Betriebsrisiko. Arbeitnehmer im Sinne des Gesetzes über die Zahlung des Arbeitsentgelts an Feiertagen und im Krankheitsfall (EFZG) sind auch die zu ihrer Berufsbildung Beschäftigten (§ 1 Abs. 2 EFZG).

cc) Schließlich finden über § 10 Abs. 2 BBiG auch die Vorschriften über die Entgeltzahlung bei Unmöglichkeit der Arbeitsleistung einschließlich der Rechtsgrundsätze der Sphärentheorie Anwendung.

TVAöD/TVA-L BBiG

881 Der TVAöD/TVA-L BBiG konkretisiert die Ausbildungspflicht nur wenig. Nach Maßgabe des § 12a Abs. 1 und 2 TVAöD/§ 14 Abs. 1 und 2 TVA-L BBiG ist dem Auszubildenden Gelegenheit zu geben, sich ohne Bindung an die planmäßige Ausbildung auf die Prüfung vorzubereiten.

882 § 8 Abs. 1 TVAöD-BT-BBiG regelt die Höhe des monatlichen Ausbildungsentgelts und unterscheidet dabei einerseits zwischen den Auszubildenden des Bundes, der Mitgliederverbände der VKA sowie der TV-S und andererseits dem Tarifgebiet West und Ost. Auch § 8 Abs. 1 TVA-L BBiG macht Unterschiede zwischen den Tarifgebieten West und Ost. Die Tabellen sehen eine Steigerung des Entgelts je Ausbildungsjahr (erstes bis viertes) vor.

Das Ausbildungsentgelt ist zu demselben Zeitpunkt fällig wie das den Beschäftigten des Ausbildenden gezahlte Entgelt (§ 8 Abs. 2 TVAöD-BT-BBiG/TVA-L BBiG).

883 § 8 Abs. 4 bis 6 TVAöD-BT-BBiG/§ 8 Abs. 3 bis 5 TVA-L BBiG regeln die Höhe der Ausbildungsvergütung, wenn
– die Ausbildungszeit verkürzt ist,
– die Ausbildungszeit auf Grund des § 16 Abs. 1 S. 2 TVAöD/§ 18 Abs. 1 S. 2 TVA-L BBiG, des § 8 Abs. 2 BBiG, des § 27b Abs. 2 der HandwO oder des § 16 Abs. 2 TVAöD/§ 18 Abs. 2 TVA-L BBiG verlängert ist oder
– der Auszubildende nach bestandener Prüfung weiterbeschäftigt wird.

[1483] Vgl. dazu Litterscheid, NZA 2006, 639 f.

§ 12 TVAöD/§ 13 TVA-L BBiG regelt die Fortzahlung der Ausbildungsvergütung 884
bei Arbeitsunfähigkeit. Bei Arbeitsbefreiung, die nicht wegen einer Abschlussprüfung gewährt wird, gilt die für die Beschäftigten des Ausbildenden maßgebenden Regelungen (§ 12a Abs. 3 TVAöD/§ 14 Abs. 3 TVA-L BBiG).

§ 9 Abs. 1 TVAöD/TVA-L BBiG verweist wegen der Höhe des Urlaubsgeldes und 885
der Urlaubsabgeltung auf die Vorschriften des TVöD/TV-L.

Auszubildende erhalten nach Maßgabe des Vermögensbildungsgesetzes eine in ih- 886
rer Höhe in § 13 Abs. 1 S. 1 TVAöD/§ 15 Abs. 1 S. 1 TVA-L BBiG festgelegte vermögenswirksame Leistung. Der Anspruch auf die Leistung entsteht frühestens für den Kalendermonat, in dem den Ausbildenden die erforderlichen Angaben mitgeteilt werden, und für die beiden vorangegangenen Monate desselben Kalenderjahres (§ 13 Abs. 1 S. 2 TVAöD/§ 15 Abs. 1 S. 2 TVA-L BBiG).

Der TVAöD-BT-BBiG/TVA-L BBiG enthält auch Ansprüche auf Nebenleistungen, 887
nämlich auf Entschädigung bei Dienstreisen, Abordnungen, Dienstgängen sowie Prüfungs- und Ausbildungsreisen (§§ 10 und 10a TVAöD-BT-BBiG/§§ 10 und 11 TVA-L BBiG).

Nach § 17 TVAöD/§ 20 TVA-L BBiG steht dem Auszubildenden nach erfolgrei- 888
cher Abschlussprüfung eine Abschlussprämie als Einmalzahlung in Höhe von 400 € zu. Dies gilt aber nur, wenn die Prüfung beim ersten Versuch bestanden wird (§ 17 Abs. 2 S. 1 TVAöD/§ 20 Abs. 2 S. 1 TVA-L BBiG).

c) Der Ausbildende hat Auszubildenden gegenüber auch die **Fürsorgepflicht**. We- 889
gen der Einzelheiten dazu wird auf die Rdn. 675-742 verwiesen.

Auszubildende unterliegen selbstverständlich dem **Arbeitsschutz**. 890

Ausbildende sind auch verpflichtet, Auszubildenden ein **Zeugnis** zu erteilen. Dies 891
ergibt sich aus § 16 Abs. 1 S. 1 BBiG. Nach Abs. 2 muss das Zeugnis Angaben über Art, Dauer und Ziel der Berufsausbildung, sowie über die erworbenen beruflichen Fertigkeiten und Kenntnisse des Auszubildenden enthalten. Auf Verlangen Auszubildender sind auch Angaben über Verhalten und Leistung aufzunehmen. Hat der Ausbildende die Berufsausbildung nicht selbst durchgeführt, so soll auch der Ausbilder das Zeugnis unterschreiben (Abs. 1 S. 2). Es spielt keine Rolle, aus welchem Grund das Berufsausbildungsverhältnis beendet wird. Das Zeugnis wird weder durch das Zeugnis der Berufsschule noch durch das Abschlussprüfungszeugnis ersetzt.

TVAöD/TVA-L BBiG

§ 18 TVAöD/§ 21 TVA-L BBiG hat neben § 16 BBiG keine selbständige Bedeu- 892
tung.

Der Ausbildende hat auch die **Pflicht zur Urlaubsgewährung**. Der Anspruch und 893
die Mindesturlaubsdauer ergeben sich aus dem Bundesurlaubsgesetz bzw. dem Jugendarbeitsschutzgesetz. Die tatsächliche Urlaubsdauer wird im Berufsausbildungsvertrag vereinbart. Nach § 19 Abs. 3 S. 1 JArbSchG soll der Urlaub Berufsschülern in der Zeit der Berufsschulferien gegeben werden. Soweit dies nicht erfolgt, ist für jeden Berufsschultag, an dem die Berufsschule während des Urlaubs besucht wird, ein weiterer Urlaubstag zu gewähren. Die meisten Bildungsurlaubsgesetze der Länder beziehen die Auszubildenden in den Kreis der Anspruchsberechtigten ein.

TVAöD/TVA-L BBiG

§ 9 Abs. 1 TVAöD/TVA-L BBiG verweist auch wegen der Urlaubsdauer auf die 894
Vorschriften des TVöD/TV-L. Der Erholungsurlaub ist möglichst zusammenhängend

während der unterrichtsfreien Zeit zu erteilen und in Anspruch zu nehmen (§ 9 Abs. 2 TVAöD/TVA-L BBiG).

895 Auch die **Pflicht zu Freistellung bei Erkrankung eines Kindes** des Arbeitnehmers nach § 45 SGB V gilt im Berufsausbildungsverhältnis. Dies folgt aus § 5 Abs. 1 Ziff. 1 SGB V.

896 Auch Auszubildende haben Anspruch auf **Sozialbezüge** und eine zusätzliche **Alters- und Hinterbliebenenversorgung.**

TVAöD/TVA-L BBiG

897 Nach Maßgabe des § 10a TVAöD-BT-BBiG/§ 11 TVA-L BBiG haben Auszubildende Anspruch auf Erstattung von Fahrkosten für Familienheimfahrten.

898 Die Versicherung zum Zwecke einer zusätzlichen Altersversorgung wird durch besonderen Tarifvertrag geregelt (§ 15 TVAöD/§ 17 TVA-L BBiG).

899 Sofern eine entsprechende Vereinbarung besteht, die auch auf einer sogenannten betrieblichen Übung beruhen kann, haben Auszubildende einen Anspruch auf **Weihnachtsgratifikation.**

TVAöD/TVA-L BBiG

900 § 14 TVAöD/§ 16 TVA-L BBiG sieht eine Jahressonderzahlung vor, wenn Auszubildende am 1. Dezember in einem Ausbildungsverhältnis stehen.

901 Über § 10 Abs. 2 BBiG trifft den Ausbildenden auch die Pflicht zur **Obhut des in die Dienststelle oder den Betrieb eingebrachten Eigentums** des Auszubildenden.

902 Schließlich obliegt dem Ausbildenden auch die Pflicht zur **Gleichbehandlung** der Auszubildenden.

5. Personalaktenrecht

903 Auch über die Auszubildenden im öffentlichen Dienst werden Personalakten geführt.§ 6 Abs. 1 TVAöD/TVA-L BBiG ist mit § 3 Abs. 5 TVöD/§ 3 Abs. 6 TV-L inhaltsgleich. Es kann auf die Ausführungen zum Personalaktenrecht verwiesen werden. § 6 Abs. 2 TVAöD/TVA-L BBiG erweitert aber das Personalaktenrecht dahingehend, dass Beurteilungen dem Auszubildenden unverzüglich bekanntzugeben sind und die Bekanntmachung aktenkundig zu machen ist.

6. Prüfungen

Der Auszubildende muss sich mindestens einer Zwischenprüfung und der Abschlussprüfung unterziehen.

904 Nach § 48 Abs. 1 S. 1 BBiG ist während der Berufsausbildung zur Ermittlung des Ausbildungsstandes mindestens eine Zwischenprüfung entsprechend der Ausbildungsordnung durchzuführen. Dies gilt nicht, wenn die Ausbildungsordnung vorsieht, dass die Abschlussprüfung in zwei zeitlich auseinander fallenden Teilen durchgeführt wird. Die geforderte Zahl der Zwischenprüfungen ist in den Ausbildungsordnungen geregelt. Lediglich die Teilnahme an der oder den Zwischenprüfungen ist für die Abschlussprüfung erheblich, sie ist nämlich Zulassungsvoraussetzung für die Abschlussprüfung (§ 43 Abs. 1 Ziff. 2 BBiG). Das Ergebnis hat weder Einfluss auf das Ergebnis der Abschlussprüfung noch auf die Zulassung dazu.

905 Nach § 37 Abs. 1 S. 1 BBiG sind **Abschlussprüfungen** durchzuführen. Die Zulassungsvoraussetzungen dazu sind in den §§ 43 bis 46 BBiG geregelt. Die Durchfüh-

rung erfolgt nach einer von der zuständigen Stelle erlassenen Prüfungsordnung (§ 47 BBiG). Für die Abnahme der Abschlussprüfung werden Prüfungsausschüsse errichtet (§§ 39 bis 42 BBiG). Prüfungsgegenstand ist nach § 38 BBiG die Feststellung, ob der Prüfling die berufliche Handlungsfähigkeit erworben hat. In der Abschlussprüfung soll der Prüfling nachweisen, dass er die erforderlichen beruflichen Fertigkeiten beherrscht, die notwendigen beruflichen Kenntnisse und Fähigkeiten besitzt und mit dem im Berufsschulunterricht zu vermittelnden, für die Berufsausbildung wesentlichen Lehrstoff vertraut ist. Die Abschlussprüfung kann im Fall des Nichtbestehens zweimal wiederholt werden, wenn die Abschlussprüfung in zwei zeitlich auseinander fallenden Teilen durchgeführt wird, ist der erste Teil nicht eigenständig wiederholbar, dem Prüfling ist ein Zeugnis auszustellen und die Prüfung ist für den Auszubildenden gebührenfrei (§ 37 Abs. 1 S. 2, Abs. 2 und 4 BBiG). Nach § 37 Abs. 3 BBiG ist dem Zeugnis auf Antrag eine englischsprachige und eine französischsprachige Übersetzung beizufügen und kann das Ergebnis berufsschulischer Leistungsfeststellungen auf dem Zeugnis ausgewiesen werden.

Die §§ 37 bis 39 BBiG gelten entsprechend für die Zwischenprüfung (§ 48 Abs. 1 S. 2 BBiG). 906

7. Verjährung, Ausschlussfristen

Nach § 195 BGB i. V. m. § 199 Abs. 1 BGB **verjähren** die Ansprüche des Auszubildenden auf Ausbildungsvergütung und Auslagenersatz sowie die Ansprüche des Ausbildenden auf im Berufsausbildungsvertrag vereinbarte Leistungen und Auslagenersatz in drei Jahren. 907

Auch im Berufsausbildungsvertrag und in Tarifverträgen können **Ausschlussfristen** vereinbart sein. § 19 TVAöD/§ 22 TVA-L BBiG enthält eine derartige Ausschlussfrist, die mit der Regelung über die Ausschlussfrist in § 37 S. 1 TVöD/TV-L übereinstimmt. 908

Wegen der Einzelheiten zur Verjährung und zur Ausschlussfrist kann deshalb auf die diesbezüglichen Erläuterungen verwiesen werden.

8. Berufsausbildungsverhältnis und kollektives Arbeitsrecht

Da Art. 9 Abs. 3 GG das Grundrecht für jedermann und für alle Berufe gewährleistet, gilt die **Koalitionsfreiheit** auch für Auszubildende. 909

Die Frage, ob Auszubildenden ein **Streikrecht** zusteht, ist in der Lehre umstritten.[1484] Die ablehnende Haltung wird damit begründet, das Berufsausbildungsverhältnis sei kein Arbeits-, sondern ein Rechtsverhältnis besonderer Art, bei dem der Erziehungs- und Ausbildungszweck im Vordergrund stehe. Das Ausbildungsverhältnis sei von einer verstärkten Fürsorge- und Treuepflicht gekennzeichnet, die eine Streikbeteiligung ausschließe. Die Arbeitsverweigerung sei kein geeignetes Druckmittel der Auszubildenden gegen den Ausbildenden. 910

Die Autoren, die ein Streikrecht für Auszubildende anerkennen, und das Bundesarbeitsgericht[1485] argumentieren, was tariflich regelbar sei, müsse auch durch Arbeitskampf durchgesetzt werden können, und die Ausbildungsbedingungen könnten und würden durch Tarifvertrag geregelt. Das Bundesarbeitsgericht hat die Frage allerdings nur im Zusammenhang mit dem Warnstreik entschieden und sie im übri-

---

[1484] Gamillscheg, a. a. O., S. 996, m. w. N.
[1485] BAG, NJW 1985, 85, 91.

gen offengelassen. Aus seiner Argumentation kann allerdings geschlossen werden, dass auch ein generelles Streikrecht für Auszubildende bejaht werden wird.

911 Die Auszubildenden sind Beschäftigte im Sinne des **Personalvertretungsrechts** (§ 4 Abs. 3 BPersVG). Wegen ihres zumeist jugendlichen Alters sind die Auszubildenden in der Regel zur Jugend- und Auszubildendenvertretung wahlberechtigt und wählbar und werden ihre Interessen von der Jugend- und Auszubildendenvertretung wahrgenommen. So hat die Jugend- und Auszubildendenvertretung nach § 61 Abs. 1 Ziff. 1 BPersVG die Aufgabe, Maßnahmen, die den Beschäftigten dienen, die das 18. Lebensjahr noch nicht vollendet haben oder sich in einer beruflichen Ausbildung befinden und das 25. Lebensjahr noch nicht vollendet haben, insbesondere in Fragen der Berufsbildung, beim Personalrat zu beantragen. Nach § 75 Abs. 3 Ziff. 6 BPersVG steht der Personalvertretung das volle Mitbestimmungsrecht bei der Durchführung der Berufsausbildung bei Arbeitnehmern zu. Soweit es um die berufliche Erstausbildung geht, wird es sich dabei um eine Angelegenheit handeln, die überwiegend die in § 57 BPersVG genannten Beschäftigten betrifft, sodass die Jugend- und Auszubildendenvertreter nach § 40 Abs. 1 S. 3 BPersVG Stimmrecht haben.

H. Der Schutz der Frau im Arbeitsleben

I. Geschlechtergleichbehandlung

912 Nach Art. 3 Absätze 2 und 3 GG sind Männer und Frauen gleichberechtigt und darf niemand wegen seines Geschlechts benachteiligt oder bevorzugt werden. Obwohl Art. 3 GG als Grundrecht vor allem gegen den Staat gerichtet ist, hat er Auswirkungen im Privatrecht und insbesondere auch im Arbeitsrecht. Das Bundesarbeitsgericht bejaht in ständiger Rechtsprechung die sogenannte Drittwirkung des Art. 3 GG und wendet ihn im Arbeitsrecht unmittelbar an. Das Bekenntnis des Grundgesetzes zum sozialen Rechtsstaat (Art. 20, 28 GG), das für die Auslegung des Grundgesetzes und anderer Gesetze von grundlegender Bedeutung ist, gebietet die unmittelbare privatrechtliche Wirkung derjenigen grundrechtlichen Bestimmungen, die für den Verkehr der Rechtsgenossen untereinander in einer freiheitlichen und sozialen Gemeinschaft unentbehrlich sind.[1486]

Art. 3 GG ist mithin Verbotsgesetz im Sinne von § 134 BGB.[1487] Insbesondere für Art. 3 Abs. 2 GG[1488] hat das Bundesarbeitsgericht dies hervorgehoben.[1489] Die Bindung gilt nicht nur für die arbeitsvertragliche Ebene, sondern auch für die Tarifvertragspartner, soweit sie sich im normativen Bereich bewegen,[1490] für Dienstvereinbarungen und allgemeine Arbeitsbedingungen.[1491] Mit Gesetz vom 27. 10. 1994 schließlich ist im Grundgesetz Art. 3 Abs. 2 Satz 2 eingefügt worden, wonach der Staat die tatsächliche Durchsetzung der Gleichberechtigung von Frauen und Männern fördert und auf die Beseitigung bestehender Nachteile hinwirkt. Dieser Foderung ist der Gesetzgeber mit dem **Allgemeinen Gleichbehandlungsgesetz (AGG)** nachgekommen. § 67 Abs. 1 S. 1 BPersVG und § 75 Abs. 1 S. 1 BetrVG gebieten

---

[1486] BAG, NJW 1957, 1688, 1689; NJW 1973, 77 f.
[1487] BAG, NJW 1977, 78.
[1488] Die Erwähnung von „Geschlecht" in Art. 3 Abs. 3 GG hat neben Art. 3 Abs. 2 GG keine selbständige Bedeutung.
[1489] BAG, AP Nr. 26 zu § 1 KSchG; NJW 1973, 77 f.
[1490] BVerfGE 55, 7, 21.
[1491] BAG, AP Nr. 64 zu Art. 3 GG; NJW 1972, 2327.

H. Der Schutz der Frau im Arbeitsleben

dem Arbeitgeber und der Personalvertretung bzw. dem Betriebsrat darüber zu wachen, dass jede unterschiedliche Behandlung von Personen wegen eines in § 1 AGG genannten Grundes unterbleibt. Die Geschlechtergleichbehandlung im Arbeitsleben ergibt sich schließlich auch aus dem für die Bundesrepublik Deutschland verbindlichen Europäischen Gemeinschaftsrecht, und zwar aus dem Vertrag zur Gründung der Europäischen Wirtschaftsgemeinschaft selbst und aus den auf Grund des Vertrages erlassenen Richtlinien des EG-Ministerrates.[1492]

II. Frauenarbeitsschutz

Art. 3 Abs. 2 GG gebietet allerdings nicht eine völlige Gleichstellung von Mann und Frau, sondern gestattet Differenzierungen, wenn der Tatbestand, der auf seine Vereinbarkeit mit dem Grundrecht überprüft wird, nur in einem Geschlecht verwirklicht werden kann (z.B. Geburt, Schwangerschaft) oder wenn sie aus der Natur der Sache gerechtfertigt sind (z.B. biologische Unterschiede zwischen Mann und Frau). Dies folgt auch aus § 8 Abs. 1 AGG. Diesem Umstand trägt der **Frauenarbeitsschutz** Rechnung, der Inbegriff der Normen, die die Frau vor möglichen Gefahren der Erwerbsarbeit schützen soll. Hierzu gehört insbesondere das Mutterschutzrecht. 913

1. Allgemeiner Schutz

Der Frauenarbeitsschutz hat folgende Hauptinhalte. 914
a) Nach § 11 AGG muss der Arbeitgeber einen Arbeitsplatz **geschlechtsneutral ausschreiben**.

[1492] Vgl. zur Pflicht zur Gleichbehandlung von Frauen und Männern auf Grund des Europäischen Gemeinschaftsrechts BAG, 14. 3. 1989, NJW 1990, 68 f.; 23. 1. 1990, NZA 1990, 778 f.; 20. 11. 1990, NZA 1991, 635 f.; 2. 12. 1992, NZA 1993, 367 f. (Bewährungsaufstieg, § 23 a BAT); 23. 9. 1992, NZA 1993, 891 f. (Entlohnung); 26. 5. 1993, NZA 1994, 413 f. (Mittelbare Frauendiskriminierung; Anspruch teilzeitbeschäftigter Frauen, deren tägliche Arbeitszeit spätestens um 12.00 Uhr endet, auf bezahlte Freistellung an Tagen, an denen der Arbeitgeber ab 12.00 Uhr Arbeitsbefreiung unter Fortzahlung der Bezüge gewährt); 23. 2. 1994, NZA 1994, 1136 f. (Mittelbare Frauendiskriminierung, Eingruppierung); 9. 3. 1994, NZA 1994, 1042 f. (Mittelbare Frauendiskriminierung; Voraussetzungen); EuGH, 13. 7. 1989, ZTR 1989, 351 f.; 17. 10. 1989, NZA 1990, 772 f.; 17. 5. 1990, NZA 1990, 775 f.; 27. 6. 1990, NZA 1990, 771 f.; 13. 12. 1989, NZA 1991, 59 f.; 8. 11. 1990, NZA 1991, 171 f., 173 f.; 7. 2. 1991, NZA 1991, 513 f.; 4. 6. 1992, NZA 1992, 687 f.; 15. 12. 1994, NZA 1995, 218 f. (Mittelbare Frauendiskriminierung, tarifliche Regelung über die Zahlung von Überstundenzuschlägen nur bei Überschreiten der tariflich für Vollzeitbeschäftigte festgelegten Regelarbeitszeit); 14. 12. 1995, NZA 1996, 129 f. (Mittelbare Frauendiskriminierung, Ausschluss der geringfügigen Beschäftigungen von der gesetzlichen Erwerbsunfähigkeits- und Altersversorgung); 14. 12. 1995, NZA 1996, 131 f.; Siemes, ZTR 1996, 349 f. (Mittelbare Frauendiskriminierung, Ausschluss der geringfügigen Beschäftigungen von der gesetzlichen Kranken-, Renten- und Arbeitslosenversicherung); 7. 3. 1996, NZA 1996, 430 f. (Mittelbare Frauendiskriminierung, teilzeitbeschäftigte Personalratsmitglieder); 11. 12. 1997, NZA 1998, 361 f. (Diskriminierungsverbot in Betriebsrentensystemen); 17. 2. 1998, ZTR 1998, 278 (L., gleichgeschlechtliche Partnerschaft); 9. 9. 1999, NZA 1999, 1151 f. (Mitttelbare Frauendiskriminierung, tarifvertraglicher Ausschluss Teilzeitbeschäftigter von einer im Tarifvertrag vorgesehenen Jahressonderzuwendung); 26. 6. 2001, NZA 2001, 883 f. (Ungleichbehandlung bei Zulagen – Unterschiedliche Qualität der Arbeit); BVerfG, 21. 5. 1999, NZA 1999, 878 f. (gleichgeschlechtliche Partnerschaft); Hanau/Gilberg, BB 1995, 1238 f. (Bindungswirkung des Urteils des EuGH vom 15. 12. 1994 für die nationale Rechtsanwendung). BVerfG, 28. 9. 1992, NZA 1993, 213 f.; 28. 9. 1994, NZA 1994, 1123 f. und 28. 9. 1994, NZA 1994, 1126 f. (Betriebsrente); Wißmann, DB 1991, 650 f.; Dieball, AuR 1991, 166 f.; Berger-Delhey, ZTR 1991, 318 f.; Reich/Dieball, AuR 1991, 225 f.; Kutsch, BB 1991, 2149 f.; Buglass/Heilmann, AuR 1992, 353 f.; Ebsen, RdA 1993, 11 f.; Wißmann, ZTR 1994, 223 f.; Schlachter, NZA 1995, 393 f. (Rechtsfigur „mittelbare Benachteiligung").

b) § 12 AGG fordert Maßnahmen und begründet Verpflichtungen des Arbeitgebers zum Schutz vor Benachteiligungen wegen des Geschlechts.
Wegen der Einzelheiten zu a) und b) wird auf die Ausführungen zum Allgemeinen Gleichbehandlungsgesetz verwiesen

c) Eine Vereinbarung, wonach das Arbeitsverhältnis der Frau automatisch aufgelöst wird, wenn sie heiratet (**Zölibatsklausel**), verstößt gegen das Grundrecht auf freie Entfaltung der Persönlichkeit (Art. 2 Abs. 1 GG) und ist unwirksam.[1493]

d) Zum Zwecke der **Frauenförderung im Rahmen der Personalvertretung** regelt § 20 Abs. 1 S. 3 BPersVG, dass in Dienststellen mit weiblichen und männlichen Beschäftigten dem Wahlvorstand Frauen und Männer angehören sollen. Nach § 51 S. 2 BPersVG können Fragen der Frauenförderung und der Vereinbarkeit von Familie und Beruf Gegenstand der Personalversammlungen sein. Zu den allgemeinen Aufgaben der Personalvertretung gehört nach § 68 Abs. 1 Nr. 5a BPersVG die Förderung der Durchsetzung tatsächlicher Gleichberechtigung von Frauen und Männern insbesondere bei der Einstellung, Beschäftigung, Aus-, Fort- und Weiterbildung sowie dem beruflichen Aufstieg. Bei Maßnahmen, die der Durchsetzung der Gleichberechtigung dienen, hat die Personalvertretung gemäß § 76 Abs. 2 Nr. 10 BPersVG das eingeschränkte Mitbestimmungsrecht.

e) Das **Bundesgleichstellungsgesetz** (BGleiG, Gesetz zur Gleichstellung von Frauen und Männern in der Bundesverwaltung und in den Gerichten des Bundes) hat die tatsächliche Gleichstellung von Frauen und Männern, die Beseitigung bestehender und die Verhinderung künftiger Diskriminierungen wegen des Geschlechts **im Bundesdienst** und eine Verbesserung der Vereinbarkeit von Familie und Erwerbstätigkeit zum Ziel.[1494]

f) Das **Bundesgremienbesetzungsgesetz** (BGremBG) verpflichtet den Bund und andere am Besetzungsverfahren von Gremien Beteiligte, darauf hinzuwirken, dass eine gleichberechtigte Teilhabe von Frauen und Männern in Gremien geschaffen oder erhalten wird. Dies gilt nicht für die Gerichtsbarkeit, die Deutsche Bundesbank und für die Ernennung der Mitglieder der Bundesregierung.

In allen Bundesländern gelten Gesetze zur Förderung von Frauen im öffentlichen Dienst.[1495]

2. Mutterschutz[1496]

915 Das **Mutterschutzrecht** bildet einen besonderen Teil des Frauenarbeitsschutzes. Es ist im Mutterschutzgesetz geregelt. Es findet auf Frauen Anwendung, die in einem Arbeitsverhältnis stehen (einschließlich der Auszubildenden), wenn der Arbeitsort in der Bundesrepublik Deutschland liegt. Das Mutterschutzrecht enthält als **Gefahrenschutz**
– Vorschriften zur **Anpassung des Arbeitsplatzes an die arbeitsphysiologischen Erfordernisse** (§§ 2 MuSchG, Verordnung zum Schutze der Mütter am Arbeitsplatz),
– **Beschäftigungsverbote für bestimmte Zeiten** (§§ 3, 6 Abs. 1, 7, 8 Abs. 1 und 2 MuSchG),[1497]

[1493] BAG, AP Nr. 1 zu Art. 6 Abs. 1 GG, Ehe und Familie.
[1494] Vgl. dazu Scheuring, ZTR 2002, 314 f., 363 f.; Braun, DÖD 2002, 59 f.
[1495] Vgl. dazu Eckertz-Höfer, AuR 1997, 470 f., m. w. N.; Pape, AuR 1998, 14 f., m. w. N.
[1496] Zu den finanziellen Auswirkungen des Mutterschutzes im Arbeitsverhältnis vgl. Jorkowski, ZTR 2003, 275 f.
[1497] Vgl. zu den Auswirkungen dieser Beschäftigungsverbote auf einen Anspruch auf Gratifikation BAG, 12. 7. 1995, ZTR 1996, 70 f., zum Beweiswert eines ärztlichen Beschäftigungsverbotes BAG, 31. 7. 1996, NZA 1997, 29 f.; 1. 10. 1997, NZA 1998, 194 f.; 21. 3. 2001, NZA 2001, 1017 f.

– **Beschäftigungsverbote für bestimmte Beschäftigungsarten**[1498] (§§ 4 Abs. 1 und 2, 6 Abs. 2 und 3, 8 Abs. 3 und 4 MuSchG) und
– **Verbote für bestimmte Entlohnungsformen** (§ 4 Abs. 3 MuSchG).
Wegen des Entgelts bei Schwangerschaft und Mutterschaft vgl. Rdn. 653–657.
Ist eine Arbeitnehmerin während der Schwangerschaft wegen eines Beschäftigungsverbots gehindert, die vertraglich Arbeitsleistung zu erbringen, so darf ihr der Arbeitgeber im Rahmen billigen Ermessens eine andere zumutbare Arbeit zuweisen.[1499]

Das Mutterschutzrecht enthält darüber hinaus einen **Arbeitsplatzschutz**. 916
Nach § 9 Abs. 1 MuSchG ist die **Kündigung** durch den Arbeitgeber gegenüber einer Frau während der Schwangerschaft[1500] und bis zum Ablauf von vier Monaten nach der Entbindung unzulässig. Die Vorschrift gilt für die ordentliche und die außerordentliche Kündigung. Sie gilt auch für befristete Arbeitsverhältnisse, und zwar selbst dann, wenn die Arbeitnehmerin den Arbeitgeber nicht über die Schwangerschaft unterrichtet hat, obwohl ihr diese bei Abschluss des Arbeitsvertrages bekannt war, und wenn feststand, dass sie auf Grund ihrer Schwangerschaft während eines wesentlichen Teils der Vertragszeit nicht würde arbeiten können.[1501] Voraussetzung ist, dass dem Arbeitgeber die Schwangerschaft oder Entbindung zurzeit der Kündigung bekannt war oder innerhalb von zwei Wochen nach Zugang der Kündigung mitgeteilt wird, dass Schwangerschaft oder Entbindung bei Zugang der Kündigung bestanden bzw. stattgefunden hat.[1502]

Eine Entbindung ist gegeben, wenn ein Kind lebend geboren wird, auch wenn es unmittelbar nach der Geburt stirbt, sowie im Falle einer Totgeburt. Eine medizinisch indizierte vorzeitige Einleitung der Geburt steht der Annahme einer Entbindung nicht entgegen, wenn die Voraussetzungen nach § 29 Abs. 2 PStV gegeben sind.[1503] Beim Schwangerschaftsabbruch und im Falle einer Fehlgeburt endet der Kündigungsschutz. Zu den Begriffen „Totgeburt" und „Fehlgeburt" vgl. Rdn. 656

Der Mitteilungspflicht ist Genüge getan, wenn die Frau dem Arbeitgeber zur Kenntnis bringt, dass sie vermutlich schwanger ist.[1504] Die Schwangerschaft muss innerhalb der Frist nur mitgeteilt, nicht nachgewiesen werden. Der Nachweis muss allerdings auf Aufforderung des Arbeitgebers hin in angemessener Frist durch ärztliches Attest erfolgen. Bei rechtzeitig erfolgter Mitteilung führt der Verstoß gegen die Nachweispflicht nicht zum Verlust des Kündigungsschutzes.[1505] Die Mitteilungsfrist läuft nur dann ab, wenn die Frau die Mitteilung schuldhaft versäumt hat, regelmäßig also dann, wenn sie die Schwangerschaft bei Zugang der Kündigung kannte oder trotz hinreichender Anhaltspunkte für eine Schwangerschaft sich nicht hat untersuchen lassen und sie deshalb schuldhaft nicht kannte.[1506] Die Fristüberschreitung ist von der Schwangeren dann **zu vertreten**, wenn sie auf einem gröblichen Verstoß gegen das von einem verständigen Menschen im eigenen Interesse bil-

---

[1498] Eine schwangere Frau kann im Falle eines Beschäftigungsverbots für eine bestimmte Tätigkeit verpflichtet sein, vorübergehend eine andere ihr zumutbare Arbeit zu verrichten (BAG, 22. 4. 1998, NZA 1998, 936 f.; 21. 4. 1999, NZA 1999, 1044 f.; 15. 11. 2000, NZA 2001, 386 f.).
[1499] BAG, 15. 11. 2000, NZA 2001, 386 f.
[1500] Vgl. zur Bestimmung des Beginns der Schwangerschaft BAG, 7. 5. 1998, NZA 1998, 1049 f.
[1501] EuGH, 4. 10. 2001, NZA 2001, 1241 f. (zu Art. 5 I Richtlinie 76/207/EWG des Rates vom 9. 2. 1976 und Art. 10 Richtlinie 92/85/EWG des Rates vom 19. 10. 1992).
[1502] Vgl. zum erforderlichen Inhalt der Mitteilung BAG, 15. 11. 1990, NZA 1991, 669 f.
[1503] BAG, 15. 12. 2005, NZA 2006, 994 f.
[1504] BAG, AP Nr. 23, 30 zu § 9 MuSchG.
[1505] BAG, BB 1974, 1581.
[1506] BAGE 32, 273.

ligerweise zu erwartende Verhalten zurückzuführen ist (Verschulden gegen sich selbst).[1507] Sie läuft nicht ab, **wenn die Frau schuldlos**[1508] **erst zwei Wochen nach Zugang der Kündigung von der Schwangerschaft erfährt**[1509] oder zwar noch innerhalb der Frist davon erfährt, dem Arbeitgeber aber keine Mitteilung mehr machen kann. Dann muss sie zur Erhaltung des Kündigungsschutzes den Arbeitgeber allerdings unverzüglich (§ 121 Abs. 1 BGB) informieren (§ 9 Abs. 1 S. 1 2. Halbs. MuSchG). Die Frau ist beweispflichtig dafür, dass sie die Mitteilung innerhalb der Zwei-Wochen-Frist aus einem von ihr nicht zu vertretenden Grund unterlassen und sie unverzüglich nach Wegfall des Grundes nachgeholt hat.[1510] Wenn eine Frau von ihrer Schwangerschaft aus einem von ihr nicht zu vertretenden Grund erst **nach Ablauf der Klagefrist des § 4 S. 1 KSchG Kenntnis erlangt hat**, kann gemäß § 5 Abs. 1 S. 2 KSchG auf ihren Antrag die Klage **nachträglich zugelassen werden**. Hat die Arbeitnehmerin dem Arbeitgeber das Bestehen einer Schwangerschaft mitgeteilt, so ist sie verpflichtet, den Arbeitgeber unverzüglich zu unterrichten, wenn die Schwangerschaft vorzeitig endet (etwa auf Grund einer Fehlgeburt). Verstößt sie schuldhaft gegen diese Pflicht, so macht sie sich schadensersatzpflichtig.[1511]

Nach § 9 Abs. 3 MuSchG kann die zuständige oberste Landesbehörde in besonderen Fällen ausnahmsweise auf Antrag des Arbeitgebers die Kündigung für zulässig erklären. Die Zulässigkeitserklärung muss zum Zeitpunkt des Zugangs der Kündigung vorliegen aber noch nicht bestandskräftig sein.[1512]

Mit der Zulässigkeitserklärung liegt zunächst ein ausreichender Bescheid vor, auf Grund dessen der Arbeitgeber die Kündigung wirksam vornehmen kann, die ausgesprochene Kündigung kann allerdings erst rechtswirksam werden, wenn der Bescheid bestandskräftig ist. Die Kündigung ist mithin schwebend wirksam und wird rückwirkend unwirksam, wenn die Zulässigkeitserklärung im Rechtsbehelfsverfahren (Widerspruch, Anfechtungsklage) aufgehoben wird.[1513]

Die Zustimmung wird nur erteilt, wenn dem Arbeitgeber die Fortsetzung des Arbeitsverhältnisses auch unter Berücksichtigung der Schutzbedürftigkeit der Frau unzumutbar ist. Dies ist nur in extremen Ausnahmefällen anzunehmen, nicht bereits, wenn ein wichtiger Grund im Sinne von § 626 Abs. 1 BGB gegeben ist. Der Zustand der Schwangerschaft oder die Lage einer Frau bis zum Ablauf von vier Monaten nach der Entbindung selbst sind keine zulässigen Kündigungsgründe. Wird das Kündigungsverbot durch die Erlaubnis der Behörde aufgehoben, so bedarf die Kündigung der schriftlichen Form und muss den zulässigen Kündigungsgrund angeben.

In entsprechender Anwendung des § 91 Abs. 2 und 5 SGB IX und in Anlehnung an die Rechtsprechung des Bundesarbeitsgerichts zu § 103 BetrVG (vgl. Rdn. 412) muss der Arbeitgeber, der die außerordentliche Kündigung aus wichtigem Grund beabsichtigt, die Zulässigkeitserklärung bei der Arbeitsbehörde innerhalb der Kündigungserklärungsfrist des § 626 Abs. 2 BGB beantragen und sodann, sofern die Kündigung von der Behörde für zulässig erklärt wird, unverzüglich, d.h. ohne schuldhaftes Zögern (§ 121 Abs. 1 BGB), kündigen.

Der Arbeitsplatzschutz des Mutterschutzgesetzes erfasst grundsätzlich nur die Beendigung des Arbeitsverhältnisses durch die Arbeitgeberkündigung. Andere Beendi-

---

[1507] BAG, 16. 5. 2002, NZA 2003, 217 f.
[1508] Zu den Voraussetzungen für das unverschuldete Überschreiten der Frist vgl. BAG, 16. 5. 2002, NZA 2003, 217 f.
[1509] BAG, 13. 6. 1996, NZA 1996, 1154 f.
[1510] Zmarzlik, NJW 1992, 2678 f.
[1511] BAG, 18. 1. 2000, NZA 2000, 1157 f.; 13. 11. 2001, ZTR 2002, 495 f.
[1512] BAG, 17. 6. 2003, NZA 2003, 1329 f.
[1513] BAG, 17. 6. 2003, NZA 2003, 1329 f.

gungstatbestände, insbesondere der Aufhebungsvertrag und der Fristablauf, werden davon nicht berührt. Allerdings kann die Berufung auf Fristablauf unzulässige Rechtsausübung darstellen, wenn sie ausschließlich im Hinblick auf die Schwangerschaft erfolgt.[1514] Zwar stellt die Nichterneuerung eines befristeten Arbeitsvertrages keine verbotene Kündigung dar, soweit sie jedoch ihren Grund in der Schwangerschaft der Arbeitnehmerin hat, stellt sie eine unmittelbare Diskriminierung auf Grund des Geschlechts dar und verstößt gegen die Art. 2 I und 3 I Richtlinie 76/207/EWG des Rates vom 9. 2. 1976 sowie gegen § 2 Abs. 1 Nr. 2 i. V.m. § 3 Abs. 1 S. 2 AGG.[1515]

In Betracht zu ziehen ist noch die Möglichkeit der **Anfechtung**, wenn die Frau bei Abschluss des Arbeitsvertrages eine bestehende Schwangerschaft verschweigt. Als Anfechtungsgründe könnten arglistige Täuschung nach § 123 Abs. 1 BGB oder Irrtum über die wesentliche Eigenschaft einer Person nach § 119 Abs. 2 BGB in Frage kommen. Anfechtung wegen Täuschung setzt zunächst voraus, dass die Frau überhaupt weiß, dass sie schwanger ist oder Umstände kennt, die den sicheren Schluss darauf zulassen. Ist diese Voraussetzung gegeben, so ist die Frau grundsätzlich nicht verpflichtet, auf ihren Zustand hinzuweisen, wenn sie nicht danach gefragt wird.[1516] Ausnahmsweise besteht jedoch eine Hinweispflicht, wenn es sich um ein Arbeitsverhältnis handelt, bei dem die Frau ihre Arbeit über die normalen Schutzfristen hinaus wegen der Schwangerschaft nicht leisten kann (z. B. Tänzerin, Artistin, Sportlehrerin),[1517] wenn es sich um ein zulässigerweise befristetes Arbeitsverhältnis handelt und die Frau wegen der Beschäftigungsbeschränkung für eine Zeit ausfiele, die in einem nicht mehr vertretbaren Verhältnis zur Dauer der Befristung steht[1518] oder wenn es sich um einen Arbeitsvertrag handelt, durch den sich die Frau ausschließlich zu Nachtarbeit im Sinne von § 8 MuSchG verpflichtet.[1519] 917

Die Frage des Arbeitgebers nach einer Schwangerschaft vor der geplanten unbefristeten Einstellung einer Frau verstößt regelmäßig gegen § 3 Abs. 1 S. 2 AGG und ist daher unzulässig. Dies gilt auch dann, wenn die Frau die vereinbarte Tätigkeit wegen eines mutterschutzrechtlichen Beschäftigungsverbots zunächst nicht aufnehmen kann.[1520] Die Frage nach der Schwangerschaft ist jedoch ausnahmsweise dann sachlich gerechtfertigt, wenn sie objektiv dem gesundheitlichen Schutz der Bewerberin und des ungeborenen Kindes dient.[1521] Beantwortet die Frau die ausnahmsweise zulässigerweise gestellte Frage bewusst wahrheitswidrig oder weist sie in den genannten Ausnahmefällen nicht auf die bestehende Schwangerschaft hin, so kann wegen arglistiger Täuschung angefochten werden. Anfechtung wegen Irrtums nach § 119 Abs. 2 BGB ist grundsätzlich nicht möglich, weil die Schwangerschaft keine wesentliche Eigenschaft einer Frau ist.[1522] Deshalb kann die Frau allerdings auch nicht anfechten, wenn sie in Unkenntnis ihres Zustandes mit dem Arbeitgeber einen Aufhebungsvertrag abschließt[1523] oder selbst kündigt.[1524] In den oben genannten Fällen, in denen die Frau verpflichtet ist, auf ihren Zustand hinzuweisen, auch wenn 918

[1514] BAG, AP Nr. 16, 26 zu § 620 BGB, befristeter Arbeitsvertrag; AP Nr. 5 zu § 4 TVG.
[1515] EuGH, 4. 10. 2001, NZA 2001, 1243 f.
[1516] BAG, AP Nr. 2, 24 zu § 9 MuSchG; AP Nr. 15 zu § 123 BGB.
[1517] BAG, AP Nr. 15 zu § 123 BGB.
[1518] BAG, AP Nr. 24 zu § 9 MuSchG.
[1519] BAG, 8. 9. 1988, NZA 1989, 178 f.
[1520] BAG, 6. 2. 2003, NZA 2003, 848 f., m. w. N.
[1521] BAG, 1. 7. 1993, NZA 1993, 933 f.
[1522] BAG, AP Nr. 2, 24 zu § 9 MuSchG; AP Nr. 15 zu § 123 BGB.
[1523] ArbG Wiesbaden, BB 1976, 604.
[1524] BAG, 6. 2. 1992, NZA 1992, 790 f.

sie nicht danach gefragt wird, ist allerdings davon auszugehen, dass die Schwangerschaft eine wesentliche Eigenschaft ist.[1525] Bei der praktischen Bedeutung der Anfechtung wegen Irrtums ist allerdings zu bedenken, dass der Arbeitgeber im Streitfall darlegen und beweisen muss, dass er sich bei der Einstellung der Frau überhaupt Gedanken über die Möglichkeit des Bestehens einer Schwangerschaft gemacht hat. Nur dann kann er sich geirrt haben.

Das Mutterschutzrecht enthält schließlich eine **erleichterte Kündigungsmöglichkeit für die Frau**. Gemäß § 10 Abs. 1 MuSchG kann sie während der Schwangerschaft und während der Schutzfrist nach der Entbindung (§ 6 Abs. 1 MuSchG) das Arbeitsverhältnis ohne Einhaltung einer Frist zum Ende der Schutzfrist nach der Entbindung kündigen.

Eine dem Arbeitgeber im Zeitpunkt des Vertragsabschlusses bekannte Schwangerschaft einer Arbeitnehmerin hindert nicht die **Befristung des Arbeitsvertrages**.[1526]

III. Elternzeit und Elterngeld

919   Nach § 15 Abs. 1 des Gesetzes zum Elterngeld und zur Elternzeit (Bundeselterngeld- und Elternzeitgesetz – BEEG) haben Arbeitnehmer und Arbeitnehmerinnen (Arbeitnehmer) Anspruch auf **Elternzeit**, wenn die dort genannten Voraussetzungen vorliegen, also Anspruch auf Freistellung von der Arbeit aus Anlass der Betreuung und Erziehung eines Kindes. Er besteht bis zur Vollendung des dritten Lebensjahres des Kindes (§ 15 Abs. 2 S. 1 BEEG), und zwar bei mehreren Kindern für jedes Kind auch wenn sich die Zeiträume überschneiden (§ 15 Abs. 2 S. 3 BEEG). Die Zeit der Mutterschutzfrist nach § 6 Abs. 1 MuSchG (acht Wochen, bei Früh- und Mehrlingsgeburten zwölf Wochen nach der Entbindung) wird gemäß § 15 Abs. 2 S. 2 BEEG auf die Elternzeit angerechnet. Die Elternzeit muss gemäß § 16 BEEG schriftlich, mit der Erklärung, für welche Zeiten innerhalb von zwei Jahren Elternzeit genommen werden soll und grundsätzlich spätestens sieben Wochen vor Beginn verlangt werden. Der Arbeitgeber kann außer im Falle zulässiger Teilzeitarbeit den Erholungsurlaub, der dem Arbeitnehmer für das Urlaubsjahr zusteht, für jeden vollen Kalendermonat der Elternzeit um ein Zwölftel kürzen (§ 17 Abs. 1 BEEG).

Gemäß § 15 Abs. 3 BEEG kann die Elternzeit, auch anteilig, von jedem Elternteil allein oder von beiden Elternteilen gemeinsam genommen werden, ihre Gesamtdauer ist jedoch auf drei Jahre für jedes Kind begrenzt.

Ein Anteil von bis zu zwölf Monaten der höchstens drei Jahre dauernden Elternzeit ist auf die Zeit bis zur Vollendung des achten Lebensjahres des Kindes übertragbar. Dies erfordert allerdings die Zustimmung des Arbeitgebers (§ 15 Abs. 2 S. 4 BEEG).

Die von den Elternteilen alleine oder gemeinsam genommene Elternzeit muss nicht im Zusammenhang angetreten werden, sondern kann auf zwei Zeitabschnitte verteilt werden. Eine Verteilung auf weitere Zeitabschnitte ist nur mit Zustimmung des Arbeitgebers möglich (§ 16 Abs. 1 S. 5 BEEG).

Während der Elternzeit ruhen die beiderseitigen Hauptpflichten.[1527] Deshalb hat der Arbeitnehmer zum Beispiel keinen Anspruch auf Krankenbezüge, wenn er während der Elternzeit arbeitunfähig erkrankt.[1528] Der Umstand, dass Zeiten der Eltern-

---

[1525] BAG, AP Nr. 15 zu § 123 BGB; AP Nr. 224 zu § 9 MuSchG.
[1526] BAG, 6. 11. 1996, NZA 1997, 1222 f.
[1527] BAG, 24. 5. 1995, NZA 1996, 31 f., m. w. N.
[1528] BAG, 24. 10. 1990, ZTR 1991, 124, 125.

zeit den Bestand des Arbeitsverhältnisses unberührt lassen, hat für eine betriebliche Altersversorgung zur Folge, dass diese Zeiten den Lauf der Unverfallbarkeitsfristen gemäß § 1b BetrAVG und die Dauer der Betriebszugehörigkeit im Zusammenhang mit § 2 BetrAVG nicht unterbrechen. Der Arbeitgeber kann sie jedoch von Steigerungen einer Anwartschaft auf Leistungen (dienstzeitabhängige Berechnung) ausnehmen.[1529] Eine tarifliche Regelung, nach der Zeiten der Elternzeit den Anspruch auf eine tarifliche Sonderzahlung (z.B. auf Gratifikation) mindern, ist wirksam.[1530] Wird eine Sonderzahlung unter Vorbehalt gewährt, so handelt es sich dabei nicht um einen Teil der im Austauschverhältnis zur Arbeitsleistung stehenden Vergütung. Daher darf der Arbeitgeber eine anteilige Kürzung in diesen Fällen für Zeiten, in denen das Arbeitsverhältnis wegen der Elternzeit ruht, nur dann vornehmen, wenn dies ausdrücklich vereinbart wurde.[1531] Hat der Arbeitnehmer oder die Arbeitnehmerin den ihm oder ihr zustehenden Urlaub vor dem Beginn der Elternzeit nicht oder nicht vollständig erhalten, hat der Arbeitgeber den Resturlaub nach der Elternzeit im laufenden oder im nächsten Urlaubsjahr zu gewähren (§ 17 Abs. 2 BEEG). Der vor einer ersten Elternzeit entstandene Anspruch auf Erholungsurlaub wird auf die Zeit nach einer weiteren Elternzeit übertragen, die sich unmittelbar an die frühere Elternzeit anschließt.[1532]

Der Arbeitnehmer kann gemäß § 15 Abs. 5 BEEG eine **Verringerung der Arbeitszeit** während der Elternzeit und ihre Ausgestaltung beantragen. Darüber sollen sich Arbeitnehmer und Arbeitgeber innerhalb von vier Wochen einigen. Ist eine Einigung nicht möglich, so hat der Arbeitnehmer nach § 15 Abs. 6 BEEG unter den Voraussetzungen des Abs. 7[1533] während der Gesamtdauer der Elternzeit zweimal einen **Anspruch auf Verringerung seiner Arbeitszeit (Elternteilzeit)**.

Der Anspruch auf Elternzeit kann nicht durch Vertrag ausgeschlossen oder beschränkt werden (§ 15 Abs. 2 S. 6 BEEG).

Der Arbeitgeber darf das Arbeitsverhältnis ab dem Zeitpunkt, von dem an Elternzeit formgerecht[1534] verlangt worden ist, höchstens jedoch acht Wochen vor Beginn der Elternzeit und während der Elternzeit **nicht kündigen** (§ 18 Abs. 1 S. 1 BEEG). Die für den Arbeitsschutz zuständige oberste Landesbehörde oder die von ihr bestimmte Stelle kann in besonderen Fällen ausnahmsweise eine Kündigung für zulässig erklären (§ 18 Abs. 1 S. 2 und 3 BEEG). Das Kündigungsverbot des § 18 BEEG und das des § 9 Abs. 1 MuSchG bestehen nebeneinander, so dass der Arbeitgeber bei Vorliegen der Voraussetzungen für beide Verbote für eine Kündigung der Zulässigkeitserklärung der Arbeitsbehörde nach beiden Vorschriften bedarf.[1535] Der Arbeitnehmer kann das Arbeitsverhältnis gemäß § 19 BEEG mit einer Kündigungsfrist von drei Monaten kündigen.

920

Nach § 21 Abs. 1 BEEG liegt ein sachlicher Grund für die Befristung eines Arbeitsvertrages vor, wenn ein Arbeitgeber einen Arbeitnehmer zur Vertretung eines Arbeitnehmers für die Dauer der Beschäftigungsverbote nach dem Mutterschutzgesetz, für die Dauer einer Elternzeit, einer auf Tarifvertrag, Betriebs-/Dienstvereinbarung oder einzelvertraglichen Vereinbarung beruhenden Arbeitsfreistellung zur

921

[1529] BAG, 15. 2. 1994, NZA 1994, 794 f.
[1530] BAG, 24. 5. 1995, NZA 1996, 31 f.
[1531] BAG, 10. 5. 1995, NZA 1995, 1096 f.
[1532] BAG, 20. 5. 2008, NZA 2008, 1237 f.
[1533] BAG, 15. 4. 2008, NZA 2008, 998 f. (zu § 15 Abs. 7 S. 1 Nr. 4 BEEG, dringende betriebliche Gründe).
[1534] BAG, 26. 6. 2008, NZA 2008, 1241 f.
[1535] BAG, 31. 3. 1993, NZA 1993, 646 f.

Betreuung eines Kindes oder für diese Zeiten zusammen oder für Teile davon einstellt.

Gemäß Abs. 3 muss die Dauer der Befristung des Arbeitsvertrages in diesen Fällen kalendermäßig bestimmt oder bestimmbar oder den in den Absätzen 1 und 2 genannten Zwecken zu entnehmen sein.

922 Das Gesetz gilt auch für das Berufsausbildungsverhältnis (§ 20 Abs. 1 BEEG). Auszubildende haben auch dann Anspruch auf Elterngeld, wenn sie keine Elternzeit nehmen wollen, brauchen also ihre Ausbildung nicht zu unterbrechen (§ 1 Abs. 1 S. 1 Ziff. 4, Abs. 6 BEEG).

923 Ist ein Elternteil nicht voll erwerbstätig, kann **Elterngeld** beansprucht werden (§§ 1 f. BEEG).

Nach § 2 Abs. 1 S. 1 und Abs. 5 BEEG beträgt die **Höhe** des Elterngeldes 67% des in den zwölf Kalendermonaten vor dem Monat der Geburt des Kindes durchschnittlich erzielten monatlichen Einkommens aus Erwerbstätigkeit, mindestens jedoch 300 € und höchstens 1800 € monatlich. Der **Bezugszeitraum** beträgt regelmäßig zwölf Monate, in besonderen Fällen vierzehn Monate (§ 4 BEEG). Für ein Kind wird nur einer Person Elterngeld gewährt. Erfüllen beide Elternteile die Anspruchsvoraussetzungen, so bestimmen sie verbindlich, wer von ihnen welche Monatsbeträge in Anspruch nimmt (§ 5 Abs. 1 BEEG).

924 Der Arbeitnehmer darf während der Elternzeit nicht mehr als 30 Wochenstunden **erwerbstätig** sein. Erwerbstätigkeit bei einem anderen Arbeitgeber oder als Selbständiger bedürfen der Zustimmung des Arbeitgebers, die er nur innerhalb von vier Wochen und aus dringenden betrieblichen Gründen schriftlich ablehnen kann (§ 15 Abs. 4 BEEG).[1536]

Wegen der weiteren Einzelheiten zum BEEG wird auf die einschlägige Kommentierung verwiesen.

I. Der Arbeitsschutz für schwerbehinderte Menschen[1537]

925 Der Arbeitsschutz für schwerbehinderte Menschen ist im Sozialgesetzbuch – Neuntes Buch – (**SGB IX**) geregelt. Nach § 2 Abs. 1 S. 1 SGB IX sind Menschen **behindert**, wenn ihre körperliche Funktion, geistige Fähigkeit oder seelische Gesundheit mit hoher Warscheinlichkeit länger als sechs Monate von dem für das Lebensalter typischen Zustand abweichen und daher ihre Teilhabe am Leben in der Gesellschaft beeinträchtigt ist. Menschen sind **schwerbehindert** im Sinne des Teils 2 des SGB IX, wenn bei ihnen ein Grad der Behinderung von wenigstens 50 vorliegt und sie ihren Wohnsitz, ihren gewöhnlichen Aufenthalt oder ihre Beschäftigung auf einem Arbeitsplatz im Sinne des § 73 SGB IX regelmäßig im Geltungsbereich des SGB IX haben (§ 2 Abs. 2 SGB IX). Menschen mit einer Behinderung von wenigstens 30 sollen unter den Voraussetzungen des § 2 Abs. 3 SGB IX schwerbehinderten Menschen gleichgestellt werden.

926 Der Schutz, den das Arbeitsrecht dem schwerbehinderten Menschen gewährt, besteht einmal darin, dass es ihm hilft, sich in das Arbeitsleben einzugliedern. Zu diesem Zwecke enthält das Gesetz eine **Beschäftigungspflicht**. Nach § 71 Abs. 1 SGB IX müssen Arbeitgeber, die jahresdurchschnittlich monatlich über mindestens

---

[1536] BAG, 2. 2. 2006, NZA 2006, 678 f.
[1537] Vgl. dazu Marschner, ZTR 2000, 545 f.; ders., ZTR 2001, 302 f.; Cramer, DB 2000, 2217 f.; Kossens/Maaß, NZA 2000, 1025 f.; Düwell, BB 2000, 2570 f.; ders., BB 2001, 1527 f.; Welti, NJW 2001, 2210 f.

20 Arbeitsplätze verfügen, auf mindestens 5 Prozent der Arbeitsplätze schwerbehinderte Menschen beschäftigen, wobei schwerbehinderte Frauen besonders zu berücksichtigen sind. Im § 73 SGB IX ist definiert, was unter einem Arbeitsplatz im Sinne des Teils 2 des Gesetzes zu verstehen ist. Bei der Berechnung der Mindestzahl und der Zahl der Arbeitsplätze, die mit schwerbehinderten Menschen zu besetzen sind, sind sich ergebende Bruchteile von 0,50 und mehr aufzurunden. Eine Ausnahme gilt bei Arbeitgebern mit jahresdurchschnittlich bis zu 59 Arbeitsplätzen (§ 74 Abs. 2 SGB IX). Stellen, auf denen Auszubildende, Rechts- oder Studienreferendare und -referendarinnen, die einen Rechtsanspruch auf Einstellung haben, beschäftigt werden, zählen bei der Berechnung nicht mit (§ 74 Abs. 1 SGB IX). Schwerbehinderte Auszubildende werden auf zwei Pflichtplätze angerechnet (§ 76 Abs. 2 S. 1 SGB IX). Solange Arbeitgeber die vorgeschriebene Zahl schwerbehinderter Menschen nicht beschäftigen, haben sie gemäß § 77 SGB IX eine monatliche Ausgleichsabgabe für jeden unbesetzten Pflichtplatz zu entrichten. Diese Pflicht trifft im Falle der gewerbsmäßigen Arbeitnehmerüberlassung den Verleiher als Vertragsarbeitgeber der Leiharbeitnehmer.[1538] Die Höhe der Ausgleichsabgabe ist davon abhängig, in welchem Umfang der Arbeitgeber die Beschäftigungsquote nicht erfüllt. Es gilt nach § 77 Abs. 2 S. 1 SGB IX folgende Staffelung:
– Monatlich 105 Euro bei einer Erfüllungsquote von 3% bis unter den Pflichtsatz,
– monatlich 180 Euro bei einer Erfüllungsquote zwischen 2% bis unter 3%,
– monatlich 260 Euro bei einer Erfüllungsquote zwischen 0% bis unter 2%.

Der gestaffelte Betrag der Ausgleichsabgabe wird alljährlich entsprechend der allgemeinen Einkommensentwicklung angehoben (sog. Dynamisierung, § 77 Abs. 3 SGB IX).

§ 77 Abs. 2 S. 2 SGB IX enthält für Arbeitgeber mit jahresdurchschnittlich bis zu 39 bzw. 59 Arbeitsplätzen Sonderregelungen.

Es spielt keine Rolle, warum schwerbehinderte Menschen nicht beschäftigt werden. Die Pflicht zur Entrichtung der Ausgleichsabgabe besteht also auch dann, wenn schwerbehinderte Menschen nicht eingestellt werden können, weil sich keine bewerben oder weil nur Arbeitsplätze vorhanden sind, die von schwerbehinderten Menschen nicht ausgefüllt werden können.

Im Zusammenhang mit der Beschäftigungspflicht besteht **für den öffentlichen Dienst** (Begriff „Arbeitgeber der öffentlichen Hand" in § 71 Abs. 3 SGB IX) in § 159 Abs. 1 SGB IX eine **Sonderregelung**. Danach sind diejenigen öffentlichen Arbeitgeber **des Bundes** (§ 71 Abs. 3 Nr. 1 SGB IX) und die im § 71 Abs. 3 Nr. 4 SGB IX genannten öffentlichen Arbeitgeber, die zum Stichtag 31. 10. 1999 den bisher geltenden Pflichtsatz von 6% übererfüllten, dazu verpflichtet, diesen Pflichtsatz auch weiterhin zu erreichen.

Der Schutz für schwerbehinderte Menschen besteht darüber hinaus darin, dass dem geschützten Personenkreis während des Bestehens des Arbeitsverhältnisses **besondere Rechte** eingeräumt[1539] werden. In diesem Zusammenhang enthält § 81 Abs. 2 SGB IX das Verbot der Benachteiligung schwerbehinderter Beschäftigter, das auch die Tarif- und Betriebsparteien bindet.[1540] Nach § 81 Abs. 1 S. 1 SGB IX hat der Arbeitgeber unabhängig von der Beschäftigungspflicht bei der Besetzung freier Arbeitsplätze zu prüfen, ob schwerbehinderte Menschen beschäftigt werden kön-

927

[1538] BVerwG, 13. 12. 2001, NZA 2002, 385 f.
[1539] Vgl. dazu Rolfs/Paschke, BB 2002, 1260 f.
[1540] BAG, 18. 11. 2003, ZTR 2004, 351 f.; 15. 2. 2005, NZA 2005, 870 f.; Braun, ZTR 2005, 174 f.

nen.[1541] Er hat dazu frühzeitig Verbindung mit der Bundesagentur für Arbeit aufzunehmen. Dieses oder ein von ihm beauftragter Integrationsfachdienst hat ihm geeignete schwerbehinderte Menschen vorzuschlagen. Über diese Vorschläge und über vorliegende Bewerbungen schwerbehinderter Menschen sind die Schwerbehindertenvertretung sowie der Betriebs- bzw. Personalrat unmittelbar nach Eingang zu unterrichten. Bei der Prüfung, ob ein Arbeitsplatz mit einem schwerbehinderten Menschen besetzt werden kann, ist die Schwerbehindertenvertretung gemäß § 95 Abs. 2 SGB IX zu beteiligen und Betriebs- bzw. Personalrat zu hören. Sind Schwerbehindertenvertretung oder Betriebs- bzw. Personalrat mit der beabsichtigten Entscheidung nicht einverstanden, ist diese unter Darlegung der Gründe mit den Interessenvertretungen zu erörtern, wenn der Arbeitgeber die Beschäftigungspflicht nicht erfüllt. Alle Beteiligten (auch die Bundesagentur für Arbeit) sind vom Arbeitgeber über die getroffene Entscheidung unverzüglich zu unterrichten (§ 81 Abs. 1 Sätze 2 bis 9 SGB IX) Verstöße gegen diese Regelungen sind gemäß § 156 Abs. 1 Nr. 7 und 8 SGB IX bußgeldbewehrt.

Gemäß § 81 Abs. 4 SGB IX sind schwerbehinderte Menschen so zu beschäftigen, dass sie ihre Fähigkeiten und Kenntnisse möglichst voll verwerten und weiterentwickeln können,[1542] und zur Förderung ihres beruflichen Fortkommens bei innerbetrieblichen Maßnahmen der beruflichen Bildung bevorzugt zu berücksichtigen. Die Teilnahme an außerbetrieblichen Maßnahmen ist in zumutbarem Umfang zu erleichtern, Arbeitsstätten sind behindertengerecht einzurichten und zu unterhalten und die Arbeitsplätze von schwerbehinderten Menschen sind mit den erforderlichen technischen Arbeitshilfen auszustatten. § 81 Abs. 3 SGB IX schreibt vor, dass die Arbeitgeber in ihren Verwaltungen und Betrieben die Voraussetzungen für die dauernde Beschäftigung wenigstens der vorgeschriebenen Zahl schwerbehinderter Menschen zu schaffen haben. § 81 Abs. 5 SGB IX schreibt dem Arbeitgeber vor, die Einrichtung von Teilzeitarbeitsplätzen zu fördern und gibt schwerbehinderten Menschen einen Anspruch auf Teilzeitbeschäftigung, wenn die Teilzeit wegen der Behinderung notwendig ist. Dieser Anspruch setzt im Gegensatz zu den Regelungen im TzBfG eine bestimmte Betriebsgröße nicht voraus, besteht unabhängig von der Dauer der Beschäftigung und unterliegt keiner Ankündigungsfrist. Der Anspruch besteht nicht, soweit seine Erfüllung für den Arbeitgeber nicht zumutbar oder mit unverhältnismäßigen Aufwendungen verbunden wäre oder soweit die staatlichen oder berufsgenossenschaftlichen Arbeitsschutzvorschriften oder beamtenrechtliche Vorschriften entgegenstehen (§ 81 Abs. 5 S. 2, 2. Halbs. i. V. m. Abs. 4 S. 3 SGB IX). Die Arbeitgeber haben mit der Schwerbehindertenvertretung und dem Betriebs- bzw. Personalrat eine verbindliche Integrationsvereinbarung zu treffen (§ 83 Abs. 1 SGB IX) und präventiv schon beim Eintritt von Schwierigkeiten bei der Beschäftigung schwerbehinderter Menschen, die zur Gefährdung des Beschäftigungsverhältnisses führen können, aktiv zu werden (§ 84 Abs. 1 SGB IX; **Präventionsverfahren**).[1543] Nach § 84 Abs. 2 SGB IX ist ein Arbeitgeber, wenn ein Beschäftigter innerhalb eines Jahres länger als sechs Wochen ununterbrochen oder wiederholt arbeitsunfähig war, verpflichtet, zu klären, wie die Arbeitsunfähigkeit mölglichst überwunden und mit welchen Leistungen oder Hilfen erneuter Arbeitsunfähigkeit vorgebeugt und der Arbeitsplatz erhalten werden kann (**betriebliches Eingliede-

---

[1541] Vgl. dazu BAG, 28. 4. 1998, NZA 1999, 152 f.
[1542] Vgl. dazu BAG, 13. 6. 2006, NZA 2007, 91 f.
[1543] Zu den Auswirkungen des § 84 Abs. 1 SGB IX auf den Kündigungsschutz vgl. BAG, 7. 12. 2006, NZA 2007, 617 f.; 28. 6. 2007, NZA 2007, 1049 f.; Brose, RdA 2006, 149 f.

rungsmanagement). Umstritten ist, ob ein solches betriebliches Eingliederungsmanagement für alle Arbeitnehmer oder nur behinderten Menschen gegenüber verpflichtend sein soll.[1544] Nach der Rechtsprechung des Bundesarbeitsgerichts[1545] ist eine Kündigung noch nicht sozial ungerechtfertigt, wenn das betriebliche Eingliederungsmanagement nicht durchgeführt wurde. Es sei notwendig, dass auch bei gehöriger Durchführung überhaupt Möglichkeiten alternativer Beschäftigung bestünden. Ein Unterlassen des betrieblichen Eingliederungsmanagements stehe deshalb einer Kündigung nicht entgegen, wenn es sie auch nicht hätte verhindern können.[1546]

Nach § 123 Abs. 1 SGB IX dürfen Renten und vergleichbare Leistungen, die wegen der Behinderung bezogen werden, bei der Bemessung des Arbeitsentgelts (und der Dienstbezüge) aus einem bestehenden Beschäftigungsverhältnis nicht berücksichtigt werden und es ist vor allem unzulässig, sie ganz oder teilweise auf das Arbeitsentgelt (oder die Dienstbezüge) anzurechnen. Abs. 1 der Vorschrift gilt gemäß Abs. 2 nicht für Zeiträume, in denen die Beschäftigung tatsächlich nicht ausgeübt wird und die Vorschriften über die Gewährung der Rente oder der vergleichbaren Leistung eine Anrechnung oder ein Ruhen vorsehen, wenn Arbeitsentgelt (oder Dienstbezüge) gezahlt wird.

§ 124 SGB IX schreibt vor, dass schwerbehinderte Menschen auf ihr Verlangen von Mehrarbeit freizustellen sind. In diesem Zusammenhang ist Mehrarbeit die die werktägliche Dauer von acht Stunden (§ 3 S. 1 ArbZG) überschreitende Arbeitszeit und nicht die über die individuelle Arbeitszeit des schwerbehinderten Menschen hinausgehende.[1547]

Nach § 125 SGB IX haben schwerbehinderte Menschen Anspruch auf einen bezahlten zusätzlichen Urlaub von 5 Arbeitstagen im Urlaubsjahr. Der Zusatzurlaub verlängert die Dauer des Urlaubs, die dem Arbeitnehmer ohne Schwerbehinderung arbeitsvertraglich oder tarifvertraglich zusteht, und stockt nicht lediglich die Dauer des gesetzlichen Mindesturlaubs nach § 3 BUrlG auf.[1548] Verteilt sich ihre regelmäßige Arbeitszeit auf mehr oder weniger als fünf Arbeitstage in der Kalenderwoche, so erhöht oder vermindert sich der Zusatzurlaub entsprechend. Ist in einer einzelvertraglichen oder kollektivvertraglichen Regelung ein längerer Zusatzurlaub für schwerbehinderte Menschen vorgesehen, so ist dieser zu gewähren. Die Vorschrift gilt nicht für Personen, die nach Maßgabe des § 2 Abs. 3 SGB IX schwerbehinderten Menschen gleichgestellt sind (§ 68 Abs. 3 SGB IX). Die gesetzlichen Vorschriften über die Wartezeit und die Zwölftelung des Mindesturlaubs nach den §§ 4, 5 BUrlG sind auf den zusätzlichen Urlaub nur im Jahr des Eintritts oder Ausscheidens aus dem Arbeitsverhältnis anwendbar und nicht auf das Jahr der Feststellung, dass der Arbeitnehmer schwerbehindert ist.[1549] Kann der Zusatzurlaub wegen Beendigung des Arbeitsverhältnisses nicht gewährt werden, so ist er nach § 7 Abs. 4 BUrlG abzugelten.[1550]

Kann ein schwerbehinderter Mensch aus gesundheitlichen Gründen seine arbeitsvertraglich geschuldete Leistung nicht mehr erbringen, so lässt sich aus dem Schwerbehindertenrecht kein Anspruch auf Fortzahlung der Arbeitsvergütung herleiten.[1551]

[1544] Vgl. dazu Tschöpe, NZA 2008, 398 f., m. w. N.
[1545] BAG, 12. 7. 2007, NZA 2008, 173 f.; str.; Schlewing, ZFA 2005, 484 f. (485, 494 f.), Tschöpe, NZA 2008, 398 f., m. w. N.
[1546] Vgl. dazu Tschöpe, NZA 2008, 398 f.
[1547] BAG, 8. 11. 1989, ZTR 1990, 115.; 21. 11. 2006, NZA 2007, 446 f.
[1548] BAG, 24. 10. 2006, NZA 2007, 330 f.
[1549] BAG, 21. 2. 1995, ZTR 1995, 465 f.
[1550] BAG, 25. 6. 1996, NZA 1996, 1153 f., m. w. N.
[1551] BAG, 10. 7. 1991, ZTR 1991, 518 f.

928 Schwerbehinderte Menschen und diesen gleichgestellte behinderte Menschen (§ 68 Abs. 1 SGB IX) genießen schließlich einen **Arbeitsplatzschutz**. Die ordentliche und die außerordentliche Kündigung des Arbeitsverhältnisses durch den Arbeitgeber eines schwerbehinderten Menschen, dessen Arbeitsverhältnis im Zeitpunkt des Zuganges der Kündigungserklärung ohne Unterbrechung[1552] länger als sechs Monate besteht, bedürfen nach den Vorschriften der §§ 85, 90 Abs. 1 Ziff. 1, 91 Abs. 1 SGB IX zu ihrer Wirksamkeit der vorherigen Zustimmung des Integrationsamtes. Dies gilt nach § 92 SGB IX auch dann, wenn die Beendigung des Arbeitsverhältnisses im Falle des Eintritts der teilweisen Erwerbsminderung, der vollen Erwerbsminderung auf Zeit, der Berufsunfähigkeit oder der Erwerbsunfähigkeit auf Zeit ohne Kündigung erfolgt.

929 Die **Eigenschaft** als schwerbehindert entsteht **kraft Gesetzes**, wenn die in § 2 SGB IX genannten Voraussetzungen zum Zeitpunkt der Kündigung vorliegen. Der Feststellungsbescheid des Versorgungsamtes nach den §§ 2 Abs. 2, 69 SGB IX ist nicht konstitutiv, sondern deklaratorisch. § 90 Abs. 2a SGB IX verlangt zwar einen **Nachweis** der Eigenschaft als schwerbehinderter Mensch zum Zeitpunkt der Kündigung, der in der Regel durch einen entsprechenden Bescheid erbracht wird. Nachgewiesen in diesem Sinne ist die Eigenschaft aber auch dann, wenn die Behinderung offenkundig ist.

930 Ist **dem Arbeitgeber** beim Ausspruch der Kündigung **die Schwerbehinderung des Arbeitnehmers bzw. dessen Gleichstellung nicht bekannt** und hat er die Zustimmung des Integrationsamtes folglich auch nicht beantragt, so muss sich der Arbeitnehmer zur Erhaltung seines Sonderkündigungsschutzes nach § 85 SGB IX innerhalb von drei Wochen nach Zugang der Kündigung auf diesen Sonderkündigungsschutz berufen. Kommt der Arbeitnehmer dem nicht innerhalb der Frist nach, so kann er sich auf den Sonderkündigungsschutz nicht mehr berufen und mit Ablauf der Klagefrist des § 4 S. 1 KSchG ist der eigentlich gegebene Nichtigkeitsgrund nach § 134 BGB i. V. mit § 85 SGB IX wegen § 7 KSchG geheilt. § 4 S. 4 KSchG kommt in diesem Falle nicht zur Anwendung. Kommt der Arbeitnehmer der Pflicht innerhalb der Frist nach, so kann er sich zwar auf den Sonderkündigungsschutz berufen, muss aber zugleich auch die Klagefrist nach § 4 S. 1 KSchG einhalten, denn zum Zeitpunkt des Zugangs der Kündigung war dem Arbeitgeber der Sonderkündigungsschutz nicht bekannt und er konnte eine Zustimmung nicht beantragen, so dass § 4 S. 4 KSchG nicht zur Anwendung kommt.[1553]

Die vorherige Zustimmung ist nicht erforderlich, wenn
– der schwerbehinderte Mensch auf einer Stelle im Sinne des § 73 Abs. 2 Nr. 2-5 SGB IX beschäftigt wird, also auf einer solchen, die nicht als Arbeitsplatz im Sinne des SGB IX gilt (§ 90 Abs. 1 Ziff. 2 SGB IX),
– das Arbeitsverhältnis des schwerbehinderten Menschen durch Kündigung beendet wird, sofern er das 58. Lebensjahr vollendet und Anspruch auf eine Abfindung, Entschädigung oder ähnliche Leistung auf Grund eines Sozialplanes oder Anspruch auf Knappschaftsausgleichsleistung nach dem Sechsten Buch Sozialgesetzbuch (SGB VI) oder auf Anpassungsgeld für entlassene Arbeitnehmer des Bergbaues hat, wenn der Arbeitgeber ihm die Kündigungsabsicht rechtzeitig mitteilt und er der beabsichtigten Kündigung bis zu deren Ausspruch nicht widerspricht (§ 90 Abs. 1 Ziff. 3 SGB IX) oder

---

[1552] Vgl. dazu BAG, 19. 6. 2007, NZA 2007, 1103 f.
[1553] BAG, 13. 2. 2008, NZA 2008, 1055 f.

- wenn es sich um eine Entlassung handelt, die aus Witterungsgründen vorgenommen wird, sofern die Wiedereinstellung bei Wiederaufnahme der Arbeit gewährleistet ist (§ 90 Abs. 2 SGB IX),
- wenn zum Zeitpunkt der Kündigung die Eigenschaft als schwerbehinderter Mensch nicht nachgewiesen ist oder das Versorgungsamt nach Ablauf der Frist des § 69 Abs. 1 S. 2 eine Feststellung wegen fehlender Mitwirkung nicht treffen konnte (§ 90 Abs. 2 a SGB IX).[1554] Trotz fehlenden Nachweises bleibt der Sonderkündigungsschutz mithin bestehen, wenn das Fehlen des Nachweises der Schwerbehinderung oder der Gleichstellung nicht auf fehlender Mitwirkung des Arbeitnehmers beruht. Das Fehlen des Nachweises beruht nach dem Gesetz jedenfalls dann auf fehlender Mitwirkung des Arbeitnehmers, wenn er den Antrag auf Anerkennung oder Gleichstellung nicht mindestens drei Wochen vor der Kündigung (§ 69 Abs. 1 S. 2 SGB IX) gestellt hat.[1555]

Im Falle einer ordentlichen Kündigung soll das Integrationsamt seine Entscheidung innerhalb eines Monats vom Tage des Antragseinganges an treffen. Entscheidend für die Einhaltung der Frist ist, dass die Entscheidung dem Arbeitgeber innerhalb der Frist bekanntgemacht worden ist.[1556] Hat es die Zustimmung erteilt, und zwar durch Zustellung der schriftlichen Entscheidung, so kann der Arbeitgeber nur innerhalb eines Monats nach ihrer Zustellung kündigen (§ 88 Abs. 1 und 3 SGB IX). Die Kündigungsfrist für die ordentliche Kündigung beträgt mindestens 4 Wochen (§§ 86 SGB IX).

Die Zustimmung zur außerordentlichen Kündigung kann nur innerhalb von zwei Wochen, beginnend mit dem Zeitpunkt, in dem der Arbeitgeber von den für die Kündigung maßgebenden Tatsachen Kenntnis erlangt, beantragt werden (§ 91 Abs. 2 SGB IX). Die außerordentliche Kündigung kann auch nach Ablauf der Kündigungserklärungsfrist des § 626 Abs. 2 BGB erfolgen, wenn sie unverzüglich (§ 121 Abs. 1 BGB) nach Erteilung der Zustimmung erklärt wird (§ 91 Abs. 5 SGB IX), d. h. dem Arbeitgeber zugeht.[1557] Das ist dann der Fall, wenn – anders als bei der ordentlichen Kündigung (§ 88 SGB IX) – das Integrationsamt die Entscheidung getroffen und dem Arbeitgeber mündlich oder fernmündlich bekannt gegeben hat. Das Abwarten des Ablaufs der Frist des § 91 Abs. 3 SGB IX (vgl. unten) stellt keine Zustimmungsentscheidung dar.[1558] Wird die Zustimmung erst vom Widerspruchsausschuss erteilt, so muss die Kündigung unverzüglich erfolgen, sobald der Arbeitgeber sichere Kenntnis davon hat, dass der Widerspruchsausschuss zustimmt. Auch hier reicht die mündliche Bekanntgabe aus.[1559] Das Integrationsamt hat seine Entscheidung im Falle der außerordentlichen Kündigung innerhalb von zwei Wochen seit Antragseingang zu treffen, anderenfalls gilt die Zustimmung als erteilt (§ 91 Abs. 3 SGB IX).[1560] Für die Berechnung der Frist sowie die Durchführung des Zustimmungsverfahrens sind gemäß § 1 SGB X die Vorschriften des SGB X heranzuziehen. Die Frist für die Erteilung der Zustimmung beginnt nach § 91 Abs. 2 S. 1

[1554] Vgl. dazu BAG, 7. 3. 2006, NZA 2006, 1108 f.; Grimm/Brock/Windeln, DB 2005, 282 f.; Griebeling, NZA 2005, 494 f.; Schulze, AuR 2005, 252 f.; Rolfs/Barg, BB 2005, 1678 f.
[1555] BAG, 1. 3. 2007, NZA 2008, 302 f.; 29. 11. 2007, NZA 2008, 361 f.; 6. 9. 2007, NZA 2008, 407 f.
[1556] BAG, AP Nr. 2 zu § 18 SchwbG.
[1557] BAG, 15. 11. 2001, NZA 2002, 971; 2. 3. 2006, NZA 2006, 1211 f.; Grimm/Baron, DB 2000, 570 f.; Fenski, BB 2001, 570 f.; Joussen, DB 2002, 2162 f.
[1558] BAG, 19. 6. 2007, NZA 2007, 1153 f.
[1559] BAG, 21. 4. 2005, NZA 2005, 991 f.; 12. 5. 2005, NZA 2005, 1173 f.
[1560] Zur Anfechtbarkeit der tatsächlich erteilten oder fingierten Zustimmung vgl. BVerwG, 10. 9. 1992, NZA 1993, 76 f.

SGB IX i. V. m. § 187 Abs. 1 BGB, § 26 Abs. 1 SGB X am Tage nach dem Eingang des Antrags bei dem zuständigen Integrationsamt. Sie endet zwei Wochen nach Eingang des Antrags mit Ablauf des Tages, der durch seine Benennung dem Tag entspricht, an dem der Antrag bei dem Integrationsamt eingegangen ist (§§ 188 Abs. 2 BGB, 26 Abs. 1 SGB X). Die Entscheidung durch das Integrationsamt im Sinne von § 91 Abs. 3 S. 2 SGB IX ist bereits dann als „getroffen" anzusehen, wenn der fertige Bescheid zur Post gegeben worden ist, und nicht erst, wenn die Zustellung oder wenigstens die Bekanntgabe des Bescheides[1561] an den betroffenen Arbeitgeber erfolgt ist.[1562]

932 Durch die Zustimmung des Integrationsamtes steht nicht zugleich fest, dass die Kündigungserklärungsfrist des § 626 Abs. 2 S. 1 BGB gewahrt ist. Die Fristen des § 626 Abs. 2 S. 1 BGB und des § 91 Abs. 2 S. 1 SGB IX **stehen selbständig nebeneinander** und verdrängen einander nicht. Von den Gerichten für Arbeitssachen ist die Ausschlussfrist des § 626 Abs. 2 S. 1 BGB eigenständig zu prüfen.[1563]

933 Erfolgt die außerordentliche Kündigung aus einem Grund, der nicht mit der Behinderung im Zusammenhang steht, so hat nach der Soll-Vorschrift des § 91 Abs. 4 SGB IX das Integrationsamt im Regelfall die Zustimmung zu erteilen. Sie darf nur dann nach pflichtgemäßem Ermessen entscheiden, wenn entweder die vom Arbeitgeber geltend gemachten Gründe im Zusammenhang mit der Behinderung des Arbeitnehmers stehen oder aber trotz Nichtvorliegens eines entsprechenden Zusammenhangs ein atypischer Fall gegeben ist. Ein atypischer Fall liegt vor, wenn die außerordentliche Kündigung den schwerbehinderten Menschen in einer die Schutzzwecke des SGB IX berührenden Weise besonders hart trifft, ihm im Vergleich zu den der Gruppe der schwerbehinderten Menschen im Falle außerordentlicher Kündigung allgemein zugemuteten Belastungen ein Sonderopfer abverlangt. Das Integrationsamt hat über das Vorliegen eines wichtigen Grundes im Sinne des § 626 Abs. 1 BGB grundsätzlich nicht zu urteilen.[1564]

934 Die Schwerbehindertenvertretung ist nach § 95 Abs. 2 SGB IX vor der Kündigung zu hören. Die Durchführung der Kündigung, die ohne Beteiligung der Schwerbehindertenvertretung erfolgt ist, ist auszusetzen und die Beteiligung ist innerhalb von 7 Tagen nachzuholen. Sodann ist endgültig zu entscheiden. Das Unterbleiben der Anhörung hat allerdings keine Auswirkung auf die Wirksamkeit der Kündigung, stellt aber gemäß § 156 Abs. 1 Nr. 9 SGB IX eine Ordnungswidrigkeit dar.

935 **Aufgabe der Schwerbehindertenvertretung** ist es, die Eingliederung schwerbehinderter Menschen in den Betrieb oder die Dienststelle zu fördern, die Interessen der schwerbehinderten Menschen im Betrieb oder der Dienststelle zu vertreten und ihnen beratend und helfend zur Seite zu stehen (§ 95 Abs. 1 SGB IX). Sie hat sich auch um die Belange von Beschäftigten zu kümmern, die keine schwerbehinderten Menschen oder als solche noch nicht anerkannt sind, soweit es um Anträge an die Versorgungsverwaltung auf Feststellung des Vorliegens einer Behinderung und ihres Grades sowie der Schwerbehinderteneigenschaft oder um Anträge auf Gleichstellung an die Bundesagentur für Arbeit geht (Satz 3). In Betrieben und Dienststellen, in denen wenigstens 5 schwerbehinderte Menschen nicht nur vorübergehend beschäftigt sind, werden eine Vertrauensperson und wenigstens ein Stellvertreter gewählt (§ 94 Abs. 1 S. 1 SGB IX), die nicht selbst schwerbehindert sein müssen. Wahl

---

[1561] Mündliche oder fernmündliche Bekanntgabe reicht auf jeden Fall (BAG, 12. 8. 1999, NZA 1999, 1267 f.
[1562] BAG, 9. 2. 1994, NZA 1994, 1030 f., mit ausführlicher Begründung und Überblick über den Meinungsstand in Rechtsprechung und Literatur; str.
[1563] BAG, 1. 2. 2007, NZA 2007, 744 f.
[1564] BVerwG, 2. 7. 1992, NZA 1993, 123 f.; 10. 9. 1992, NZA 1993, 76 f. (77, 78).

und Amtszeit sind im § 94 Abs. 2–7 SGB IX geregelt. Die Rechte und Pflichten der Schwerbehindertenvertretung ergeben sich aus § 95 Abs. 2-8 SGB IX.

Wie sich aus § 96 SGB IX, ist ihre persönliche Rechtsstellung der eines Mitgliedes der Personalvertretung weitestgehend angenähert. Ist für den Geschäftsbereich mehrerer Dienststellen ein Gesamtpersonalrat errichtet, so wählen die Schwerbehindertenvertretungen der einzelnen Betriebe oder Dienststellen eine Gesamtschwerbehindertenvertretung (§ 97 Abs. 1 SGB IX). Für den Geschäftsbereich mehrstufiger Verwaltungen, bei denen ein Bezirks- oder Hauptpersonalrat gebildet ist, wird bei den Mittelbehörden von deren Schwerbehindertenvertretung und den Schwerbehindertenvertretungen der nachgeordneten Dienststellen eine Bezirksschwerbehindertenvertretung, bei den obersten Dienstbehörden von deren Schwerbehindertenvertretung und den Bezirksschwerbehindertenvertretungen des Geschäftsbereichs eine Hauptschwerbehindertenvertretung gewählt. Ist die Zahl der Bezirksschwerbehindertenvertretungen niedriger als zehn, so sind auch die Schwerbehindertenvertretungen der nachgeordneten Dienststellen wahlberechtigt (§ 97 Abs. 3 SGB IX). Die Zuständigkeit der unterschiedlichen Schwerbehindertenvertretungen im öffentlichen Dienst ist im § 97 Abs. 6 SGB IX geregelt.

Rechtsstreitigkeiten über Rechte und Pflichten der Schwerbehindertenvertretung gegenüber dem Dienststellenleiter oder dem Personalrat sind im Beschlussverfahren zu entscheiden, für das die Verwaltungsgerichte zuständig sind.[1565]

Nach § 68 Abs. 1 Nr. 4 BPersVG hat die Personalvertretung die allgemeine Aufgabe, die Eingliederung und berufliche Entwicklung schwerbehinderter Menschen zu fördern. 937

Schwerbehinderte Arbeitnehmer können ausgesperrt werden. Das SGB IX enthält keine ausdrückliche Vorschrift, die die Aussperrung schwerbehinderter Arbeitnehmer verbietet oder regelt. Das Gesetz erleichtert zwar für schwerbehinderte Menschen die Erlangung eines geeigneten Arbeitsplatzes, schützt sie vor einem ungerechtfertigten Verlust des Arbeitsplatzes und verpflichtet den Arbeitgeber, die schwerbehinderten Menschen so zu beschäftigen, dass diese ihre Fähigkeiten möglichst voll verwerten und weiterentwickeln können, daraus folgt jedoch kein unbedingter Beschäftigungsanspruch gegen den Arbeitgeber, der von allen betrieblichen Besonderheiten losgelöst ist.[1566] 938

TVöD/TV-L

Die Begrenzung des Zusatzurlaubs auf sechs Tage und die Begrenzung des Gesamturlaubs (Erholungsurlaub und Zusatzurlaub) auf 35 bzw. 36 Arbeitstage im Kalenderjahr, die § 27 Abs. 4 TVöD/TV-L vorsehen, erfasst nicht den Zusatzurlaub nach § 125 SGB IX. 939

Bei Leistungsminderungen, die auf einem anerkannten Arbeitsunfall oder einer Berufskrankheit beruhen, ist diese Ursache bei einer etwaigen Stufenzeitverlängerung nach § 17 Abs. 2 S. 2 TVöD/TV-L in geeigneter Weise zu berücksichtigen (Protokollerklärung zu § 17 Abs. 2 S. 2 TVöD/TV-L). 940

Liegt bei einem schwerbehinderten Angestellten in dem Zeitpunkt, in dem sein Arbeitsverhältnis wegen Berufsunfähigkeit endet, die nach § 92 SGB IX erforderliche Zustimmung des Integrationsamtes noch nicht vor, so endet das Arbeitsverhältnis gemäß § 33 Abs. 2 S. 4 TVöD/TV-L mit Ablauf des Tages der Zustellung des Zustimmungsbescheides des Integrationsamtes. 941

[1565] BAG, 21. 9. 1989, NZA 1990, 362 f.
[1566] BAG, NZA 1988, 890 f. (892).

Anhang

Tabellarische Zusammenstellung der Regelungsinhalte des Personalvertretungsrechtes von Bund und Ländern mit den dazugehörenden Vorschriften.
(Römische Zahlen = Absätze, arabische Zahlen = Sätze)

338 Anhang

- Erster Teil. Personalvertretungen im Bundesdienst, §§ 1 bis 93
- Erstes Kapitel. Allgemeine Vorschriften, §§ 1 bis 11

Regelungsinhalt	Bund	Bad.-Württ.	Bayern	Berlin	Brandenbg.	Bremen	Hamburg	Hessen	Meck.-Vorp.	Niedersachs.	NRW	Rheinl.-Pfalz	Saarland	Sachsen	Sachsen-Anh.	Schl.-Holst.	Thüringen
Geltungsbereich des Gesetzes	1	1	1	1	1	1	1	1	1	1	1 I	1	1	1	1	1 I, III	1
Gebot der vertrauensvollen Zusammenarbeit	2 I	2 I	2 I	2 I	2; 3 I	–	2 I	60 I	2 I	2 I; 3 I	2 I	2 I	2 I	2 I	2 I, II 1	1 II	2 I
Zugangsrecht der Gewerkschaften	2 II	2 II	2 II	2 II	3 III	–	–	–	–	–	3 IV	2 II	–	2 II	2 II 2	–	2 II
Stellung der Gewerkschaften und Arbeitgebervereinigungen	2 III	2 III	2 III	2 III	3 II	2	2 II	2	2 I	3 II	3 III	2 III	2 II	3	–	1 V	2 III
Stellung der Berufsverbände	–	–	–	94	–	–	–	–	2 II	–	110	–	–	–	2 II	1 VI	–
Keine Abweichung vom Gesetz durch Tarifvertrag	3	3	3	2 IV	–	–	3	113 I	89	82	4	3	3	84 VI	3	90	3
Begriff der Beschäftigten	4 I, V	4	4 I, IV	3 I, III	4	3 I	4 I, IV	3 I, III	3; 91	4	5 I, IV, V	4 I, V	4 I	4 I, V	4 I-IV	3; 92	4 I, V
Beamte	4 II	6	4 II	4 II	5 III	4	4 II	4	4	5 II	5 II	4 III	–	4 II	4 V	4	4 II
Angestellte	–	–	–	–	5 I	–	–	–	5	–	–	–	–	4 III	–	–	–
Arbeiter	–	–	–	–	5 II	–	–	–	6	–	–	–	–	4 IV	–	–	–
Arbeitnehmer	4 III	7	4 III	4 I	–	5	4 III	5	–	5 III	5 III	4 IV	4 II	–	4 VI	5	4 III
Bildung von Gruppen	5	5	5	3 II	5 IV	3 II	5	3 II	7	5 I	6	4 II	5	5	5	7	5
Begriff der Dienststellen	6	9	6	5–8	6	7	6	7	8 I, II	6; 7	1 II, III	5 I-IV	6	6	6	8 I-III	6
Dienststellenleiter	7	–	7	9	7	8	8	8	8 IV	8	8	5 V-VII; 9	7	7	7	8 V	7
Verbot der Behinderung, Benachteiligung und Begünstigung	8	107 S. 1 BPersVG	8	107 S. 1 BPersVG	8	56 I	107 S. 1 BPersVG	64 I	107 S. 1 BPersVG	41 I	7 I	6; 39 I 3	8	8	8 S. 1	107 S. 1 BPersVG	8
Übernahme von Auszubildenden	9	107 S. 2; 9 BPersVG	9	10	9	107 S. 2; 9 BPersVG	107 S. 2; 9 BPersVG	65	107 S. 2; 9 BPersVG	58	7 II-VI	8	107 S. 2; 9 BPersVG	9	9	107 S. 2; 9 BPersVG	9
Schweigepflicht	10	10	10	11	10	57	9	68	9	9	9	71 I, II	9	10	10	9	10
Unfallfürsorge für Beamte	11	109 BPersVG	11	109 BPersVG	11	109 BPersVG	109 BPersVG	67	109 BPersVG	109 BPersVG	109 BPersVG	71 I	10	11	11	109 BPersVG	11

Anhang 339

- Zweites Kapitel. Personalrat, Stufenvertretung, Gesamtpersonalrat, Personalversammlung, §§ 12 bis 56
- Erster Abschnitt. Wahl und Zusammensetzung des Personalrats, §§ 12 bis 25

Regelungsinhalt	Bund	Bad.-Württ.	Bayern	Berlin	Brandenbg.	Bremen	Hamburg	Hessen	Meck.-Vorp.	Niedersachs.	NRW	Rheinl.-Pfalz	Saarland	Sachsen	Sachsen-Anh.	Schl.-Holst.	Thüringen
Personalratsfähige Dienststellen	12	14 I, II	12	1 I; 5 I	12 I	12 I, II	10 I, II	12 I, II	10; 8 III	10 I, II	13 I, II	12 I, II	11	12 I, II	12 I	10 I; 8 IV	12
Wahlberechtigung	13	11	13	12	13	9	11	9	11	11	10	10	12	13	13	11	13
Wählbarkeit	14	12	14	13 I, III	14	10	12	10	12 I, III	12 I I, II, III	11	11	13	14	14	12 I–III	14
Wählbarkeit in besonderen Fällen	15	13	15	13 II	15	11	13	11	12 IV	12 I 2	12	–	14	15	15	12 IV	15
Größe des Personalrats	16	14 III–V	16	14	16	12 III	14	12 III 2–4, III, IV	13	13	13 III, IV	12 III–IV	15	16	16	13	16
Sitzverteilung auf die Gruppen	17 I–V	15 I 2, 3, 5, II–IV	17 I–IV	15 I–IV	17	13 I–IV	15	13 I 2–4, III, IV	14 I, II, V	14 I–III	14 I–V	13	16 I–V	17 I–V	17	14 I, II, IV	17 I–V
Sitzverteilung auf Vertreter verschiedener Beschäftigungsarten	17 VI	18	17 V	–	–	–	17	13 V	–	–	14 VI	–	–	12 III	–	–	17 VI
Sitzverteilung auf Frauen und Männer	17 VII	15 I 1, 4	17 VI	15 V; 16 V 2, 3	12 II	13 V	–	13 I, II	–	10 III; 15	14 VII	–	16 VI	12 IV, 17 VI	12 II	10 II	17 VII
Abweichende Sitzverteilung	18	16	18	–	18	14	16	14	14 III, IV	14 IV	15	14	17	18	18	14 III	18
Wahlverfahren	19	17	19	16	19	15	19	16	15	16; 17	16	15	18	19	19	15	19
Bestellung des Wahlvorstands durch Personalrat	20 I	20 I	20 I	17 I	20	16 I, III	20 I	17 I	90	18 I, IV	17 I	16 I	19 I	20	20	9 I I	20
Wahl des Wahlvorstands durch Personalversammlung bei fehlender Bestellung	20 II	20 II	20 II	17 II	21	16 II, III	20 II	17 II	90	18 II 1, 3, IV	17 II	16 II	19 II	21	21	9 I I	21 I
Wahl des Wahlvorstands durch Personalversammlung bei fehlendem Personalrat	21	21	21	17 III	21	17	21	18	90	18 II 2, 3, IV	18	16 II	20	21	21	9 I I	21 II
Bestellung des Wahlvorstands durch Dienststellenleiter bei fehlender Personalversammlung oder Wahl	22	22	22	18	22	18	22	19	90	18 III, IV	19	16 III	21	22	22	9 I I	22

Regelungsinhalt	Bund	Bad.-Württ.	Bayern	Berlin	Brandenbg.	Bremen	Hamburg	Hessen	Meck.-Vorp.	Niedersachs.	NRW	Rheinl.-Pfalz	Saarland	Sachsen	Sachsen-Anh.	Schl.-Holst.	Thüringen
Aufgaben des Wahlvorstands; Ersetzung bei nicht rechtzeitiger Wahl	23	23	23	19	23	19	23	20	90	19	20	17	22	23	23	9 I I	23
Wahlschutz	24 I	24 I	24 I	20	24 I, II	20 I, II	24	21 I	16	20 I, II	21 I, II	18 I, II	24 I	24 I	24 I, II	16	24 I
Wahlkosten	24 II	24 II	24 II, III	21	24 III	20 III	25	21 II, III	17	20 II, III	21 II	18 III, IV	24 II	24 II	24 III	17	24 II
Wahlanfechtung	25	25 I	25 I	22 I	25 I, II	21	26 I–III	22 I	18 I, II	21	22 I	19 I	25 I I	25 I	27 I, II	18 I, II	25 I
Neuwahl nach Wahlanfechtung; Geschäftsführung	–	25 II	25 II	22 II	25 III, IV; 27 II Nr. 4	–	26 IV, V	22 II	18 III, IV; 20 I Nr. 4	23 I Nr. 4; III	22 II, III	19 II, III	25 I 2, II, III	25 II	27 IV–VI	18 III, IV; 20 I Nr. 4	25 II–V

- Zweiter Abschnitt. Amtszeit des Personalrates, §§ 26 bis 31

Regelungsinhalt	Bund	Bad.-Württ.	Bayern	Berlin	Brandenbg.	Bremen	Hamburg	Hessen	Meck.-Vorp.	Niedersachs.	NRW	Rheinl.-Pfalz	Saarland	Sachsen	Sachsen-Anh.	Schl.-Holst.	Thüringen
Amtszeit des Personalrats	26	26 I	26 I, II	23	26	23 I	27 I, II, III 1	23 I	19 I	22 I, II	23 I, III	20	26 I 1, 2	26	25 I 1, III	19 I	26
Wahltermin	27 I	19 I	26 III	24 I 1	27 I	23 II	18 I	15	19 II 1	22 I	–	21 I	23 I	27 I	25 I 2	19 II 1	27 I
Wahltermin in Sonderfällen; Weiterführung der Geschäfte; Amtszeit	27 II–V	19 II, III; 26 II; 27	27; 26 IV	24 I 2, 3, II–IV	27 II–V	24; 23 III	18 II–IV; 27 III 2, IV	24 I, II; 23 II	20; 19 II 2, 3	23; 22 III	24; 23 II, III	21 II–V	23 II–IV; 26 I 3, 4, II	27 II–V	25 I 3, II; 26	19 I I 2, 3; 20	27 II–V
Ausschluß eines Personalratsmitglieds; Auflösung des Personalrats	28 I	28 I, II	28 I	25 I	28 I	25 I	28 I	25 I	21 I	24	25 I	22 I	27 I	28 I	27 III	21 I	28 I
Neuwahl nach Auflösung des Personalrats; Weiterführung der Geschäfte	28 II	28 III	28 II	25 II	28 II, III	25 II	28 II	25 II	21 II, III	23 Nr. 5, III	25 II	22 II	27 II	28 II	27 IV, V	21 II, III	28 II
Erlöschen der Mitgliedschaft im Personalrat	29	29	29	26	29	26	29	26	22 I, II, IV	25	26	23	28	29	28 I, II	22 I, II, IV	29
Ruhen der Mitgliedschaft im Personalrat	30	30	30	27	30	27	30	27	22 III, IV	26	27	24	29 I	30	28 III	22 III, IV	30
Eintritt von Ersatzmitgliedern in den Personalrat	31	31	31	28	31	28	31	28	23	27	28	25	30	31	29	23	31
Neuwahl bei Umorganisation von Dienststellen	–	106	27°	24 I 2 Nr. 6	32	–	–	24 III–VI	–	117	44	124	116	32	–	94 a	32

Anhang 341

Regelungsinhalt	Bund	Bad.-Württ.	Bayern	Berlin	Brandenbg.	Bremen	Hamburg	Hessen	Meck.-Vorp.	Niedersachs.	NRW	Rheinl.-Pfalz	Saarland	Sachsen	Sachsen-Anh.	Schl.-Holst.	Thüringen
Dritter Abschnitt. Geschäftsführung des Personalrates, §§ 32 bis 45																	
Vorstand des Personalrats; Geschäftsführung	32 I	32 I	32 I, III 1	29 I	33 I-III	30 I	32 I, II; 33 I	30 I	24 I	28 II 1	29 I	26 S. 1-5, 7, 8; 27 I; 28	31 I, IV, V; 32 I	33 I; 34 I 1	30 I; 31 I	24 I-III	33 I
Vorsitzender des Personalrats; Stellvertreter	32 II	32 II	32 II	29 II	33 IV	30 II	32 III	29	24 II	28 I	29 II	26 S. 1-5	31 I, IV, V	33 II; 34 I 2	30 II	24 IV	33 II
Vertretung des Personalrats durch den Vorsitzenden	32 III	32 III	32 III, IV	29 III	33 V, VI	30 III	33 II, III	30 II	24 III	28 II	29 III	27 II, III	32 II	34 II	31 II	24 V, VI	33 III
Erweiterter Vorstand	33	33	33	–	–	–	32 IV	–	–	–	29 IV	26 S. 6	31 III	33 III	30 S. 3	–	33 IV
Einberufung und Leitung von Personalratssitzungen	34 I-III	34 I-III; 35 II	34 I-III	30	34	31 I-III; 32 V	34; 37	31 I-III	25	29	30 I-III	29 I-III	33	35 I-III	32	25	34 I-III
Teilnahme des Dienststellenleiters	34 IV	34 IV	34 IV 1	31 II 1, 3, 4	40 V 1	31 IV	35 II; 38 IV	31 IV 1	31 V	30 II, III 2, VI 1, 2	30 IV 1	29 IV	34 II 1	35 IV	38 IV	31 V	34 IV
Nichtöffentlichkeit der Sitzungen; zeitliche Lage	35	36 I	35	31 I	35	32	35 I; 36	32	26 S. 1, 3-6	30 I	31 I, II 1	30 I	34 I; 35	36 S. 1-3	33	26 S. 1, 3-5	35
Teilnahme von Beauftragten der Gewerkschaften	36	37 S. 1, 2	36 I; 34 IV 2 2.HS	31 II 2-4	36	33	35 III Nr. 1	33	30 II	30 II 4 2.HS, III 1, VI 1	32	29 VI	34 II 2 2.HS, III	37	34	30 III	36
Beschlußfassung	37 I	38 I	37 I	32 I	37 I	34 I	38 I, II	34 I; IV	27 I, III	31 I	33 I	29	36 I, III	38 I	35 I	27 I	37 I
Beschlußfähigkeit	37 II	38 II	37 II, III	32 II	37 II	34 II	38 III	34 II, IV	27 I, III	31 I	33 II	31 I	36 II	38 II	35 I	27 II	37 II
Ausschluß wegen Befangenheit	–	36 II	37 IV	31 III	37 III	–	–	34 III	27 IV	31 III	–	31 II	29 II	38 III	35 III	27 III	37 III
Beschlüsse in gemeinsamen Angelegenheiten	38 I	39 I	38 I; 32 IV 1, 3	33 I, III, IV	38 I	35 I	39 I	35 I	28 I	32 I	34 I	–	37 I	39 I	36 I	28 I	38 I
Beschlüsse in Gruppenangelegenheiten	38 II, III	39 II	38 II, III; 32 IV	33 II	38 II, III	35 II	39 II	35 II	28 II, III	32 II, III	34 I	31 IV	37 II	39 II, III	36 II	28 II-IV	38 II, III
Aussetzung von Personalratsbeschlüssen	39	40	39	34	39	36	40; 72	36	29	33	35	32 I; 35 II	38	40	37	29	39
Teilnahme der Jugend- und Auszubildendenvertreter	40 I	41 I	40 I 1, 2, II	35	40 I	22 III	35 III Nr. 2, 3	31 V	31 I	30 VI 3; 56	36 I I, II	32 I, III	63	41 I	38 I	31 I	40 I

342 Anhang

Regelungsinhalt	Bund	Bad.-Württ.	Bayern	Berlin	Brandenbg.	Bremen	Hamburg	Hessen	Meck.-Vorp.	Niedersachs.	NRW	Rheinl.-Pfalz	Saarland	Sachsen	Sachsen-Anh.	Schl.-Holst.	Thüringen
Teilnahme der Schwerbehindertenvertretung	40 I 1	41 II	40 I I, II	36 II	40 II	32 II	95 IV SGB IX	37 I	31 IV; 85	30 VI 3	36 I 1	35 I, III	34 V	41 I 1	38 II	31 II; 86	40 I 1
Teilnahme der Vertreter der nichtständig Beschäftigten	40 II	–	–	–	–	–	–	–	31 II 1	–	–	–	–	–	–	31 III 1	–
Teilnahme des Vertrauensmannes der Zivildienstleistenden	3 I ZDVG	41 III	40 I 3	3 I ZDVG	40 III	3 I ZDVG	35 III Nr. 4	37 II	31 III; 86	30 VI 3	36 I 2	33	34 VII	41 II	3 I ZDVG	31 IV; 87	40 II
Anhörung von Beschäftigten	–	–	36 II	–	37 IV	–	–	–	27 V	30 IV 3	–	29 VII, VIII	34 IV	38 IV	35 IV	27 IV	37 IV
Teilnahme weiterer Personen	–	34 V; 35 I; 37 S. 3; 41 IV	34 IV 2 1.HS	36 I	37 V; 40 IV, V 2, 3	32 II–IV	35 IV	31 IV 2–5	26 S. 2; 30 I; 31 III	30 II 3, 4, III 2, IV 1, 2, V, VI 1	30 IV 2; 31 II 2; 32 II	29 V, VIII; 30 II; 34; 36	34 II 2 1.HS, III, VI; 39	36 S. 4; 41 III, IV	38 II, III	26 S. 2; 30 I, II; 31 III	36 II
Sitzungsprotokoll	41	42	41	37	41	37	42	38	32	34	37	37	40	42	39	32 II–V	41; 68 III
Geschäftsordnung	42	43	42	38	42	38	44	39	33	35	38	38	41	43	40	32 I	42
Sprechstunden	43	44	43	39	43 I, II, IV	40	45	41	34	36	39	42	42	44 I, II, IV	41	33	43
Kosten, Personal- und Sachaufwand	44	45	44	40	44 I–III	41	46	42	35	37	40	43	43	45 I–III	42	34	44 I–III
Beitragsverbot	45	46	45	41	44 IV	42	47	43	36	38	41	45	44	45 IV	43	35	44 IV
· Vierter Abschnitt. Rechtsstellung der Personalratsmitglieder, §§ 46, 47																	
Ehrenamt	46 I	47 I	46 I	42 I	45 I	39 I	48 I	40 I	37	39 I	42 I	39 I	45 I	46 I	44 I	1 IV	45 I
Versäumnis und Überschreitung von Arbeitszeit	46 II	47 II	46 II	42 II	45 II, III	39 II	48 II, III	40 II 1, 2	38 I, II	39 II	42 II	39 II–IV	45 II	46 II	44 II, III	36 I, II	45 II
Freistellung	46 III–V	47 III, IV, VII	46 III, IV	43	45 IV–VII	39 VII–IX	49	40 III, IV	38 III–VI	39 III–VI	42 III, IV	40; 44	45 II, IV, VI	46 III–V	44 IV–VII; 8 S. 2	36 III–VII	45 III–VI
Freistellung für Teilnahme an Schulungs- und Bildungsveranstaltungen	46 VI, VII	47 V, VI	46 V	42 III, IV	46	39 V, VI	48 IV, V	40 II 3	39	40	42 V	41	45 V	47	45	37	46
Außerordentliche Kündigung von Mitgliedern des Personalrats	47 I, III	108 I BPersVG	47 II, IV	44	47 I, IV	108 I BPersVG	108 I BPersVG	66 I	108 I BPersVG	108 I BPersVG	43 II	70 I–III	46 II	48 I	46 I, II	108 I BPersVG	47 I, III
Ordentliche Kündigung von Mitgliedern des Personalrats	15; 16 KSchG	15; 16 KSchG; 48 II	47 I, IV 1, 3	44	47 I, IV	56 II 1	15; 16 KSchG	15; 16 KSchG	40 I, IV	41 II 2, III	15; 16 KSchG	15; 16 KSchG	46 I	15; 16 KSchG	15; 16 KSchG	38 I, IV	15; 16 KSchG; 47 III

Regelungsinhalt	Bund	Bad.-Württ.	Bayern	Berlin	Brandenbg.	Bremen	Hamburg	Hessen	Meck.-Vorp.	Niedersachs.	NRW	Rheinl.-Pfalz	Saarland	Sachsen	Sachsen-Anh.	Schl.-Holst.	Thüringen
Versetzung und Abordnung von Mitgliedern des Personalrats	47 II, III	48	47 III, IV	44	47 II, IV	56 II 2	50	64 II	40 II, IV	41 II 1, III	43 I	70 IV, V	46 III	48 II, III	46 II	38 IV	47 II, III
Berufliche Stellung von ausgeschiedenen Mitgliedern des Personalrats	–	–	–	–	47 III; IV	39 III, IV	–	–	40 III	–	–	39 V, VI	46 IV	48 IV	–	38 III, IV	–
Fünfter Abschnitt. Personalversammlung, §§ 48 bis 52																	
Zusammensetzung und Leitung der Personalversammlung; Nichtöffentlichkeit	48 I	49 I	48 I	45 I; 46 I	48 I	43 I	51 I 1, II; 53 I	44 I	41 I	42 I	45 I	47 I 1–3, IV	47 I	49 I	47 I	39 I	48 I
Teilversammlungen	48 II	49 II, III	48 II	45 II	48 II, III	43 II, III	51 I 2, 3; 52 II 2	44 II	41 II, III	42 II	45 II	47 I 4, II, IV	47 II, III	49 II, III	47 II, III	39 II, III	48 II
Gemeinsame Personalversammlungen	–	–	–	–	–	–	–	–	41 IV	42 III	–	47 III, IV	–	–	47 IV	39 IV	–
Ordentliche Personalversammlung	49 I	50 I	49 I	47 I	49 I 1	44 I	52 I	45 I	42 I	43 I 1	46 I	48 I 1	48 I	50 I	48 I 1	40 I 1	49 I
Tätigkeitsbericht des Personalrats	49 I	50 I	49 I	47 I	49 I 2	44 I	52 I	45 I	42 I	43 I 1	46 I	48 I 2	48 I	50 I	48 I 2	40 I 2	49 I
Bericht des Dienststellenleiters	–	–	–	–	49 II	–	–	–	–	43 I 2	–	48 II	–	–	–	40 II	–
Außerordentliche Personalversammlung	49 II, III	50 II, III	49 II	47 II	49 III, IV	44 II	52 II	45 II, III	42 II, III	43 II, III	46 II, III	48 II, IV	48 II	50 II, III	48 II, III	40 II, IV	49 II, III
Zeitliche Lage der Personalversammlung; Dienstbezüge, Dienstbefreiung und Fahrtkosten für die Teilnahme	50	51	50	48	50	45	54	46	43	44	47	49	49 I 3	51	49	41	50
Befugnisse der Personalversammlung	51	52	51	49	51	46	55	47	44	45	48	50	51	52	50	42	51

Regelungsinhalt	Bund	Bad.-Württ.	Bayern	Berlin	Brandenbg.	Bremen	Hamburg	Hessen	Meck.-Vorp.	Niedersachs.	NRW	Rheinl.-Pfalz	Saarland	Sachsen	Sachsen-Anh.	Schl.-Holst.	Thüringen
Teilnahme von Beauftragten der Gewerkschaften, der Arbeitgebervereinigungen, der Dienststelle und von Mitgliedern der Stufenvertretung und des Gesamtpersonalrats	52 I	53 I, II 3	52 I, II 3	46 II, III 3, IV	52 II, III	47 I	53 III	48; 49 S. 3	45 II, III	46 I, II, IV	49 S. 1, 2	51 II, III	49 II	53 I	51 II, III	43 II, III	52 I
Teilnahme des Dienststellenleiters	52 II	53 II 1, 2, 4	52 II 1, 2	46 III 1, 2, 4	52 I	47 II	53 II	49 S. 1, 2	45 I	–	49 S. 1-3	51 I	49 I	53 II	51 I	43 I	52 II
Teilnahme weiterer Personen	–	53 III	–	–	52 IV	–	53 IV	49 S. 3	45 III	46 III	49 S. 4	51 III, IV	49 III	–	51 III, IV	43 III, IV	–

- Sechster Abschnitt. Stufenvertretungen und Gesamtpersonalrat, §§ 53 bis 56

Regelungsinhalt	Bund	Bad.-Württ.	Bayern	Berlin	Brandenbg.	Bremen	Hamburg	Hessen	Meck.-Vorp.	Niedersachs.	NRW	Rheinl.-Pfalz	Saarland	Sachsen	Sachsen-Anh.	Schl.-Holst.	Thüringen
Bildung von Stufenvertretungen (Bezirks- und Hauptpersonalräte)	53 I	55 I	53 I	55 I	53 I, II, V	–	–	50 I	46 I	47 I	50 I	52	52 I-III	54 I	52 I	44 I, IV	53 I
Wahl und Zusammensetzung der Stufenvertretung	53 II-V	55 II-IV	53 II-VI; 53 a	55 II; 56	53 III, IV; 54 I	–	–	50 II-VI	46 II-V	47 II-V; 48	50 II-V	54	52 IV-VII	54 II-IV, VI	52 II-IV, 53 I	44 II, III	53 II-VI
Amtszeit der Stufenvertretung (Verweisung)	54	55 III	54 I	57	54 I	–	–	51 I	46 VII	48 I	51	55 I	53 I	55	53 I	44 V	54 I
Geschäftsführung der Stufenvertretung (Verweisung)	54	55 III	54 I, III	57	54 I	–	–	51 I, III	46 VII	48 I	51	55	53	55	53 I	44 V	54
Rechtsstellung der Mitglieder der Stufenvertretung (Verweisung)	54	55 III	54 I, II	57; 58	54	–	–	51 I, II	46 VII	48 I	51	55 I	53 I	54 V; 55	53 I	44 V	54 I
Bildung eines Gesamtpersonalrats	55	54 I	55	50	55	48 I	56	52	47 I, II	49 I	52	56	55	56	53	45 I	55
Wahl und Zusammensetzung des Gesamtpersonalrats (Verweisung)	56	54 II-IV	56	51	56 I, II	48 II-VI; 49 I	57	53	47 III-V	49 II	53	57	56 I	57	54 II, 55	45 II-IV	56
Amtszeit des Gesamtpersonalrats (Verweisung)	56	54 III	56	52	56 III	49 II	58 I	53	47 VI	49 II	53	57	56 II	57	55 II	45 V	56

Anhang   345

Regelungsinhalt	Bund	Bad.-Württ.	Bayern	Berlin	Brandenbg.	Bremen	Hamburg	Hessen	Meck.-Vorp.	Niedersachs.	NRW	Rheinl.-Pfalz	Saarland	Sachsen	Sachsen-Anh.	Schl.-Holst.	Thüringen
Geschäftsführung des Gesamtpersonalrats (Verweisung)	56	54 III	56	52	56 III	49 II	58 II	53	47 VI	49 II	53	57	56 II	57	55 II	45 V	56
Rechtsstellung der Mitglieder des Gesamtpersonalrats (Verweisung)	56	54 III	56	52; 53	56 III	49 II	58 III	53	47 VI	49 II	53	57	56 II	57	55 II	45 V	56
Bildung von Arbeitsgemeinschaften; Versammlungen der Personalräte; Beteiligung (Verweisung)	–	–	–	–	–	51	–	–	48; 75	–	–	46	–	–	–	46	82 VI
- Drittes Kapitel. Jugend- und Auszubildendenvertretung, Jugend- und Auszubildendenversammlung, §§ 57 bis 64																	
Bildung von Jugend- und Auszubildendenvertretungen	57	57	57 I	60	77	22 II 1; 22 a II	62	54 I 1	49	50 I	54	58	57 I	58	72 I	62	57
Wahlberechtigung	58 I	58 I	58 I	61 I	78 I	22 II 1; 22 a I	63 I	54 I 1	50 I	50 II	55 I	59 I	58 I	59 I	73	63 I	58 I
Wählbarkeit	58 II	58 II	58 II	61 II	78 II	22 IV 1; 22 a I	63 II	54 I 3, II	50 II	50 III	55 II	59 II	58 II	59 II	73	63 II	58 II
Größe und Zusammensetzung der Jugend- und Auszubildendenvertretung	59	59	59	62	79	22 II 2; 22 a III 1	64; 65	54 I 2, 4, 5, II	51	51	56	60	57 II, III	60	74	64	59
Wahlverfahren (Verweisung)	60 I	60 I	60 I	63 I	80 I, II	22 V, VI; 22 a IV	67; 68	54 II	52	52 I, II	57 I	61 I–III	59	61 I	75 I	65 I	60 I
Amtszeit; Wahltermin	60 II	60 II	60 II	63 II	80 II	22 IV 2; 22 a III 2–4; 29	66; 69 I–III	54 III	52 II	52 III, IV	57 II 1, 2	61 IV	60	61 II	75 II	65 II 1, 2	60 II
Vorsitzender, Stellvertreter	60 III	60 III	60 III	63 III	80 III	22 a III	70	54 IV	52 III	53 I, II	57 III 1	61 V	61	61 III	75 IV	65 III	60 III
Ausschuß von Mitgliedern, Auflösung der Vertretung, Erlöschen und Ruhen der Mitgliedschaft, Ersatzmitglieder (Verweisung)	60 IV	60 II 2, 3	60 II 2, 3	63 II 4	80 II	22 a III 4; 29	69 IV	54 III 2, 3	52 II 3	52 III	57 II 3, 4	61 IV 3	60 II 7 57 IV, 66 I	61 IV	75 III	65 II 3	60 IV
Allgemeine Aufgaben	61 I	61 I	57 II	65 I	81	22 a VI	97 I	55	53 I	54	61 I	62 I	62 I	62 I	76 I	66 I	61 I

346 Anhang

Regelungsinhalt	Bund	Bad.-Württ.	Bayern	Berlin	Brandenbg.	Bremen	Hamburg	Hessen	Meck.-Vorp.	Nieder-sachs.	NRW	Rheinl.-Pfalz	Saar-land	Sachsen	Sachsen-Anh.	Schl.-Holst.	Thüringen
Zusammenarbeit mit dem Personalrat	61 II–IV	61 II–IV	57 III; 61 I	65 II, III, V	81 II 1, V, VI	22 a VII, VIII	41; 97 II–IV	55 II–IV	53 II 1, V, VI	53 III; 56; 57	61 II–IV	62 II, III	64, 66 II	62 II–IV	76 II, V, VI	66 II 1, V, VI	61 II–IV
Sitzungen der Jugend- und Auszubildendenvertretung	61 V	61 V	61 II	65 VI	81 III, IV	22 a III 4	71	55 V	53 III, IV	53 II, III	57 III 2, 3	62 IV; 66 I	62 II	62 V	76 III, IV	66 III, IV	61 V
Begehung von Arbeits- und Ausbildungsplätzen	–	61 VI	–	65 IV	–	–	–	–	–	–	–	62 V	–	44 III	–	–	–
Sprechstunden (Verweisung)	62	62	43 II; 62	66	43 I, II, IV	22 a III 4	45 II; 73	56 S. 1	34; 53 II 1, III	53 II	57 III 2	42 II	42 II; 65	44 I, II, IV	41	33; 66 III	43; 62
Kosten, Personal- und Sachaufwand, Beitragsverbot (Verweisung)	62	62	62	66	81 III	22 a III 4	71 II	56 S. 1	53 III	53 II	57 III 2	66 I	62 I	63	76 III	66 III	62
Rechtsstellung der Mitglieder (Verweisung)	62	62	62	64; 66	81 II 2, 3, III	22 a III 4	74	56	53 II 2, 3, III	53 II	58	66	62 I	63	76 III	66 II 2, 3, III	62
Verbot der parteipolitischen Betätigung (Verweisung)	62	62	62	–	–	–	–	56 S. 1	53 III	–	–	–	–	63	–	–	62
Jugend- und Auszubildendenversammlung	63	63	63	67	82	22 a V	75	57	54	55	59	63	67	65	77	66 III	63
Jugend- und Auszubildendenstufenvertretung (Bezirks- und Hauptvertretung)	64 I	–	64 I	69	83	–	–	58 I	55 I, III	57 I, II	60 I	64; 66	68 I, III	64 I	–	68	64
Gesamt-Jugend- und Auszubildendenvertretung	64 II	64	64 II	68	–	22 I	–	58 II	55 II	57 III	60 II	65; 66	68 II, III	64 II	72 II	–	65

- Viertes Kapitel. Vertretung der nichtständig Beschäftigten, § 65

Regelungsinhalt	Bund	Bad.-Württ.	Bayern	Berlin	Brandenbg.	Bremen	Hamburg	Hessen	Meck.-Vorp.	Nieder-sachs.	NRW	Rheinl.-Pfalz	Saar-land	Sachsen	Sachsen-Anh.	Schl.-Holst.	Thüringen
Vertretung der nichtständig Beschäftigten	65	–	–	–	–	–	–	–	56	–	–	–	–	–	–	75	–
Vertretung weiterer besonderer Beschäftigter	–	56	–	–	84–89	22 b	–	–	57	–	–	–	–	66	–	69–74; 76	–

Anhang 347

Regelungsinhalt	Bund	Bad.-Württ.	Bayern	Berlin	Brandenbg.	Bremen	Hamburg	Hessen	Meck.-Vorp.	Niedersachs.	NRW	Rheinl.-Pfalz	Saarland	Sachsen	Sachsen-Anh.	Schl.-Holst.	Thüringen
Fünftes Kapitel. Beteiligung der Personalvertretung, §§ 66 bis 82																	
Erster Abschnitt. Allgemeines, §§ 66 bis 682																	
Grundsätze für die Zusammenarbeit von Dienststelle und Personalvertretung	66	66	67	70	57 I–III	52 II, III	76 I–III	60 III–V	58	2 II; 62	2 II, III; 63	67 I–III, V 1, VI	69 I, II, V	71	56 I–III	47; 2 IV	66
Gebot der Objektivität und Neutralität; Verbot der parteipolitischen Betätigung	67 I	67 I	68 I, II	71 I, II	57 IV	53 III, IV 3	76 IV, VI; 77	61 I	59 I	2 III, IV; 59 Nr. 1	3 I; 62	67 IV, 68 I	70 I, II, IV	72 I	56 IV, 58 I	2 II Nr. 2; 48 I	67 I
Gewerkschaftliche Betätigung	67 II, III	67 II, III	68 II, III	71 II 1, III	57 V	53 IV 1, 2	76 V, VII	60 II; 61 II	59 II; 61 Nr. 3	3 III, IV	3 II	67 V 2; 68 I	69 IV; 70 III	72 II, III	56 V, 58 II	2 II Nr. 6; 48 II	67 II, III
Allgemeine Aufgaben der Personalvertretung	68 I	68 I	69 I	72 I	58	53 I, II; 54 I	7; 78 I	62 I	61	59 Nr. 2–9	64	69 I, III 7, IV, V	71	73 I	57 I	2 II Nr. 1, 3–5, 7, III	68 I
Unterrichtungsanspruch der Personalvertretung; Einsichtsrecht in Personalunterlagen	68 II	68 II	69 II, III; 78	73	60 I–III, VI; 62 VII	54 III 1, 4	78 II; 78 a	62 II	60 I–II, V	60 I, II; 61	65 I, II 1, III 1, 2	69 II, III 3–5, IV; 72 I	69 III; 72 I 1.HS	73 II	57 II	49 I–III, V	68 II
Begehung von Arbeitsplätzen	–	68 IV	–	–	43 III	–	–	–	–	36 II 1	–	42 III 2; 69 VI	–	44 III	41 III	–	–
Datenschutzvorschriften	–	65	–	–	94	–	–	–	–	–	65 IV	71 III, 72	–	–	–	–	80
Zweiter Abschnitt. Formen und Verfahren der Mitbestimmung und Mitwirkung, §§ 69 bis 74																	
Verfahren bei der Mitbestimmung	69	69	70	79 I–III, V; 80; 81	61; 62 III	58 I–III; 59	79 I–III; 80; 81 I; 82; 84	69 I, II; 70; 73	62 I–IX	68; 64 V; 70; 72 a; 74	66 I–III, V–VIII; 68	74 I, II, IV–VI	73 I, II, IV–VIII	79	61 I–III, V; 62	52; 51 III	69
Antragsrecht des Personalrats	70	70	70 a; 78 I	79 IV, V	69	58 IV	79 IV	69 III	65	69	66 IV	74 III	73 III	83	61 IV	56	70
Bildung und Zusammensetzung der Einigungsstelle	71 I	71 I, II	71 I, VI	82	71	60; 61 V, VI	81 II, IX	71 I, VI	63	71	67 I–III, VII–IX	75 I, II, VII	75 I, V	85 I	63	53	71 I
Verfahren der Einigungsstelle	71 II–IV	71 III–V	71 II–V	83	72; 73	61 I–IV	81 III–IX	71 II–V	64	72–73	67 IV–VI	75 III–VI	75 II–IV	85 II–V	64	54; 55	71 II–VI
Verfahren bei der Mitwirkung	72	72	72	84	67	–	–	72; 73	62 X	76	69	83	74	76	–	–	–

Regelungsinhalt	Bund	Bad.-Württ.	Bayern	Berlin	Brandenbg.	Bremen	Hamburg	Hessen	Meck.-Vorp.	Nieder-sachs.	NRW	Rheinl.-Pfalz	Saar-land	Sachsen	Sach-sen-Anh.	Schl.-Holst.	Thürin-gen
Dienstvereinbarungen	73	73	73	74; 75	70	62	83	113 II–IV	66	78	70	76	76	84 I–V	70	57	72
Durchführung von Entscheidungen	74	74	74	78	74	58 I 5, IV 3; 59 V 3	85	–	67	63	71	77	77	86	–	58	73
· Dritter Abschnitt. Angelegenheiten, in denen der Personalrat zu beteiligen ist, §§ 75 bis 81																	
Mitbestimmung in Personalangelegenheiten	75 I; 76 I; 77	75; 76; 81; 82	75 I, II; 78	86 III; 87; 88; 89	62 I, II, IV, V; 63	52 I; 65	87 I Nr. 1–27, II, IV, 88; 89; 96	77 I, IV, V; 79; 80	68 I, III IV	64 I–IV; 65	72 I	73; 78; 79; 81	80 I, II; 81	80 I; 81 I, II; 82 I 1, 2, 4, II	66 I; 67 I; 68	2 I; 51 I, II, IV–VI	75 I, II; 76
Mitbestimmung in sozialen und sonstigen Angelegenheiten	75 II–V; 76 II	78; 79; 81; 82	75 III, IV; 75 a I	85; 86 I, II	62 I, II; 64–66	22 a VIII; 52 I; 63; 66	86; 87 I Nr. 28–33; 96	74; 75 I; 77 II, III; 79; 80	69; 70	64 I–IV; 66; 67	72 II–V	73; 80	78; 79; 84	80 II–V; 81 III	65; 69	2 I; 51 I, II, V, VII	74; 75 III; 76
Mitwirkungsangelegenheiten	78 I, II	80 I, II; 81	76 I, II; 78	89 I; 90	68	–	–	63; 75 II; 78–80; 81 I, II	68 II, III 2, IV	75	73	–	83	77; 82 I 3	–	–	75a; 76 I, II
Anhörungsangelegenheiten	78 III–V	80 III	76 III	–	–	65 I c), II; 108 I BPersVG	–	81 III, IV	–	–	75	84 S. 3	–	73 III–V	–	–	77
Beteiligung bei Kündigungen	79	77; 108 II BPersVG	77; 78	87 Nr. 9; 89; 108 I Nr. 17; BPersVG	63 I IV, V; 68 I Nr. 2; 108 II BPersVG	65 I c), II; 108 I BPersVG	87 I Nr. 13, 14, III; 88; 108 II BPersVG	77 I Nr. 1 h), 2 i); 79; 80; 66 II	68 I Nr. 2, III–VII	65 II Nr. 9, III; 75 I Nr. 1, 3, II; 108 II BPersVG	74	82	80 I b) Nr. 10, III; 81; 108 II BPersVG	73 VI, VII; 78	66 II; 67 I; Nr. 8, II; 68; 108 II BPersVG	2 I; 51 I, IV–VI; 108 II BPersVG	78; 76
Teilnahme an Prüfungen	80	80 IV	69 IV	72 II	60 IV	54 IV	90 I Nr. 1, II	62 III 1, 3	60 IV	60 III 1 Nr. 1	76	85	72 II	75	57 IV	49 IV	79
Teilnahme an Personalauswahlgesprächen	–	–	–	–	60 IV	54 III 2, 3	90 I Nr. 2, III	62 III 2, 3	60 IV	60 III 1 Nr. 2	65 II 2	69 III 1, 2	72 I 2.HS	–	57 I Nr. 7	49 IV	–
Teilnahme an Personalgesprächen	–	68 III	–	–	–	–	–	–	–	60 III 1 Nr. 3	65 III 3	69 III 6, VII	–	–	–	–	–
Beteiligung in Angelegenheiten des Arbeitsschutzes	81	83	79	77	59	64	91	76	72	77	77	86	82	74	59	50	81
Sonstige Beteiligungsangelegenheiten	–	83 a	75 a II	–	60 V	54 II; 55; 58 V; 67	87 V, VI	–	–	60 III S. 2, 3	–	84 S. 1, 2	72 III, IV	–	57 III; 60	–	–
Vereinbarungen mit Spitzenorganisationen der Gewerkschaften	–	84	2 IV	–	62 VI	50 I S. 4	94; 95	63 I	71	81	–	–	–	–	–	59	–

Anhang

Regelungsinhalt	Bund	Bad.-Württ.	Bayern	Berlin	Brandenbg.	Bremen	Hamburg	Hessen	Meck.-Vorp.	Niedersachs.	NRW	Rheinl.-Pfalz	Saarland	Sachsen	Sachsen-Anh.	Schl.-Holst.	Thüringen
· Vierter Abschnitt. Beteiligung der Stufenvertretungen und des Gesamtpersonalrats, § 82																	
Beteiligung des Personalrats	–	85 I, VI	80 I, IV 1, 2	–	75 I	–	–	83 I, VI	73 I	79 I, V, VII	–	53 III	–	–	71 V	60 I	82 I
Beteiligung der Stufenvertretung	82 I, II, IV, V	85 II–V, VII, IX	80 II, V–VII	59	75 II–VI	50 I S. 1–3	–	83 II, III, V, VI; 63 II	73 II–VI	79 II–IV, VI, VIII	78 I–III, V	53 I, II, IV–VIII	54	87 I, II, IV–VI	71 I, II, IV	60 II–VI	82 II, IV, V, VII
Beteiligung des Gesamtpersonalrats	82 III, IV	85 VIII, IX	80 III, IV 3, V	54	76	–	92	83 IV, V	74	80	78 IV, V	–	–	87 III, IV	71 III, IV	61	82 III, IV
· Sechstes Kapitel. Gerichtliche Entscheidungen, §§ 83, 84																	
Zuständigkeit der Verwaltungsgerichte; Beschlußverfahren	83	86	81	91	95	70	100	111	87	83	79	121	113	88	78	88	83
Bildung und Zusammensetzung von Fachkammern (Fachsenaten)	84	87	82	92	96	71	101	112	88	84	80	122	114	89	79	89	84
· Siebentes Kapitel. Vorschriften für besondere Verwaltungszweige und die Behandlung von Verschlußsachen, §§ 85 bis 93																	
Besondere Verwaltungszweige	85–92	89–105	83–87	76; 99 d	90–92	68	10 III, IV; 98	82; 84–110	76–83	85–114	81–105	87–120	85–112	67–70, 91	80–100	77–84	85–92
Beteiligung bei Verschlußsachen	93	88	88	93	93	–	99	–	84	–	106	123	–	90	101	85	93
· Zweiter Teil. Personalvertretungen in den Ländern, §§ 94 bis 109																	
· Erstes Kapitel. Rahmenvorschriften für die Landesgesetzgebung, §§ 94 bis 106																	
· Zweites Kapitel. Unmittelbar für die Länder geltende Vorschriften, §§ 107 bis 109																	
· Dritter Teil. Strafvorschriften, §§ 110, 111 (außer Kraft)																	
Strafbarkeit von Geheimnisverrat	203 II, IV, V; 204; 205; 353 b I, III, IV; 358 StGB	203 II, IV, V; 204; 205; 353 b I, III, IV; 358 StGB	203 II, IV, V; 204; 205; 353 b I, III, IV; 358 StGB	203 II, IV, V; 204; 205; 353 b I, III, IV; 358 StGB	203 II, IV, V; 204; 205; 353 b I, III, IV; 358 StGB	203 II, IV, V; 204; 205; 353 b I, III, IV; 358 StGB	203 II, IV, V; 204; 205; 353 b I, III, IV; 358 StGB	203 II, IV, V; 204; 205; 353 b I, III, IV; 358 StGB	203 II, IV, V; 204; 205; 353 b I, III, IV; 358 StGB	203 II, IV, V; 204; 205; 353 b I, III, IV; 358 StGB	203 II, IV, V; 204; 205; 353 b I, III, IV; 358 StGB	203 II, IV, V; 204; 205; 353 b I, III, IV; 358 StGB	203 II, IV, V; 204; 205; 353 b I, III, IV; 358 StGB	203 II, IV, V; 204; 205; 353 b I, III, IV; 358 StGB	203 II, IV, V; 204; 205; 353 b I, III, IV; 358 StGB	203 II, IV, V; 204; 205; 353 b I, III, IV; 358 StGB	203 II, IV, V; 204; 205; 353 b I, III, IV; 358 StGB

Regelungsinhalt	Bund	Bad.-Württ.	Bayern	Berlin	Brandenbg.	Bremen	Hamburg	Hessen	Meck.-Vorp.	Niedersachs.	NRW	Rheinl.-Pfalz	Saarland	Sachsen	Sachsen-Anh.	Schl.-Holst.	Thüringen
· Vierter Teil. Schlußvorschriften, §§ 112 bis 119																	
Keine Geltung für Religionsgemeinschaften und deren Einrichtungen	112	107 a	92	95	–	–	103	116	–	1 II	107	126	117	–	–	–	–
Änderung, Geltung von Gesetzen	113; 114	–	–	–	–	–	102	–	–	115; 119; 120	–	–	–	–	–	93	–
Ermächtigung zum Erlaß von Wahlordnungen	115	107	90	98	98	72	105	115	90	118	109	125	115	92	104	91	94
Erstmalige Wahlen nach dem Gesetz; Übergangsregelungen zu Amtszeit und Wahltermin	116–116 b	–	–	–	99	73 b I 1, II; 74 III	–	119	92	121 I	–	–	119 I	93	–	94	95 I, III Nr. 1; 96
Sonstige Übergangsregelungen; Weitergeltung von Vorschriften	–	–	–	93; 99 II, III	100	73 a; 73 b I 2	–	114; 118; 120	–	121 II–IV	111; 113	–	119 II	–	106	95; 96	95 II–VII
Geltung des Gesetzes für andere Vorschriften	117	–	95	99 IV	–	–	–	–	–	–	–	–	118	–	–	–	–
Geltung von Vorschriften über Betriebsräte	–	–	–	96	–	73	104	117	–	116	–	–	–	–	102	–	–
Inkrafttreten, Außerkrafttreten	119	108	97	99 I; 100	101	74 I, II	–	121–123	93	126	114	127	120	94	108	97	97

Stichwortverzeichnis zur Tabellenübersicht

(die angegebenen Zahlen beziehen sich auf die in der Tabelle verwendeten
Paragraphen des BPersVG)

Abordnung von Personalratsmitgliedern 47 II, III
Abweichung, keine Abweichung vom Gesetz durch Tarifvertrag 3
Änderung von Gesetzen 113, 114
Anfechtung der Personalratswahl 25
– Geschäftsführung nach Anfechtung nach 25
– Neuwahl nach 25
Angestellte, Begriff 4 III
Anhörung von Beschäftigten in der Personalratssitzung nach 40 II
Anhörungsangelegenheiten 78 III–V
Arbeiter, Begriff 4 IV
Arbeitgebervereinigungen
– Stellung 2 III
– Teilnahme von Beauftragten an Personalversammlungen 52 I
Arbeitsgemeinschaften oder Versammlungen der Personalräte, Bildung, Beteiligung nach 56
Arbeitsschutzangelegenheiten, Beteiligung 81
Arbeitszeit, Versäumnis und Überschreitung 46 II
Auflösung des Personalrats 28 I
– Neuwahl 28 II
– Weiterführung der Geschäfte 28 II
Außerkrafttreten des alten Gesetzes 119
Ausschluss von Personalratsmitgliedern 28 I
Aussetzung von Beschlüssen des Personalrats 39
Auszubildende s. Jugend- und Auszubildendenvertretung
– Übernahme 9

Beamte
– Begriff 4 II
– Unfallfürsorge 11
Begehung von Arbeitsplätzen nach 68 II
Begehung von Arbeits- und Ausbildungsplätzen nach 61 V
Begünstigungs-, Behinderungs-, Benachteiligungsverbot wegen Tätigkeit im Personalrat 8
Behinderungs-, Benachteiligungs-, Begünstigungsverbot wegen Tätigkeit im Personalrat 8

Beitragsverbot der Jugend- und Auszubildendenvertretung 62
Beitragsverbot des Personalrats 45
Benachteiligungs-, Behinderungs-, Begünstigungsverbot wegen Tätigkeit im Personalrat 8
Berufsverbände, Stellung nach 2 III
Beschäftigte
– Anhörung in Personalratssitzung nach 40 II
– Begriff 4 I, V
– Gebot der Gleichbehandlung, der Objektivität und Neutralität gegenüber Beschäftigten 67 I
– nichtständig Beschäftigte, Vertretung 65
Beschlüsse des Personalrats
– Ausschluss von der Beschlussfassung wegen Befangenheit nach 37 II
– Aussetzung von Beschlüssen 39
– Beschlüsse in gemeinsamen Angelegenheiten 38 I
– Beschlüsse in Gruppenangelegenheiten 38 II, III
– Beschlussfähigkeit 37 II
– Beschlussfassung 37 I
Beteiligung der Personalvertretung
– Allgemeine Aufgaben 68 I
– Anhörungsangelegenheiten 78 III
– Antragsrecht 70
– Arbeitsschutzangelegenheiten 81
– Begehung von Arbeitsplätzen nach 68 II
– Datenschutzvorschriften nach 68 II
– Dienstvereinbarungen 73
– Durchführung von Entscheidungen 74
– Einsichtsrecht in Personalunterlagen 68 II
– Kündigungen 79
– Mitbestimmung s. dort
– Mitwirkung s. dort
– Personalauswahlgespräche, Teilnahme nach 80
– Personalgespräche, Teilnahme nach 80
– Prüfungen, Teilnahme 80
– sonstige Beteiligungsangelegenheiten nach 81
– Unterrichtungsanspruch 68 II
– Verschlusssachen 93
– Zuständigkeit s. dort

Betriebsräte, Geltung von Vorschriften über Betriebsräte nach 117
Bezirkspersonalrat s. Stufenvertretung
Bildungsveranstaltungen, Dienstbefreiung für Teilnahme 46 VI, VII

Datenschutzvorschriften nach 68 II
Dienstbefreiung für Teilnahme an Personalversammlungen 50
Dienstbezüge für Teilnahme an Personalversammlungen 50
Dienststelle
– Begriff 6
– Personalratsfähigkeit 12
– Zusammenarbeit mit dem Personalrat 2 I; 66
Dienststellenleiter 7
– Bericht in der Personalversammlung nach 49 I
– Teilnahme an Personalratssitzungen 34 IV
– Teilnahme an Personalversammlungen 52 II
Dienstvereinbarungen 73
Durchführung von Entscheidungen 74

Ehrenamt 46 I
Einberufung von Personalratssitzungen 34 I–III
Einberufung von Personalversammlungen 49 I; 49 II, III
Einigungsstelle
– Bildung 71 I
– Verfahren 71 II–IV
– Zusammensetzung 71 I
Einsichtsrecht in Personalunterlagen 68 II
Entscheidungen, Durchführung 74
Erlöschen der Mitgliedschaft im Personalrat 29
Ersatzmitglieder 31
erstmalige Wahlen 116–116b
erweiterter Vorstand 33

Fahrtkosten für Teilnahme an Personalversammlung 50
Freistellung 46 III–V
Freistellung für Teilnahme an Schulungs- und Bildungsveranstaltungen 46 VI, VII

Gebot der Gleichbehandlung, der Objektivität und der Neutralität 67 I
Gebot der vertrauensvollen Zusammenarbeit 2 I
Geltungsbereich des Gesetzes 1
Geltung anderer Gesetze 113, 114
Geltung des Gesetzes für andere Vorschriften 117
Geltung von Vorschriften über Betriebsräte nach 117

Geltung, keine Geltung für Religionsgemeinschaften 112
Gesamt-Jugend- und Auszubildendenvertretung 64 II
Gesamtpersonalrat
– Amtszeit 56
– Bildung 55
– Geschäftsführung 56
– Rechtsstellung der Mitglieder 56
– Wahl 56
– Zusammensetzung 56
– Zuständigkeit 82 III, IV
Geschäftsführung des Personalrats
– nach Auflösung des Personalrats 28 II
– durch den Vorstand 32 I
– bei Wahl in Sonderfällen 27 II–V
– nach Wahlanfechtung nach 25
Geschäftsordnung des Personalrats 42
Gesetz
– keine Abweichung vom Gesetz durch Tarifvertrag 3
– Änderung von Gesetzen 113, 114
– Geltungsbereich 1
Gewerkschaften
– Stellung 2 III
– Teilnahme von Beauftragten an Sitzungen des Personalrats 36
– Teilnahme von Beauftragten an Personalversammlungen 52 I
– Zugangsrecht 2 II
Gewerkschaftliche Betätigung 67 II, III
Größe des Personalrats 16
Gruppen
– Beschlüsse 38 II, III
– Bildung von Gruppen 5
– Sitzverteilung auf die Gruppen im Personalrat 17 I–V

Hauptpersonalrat s. Stufenvertretung

Inkrafttreten des Gesetzes 119

Jugend- und Auszubildendenstufenvertretung 64 I
Jugend- und Auszubildendenversammlung 63
Jugend- und Auszubildendenvertretung
– Amtszeit 60 II
– Aufgaben 61 I
– Auflösung 60 IV
– Ausschluss von Mitgliedern 60 IV
– Begehung von Arbeits- und Ausbildungsplätzen nach 61 V
– Beitragsverbot 62
– Bildung von Jugend- und Auszubildendenvertretungen 57
– Erlöschen der Mitgliedschaft 60 IV

Stichwortverzeichnis zur Tabellenübersicht

- Ersatzmitglieder 60 IV
- Gesamt-Jugend- und Auszubildendenvertretung 64 II
- Größe 59
- Jugend- und Auszubildendenstufenvertretung 64 I
- Jugend- und Auszubildendenversammlung 63
- Kosten 62
- parteipolitische Betätigung, Verbot 62
- Personalaufwand 62
- Rechtsstellung der Mitglieder 62
- Ruhen der Mitgliedschaft 60 IV
- Sachaufwand 62
- Sitzungen 61 V
- Sprechstunden 62
- Stellvertreter des Vorsitzenden 60 III
- Teilnahme von Vertretern an Sitzungen des Personalrats 40 I
- Vorsitzender 60 III
- Wahlen s. dort
- Zusammenarbeit mit dem Personalrat 61 II–IV
- Zusammensetzung 59

Kündigung, Beteiligung des Personalrats 79
Kündigung von Mitgliedern des Personalrats
- außerordentliche 47 I, III
- ordentliche *nach* 47 I, III

Leiter der Dienststelle s. Dienststellenleiter

Mitbestimmung der Personalvertretung
- in Personalangelegenheiten 75 I, 76 I, 77
- in sonstigen Angelegenheiten 75 II–V, 76 II
- in sozialen Angelegenheiten 75 II–V, 76 II
- Verfahren 69

Mitglied des Personalrats
- Abordnung 47 II, III
- Arbeitszeit, Versäumnis und Überschreitung 46 II
- Ausschluss 28 I
- berufliche Stellung nach Ausscheiden *nach* 47 II, III
- Bildungsveranstaltungen, Freistellung für Teilnahme an Schulungs- und Bildungsveranstaltungen 46 VI, VII
- Ehrenamt 46 I
- Erlöschen der Mitgliedschaft 29
- Ersatzmitglieder 31
- Freistellung 46 III–V
- Freistellung für Teilnahme an Schulungs- und Bildungsveranstaltungen 46 VI, VII
- Kündigung s. dort
- Ruhen der Mitgliedschaft 30

- Schulungsveranstaltungen, Freistellung für Teilnahme an schulungs- und Bildungsveranstaltungen 46 VI, VII
- Schweigepflicht 10
- Verbot der Behinderung, Benachteiligung, Begünstigung wegen der Tätigkeit im Personalrat 8
- Versetzung 47 II, III

Mitwirkung der Personalvertretung
- Mitwirkungsangelegenheiten 78 I, II
- Verfahren 72

Neuwahl des Personalrats
- nach Auflösung des Personalrats 28 II
- in Sonderfällen 27 II–V
- bei Umorganisation von Dienststellen **nach** 31
- nach Wahlanfechtung **nach** 25

nichtständige Beschäftigte, Vertretung 65

Personalauswahlgespräche, Teilnahme des Personalrats nach 80
Personalgespräche, Teilnahme des Personalrats nach 80
Personalrat
- Amtszeit 26
- Amtszeit bei Wahl in Sonderfällen 27 II–V
- Anhörung 78 III–V
- Antragsrecht 70
- Aufgaben 68 I
- Auflösung s. dort
- Beitragsverbot 45
- Beschlüsse s. dort
- Beteiligung der Personalvertretung s. dort
- Geschäftsführung s. dort
- Größe 16
- Kosten 44
- Kündigung, Beteiligung 79
- Mitbestimmung s. dort
- Mitglied s. dort
- Mitwirkung s. dort
- Personalaufwand 44
- Sachaufwand 44
- Sitzungen s. dort
- Sitzverteilung im Personalrat s. dort
- Sprechstunden 43
- Stellvertretender Vorsitzender 32 II
- Tätigkeitsbericht in der Personalversammlung 49 I
- Vertretung des Personalrats 32 III
- Vorsitzender 32 II
- Vorstand 32 I
- Vorstand, erweiterter 33
- Wahlen s. dort
- Zusammenarbeit mit der Dienststelle 2 I; 66

- Zusammenarbeit mit der Jugend- und Auszubildendenvertretung 61 II
- Zuständigkeit vor 82 I

personalratsfähige Dienststelle 12
Personalversammlung
- außerordentliche Personalversammlung 49 II, III
- Befugnisse 51
- Bericht des Dienststellenleiters nach 49 I
- Dienstbefreiung für Teilnahme 50
- Dienstbezüge für Teilnahme 50
- Einberufung 49 I; 49 II, III
- Fahrtkosten für Teilnahme 50
- gemeinsame Personalversammlung nach 48 II
- Leitung 48 I
- Nichtöffentlichkeit 48 I
- ordentliche Personalversammlung 49 I
- Tätigkeitsbericht des Personalrats 49 I
- Teilnahme weiterer Personen s. dort
- Teilversammlung 48 II
- zeitliche Lage 50
- Zusammensetzung 48 I

Prüfungen, Teilnahme des Personalrats 80

Religionsgemeinschaften, keine Geltung des Gesetzes für Religionsgemeinschaften 112

Sachaufwand für Personalrat 44
Schulungsveranstaltungen, Freistellung für Teilnahme an Schulungs- und Bildungsveranstaltungen 46 VI, VII
Schweigepflicht der Personalratsmitglieder 10
Schwerbehindertenvertretung, Teilnahme an Personalratssitzungen 40 I 1
Sitzungen der Jugend- und Auszubildendenvertretung 61 V
Sitzungen des Personalrats
- Anhörung von Beschäftigten nach 40 II
- Beschlüsse s. dort
- Einberufung 34 I–III
- Geschäftsordnung 42
- Leitung 34 I–III
- Nichtöffentlichkeit 35
- Protokoll 41
- Teilnahme weiterer Personen s. dort
- zeitliche Lage 35

Sitzungsprotokoll 41
Sitzverteilung im Personalrat
- auf Frauen und Männer 17 VII
- auf die Gruppen 17 I–V
- auf Vertreter verschiedener Beschäftigungsarten 17 VI
- abweichende Sitzverteilung 18

Spitzenorganisationen der Gewerkschaften, Beteiligung nach 81
Sprechstunden
- der Jugend- und Auszubildendenversammlung 62
- des Personalrats 43

Strafvorschriften nach 93
Stufenvertretung
- Amtszeit 54
- Bezirkspersonalrat 53 I
- Bildung 53 I
- Geschäftsführung 54
- Hauptpersonalrat 53 I
- Rechtsstellung der Mitglieder 54
- Wahl 53 II–V
- Zusammensetzung 53 II–V
- Zuständigkeit 82 I

Tätigkeitsbericht in der Personalversammlung
- des Dienststellenleiters nach 49 I
- des Personalrats 49 I

Tarifvertrag, keine Abweichung vom Gesetz durch Tarifvertrag 3
Teilnahme weiterer Personen an Personalratssitzungen
- Dienststellenleiter 34 IV
- Gewerkschaftsbeauftragte 36
- Jugend- und Auszubildendenvertreter 40 I
- nichtständig Beschäftigte, Vertreter 40 II
- Schwerbehindertenvertretung 40 I 1
- Zivildienstleistende, Vertrauensmann nach 40 II
- weitere Personen nach 40 II

Teilnahme weiterer Personen an Personalversammlungen
- Arbeitgebervereinigungen, Beauftragte 52 I
- Dienststellenbeauftragte 52 I
- Dienststellenleiter 52 I
- Gesamtpersonalrat, Mitglieder 52 I
- Gewerkschaftsbeauftragte 52 I
- Stufenvertretung, Mitglieder 52 I
- weitere Personen nach 52 II

Teilversammlung 48 II

Übergangsregelungen zu Amtszeit und Wahltermin 116–116b
Übergangsregelungen, sonstige nach 116–116b
Übernahme von Auszubildenden 9
Umorganisation von Dienststellen nach 31
Unfallfürsorge für Beamte 11
Unterrichtungsanspruch des Personalrats 68 II

Stichwortverzeichnis zur Tabellenübersicht

Verbot der Behinderung, Benachteiligung, Begünstigung wegen der Tätigkeit im Personalrat 8
Verbot der parteipolitischen Betätigung,
- der Jugend- und Auszubildendenvertretung 62
- des Personalrats 67 I

Versammlungen oder Arbeitsgemeinschaften der Personalräte, Bildung, Beteiligung nach 56
Verschlusssachen, Beteiligung 93
Versetzung von Personalratsmitgliedern 47 II, III
Vertretung des Personalrats 32 III
Vertretungen besonderer Beschäftigter
- Jugend- und Auszubildendenvertretung s. dort
- nichtständig Beschäftigte 65
- weitere besondere Beschäftigte nach 65
Verwaltungsgerichte
- Beschlussverfahren 83
- Bildung von Fachkammern 84
- Zusammensetzung von Fachkammern 84
- Zuständigkeit 83
Verwaltungszweige, besondere 85–92
Vorstand des Personalrats 32 I
- erweiterter Vorstand 33
- Geschäftsführung des Personalrats 32 I
- Stellvertreter des Vorsitzenden 32 II
- Vertretung des Personalrats 32 III
- Vorsitzender des Personalrats 32 II
Vorsitzender des Personalrats 32 II
Wahlen zur Jugend- und Auszubildendenvertretung
- erstmalige Wahlen 116–116 b
- Wählbarkeit 58 II
- Wahlberechtigung 58 I
- Wahltermin 60 II
- Wahlverfahren 60 I
Wahlen zum Personalrat
- Anfechtung s. dort
- erstmalige Wahlen 116–116 b
- Neuwahl s. dort
- personalratsfähige Dienststellen 12
- Wählbarkeit 14
- Wählbarkeit in besonderen Fällen 15
- Wahlberechtigung 13
- Wahlkosten 24 II
- Wahlschutz 24 I

- Wahltermin 27 I
- Wahltermin in Sonderfällen 27 II–V
- Wahlverfahren 19
- Wahlvorstand s. dort
Wahlordnung, Ermächtigung zum Erlass 115
Wahlvorstand
- Aufgaben 23
- Bestellung durch Dienststellenleiter bei fehlender Personalversammlung oder fehlender Wahl 22
- Bestellung durch Personalrat 20 I
- Ersetzung bei nicht rechtzeitiger Wahl 23
- Wahl durch Personalversammlung bei fehlender Bestellung 20 II
- Wahl durch Personalversammlung bei fehlendem Personalrat 21
Weitergeltung von Vorschriften nach 116–116 b

Zivildienstleistende, Teilnahme des Vertrauensmannes an Personalratssitzungen nach 40 II
Zusammenarbeit zwischen Personalrat und Jugend- und Auszubildendenvertretung 61 II–IV
Zusammenarbeit zwischen Personalvertretung und Dienststelle
- Gebot der Gleichbehandlung, Objektivität und Neutralität 67 I
- Gebot der vertrauensvollen Zusammenarbeit 2 I
- gewerkschaftliche Betätigung 67 II, III
- Grundsätze 66
- Verbot der parteipolitischen Betätigung 67 I
Zuständigkeit
- Zuständigkeit von Arbeitsgemeinschaften oder Versammlungen der Personalräte nach 56
- Zuständigkeit des Gesamtpersonalrats 82 III, IV
- Zuständigkeit des Personalrats vor 82 I
- Zuständigkeit von Spitzenorganisationen der Gewerkschaften nach 81
- Zuständigkeit der Stufenvertretung 82 I, II, IV, V
- Zuständigkeit von Versammlungen oder Arbeitsgemeinschaften der Personalräte nach 56

Sachregister

Die Zahlen verweisen auf die Rdn.

Abdingbarkeit 26
Abfindung 367, 429
Abgeordnete 404
Abhängigkeit, soziale 35
Abmahnung 364, 381
Abordnung 467–478
Abschlußnormen 119
Abschlußprüfung 861
Abtretung
– der Vergütung 674
– Abtretungsverbot 674
Abwehraussperrung 160, 163–171
Abwicklungsvertrag 420
Änderungskündigung 391 ff.
– zum Zweck des Abbaus tariflich gesicherter Leistungen 125
Allgemeine Geschäftsbedingungen 303
Allgemeines Gleichbehandlungsgesetz 739
Allgemeinverbindlichkeit von Tarifverträgen 113
Alters- und Hinterbliebenenversorgung 300, 720 ff.
Altersgrenze 322
Altersteilzeit 445
Amtshilfe 747
Anfechtung 318, 422–424
– bei verschwiegener Schwangerschaft 917
Angestellter 41–47
– leitender 47, 219
Angriffsaussperrung 160, 162
Anhörung 282–287, 477
Anspruch
– unabdingbar 438
– unverzichtbar 438
Anstalt 3
Anwesenheitsprämie 642
Arbeit 36–39
Arbeit auf Abruf 799
Arbeiter 42–46
Arbeitgeber 40
Arbeitgeberverbände 55, 65–79
– Aufgaben 90, 91
– Voraussetzungen 67–79
Arbeitgeberwechsel 446–454
Arbeitnehmer
– Abgrenzung 41–47, 197
– Angestellter 41–47, 197
– Angestellter, leitender 47, 219

– Arbeit 36–39
– Arbeiter 41–47
– Begriff 31–40
– Dienstordnungsangestellter 129
– Weisungsunterworfenheit 33–35
Arbeitnehmerüberlassung, gewerbsmäßige 827–830
Arbeitsbedingungen, materielle 27
Arbeitsbereitschaft 38, 480, 486
Arbeitseinkommen 674
– verschleiertes 674
Arbeitsgerichtsverfahren 56, 59–64
– Beschlußverfahren 60, 62–64
– Urteilsverfahren 60, 61
– Rechtsweg 59–64
Arbeitskampf
– Abgrenzung zur Massenänderungskündigung 175
– Abgrenzung zu Rechtsstreitigkeiten im Arbeitsleben 174
– Arbeitskampfverbot, personalvertretungsrechtliches 240
– Auswirkung auf Arbeitsverhältnisse 176–183
– Auswirkungen, sonstige des rechtswidrigen Arbeitskampfes 184–187
– Beendigungseffekt 176, 177
– Begriff 140
– Kampfparität 143, 163
– Massenänderungskündigung 175
– Mittel
  – Aussperrung 141, 159–171
  – Boykott 141, 172
  – Streik 141, 144–158
– im öffentlichen Dienst 188–192
– rechtswidriger 180–186
– Rechtsgrundlagen 140
– Recht zum Arbeitskampf 87
– Schlichtungsrecht 135–139
– Treueprämie 179
– Suspensiveffekt 176, 177
Arbeitskampfbereitschaft 72
Arbeitskampfrecht 135–192
Arbeitsleistung 457–540
– Annahmeverzug 661–665
– Art 460–464
– Hauptpflicht 456
– Job Sharing 815–822
– Nebenpflicht 456

- Ort 465 ff.
- Schlechterfüllung 523–540
- Teilzeit 795–810
- Unmöglichkeit 304, 665 ff., 696, 880
- Zeit 479–521

Arbeitspapiere 742
Arbeitsplatzteilung 815–822
Arbeitsrecht
- Abdingbarkeit 26
- Arbeitsgerichtsverfahren 56, 59–64
- Arbeitsschutzrecht 55, 677–681
- Einteilung 54–58
- Günstigkeitsprinzip 25–29
- individuelles 54, 54, 299
- kollektives 54, 55, 65–297
- im öffentlichen Dienst 14
- Rangprinzip 25
- Rechtsquellen 17–29
- Zuordnung (Öffentliches Recht – Privatrecht) 58

Arbeitsschutzrecht 55, 677–681
Arbeitssicherstellungsgesetz 308
Arbeitsverhältnis
- bedingtes 779, 780
- Beendigung 318–444
- befristetes 766–772
- Begriff 30
- Begründung 303–316
- Berufsausbildungsverhältnis 831–911
- Bewerbung 305, 306
- Eignung 306, 315
- faktisches 763–765
- Gruppenarbeitsverhältnis 811–814
- Job-Sharing 815–822
- Leiharbeitsverhältnis 823–830
- mittelbares Arbeitsverhältnis 811–814
- Nebenabrede 312 ff.
- Pflichten im 455–742
- Probearbeitsverhältnis 781 ff.
- Rechte im 455–742
- Teilzeitarbeitsverhältnis 795–810
- Telearbeitsverhältnis 30
- Übergang 446–454

Arbeitsunfall 529
Arbeitsunfähigkeit 633–657
Arbeitsunfähigkeitsbescheinigung 643, 644
Arbeitsvermittlung 828
Arbeitsvertrag
- Abschluss 303–316
- Begriff 21, 22
- betriebliche Übung 21, 22

Arbeitsvorgang 585–587
Arbeitszeit 479–521
- Arbeitsbereitschaft 38, 480
- Arbeitsfrühschluß 489, 494, 497
- Auszubildende 877
- Begriff 480
- Bereitschaftsdienst 480
- Bundeswehr 518
- Feiertagsarbeit 487
- Höchstdauer 500, 502–505
- Job Sharing 815–822
- Mehrarbeit 480, 496
- Notarbeiten 519
- im öffentlichen Dienst, einheitliche Dienstdauer 516
- Rufbereitschaft 480
- Ruhezeiten 500, 510
- Samstagsarbeit 488, 494, 497, 514
- Sonntagsarbeit 487, 511–514.
- Teilzeit 795–810
- Überarbeit 480
- Überstunden, 313, 480, 482, 487 ff., 627, 642, 728, 803, 877
- Vor- und Abschlußarbeit 486, 520
- zeitliche Lage 500, 506, 507

Arbeitszeitkonto 497
Arbeitszeitkorridor 484, 488ff., 497
Arbeitszeitrecht
- gesetzliches 498–521
- vertragliches 481

Arbeitszeitschutzrecht 498–521
ärztliche Bescheinigung 643
Attest 643
Aufhebungsvertrag 318, 319, 321, 417 ff.
Auflösung des Arbeitsverhältnisses durch das Gericht 425–429
Auflösungsverschulden 385
Ausbildungskosten, Rückzahlung
- im Arbeitsverhältnis 571, 848
- im Berufsausbildungsverhältnis 847

Ausbildungsverhältnis
- öffentlich-rechtliches 12, 13, 833
- privatrechtliches 14, 48–53, 831–911

Ausgleichsquittung 432–444
Aushang- und Bekanntmachungspflichten 675, Fn. 1101
Auslauffrist 278, 349
Ausschlußfristen 114, 125, 249, 749 ff., 908
Aussperrung 159–171
- Abwehraussperrung 163–185
- Angriffsaussperrung 160, 162
- Begriff 159, 160
- rechtswidrige 182, 183
- Schwerbehinderter 938

Außenseiterklausel 105
Auszubildende 48–53, 831–911
Auszubildendenvertretung 290, 407, 408, 859, 860, 866

Beamte 8
- Begriff 8
- Berufung 8
- Streikarbeit 192
- Vereinbarung über die Anwendung der beamtenrechtlichen Grundsätze 305

- arbeitsvertragliche Verweisung auf Beamtenbesoldung 580, Fn. 929
bedingtes Arbeitsverhältnis 779, 780
Beendigung des Arbeitsverhältnisses 318–444
- Anfechtung 318, 422–424
- Aufhebungsvertrag 318, 417
- Auflösung durch das Gericht 318, 425–429
- Beendigungstatbestände 318, 319
- Berufsunfähigkeit 320–322
- besondere Tatbestände im öffentlichen Dienst 430, 431
- Erwerbsunfähigkeit 320–322
- Kündigung 318, 323 f.
- Rentenalter 319, 322
- Tod des Arbeitnehmers 318, 421
- Zeitablauf 318, 413 ff.
Beendigungsnormen 119
befristetes Arbeitsverhältnis 766–780
- Befristung einzelner Vertragsbedingungen 768
- Befristung nach dem TzBfG 766–768
- Befristung nach dem Wissenschaftszeitvertragsgesetz (WissZeitVG) 769
- Kündigung 414, 767
- Zulässigkeit 768–772
- Zulässigkeit im öffentlichen Dienst 771, 772
Begründung des Arbeitsverhältnisses 303–316
- Arbeitssicherstellungsgesetz 308
- Beginn 309
- Benachteiligung wegen des Geschlechts 305
- Dienstvertrag 304
- Fragerecht 311
- Nebenabreden 312. 313 Offenbarungspflicht 311
- Ruf auf eine Professur 303, Fn. 401
- Verfassungstreue 306
Behörde 202
Beihilfe 719
Bereitschaftsdienst 480
Berufliche Fortbildung 48, 50, 832
Berufliche Umschulung 48, 51, 832
Berufsausbildungsverhältnis 831–911
- Abkürzung 856
- Abschlußprüfung 861
- Ausbildungsberufe 835, 836
- Ausbildungsordnungen 835, 836
- Ausschlußfristen 908
- Begründung 845–853
- berufliche Fortbildung 48, 50, 832
- berufliche Umschulung 48, 51, 832
- Berufsausbildung 48, 49, 832
- Bestandsschutz für Auszubildende in der Personalvertretung oder Jugend-

und Auszubildendenvertretung 859, 860, 866
- Dauer 854–873
- Koalitionsfreiheit 909
- kollektives Arbeitsrecht 909–911
- Personalaktenrecht 743, 903
- Personalvertretung 911
- Pflichten 874–902
- Praktikant 53
- Prüfungen 904–906
- Rechtsgrundlagen 831
- Schlichtungsausschuß 863
- Streikrecht 147, 910
- Verjährung 907
- Volontär 52
Berufsbildungsgesetz 48
Berufsschulwesen 831
Berufsunfähigkeit 320, 321
Berufsverbände der Beamten 79
Beschäftigte 14. 41
Beschäftigungspflicht 732, 733
- Schwerbehinderter 926
Beschäftigungszeit 348 ff., 445, 449, 650 ff., 791, 795
Beschlußverfahren 60, 62–64
Beschwerde im Beschlußverfahren 64
Beschwerderecht 617
Bestandsgarantie 81, 85
Betätigungsgarantie 81, 86, 87
Betrieb 204
Betriebliches Eingliederungsmanagement 927
Betriebliche Übung 21, 22, Anspruch aus 21, 22
- Inbezugnahme eines Tarifvertrages durch 116
Betriebsaufspaltung 452, Fn. 770
Betriebsferien 695
Betriebsgruppe 811, 812
Betriebsinhaberwechsel 446–454
- Einzelrechtsnachfolge 448–454
- Gesamtrechtsnachfolge 447
Betriebsnormen 120
Betriebsrente 720, 721, 749, 761
Betriebsrisikolehre 668
Betriebsstillegung 409 f.
betriebsverfassungsrechtliche Normen 121
Beurteilung, dienstliche 682
Bezirkspersonalrat 211
Bildungsurlaub 630
Bonusmeilen 573
Boykott 141, 172
Bummelstreik 144
Bundesamt für Verfassungsschutz 293
Bundesgrenzschutz 293
Bundesgremienbesetzungsgesetz 914
Bundesnachrichtendienst 293
Bundespost 293

Bundeswehr
– Arbeitszeit 518

Datenschutz 194, Fn. 287
Dienstanfänger 12
Dienstanweisung 23
Dienstleistungsbericht 745
dienstliche Beurteilung 682
Dienst nach Vorschrift 144
Dienstort 476
Dienststelle 201
– Behörde 202
– Betrieb 204
– Gericht 205
– Teile einer 209
– Verwaltungsstelle 203
– Zusammenwirken mit der Personalvertretung 237–289
Dienststellenleiter 218
Dienststellenverfassung 193–236
Dienstvereinbarung 17, 20, 27–29
– Begriff 20
– Inbezugnahme eines Tarifvertrages 117
– Umdeutung 29, Fn. 34
– Zulässigkeit 27–29
Dienstvertrag 304
Dienstreisen 480, Fn. 788
Dienstordnung 129
Dienstzeit 348, 809, 810
Differenzierungsklausel 105
Direktionsrecht 17, 24, 34
13. Monatsgehalt 724–728
Drittschuldnerklage 674
Druckkündigung 328
duales System 831
Durchführungspflicht 102, 104

Effektivklausel 577
Eigengruppe 811, 813
Eignung 306, 315
– Auszubildende 837
Ein-Euro-Jobber 303, Fn. 410
eingebrachte Sachen des Arbeitnehmers 729–731
Eingliederungsmanagement, betriebliches 927
Eingruppierung 90, 260, 461, 580 ff., 759
Eingruppierungsfeststellungsklage 582
Einigungsstelle 245
Einsichtnahme in Personalakten 744, 745, 748
Einstellungsanspruch 305, 306
Einzelrechtsnachfolge 448
Elterngeld 923, 924
Elternzeit 919–922
Entgeltgruppen 133, 583, 604, 728
Entgeltstufen 604
Entlassung, Beteiligung der Personalvertretung 277–284

Entsendegesetz 87, Fn. 99
Entstehung des Arbeitsverhältnisses 303–316
Erforderlichkeit im Arbeitskampf 166
Erkrankung eines Kindes des Arbeitnehmers 711, 895
Erlasse 23
Ernennungsurkunde 8
Erziehungsgeld 919, 920

faktisches Arbeitsverhältnis 763–765
– Bedeutung 763
– Begriff 763
– Voraussetzungen 764
Fehlgeburt 656
Feiertagsarbeit 487
Feiertagsentgelt 624
Firmenbezogener Verbandstarifvertrag 146
fiskalisches Handeln 533
flexible Arbeitszeitregelungen 445, 807
Fortbildung 832
Fortbildungskosten 571, 847, 848
Fragerecht 311, 918
Frau im Arbeitsleben 912 f.
– Ausschreibung 305, 914
– Beschäftigungsverbote 915
– Elternzeit 919–922
– Erziehungsgeld 919, 920
– Frauenquote 914
– Gleichbehandlung von Mann und Frau 305, 912, 914
– Gleichberechtigung 912, 914
– Mutterschutz 915 f.
– Stellenausschreibung 305, 914
– Zölibatsklausel 914
Frauenbeauftragte 914
Frauenförderplan 914
Frauenförderung
– im Rahmen der Personalvertretung 914
– allgemein 914
Frauenquote 914
Freistellung 732, Fn. 1214
Freistellung von der Arbeit für die Zeit der Kündigungsfrist 336, Fn. 486
Freistellungsanspruch 528, 535
– bei Erkrankung eines Kindes des Arbeitnehmers 711
Friedenspflicht 102, 103, 152
Fürsorgepflicht 675–742, 888
– Alters- und Hinterbliebenenversorgung 300, 720 ff.
– Arbeitsschutz 677–681, 888
– Begriff 675
– Beschäftigungspflicht 732, 733
– Eigentum des Arbeitnehmers 729–731
– Freistellung bei Erkrankung eines Kindes 711

Sachregister

- Gleichbehandlung 734–738
- Obhutspflicht 729–731
- Urlaubsgewährung 685, 893
- Sozialbezüge 896
- Weihnachtsgratifikation 724–728
- Zeugnis 682–711, 888, 891

Fürsorgezögling 32

Gebietskörperschaften 1, 2
Gegnerfreiheit der Koalitionen 75
Gehaltspfändung 674
Gehilfenverhältnis 811, 813
Gemeinsame Einrichtungen der Tarifvertragsparteien 110, 208
Gerichte 205
geringfügig Beschäftigte 303, 796
Gesamtpersonalrat 213
Gesamtrechtsnachfolge 447
Gesamtvereinbarungen 135
Geschäftsführer einer GmbH, Kündigung 34, Fn. 43
Gesetz 17
- Abdingbarkeit 26
- Unabdingbarkeit 26
Gewerbeaufsicht 521
gewerbsmäßige Arbeitnehmerüberlassung 826–830
Gewerkschaften 55, 65–79
- Aufgaben 90, 91
- Voraussetzungen 66–79
Gewissensfreiheit 229, Fn. 309
Glaubensfreiheit 229, Fn. 309
Gläubigerannahmeverzug 661–665
Gleichbehandlungsgrundsatz 301, 597, 734–738
Gleichberechtigungsgesetz 914
Gleichheitssatz
- Bindung der Tarifvertragsparteien 107
Gleitzeit 492
Gratifikation 724–728
Grundrechte 18
- im Arbeitsverhältnis 229, Fn. 309
- Drittwirkung 85, 912
- Koalitionsfreiheit 80–89
- Gleichberechtigung 734, 912
Gruppenarbeitsverhältnis 811–814
- Arten 811
- Begriff 811
- Betriebsgruppe 811, 812
- Eigengruppe 811, 813
- Gehilfenverhältnis 811, 814
- mittelbares Arbeitsverhältnis 814
Günstigkeitsprinzip 25–29

Haftung 523–540
- Beschränkung 523–540
- Betriebsinhaberwechsel 452
- Betriebsgruppe 813

- Lehre von der schadensgeneigten Arbeit 527, 528
- Mankohaftung 539

Haftung des Arbeitnehmers 523–540
Hauptpersonalrat 212
Hauptpflichten
- Auszubildende 874
- Ausbildende 878–887
- Arbeitsleistung 456–540
- Vergütung 574–674
Haushaltsrecht
- Bedeutung für Kündigungen 365, Fn. 556
Herabgruppierung 599, 602
Hinterbliebenenversorgung 720
Höhergruppierung 580–581, 602

Inbezugnahme eines Tarifvertrages
- im Arbeitsvertrag 114
- durch Betriebsübung 116
- in einer Dienstvereinbarung 117
Individuelles Arbeitsrecht 54, 55, 298, 299
Inhaltsnormen 118
Initiativrecht 270
Innungen 78
Insolvenzverfahren
- Beendigung des Arbeitsverhältnisses 319, Fn. 460
Integrationsfachdienst 927
Integrationsamt 928 ff.

Job-Sharing 815–822
- Begriff 815, 816
- Inhalt 815–822
- Kündigung 822
Jugendarbeitsschutz
- Arbeitszeitschutz 499–521
- Urlaub 685
Jugend- und Auszubildendenvertretung 290
- Aufgaben 290
- Bestandsschutz für Auszubildende in der Jugend- und Auszubildendenvertretung 859, 860, 866
- Kündigungsschutz 407, 408
Juristische Personen 1

Kampfparität 143, 163
Kettenarbeitsverhältnis 767
kirchliches Arbeitsrecht 14, Fn. 5
Klage 61–64, 356, 370, 379, 380, 582
- Eingruppierungsfeststellungsklage 582
- gegen die außerordentliche Kündigung 379
- Klagefrist 356–360, 379, 814, 815
- Konkurrentenklage 307
- Kündigungsschutzklage 356–370
- Rechtsweg 59–64
Klagefrist 356–360, 379

Koalitionen 65–91
- „ad-hoc-Koalitionen" 73
- Arbeitskampfbereitschaft 72
- Aufgaben 90, 91
- Begriff 65–79
- Berufsverbände der Beamten 79
- Durchsetzungskraft 71
- Eigenschaften 66–79
- Freiwilligkeit des Zusammenschlusses 74
- Gegnerfreiheit 75
- Innungen und Landesinnungsverbände 78
- körperschaftliche Organisation 69
- Überbetrieblichkeit 77
- Unabhängigkeit 76
- und Tarifrecht 78
- Voraussetzungen 66–79
- Wahrnehmung der Interessen ihrer Mitglieder 68–73

Koalitionsfreiheit 80–89
- Bestandsgarantie 81, 85
- Betätigungsgarantie 81, 86, 87
- Drittwirkung 85
- Mitgliederwerbung 85
- negative 81, 88, 89
- positive individuelle 81, 82–84
- positive kollektive 81, 85–87
- Rechtsgrundlagen 80
- Recht zum Arbeitskampf 87
- Recht zum Zusammenschluß 82
- Tarifautonomie 87, 140, 161
- kollektives Arbeitsrecht 54, 55, 65–297

Konkurrentenklage 307
Kontinuitätsgrundsatz 744
Krankenhaus
Krankheit des Arbeitnehmers
- Kündigung 363

Kündigung 318, 323 f.
- Abmahnung 364, 381
- Änderungskündigung 391 ff.
- Angabe des Kündigungsgrundes 330, 862
- Auslauffrist 278, 349
- Auszubildende 862–864
- außerordentliche 374
- Bedingung 327
- befristetes Arbeitsverhältnis 414, 767
- Beteiligung der Personalvertretung 277–284
- Betriebsgruppe 813
- Druckkündigung 328
- Elternzeit 919–922
- Form 319
- Fristen 336, 862, 931
- Gründe für die außerordentliche 376–382, 386, 387
- Gründe für die ordentliche 351–371
- Job Sharing 822
- Klagefrist 356–360, 379
- krankheitsbedingte 363

- Kündigungserklärungsfrist 378
- Massenänderungskündigung 175
- Mutterschaft 916
- Nachkündigung 359
- Nichtigkeit 333
- ordentliche 334 f.
- Personalvertretung 269, 277–284, 383
- Probearbeitsverhältnis 783, 784
- Rechtsnatur 323
- Rücknahme (im Kündigungsschutzprozeß) 332, Fn. 481
- Schwerbehinderte 928–934
- Tarifverträge 128
- Teilkündigung 128, 329
- Verdachtskündigung 389, 390
- vor Arbeitsantritt 331, 343
- Weiterbeschäftigungsanspruch 281, 396–401
- Widerruf 332
- Zugang 324

Kündigung von Tarifverträgen 128
Kündigungsfrist 336, 862, 931
Kündigungsschutz
- außerhalb des KSchG 333, Fn. 483
- leitende Angestellte 371
- Teilzeit 805
- Unabdingbarkeit 440

Kündigungsschutz, allgemeiner 351 f.
Kündigungsschutz, besonderer 402 f., 916, 924, 928–934
- Abgeordnete 404
- Jugend- und Auszubildendenvertretung 407, 408
- Mutterschutz 916, 924
- Personalvertretung 407, 408
- im Zusammenhang mit Rationalisierungsmaßnahmen 403
- Schwerbehinderte 928–934
- Schwerbehindertenvertretung 410
- Soldaten 405
- Wahlbewerber 408
- Wahlvorstand 408
- Zivildienstleistende 406

Kündigungsschutzklage 356–370, 379
Kur 636

Ladenschlußgesetz 506
Laufbahnbewerber 12
Lehrer 306
Leiharbeitsverhältnis 823–830
- Begriff 823
- echtes 826
- gewerbsmäßige Arbeitnehmerüberlassung 827–830

Leistungsbestimmungsrecht des Arbeitgebers 24, Fn. 25
Leistungsentgelt 572, 609
Leistungsfeststellung 613

Leistungstarifvertrag 611
Leistungsverweigerungsrecht des Arbeitgebers bei Entgeltfortzahlung im Krankheitsfall 644
leitende Angestellte 47, 219, 371
– Personalvertretung 219
Liquidator 318, Fn. 457
Lohn 574
– Abtretung 674
– Auszubildende 880, 882–887
– Betriebsgruppe 812
– Gläubigerannahmeverzug 661–665
– Verjährung 749
Lohnausfallprinzip 625
Lohnfortzahlung im Krankheitsfall 634, 699
Lohnfortzahlung an Feiertagen 624
Lohnpfändung 674
Lohnabtretung 674

Mankohaftung 539
Manteltarifvertrag 93
Maßregelungsverbot 179, insbes. auch Fn. 259
Massenänderungskündigung 175, 391, Fn. 530
materielle Arbeitsbedingungen 27
medizinische Vorsorge 636, 695, 699
Mehrarbeit 480, 496
Mehrfacherkrankung 640
Mindestarbeitsbedingungen 123, 622
Mindestarbeitsentgelte 88, Fn. 99
Minijobs 303, 796
Mitbestimmung
– Umsetzung 469
– Versetzung 469
Mitbestimmungsrecht 246, 257, 259, 260
Mitbestimmungsverfahren 261–266, 271–276
– eingeschränktes 259, 271
– volles 260, 271
Mitgliederwerbung 85
Mitteilungspflicht bei krankheitsbedingter Arbeitsunfähigkeit 643
mittelbares Arbeitsverhältnis 814
Mitwirkungsrecht 246, 256, 258
Mitwirkungsverfahren 261–270, 279–281
Mobbing 676
Mobilzeitvereinbarungen 807
Mutterschutz 915 f.
– Arbeitsplatzschutz 916–918, 924
– Arbeitszeitschutz 915
– Anrechnung auf Befristungen nach dem HRG 769
– Beschäftigungsverbote und -beschränkungen 657, 915
– Entgeltfortzahlung 653–657, 919, 920
– Kündigungsschutz 916, 924

Nachgewährung von Urlaub 691, insbes. Fn. 1129
Nachweisgesetz 303
Nachwirkung von Tarifverträgen 128
Nebenabrede 312
Nebenpflichten 456
– des Arbeitgebers 456, 675–742
– des Arbeitnehmers 456, 541–571
Nichtigkeit
– des Arbeitsvertrages 304
– Teilnichtigkeit 304, 768
nichtständig Beschäftigte
– Vertretung 291
normative Wirkung 123–126
normativer Teil des Tarifvertrages 107–126
Notarbeiten 519
Notdienst, arbeitskampfbedingter 156, Fn. 210

Obhutspflicht 729–731, 901
– Eigentum 729–731, 901
Obstruktionsverbot 239
Öffentlicher Dienst 1
– Angehörige 6–16
– Arbeitskampf 188–192
– Arbeitszeit 516
– Auszubildende 837
– befristetes Arbeitsverhältnis 771
– Personalaktenrecht 743, 903
Offenbarungspflicht 311
Organmitglieder 31, Fn. 36, 34, insbes. Fn. 43
organschaftliche Vertreter 371
Organspende, Lohnfortzahlung 637, Fn. 1023

Pause 485, 500, 508, 509
Personen im Ausbildungsverhältnis 48–53, 831–911
– Praktikanten 53
– Volontäre 52
Personalaktenrecht 743, 903
– Amtshilfe 747
– Ausschlußfrist 760
– Begriff 743
– Datenschutz 746
– Dienstleistungsbericht 745
– Einsichtsrecht 744, 748
– Gegendarstellung 745
– Inhalt 744
Personal-Service-Agentur 828
Personalversammlung 234
Personalvertretung 193–297
– Abstimmung 232
– Amtszeit 223
– Anhörung 282–287
– Angestellte 197
– Arbeiter 197

– Aufgaben 228, 229
– Auszubildende 859
– und Arbeitskampf 240
– Beschäftigte 196–199
– besondere Verwaltungszweige 293
– Betriebsgruppe 812
– Bezirkspersonalrat 211
– und Dienststelle 237–289
– Dienstvereinbarung 17, 20, 27–29, 247–255
– dienstverfassungsrechtliche Stellung 228–236
– Einigungsstelle 245
– Entlassungen 277–284
– Errichtungszwang 220
– Ersatzmitglied 225
– Gesamtpersonalrat 213
– und Gewerkschaften 238
– Hauptpersonalrat 212
– Informations- und Teilnahmerechte 288, 289
– Kontrollfunktion 243
– Kosten der Tätigkeit 235
– Kündigungsschutz 407, 408
– Leiharbeit 829
– leitende Angestellte 218
– Mitglieder, Rechtsstellung 236
– Mitglieder, Schutz 236
– Mitbestimmungsrecht 246, 257, 259, 260
– Mitbestimmungsverfahren 261–266, 271–276
– Mitwirkungsrecht 246, 256, 258
– Mitwirkungsverfahren 261–266, 267–270, 279–281
– Personalrat 210, 214
– und Personalversammlung 234
– politische Neutralität 244
– Rechtsstellung der Mitglieder 236
– Restmandat 258, Fn. 354
– Sitzungen 233
– Schwerbehinderte 935
– Soldaten 196
– Sonderregelungen für besondere Verwaltungszweige 293
– Stufenvertretungen 214
– Teilzeit 806
– Tendenzschutz 295–297
– Unterrichtungsanspruch 242
– Verschlußsachen 294
– und Verwaltungsaufbau 206–214
– Vorstand 230
– Vorsitzender 231
– Wahl 215–227
– Wahlanfechtung 226
– Wahlverfahren 221–227
– Wahlvorschlag 223, 224
– Wahlvorstand 230
– Wählbarkeit 217

– Zusammenwirken mit den Dienststellen 237–289
– Arbeitskampfverbot 240
– Einigungsstelle 245
– Formen des Zusammenwirkens 246–257
– Grundsätze des Zusammenwirkens 237–245
– Kontrollfunktion 243
– Obstruktionsverbot 239
– parteipolitische Neutralität 244
– Schweigepflicht 241
– Unterrichtungsanspruch 242
– vertrauensvolle Zusammenarbeit 238
– Zuständigkeit, primäre und sekundäre 261–266

Personalvertretungsrecht 193–297
– Geltungsbereich 193–195
– Rechtsgrundlagen 194, 195

Pfändung
– der Vergütung 674
– Pfändungsgrenzen 674
– Pfändungsschutz 674
– Pfändungs- und Überweisungsbeschluß 674

Pfändungsgrenzen 674
Pfändungsschutz 674
Pfändungs- und Überweisungsbeschluß 674
Pflegezeitgesetz 713–717
Pflichten im Arbeitsverhältnis 455–742
– achtungswürdiges Verhalten 544
– Arbeitsleistungspflicht 457–540
– Fürsorgepflicht 675–742
– Treuepflicht 541–571
– Vergütungspflicht 574–674
– Unbestechlichkeit 552
– Verschwiegenheit 545–551

politische Treuepflicht 543
politischer Streik 150
Präventionsverfahren 927
Praktikant 53
Primat der Tarifvertragspartner 28, 251
Probearbeitsverhältnis 781 ff.
Prüfung 904–906

Qualifikationsebenen 604

Rahmenarbeitszeit 484, 488, 491 ff., 497
Rangprinzip 25
Rationalisierungsmaßnahmen und Kündigungsschutz 403
Rauchen in der Dienststelle und im Betrieb 678, Fn. 1104
Recht auf Arbeit 732, 733
Recht des Arbeitsgerichtsverfahrens 56, 59–64
Recht zum Arbeitskampf 87

Sachregister

Rechtsweg 59–64
– Beschlußverfahren 62–64
– Urteilsverfahren 60, 61
Rechtsbeschwerde im Beschlußverfahren 64
Rechtsquellen 17–29
– Arten 17–24
– Günstigkeitsprinzip 25–29
– Rangprinzip 25
– Verhältnis zueinander 25–29
Rechtsverordnungen 17, 26
Referenzprinzip 625
Regreß 524
Rehabilitation 636, 695, 699
Rentenalter 319, 322
Richter 9, 13
– Begriff 9
– richterliche Unabhängigkeit 9
Richtlinien 23
Rücknahme der Kündigung 332, Fn. 481
Rückwirkung
– eines Tarifvertrages 127, Fn. 150
– der Allgemeinverbindlicherklärung eines Tarifvertrages 114, Fn. 137
Rückzahlung von Ausbildungskosten
– im Arbeitsverhältnis 571, 848
– im Berufsausbildungsverhältnis 847
Rückzahlungsklausel bei Gratifikationen 727
Ruf auf eine Professur 303, Fn. 401
Rufbereitschaft 480
Ruhezeit 510

Schaden
– Abwendung 563
schadensgeneigte Arbeit 527, 528
Scheinselbständigkeit 31, Fn. 36
Schlechterfüllung 523–540
Schlichtung 135–139
– Ausschuß für das Berufsausbildungsverhältnis 863
Schlichtungsverfahren
– staatliches 139
– vertragliches 137, 138
Schmiergeldverbot 552–554
Schuldanerkenntnis 435
schuldrechtlicher Teil des Tarifvertrages 102–106
Schwangerschaft 653–657, 915–918
Schweigepflicht 241
schwerbehinderte Menschen 925
– Aussperrung 938
– Begriff 925
– Beschäftigungspflicht 926
– besondere Rechte im Arbeitsverhältnis 927
– betriebliches Eingliederungsmanagement 927
– Integrationsfachdienst 927
– Integrationsamt 928 ff.

– Kündigung 928–934
– Präventionsverfahren 927
Schwerbehindertenvertretung 292, 410, 935, 936
– Aufgaben 292, 935
– Kündigungsschutz 410, 936
sexuelle Belästigung 914
Sicherheitsüberprüfung 316
Soldaten 10, 11
– Aufgaben 10, 11
– Begriff 10
– Kündigungsschutz 405
– Personalvertretung 196
Soldatenbeteiligungsgesetz 196
Sonderurlaub 710
Sonntagsarbeit 487, 493, 500, 511–514
soziale Abhängigkeit 35
Sphärentheorie 668 ff.
Sportunfälle 637
Staat, Begriff 1
Statusklage 33, Fn. 41
Stellenausschreibung 305
Sterbegeld 719
Strafgefangene 32
Streik 144–158
– Auszubildende 147, 910
– Begriff 144
– Bummelstreik 144
– Betriebsrisikolehre 670
– Dienst nach Vorschrift 144
– und öffentlicher Dienst 188–192
– politischer 150
– Rechtmäßigkeit 144–158
– rechtswidriger 180–187
– Rechtsfolgen 176–187
– Rechtsgrundlagen 140
– Sozialadaequanz 158
– Streikarbeit 192, 463
– Sympathiestreik 148
– Treueprämie 179
– „ultima-ratio-Grundsatz" 154, 155
– Unterstützungsstreik 148
– Verhältnismäßigkeit 153–157
– Warnstreik 155
– wilder Streik 145
Streikarbeit 192, 463
Streikbruchprämie 179
Streikrecht
– Auszubildende 147, 910
– Beamte 188, 192
Streitwert
bei Eingruppierungsstreitigkeiten 582, Fn. 932
Stufenaufstieg 572, 579, 606, 710
Stufentarifvertrag 93
Stufenvertretungen 211, 212, 214
Subjektstheorie, modifizierte 58
Suspendierungstheorie 176

Sympathiestreik 148
systematische Leistungsbewertung 616

Tarifautonomie 87, 140, 143, 161
Tariffähigkeit 96
Tarifgebundenheit 107
Tariföffnungsklausel 322
Tarifsozialpläne 146
Tarifüblichkeit 28, 251
Tarifvertrag
- Abschluß- und Beendigungsnormen 108, 119
- Allgemeinverbindlichkeit 113
- Anspruch 439
- Ausbildung 843
- Außenseiter 19
- Außenseiterklausel 105
- Ausschlußfristen 751
- Beginn des Tarifvertrages 127
- Begriff 92
- Betriebsnormen 109, 120
- betriebsverfassungsrechtliche Normen 109, 121
- Bindungswirkung 124–126
- und Dienstordnung 129
- und Dienstvereinbarung 27–29, 251
- Differenzierungsklausel 105
- dispositive Normen 26
- Durchführungspflicht 102, 104
- Erfordernisse 95–98
- Ende des Tarifvertrages 128
  - normativer Teil 128
  - schuldrechtlicher Teil 128
- Firmentarifvertrag 93
- Form 98
- Friedenspflicht 102, 103
- für Auszubildende des öffentlichen Dienstes (TVAöD) 135
- für den öffentlichen Dienst (TVöD) 133, 134
- gemeinsame Einrichtungen der Tarifvertragsparteien 110, 122
- Haupttarifverträge des öffentlichen Dienstes 130, 299
- Haustarifvertrag 93
- Inbezugnahme eines Tarifvertrages 114
  - im Arbeitsvertrag 115
  - durch Betriebsübung 116
  - in einer Dienstvereinbarung 117
- Inhalt von Tarifverträgen 101–126
- Kündigung 128
- Manteltarifvertrag 93
- Mindestarbeitsbedingungen durch den normativen Teil 123
- Nachwirkung 128
- normativer Teil 101, 107–126
  - Bindung an den Gleichheitssatz 107
- Primat der Tarifvertragspartner 27

- Rahmentarifvertrag 93
- schuldrechtlicher Teil 101–106
- Stufentarifvertrag 93
- Tariffähigkeit der vertragsschließenden Parteien 96
- Tarifgebundenheit, Beginn und Ende 111
- Tarifzuständigkeit 97
- Übergang 451
- Verbandstarifvertrag 93
- Versorgungstarifvertrag 300
- Vorvertrag 100
- Wettbewerbsbeschränkungen 123
- Wirksamkeitsvoraussetzungen 95–98
- Wirkung von Tarifverträgen 101–126
Tarifvertragsrecht 92
Tarifwechselklauseln 114, Fn. 138
Tarifzuständigkeit 97
- Doppelzuständigkeit 97, Fn. 113
Teilkündigung
- des Arbeitsverhältnisses 329
- eines Tarifvertrages 128
Teilzeitarbeitsverhältnis 490, 795–810
- Begriff 795
- Feiertagsentgelt 801
- Gestaltungsmöglichkeit 797
- Kündigungsschutz 805
- Personalvertretung 806
- Überstundenzuschläge, tarifvertragliche 803
- Urlaub 687
- Zweck 795
Telearbeitsverhältnis 30
Tendenzschutz 295–297
Tod des Arbeitnehmers 421
Totgeburt 656
Treuepflicht 541–571
- Auszubildende 874
- Pflicht zur Anzeige und Abwendung von Schäden 563
- Pflicht zu achtungswürdigem Verhalten 544
- Begriff 541
- Nebentätigkeit 555–562
- politische Treuepflicht 543
- Schmiergeldverbot 552–553
- Pflicht zur Unbestechlichkeit 552–554
- Pflicht zur Unterlassung von Wettbewerb 565–570
- Verpflichtungsgesetz 550, 554
- Verschwiegenheitspflicht 545–551
- Wettbewerbsverbot 565–570
Treueprämie nach Arbeitskampf 179
Trinkgeld 574
TVAöD 135
TVöD 133, 134

Überarbeit 480
Überstunden 480 ff.

Überstundenvergütung 482
Überweisungsbeschluß 674
Überzahlung
- Rückzahlungsverpflichtung 574, Fn. 920
„ultima-ratio-Grundsatz" 154, 155
Umdeutung 29, Fn. 34
Umgruppierung 580
Umschulung 832
Umsetzung 468, 469
Unbestechlichkeit 552-554
Unkündbarkeit 349, Fn. 505, 389, Fn. 621, 622
Unmöglichkeit des Urlaubs 692, 696
Unterstützungsstreik 148
Urlaubsabgeltung 628, 692, 693
Urlaubsentgelt 625 ff.
Urlaubsgeld 625 ff.
Urlaub 625 ff.
- Abgeltung 628
- und Arbeitskampf 177
- Ausschlußfristen 760
- Berufsausbildungsverhältnis 893, 894
- Betriebsferien 695
- Bildungsurlaub 630
- Doppelansprüche 694, 706
- Erteilung 695
- Mindestdauer 686-689
- Nachgewährung 691, insbes. Fn. 1129
- Rückrufrecht 702
- Schwerbehinderte 927
- Teilurlaub 691
- Unmöglichkeit 692, 696
- Wartezeit 690, 694, 706
Urteilsverfahren 60, 61

Verbandstarifvertrag 93
Verbandstarifvertrag, firmenbezogener 146
Verdachtskündigung 389, 390
Verfassung 17, 18, 26
Verfassungstreue
- bei der Einstellung 306
- bei der Beendigung des Arbeitsverhältnisses 543
Vergleichsvertrag 434
Vergütung 574-674
- Abtretung 674
- Arbeitsvorgang 585-591
- Bestandteile 577
- Betriebsrisikolehre 668
- Bildungsurlaub 630
- Dienstkleidung 621
- Dienstwohnung 621
- Eingruppierung 260, 461, 580 ff., 759
- Entgelt bei Arbeitsunfähigkeit infolge Krankheit 633
- Entgelt bei Arbeitsverhinderung aus sonstigen persönlichen Gründen 658

- Entgelt bei Gläubigerannahmeverzug des Arbeitgebers 661-665
- Entgelt bei Schwangerschaft und Mutterschaft 653-657
- Entgelt bei Unmöglichkeit der Arbeitsleistung 666
- Feiertagsentgelt 624
- Herabgruppierung 599, 602
- Höchstentgelt 622
- Höhergruppierung 580-581, 593
- Klage auf Vergütung 578
- Lohngruppen 133, 603
- Lohngruppenverzeichnis 603
- Naturalleistungen 576, 621
- Nebenleistungen 621
- Pfändung 674
- Reisekostenvergütung 621
- Schutzkleidung 621
- Tätigkeitsmerkmale 580, 584 ff.
- Trennungsentschädigung 621
- Überstunden 480, 482, 496
- Umzugskostenvergütung 621
- Urlaubsabgeltung 628, 632, 692 ff.
- Urlaubsentgelt 625 ff., 704
- Urlaubsgeld 629, 632
- Vergütung ohne Arbeitsleistung 623 ff.
- Vergütungsarten 575, 576
- Vergütungsgruppe 579-602
- Vergütungsperiode 578
- Verjährung 749
- vermögenswirksame Leistungen 619
- Zulagen 493, 577, 608, 627, 728
- Zuordnung zu einer Lohngruppe 603
- Zuordnung zu einer Vergütungsgruppe 583-602
- Zusammenhangsarbeiten 585
Verhältnismäßigkeitsgrundsatz 153-157, 166-168
Verjährung 749, 907
Verpflichtungsgesetz 550, 554
Versagungskatalog 260
Verschlußsachen 294
Verschwiegenheitspflicht
- des Arbeitnehmers 545-551
- der Personalvertretung 241
Versetzung 465 ff.
Verwaltungsaufbau 206
- einstufiger 206
- klassischer 206, 208
- mehrstufiger 206-208
- Nebenstellen 209
- und Personalvertretung 210-214
- Teile einer Dienststelle 209
Verwaltungsstelle 203
Verwaltungsgerichtsbarkeit 62
Verwaltungszweige 293
Verwirkung 750
Vollständigkeitsgrundsatz 744

Volontär 52
Vorarbeit 520
Vorfragenkompetenz der Gerichte für Arbeitssachen 63
Vorsorgemaßnahmen 636, 695, 699
Vorstellungskosten 310
Vorvertrag zum Tarifvertrag 100

Wahl der Personalvertretung 215–326
Wahlanfechtung 226
Wahlbewerber 408
Wahlvorschlag 223, 224
Wahlvorstand 222, 223, 408
Warnstreik 155, 171
Wartezeit 354, 690
Wegezeiten bei Dienstreisen 480, Fn. 788
Weisungsrecht des Arbeitgebers 24
Weisungsunterworfenheit des Arbeitnehmers 33–35
Weihnachtsgratifikation 724–728
Weiterbeschäftigungsanspruch
– aufgrund der Beteiligung der Personalvertretung 281
– ohne Beteiligung der Personalvertretung 396–401, 864
Weiterbildungskosten 571, 847, 848

Weiterqualifizierung 572
Wellenstreik 670, Fn. 1082
Wettbewerbsverbot 565–570
Wettbewerbsbeschränkungen durch Tarifverträge 123
Wiedereinstellungspflicht 177, 366, Fn. 574, 390, 449, Fn. 741
wilder Streik 145
Whistleblowing 541, Fn. 864

Zeitablauf 318, 413 ff.
Zeugnis 682 ff., 891
Zielvereinbarung 614
Zielvereinbarungen und -vorgaben 317
Zivildienst und Kündigungsschutz 406
Zölibatsklausel 914
Zugang der Kündigung 324
Zurückbehaltungsrecht 174, 459
Zusammenwirken zwischen Personalvertretung und Dienststellen 237–289
Zuschläge zur Vergütung 487, 627, 803
Zwangsschlichtung 139
Zwangsverbände 74
Zwei-Schranken-Theorie 27
Zwischengespräche 615
Zwischenzeugnis 682

Buchanzeige

Alles Tarifrecht, ... oder was?

Conze

Personalbuch Tarifrecht öffentlicher Dienst

2. Auflage. 2008. 385 Seiten. € 32,–.
ISBN 978-3-406-57307-1

Personalrecht von A-Z

Das Personalbuch Tarifrecht öffentlicher Dienst
- erschließt das **gesamte Arbeitsrecht des öffentlichen Dienstes** und damit auch die Bereiche außerhalb der tariflichen Regelungen
- ist **lexikalisch aufgebaut**
- erläutert **über 160 zentrale Schlüsselbegriffe** des öffentlichen Dienstes
- stellt die relevante **höchstrichterliche Rechtsprechung** vor

Die 2. Auflage

berücksichtigt den neuen TV-L sowie die neuen TV-Ärzte. Damit verschafft das Personalbuch schnellen Zugriff zum gesamten Personal- und Arbeitsrecht des öffentlichen Dienstes.

Der Autor

Dr. Peter Conze ist Professor an der Fachhochschule des Bundes für öffentliche Verwaltung und leitet zahlreiche Seminare und Fortbildungsveranstaltungen zum Personalrecht.

Davon profitieren

alle Angestellten und Dienststellen des öffentlichen Dienstes, Personal- und Betriebsräte, Studierende an Fachhochschulen für öffentliche Verwaltung sowie Richter, Rechtsanwälte und Fachanwälte für Arbeitsrecht.

Hinweis:

Die 1. Auflage erschien unter dem Titel Personalbuch TVöD. Das neue Arbeits- und Tarifrecht des öffentlichen Dienstes

Verlag C. H. Beck · 80791 München